中国艺术研究院基本科研业务费项目（项目编号：2023-3-7）

〔美〕安德烈·A. 茨纳缅斯基 (Andrei A. Znamenski) —— 著

苑杰 —— 译

The Beauty of the Primitive

Shamanism and
the Western Imagination

原始
之美

萨 满 教
与 西 方 人 的 想 象

社会科学文献出版社
SOCIAL SCIENCES ACADEMIC PRESS (CHINA)

谁是敲响地球之鼓的鼓手？

谁是让我随着他的歌声起舞的鼓手？

——哈特雷·B. 亚历山大（Hartley B. Alexander）

《神灵之鼓和印第安人认知的另一些周期》

(*God's Drum and Other Cycles from Indian Lore*，1927)

前　言

　　1998 年夏季，我在阿拉斯加中南部地区做调查，探索生活在那里的阿萨巴斯卡（Athabaskan）印第安人过去和当下的灵性生活。我访问了若干偏远村落，还远赴安克雷奇，那里也生活着一些阿萨巴斯卡印第安人。在安克雷奇之行即将结束时，我在市中心偶遇了两个很有趣的人，跟他们聊了差不多半天。这里，且让我称他们为吉姆（Jim）和卡罗琳（Caroline）。这两位对美洲和西伯利亚土著的灵性传统，即所谓萨满教非常感兴趣。可以说，对"部落宗教"的共同兴趣点燃了我们交流的火花。更让我感兴趣的是，他们不仅喜欢探讨这个话题，还在尝试按那种灵性传统生活，并从中选择一些适用要素应用于自己的生活中。

　　吉姆和卡罗琳都是有欧洲血统的高加索人，属中产阶级。吉姆是房地产经纪人，卡罗琳在阿拉斯加大学卫生系工作。他们都接受过高等教育，读过很多书，对他者的文化、体验和宗教的包容度很高。他们也是具有反现代主义精神的、形而上学的梦幻者，同时也是世界主义者，在对待科学和现代世界的态度上比某些所谓主流教派的成员更为开明，为此，我对他们尤为欣赏。此外，他们追求自然和谐的方式也非常吸引人。他们认为，"神圣性"寓于自然当中，而不是呈现为"上帝"的力量，因为"上帝"通常会用"末日恐惧"来恫吓不追随"真理"的人们。吉姆和卡罗琳还跟我提及，他们在尝试把自身的犹太-基督教背景与在实践部落宗教过程中学到的大地哲学这两者进行整合，而在这个过程中他们曾遇到过种种困难。吉姆详细地谈起了自己通过实践萨满教戒掉酒瘾的事，说这是他热衷于这种古老灵性技术的重要原因。后来，卡罗琳邀请我到当地的一个一神教教会参加萨满鼓课程，我因此得以观察他们的行为方式。作为回馈，我也跟他们分享了我正在做的调查及由此采集到的故事。

在安克雷奇与吉姆和卡罗琳的这次相遇使我第一次真正意识到，越来越多的西方灵性追求者正在尝试复兴古代部落灵性传统（他们通常称其为"萨满教"）来解决现代人的精神问题。在今天的西方社会，学习萨满教实践及灵性技术已成为潮流，各种研讨会、讲习班和静修课程为人们学习萨满教基础知识提供了很多机会，大量文学作品和一些拥有上千订阅量的专题杂志也都以此为主题。

"萨满"一词来自通古斯语（Tungus）（即埃文基，Evenki）的 šaman 或 xaman，意思是"兴奋的"、"激动的"或"提升的"。埃文基是西伯利亚土著群体，他们用"萨满"一词来指代男性或女性灵性实践者。一般说来，这种灵性实践者会主持仪式，并在仪式上用击鼓、念叨神词、使用致幻剂等方式使自己进入意识改变状态（有时也被称作"入迷"），从而与他界灵性力量建立联系。萨满与他界灵性存在相遇是为从后者那里获取帮助，比如请他们解决问题、治疗疾病、扭转厄运或对未来进行预测。宗教史学家米尔恰·伊利亚德（Mircea Eliade）在其经典著作中把萨满教描述为"古老的入迷术"和最古老的宗教形式。[1]虽然现在很多学者都认为"入迷"（意识改变）并非萨满教的必要属性，但很多西方世界的灵性追求者仍将"入迷"视为萨满教的支柱性要素。

同时，"萨满"一词自18世纪被引入西方社会并为后者所用以来，在内涵上已衍生出了更多版本。比如在18世纪，俄国沙皇把萨满看作来自异乡的小丑，让他们加入宫廷小丑的行列。启蒙主义者对西伯利亚进行探索时，把萨满看成应被揭穿的骗子。20世纪早期，如果有人向一位古典弗洛伊德派学者讲述萨满在降神会上的入迷行为，这位精神分析者可能会说："这是精神病！"而荣格派学者观察后则会把这种行为阐释为一种通过积极想象来获知本质的过程。对当下欧洲和北美的一些自然社团成员来说，萨满是能疗愈西方文明疾病的、更高层级的灵性与生态智慧的承载者。一些灵性追求者坚信，萨满教就是美洲土著灵性传统的另一个称谓，而另一些人却仅把这个词看作"万物有灵"和"异教信仰"的同义词。生态女性主义作家认为，在先民时代，女性家长统治着世界，地球上第一位萨满也是女性，所以萨满教就等同于女性精神力量。其实，很多当代灵性追求者仅将萨满看作能够与神灵进行沟通的人。因此，"萨满"一词也被宽泛地等同于男性或女性巫医、巫师、骗子、魔法师和招魂术士等。

于是，对萨满教如此吸引西方人这一现象，我开始思考其原因并考察其文化和知识源头。20 世纪 60 年代，大量萨满教题材书籍得以出版，仅此一项就足以使该领域变得更加值得探索。其实，我在结束对阿萨巴斯卡印第安人的考察之前已开始阅读相关文献，并与吉姆和卡罗琳等朋友就相关问题进行了探讨。此外，我从事的另两项工作也支撑并拓展了我对这个新课题的兴趣。我多年从事俄罗斯作家关于西伯利亚土著灵性传统的文集出版工作，也一直致力于为西方学者的萨满教著作拓展读者群[2]，这些工作都有助于我将萨满教主题文学作品和人们对萨满教感兴趣的现象置于西方思想史和文化史语境中。围绕这项新课题，我最终设置了如下问题：西方人是如何运用萨满教这种表达的？萨满教这种曾非常边缘化的现象又为何突然在六七十年代引起人们注意？

正是上述问题界定了本书的类型与框架——思想史和文化史。本书将萨满教看作隐喻或活态灵性技术，主要探讨 18 世纪以来萨满教概念在西方社会的发展，同时讲述了以探索古代入迷技术为灵性实践目标的欧美探索者们的故事，涉及的人物主要包括西方学者、作家，还有探险者、灵性追求者和企业家等。这些人对萨满教的观点和态度各有不同，但本书的目的恰恰在于考察各种不同体验和观点，并由此重构其背后的文化史和思想史。不过，我虽对此做了非常认真的考察，但迄今仍不敢对该领域的学术方法或灵性路径进行有关"对错"的判断。

需要提及的是，关于此课题，我有自己的坚持。首先，我不同意将萨满教和普遍意义上的灵性传统从其所属语境或伊利亚德所说的"历史的恐怖"中剥离出来。虽然灵性及灵性信仰可独立存在，但它们同时也是人们教养的标识，是特定时代和特定文化的反映。我们在多大程度上渴望灵性和灵性信仰，就在多大程度上无法逃避历史。鉴此，我在探讨萨满教各种概念以及描述新萨满教实践时发现，人们都有通过重塑过去和现在以适应当代品位的取向。而读者则会从本书中看到，大众文化趋势、思想和学术议程及观察者的生命体验如何模塑了人们对萨满教的看法。

本书前半部分涉及的是 20 世纪 60 年代前的学者、文学家和旅行者关于萨满的认知。60 年代前，只有民族志学家和心理学家对萨满教感兴趣。在那时，"萨满"一词主要用于描述西伯利亚土著群体和北美印第安人的宗教实践，因此本书前半部分的很多故事都与西伯利亚和北美文献有关。本书后半部分则涉及 60 年代以来灵性追求者及学术界对萨满教日益提升的兴趣，同时也探讨了新萨满教实践的出现和萨满教研究的当下状态。此外，本书后半部分主要关注美国学术界和美国灵性追求者群体，这不仅是因为新萨满教兴起并兴盛于美国，也是因为我个人较为熟悉美国文化语境和相关主题的美国文献。当然，我也援引了其他西方国家的新萨满教材料用作比较。最终，本书最后一章将目光重新投向西伯利亚，考察并探讨了 20 世纪萨满教在其故乡①的命运。

本书成书于这样的时代背景：60 年代以来，西方社会反现代主义情绪不断高涨，人们对萨满教的兴趣不断提升突出地反映了这一思潮。这种情绪引领一些人去尝试发现非西方和前基督教的传统之美，这种传统不属于犹太-基督教主流文化，与灵性的和神秘的文化相关联。60 年代以前，人们对历史进步主义、物质至上主义和理性主义等西方文明核心价值的信仰处于巅峰状态，而非西方文化及古老的入迷术处于边缘地带，唯有人类学家和一小部分原始主义者以及神秘主义者对此感兴趣。60 年代直至今天，西方价值的吸引力越来越小，人们对非西方宗教却日

---

① 这里所说的故乡，是指作为隐喻的萨满教的主要发源地。——译者注

益近于痴迷，其中最明显的例子就是人们对佛教和美洲土著信仰的追随。可以说，20世纪60年代具有划时代意义[3]，在这十年间，很多欧美人开始批判地审视并拒斥西方文明及其根基。对一些人来说，"西方"甚至成为"殖民主义"和"物质至上主义"的代名词。

60年代以来，人文科学和社会科学领域出现的反现代主义倾向也更强调社会生活中的人性、灵性和非理性部分，由此更尊重"没有历史的"非西方人。[4]早期的研究者总试图诉诸唯物主义阐释并找寻某种说不清道不明的社会和经济力量的影响，但新一代研究者却开始寻找独特的、个体性的和非理性的原因，他们描绘出一幅幅原本处于边缘地带的群体及其体验和文化的图景，并更为积极主动地将人们带入其中。在整个思想界的氛围于60年代变化加速的背景下，他们选择更多地使用萨满和萨满教等表述。

一些当代西方灵性追求者、学者和作家把古老的入迷技术称为新萨满教。本书将新萨满教与传统萨满教并用，用来指代我考察的特定时空中的特定案例。很多学者在探讨新萨满教实践及其对灵性的追求时，将其归类为"新纪元"运动。"新纪元者"是指西方社会中反对犹太-基督教主流传统，或认为这一传统需要被补充或被超越的灵性追求者，他们强调普遍性的灵性传统，在西方和东方之间采取折中主义，并经常把对灵性的追求看作一种精神治疗方式。不过，西方灵性追求者有时比较反感"新纪元"这种表述，认为其指代的是"肤浅的"和"碎片化的"精神追求。[5]其实我个人觉得这种表述没什么错误，但我也经常用引号把这个词括起来，或偶尔用"心灵、身体和灵性"这样较长但更中性的同义词来代替"新纪元"。

我在书中也使用了诸如"灵性追求者"和"非教会灵性传统"等宽泛的表述。虽然宗教史学家提出的"非教会灵性传统"似乎指代很广，但它却捕捉到了"新纪元"运动和被称为"灵性但非宗教"运动的立场。[6]社会学家也用"新宗教运动"和"可选择性宗教"等提法来指代新萨满教一类的实践活动。值得提及的是，其实"新纪元"运动已出现30

多年了，现在已不是新事物了，而且"新纪元"思想的某些要素也已融入了西方主流文化，这不禁让人想到"可选择性"在这种情况下是否还适用。

历史学家凯瑟琳·阿尔巴尼斯（Catherine Albanese）提出的"自然宗教"更精准地捕捉到了新萨满教的本质[7]，这种提法强调大地哲学对于 20 世纪 70 年代从西方环保主义者中分化出来的灵性追求者群体的重要意义。不仅如此，我们还可以用这种提法指代凯尔特萨满教、威卡（Wiccan）萨满教及另一些与"新纪元"运动标准无法严格对应的异教；"自然宗教"倾向于从不同文化中兼收并蓄，相信灵性知识可通过培训的方式得到传播。虽然"新纪元"运动和当代某些异教有重合之处，但区别却在于异教徒通常将自身限定在特定文化传统中，不会努力建构全球性灵性传统。这种异教徒倾向在 90 年代的新萨满教运动中表现得越来越明显，很多灵性追求者甚至放弃了原来对非西方传统的兼收并蓄，转而追求特定的欧洲灵性传统。这样一来，是否强调全球性和兼收并蓄就成了新萨满教实践者和"新纪元者"的最重要区别。"自然宗教"太灵活、太即兴了，已无法成为一种宗教了，所以我在本书当中对阿尔巴尼斯的提法做了一点改动，将其改为"自然灵性"，并在此基础上运用了"自然社团"（单数和复数）这一概念。最后，有一点也非常重要，要记住新萨满教和其他"新纪元"运动及当代自然运动，其实是西方神秘主义历史的一段重要插曲。德国宗教史学家科库·冯·斯图克拉德（Kocku van Stuckrad）早就说过，声称能通过进入特殊意识状态和从古老智慧及自然哲学中获得启示来获取神圣知识，是西方文化史中反复出现的主题和对诺斯替主义的回归。[8]与此同时，我也提醒读者要谨慎看待上述诸多概括，因为新萨满教（及萨满教的）实践具有突出的多样性，要对其进行严格的学术归类非常不易。

一些学者将现代西方萨满教与 19 世纪发现于西伯利亚或美洲土著当中的理想的、"真正的"萨满教相对比，认为前者是人造的或想象的萨满教[9]，但我想强调的是，我并不赞同这个观点。同时，我也不赞同某些学者和作家把西方萨满教实践者描绘成靠土著灵性传统吃饭的"殖民者"，更不赞同把灵性追求者贬斥为无望的"浪漫主义者"，因为我觉得成为浪漫主义者和梦想者是无罪的。当然，我本人并不是用萨满教技术做实验的灵性追求者，我只是带有同情眼光的观察者，我认为新萨满教虽然有些模糊和不稳定，但其作为一种灵性传统，在重要性上丝毫不亚于美洲土著信仰、科学论派信仰、天主教、基督教福音教派、巫术和摩门教及印度教。

虽然本书首次同时把萨满教和新萨满教置于西方文化语境中，但其实此前已有学界前辈对相关领域做过研究。首先，我想感谢罗纳德·赫顿（Ronald Hutton），赫顿在《萨满：西伯利亚灵性传统和西方人的想象》（*Shamans: Siberian Spirituality and the Western Imagination*, 2001）一书当中对 17 世纪以来俄罗斯人和西方人对西伯利亚萨满教的观点进行了探究，他还著有当代巫术史方面的开创性著作《月亮的胜利：当代异教巫术史》（*The Triumph of the Moon: A History of Modern Pagan Witchcraft*, 1999）。[10]虽然我在方法论方面主要受益于第二本书，但其实我更欣赏第一本书，因为它同时从马克思主义和非马克思主义两个角度撰写了西伯利亚萨满教编年史。由于赫顿在这方面已经做得很好，我在本书西伯利亚一章仅是简述了萨满教编年史，而把主要篇幅用作集中探讨苏联意识形态主义者对萨满教的态度和新萨满教在苏联解体后的西伯利亚的复兴情况。

我也要感谢人类学家杰里米·纳尔拜（Jeremy Narby）与弗朗西斯·赫胥黎（Francis Huxley）合编的论文集《穿越时光的萨满》（*Shamans through Time*, 2000），该书对 16 世纪至今关于萨满教的学术著作和游记进行了摘录，对本书来说它是很好的资料来源。宗教史学家科库·冯·斯图克拉德的《萨满教与神秘主义》（*Schmanismus und Esoterik*, 2003）使我对新萨满教在当代西方神秘主义领域所处的位置有了进一步了解。此外，我也想借此机会感谢我的同行们，他们对本书做了批判性阅读并为我提供了很好的学术反馈。我还要感谢菲利普·詹金斯（Philip Jenkins）的《捕梦网》（*Dream Catchers*，2004），他在书中追溯了带有美洲土著灵性基因的美国浪漫主义传统自早期殖民时代发展至今的历程，他对此的详尽论述对我了解美洲土著灵性传统与当代西方萨满教两者的关系有很大帮助。

作家兼学者格洛丽亚·弗莱赫蒂（Gloria Flaherty）在《萨满教与18世纪》（*Shamanism and the Eighteenth Century*，1992）中阐释了启蒙主义关于西伯利亚和北美土著灵性传统的观点。[11]特别值得提及的是，她指出人们对"原始之美"的痴迷早在启蒙时代就已出现了。的确，正是启蒙主义促生了"高贵的野蛮人"这一概念，并使人们对神秘主义的兴趣提升——这是对当时理性主义泛滥的一种回应。然而，启蒙主义观察者在总体上仍对非西方宗教持怀疑态度，认为其是"高等"宗教的退化，是应被归类和编目的原始样本。尽管19世纪早期浪漫主义作家着迷于灵性的和非西方传统，但显而易见，这并没有对当时占主导地位的启蒙主义"怀疑论者"看待"部落"宗教的眼光造成影响。直到19世纪末20世纪初，人们对非西方灵性传统的态度才开始发生真正的变化。这个时期，以现代性、物质主义和理性主义为关注点的启蒙思想逐渐失去了社会吸引力。此后又过了60多年，人们对西方文明的信仰几近破碎，大众普遍着迷于非西方的、神秘的灵性传统，最终使这种传统在20世纪七八十年代进入了欧美主流文化。

本书将主要探索萨满教这一习语形成的源头以及西方人的萨满教认知发展史，这要求研究者必须大量使用相关文献材料。由此，我在撰写《原始之美：萨满教与西方人的想象》一书的过程中运用大量出版物和其他资料作为主要资料来源，如图书、萨满教实践者的会议议程以及关于灵性传统的期刊和报纸等。本书后半部分对新萨满教的探讨也采用了我与一些萨满教研究者及一些从事萨满教实践的灵性追求者之间的对话和访谈材料。这些材料大多来自非正式的对话和探讨，不过其中也包括一些长期的正式访谈材料。

在撰写本书的过程中，我有幸得到了包括学者、灵性追求者、编辑及朋友们在内的很多人的帮助。我首先要感谢的是牛津大学出版社的编辑辛西娅·里德（Cynthia Reed），在本书还处于筹划阶段她就启动了编辑工作并对我两次推迟交稿采取了包容态度。我也非常感激人类学家道格拉斯·沙伦（Douglas Sharon）、戴维·惠特利（David Whitley）和约翰尼斯·威尔伯特（Johannes Wilbert）与我一道探讨他们的萨满教研究。此外，我还要感谢本书中提及的所有灵性追求者，首先要感谢的是凯尔特萨满社团及其非正式负责人蒂拉·布兰登-埃文斯（Tira Brandon-Evans）；感谢埃里克·佩里（Eric Perry）和杰克·班尼特（Jack Bennett）带我参加他们的萨满之旅；感谢狄安娜·斯滕内特（Deanna Stennett）向我展示她接受核心萨满教治疗的情况；特别感谢超个人心理学家和灵性实践者尤尔根·克雷默（Jurgen Kremer），他与我分享了关于如何在当代西方文化语境中使自身更加部落化和本土化的观点和体验；感谢唐·赖特（Don Wright）先生让我跟他学习以运用古秘鲁人吹哨瓶技术为核心的灵性课程；感谢简·冯·伊斯莱斯泰恩（Jan van Ysslestyne）与我分享她把西伯利亚萨满教引入北美的经历。感谢熊部落的巫医之首风的女儿向我提供已故太阳熊的信息。此外，我在西伯利亚西南部的旅行中得到了默根·克莱舍夫（Mergen Kleshev）的帮助，他是我在当地的东家和向导，把我引荐给了当地部落和阿尔泰地区新形成的若干萨满实践者社团。

也要感谢阿拉巴马州立大学人类学系为我提供了两年专职研究岗位（2002～2004 年），正是在此期间，我完成了本书的初稿；感谢美国国会图书馆的约翰·W. 克鲁克中心和日本札幌的北海道大学的斯拉夫语研究中心，在这两年里它们为我提供访问学者奖学金支持我的研究工作；感谢美国哲学学会，过去两年里这个学会曾两次资助我的研究，而学会的奖学金评审委员会再度决定对我的研究给予资金支持，助我完成本书的写作。

此外，感谢日本斯拉夫语研究中心资深民族学者井上浩一（Koichi Inoue）对我的帮助以及与我的合作。他不仅长期与我一道探讨西伯利亚萨满教和新萨满教问题，而且还把我引入日本通灵女巫（itako）的世界。感谢另一位美国资深学者谢尔盖·甘（Sergei Kan），我在本书第二章和第三章中探讨的几位人士及其相关资料正是他分享给我的，不仅如此，他在过去多年当中一直给予我精神支持。在本书初稿完成后，另两位亲密的同事帮我梳理了书稿。宗教社会学家卡罗琳·派维（Carolyn Pevey）投入大量时间批判性地阅读了书中若干章节，助我对相关内容进行了有意义的调整。我在阿拉巴马州立大学人类学系的同事和朋友杰基·佩恩（Jackie Payne）对本书进行了校对和编辑工作，如果没有她在编辑方面所提供的帮助，本书的可读性将大大降低。

我也欠下了很多个人情感债。感谢我的妻子苏珊（Susan），她简直就是我在本书下半部分中所描述的也是一些学者所说的那种"灵性的但非宗教"的人物的具体化身。她的知识和经历……使我更好地把握了新萨满教在现代自然崇拜、女神崇拜和生态女性主义等灵性传统中所处的位置。最后，但并非不重要的是，我的儿子小安德烈对动画片《萨满王》的热情将我带入了另一种看待萨满教在当今西方世界中位置的维度。

目　录

第一章

启蒙主义者和浪漫主义作家看萨满教

> 萨满教（SHAMANS），名词，阳性，复数，是西伯利亚的居民对祭司、杂耍者、巫师和医生等骗子群体的称谓。
>
> ——《百科全书，或科学、艺术与手工艺大辞典》（1765）

> 任何人，只要见过真正的萨满的入迷巅峰状态，都绝对会承认萨满并不是在行骗，至少在那一刻不是。事实上，萨满是受到了不由自主且无法掌控的、刺激性很强的想象力的影响。
>
> ——费迪南德·冯·弗兰格尔（Ferdinand von Wrangel）
> 俄裔德国探险家（1841）

正如我曾在前言中提及的，"萨满"一词源自作为西伯利亚土著群体之一的通古斯（埃文基）人的语言。后来，定居于西伯利亚的俄罗斯人将"萨满"一词作为对当地灵性治疗者的称谓，并最终将这种用法推广至全世界。有人可能会问，为什么这些西伯利亚的后来者会优先选用这个埃文基词语而不是其他土著语言来指称灵性实践者呢？我猜想，这可能与作为使鹿民族的埃文基人的足迹几乎遍布西伯利亚全境有关。俄罗斯人和西方探险者在从西伯利亚中部到太平洋沿岸的广阔区域都遇到过一些埃文基人的部落；此外，埃文基人也恰好有能吸引西方探险者眼球的漂亮衣服和图腾（见图1-1）。由此，服饰独特的通古斯人（埃文基人）就成了西方旅行者眼里典型的西伯利亚土著。上述可能就是那些后来者选择埃文基语"萨满"而不是其他土著语言来指称西伯利亚所有灵性实践者的原因。

图 1-1 遍布西伯利亚中东部的通古斯人（埃文基人）

注：通古斯人独特的服饰给探险者留下了深刻印象，"萨满教"一词即来自通古斯语。

资料来源：Johann Gottlieb Georgi, *Das eröfnete Russland, oder Sammlung von Kleidertrachten aller im Russischen Reiche wohnenden Völker*（St. Petersburg. n. p.，1774），图版"通古斯猎人"。

同时，第一批探险家虽为当地手工制品和传说等特别要素所吸引，但对当地土著灵性信仰却持怀疑态度。这些在 18 世纪来到西伯利亚的旅行者受启蒙主义的理性主义和怀疑主义哲学影响，无论如何也不会为萨满教着迷。很多探险者都认同当时占据主导地位的理性主义观点，将萨满教贬斥为一种原始的迷信，其中一部分人甚至认为萨满教是高等宗教的退化。随着浪漫主义的诞生，这些受过教育的欧洲人对这种部落的古老入迷术的情绪首次发生了转变，旅行者和探险者们在其作品中逐渐呈现出对萨满教的光明面和"哥特式"黑暗面的着迷感。

本章在探讨西伯利亚的启蒙主义游记作品的同时，还将探讨为萨满教研究奠定基础的浪漫主义作家和学者们，如东方学学者道尔吉·班扎罗夫（Dorji Banzarov）以及芬兰民俗学者和作家等萨满教学先驱人物的贡献。他们虽受不同思想和文化观点的影响，但一致认为部落灵性具有吸引力，值得记录。本章将以对威廉·拉德洛夫（Wilhelm Radloff）的探讨作为结束，拉德洛夫是欧洲浪漫主义东方学学者的突出代表，这位俄裔德国语言学家和民族志学者是萨满教研究的引领者，直到 1900 年，他的著作仍是西方人了解"古典"萨满教的主要来源。

隐喻的诞生：18世纪的启蒙主义探险者

由于最先用"萨满"来指称西伯利亚灵性实践者的是俄罗斯人，一些作家因此错误地认为最先将这种表述引入西方文学界和学术界的也是俄罗斯人。实际上，最先将"萨满"一词引入西方语汇和思想界的是 18 世纪远赴西伯利亚考察的德国探险者和科学家，是他们让受过教育的欧洲人了解到，萨满就是指那些主持入迷性降神会的西伯利亚土著巫医。很多由俄罗斯人所做的记载都曾提及萨满教的存在，但直到 19 世纪晚期，大多数俄罗斯人对此还处于一无所知的状态。[1]所以说，很多受过教育的俄罗斯人其实都是从远赴西伯利亚的西方探险者的专著或其译本中了解到西伯利亚萨满的。

首部对西伯利亚不同族群的萨满予以记述的出版物是荷兰探险家尼古拉斯·韦特森（Nicolaas Witsen）的《北部和东部鞑靼》（*North and East Tartary*，1692）（见图 1-2）。韦特森曾任阿姆斯特丹市市长，1664~1665 年，他亲赴俄罗斯并在那里搜集了西伯利亚地理、资源和土著人的大量数据。他和很多与他同时期的人一样，都称西伯利亚为鞑靼。[2]

图 1-2　通古斯萨满或"魔鬼的祭司"

资料来源：来自尼古拉斯·韦特森《北部和东部鞑靼》一书的插图，杰拉德·德·格拉夫（Tjeerd de Graaf）友情提供，尼古拉斯·韦特森项目，荷兰。

值得注意的是，韦特森的书中有一幅萨满像，画的是一个男人穿着带动物爪子的皮毛大衣，且正处于入迷状态。该图的图下注说，图中人是萨满，是"魔鬼的祭司"。这种注释反映了启蒙时代到来之前人们对部落灵性实践者的普遍认知。18 世纪以前，西伯利亚及以远地区的土著灵性治疗者通常被妖魔化为黑暗世界的仆人和邪恶力量。这种受基督教措辞影响的态度虽在 18 世纪的俗文学作品中差不多消失了，但直到 20 世纪其仍存在于西方传教士的相关作品中。

除韦特森外，西方人中首先对外传播、设计和模塑"萨满教"内涵的是一批讲德语的探险者。实际上，18 世纪末 19 世纪初，很多描述西伯利亚土著信仰的英语和法语文献都倾向于采用萨满一词在德语中的拼法"schaman"[3]。为什么不是俄罗斯人，而是西方探险者首先在出版物中提及西伯利亚灵性实践者呢？自彼得大帝时代开始，作为欧洲外围国家的俄罗斯因缺少受过教育的人才，所以大量雇用来自欧洲，特别是讲德语的科学家为其考察边界地理及资源。这些探险者穿越西伯利亚荒野，测绘冻土层和针叶林，寻找矿藏，测量温度，收集和记录外来物种和古董。在寻找矿藏和动植物的同时，这些探险者也孜孜不倦地跟土著人谈论他们的生活方式和"奇异的"信仰——萨满教。

丹尼尔·梅塞施密特（Daniel Messerschmidt，1685-1735）是首批受雇于俄罗斯的探险家之一。这位探险家与启蒙时代众多博学的人一样，除是一位职业医生外，还是个"百事通"。在西伯利亚探险期间，梅塞施密特同时承担起自然学家、地理学家、东方学家的职责，甚至还承担起考古学家的职责，负责考察古代岩石艺术。梅塞施密特还为其非常仰慕的菲利普·约翰·冯·斯特拉伦伯格（Philip Johann von Strahlenberg）当助手，后者是一位受过教育的瑞典军官，曾作为战俘被流放到西伯利亚。斯特拉伦伯格在其1726年出版的著作中向欧洲人详细介绍了西伯利亚鼓——他在西伯利亚西南部发现了这种类型的鼓，并且将其与"拉普兰人"（Laplanders）的鼓进行了对比。"拉普兰人"即斯堪的纳维亚北部的萨米人（Sami），对于当代欧洲人来说，"拉普兰人"就是最典型的魔术师和巫师。此外，斯特拉伦伯格也在不经意间成了首个报道"毒蝇菌"具有致幻作用的人。不过，他描述这种植物时并未提及其仪式用途。[4]

更多关于萨满教的综合信息是由后来受俄罗斯科学院委托于1733~1743年对西伯利亚进行考察的探险队提供的。探险队的成员自然学家约翰·乔治·格梅林（Johann Georg Gmelin）、乔治·斯特勒（George Steller）和学生助手斯捷潘·克拉舍宁尼科夫（Stepan Krasheninnikov）、历史学家格哈德·缪勒（Gerhard Müller）以及探险队记录员雅各布·约翰·林德诺（Jacob Johann Lindenau）都密切地观察并记录了萨满教。如林德诺甚至还在记录通古斯（埃文基）萨满神词的同时对其进行了德语转译。另一整套关于萨满教的详细记录来源于凯瑟琳大帝资助的第二个学术探险队（1768~1774），凯瑟琳大帝自诩为欧洲开明专制君主，喜欢资助科学和教育。第二个探险队的负责人是动物学家彼得·西蒙·帕拉斯（Peter Simon Pallas，1741-1811），成员包括自然学家约翰·戈特利布·杰奥尔吉（Johann Gottlieb Geogri），植物学家约翰-彼得·福尔克（Johann-Peter Falk）和帕拉斯的俄罗斯学生瓦西里·苏耶夫（Vasilii Zuev）。上述两个探险队成员的著作主要以欧洲语言出版或再版，奠定了欧洲人最初如何称呼萨满教的基础。这些探险者给读者脑中植入了这样一种观念，即萨满或是技术娴熟的骗子，或仅仅是一类怪人，更糟糕的是他们引导读者把萨满看作精神病患者。可以说，这一时期的科学家和收藏者还是启蒙时代的"孩童"，因此自然会对土著人的灵性"错觉"持怀疑态度。

　　杰奥尔吉和帕拉斯带着非常浓厚的怀疑主义色彩，清晰地表达了当时的启蒙主义者对萨满的蔑视与贬损态度。杰奥尔吉强调说，西伯利亚萨满"像疯子一样行事，给精神错乱增添了恶作剧的色彩"，这位探险者详细描述道，他们"大叫着、咧着嘴狂吼着和念叨着各种胡话"，这位民族志学者还提及，萨满的所有行动都是在黑暗中进行的，因为这样才能吓唬住观众。帕拉斯也从他的角度对典型的奥斯加克人（Ostiak）（汉特人，Khanty）萨满教降神会进行了描述，他几乎逐字逐句地重复了杰奥尔吉的话，说萨满仪式就是"吼叫"和"制造噪声"，还说灵性实践者在仪式上"满嘴胡话"。在观察了一场埃文基萨满降神会之后，帕拉斯向读者描述道，那个女人"跳跃着，摆出各种姿势，扮出各种鬼脸，还不断打嗝、念叨，嘴里发出'咕咕'声，最后她装出一副失去神智的样子"。这位探险者对其观察对象给了很低的道德评价，认为"萨满是最狡猾的人，他们用娴熟的技巧去解释自己的梦境和荒诞故事，从而获取受人尊重的地位"[5]。值得注意的是，就连当年一直与哲学家和思想家保持通信的、以全面发展作为追求目标的那位尊贵女性——凯瑟琳大帝也对西伯利亚萨满持怀疑和蔑视态度。她亲自创作了戏剧《西伯利亚萨满》（*The Siberian Shaman*, 1786）来嘲笑一位叫作安巴-莱（Amban-Lai）的萨满的部落灵性实践活动。剧中，这位萨满受一个圣彼得堡贵族家庭之邀去为这家的女儿治病，但他是一个贪婪和寡廉鲜耻的骗子，操纵了那个贵族家庭并用廉价的伎俩欺骗观众。凯瑟琳大帝还借此剧奚落与她同属高等阶层却急于回应所有神秘事物的人："你们和萨满差不多，你们用想象出来的规则欺骗自己，然后再借此来欺骗那些信任你们的人。"[6]

前文曾提及，一些西方探险者在 18 世纪远赴西伯利亚进行地理、古物和历史考察，其中也包括后来成长为俄罗斯历史学之父的德国学者缪勒等人，其实即便是这些人也对土著灵性信仰和实践持蔑视态度。缪勒曾对阿尔泰（Altai）北部绍尔人（Shor）——他本人称其为"鞑靼"或"铁列乌特人"（Teleut）——萨满降神会进行过观察，然而他对这种仪式并没什么好印象，"我敢说所有的降神会都差不多，没有什么奇迹发生。萨满发出令人感到不快的号叫声，无意识地乱蹦乱跳，他们敲击的平面鼓后面缀有铁铃铛，所以能发出更大的噪声"。缪勒强调说，这些萨满是可悲的骗子，应该受到审判，"这些萨满以行骗为生，他们制造的徒劳闹剧和欺骗行为骗不了人们太久"。在描述完仪式之后，缪勒甚至请读者原谅"他的跑题"分散了读者的注意力，但这位探险家同时又解释说，作为一个勤勉的观察者，他有义务把自己所看到的东西都记录下来。[7]

值得注意的是，杰奥尔吉作为第二次探险活动的成员对萨满教仍采用了相同观点。他也认为自己有义务向读者描绘西伯利亚土著信仰的全貌，但同时却强调自己必须减少对萨满教的观察，因为萨满教就是"以显而易见的愚蠢为基础的魔法和诡计"，他怕对此进行详细描述会冒犯读者。[8]

因首次对堪察加半岛进行完整描述而为人们熟知的俄罗斯自然学家克拉舍宁尼科夫也曾为自己揭露萨满教而感到满意。这位探险者描述了堪察加半岛的伊特尔曼人（Itel'men）和当地俄罗斯人所尊重的萨满卡里曼拉查（Karyml'acha）的"诡计"，告诉读者他是笑着看那个萨满刺破事先藏在自己腰间的海豹膀胱装作"刺伤"自己内脏的情景的。他由此得出结论说，只会使用这种廉价技巧的萨满甚至没有资格给欧洲普通的魔法师或小丑当学徒。帕拉斯和缪勒非常赞同这个俄罗斯同行的观点。帕拉斯曾写道，西伯利亚这种"只能在口袋里耍耍的骗子"到了欧洲任何一个集市上都会一败涂地，而缪勒则认为这种"粗俗卑劣的技巧"甚至不如"流浪魔法师"的表演。总之，这些启蒙主义观察者的结论就是萨满是次等的"表演者"和"小丑"，西伯利亚灵性实践者一无是处。此外，约翰·格梅林则提出，为给萨满一点教训，政府应该给这些"欺骗民众"的"平庸表演者"判刑，罚他们去银矿做一辈子劳工。[9]

不过俄罗斯官员对萨满却似有另外的打算。俄罗斯皇室只要听说有异域风情的灵性医生及令人入迷的鼓声的消息，就会想方设法把这些西伯利亚"魔术师"召去参加宫廷盛会、游行和娱乐节目，从而使这种活动成为从帝国境内寻来的"令人好奇之物"的拼盘。彼得大帝在宫廷中搞这种盛大演出，目的是要展示地表最大帝国的恢宏气势。彼得大帝时期的一份文件显示，他曾命令西伯利亚总督去寻找三到四个萨摩耶人（Samoed）（涅涅茨人，Nentsy）萨满并把他们带到莫斯科。不过，那位总督寻找部落"魔法师"的速度太慢了，彼得大帝不得不再次发布命令，责令其认真执行，要求尽快把萨满送到宫廷，告诫他"不要找任何借口"，甚至威胁他"如果再找借口不把萨满送到莫斯科来，我就让你交罚款"。最终，那位总督为了完成任务，把一批并非灵性实践者的普通土著人送到宫廷中，让他们加入宫廷小丑的行列去取悦沙皇的客人。

令人好奇的是，彼得大帝在1722年及两年后又下令要求送一批"魔法师"到宫廷中去。这一次这位沙皇策划了一个宫廷盛会，需要四个萨满和若干"纹面人"土著家庭，"纹面人"是当时的俄罗斯人给服饰华丽且具有独特纹面习俗的通古斯人（埃文基人）起的绰号。彼得大帝1724年发布的命令记载了有关详情，他命令西伯利亚总督"'要带着热情、不要找任何借口地'去各部落中寻找萨满，把他们连同他们'完好的萨满服饰和萨满鼓'都带到宫廷中来"。总督当然也想把最好的萨满送给沙皇。最终，当地的热心官员找到了25位土著灵性实践者，把他们送到了宫廷中。[10]后来的女沙皇安娜沿袭了举办宫廷盛会以展示俄罗斯帝国地大物博和民族众多的传统。1740年，安娜曾为两位宫廷小丑举办过一场"搞笑婚礼"。这场活动宏大而华丽，当时俄罗斯帝国所有已知部落的 200 多人都受邀前来，其中也包括穿着萨满服饰的人。顺带提一句，这次活动的仪式服饰来自此前两次民族学考察，这些服饰平时收藏于皇家科学院。

如同来自俄罗斯宫廷的人一样，启蒙主义探险者也并不避讳用发布正式文件的方式来做他们自己想做的与萨满相关的事情。探险者命令地方官员去找萨满然后再把萨满带到他们指定的地点——这是那个年代田野调查的常用方法，他们想借此仔细观察和考察原始的魔法师，目的是揭露后者的本质。历史学家缪勒就曾在其研究中大量运用这种民族学"考察方法"。1738 年到达布里亚特（Buryat）之后，缪勒听说在去往伊尔库茨克市途经的一个小镇上住着一位著名萨满拉扎尔·戴伯格洛夫（Lazar Deibogorov），于是他命令当地官员把这位萨满送到伊尔库茨克市去。在地方官员把萨满送到他那里之后，他又了解到那个小镇上还有两位能量更大的、"能在仪式中用刀割和刺自己"的萨满，于是他就又命令地方官员"把那两位萨满及其全部装备，包括他们用来砍自己的刀都带到伊尔库茨克"。为详细分析萨满降神会和揭露萨满的诡计，缪勒还命令一位萨哈（Sakha）女萨满先后两次为他和他专门挑选的另一位观察者格梅林做仪式。在观众观看仪式并揭穿灵性实践者之后，缪勒逼迫那位女萨满签署了一份自我揭露的证词，让她声明自己的灵性实践完全是骗局。缪勒在相关记录中写道，"她怕丢掉声誉"，所以抱着也许能够骗到科学家的侥幸心理去做仪式，但"她却做不到真的用刀砍自己却不受伤"[11]。帕拉斯跟缪勒几乎完全一样，也曾命人把萨满送到他那里，以便仔细地观察萨满的行为（见图 1-3）。有一次，一位哈卡斯（Khakass）萨满拒绝被送到探险者那里，于是就藏了起来，结果帕拉斯就让人没收了这位萨满的全部装备，包括他的萨满袍和萨满鼓。[12]

帕拉斯在探险过程中有一位 18 岁的助手作为旅伴，后者的名字叫 V. F. 苏耶夫。他这位年轻的旅伴后来在半途中脱离了帕拉斯，转而去访问奥斯加克（汉特）和萨摩耶（涅涅茨）。苏耶夫对这两地萨满的描述对帕拉斯关于西伯利亚萨满的评价影响很大。据苏耶夫的记录，他所遇

图 1-3　启蒙主义探险者眼中的西伯利亚南部萨满

资料来源：Peter Simon Pallas, *Puteshestvie po raznym miestam Rossiiskago gosudarstva* (St. Petersburg：Imeratorskaia Akademiia nauk，1788），3：345。

到的萨满都有两个特点，一是"疯狂"，二是"令人感到恐惧"，他因此将这两点看作萨满所从事职业的特点。苏耶夫曾带着十分吃惊的态度观察过几次萨满降神会，认为这种仪式充斥着"疯狂的激情"。这个年轻人还曾亲眼见证过几次所谓"北极癔症"的发作：病人在癔症发作时处于发狂状态，会模仿周围人的动作，也会突然痉挛和抽搐，或攻击其他人并毁坏东西。确切地说，学者们也没搞清楚这种疾病普遍见于北极地区的原因究竟是什么。他们列举了若干可能的原因，如缺乏维生素、长时期的极夜给人们精神上造成负面影响以及殖民压迫给人们造成心理影响等。而这其中非常值得关注的点是，苏耶夫将萨满的癫狂行为与"北极癔症"都归为疯狂行为。

　　在对西伯利亚人"疯狂"特质的根源进行认真思考之后，苏耶夫推测道："我不知道我们该如何对此进行解释，可能是因为他们普遍比较脆弱且容易上当吧，或仅仅就是因为他们比较愚蠢。说实话，我倒宁愿把他们的行为归为某种疾病。"在苏耶夫看来，西伯利亚土著普遍都有癔症，而萨满将这种疾病展示得尤为极端，"如果你一再刺激萨满，他就会变得疯狂，他会飞奔起来，在地上打滚，大声吵嚷，而且他们也会随时操起身边的任何东西去打人"[13]。

帕拉斯不仅把他助手对萨满特点的总结——"疯狂"和"令人感到恐惧"写进了自己的书里，而且还更进了一步。这位自然学家概括道，他听有人说，萨摩耶（涅涅茨）和通古斯（埃文基）及堪察加（伊特尔曼）萨满的行为"部分来自他们天生的易怒性格和过度紧张的精神特质，部分受外界气候和他们职业的特殊性影响，也部分来自因迷信而扭曲的想象力"[14]。此外，帕拉斯还仅根据苏耶夫的报告就得出结论说"癔症"和"疯癫"在涅涅茨人和萨哈人中已达到流行病的程度，他认为，萨满被激怒后处于极度疯狂状态，甚至有可能自杀或杀掉不经意间吓到他们的人。后来人在记载西伯利亚宗教时仍习惯于参考帕拉斯的观点，把这种观点与他们自己对萨满教的评论混杂在一起。直到19世纪末期，一些欧洲人仍遵循老一套，认为萨满教是心理异常的体现。最终，在20世纪初，萨满教与"癔症"之间的联系逐渐被纳入学术理论研究的范畴。

其实，很多启蒙主义观察者在把萨满教贬斥为可悲和粗俗的神迹，或将萨满诊断为精神异常之人的时候，也曾尝试探索萨满"幻想"的根源。缪勒在其《西伯利亚史》（1750）中曾提出这样的问题：萨满教这种"违背常理的知识"是各地自发产生的，还是起源于某一个特定的地方？而他本人倾向于从典型的东方寻找萨满教的根源。缪勒认为，萨满教起源于印度，而后逐渐传播至整个亚洲，再传播到斯堪的纳维亚，最终传播到北美土著人当中。这位历史学家还推测说，印度最古老的居民曾是处于最佳状态的萨满教实践者，但他们被后来居上的"婆罗门"（Brahmin）驱逐出了印度。这些古印度人离开印度之后，逐渐将其古老信仰散布到亚洲绝大部分地区。这位历史学家还分析说，这些古印度人在北上途中与当地人混居并逐渐发生退化，他们忘记了祖先曾拥有的高等智慧，于是发展出一种西伯利亚版本的萨满教，后者充斥着癫狂舞蹈和击鼓等粗俗技巧。对缪勒来说，无论是当代的北亚萨满教还是古印度信仰，都反映了萨满教继承了印度多神信仰这一事实。他还推理说，如同佛教从印度传至中国西藏再传至内陆，最后到蒙古高原乃至西伯利亚等地一样，我们同样也有理由推测萨满教也能从同一个源头、以同样的方式进行传播。[15]

杰奥尔吉作为那个时期赴西伯利亚的探险者之一，把萨满界定为"拥有全部热情的隐士"，他也曾试图从东方寻找这种古老信仰的源头。他和缪勒一样，也认为萨满教是典型"异教信仰"的退化版本，而典型"异教信仰"原本是"高等级的信仰"，诸如藏传佛教和印度教等都是如此。不过，他对萨满教的概括比起与他同时期的启蒙主义同人要宽泛得多。他认为非常有必要在自己那部述及俄罗斯帝国所有民族的四卷本著作中加入萨满教内容，相关篇目的题目叫作《异教萨满教秩序论》（"On Pagan Shamanic Order"）。在这篇文章中，这位探险者描述了这种典型信仰是如何在北部移民中逐渐失去了原有的高贵品格的，"由于战争、动乱、人口迁移及流动，人们四处游荡，由于缺乏教育，一些传说被愚蠢的和骗人的祭司误读，原来的秩序（萨满教）就转变成了令人讨厌的谬论和盲目的迷信"[16]。对杰奥尔吉来说，亚洲腹地和西伯利亚萨满教缺乏一神论思想和宗教教理，具有突出的即时性特征，而这恰好证明了萨满教是古代信仰的退化版本。

顺便提一句，其实在印度寻找萨满教根源并不是由杰奥尔吉和缪勒开创的特定假说，而是反映了当时学术界正在形成潮流的某种立场。在启蒙时代，很多学者和作家，特别是那些质疑《圣经》和基督教权威的学者和作家纷纷将目光转向印度，试图在那里寻找所有伟大宗教和文明的源头。后来，浪漫主义作家继承并拓展了这种理想。

印度以外：关于萨满教起源的浪漫东方学观点

到"喜马拉雅"寻找答案的愿望最终在 19 世纪东方学领域成为一种既定的学术理论。对这些浪漫主义者持有如此"地理偏好"，赴西伯利亚考察的德国探险者阿道夫·埃尔曼（Adolph Erman）曾不无讽刺地评价说："他们想要建立这个世界上独一无二的、包含万物的神秘仓库。"[17]站在这种学术立场前沿的是启蒙主义晚期思想家和浪漫主义早期代表约翰·戈特弗里德·赫德（Johann Gottfried Herder，1744－1803），他用如同唱词一般朗朗上口的短句来总结自己的思想倾向，"神圣的土地，我向你致敬，音乐的故乡，心灵的声音"，"注视东方——人类及其情感和所有宗教的摇篮"[18]。弗里德里希·施莱格尔（Friedrich Schlegel）是另一位推崇这种观点的浪漫主义作家和哲学家，他一生致力于研究梵语，是最早提出"古印度语是东西方文明共享的语言原型"这一著名理论的学者之一。施莱格尔还在其语言学理论研究中融入了历史学视角，强调指出，来自高加索的、讲梵语的雅利安游牧部落曾征服印度，培育了近东、希腊和罗马文明，并由此奠定了西方文明的基础。后来，为强调这些雅利安先驱的作用，学者和作家们创造了一个特殊词语，即"印欧人种"[19]。

据我所知，施莱格尔是最早将"萨满"一词追溯为梵语的人之一。这位哲学家在其 1802 年的著作中指出，"萨满"一词来自 samaneans，后者是用于指代古印度时期佛教僧侣的、最为典型的古老表达方式，他由此强调，"萨满"是纯粹的印度词语。同时，施莱格尔还认为这个词语有"哲学层面的内涵"。他在若干关于世界思想史的文章中都曾提及对这个词语哲学内涵的思考。施莱格尔给萨满的内涵渲染上了印度色彩，把萨满看成"与神灵进行完美相遇所必需的""平和的心灵"。施莱格尔确信西伯利亚土著用"萨满"一词作为对"灵性实践者"的通称。不过，他很可能是只对缪勒、杰奥尔吉和帕拉斯等人的著作进行了较粗浅的阅读才得出了这种错误印象。不过施莱格尔还是把这个词的应用拓展到西伯利亚以外的区域，他坚持认为"鞑靼人的一部分"和北亚乃至中亚的土著人都用"萨满"来指称当地的祭司以及魔法师等人。[20]

这位哲学家相信，佛教的"samaneans"，即萨满原型在历史上曾与另一种古印度宗教的婆罗门（Brahmans）发生冲突而被挤到北方去了。施格莱尔也认同启蒙主义关于萨满教向北拓展的假设，他几乎是重复强调了缪勒和杰奥尔吉的相关理论，认为萨满教在向北方拓展的过程中，与"中亚的野蛮民族"相遇而"堕落成为一种迷信和野蛮行为"，古典的佛教因此遭到了扭曲。不过这位哲学家也给这一理论注入了新元素，从语言学角度证明了北亚萨满教与印度的联系。同样也认为印度是人类文明发源地的著名宗教史学家麦克斯·缪勒（Max Müller）则成功地使"语言学方法"在 19 世纪上半叶成为探索各种古代灵性传统之间联系的一种常用方法。

与施格莱尔同时代的浪漫主义学者对萨满教的描述在细节上可能与施格莱尔不同，但他们所做的推理却是相同的，即认为萨满教是东方古典信仰的北方退化版本。他们都想当然地认为北亚地区的野蛮土著无法创造出属于他们自己的宗教，所以只好从东方古典文明那里借用了灵性观念。波兰探险者路德维克·尼默约斯基（Ludwik Niemojowski）曾提出萨满教与东方信仰之间拥有非常丰富的联系。这位好奇心很重的探险者总是很迫切地去亲眼见证西伯利亚萨满教仪式，他坚信被他称为"黑信仰"的萨满教在"史前时代"曾盛行于亚洲东部和南部，特别是印度。施莱格尔及其前辈学者此前从未将印度某地视为萨满教中心，但路德维克却大胆且精准地将印度的阿托克（Attock）和皮沙胡尔（Peshawur）视为萨满教中心。[21]

路德维克把萨满教在亚洲北部的"退化"过程描述成了一场宏大的灵性戏剧。他写道，首先，散发着"坚忍和良善"光辉的婆罗门教和佛教逐渐排挤了萨满教的追随者——后者的信仰由此沉浸在巫术和血腥当中，迫使他们从印度北上到达了亚洲腹地和西伯利亚。最终，"萨满在亚洲和欧洲的冰封地带定居，部分萨满甚至远赴斯堪的纳维亚的岩石区，散布于白海沿岸，而芬兰人（拉普兰人和萨摩耶人）深受他们的影响；还有一些萨满定居于西伯利亚，将萨满教观念灌输给当地的游牧土著人"[22]。这位探险者继续写道，比之于恒河沿岸的高等东方文明，萨满教显得很低俗，但生活在欧亚大陆北部"半开化地带"的"野蛮人"却因没有自己的宗教而觉得萨满教很有吸引力。路德维克指出，萨满教虽很低俗，但给这一地区的人们打开了一扇接触文明的小窗口。不过这位探险者也戏剧化地指出，不幸的是，亚洲北部特别是西伯利亚环境严酷，延缓了该地向高等文明发展的速度，当地一直被冰封在"原始的封闭"与粗俗和古老的"可怖信仰"当中。

19世纪下半叶，美国民俗学者和神秘主义者查尔斯·戈弗雷·利兰（Charles Godfrey Leland，1824-1903）提出了关于萨满教起源与东方文明关系的看法的美国版本。与利兰同时代的美国作家和学者在那个时候很少用"萨满教"这一词语，但利兰在这方面却与前者有显著不同，他不仅采用了这个词语，还接受了关于以往对于这个词语定义的全部历史。可以肯定的是，利兰在德国游学期间深受该国文化和文学熏陶，也正是在此期间，他接受了萨满这一词语及其定义。利兰和欧洲浪漫主义东方学者一样倾向于认为萨满教起源于古代东方，他称其为"非常古老的共同来源"[23]。

利兰武断地认为美国东部印第安人的神话与"旧世界的传说"来自同一个源头，然后以此为前提指出，萨满教逐渐由中亚传播至北欧，然后到格陵兰岛的因纽特人再到拉布拉多、新不伦瑞克和缅因的瓦班纳吉（Wabanaki）印第安人当中，后来瓦班纳吉印第安人将其传播到易洛魁人那里，后者又将这种信仰传播至西部部落当中。在对萨满教本质进行概括时，利兰与路德维克一样，把萨满教视为位于宗教进化史起点上的原始宗教，而且还特别指出，在人们摆脱早期宗教阶段，即过于依赖黑魔法状态，走向制度性宗教的进化过程中，萨满教是一个重要环节，他由此指出萨满通过抛弃"过去年代里的黑魔法"[24]，帮助人们摆脱了无序，创造了秩序。

总之，19 世纪末，很多学者和作家差不多都认为通古斯语"萨满"来源于古老的梵语"sramana"或巴利语"samana"，后两者均是古印度佛教僧侣祝祷词中的常用词。我在前文曾提及，语言学上的联系通常能引入相关的文化和历史联系。虽然一直以来都有学者质疑萨满教与印度之间的联系，但大部分学者却将这种观点视为理所当然。由此，关于萨满教的此种解释——各个版本之间差别不大——最终被各种标准词典和百科全书纳入常用词条。比如，《布罗克豪斯会话词典》（*Brockhaus' Konversations-lexikon*）的 20 世纪早期版本阐释了西伯利亚萨满教与印度"sramana"之间的关系，《迈耶会话词典》（*Meyers großes Konversations-Lexikon*，1909）对此也做了相同的解释，即直接采用了麦克斯·缪勒运用语言学探源法对萨满教所做的解释。[25]

虽然《牛津英语词典》（以下简称《词典》）对萨满教起源提供了两种版本的解释，但两者其实都符合"萨满教起源于东方"这一假设。《词典》一方面假设通古斯萨满与梵语的"cramana"（苦行者或禁欲者）或巴利语的"samana"有关，另一方面也指出，通古斯语的"萨满"可能吸收了与蒙古语类似词汇的用法，而蒙古语相关词汇则可能吸收了汉语"沙门"（sha mén）的用法。如果我们相信《词典》的解释，那么我们也有必要了解，"沙门"在中国古时候是指"佛教所说的受戒的人"[26]。此外，我还发现了关于萨满教起源于东方的各种奇异版本的语言学假说。比如，俄罗斯流亡语言学家 A. G. 普列奥布拉任斯基（A. G. Preobrazhensky）将"萨满"一词的起源追溯至梵语的 çámas（终止、放松、休息），并在其所编著的《俄语词典》（1951）中指出，"萨满"一词是由蒙古高原传至西伯利亚，而萨满是指会使用巫术和从事治病行当的、较低等级的佛教祭司。[27]

早在 1917 年，人类学家伯特霍尔德·劳费尔（Berthold Laufer）就曾明确指出，学者们总是试图从语言学角度挖掘萨满教与东方之间的联系，其实是"过多地受泛印度主义的浪漫主义运动"的影响，但这种方法并没有坚实的根基。虽然劳费尔在那个时候就已经抱怨"在标准辞典和百科全书中，印度词源一直在可怜的萨满身边阴魂不散"，但一些现代版本的参考书仍沿用了这一解释，比如，《美国遗产辞典》（*The American Heritage Dictionary*，1985）就遵循了旧有的学术传统，一些学者和灵性作家也坚持追寻亚洲腹地和北部萨满教的东方基因，并将"萨满"一词追溯为梵语的 sram（给自己加热）和 sramana（苦行），或另一些与东方有关的衍生词。实际上，对一些神秘主义作家或灵性实践者来说，这种联系为他们将萨满教与密宗或瑜伽修行联系在一起提供了便利的学术证据。由此，加利福尼亚的人类学家和萨满教实践者拉里·彼得斯（Larry Peters）坚称萨满的附体技术是从印度传播到北亚的，萨满这个词也是沿此路径传播的。然而，讽刺的是，文学研究者格洛丽亚·弗莱赫蒂虽在她那本非常有趣的著作《萨满教与 18 世纪》中揭示了启蒙主义思想是如何看待萨满教的，但她本人却是这种语言学谬论的受害者。[28]

人们之所以坚持不懈地到古典的东方社会中寻找萨满教根源，是因为浪漫的东方主义拥有经久不衰的文化传统。此外，我认为这种倾向可能也跟著名的近代萨满教研究者史禄国（Sergei Shirokogoroff, 1887–1939）的研究有关。这位俄罗斯哲学家曾求学于巴黎，后来转行从事民族学研究。经研究，他发现，藏传佛教对南部通古斯人（埃文基人）信仰有着显而易见的影响，他根据这一发现发表过一篇关于西伯利亚南部萨满教受佛教影响的论文。他追随前辈学者，指出萨满一词可能是藏人从印度借用的。史禄国还为此专门发表过一篇文章，用他自己的话说，这捍卫了"sramana"与"saman"在词源上的近亲关系。[29]

不过，与启蒙主义和浪漫主义作家不同的是，史禄国从不把萨满教看成古老的原始宗教，他强调自己所指称的通古斯萨满教是一种融合了藏传佛教与中世纪和近代西伯利亚土著信仰的信仰体系。似乎是预料到了当下的后现代人类学趋势，史禄国在其萨满教研究中尽可能不做普遍性概括，而仅就通古斯民族学素材发表观点，并且还对那些胆敢进行跨文化类比的做法进行了批评。不过，我认为史禄国还是过分夸大了佛教对于埃文基萨满教的影响并因此自然而然地滑向了浪漫主义语言学方法。虽然藏传佛教可能曾经影响过南部埃文基——甚至更广阔地域的萨满教，但我却怀疑图瓦人（Tuvan）和布里亚特人的灵性传统——一种能按自身意志呼唤和掌控神灵的西伯利亚信仰实践——是否也像史禄国试图说服读者的那样，受过藏传佛教的影响。[30]

浪漫的自然哲学和本土灵性

第一位以本土视角考察萨满教，而不是探究萨满教与东方关系的学者是受过大学教育的西伯利亚土著学者道尔吉·班扎罗夫（1822~1855）（见图1-4）。班扎罗夫是布里亚特人，曾先后在喀山和圣彼得堡接受俄罗斯大学教育。他为人们如何看待西伯利亚的灵性信仰提供了非常独特的视角。在喀山大学求学期间，班扎罗夫撰写了题为《黑信仰或蒙古人的萨满教》（"The Black Faith; or, Shamanism among the Mongols", 1846）的硕士学位论文，首次对西伯利亚和亚洲腹地的萨满教进行了较为全面

图1-4 道尔吉·班扎罗夫

资料来源：Dorzhi（Dorji）Banzarov, *Chernaia viera ili samnanstvo u mongolov*, ed. G. N. Potanin（St. Petersburg, n. p., 1891），卷首插图。

的描述。该文考察了布里亚特人和蒙古人这两个彼此相关联的群体的信仰。班扎罗夫虽深受启蒙主义和当代浪漫主义东方学观点影响，但对坚持认为西伯利亚本土灵性实践是藏传佛教"退化"版本的前辈学者们却持批判态度。他认为西伯利亚和蒙古的萨满教发源于本土。他在论文中写道，"对萨满教做进一步考察，可发现"：

> 所谓萨满教，至少蒙古人的萨满教不可能是来自佛教或其他宗教，这种宗教可能是在本土社会自发产生的。萨满教也不可能是以萨满骗术为基础的迷信和仪式。蒙古人的黑信仰也是如此，其与萨满教都拥有同一源头，即人们对外部世界即自然、对内部世界即人类灵魂的古代信仰体系。

可以说，班扎罗夫认为萨满教是人类关于灵魂的普遍信仰与地方特色相结合的产物。[31]

　　从班扎罗夫上述表达来看，他没有采用萨满教与印度相关的观点，而是深受我们称之为自然哲学的当代思想的启发。实际上，这位民族志学家曾明确表示，地理学家亚历山大·冯·洪堡（Alexander von Humboldt）是对他启发最大的学者之一。洪堡是自然哲学的主要支持者之一，他非常关注作为有机生命体的自然界与人类之间的密切联系。班扎罗夫曾写道，这位德国地理学家"比任何人都清楚自然界对未受教育的人们的影响何在"。对于18世纪的启蒙主义观察者们把北亚所有群体的宗教拼凑在一起、试图描绘一个具有普遍性的萨满教的做法，班扎罗夫也持批判态度。我在前文曾提及，杰奥尔吉曾撰写了题为《异教萨满教秩序论》的论文，试图把突厥人、芬兰人、蒙古人和另一些群体的信仰与神话混在一起，从而建构出一个泛化的萨满教，但班扎罗夫认为这种做法是个失败的尝试。当下的人类学者似乎都被一种后现代情绪所主导，他们总是避免进行任何跨文化泛化概括，而班扎罗夫似乎是预计到了这一点，他强调，在以研究为目标的前提下，他对观察特定群体的萨满教更有兴趣，而这些特定群体成员彼此之间的细微差别和细节只有他们自己能察觉。[32]不过，遗憾的是，班扎罗夫在其后来的萨满教研究中未能超越自己的硕士论文水平。深受文化冲突带来的撕裂感影响，班扎罗夫觉得自己既被接受俄罗斯教育的知识界排斥，也不被自己的原生社会所接受。他后来没有再进行民族志研究，最终酗酒身亡。

应该说，人们关于非西方灵性的态度在浪漫主义时代发生了显而易见的转变。当然，我不能由此断言人们对原始宗教的观点总体上都转向了同情视角。浪漫主义者一直在试图弱化当时在社会中占据主导地位的理性主义和对科学的痴迷，他们因此也一直在推动探险者和作家们更多地去关注灵性和神秘事物（见图 1-5）。[33]

图 1-5 浪漫主义者对通古斯萨满的印象

注：一部 19 世纪俄罗斯画集中的德国版画。

资料来源：Fedor K. Pauli, *Description ethnographique des peoples de la Russie* (St. Petersburg：F. Bellizard, 1862), 72-73, 图版。

一些讲述西伯利亚土著和当地萨满教的旅行故事反映了人们对于萨满教态度的转变。一位来自波罗的海的德裔科学家亚历山大·冯·邦奇（Alexander von Bunge）曾于 1826 年前往西伯利亚西南部的阿尔泰山寻找植物和矿物标本。他称萨满为"技术娴熟"的骗子，还告诉读者说他曾不明就里地、本能地被当地仪式所吸引。冯·邦奇还说，他本来是去那里搜集关于植物和地理的相关信息，但经常绕很远的路去观察当地土著人的生活和本土知识的表现形式。即便当地人有些时候非常不欢迎他，但他仍努力尝试参加当地人的集会以"亲眼见证节庆活动"，特别是当他听见"摄人心魄的萨满鼓响起来的时候"。冯·邦奇在旅行期间不仅被当地仪式吸引，还因成功地治愈了几个土著人的疾病而成为被当地土著人社区广泛认可的"医生"。按当地固有规则，冯·邦奇也不介意因举办治病降神会而收取当地人赠予他的皮毛礼物。这位探险者还曾与阿尔泰萨满交流经验，后者对冯·邦奇进行了检验，并为他演示了用公羊肩胛骨片占卜的降神仪式。[34]

此外，还有三本涉及西伯利亚萨满内容的近代游记也曾提及萨满教拥有前述特质。第一本是弗朗茨·波列夫斯基（Frants Beliavskii）的游记（1833），该游记描述了汉特人和涅涅茨人的习俗。另一本是 M. F. 克里沃沙普金（M. F. Krivoshapkin）的游记（1865），克里沃沙普金主要是在汉特地区做心理学考察。第三本是费迪南德·冯·弗兰格尔的游记（1841），弗兰格尔是一位海军司令，曾对西伯利亚及北美的太平洋沿岸地区进行考察，为我们留下了关于楚科奇（Chukchi）萨满的记录。[35]这三位作者均密切关注民俗、崇高和灵性，这些都是欧洲浪漫主义者最为关注的基本要素，它们弱化了启蒙主义者对于西伯利亚土著灵性的质疑态度。

在这三本游记中，要属弗兰格尔的游记最充分地传达了浪漫主义者对于西伯利亚土著萨满教的观点。弗兰格尔是来自德国波罗的海沿岸地区的男爵，后曾在俄罗斯帝国服役，他成功地兼顾了探险者、政府官员和民族志学家三者身份。顺便提一句，这位于 1829 年至 1837 年担任俄罗斯北美殖民地行政长官的人士曾出版了关于阿拉斯加地区尤皮克人（Yupik）、特林吉特人（Tlingit）、阿萨巴斯卡人，及加利福尼亚印第安人的一整套民族志材料。和冯·邦奇一样，这位指挥官也深为令人入迷的萨满教仪式所吸引，他说："这种仪式充满恐惧感和神秘感，但非常奇怪地令我着迷。"[36] 在提及自己在西伯利亚东北部与当地土著灵性实践者相遇的经历时，他说，那些萨满使他"在很长一段时间里心情阴郁"，他还说，萨满"粗犷的外表，充血的眼睛，结实的胸肌，抽搐着发出的声音，看似不自觉地发生扭曲的脸和身体，蓬乱的头发和他们敲击出来的空荡荡的鼓声等合在一起造成了这种效果"。在详细描述萨满教的"哥特式"特质时，弗兰格尔强调指出，西伯利亚"阴郁的自然环境"在萨满神秘特质养成过程中扮演着至关重要的角色。正如班扎罗夫所说，萨满的吼叫是对当时流行的自然哲学的献礼。

对启蒙主义探险者把萨满看作骗子和小丑的观点，弗兰格尔非常直接地提出了质疑：

> 迄今为止几乎所有的启蒙主义探险者都将萨满描述为粗鲁的、低俗的和拙劣的骗子，认为萨满的入迷不过是以占别人便宜为目的而制造出来的幻象。然而，从我本人在西伯利亚的经历来看，他们的这种判断是武断的和没有依据的。

弗兰格尔强调萨满的行为是一种"非常明显的心理学现象"，与欺诈毫不相干。这位探险者坚信，如果的确有某些西伯利亚本土灵性实践者欺骗过他所属群体的民众的话，那么这些人也是萨满群体里的例外和败类。他向读者解释道，"真正的萨满，绝不是那种通常意义上的冷酷的骗子，而是一种心理学现象的承载者"[37]。

克里沃沙普金在提及西伯利亚西北部的涅涅茨人萨满时强调，如何看待萨满，关键不在于探究这些土著医生是否运用了戏法，而在于看他是否得到其所属氏族的尊重，"淳朴的民众是以温和的眼光来看待这些处于暴怒状态的疯子的"。波列夫斯基、弗兰格尔和克里沃沙普金等在这一时期进行过萨满考察之旅并对萨满性格进行过描述的人都认为，萨满具有创造性人格，他们能够洞穿思想，具有强大的意志和富有激情的想象力。弗兰格尔在其游记中描述道，萨满忠诚于自己的信仰，时刻准备接受外界对他们的指责。[38]弗兰格尔称这些萨满为"土著天才"，同时也认为萨满都是拥有悲剧命运的人，因为他们的艺术和创造性天赋在贫瘠的北部地区不可避免地被白白浪费掉了。

克里沃沙普金不仅认同关于"土著天才"的浪漫寓言，还直接从波列夫斯基的游记里摘抄了一些提法，他还将可能会成为萨满的西伯利亚土著青年与亚历山大·普希金（Alexander Pushkin）和米哈伊尔·莱蒙托夫（Mikhail Lermontov）浪漫诗歌中的悲剧角色进行比较。克里沃沙普金强调说，这些承载着灵性的"土著天才"几乎没有任何渠道释放他们的创造性，因此才扮演起萨满的角色，把自己的注意力倾注在不寻常的行为上。最终，这些土著青年通过长期熬夜、禁食和继承前辈的技术等完成自己的角色扮演。通过持续模仿老萨满的行为，年轻学徒逐渐将其敏感度发展到极端程度，在必要时他们能快速进入被称为"梦幻般的入迷"状态中。弗兰格尔还指出，北部蛮荒之地那些能最娴熟地掌握冥想技术的萨满学徒最终获得了"真正的萨满"的身份，并通过在"静穆的夜色下举办很多仪式"而最终入教成为萨满。[39]

德国地理学家奥托·芬斯克（Otto Finsch）曾于1876年赴西西伯利亚考察，他的观点充分地体现了浪漫主义者对西伯利亚土著文化和灵性信仰与实践态度的转变。在对波列夫斯基和克里沃沙普金曾去过的地方进行考察时，芬斯克也偶尔会对当地某些灵性实践者进行讽刺。不过与此前的启蒙主义者不同，他从未落入诋毁萨满教的窠臼。在相关记述当中，他如此总结对西伯利亚土著信仰的观点，"萨满教没有任何不道德之处，几个世纪以来，它培育着当地人的美好品质。尽管有人嘲笑并否定它，但所有受过教育的人都应该尊重它，就如同我们给予全人类的尊重一样"[40]。

对非西方灵性的态度转变有其深刻的思想背景，要对此进行了解，有必要从赫德等浪漫主义作家和哲学家这里开始。启蒙主义有对他者文化中的"迷信"进行理性主义攻击的倾向，而浪漫主义者是最早试图对此倾向予以弱化的人；实际上，整个浪漫主义运动就是一场对宗教和灵性的思想复原运动，而此前启蒙主义者曾经将宗教和灵性视为"黑暗时代"的遗迹而将其抛弃。赫德指出了启蒙主义的局限性，特别是其痴迷于"理性"的问题。这位哲学家希望证实想象力、情感以及人类认知中所有非理性部分的作用。浪漫主义者在其艺术作品、诗歌、散文和某些生活方式中集中展示灵性的、神秘的和被启蒙主义者视为非常态的和怪异的东西。比如，在赫德眼里，信仰神灵并体验灵性启示是非常自然和有益的事情。赫德认为，所谓西伯利亚土著迷信实际上是一种宗教，对有人称这种宗教实践者为"骗子"，他表示坚决反对。这位哲学家能够从萨满行为中的"野蛮"和"非理性"的方面发现其与艺术家、诗人和歌唱家表达中的创造性行为的相似性。

在赫德看来，希腊悲剧中的人物俄狄浦斯、欧洲的诗人及游吟诗人和非西方的灵性实践者都属于同一类人，因为他们都在从事灵性事业。赫德向他同时代的人指出，古希腊人在希腊文明实现繁荣发展以前也是野蛮人，而且即便在古希腊文明之花"绽放"之后，希腊人也仍旧很贴近自然，他称他们为"高贵的希腊萨满"（edle griechishe Schamanen）[41]。这位哲学家将帕拉斯、格梅林、缪勒及其他探险者关于萨满教的观点，与他对美洲印第安人以及格陵兰岛人信仰的考察相结合，将萨满教总结概括为一种人类在初民时代都会经历的普遍文化现象。对赫德来说，萨满具有帮助他人和吸引观众的能力，这是"想象力的胜利"，但早期的启蒙主义探险者兼作家及与赫德同时代的很多人都低估了萨满的这种能力。赫德强调，持怀疑主义态度的启蒙主义者总在思索萨满为何对当地人的思想拥有如此之大的影响力，而这恰恰是想象力拥有力量的最好的间接例证。

19世纪早期追随赫德的浪漫主义作家不仅证实了灵性和幻想性的体

验是真实存在的，而且还提出了人类周遭的自然是有机生命体的观点，而这种立场来自自然哲学（Naturphilosophie）。德国宗教学家科库·冯·斯图克拉德在其《萨满教与神秘主义》（2003）一书中考察了相关概念，他发现当今时代关于新萨满教及自然灵性的认知在浪漫主义作品中随处可见。自然哲学先锋人物之一弗里德里希·冯·谢林（Friedrich von Schelling，1775-1854）引领时代之先，指出神灵是寓于自然且无处不在的。他写道，自然是独立的生命有机体，人们无法改变它，因此"人类能够控制大地"是假命题。他进而指出，人们不要妄图控制大地并从中攫取什么，而是应该遵从并学习自然之道。[42]

持有类似观点的还有以笔名诺瓦利斯（Novalis）为人们所熟知的弗里德里希·冯·哈登伯格（Friedrich von Hardenberg，1772-1801），他认为自然是神圣的，"如果没有灵性，自然就不再是自然"。这位早期的浪漫主义小说家和诗人模糊了人类和植物及石头之间的边界，将它们视为同一个生命循环当中的不同组成部分。诺瓦利斯的小说《奥夫特丁根的亨利》（*Henry von Ofterdingen*，作者去世后该小说于 1802 年出版）[43]是当今流行的灵性传记小说的先驱之作。在小说中，诺瓦利斯反思自己的生活，将整个故事置于迷人的中世纪场景中，在描述奇幻旅行和讲述传说两者间进行自由徜徉和跨越。小说主角是崭露头角的诗人亨利，他几乎是以萨满的方式将自己融入自然，并由此体验着幻象之旅。[44]在一次在梦境中，亨利看见了一朵蓝色的花，那蓝色花朵的形状像极了女人，只是他从未与这个女人见过面。这个充满好奇之心的年轻人急切地想要揭开蓝色花朵之谜。后来，亨利陪母亲去奥格斯堡探望外婆，而他觉得这次旅行很可能帮他揭开谜底。在路上，他遇到一些人，这些人引领他进入传说、故事和歌谣的世界。最终，寻找蓝色花朵和抵达目的地似乎都不再重要了，因为旅行本身使亨利获得了灵性力量，帮他超越了日常与平庸。不经意间，诺瓦利斯使"蓝色花朵"成了一种隐喻，成了当代浪漫主义的象征。蓝色花朵代表某个很遥远、神秘且具有魔力的事物，人们对其可望而不可即，而它却恰因"可望而不可即"才能保持神秘和魔力。

19世纪头十年，位于大西洋彼岸的美国也产生了关于自然和灵性的类似观点，即超验主义。超验主义可谓浪漫主义的美国版本，它最初萌芽于新英格兰地区，后成长为当今时代关于思想、身体和灵性文化的认知的理论先导之一。提起超验主义，人们总是会第一个想到艾默生（Ralph Waldo Emerson）和梭罗（Henry David Thoreau）。虽然超验主义最初在很大程度上以清教徒的《圣经》为思想来源，但后来更多地吸收了德国浪漫主义思想。比如，歌德（Geothe）和诺瓦利斯的小说启发了一些超验主义作家的写作风格，正如冯·斯图克拉德所说，人们很容易在艾默生的著名散文《自然》（1836）中找到与诺瓦利斯观点相似的大地哲学观点，特别是艾默生将诗人看作能了解作为生命有机体的自然界的奥秘的人，与诺瓦利斯的观点尤为相似。

超验主义者在其论著中用无所不在的神灵代替了人神同形的上帝，对于前者，人们通过观察人类及其周遭的自然就可有所了解。对于德国浪漫主义者及其美国同人来说，直觉是他们了解周遭世界的最重要工具。虽然艾默生没有更进一步地将自然看作是神圣的，但与他同时代的梭罗却持有这样的观点。在《瓦尔登湖》（*Walden* 或 *Life in the Walden*，1854）中，梭罗对自然进行了拟人化描写，他把瓦尔登湖比喻成人类，称其为"邻居"和"伙伴"。《瓦尔登湖》由此成为美国文学经典之作，为后来的灵性追求者提供了极佳的灵性的和文本的蓝图。

另一些将当代的灵性追求者与19世纪的浪漫主义作家联系在一起的要素是梭罗和艾默生都非常重视做梦与梦境，他们都认为这两者能洞察人类的本质。比如，梭罗曾写道，"梦是人类品性的试金石"，他强调"在梦里，我们看到的是真实的自我，我们本色出演，这远比清醒时别人看到的我们更为真实"。艾默生颂扬能够超越纯粹理性的直觉和幻想，进而指出，梦境撕掉了"周遭环境的掩饰"，对人类进行自我认知有着不可估量的价值，更是人们思考处于最为完整和真实状态下的自然和宇宙的钥匙。他尤为推崇清醒状态下的梦的价值，今天我们把这种梦称为

"清醒的梦"[45]。

同样重要的是，超验主义者还试图将东方的象征主义融入其以大地为基础的神秘主义。在北美，超验主义者成为第一批进行这种知识融合的群体，虽然这种融合作为一种灵性实践其实是在 19 世纪 70 年代神智学运动繁荣发展时才浮出水面的。如同很多浪漫主义作家一样，艾默生也对印度教进行了探索，他在自己的诗歌和散文中痴迷于运用印度和东方隐喻，并想由此建立一个将非西方灵性象征主义和以自然为基础的形而上学融合在一起的传统。梭罗热衷于佛教，信奉"光芒来自东方"的格言。超验主义除信奉东方智慧以外，还崇尚与美洲土著人建立关联，虽然后者在那个时代还没有像当下这样流行于思想、身体和灵性社团中。比如，艾默生曾说过，美洲土著人天生的"愚昧"其实是对自身的一种"庇佑"：以自然状态生活着的美洲印第安人"头脑简单"，没有被诸如原罪、宿命和恶之源等问题困扰过。

与艾默生不同，梭罗是真正接触过印第安人的，他认为这些土著人被天然地赋予了感知自然的能力，因此是理想的人类群体。1841 年，他在日记中如此描述印第安人与自然紧密相连的本质："在我看来，印第安人的魅力在于他们自由无拘束地生活于天地之间，他们是自然的居民，而不是自然的客人，他们轻松且优雅地穿行于自然当中。然而，所谓文明人有建造房子的习惯，房子是监狱，文明人生活在其中感到压抑和受限，而不是被庇护和保护。"[46]按照梭罗的一位超验主义者朋友的说法，梭罗临终前最后一句话是"印第安人"和"麋鹿"，没人知道他究竟想表达什么，但其中蕴含的自然和土著人之间的联系是显而易见的。[47]

当代唯一神植根于超验主义，是对诸多思想、身体和灵性文化要素，如美洲土著人的象征主义、萨满教和异教信仰等进行积极融合的重要主流教派，它颇受多才多艺和"博学"的美国人欢迎。19 世纪，美国震教徒（American Shakers）曾试图启用美洲土著人的象征主义，并声称他们的某些颂歌和言论来自已故印第安人的灵性。实际上，在构建以尊崇印第安人灵性为基调的当代美国传统的过程中，震教徒也与超验主义者、唯一神教徒和普救论者一样做出了重要贡献，当然，美国人大规模地痴迷于印第安人智慧直到 20 世纪 60 年代才成为一种社会现象。[48]

在 19 世纪那些力图通过运用土著象征追求灵性的美国浪漫主义作家当中，利兰是最为出色的。在论及萨满教与东方的联系时，我已经提到过他。对美洲土著研究者来说，作为民俗学家和神秘主义者的利兰的首要身份是土著——主要是帕萨马科迪人（Passsamaquoddy）和密克马克人（Micmac）——传说的收集者。不仅如此，他还按自己的意愿出版了那些传说，他那本多次再版的《新英格兰阿岗昆人传说》（*Algonquin Legends of New England*，1884）是他对该领域的主要贡献。同时，当代威卡教教徒也视利兰的观点为其主要思想源泉之一，他们都熟知利兰那部取材于吉卜赛巫术知识的半虚构作品《阿拉迪亚》（*Aradia*，1899）。[49]利兰成年之后曾有一段时期生活在德国，在那里他爱上了关于德国的一切，包括北欧的前基督教传统和中世纪民间传说，也正因如此，他同时适应了欧洲传统和美洲智识文化。1846 年毕业于普林斯顿大学以后，利兰先后到海德堡和慕尼黑求学，在那里，他接受了德国浪漫主义思想。

利兰坚信，如果美国人崇尚土著民间故事的话，那么他们必定对自然持灵性态度，而后者在利兰看来是人类拥有的第一种宗教。利兰担负起美洲印第安人以大地为根基的古老智慧传递者的角色，致力于改良美洲土著知识，从而赢得同胞关注。在此过程中，他将美洲印第安人描绘为两种常见的形象：永恒的灵性传统承载者和与自然界保持亲密关系的人。[50]

利兰对美洲印第安人和非土著人关于自然的态度进行了对比：

> 对于魔法的信仰，白人的态度是可以不带任何情感地去探讨它，而印第安人的态度是不必探讨，只去感受它。我指的是大自然的诗歌，及其所有古朴且迷人的迷信。在所有阿岗昆人看来，就连路边一根长满苔藓的朽木都有着关于木头恶魔的传说。印第安人的玉米地和沼泽地里的白菖蒲也是生活在他们当中的美丽精灵的后代。那些为

"可怜和无知的印第安人"感到遗憾的白人对真正的大自然的诗歌其实又有多少感情呢？他们充其量是从拜伦、塔珀（Tapper）、丁尼生（Tennyson）以及朗费罗（Longfellow）那里了解到一些二手知识，会演奏某些节奏的乐曲，会使用一些简单的比喻，而且还接受了少量二手迷信，他们只是毫无情感地"接受"这些外在于他们的事物，他们不可能拥有印第安人的感受。[51]

利兰认为自己既是美洲印第安人智慧的传递者，也是这种智慧的实践者。他说自己能像印第安人（Injun）那样听见来自自然界的神圣声音。可见，利兰在个性和文学创作等方面都与印第安人及其巫术密切相关。利兰与很多现代灵性追求者一样，沉迷于美洲印第安人的故事和吉卜赛传说。作为作家，他还为自己编织了一张具有包容性的灵性之网，后者成了他能藏身其中的仙境，在那里，他能"看到精灵、听到水滴落和风吹过的声音"[52]。

为使自己及同胞们成为真正意义上的美国人，利兰效仿其德国前辈们扎根本土构建认同的方法，致力于从美洲土著印第安人的灵性土壤中寻找认同根基。然而，美国人与德国人及其他欧洲人不同，作为美洲大陆的后来者，他们没有本土根基。因此，利兰与其前辈及后辈的美国作家一样，自然而然地转向美洲土著传统以寻找定位。利兰在一篇散文中鼓励他的同行们更多地关注古老的美洲印第安人传说，他说，虽然美洲的哈德逊河两岸不像德国莱茵河流域那样富有古老的民间知识，但这里的"每一座山峰、每一个峡谷、每一块岩石、每一条溪流"都因受古老宗教滋养的人文精神而充满神圣感。实际上，他认为美洲印第安人的知识在某种程度上甚至超越了欧洲传统知识，"中世纪的传说，斯堪的纳维亚人、日耳曼人及凯尔特人的童话，无论是从客观角度还是从戏剧化程度上看都并不那么吸引人，且其比之于阿岗昆印第安人传说，在神话传说所特有的微妙魅力方面也相当逊色"[53]。

我们的早期祖先：芬兰民族学和西伯利亚本土灵性

和利兰一样，芬兰语言学家和民俗学者马蒂亚斯·亚历山大·卡斯特伦［Mattias Aleksanteri（Alexander）Castren, 1813-1835］（见图1-6），试图向芬兰民众介绍本土民俗以使民众回归本土传统，同样也倾向于将萨满教看作扎根于芬兰本土的古老传统，认为其与东方传统，即西伯利亚灵性是有区别的。不幸的是，卡斯特伦不仅在萨满教研究上采取了与班

图1-6　亚历山大·卡斯特伦

资料来源：M. Alexander Castren, *Reiseberichte und Briefe aus den Jahren 1845-1849*（St. Petersburg: Buchdruckerei der Kaiserlichen Akademie der Wissenschaften, 1856），卷首插图。

扎罗夫相同的进路，他本人似乎也与后者一样没有得到上帝的保佑。19世纪40年代结束对西伯利亚的考察后，卡斯特伦得了肺结核，健康遭到严重损毁，不幸早逝。然而，卡斯特伦所积累的民俗学和民族志素材在数量和价值上都不输于后来的民族志学者。

卡斯特伦之所以能获得此前的启蒙主义者所未能获知的民族志和民俗学信息，并在其同辈的西伯利亚文化研究者中脱颖而出，是因为他不仅拥有卓越的语言才能，而且还持有正确的思想立场。在我看来，这位学者做到了以土著人知识为源头和根基去描绘他们的民俗和灵性，他同时也是一位"怀着同情心"的观察者，而他持此种立场，非常符合他从事民族学研究的初衷。卡斯特伦与他的很多同事和朋友一样，希望自己的学术研究能对同胞发生渐进的影响，培育后者的民族意识，而此前，芬兰民族已经沦落为沙皇的奴仆。我们知道，所有受民族主义影响的知识分子，都会直接或间接地投身于一项事业——为其正处于萌芽状态的民族国家寻找最古老的根基，帮助其同胞找到专属于自己的特殊的、更加本土化的根基。这些学者经常以一种简单原则——"越古老越好"来寻找他们的文化遗产。卡斯特伦作为赫尔辛基大学的民族学教授，也是如此。

卡斯特伦尤其注重梳理芬兰历史。自从事学术研究伊始，卡斯特伦就梦想为芬兰人（"我们的先祖"）找到祖国，为此他致力于寻找讲芬兰-乌戈尔语的人们共同拥有的、古老的神话和语言根基。这种追寻促使他一路向东，先是到萨米（拉普兰），后是到西伯利亚部落社会进行考察。他非常喜欢在芬兰神话及民俗和当代仍保持原始生活方式并"保持纯粹部落性格"的少数族群的信仰这两者之间做比较研究。[54]卡斯特伦始终把学术使命和文化使命紧密结合在一起，他曾明确表示"将毕生致力于追寻芬兰部落族群与世界上另一些族群之间的联系，无论后者是大还是小"[55]。

基于这种定位，卡斯特伦自然而然地在其代表性学术著作《芬兰神话讲义》（*Vorlesungen über die Finnische Mythologie*，1853）[56]中将芬兰的

"西方传统"与拉普兰（萨米）和奥斯加克（汉特）及相关族群的神话、信仰和灵性等"东方元素"关联起来。他还试图把讲芬兰－乌戈尔语的族群与讲通古斯语（埃文基语）、满语和突厥语的族群联系在一起，在此基础上用语言学猜想支撑民族志想象，将芬兰人的祖先追溯到位于西伯利亚南部、中蒙边界的阿尔泰地区。[57]当代芬兰人类学家尤哈·彭迪凯宁（Juha Pentikäinen）曾不无讽刺地评价卡斯特伦的语言学和民族学追求："在热切渴望的驱使下，他给芬兰人找了太多'不是亲戚'的亲戚。"[58]

正如前文曾提及的，卡斯特伦之所以选择这样的学术立场并非出于个人喜好，而是源于他所处的时代很多受过教育的人的共同思想倾向。他们当中的一部分人走得更远，逐渐发展出一种将俄罗斯北部和西伯利亚地区所有芬兰人及相关群体都归为一个"泛芬兰民族"的理想。[59]不过平心而论，卡斯特伦在思想上并没有进展到那一步，他一直在民族志学和人类学范畴内进行研究。现在的问题是，那个时代的研究者们是怎样将他们的理想与萨满教以及普遍意义上的部落灵性研究关联起来的呢？为找到自身与亚洲"亲戚"之间在语言和灵性上的联系，卡斯特伦及其追随者对西伯利亚进行了深入研究并且搜集了神话和信仰等方面的海量民族志材料，当然，这其中也包括萨满教方面的资料。他们跨越文化和种族边界，寻找广义的相似性，为普遍见于欧亚大陆的萨满教的概念形成做出了重要贡献。后来，约瑟夫·坎贝尔（Joseph Campbell），特别是米尔恰·伊利亚德等具有远见卓识的学者大量运用前辈搜集的数据、观察与结论，最终建构起了广义萨满教的理想型。

芬兰民族志学家（ethnograhers）与同时代的德国和俄国同人一样，对这些西伯利亚邻居野蛮的日常生活和习俗持轻视态度，但的确对这些与自己讲类似语言且必将被沙皇俄国征服的部落"亲戚"有着情感共鸣乃至同情。总之，芬兰民族志学家具有同情西伯利亚本土民众的倾向。比如，卡斯特伦就曾关注过西伯利亚萨满的积极社会作用，注意到他们的存在有助于维护社区整体性。他认为，西伯利亚的土著魔法师并非超自然力量的消极接受者，而是能够掌控超自然力量的积极实践者。卡斯特伦进一步用启蒙主义话语评价萨满，认为"他们不仅以剧烈的动作和晦涩的语言"，还通过对意志的操控来实现对自然的掌控。这位民族志学家由此得出结论，萨满的"部落魔法"其实是"人类反抗并挣脱自然束缚"[60]的反映。

在卡斯特伦研究的启发下，深入西伯利亚本土搜集神话、信仰和语言的模式成为芬兰人文学科的重要传统。自19世纪50年代，在西伯利亚广袤的荒野中寻找芬兰与西伯利亚的联系的做法一直热度不减，直到20世纪20年代末才结束，因为从这一时期开始，苏联关闭了西方人进入西伯利亚的大门。库斯塔·F. 卡加莱内恩（Kustaa F. Karjalainen，1871-1919）、阿图瑞·卡内斯托（Arttrui Kannisto，1874-1943）、凯·唐纳（Kai Donner，1888-1935）以及托伊夫·勒蒂塞罗（Toivo Lehtisalo，1887-1962）等学者也怀有同样的理想，即在芬兰人和西伯利亚乌诺-芬人（Ugro-Finn，包括汉特人、涅涅茨人和埃文基人）之间建立灵性和文化方面的联系，他们因此远赴西伯利亚冻土和森林地带，搜集和记录他们的亚洲"亲戚"的民族志材料，并对萨满教给予极大关注。与所有的文化民族主义者一样，这些民族志学家和民俗学家都热衷于探索语言、神话和宗教之间的联系。

上述诸位学者均追随卡斯特伦，努力在当地寻找属于他们自己的"萨摩耶教授"——常是萨摩耶本土的长者、故事讲述者或萨满，他们精通当地语言和民俗、能够引导外来学者融入当地信仰。此外，为使自己的成果赢得更多学术受众，这些学者还以德语出版或发表诸多专著和文章，因为19世纪和20世纪早期，德语是国际人文和社会科学的通用语言。此后，即便是20世纪上半叶那些书写萨满教和欧亚神话的欧美作者也很倚重前辈学者的民族志成果，其中也包括知名学者伊利亚德——他不仅经常引用前辈的民族志田野调查资料，还借鉴了前辈学者的跨文化研究方法。

为更好地展示芬兰民族志学者如何进行田野调查，接下来我将详细描述唐纳——继承并延续卡斯特伦民族志理想的学者之一——的经历。一次，唐纳从一位汉特萨满知情者那里听到了一则关于卡斯特伦在奥斯加克人①中做田野调查的故事，他立即就向那位灵性实践者保证自己也属于同一部落。可以想象，唐纳这么做非常有助于他与当地知情者建立友好关系。唐纳曾于1911年到1913年在西伯利亚对汉特人和埃文基人进行田野调查。由于熟知芬兰、俄罗斯和德国前辈学者的研究成果，他是带着很高的期待去往西伯利亚的。他满怀理想主义，乘火车来到西西伯利亚，希望一下火车就能观察到以往民族志记载的"古旧"现象，但第一时间遇到的却是"粗鄙的土著人"，因为后者已从周边的俄罗斯人那里学到了最坏的习惯。

他初次遇到的"土著他者"是一个正在用胜加缝纫机（Singersewing）②补衣服的土著女性。作为受过良好教育的欧洲学者，唐纳已经习惯了欧洲生活的各项便利，所以他最初总是为土著人不讲卫生而感到震惊。在他看来，很多土著人住在"臭气熏天的窝棚里"，像是"烂泥塘里的青蛙"61。尽管如此，他还是秉承浪漫主义精神去接近这些西伯利亚"远亲"。土著生活诗性的一面，比如美丽的传说、语言和萨满教，再加上瑰丽的风景最终还是遮蔽了他对土著人另一些不好的印象。基于此种立场，他主动选择不去关注那些令他心烦意乱的事情，而且还用至少一年的时间深入土著人当中做民族志观察。

在基本掌握了土著人方言后，唐纳深入更北的冻土地带，对那里的汉特人和埃文基人进行田野调查，并终于达到了自己梦寐以求的状态：生活在兽皮房子里，周围都是土著长者，处处都是丰富的当地知识。虽然当地生活的"不卫生"还是偶尔会令他感到困扰，但他还是跟西伯利亚"亲戚"一起生活了一年多。在此期间，这位民族志学家逐渐淘汰了他的旧衣服，穿起兽皮，"我跟他们穿的一样、吃的一样，放弃了自己那份给养，我说着他们的语言，完全像是他们中的一员那样思

①　汉特人自称。——译者注
②　美国缝纫机老字号品牌。——译者注

考问题"[62]。

唐纳曾以"痛并快乐着的"的口吻描述自己和通古斯（埃文基）朋友走访一些俄罗斯村落时的经历，说他和土著朋友一道遭受到了不礼貌的待遇甚至是虐待。很多时候，俄罗斯人对于唐纳长着欧洲人面孔却身着埃文基服饰并且讲埃文基语感到十分不解，但唐纳却故意假装自己是一个在土著人当中长大的、不会讲俄语的欧洲人。唐纳强调说，他的民族学角色扮演虽然给他带来了一些麻烦，但体验生活的回报却很丰厚，萨满告诉他很多秘密，故事讲手毫无保留地给他讲述很多传说和故事，这一切给他的学术生涯增添了一层浓重的浪漫主义色彩。唐纳解释说："对于一个欧洲人来说，沉浸在原始野蛮的灵性生活中有着非常大的魔力，而且需要像完成其他任务一样付出很多爱。然而更为重要的是，这样做的结果可能既不重要也不特别，但过程中获得的知识却是现实的和鲜活的。"[63]

唐纳对萨满教医疗怀有很大的同情并对西伯利亚灵性实践者给予高度评价。他赞同象征性治疗理论，认为人们的信仰能够产生奇迹，"萨满只是将信仰赋予那个病人，那个病人就被治愈了，这种情况经常发生"[64]。他遇到的那些强大的和神魅型的萨满通常能以人格魅力吸引他，其中一个叫作科奇艾达（Kotschiiader）的萨满尤其令他印象深刻。他写道，那位萨满从不用魔法欺骗亲戚，"从不用特别严肃的态度摆弄手中的鼓，也从不向拜求的祖先神表现出悲哀情绪"。唐纳对这种本地生活进行深入挖掘，也不介意别人将自己看作一个"医生"，这为他赢得了土著人的更多尊重。有一次，他还在两位萨满都无能为力的情况下帮当地一位产妇接生。[65]

唐纳用诗性语言对萨满降神会进行了描述，其中一则描述是这样的：

在那个静谧的夜晚，夜幕悄悄降临。篝火渐渐燃尽，林中古老的树木在星空下投下巨大的阴影。此刻，我似乎已全然忘记自己是个文明人，既没有想起基督教，也没有想起其他教义，而是天真无邪地沉浸于所见所闻当中。像是突然回到了童年时代，我想象着万事万物都有灵魂，水和空气中都栖居着无形和神秘的存在——不可解释，却规定着世界的进程和人类的命运。在无垠的荒野和无尽的静默中，我就这样与传统的神秘主义和宗教仪式相遇，借此，信仰触及了很多东西。[66]

很多年以后，唐纳回想起在西伯利亚的这段经历时说自己仍旧痴迷于那些神秘的降神会。他确信，萨满在降神会上的行动帮助他了解了"这些荒野之子是如何思考和感受的"。

这个浪漫的民族志学者大家庭中最后一位成员是昂诺·霍姆伯格（Uno Holmberg，1882-1949），在俄国十月革命发生之前的1913~1917年，昂诺曾在凯特人和埃文基人当中做田野调查。他的代表作《阿尔泰人的宗教信仰》（*Die religiösen Vorstellungen der Altaischen Volker*，1938）主要对普遍的阿尔泰语系-芬诺-乌戈尔语人当中的欧亚人萨满教进行了跨文化探索。霍姆伯格与卡斯特伦及其后继者一样，确信芬兰民族志学家若对当代西伯利亚土著人传统进行观察，就能够找到芬兰人在更早年代所持有的文化的痕迹。[67]奇怪的是，这位学者还给自己的姓氏前加了一个哈夫（Harva），很明显他是想借此强调他的芬兰血统。最终，哈夫·霍姆伯格（Harva Holmberg）建立了一个比较宗教学的芬兰学派，该学派习惯以牺牲细节为代价去使用全球性隐喻和寓言。霍姆伯格早期作品之一《生命之树》（*Der Baum des Lebens*，1922）主要基于对西伯利亚的考察，对作为隐喻和寓言原型之一的生命树（axis mundi）进行了专项研究。为了证明关于世界中心（世界树，the world tree）与全世界神话相关的观点，这位学者对芬兰、西伯利亚和美洲土著的民间传说，对东方和希腊的经典神话等都进行了跨文化比较。霍姆伯格对"世界树""世界山"和他在欧亚本土宗教和神话中找到的另一些原型进行了概念化，但这一工作最终由另一位从事经典萨满教研究的学者伊利亚德完成。在

《萨满教：古老的入迷术》（*Shamanism*：*Archaic Techniques of Ecstasy*，1964）中，这位著名的宗教史学家给予霍姆伯格以极高的评价，不仅因为霍姆伯格采用了跨文化方法研究萨满教和古老的神话，还在于他推动实现了这两者与文化和历史的解绑。[68]

威廉·拉德洛夫对萨满教进行的先锋研究

整个 19 世纪及 20 世纪早期，来自德国的学术著作和游记类文学作品一直是西方萨满教研究的主要支撑。卡斯特伦和哈夫·霍姆伯格等学者均用德语出版了关于欧亚神话和宗教的代表作。正如史蒂芬·格罗斯基（Stephen Glosecki）所说，萨满教这一术语（德语对应词为 Schamanism）在 19 世纪 70 年代以后开始经常出现在学术著作和大众文学作品当中。虽然当时的作品通常认为萨满教来自古典的东方，但其当代核心现象却存在于北亚地区。萨满教被视为这一地区所独有的宗教现象。从这个角度来看，另一些部落民众并不属于萨满教王国。正如 1886 年版《大不列颠百科全书》所记载的那样，萨满教是西伯利亚乌拉尔-阿尔泰语系，即通古斯、蒙古和突厥等语族民众的宗教。[69]

与此同时，除了格罗斯基的作品、班扎罗夫那本薄薄的硕士论文和卡斯特伦的笔记之外，那一时期并没有关于萨满教的专项研究。第一位将对萨满教的关注从最初的假设推测转变为综合性研究的学者是威廉·拉德洛夫（1837~1918）。虽然拉德洛夫在从事突厥语文献学研究方面拥有很高的声誉，但在我看来，人们对他在建构萨满教研究方面发挥的作用的估计远远不足。19 世纪末 20 世纪初，除卡斯特伦的民族志笔记外，他的其他作品是西方萨满教研究的主要来源。进一步讲，在 19 世纪 80 年代到 20 世纪头十年里，很多欧洲百科全书在收录萨满教条目时都将拉德洛夫作为该主题的首要作者，而且有些时候甚至专门从他的《来自西伯利亚》［*From Siberia*（*Aus Sibirien*），1884］一书当中摘录他最初撰写的西伯利亚民族志。比如，《大不列颠百科全书》相关条目引用了拉德洛夫对西伯利亚西南部萨满教的描述作为对萨满教现象的解释。[70]

拉德洛夫在大学时代深受著名地理学家和历史学家卡尔·李特尔（Carl Ritter）影响，卡尔与其学术前辈洪堡一样赞同自然哲学的观点，认为地理环境对于模塑人类社会具有至关重要的作用。同时，拉德洛夫也在他的教授之一——威廉·硕特（Wilhelm Schott）的影响下对东方学研究产生了兴趣。他除了吸收自然哲学的观点，也吸收了强调语言及比较语言学的当代浪漫东方主义的思想。基于上述，这位年轻的学者在语言学和哲学研究方面均有扎实基础。如此看来，他的专著《来自西伯利亚》以"一个语言学家兼旅行者的日志"为副标题是在致敬自己所尊崇的传统。此外，他的本科论文即是关于亚洲信仰的研究，这可能也恰好表明他对于土著信仰和萨满教的研究兴趣由来已久。

19 世纪 50 年代，拉德洛夫正忙于撰写毕业论文。当时的学者们都扎堆于梵文研究及相关领域，青年学者很难在这一领域获得机会。拉德洛夫根据硕特的建议开始从事中亚地区突厥语族诸民族的语言学和民族志研究。他最终也因为从事这一研究而远赴西伯利亚和中亚。这位德裔东方学学者甚至移居俄国，给自己取名为瓦西里·瓦西里耶维奇·拉德洛夫（Vasilii Vaslievich Radlov），并最终在他的第二故乡成为人类学研究的领军人物。某种程度上讲，拉德洛夫为俄罗斯民族学发展所做的贡献通常与同是德裔学者的弗朗兹·博厄斯（Franz Boas）对美国人类学的贡献相提并论。60 年代，拉德洛夫和他年轻的妻子、一位翻译以及一位刚刚从耶拿大学毕业的博士一道，对西伯利亚南部地区的语言和民族进行了填补空白式的探索研究。他在当时（60 年代）所撰写的民族志书信——收入《来自西伯利亚》一书——被后来俄罗斯和西方从事萨满教研究的很多学生奉为人类学经典。

拉德洛夫在第一次田野调查期间，一直在找机会观察正在从事仪式活动的土著萨满，但很遗憾他没有观察到任何一场萨满降神会，所以只积累了一些间接的材料。他曾经在日志中表达了自己的沮丧："萨满在一定意义上，能够成为值得我们信赖的精神依靠，但他们通常都怕泄露自己的秘密。他们经常将自己笼罩在神秘氛围中，这对他们所从事的职业来说是非常重要的。"[71] 他最终遇到了两位曾经当过萨满但后来转而信仰基督教的人，并寄希望于这两个人至少给他讲讲他们在降神会上唱诵的神词，但不幸运的是，其中一位萨满如此回应他说："我们从前信奉的神灵因我们离他而去已经被惹怒了，如果我们再背叛他的话，你可以想象他会怎样对待我们。我们也很怕俄罗斯上帝会发现我们还在谈论原来的信仰，（如果他也被惹怒了），谁会来救我们？"[72]

拉德洛夫得以记录的两次降神会，一个是一位阿尔泰萨满所做的还愿仪式，另一个是为一个刚刚有亲人故去的家庭所做的净化仪式（见图1-7）。在后一个仪式上，拉德洛夫得以获知一些类似哥特式降神会的信息。关于此种降神会，他曾从赴西伯利亚考察的德国及波罗的海德国旅行家那里听说过。那个净化仪式包含著名的萨满入迷环节，而萨满入迷在20世纪的学术界已成为与萨满教相伴随的学术隐喻。拉德洛夫在那个仪式上耳闻目睹了"狂野的喊叫"和"剧烈的跳动"，也见识到了萨满精疲力竭地摔倒在地上的场景："在篝火照耀下，充满野性的降神会魔幻地显现在眼前，给人留下了极为深刻的印象，有一度，我好像只看见了萨满一个人，完全忘记了其他人的存在。这狂野的场面也令在场的其他阿尔泰人感到震惊，他们把烟管从嘴里拿出来，如死般沉寂地坐在那里，足有一刻钟。"[73]

这位民族志学家虽然只对萨满教仪式进行了两次参与观察，但通过已有文献和通过从土著知情人那里获知的"传说、故事和歌曲"等"线索"[74]，他得以对西伯利亚土著灵性生活进行了远远超出同时代水准的重构。拉德洛夫也非常敏感地意识到萨满教并非铁板一块的教条，而是一种建立在即时性仪式基础上的灵活体系。他写道，倘若忽略部落信仰的自发性和多样性，即便是掌握了充分的数据，也很难对萨满进行精准和典型的描绘。"我们一旦开始描述萨满教的细节，就会发现那些互相矛盾的信息会使总体性的描绘发生扭曲并最终彻底被损坏。"[75] 拉德洛夫采取了与其同时代的很多人不同的态度，将萨满教与佛教、基督教和伊斯

图 1-7　阿尔泰山萨满降神会场景

注：该图由威廉·拉德洛夫 19 世纪 60 年代在阿尔泰山进行田野调查时绘制，为素描画。

资料来源：Wilhelm Radloff, *Aus Sibirien：Lose Blätter aus dem Tagebuche eines reisenden Linguisten*, 2 vols.（Leipzig：Weigel, 1884）, 2：18-19，图版 1。

兰教等同视之，他强调说，"萨满并不比其他宗教神职人员差"。他在欧洲读者面前赋予了这种部落灵性实践者以合法性，强调"可怜的萨满并不是人们通常所认为的那种坏人，实际上，他们是部落民众道德理想的承载者"[76]。拉德洛夫之所以怀有这种情感，是因为他作为学者和知识分子至少部分接受了浪漫主义传统及其所包含的人道主义的影响。浪漫主义传统也可能培育了他对原始信仰的惊奇感，并缓和了他的欧洲中心主义观点。从这个角度讲，他的《来自西伯利亚》与弗兰格尔、芬斯克、波列夫斯基和克里沃沙普金以及芬兰的西伯利亚探索者的作品是同样的。拉德洛夫自 19 世纪 60 年代到 90 年代在德国和俄罗斯（尤其是西伯利亚地区）出版的一系列作品，为萨满教成为西方人本主义和社会科学研究不可或缺的课题，提供了必要的知识链接。

除语言学研究和对北亚地区灵性的洞见以外，拉德洛夫也因为向西方学术界提供了关于萨满教降神会的完整记录文本而著称。[77]该文本记录了一位部落灵性实践者在春季举办的向仁慈天神乌尔根（Ülgen）致敬的降神会上（极有可能是来自阿尔泰地区的铁列乌特人）的祈祷、恳求和叨念。整个仪式用一匹马作为牺牲，祈求乌尔根保佑牲畜兴旺，阖族平安幸福。在这场降神会上，萨满的灵魂飞上天界（"上界"），以伴随被作为牺牲向乌尔根献祭的马的灵魂。乌尔根是很多阿尔泰部落的主要神灵，另一些部落则从不认为乌尔根是他们的主要神灵。然而，在19世纪晚期传教团宣传的影响下，一些土著将这个神灵提升至至高神行列，俄罗斯东正教教士也很愿意把这个神灵与基督等同视之。我曾经试图重构这个仪式的语境，因为从后来的民族志材料来看，有关于此，拉德洛夫的著作是没有涉及的。

拉德洛夫从俄罗斯传教士瓦西里·维伯特斯基（Vasilii Verbitskii）的文章中借用了这一记录，并将其转译为德语并用于《来自西伯利亚》。无独有偶，一位俄罗斯东正教教士曾在西伯利亚一个省级报纸上刊登了关于这种降神会的记录，但这份记录也不是基于对这一仪式的亲身观察，而是从阿尔泰东正教教会档案中借用的。其实，正是拉德洛夫的著作使得乌尔根降神会成为关于西伯利亚萨满教和广义萨满教著作中经常被引用的经典。从19世纪末20世纪初的著作到伊利亚德的《萨满教》（1964），有关这种降神会的记录，无论是全面的还是精简的，都被经典化了，经常单独出现在萨满教著作中。即便那些并没有对部落信仰进行专门描写的作者也把乌尔根降神会视为广义萨满教仪式的典型案例。比如，我就曾经在荣格传记中看到过作者把这种降神会描述为典型萨满教仪式的段落。[78]

鉴于此，不知名萨满所主持的向部落神灵乌尔根致敬的年度降神会（见图1-8），以及匿名的俄罗斯东正教教会在19世纪40~50年代所做的关于此种仪式的记录，已成为对泛部落的描述。尽管拉德洛夫作为富

图 1-8　阿尔泰萨满主持乌尔根降神会

注：该图描述的是 19 世纪 50 年代的场景，威廉·拉德洛夫在其 1884 年出版的著作中收录了关于降神会的描述，后来米尔恰·伊利亚德也用降神会来描述萨满教，此后降神会逐渐被视为典型的萨满教仪式。

资料来源：Thomas W. Atkinson, *Oriental and Western Siberia* (New York：Harper, 1858), 323。

有洞见的观察者曾指出"并不是所有萨满都以此种方式做仪式"[79]，但后来的学者和作家们仍通过民族志想象将这种降神会视为泛部落仪式和典型的萨满教仪式，并且把乌尔根提升至至高神。比如，对于当代宗教学家朱利安·鲍尔迪克（Julian Baldick）来说，降神会已成为由西伯利亚南部讲突厥语的人们所共同表演的"伟大的宗教戏剧"，民俗学家诺拉·查德威克（Nora Chadwick）则说，这些人称乌尔根为"至高神"，认为其是"生活在天界最高处的最伟大的神灵之一"[80]。关于乌尔根降神会的记录描述了萨满灵魂飞升至上界的情景，这对伊利亚德后来将典型萨满教界定为一种灵魂飞升至天界的技术的影响很大。西伯利亚土著人原本并不认为萨满教宇宙观的各层空间是有优先级的，但伊利亚德坚持认为萨满灵魂下降至下界的观点是后加入萨满灵魂飞升至上界的经典宇宙观中的。[81]经过认真阅读西伯利亚民族志，这位学者发现各社区的萨满教仪式的确各有不同，但为了提炼出跨文化共性，他还是选择了将乌尔根降神会建构为萨满教仪式原型。

第二章

从西伯利亚到北美：地方主义者、人类学家和被流放的民族志学家

被纳入全球文明灵性生活的他者部落传统会不可避免地惠及每个人。

——西伯利亚地方主义者尼古拉·亚德特斯维夫（Nikolai Iadrintsev，1882）

一些人对萨满的界定，在狭义上可能是正确的；然而恕我冒昧，我更想将这个狭义的概念拓展开去，将其用在可发现于所有野蛮部落的各个阶层的人身上，他们比任何人都更接近超自然。

——美国人类学家罗兰·狄克逊（Roland Dixon，1908）

1913 年 12 月底，瑞士心理学家卡尔·古斯塔夫·荣格（Carl Gustav Jung，1875-1961）做了一个足以深刻地改变他人生的梦，70 年后，他成为很多"新纪元"和自然社区所崇敬的知名人士。

在孤寂的岩石山区，我与一位陌生的棕色皮肤的野蛮人同行。那是黎明之前的时刻，星光逐渐黯淡，东方天际已出现一丝光亮。我听见齐格弗里德（Siegfried）① 吹响的号角声在山谷间萦绕，我知道我们应该杀了他。我们趴在地上，手持来复枪，等待他穿过岩石间的小径。过了一会儿，齐格弗里德在清晨第一缕阳光中出现在高

---

① Siegfried，德国史诗《尼伯龙根之歌》中的英雄人物。——译者注

高的山顶上，驾驶着一辆用死人骨头做成的两轮战车从陡峭的山坡上快速冲下来。他转弯时，我们向他开枪，他被击毙了，从车上摔了下来。

荣格将那个"野蛮人"视为天性的力量，将齐格弗里德驾驶的那辆用死人骨头做成的战车视为人们为向西方理性主义神坛献祭所用的牺牲。这个特别的梦促使荣格最终决定放弃在大学从事研究工作的计划，因为那样下去他就只能对学术理性主义做无用的追寻。[1]

荣格的梦是一个很好的隐喻，其反映了欧美知识分子对西方文明的深切失望情绪。20 世纪初期，整个社会仍沉浸于对进步、启蒙和学术实证主义的理想当中，因此像荣格这样的人是少数。然而，以第一次世界大战为分水岭，这些少数派开始逐渐发出自己的声音。这次世界大战如同一次立见分晓的化学实验，印证了一部分人对犹太-基督教传统以及对西方社会走上歧途的担忧以及因此而生的最深切的恐惧。在《西方的没落》（*The Decline of the West*，1918）中，德国哲学家奥斯瓦尔德·斯宾格勒（Oswald Spengler）根据文明的周期性发展规律对上述关切进行了总结。斯宾格勒强调，无论某种文明是如何重要和成功，它最终都将进入"冬天"，在这个阶段，文明因为切断了自身与自然和神圣的联系，迅速走向末日。斯宾格勒严厉警告与他同时代的人们，西方正在失去活力，欧美文明马上就会迎来"寒冷的冬夜"。他还预见到一个新的"世界史"的到来，而此后西欧将在人类历史中降至边缘位置。[2]人们也许会说，这并不是一个全然的乌托邦式预言。

对那些与荣格和斯宾格勒一样坚持欧洲浪漫主义学术传统的人而言，天启论和对现代西方的批评态度通常与神秘主义情感和对古代人与非西方人的价值观的追求相伴随；在浪漫主义者看来，古代人和非西方人恰是西方人已经丢失的灵性的承载者。俄罗斯象征主义诗人韦利米尔·赫列布尼科夫（Velimir Khlebnikov）以题为《维纳斯与萨满》（*Venus and Shaman*，1912）的诗篇充分地阐释了非西方人的追求。他在诗中将萨满描绘成居住在沙漠中的东方冥想者，并将萨满与欧洲那位不懂得平衡的、愚蠢且易变的女神维纳斯相提并论。维纳斯突然发现自己不再受欢迎，因此想躲进萨满的洞穴中：

> 我想摘一朵花，我想跟树木交谈，
>
> 我想跟鸟儿和蜜蜂重新建立联系，
>
> 远离拥挤人群的嘈杂声音，去乡间找寻淳朴的寺院。
>
> 我想去采蘑菇，我想高声歌唱，
>
> 我想像你那样，还有什么能比简单地生活更美好？[3]

此外，在 20 世纪初的西方社会，原始人和原始宗教不仅成为文学作品描写的对象，而且成为其创造性模仿的对象，这在第一次世界大战前夕表现得尤为突出。[4]同时，欧美艺术家、音乐家和作家也开始更多地在他们的作品中采用非西方的或异教符号。提及此方面，人们最先想到的就是抽象派画家巴勃罗·毕加索（Pablo Picasso）和瓦西里·康定斯基（Wassily Kandinsky）。毕加索在寻找可替代传统欧洲模式的绘画模式时，转向非洲原始艺术，康定斯基则痴迷于西伯利亚萨满鼓、萨满树和萨满旅行等符号，并将这些符号融入自己的作品当中。[5] 在文学界，D. H. 劳伦斯（D. H. Lawrence）通过创作《羽蛇》做了类似的事情。伊戈尔·斯特拉文斯基（Igor Stravinsky）、谢尔盖·迪亚基列夫（Sergei Diaghilev）所创作的备受争议的芭蕾舞剧《春之祭》（*The Rite of Spring*，1913），以其异教献祭主题震惊了巴黎。另一位"煽动者"安托南·阿尔托（Antonin Artaud）则寻求拆解经典欧洲戏剧概念，他谴责西方文化将自身禁锢在逻辑和理性的魔咒之下由此不断衰落。此外，阿尔托还认为非西方的和原始的神秘体验能够帮他拓展知觉，他因此于 1936 年前往墨西哥惠乔尔（Huichol）——在惠乔尔，阿尔托沉迷于佩奥特仙人掌致幻仪式，"欧洲理性主义文化已经衰落了，我来到墨西哥的土地上，追寻魔幻文化的根基"[6]。

在前文提及的智识环境中，诞生了一些促使后人对诸如萨满教等非西方的自然和部落灵性发生普遍兴趣的文化先驱，本章的目的就在于提炼这些文化先驱得以诞生的源头。我将从一些西伯利亚宗教作家和民族志学者开始论及此问题。这些人考察了北亚古老土著传统，并尝试模塑和奠定西伯利亚文化认同基础。此外，他们当中的一些地方主义者（regionalist）①还视德国浪漫主义作家和学者为前辈和老师，坚信文化之光来自东方，而在他们关于智识的追求上，西伯利亚萨满知识占据着优先位置。

接下来，我将转而关注北美地区，并考察美洲西南部的地方主义者。这些地方主义者及其同人将自身的研究深深植根于并不属于他们的北美土著传统。因为关于美洲土著人的民族志出版物曾对西方当代新萨满教论著产生过非常重要的影响，所以我在本章也多有论及美国人类学，并探讨美国人类学为在印第安人灭绝之前捕捉其传统文化所做的努力——当然，美国人类学所做的后一种尝试也同样受到了德国浪漫主义哲学的启发。然后，我将展示萨满教习语是如何逐渐从西伯利亚民族学界传导至北美民族学界的。在本章结尾，我将对一个特殊的群体——"被流放的民族志学者"进行介绍。为保持学术清醒，这些在19世纪下半叶被俄国沙皇政权驱逐至西伯利亚东北部森林和冻土地带的持不同政见者和革命者纷纷转向民族志（ethnography），去探索西伯利亚土著文化。他们当中至少有两个人，弗拉基米尔（沃尔德马尔）·G. 博格拉斯［Vladimir（Waldemar）G. Bogoras（Bogoraz），1865-1936］和弗拉基米尔（沃尔德马尔）·I. 乔基尔森［Vladimir（Waldemar）I. Jochelson，1855~1937］曾与美国人类学家弗朗兹·博厄斯合作并出版专著，这些专著成为20世纪下半叶西方社会如何理解萨满教方面的工具书。

①　本书多处涉及 regionalist，结合全书语境，中译版将其译为"地方主义者"。全书的地方主义者主要指涉两类人：第一类是试图塑造和强调西伯利亚独特文化身份的所谓"西伯利亚地方主义者"，他们主要是从事北亚地区土著古老灵性传统研究的学者，如布里亚特本土学者道尔吉·班扎罗夫、萨哈本土民族志学家加夫里尔·克谢诺丰托夫，再如俄罗斯学者格里戈里·N. 波塔宁；第二类则是20世纪二三十年代聚集于美国西南各州的作家、艺术家等，他们虽非美洲土著，但都倾向于通过扎根印第安人的古老文化和灵性传统，为年轻的美国创造文化认同。——译者注

西伯利亚地方主义者的民族志梦想：19世纪70年代到 20世纪20年代

西伯利亚是萨满教隐喻的故乡，在这里成长并成熟起来的俄罗斯知识分子撰写了大量关于西伯利亚土著灵性的作品。这些作品模塑了我们关于萨满教的基本印象。在本章当中，我们将再次遇到与前文提及的芬兰民族志学家和民俗学家一样的人——这些民族志学家和作家都痴迷于寻找自己的文化身份，不过他们寻找的是一种地方性认同。本章所讲述的西伯利亚地方主义者是由格里戈里·N. 波塔宁（Grigorii N. Potanin，1835–1920）（见图 2-1）为领军人物的俄罗斯知识界的部分人士。在思想上，他们主要受 19 世纪德国民俗学者以及德国地理学者亚历山大·冯·洪堡和卡尔·李特尔的影响。这些地方主义者之所以对西伯利亚土著民族志和古代史，也包括原始灵性怀有极大兴趣，主要是因为他们希望把西伯利亚界定为俄罗斯帝国的一个地方。

图 2-1 格里戈里·波塔宁

资料来源：N. Jadrinzew, *Sibirien: Geographische, ethnographische und historische Studien*（Jena: H. Costenoble, 1886），68–69。

19 世纪的人们是怎么看待西伯利亚的？首先，他们知道这个荒凉之地是一片广阔的冻土地带。其次，他们当中的一部分人也知道这片土地是暴虐的俄国沙皇流放政治犯和普通罪犯的地方。此外，19 世纪下半叶，西伯利亚也开启了现代化进程，与此同时该地也成为被殖民的对象。成长于这片冻土上的第一批知识分子大多来自西伯利亚东南部的托木斯克大学。这些地方主义者出于发展故乡社会和文化的考虑，自然而然地会去观照"最真实"和最古老的文化价值并以此来提升自身对于意识形态的追求。

我们知道，如果这种价值处于缺失状态，地方主义者就会借用或干脆发明一种价值。在寻找西伯利亚真正的身份认同的过程中，他们尝试证明西伯利亚并不只是冻土或被污名化的边缘地带，而是一个在文化和社会方面都能与欧陆俄罗斯相提并论的地方。那么，谁和什么能够为此提供证据呢？地方主义者首先通过塑造在西伯利亚定居的俄罗斯人的形象来部分地解决这一问题——西伯利亚的俄罗斯人被塑造为吃苦耐劳的、灵魂自由的、富有民主和民族主义精神的形象，他们堪称俄罗斯其他地方的人的表率。当然，在西伯利亚定居的俄罗斯人毕竟是"后来者"，他们的历史不够长，还不足以服务于建构西伯利亚的身份认同。

比如在美国这种缺少古老建筑的国家，要建构美国认同就不得不仰赖美洲土著文化。同理，西伯利亚地方主义者也必须倚仗土著的精神和物质文化。这些地方主义者用土著古物和知识来表明西伯利亚文化遗产绝不输于甚至能超越俄罗斯文化遗产。为证明西伯利亚这片土地拥有专属于自身的、丰富和独特的文化，与欧陆俄罗斯传统相比毫不逊色，地方主义者们致力于搜集西伯利亚本土古物和民族志信息。在这样的语境中，地方主义者的领袖人物波塔宁对关于西伯利亚俄罗斯人的民族志几乎不感兴趣也就并非偶然了。波塔宁的一位同事 E. L. 祖巴舍夫（E. L. Zubashev）回忆说："西伯利亚的俄罗斯人村庄几乎没有引起格里戈里·尼古拉耶维奇（Grigorii Nikolaevich）（即波塔宁）的注意，但西伯利亚土著人却唤起了他的柔情。"[7]

比如，关于西伯利亚南部墓石的位置及相关描述就引起了波塔宁、V. A. 阿德里诺夫（V. A. Adrianov）、尼古拉·亚德特斯维夫和德米特里·克莱门茨（Dmitrii Klementz）等地方主义者的极大关注，他们称这种古迹为过去的时光，并将其与欧洲石质文物相提并论。波塔宁还进一步指出："西伯利亚西南部古迹可证明该地拥有比已知文明更古老的文明。"[8]考古学家试图通过追溯阿尔泰、图瓦和布里亚特等土著人的古老来源以证明西伯利亚拥有古老传统。地方主义者和作家与考古学家一样，在寻找西伯利亚文化的独特性时无法避开萨满教。首先，俄罗斯知识界普遍对拥有官方地位的俄罗斯东正教持怀疑态度，俄罗斯的地方主义者更是对土著灵性怀有审美上的痴迷。[9]比如，影响力仅次于波塔宁的地方主义者亚德特斯维夫在19世纪80年代首次赴阿尔泰调查之后曾兴奋地对他在瑞士的朋友说："当地'野蛮人'的风俗习惯非常有趣，他们的宗教叫萨满教，但什么是萨满教呢？就是多神教。简单说，阿尔泰就是希腊，在那里所有的东西，河流、山岗、石头都是有生命的，在那里，你可以听到数以千计的传说，而且是非常神奇的传说！"[10]

在目睹了一场萨满降神会后，亚德特斯维夫对其产生了"极为难忘的印象"，并因此留下了一段充满诗意的描绘：

> 我记得，有一天晚上，我不得不在那个地方停留。那是一个神秘又美丽的夜晚，天空中千万颗星星在闪烁，神秘的山峦弥漫着蛮荒之美和诗歌之魅。我看到那位萨满身穿缀着摇铃和蛇形辫状物的奇异服饰，头戴粘着羽毛的头盔，手持一面看起来很神秘的鼓。起初，萨满围着篝火绕圈。然后，他跳出用树皮搭的帐篷去往户外。不过，我仍能够听见他大声咆哮着呼唤神灵，而山谷以回声作为他祈求神灵的回应。[11]

对地方主义者群体的另一位成员——民族音乐学家安德烈·阿诺欣（Andrei Anokhin）而言，萨满教堪称土著歌曲的表达高峰；他还发现，"萨满神秘剧"和"祈祷词"拥有几乎与希伯来赞美诗相同的力量："（两者以）同样不朽的真诚反映了单纯且敏感的灵魂，以同样的隐喻和同样壮丽的画面描绘着周遭的自然。"[12]对于地方主义者来说，他们关注萨满教的原因之一是萨满教作为土著文化拥有极具吸引力的异域色彩，但其实最重要的是，萨满教是古老的土著传统仍在活态传承的最明显的表征，他们因此可将萨满教用于西伯利亚文化研究。

西伯利亚地方主义者在尝试复兴西伯利亚古老灵性遗产的过程中，通常伴随着对土著社会大规模殖民以及现代化的大力宣传。当然，想把土著遗产融入西伯利亚文化的愿望为地方主义者的观念体系增添了文化敏感性这一要素。亚德特斯维夫在其著作《作为殖民地的西伯利亚》（*Siberia as a Colony*，1882）中强调，每种文化都有其价值，都"能为未来文明提供独特要素"[13]，他同时强调土著人"为西伯利亚的俄罗斯人提供了历史感这一点尚未得到应有重视"，他认为这些俄罗斯人应从土著文化中汲取更多营养。[14]

波塔宁最终将这种文化相对主义发展到了极致，在其民族志作品中，他致力于在亚洲内陆土著传统中寻找犹太-基督教的根源。一方面，他在希伯来和俄罗斯、在早期基督教与欧洲中世纪神话之间进行随机的文化和语言比对，另一方面则对蒙古高原和西伯利亚南部萨满教传说进行同样的操作。波塔宁坚持认为它们之间具有本质相似性，并由此提出所谓的东方假说。[15]此前流行于19世纪的浪漫主义东方学持有一个著名理论，即印度文明与西方文明紧密相关；但从波塔宁努力的方向来看，他其实是在创造这一理论的北亚版本；只不过浪漫主义作家将西方传统文明的被创造归因于高等的古典东方文化，但波塔宁则坚持认为，北亚的游牧文化才是西方犹太-基督教传统的源头。早在1879年，虽然波塔宁的东方假说尚处于酝酿阶段，但他业已开始提出支持该假说的主要理论，"我倾向于认为基督教源于西伯利亚南部"[16]。在他的民俗和民族志研究中，蒙古人、哈萨克人、阿尔泰人和布里亚特人及其周边土著人祖先并不是惯于对定居民族进行掠夺的游牧人（较为普遍的现代观念），而是模塑了西方和近东灵性传统的文化英雄。

波塔宁将历史上多次出现的从亚洲腹地向欧洲和近东的大量人口迁徙现象，作为支撑其理论的合理论据之一。从古代到中世纪早期，人口一直是从东方流向西方的，而不是反向。19世纪的学者尚未看到这种人口流动中蕴含的创造性冲动，故而认为这些游牧民族的入侵对当时正在发展中的西方人有害无益。相形之下，波塔宁则反对把亚洲腹地游牧民族视为毁灭者的观点。他指出，当代学者怀着欧洲自大心理，完全用犹太－基督教蒙蔽自己的眼睛，不愿意承认所谓"野蛮人"对西方文化和灵性传统所做的贡献。

让我们近距离观察一下波塔宁是如何证明自己的观点的吧。比如，他在大部头著作《所罗门传奇》（*Saga of Solomon*）中指出，所罗门的圣经故事来自蒙古人的萨满教和神话。所罗门传说包括三个主题：一是寺庙的建立；二是妻子被绑架和被救；三是接受智者的考验。波塔宁由此对蒙古人（Mongols）、希伯来人、盎格鲁－撒克逊人的宗教和神话传统进行了比对，试图寻找与这三个主题相匹配的素材。他最喜欢使用的方法我在第一章曾经提到过，就是在浪漫主义东方学学者当中较为流行的比较语言学方法。比如，波塔宁曾在突厥－蒙古语神话中的金星一词"Tsolmon"和希伯来语中的所罗门（Solomon）一词之间建立起关联。

在建立这样以及其他类似的"关联"之后，波塔宁得出结论说，民俗方面的证据表明，关于所罗门的传说其实源于北亚，他又在此基础上驳斥了圣经故事的古老性。在他看来，关于所罗门的传说是从亚洲逐渐传播到西方的。他对传播路径做如下推测，即该传说从蒙古高原发源之后，逐渐流传到俄罗斯，后来又流传到拜占庭和意大利，最终流传到英国。同时，这个传说也慢慢地从亚洲腹地向南流传到西藏和印度。[17]此外，波塔宁也用同样的方式重塑了圣经十二门徒故事。这一次，他将这个西方故事与关于十二个人的东方故事连接在一起，并再次将这个神话传说的来源追溯为西伯利亚南部和亚洲腹地的萨满教传说。

在提出这一理论之前，波塔宁偶尔会进行一下自我嘲讽。他曾在一封写于19世纪70年代的信中，称自己发现的那些具有跨文化相似性的神话是"民族志幻想"。不过，在总体上他是非常认真的。在同一封信中，波塔宁称自己在某些案例上可能犯了错误，但他坚信突厥人和蒙古人的传说和信仰"远远早于闪米特人的传说和信仰"，并且促生了基督教信仰和传说。[18]他的理论为西伯利亚地方主义者的领袖人物所接受，后者曾满怀热忱地写道："是的，这（西伯利亚南部）是我们生活的地方，也是全人类真正的故乡。基督教的第一粒种子萌芽于此。现在，我也无比确定亚当和夏娃所在的伊甸园其实位于额尔齐斯河的源头，而我正是生于额尔齐斯河畔。"[19]

虽然他的欧陆俄罗斯同人都质疑他的理论，但波塔宁仍旧坚持自己的理论直到故去。1911 年，波塔宁曾向一位来自圣彼得堡的学者清晰地阐释了东方假设理论的基础，并坚持认为"我们可以非常清晰地看到，中亚地区萨满教传说是基督教传说的基础，基督本身的形象也是根据此前已在亚洲腹地存在了几个世纪的形象塑造的"[20]。很明显，波塔宁是在以深受自卑情结影响的地方主义者身份，努力提升西伯利亚文化在自己和公众眼中的重要性；他也想超越中心地带和边缘地带之间的不公平，并因此宣扬边缘地带的文化优越性。他的同事，佛教学者谢尔盖·奥登堡（Sergei Oldenburg）则对东方假设理论持质疑态度，说波塔宁把民俗学研究搞成了西方人向亚洲人学习的社会性义务。[21]

虽然波塔宁的东方假设理论后来成为浪漫主义东方学大器晚成的西伯利亚版本，但主流的欧陆俄罗斯学界却完全无视该理论，而在社会科学界占据绝对统治地位的欧洲中心主义更是对该理论持否定态度。然而与此同时，这一理论在西伯利亚却大受欢迎并且影响了一大批学者和作家，加夫里尔·克谢诺丰托夫（Gavriil Ksenofontov）就是其中之一。克谢诺丰托夫是萨哈本土民族志学家，曾就读于托木斯克大学，后来成为一名律师，并最终在波塔宁理论的影响下成长为一位成熟的知识分子。萨哈的短暂自治结束之前，克谢诺丰托夫曾在很短时间里从事过一份不太成功的工作，后来则全身心地投入搜集自己故乡和周边民族志信息的工作中。他与地方主义者的结盟最终导致他在"大清洗"期间被捕并被判处死刑。

1929 年克谢诺丰托夫出版了专著《预言家：萨满教和基督教》（*Khrestes：Shamanism and Christianity*）[22]，在书中，他坚持强调早期基督教和西伯利亚萨满教具有相似性，并强调亚洲腹地的游牧民族作为文化英雄在当地发挥着重要作用。克谢诺丰托夫所采用的研究方法比起波塔宁所做的粗糙比较更加精细和合理，而且这位萨哈学者还成功地避开了学界前辈最喜欢的"走出亚洲/西伯利亚"的主题。对于克谢诺丰托夫来说，两种文化在神话上的相似性并不一定意味着这两种文化具有基因上的相关性。为搞清楚早期基督教传统与西伯利亚土著信仰之间的相似性，克谢诺丰托夫还尝试用"人类体验一致性"来说明问题。

《预言家：萨满教和基督教》一书包含很多关于亚洲北部萨满教和早期基督教之间相似性的分析和线索，其中有些线索太过离谱，但另一些却似乎很有道理。比如，我发现他关于基督耶稣和萨满的对比就十分吸引人。克谢诺丰托夫写道，毫无疑问，当代人把基督耶稣看成一位能够消除个体之间敌对情绪的民间医生，在这一点上，耶稣跟萨满是一样的。《福音书》描述了耶稣如何治疗病人、着魔者、麻风病患者、聋哑人和盲人，还描述了他如何使已亡故者复活。这些奇迹与西伯利亚人关于萨满的传说并无二致。此外，萨满和耶稣一样，能在水上行走，能给饥饿者食物，也能改变天气。耶稣能通过运用魔法在普罗大众中吸引信众，而且也和萨哈灵性实践者一样，是婚礼和葬礼中最尊贵的客人。克谢诺丰托夫强调，人们必须对耶稣所实践的"民间的和原始的基督教"与后来形成的官方基督教进行区分，后者因受到很多神学迷思的"感染"而成为"古老哲学的分支"，因此而不再是"自然宗教"了。[23]

克谢诺丰托夫总结说，如同《福音书》中的故事一样，一些西伯利亚本土史诗中的萨满或者是由圣洁的处女与从天而降的神灵结合所生，或者是由一位丈夫与已失去生育能力的老妇人所生，也有萨满是一个女人被将死的丈夫亲吻怀孕所生，或者是一位吞食了冰雹或阳光的处女所生，抑或由一个女人与作为上天信使的狼结合所生。萨满传说与《福音书》故事的另一个相似性是关于婴儿耶稣的故事，萨哈人中流传的相关故事中经常有婴儿被发现于牛群当中，或发现于牛食槽中的情节。萨哈人关于萨满的故事还有另一个与耶稣故事惊人相似的情节，耶稣故事讲述的是年轻的耶稣以其成熟的思想震惊成年智者，而萨哈故事也经常描述即将成为萨满的人被带到森林中的荒凉之处，完全禁食，只靠喝水生存。这些故事也会描述萨满抵挡来自神灵的诱惑，在克谢诺丰托夫看来，这与耶稣在沙漠中抵挡诱惑的故事也十分相似。

还有一点非常重要，克谢诺丰托夫在 20 世纪 20 年代做田野调查时还搜集了很多令人着迷的萨哈和埃文基萨满接受痛苦启蒙的"恐怖"故事。这些故事后来被译为德语[24]，继而又被伊利亚德在其著名的《萨满教：古老的入迷术》（1964）英文版中大量引用。另一位当代学者，神话学作家约瑟夫·坎贝尔的著作《神的面具：原始神话》（*Masks of Gods: Primitive Mythology*，1959）也非常倚重这些故事。[25] 由此，克谢诺丰托夫搜集的故事，特别是那些即将成为萨满的人被神灵肢解后又复活的故事，成为萨满教研究中的经典故事。

顺带提一句，克谢诺丰托夫也曾将这些萨满故事素材与基督受难和复活进行了对比。他提示说，萨满被肢解通常持续三天，此后萨满将复活，复活后的萨满已经是"开悟的"且"受到神灵保护的"了，其身体已能接受神灵附体了。克谢诺丰托夫认为这是老萨满为使新萨满走上职业生涯所进行的教育和启蒙，而这与耶稣接受圣约翰洗礼由此走上"先知"之路的过程是类似的。克谢诺丰托夫还指出，布里亚特萨满在接受职业启蒙时，沐浴是一个不可或缺的组成部分。萨哈故事中的萨满能代表神灵用不同语言与"外来"萨满交流，而这会让人想起圣灵降临故事中圣灵降临在使徒身上并使他们能够讲各种语言的情节。圣灵降临时化作的白鸽，与萨哈"白萨满"故事中的白天鹅或不知名的白鸟相似。死去的萨满的灵魂通常也会化作鸟（乌鸦、潜鸟、鹰）的样子附在举行降神会的萨满身上。灵魂鸟的更古老版本是萨哈"黑萨满"故事中的大乌鸦神灵。克谢诺丰托夫认为《福音书》中的鸽子形象完全就是"被修饰的"、"被打磨的"和被"高贵化"的萨满教中的大鸟形象。[26]

克谢诺丰托夫甚至重新考察了基督的名字，对于人们广为接受的观点，即认为"Christ"来自意思为"受膏者"的希腊词语"Khristos"，他并不认同。他认为应该将"Christ"追溯到希腊动词"预言"，即"to prophesy"或"to predict"上，而后两者最早来源于名词"khrestets"，意思是"预言家"（the seer 和 soothsayer）。克谢诺丰托夫指出，古罗马的民间东方神秘宗教经常提及这个词语，而且在古罗马时代野蛮的魔术师或巫师也被称为"khrestets"，他因此得出结论说"Christ"是"khrestets"的变形。最终，这位萨哈学者总结道，当代希腊和俄罗斯的"Khristos（Christ）"其实就是巫师、巫医或魔法师和预言者，而不是什么"受膏者"。[27]

在维亚切斯拉夫·希什克夫（Viacheslav Shishkov）[28]所著的《恐怖的萨满》（*Strashnyi kam*，1926）一书中，我们找到了对基督教和萨满教进行对比的书面材料。希什克夫最初是一位地方主义作家，他也是波塔宁学术圈的成员。这本现代主义小说的主角是一位受迫害的阿尔泰萨满切尔巴克（Chelbak），在小说中作者将萨满的遭遇与基督受难进行了对比。小说是以一个真实发生的故事为基础——一群愤怒的俄罗斯人因为萨满切尔巴克举办降神会而用石头砸死了他。希什克夫精心地设计并描述那群俄罗斯人押着切尔巴克在村子里游街的情节，并将这作为隐喻呼应耶稣背负十字架的情景。迫害萨满的人们怀着对官方教会的忠诚，却背叛了仁慈这一真正教义。被害死的萨满的灵魂四处游荡，逐一吸取杀害他的那些人的能量，最终使他们都患病。萨满鼓的声音也总是在村民耳中回荡："那面看不见的鼓一直在隆隆地响，村民们张开嘴，在胸前画着十字，都逃走了。"[29]后来一个叫费奥多西娅（Feodosiia）的老农妇第一个意识到那些俄罗斯人的所作所为其实违背了基督教教义，于是她用基督教的方式向死去的萨满的灵魂祈求："我是罪人，我是罪人，原谅我吧，神父切尔巴克。"[30]

地方主义者在书写文学作品和进行学术建构的同时，还致力于以萨满教传统提升西伯利亚身份认同在公众当中的知名度。1909年，波塔宁、阿诺欣和阿德里亚诺夫将卡通河地区一位叫作迈姆皮依（Mampyi）的阿尔泰萨满带到托木斯克市，让迈姆皮依在"民族学之夜"一场事先设计好的节目的核心环节进行表演，从而推介作为西伯利亚传统样本的

"文明社会"托木斯克。[31]当晚的观众包括阿尔泰、萨哈、布里亚特、鞑靼和汉特人的代表，他们穿着各自的传统民族服饰，展示各自的生活场景，演奏本土音乐并吟诵史诗的片段。这种活态的民族学表演是以复制的本土房屋、家居物件和神龛为背景的。此外，地方主义者用来举办"民族学之夜"的托木斯克公共大厅的墙也是用西伯利亚兽皮装饰的，房顶则以描绘着极夜和巨大冰块的西伯利亚图画作为装饰。[32]

这座西伯利亚文化厅堂挤满了观众，他们都聚精会神地看着迈姆皮依的表演。为将萨满教核心部分展示给普通观众，迈姆皮依与地方主义者通力合作，淡化了"真正萨满教"的总体理念，将萨满降神会分解成为方便展示的片段。首先，迈姆皮依以"诗性"的方式描述了萨满教的意义并对萨满服饰的象征意义进行了解读。接下来，他现场展示了如何穿戴萨满服饰并且点燃篝火。然后，他边跳着旋转舞蹈，边介绍他的师傅萨满哈努姆（Kanym），也就是阿尔泰山神，还介绍了（下界之神）埃里克（Erlik）、乌尔根、地神、水神和"土地之根"。在仪式尾声，迈姆皮依唱着神歌脱下萨满服，并总结了整个仪式的意义。[33]

事情到这里并没有完，"民族学之夜"结束 6 天后，地方主义考古学家和民族学家阿德里亚诺夫发表了一篇关于西伯利亚萨满教的学术文章，迈姆皮依则再次表演了此前表演过的萨满教仪式，以此作为对这篇文章的活态展示。当晚，这篇文章和仪式再次呈现于托木斯克技术学院，这是为普通观众表演的第三次。[34]最后，为使更多的人了解萨满教，地方主义者们复印并散发了阿德里亚诺夫题为"萨满教神秘仪式"（kamlanie）的文章。虽然迈姆皮依当时是在部落以外的城市里进行表演，但他在表演过程中仍进入意识改变状态达一个小时之久，在幕布降下之后，组织者不得不打断他的昏迷状态。受迈姆皮依此次成功的民族学表演启发，波塔宁和他的朋友们复制了这种请西伯利亚萨满进行表演的模式，邀请土著灵性实践者在巴尔瑙尔、伊尔库茨克和另一些城市进行表演。此后，西伯利亚萨满的形象开始出现在俄罗斯明信片上（见图 2-2a 和 2-2b）。

图 2-2a 西伯利亚萨满

注：该照片由摄影师 S. I. 鲍里索夫（S. I. Borisov, 1908）拍摄，
一位阿尔泰女萨满正在为此摆姿势，该照片 1910 年被彩印为明信片。

毫无疑问，托木斯克民众为迈姆皮依降神会所着迷，主要是因为萨满教具有异域特质而且能引起人们的科学好奇心；然而，波塔宁及其他地方主义者却以平等的眼光看待迈姆皮依，他们带他到城市里巡演，跟他分享他们的学术和科学研究成果，这说明他们对这位萨满的关注并非出于好奇。从某种角度看，地方主义者将萨满看作能为发展中的西伯利亚文化之整体做出贡献的角色。实际上，在托木斯克公共大厅里上演的

图 2-2b　布里亚特萨满

注：俄罗斯 1910 年前后的黑白明信片。

资料来源：本书作者收藏。

"民族学之夜"活动上，俄罗斯人和所谓的土著人两者的边界是模糊的，当晚，组织者不仅展示了土著人的生活方式，还设计了俄罗斯三弦琴伴奏和俄罗斯民歌演唱环节。观众群体既包括住在托木斯克的俄罗斯人也包括那里的土著人。

在托木斯克期间，迈姆皮依一直处于生理和心理都被密集观察的状态。

"民族学之夜"结束后，托木斯克的一位医生 V. V. 卡列林（V. V. Karelin）面向俄罗斯帝国科技协会成员发表了关于迈姆皮依精神状态的专题报告，称他先是在降神会前后对萨满精神状态进行了检测，后来又把萨满带到他的神经科诊所进行测试，而且为确保检测全面而完整，他甚至用X光对萨满进行了全身检查。卡列林想借此向他的同事们表达一个观点，即迈姆皮依在生理和心理上都与常人无异，没有任何迹象表明他有神经官能症和抑郁症。[35]这就是地方主义者对在19世纪末20世纪初呼声越来越高的、认为萨满是精神病患者的观点所做的回应。

红色的亚特兰蒂斯：美国地方主义者向土著学习（20世纪20~30年代）

在地处世界另一端的美国，西南诸州的一群作家、艺术家和波希米亚人也开始聚集在一起，试图借用当地土著人传统为并不属于这片土地的他们找到定位并实现本土化。不过，与相对"狭隘"的西伯利亚同人不同，美国的地方主义者胸怀一个创造全美文化和灵性蓝图的宏大目标，选择放眼全美的古老土著传统。[36]

当时的美国是一个正试图在美洲大地扎根的年轻国度，因此美国人对美洲土著日益增长的兴趣当然与其在文化上的抱负密切相关。早在20世纪30年代，荣格就注意到了美洲土著象征是如何融入美国人的精神世界的。荣格通过对美国病人的观察，发现他们在无意识层面经常展示出与印第安人之间的象征性关联，"就如同合众国货币上有印第安人头像一样"。此外，荣格还注意到，在美国人关于英雄的幻想中，印第安人总是充当领袖的角色。荣格非常清楚这是一个自然而然的过程：所有征服者在征服一片土地后都逐渐吸取了被征服土地上的精神力量。他曾在一则最著名的分析中推测说："在美国人真正倾心的一切事物中，我们都能瞥见印第安人的影子。"虽然将后一论断用于30年代的美国稍嫌夸张，但用于现在却绝对正确。在这里我不打算进一步谈论印第安人在美国民族文化形成过程中发挥的显而易见的作用，因为这超出了本书的范畴。[37]

在这里，我对关于印第安人的另一种浪漫观点更感兴趣：美洲印第安人是西方文明走向现代化过程中丢失的价值的载体。实际上，美洲印第安人作为美国人审美观的组成部分和作为犹太-基督教文明的解药这两个角色很快就交叠在一起了。这一点在人类学家和作家詹姆·德·安古洛（Jaime de Angulo）——当时最为活跃的印第安智慧的追寻者——的观点中有所体现。1925 年，詹姆在给他的朋友梅布尔·道奇·卢汉（Mabel Dodge Luhan，1879–1962）的信中强调说，对印第安象征的需要既是为使美国文化生根，也是为了"驯化"现代文明：

> 美国白人必须保护印第安人，这并不仅是出于公平正义和兄弟般的友善，而且是为了拯救他们自己。欧洲人可以与其故乡保持联系并在那里汲取活下来所必需的精神营养，但过分沉迷于物质文化的美国人正在受到自我毁灭的威胁，除非他们能够找到与自己故乡联系的纽带，而印第安人正是掌握着钥匙的人。[38]

虽然那时大多数美国人都信奉个人主义和自由市场理念，但上述观点在 20 世纪头几十年里仍赢得了很多受众，而且在被人们视为资本主义和西方文明终结的大萧条时期，这种观点还得到了广泛传播。[39]

对一些博学的美国人来说，印第安文化是社会达尔文主义这一无情哲学的替代性文化方案，而在镀金时代到咆哮的 20 世纪 20 年代末期，社会达尔文主义深刻地影响着美国人的社会生活。20 年代曾出现了一场小规模思想运动，该运动对当时成功的经济和商业活动持怀疑态度，并对"棕色人是上天给我们的礼物"[40]这一观点表示赞同。同时，将印第安人视为被现代文明打败和压榨的悲剧英雄形象只能更加强化这一思路。当时想借用土著人价值观的人包括作家、艺术家和民族志学家，他们当中的许多人都在美国西南部进行了开创性工作。在他们看来，美国西南部，有上天赐予的美丽景观，有古老的废墟，还有迷人的土著文化，因此是非常重要的文化资源。一位当代自然主义作家如此解释这片土地的吸引力："美国西南部拥有特别的风姿：它那美丽、迷人的景观有着神奇的魅力，古老的民族随处可见。"[41] 此外，美国西南部天气干热，有利于健康。比如，有肺病的城市居民经常会来到这里。早在 19 世纪 80 年代，这里就建起了第一批疗养院、水疗中心和度假村。宗教历史学家菲利普·詹金斯也曾经如此描绘美国西南部的魅力："越多病人移居到西南部，越多人就会变成有着浓厚的和神秘的超自然色彩的替代医疗的受众。"[42] 顺便提一句，新墨西哥、亚利桑那和加利福尼亚等美国西南诸州今天仍是身体、精神和灵性治疗的重镇，这其实是延续了它们在 20 世纪二三十年代就是先锋性文化和健康项目所在地的传统。

文化原始主义于美国西南地区发源，可追溯到早期民族学家、普韦布洛（Pueblo）印第安探索者玛蒂尔达·考克斯·史蒂文森（Matilda Coxe Stevenson，1849–1915）和弗兰克·汉密尔顿·库欣（Frank Hamilton Cushing，1857–1900）。史蒂文森被普韦布洛印第安人赋予可进入他们秘密组织的特权，以及观察原本对外来者保密的秘密仪式的特权。库欣与印第安人共同生活并根据真实经历写下了广受欢迎的迷人故事。另一个重要人物是挪威裔美国人类学家卡尔·拉姆霍尔兹（Carl Lumholtz，1851–1922），他的足迹遍布美国西南部和墨西哥北部。他在《未知的墨西哥》（*Unknown Mexico*，1902）一书中以诗意的目光看待这片土地，并讲述了去往塔拉乌马拉（Tarahumara）印第安人和惠乔尔印第安人当中考察当地灵性和古物的过程。这位探索者经常会提及"萨满"一词，还探讨了土著巫医治疗仪式和他们运用佩奥特仙人掌的细节，曾经一度他甚至想彻底"皈依"[43]。在上述提及的学者或作家及其后继者努力下，美国西南部最终在二三十年代戴上"灵性天堂"的光环，此后成为人类学家和灵性追求者最钟爱的"游乐场"和文化保留地。

陶斯（Taos）静修所是较早的灵性项目之一。来自纽约的波希米亚百万富翁卢汉在距离陶斯很近的普韦布洛印第安人村落修建了这个静修所。卢汉把陶斯看作古代社会遗留下来的"碎片"，认为它是尚未受到资本主义和现代主义恶魔影响的净土，那里的人们也仍过着公社般的灵性生活。这个地方为何具有如此魅力？卢汉解释说，有一次她在陶斯听到土著人的歌声和鼓声时真切地感受到了这个地方的特质，"美德在于完整，不在于片段"[44]。

卢汉的个人哲学是神秘主义和左派观念的折中与混合。早期，她对神智学很感兴趣，对东方宗教、超验主义、神秘主义以及美洲土著象征主义都有所关注和考察。同时，她也同情社会主义和无政府主义，为此还曾主办过一个为不同种族知识分子提供庇护的沙龙。但后来她的形而上学观念越来越强烈。1917 年她突然离开纽约，离开先锋派的沙龙生活，远离那种在她看来枯燥和乏味的生活，去了新墨西哥，并在如画的风景和土著文化环境中建立了"红色的亚特兰蒂斯"（red Atlantis）。

卢汉曾如此解释她去陶斯的动力："我们需要梦想，印第安人恰能满足我。这是一个梦想。"[45]她用以完成这个梦想的工作之一就是召集跟她志同道合的作家、诗人和艺术家一起把陶斯变成一个能够把西方人从物质主义、个人主义和欧洲中心主义中拯救出来的中心所在。她在写给后来响应她号召去往陶斯的社会改革家约翰·科利尔（John Collier）的信中，将她计划建立的这个静修所描述成"一个面向未来的总部"和"一个真正关乎建设新世界计划的基地"。她坚信，通过他们所力图推动的社会进步，当代美国人能够在越过一个分水岭之后回归公社般生活的根基，过上更加灵性的和感性的生活。她也跟其他朋友一样，认为美洲土著人掌握着通往这一社会进步之门的钥匙。[46]

从卢汉的愿景来看，她无疑超越了她所处的时代。当与她同时代的很多美国人仍试图通过追求物质和进行阶级斗争来解决问题时，卢汉已在倡导被后来认定是"自我实现"的灵性计划了，毫无疑问，她堪称时代先驱。当然，她的同胞们后来也的确转而信奉她所孜孜以求的价值观，只不过这一转折到来较晚，直到 20 世纪六七十年代才得以实现。此外，卢汉还惊人地预测了现代人对美洲土著灵性的着迷，她回顾在陶斯期间的灵性生活时说："我们脚下有数以百万计的完好无损的印第安灵魂在等待被唤醒，等待欧洲色彩逐渐消退，等待他们仍旧生活在这片山谷中的兄弟将真正的火种传递下去，直至天明。"[47]

她退出现代生活的重要表现之一就是嫁给普韦布洛印第安人安东尼奥·卢汉（Antonio Luhan），后者被她认为是能够作为"跨文化之桥"给予她帮助的人。她相信她的新丈夫的"有机意识"与她自己的"直觉"相结合能够更好地向西方人介绍印第安人的灵性智慧（见图2-3）。她还与丈夫一起带领在陶斯生活的各类知识分子和活动家向当地土著社区学习，在她看来，这些土著社区与周边的自然环境"天然地"联系在一起。此外，她也会因为丈夫说她"行事跟印第安人一样"而感到受宠若惊。[48]

不过，卢汉和她的朋友们却从未想过本土化。他们的目标其实是汲取当地的土著文化象征和文化哲学，从而让土著社会以外那些更广阔的社会知道还可以有其他的社会性选择和灵性选择，从而帮助后者提升创造力。因此，作家玛丽·奥斯汀（Mary Austin）在陶斯生活时建立起与印第安人之间的灵性联系，甚至认为自己就是印第安人中的一员，但她并不期待读者们离开自己舒适的房子去土著人住所中生活并接受印第安人的生活方式。奥斯汀、卢汉和她们的朋友们想要的是使现代社会拥有一些"印第安风范"，以及通过印第安人与自然界建立起联系。从根本上说，她们想要推介的是文化和审美体验。[49]

陶斯社区的另一位成员、艺术家马斯登·哈特利（Marsden Hartley）强调，美洲土著的灵性信仰和仪式毫无疑问是创造性灵感的来源，因为他们超越了主流文化沉闷和无趣的模式。在他看来，艺术家和诗人应将印第安文化视为真正的财富，"印第安人似乎专门是为他们而创造的"。顺便提一句，这也正是哈特利坚持社会不应压制而应延续印第安人的"美丽的宏大场景"的主要原因之一。奥斯汀在《美洲韵律》（*The American Rhythm*，1923）中挑战当代美国诗歌尊崇的经典的"莎士比

图 2-3　1924 年梅布尔·道奇·卢汉和托尼·卢汉在新墨西哥陶斯

资料来源：经加利福尼亚州圣马力诺的享廷顿图书馆许可复制。

亚"标准，她提请民众关注她以"相当自由的翻译"所呈现的美洲土著人圣歌。她还顺便提及美洲土著人圣歌"展示了其对暗示艺术的谙熟，甚至超越了我们自己的心理学家的水平"[50]。

围绕在卢汉周边的人在思想观念上呈现为多元混合状态，但他们却都接受了卢汉的反现代情绪，认同印第安人掌握着提升现代人思想水平的超级知识。很多时候，她的大房子里总是高朋满座，如文学大家劳伦斯、薇拉·凯瑟（Willa Cather）、哈维·弗格森（Harvey Fergusson）和简·图默（Jean Toomer）等，此外这些人中也有知名度或高或低的画家、雕塑家和摄影家，如安塞尔·亚当斯（Ansel Adams）、乔治亚·奥基弗（Georgia O'Keeffe）、米里亚姆·德威特（Miriam DeWitt）、尼古拉·费欣（Nicolai Fechin）、劳拉·吉尔平（Laura Gilpin）、马斯登·哈特利和欧内斯特·尼（Ernest Knee）等。她的家当然也吸引了人类学家、神话学家、社会改革家，比如约翰·科利尔、荣格、詹姆·德·安古洛、埃尔西·克卢斯·帕森斯（Elsie Clews Parsons）和埃拉·扬（Ella Young）等。还有一个人也位列其中，那就是后来发起迷幻革命的先锋人物阿尔多斯·赫胥黎（Aldous Huxley）。

另一个重要人物是被尊称为美国西南文学之父的作家弗兰克·沃特斯（Frank Waters, 1902－1995），他同时也是一位有远见的人类学家。1937 年沃特斯应卢汉之邀移居陶斯，用他自己的话说，他由此开启了"以'作为内部世界的人类心灵和作为外部世界的宇宙彼此相连'为前提而建立的文学生涯"。他曾专门寻找普韦布洛印第安传统与东方宗教之间的文化和灵性联系并以此为基础而进行写作。他因此将普韦布洛的霍皮人（Hopi）的灵性与他阅读到的印度教、佛教和道教思想等融合在一起。平心而论，新墨西哥北部在地貌上与亚洲腹地存在地理相似性，而这的确会带来灵性和宗教的相似性。卢汉也时而会像沃特斯那样在普韦布洛印第安人宗教和道教之间寻找相似性，不仅如此，她还将陶斯地貌与斯里兰卡神秘的喜马拉雅王国相提并论。沃特斯还从卢汉那里了解到俄罗斯神秘主义者乔治·葛吉夫（George Gurdjieff）的作品，并在思想上受到后者的重要影响。此外，沃特斯本人也成为卢汉身边的灵性追求者群体与 20 世纪六七十年代的现代反主流文化社群之间的智识连接者。在那几十年里，他的《霍皮人之书》（Book of the Hopi, 1963）启发了数千灵性追求者。对于反主流文化和自然运动的参与者来说，这本书与《西藏亡灵书》（Tibetan Book of the Dead）一样，是他们的必读书。沃特斯的书一直以平装形式出版，是当下"新纪元"印刷文化不可或缺的组成部分。[51]

我想说的最后一点是，60 年代的艺术家、作家和空想主义者以及灵性朝圣者借用了拉姆霍尔兹、卢汉、德·安古洛、奥斯汀、帕森斯和沃特斯等人建立的智识传统，而美国西南地区也因此再次成为他们心中的麦加。另类演员同时也是电影制作者丹尼斯·霍珀（Dennis Hopper）在20世纪70年代买下卢汉位于陶斯的房子并建立了一个小公社，然后开始在那里拍摄《最后一部电影》（*The Last Movie*），这非常具有象征意义——这部拍摄于秘鲁一个村子里的影片反映的是美利坚帝国的式微与衰落，核心场景描绘的是当地的印第安人为收回属于自己的土地而以一个白种人（霍珀扮演）作为（仪式上的）牺牲。[52]

对美洲印第安人传统文化的追寻：弗朗兹·博厄斯的人类学

美国人类学学界一直对印第安文化进行殊异化，并在对部落信仰进行印象主义阐释方面贡献良多。毕竟，倚重印第安文化象征的艺术家和作家以及人类学家都在追求同一个目标：保护和复兴正在消逝的印第安文化要素。为进行这个知识工程，他们刻意忽略或删除了当代印第安人生活中呈现的现代性图景。

把关于印第安土著传统的保护主义观点符号化的人是著名摄影家爱德华·柯蒂斯（Edward Curtis），他在1907年到1930年主导开展了一场令人向往的民族志摄影项目。柯蒂斯拍摄了上百张印第安人照片，把印第安人视为正在消逝的浪漫时代和英雄时代的象征，并为此让这些模特脱掉西方服饰，让他们在岩石、湖泊、河流和森林等自然场景中摆拍。这位摄影家在自己的车里放了很多他认为很传统的印第安袍子，以便那些已不拥有这些必要要素的印第安模特在拍照时穿。如果他不小心拍到了一些现代物件，他就会在冲印出来的照片上小心抹掉它们，由此构建一种完整的"印第安真实"。直至今天，很多关于北美印第安人的论著仍在取材于柯蒂斯那部宏大图集中的照片。

当代美国人类学家仍以这种情绪来接触他们的民族志"模特"。实际上，一些人类学家已经意识到，追寻原始主义是他们的学术生涯的内在特质，而这种特质能够自然而然地把质疑现代性和着迷于非西方传统的人们聚集在一起。詹姆斯·克利福德（James Clifford）提示我们说，人类学正是因具有这种特质而成为一种文化和艺术事业，而且"民族志虽不会明确承认，但其中总是包含很多超现实主义成分"[53]。这样的成分当然会出现在美国人类学家奠基者弗朗兹·博厄斯的论著中，他学生的论著也是如此，他们中的很多人在思想上都是德国浪漫主义传统的继承者。[54]

博厄斯及其追随者之所以厌恶植根于启蒙主义理性传统的社会进化论，并且远离那些顽固的实证主义科学，是因为在博厄斯看来，文化领域无法建立起简单的因果关系。博厄斯学派及其同人与原始主义的艺术家、作家和诗人一样，热衷于复兴和重建永恒的印第安文化理想型，而对搞清楚这些文化和相关物件如何演变没有兴趣。对博厄斯派来说，印第安文化是博物馆里的美丽化石，而不是复杂演进中的社会的组成部分。博厄斯的一个学生鲁思·昂德希尔（Ruth Underhill）曾经强调说，她有意避免谈及土著人生活中的变化，目的是强调印第安传统生活方式之美，她的这种表达后来成为现代人类学专业的特征之一。她如此解释自己的学术立场："我倾向于使用给了我诗歌的那位老人的方法，描绘一幅图画，仿佛图画中的一切现在还都在眼前。仪式之美来自无力的身影在荒漠中的孤寂。他们穿着蓝色牛仔裤或印花连衣裙，等待白人的汽车，这一切都让他们看起来那么可怜。"[55]一位当代作者在谈论起昂德希尔这样的作者时甚至说："博厄斯派民族志学家就如同原始主义诗人，他们通过自己的写作创造了一个有着现代社会所不具备的美德的世界"。[56]

与19世纪进化论对文化按趋向西方文明发展的程度进行排序不同，博厄斯学派认为所有社会都是平等的和有价值的自在实体。博厄斯在写于1902年的《神秘教义的民族学意义》（"The Ethnological Significance of Esoteric Doctrines"）一文中强调学者应把神圣的部落教义与"任何其他哲学体系"等同视之，前者的研究目标也应与哲学史研究目标一致。[57]比之于此前的欧洲中心主义进化论，这种观点显然是关于人类文化的人文主义观点。从 1900 年前后到 20 世纪 30 年代，博厄斯及其追随者提倡的观点越来越受欢迎，这最终促使美国人类学界从文化进化论转向文化相对论。

博厄斯学派的思想立场回归到由约翰·戈特弗雷德·赫德、语言学家威廉·冯·洪堡（Whlhelm von Humboldt）及后来的人类学家西奥多·韦茨（Theodor Waitz）阐明的德国人文主义思想[58]，博厄斯也一再强调他本人与赫德之间的思想联系。博厄斯学派与其他浪漫主义先驱一样，把人类社会当作由不同的自在实体组成的集合进行探索，他们非常关注语言和灵性，或者说非常关注那些使一个社会具有独特性的要素。比之进化论强调客观性，他们对人类的主观性和直觉更感兴趣。能呈现博厄斯派研究进路的一个典型例子就是人类学家爱德华·萨丕尔（Edward Sapir）和本杰明·沃尔夫（Benjamin Whorf）所提出的著名的"语言学假说"，该假说认为，语法模式和文化不仅彼此影响，而且一种语言甚至能够规定使用这种语言的人群的文化行为。

博厄斯人类学以复兴理想的、原初文化形态的和传统的美洲印第安人文化为中心，并对不同土著群体之间以及土著人与欧美人之间的思想交流进行了淡化处理，因此在大方向上鼓励以印象主义方法解读土著文化。博厄斯认为用印象主义和直觉方法解读民族志材料是对文化进行概括的必要要素，能使人类学家筛选出乃至增强土著文化中的传统要素。

在我对萨满教的探讨中，我想提请大家注意博厄斯那段题为"我渴望学习萨满之道"的记录。这段关于萨满教、魔法和象征主义治疗理论的基础性民族志材料，收录在他的《夸扣特尔印第安人的宗教》（The Religion of the Kwakiutl Indians，1930）一书当中，该书描述了一位传统和原始的夸扣特尔印第安人奎萨利德（Quesalid）的灵性冒险之旅。奎萨利德最初不相信萨满的"伎俩"，只是为揭露这些骗子才加入他们的行列。此后，他作为新手萨满学会了如何在自己嘴里隐藏一小撮儿羽毛，然后咬破自己的舌头或划破自己的牙龈让这一小撮儿羽毛沾上血；他还学会了如何在恰当时机里将这一小撮儿羽毛吐出来，以便让病人和观众都看到这个东西并认为这就是萨满从病人身体里吸出来的致病物。让他惊讶的是，用这种方法治疗后，病人的确感觉更好了，甚至痊愈了。这个故事以一句积极评价作为收尾：年轻的萨满成为全职的"部落医生"并且成功地为周边社区进行灵性治疗。

然而博厄斯并没有提及他是从乔治·亨特（George Hunt，1854－1933）那里得到这段记录的。亨特是一位接受外来文化的不列颠哥伦比亚-特林吉特人，他曾担任过博厄斯和其他在夸扣特尔人那里做过研究的民族学家的首席民族志助理。其实，这段记录描述的是亨特本人接受萨满教启蒙的经历。亨特是一位业余民族志学者，称自己为"印第安标本收藏家"；他16岁时开始接触萨满的秘密知识，但后来放弃了当萨满，因为收集博物馆藏品和为民族志学家工作给他带来了更高的收入。

人类学家哈利·怀特海德（Harry Whitehead）最近对奎萨利德的传记进行了"追踪性"考察，他告诉我们说，亨特当年对萨满教的"皈依"其实更为传统——这让人想到那种经典的萨满教召唤。亨特在这种情况下加入萨满行列完全不是出于揭露萨满欺诈的考虑。事实上，更早的1897年版本的奎萨利德故事是亨特在与博厄斯作为俄罗斯-美国杰瑟普北太平洋探险队的成员一道工作时记录的，这位"印第安标本收藏家"讲述了他13岁时曾经跌入火堆被严重烧伤，此后他开始眩晕、耳鸣，而且这种情况持续了十个月。亨特强调说，"那时必须有人抱住我，因为我就像是个疯子"，这情景显然是他正在接受萨满的召唤。当他终于恢复过来时，亨特觉得自己仿佛去过另一个世界。他的亲戚认为有超自然力量进入了他的身体，他最终被这种说法说服，开始从事灵性职业。目前我们尚不清楚为什么这位土著民族志学者后来改编了原来的故事，但人们可以推测，他不愿承认自己最初信仰过萨满教，可能与加拿大政府当时对印第安本土信仰有所限制有关。亨特本人也的确因举办过一个传统仪式而成为被迫害对象。[59]

博厄斯则通过把奎萨利德的故事写成一个原始而传统的印第安人的

亲身经历，为这个故事增添了他自己的意图。后来的学者则认为，表面上看，这段关于"我渴望学习萨满之道"似乎是一个部落怀疑论者不情愿地转而相信（萨满）治病的魔法力量的故事，但著名人类学家克劳德·列维-施特劳斯却用这段记录作为其象征治疗理论的论据。人文主义精神分析学家亨利·艾伦伯格（Henri Ellenberger）在他关于动力精神病学的教科书里也有同样的记录，动力精神病学是 20 世纪 60 年代兴起的一门人文心理学学科。[60]可见，关于奎萨利德的记录堪称一部小型的社会科学经典。即便在今天，这段记录也能为一些想要成为灵性实践者的西方追求者提供强大的启示，来自旧金山的一位萨满教实践者莱斯莉·格雷（Leslie Gray）就是如此。这则记录了"印第安人版的多疑的托马斯"的奎萨利德故事，在她从主流理性主义心理学家转变为萨满实践者的过程中发挥了关键作用。[61]

对于博厄斯及其追随者来说，民族志想象是他们学术研究中不可或缺的组成部分，而这再次表明人类学其实是一项与文学创作接近的创造性工作。这一立场在保罗·雷丁（Paul Radin）和鲁思·本尼迪克特（Ruth Benedict）这两位有影响力的学者的作品中体现得尤为明显——他们将人类学研究和诗歌创作结合了起来。事实证明，即便在很多方面都很好地践行着实证主义的罗伯特·洛伊（Robert Lowie）对梦的体验也并不陌生。这位人类学家曾写过大量关于克劳（Grow）印第安宗教的文章，称自己是"顽固的慢性梦幻者"。洛伊说自己经常会幻听和看到幻象，他把这些幻听和幻象与从印第安人那里了解到的信息进行比较——这种对比无疑对他的学术研究产生了裨益。他有充分的理由说"我比大多数民族学家更能理解潜在的灵性和情感经历，因为我每天晚上，甚至是几乎每天都有这样的经历"[62]。

与他的一些同事相比，雷丁似乎更倾向于把人类学视为一项创造性事业。他通过对两位温尼贝戈（Winnebago）灵性实践者同时也是他在当地的主要文化向导贾斯珀（Jasper）和萨姆·布劳斯内克（Sam Blowsnake）的自传，以及他自己写的一则虚构故事《雷云》（"Thunder

Cloud"）进行编辑、修改和整合，最终写就一个民族志的、半虚构的温尼贝戈萨满惊雷（Crashing Thunder）的自传。[63]雷丁在追求萨满灵性的旅途中从最初沿"生命之路"前行转向沿"灵性之路"前行，并最终回归"但丁的灵性之旅"——这是与他同时代的西方人都熟知的隐喻。这位人类学家还将萨满"惊雷"所看到的幻象划分成在逻辑上彼此关联的三个组成部分，而这也与那位伟大的佛罗伦萨人的灵性之旅完全一致：首先，雷丁所塑造的萨满经由"净化"阶段，达到一种"内在的光照"或"精神的直观"状态，最终达到与神灵的"直接合一"。雷丁诗意地总结道："我们的温尼贝戈圣人经由一条隐秘的路径出来，他再次看到了星星，再次进入有生命的空气中。"[64]雷丁以丰富的想象力写就了很好的散文，而这一传统后来被约瑟夫·坎贝尔等富有远见的学者所延续。

相似类型的学者是人类学家兼诗人鲁思·本尼迪克特。据她的传记作者说，即便是在她当年的博士论文《北美守护神的概念》（"The Concept of the Guardian Spirit in North Amercia"）中，本尼迪克特也没有停留在只关注土著人追求幻觉的现象上，而是"还试图向读者传达幻觉体验的力量"[65]。受她最喜爱的哲学家弗里德里希·尼采《文化模式》（*Patterns of Cultures*，1934）一书的启发，她提出了将人类社会区分为酒神型传统和日神型传统的著名观点。前一种类型，本尼迪克特认为其可涵盖大多数美洲土著民族，这些民族以拥有"萨满式狂热"的仪式而闻名。在她看来，拥有酒神传统的社会总是试图超越日常现实，他们总是在充满仪式色彩的生活中热情地使用诸如佩奥特和曼陀罗等精神类草药，抑或在太阳舞中把自己弄得皮开肉绽。相反，本尼迪克特指出，那些属于日神型文化的人，总在已知"版图"内保持"冷静"，避免产生破坏性心理状态，坚持一种没有任何狂欢性的和神性狂热的、对幻象也没有任何追求的宗教。对本尼迪克特来说，第二种类型的一个典型代表是普韦布洛印第安人。她做出这种选择是自然的，毕竟，本尼迪克特在观点上与卢汉、科利尔和许多其他来自美国西南部的地方主义者同人一样，认为普韦布洛作为缩小版的"红色的亚特兰蒂斯"，是她心中理想的和谐社会之代表。

美国人类学家在集体性地对美洲土著文化进行文学性反思方面有一个有趣的案例，那就是人类学家埃尔西·C. 帕森斯发起了一项名为"美洲印第安人生活"（"American Indian Life"，1922）的图书计划。帕森斯和卢汉一样，是纽约一个富有的波希米亚人，他对陶斯的普韦布洛印第安人进行了广泛的研究，并与陶斯静修所的成员关系密切。帕森斯通过"美洲印第安人生活"这一计划几乎会集了 20 世纪 20 年代美国民族学界的所有明星，如博厄斯、阿尔弗雷德·克鲁伯、洛伊、雷丁和克拉克·威斯勒（Clark Wissler）。他设立这个计划，是想将学者们从正式的学术模板中解放出来，让他们借此机会沉浸在对印第安人的诗意描述中，即用文学形式向公众展示土著人是如何思考的。与帕森斯同时代的一位评论家认为，"美洲印第安人生活"计划证明了"充满激情的民族学家同时就是一流的小说家"[66]。这套以土著宗教为核心的丛书，对美洲土著的灵性与萨满进行了广泛取证与举例。克鲁伯在该丛书序言中指出，这种"超大量的描述也许是最好的"，"总体说来，印第安人比我们更有信仰，而大众在看待这一问题时其实忽视了这一点"[67]。

萨满教走向北美：杰瑟普北太平洋探险队和萨满的国度

在 1900 年之前，美国民族志学者很少将美洲土著的灵性实践描述为萨满教，他们认为这个术语所指涉的萨满教是西伯利亚的特有现象。当时关于美洲土著灵性实践者最流行的词是"巫医"和"女巫医"——这种表达起源于法国探险家和皮毛商人，他们用"医疗"这个词指代北美土著灵性实践者的活动。[68]萨满教这一表达及其所伴随的知识界的大量相关联想，在当时还没有成为既定用法。

这方面比较典型的案例是丹尼尔·布林顿（Daniel Brinton），他在

1897 年写作的关于原始宗教的书中只使用了萨满这个术语三次，且只是偶尔将其等同于"巫医"。宗教学者拉什顿·多尔曼（Rushton Dorman）在其关于"原始迷信"的书中也几次用了这种提法，但只用其指代阿拉斯加和西伯利亚的土著灵性实践者。此外，他向读者解释说，萨满是巫师的同义词。同样，约翰·G. 伯克（John G. Bourke）上校在首部对美洲土著灵性"医生"进行全面研究的文章（1892）中却从未将该术语用于指代美洲印第安的灵性实践者。值得注意的是，在谈及对印第安"巫医"和"女巫医"的评价时，伯克认为他们是"退化的"，甚至建议官员们将其视为"印第安进步的主要障碍"[69]。

当时，除与德国思想传统有联系的作家查尔斯·利兰之外，只有少数学者使用萨满教这个术语，美国人类学奠基人博厄斯就是其中之一。作为对民族志感兴趣的德裔知识分子，他自然熟知那些讨论萨满教主题的主要著作，而且还将美洲与西伯利亚两地的灵性实践者相提并论。因此，博厄斯在其 1889 年的民族志报告中大量使用这个术语——该报告描述了不列颠哥伦比亚库特内（Kutenai）印第安人的宗教实践者，博厄斯在写就这份报告之前曾短暂访问过这些人。

有趣的是，美国民间文学学者亚历山大·张伯伦（Alexander Chamberlain）从博厄斯那里捡拾起萨满教这个术语，并把萨满作为"巫医"的同义词，尽管他没有把前者放在引号里。这表明，他明显倾向于用萨满来指代美洲土著灵性实践者。另一位使用萨满这个术语的学者是 W. J. 霍夫曼（W. J. Hoffman），一位在美国民族学局（BAE）工作的德裔美国人。霍夫曼把奥吉布瓦（Anishnabe）印第安人的大医学学会（Midedwiwin）神圣社团视为具有萨满教性质的群体。华盛顿·马修斯（Washington Matthews）和詹姆斯·穆尼（James Mooney）这两位土生土长的美国学者也经常使用这个术语。曾经担任美国陆军医生的马修斯是纳瓦霍（Navajo）印第安人民间传说的收藏者。穆尼供职于美国民族学局，因鬼魂舞研究而知名，他也曾在切罗基（Cherokee）灵性实践者当中进行田野调查，并将这些人称为萨满。[70]

马修斯，特别是穆尼，都是具有人文主义倾向的学者，他们同情印第安人。马修斯和穆尼都试图通过将美洲土著巫医重新塑造为萨满，使其重新成为读者眼中的土著灵性实践者形象。因此，马修斯认为他搜集纳瓦霍印第安人民间传说的工作可能为"他们的［萨满］倾向提供一些证据"。穆尼强调，美洲土著灵性"绝非一堆粗劣的东西"，而且即便是东方的仪式性宗教"也不能掩盖其具有美洲土著灵性"特质。[71]此外，穆尼通过实践我们今天所说的"激进人类学"，远远超越了当代"客观学术"的边界。这位人类学家帮助整合了美洲土著教会，使其仪式得以创造性地融合了佩奥特仙人掌的致幻特性和基督教的仪式性质。这位人类学家希望此举能促进佩奥特仙人掌实践群体的各个分支会集起来，并能为印第安人使用佩奥特仙人掌提供法律保护。

美国人类学领域使用萨满教这一术语的主要先锋是由俄罗斯和美国学者组成的杰瑟普北太平洋探险队（1897~1902）。以博厄斯为首的研究人员受美国自然历史博物馆（AMNH）委托开展相关工作，他们的主要工作目标是为博物馆搜集民族志和考古材料，除此之外他们还探索了西伯利亚东北部与北美西北海岸两地土著文化之间的联系。[72]

为完成这项研究工作的西伯利亚部分，博厄斯招募了博格拉斯和乔基尔森两位互为好友的民族志学家，后两者曾因从事革命活动被俄罗斯政府驱逐至西伯利亚，他们也因此在当地有着多年丰富的田野经验。博厄斯经由威廉·拉德洛夫的推荐选择了他们两位——拉德洛夫系俄罗斯裔德国人类学家，也是萨满教研究的先驱之一，我在第一章中曾经讨论过他。

因此，1900~1902年，博格拉斯和乔基尔森以志愿人类学家的新身份加入了对西伯利亚土著民族的探索行列。在完成对楚科奇人和尤皮克人的探索后，博格拉斯在纽约待了近两年，其间他整理藏书并撰写了关于楚科奇人的专著以及小说，这些作品主要反映的是他在西伯利亚土著人中的经历。后来，博格拉斯回到俄罗斯，并成为早期苏联人类学的领导者之一。他的搭档乔基尔森则搬到了美国的伊佐，并在那里与博厄斯及其学生们一起继续在 AMNH 工作。

博格拉斯关于楚科奇人的书和乔基尔森关于科里亚克人（Koryak）[73] 的书均以英文形式出版。这两本书作为探险记录，向西方学术界介绍了包括萨满教在内的西伯利亚文化第一手资料。书中记录的楚科奇文化和科里亚克文化都将萨满认定为一种神经官能症。在杰瑟普北太平洋探险队将环太平洋北部地区界定为在文化上彼此关联的区域之后，民族学家开始更频繁地将美洲土著灵性实践者与西伯利亚的同类"经典"角色相提并论。这种方法最终促生了"萨满教复合体"这一学术隐喻，一些人类学家开始用它来描述西伯利亚和北美土著居民的信仰。

萨满教这一术语在西伯利亚以外地区的延伸从 AMNH 组织的一场公开展览上可见一斑，AMNH 正是杰瑟普北太平洋探险队探险活动的学术资助者。《纽约时报》在 1904 年曾刊登过一篇题为《古老的萨满教兴盛于今日》的文章，强调 AMNH 馆长 H. C. 巴克斯顿（H. C. Buxton）及其同事们正在试图纠正当代学术界对萨满教的轻视态度。这次展览的目的是利用博格拉斯和乔基尔森在西伯利亚、博厄斯在北美西北海岸、卡尔·拉姆霍尔兹在墨西哥的惠乔尔印第安人中搜集的大量藏品，向公众展示上述地区的土著人对萨满教的信仰。

《纽约时报》强调，萨满教的发源地是亚洲北部和北美西部。此外，记者还向读者解释说，萨满是比普通巫医更高层次的灵性实践者；这可能是因为博物馆的一些人类学家向记者提供了这样一种观点，即巫医的出现反映了萨满教在其经典地区（以蒙古高原为中心）发生了"渐进的倒退"。可以肯定的一点是，记者歪曲或简化了被采访学者的观点——这在公共媒体中经常发生；总之，这篇文章将美洲印第安人的冬季赠礼节（potlatch，也称"夸富宴"）仪式和楚科奇人季节性的驯鹿祭祀等都纳入了萨满教范畴。

尽管如此，记者似乎也已很好地捕捉到了博厄斯、博格拉斯、乔基尔森和拉姆霍尔兹等人思想的大致方向，即将萨满教视为一种超出北亚地区的现象，且萨满教除拥有降神会等经典形式外，也包括各种各样其他形式。这位记者似乎也很好地把握了许多当代人类学家对土著文化的保护主义态度。《纽约时报》强调萨满教是各时代"原始种族"的共同特征，指出这种"原始宗教"自旧石器时代以来几乎没有改变过。那位记者因此总结道："无论他（部落的人）在不同环境下获取了何种形式的崇拜、仪式和节日，他的萨满教仪式在任何地方都是完全一样的，就像摩西打碎金牛犊时一样。"[74]

一位波兰血统的英国人类学家玛丽·安托瓦内特·恰普丽卡（Marie Antoinette Czaplicka）（见图 2-4）在她的《原始的西伯利亚》（*Aboriginal Siberia*，1914）[75]中对博格拉斯和乔基尔森的作品及其他流亡民族学学者和地方主义者的民族志一并进行了总结，从而使西方读者更容易了解他

图 2-4 玛丽·安托瓦内特·恰普丽卡

资料来源：Marie Czaplicka, *My Siberian Year*（London：Mills & Boon，1916），卷首插画。

们提供的材料。萨满教主题和西伯利亚土著的精神状态仍占据了这本书的重要部分，但其实恰普丽卡在撰写这本书时还是一个"纸上谈兵"的学者，她从未去过西伯利亚，也没有见过那里的土著人。

对很多学者来说，博格拉斯和乔基尔森的相关材料与《原始的西伯利亚》一道，都是他们需要获取经典萨满教相关信息不可或缺的参考资料。

恰普丽卡的书比博格拉斯和乔基尔森两者的大部头专著在内容上更紧凑，也更容易读懂，它因此成为更主要的西伯利亚土著人综合性研究资料，而恰普丽卡也最终成为该领域的主要专家之一。《原始的西伯利亚》被视为对拉德洛夫的《来自西伯利亚》一书中关于西伯利亚土著描述的补充，在某些情况下，该书甚至取代《来自西伯利亚》而成为 20 世纪上半叶关于萨满教研究的标准来源。此外，她还撰写了广受欢迎的游记《我的西伯利亚岁月》（1916）[76]，以及若干篇关于同一主题的专题性文章和关于西伯利亚土著人的普及性文章，这些都帮助她提高了在学界的地位。

1880~1910 年，《大不列颠百科全书》将拉德洛夫视为萨满教研究的主要权威，百科全书中关于萨满教条目的内容全是基于拉德洛夫关于西伯利亚南部（阿尔泰）灵性实践的描述；20 世纪 40~50 年代，新版《大不列颠百科全书》没有再提及拉德洛夫，却以恰普丽卡取而代之。到了 1968 年，宗教史学家米尔恰·伊利亚德，同时也是 60~70 年代萨满教研究的领袖人物，将恰普丽卡于 1914 年出版的书作为萨满教研究领域除他自己的著作以外的另一个重要研究参考。[77]后来，拥有格鲁吉亚血统的俄罗斯考古学家格奥尔吉·K. 尼奥拉泽（Georgii K. Nioradze）（1925）和瑞典宗教学者阿克·奥尔马克斯（Åke Ohlmarks）（1939）仿照恰普丽卡，发表了仅供德国读者阅读的类似的民族志摘要。[78]博格拉斯和乔基尔森的民族志和恰普丽卡、尼奥拉泽，特别是奥尔马克斯编纂的汇编，有助于构建一种学术观念，即萨满教是一种心理现象，且东北亚和北美西北部土著社区就是萨满教的"大本营"。

将萨满教隐喻植入美国民族学的这一特别工作是由罗兰·迪克森通过发表《关于美国萨满的若干方面》（"Some Aspects of the American Shaman"，1908）完成的。这篇论文来自迪克森在美国民俗学会某次会议上的主题致辞[79]，在文中他将美洲土著灵性实践者与西伯利亚萨满进行比较，指出北美灵性实践更注重进行积极的幻觉探索，是一种"民主化的萨满教"。

在他看来，相形之下，亚洲的灵性实践则主要建立在萨满法力和入迷技术的世袭基础上，因此呈现"贵族化"特征。对迪克森的这一评价，宗教学者阿克·哈尔克特兰兹（Åke Hultkrantz）敏锐地评论道："在阅读迪克森对北美萨满教的评价时，人们得到的印象是，这是新世界对旧世界萨满精英角色观念的回应。"[80]

事实上，在许多西伯利亚社区中，特定个体仅仅获得萨满的法力并不足以成为萨满，承袭萨满角色的前提是要在萨满谱系中继承前辈萨满的知识。相比之下，在许多美洲印第安人群体中，尤其是在大平原地区，每个人都有望成为神圣的萨满力量的主动追求者。当西伯利亚地区的父母得知他们的孩子有某种萨满特征的行为时，他们经常是被吓坏了，并且会尽一切努力让他们远离萨满教；但平原印第安人地区的父母却恰恰相反，他们会把孩子送到与世隔绝的地方让他们去寻求产生幻想，并且鼓励他们在那里禁食，直到神灵怜悯他们并因此赋予他们超自然力量。与经典西伯利亚萨满教最接近的、依靠"萨满病"在世袭谱系内传承萨满角色的方法，仅在北美西部有过记载。

迪克森所说的美洲印第安萨满教的"民主"特质后来成为一种既定的学术修辞。在他的综合性研究《原始宗教》（Primitive Religion，1937）中，保罗·雷丁将西伯利亚萨满教实践和"民主的"美洲印第安灵性实践，区分为两种接近超自然的方式。雷丁认为前一种方式是社会欠发达的标志，他指出在"初级"的西伯利亚社会中，人的精神世界充满了恐怖和恐惧，以此类推，北极其他地区的人也是如此。根据雷丁的说法，在这些荒凉的地区，人们很容易相信可怕的灵魂真的侵入了萨满的身体并把不受他们欢迎的使命强加给他们。雷丁参考博格拉斯、恰普丽卡，还有荷兰人类学家克努德·拉斯穆森（Knud Rassmusen）等人的研究，描绘出一个北方萨满教的病态世界——"神经质癫痫"，在那里，萨满候选人经常会被灵性召唤吓得魂飞魄散。[81]

这位人类学家认为，印第安人在经济和社会上都更先进，因此在印第安人开放的世界观中是不存在所谓"哥特（恐怖神秘）"王国的。雷丁认为，与西伯利亚同类社区相比，秉承平等主义的美洲印第安人社区能"容忍个人表达"，通过让每个人获得超自然力量淡化了原始萨满教的病态本质。因此，在他看来，先进的美洲印第安人社会净化了萨满教的神灵，使其更加"柔和"因此也更能吸引民众。

虽然在20世纪20年代和30年代，一些学者将萨满视为更高层级的部落灵性实践者[82]，但博厄斯学派的很多学者却仅将萨满看成男女巫医的同义词。从本质上讲，这种两个词叠合的用法是可以讲清楚的。我们可以先回到"医学"这个表达上，这个表达是早期由法国探险家引入（萨满教研究领域）的，后来许多描写过美洲印第安灵性实践者的人也采用了它，而关于西伯利亚的德语著作是最早使用新术语的源头。萨满这个术语在用法上的矛盾一直延续到70年代，直到那时萨满才开始逐渐取代原来的"医士"这个用法——但事实上博厄斯学派自身就是这种矛盾用法的根源。迪克森在其"关于美国萨满的若干方面"的演讲中，提请他的同事要把北美每一个"原始社区"的灵性实践者都当作萨满对待。

北美民族学将西伯利亚对萨满的用法与如此松散的解释结合在一起使用，使如何区分萨满与其他类似的群体成了一个问题。但在美国加州和西北海岸，这种区分相对清晰。如同在西伯利亚一样，美国加州和西北海岸的许多灵性实践者都是因为受到强大的萨满教召唤，不由自主地加入萨满行列。但在其他印第安土著社会，尤其是平原地区，任何人都可以通过追求幻象来积累神圣力量。

L. L. 莱希（L. L. Leh）和威拉德·帕克（Willard Park）两位学者在

对北美萨满教的综合研究中曾经提出，萨满巫师与普通人的区别在于两者在操练自身灵性以积累神圣力量的程度不同，在这个前提下，萨满就是"比部落中的普通人更能应对和影响超自然力量的人"[83]。帕克承认，以医治能力（medicine power）大小来区分萨满与普通人也是一种肤浅的标准。尽管如此，他还是跟迪克森和莱希保持一致，把"人类所有用于获得超自然力量的实践"都归为萨满教。美国著名的人类学家之一洛伊虽然对使用这个来自西伯利亚的词持保留态度，但还是采用了类似用法。洛伊特别写道，北美印第安人中那些强大的萨满其实只是比普通人积累了更多医治能力的、幸运的幻象拥有者。[84]

很快，这种对关于什么是萨满教的松散解释为对萨满的描述打开了一扇门，萨满不仅可以是各种各样的灵性实践者，也可以是各种神圣社团的成员，还可以是那些追求幻象的人。基于这种广义解释，可以说所有从事灵性实践的印第安人都"萨满化"了，而这正是马文·奥普勒（Marvin Opler）在讨论阿帕奇（Apache）印第安人时所做的判断——阿帕奇印第安人中所有成年人都在某种程度上与神圣的药物打交道，因此在这位人类学家看来，阿帕奇就是一个"萨满的国度"[85]。

相关参考文献和流行的学术文献都反映了关于萨满教地域扩张的观点在不断变化——最初是亚洲北部，后来又拓展到北美。因此，《大不列颠百科全书》1886 年版专门引用了拉德洛夫的观点——他将萨满教描述为一种区域性宗教，认为"它曾经在所有乌拉尔-阿尔泰人中间盛行，至今仍存在于亚洲北部"。1911 年，《大不列颠百科全书》虽然仍依据拉德洛夫的观点，将萨满教定义为乌拉尔-阿尔泰的宗教，但其拓展了萨满教现象存在的地域边界，指出："然而，确切地说，萨满教与处于相似文化阶段的其他民族的宗教没有什么区别。"1933 年版的《牛津英语词典》对萨满教的地理位置做了更精确的描述，它解释说，萨满教是"西伯利亚乌拉尔-阿尔泰人的原始宗教，生活中所有的善恶都被认为是由只有萨满才能影响的灵魂带来的；因此萨满教这一定义也适用于类似宗教，特别是北美西部印第安人的宗教"。与此同时，该词典采用卡斯特伦和拉德洛夫的观点，仍旧挑选乌拉尔-阿尔泰文化区域（阿尔泰人、通古斯人、奥斯加克人）作为萨满教的主要"栖息地"，而北美土著人的萨满教只作为萨满教的一个分支出现在该词条里。几十年后，在 1985 年，《美国遗产辞典》坚定地将西伯利亚和北美定义为萨满教的核心栖息地。[86]

关于"欧亚萨满教和北美萨满教的统一特征"的论点是由洛伊在其对比欧亚和北美土著信仰的专题论文中提出的。[87]洛伊在论及这些共同特征时，提到了北美西部的萨满召唤和摇晃帐篷的仪式。

事实上，两者不仅在宗教实践上有相似之处，而且在神话方面也有相似之处，这使许多学者相信萨满教是随着印第安人的祖先从西伯利亚迁移到新大陆而迁移到北美的。

与此同时，这种迁徙作为有考古证据支撑的史实，也促使人们重新去寻找萨满教的最初来源，而这正是启蒙主义和浪漫主义作家热衷的一种智力活动。例如，E. M. 勒布（E. M. Loeb）强调萨满教现象"只在一个地方，产生过一次"，然后向全世界扩散，"逃向边缘或更原始的民族"。对他来说，萨满教的故乡就是西伯利亚。这位人类学家援引恰普丽卡的观点进一步解释说："如果拥有萨满教最复杂形式的人与萨满教的创始者是同一的，那么西伯利亚一定是这种艺术的发源地。与世界上所有已知地区相比，西伯利亚人更易患神经类疾病，包括北极癔症。"[88]

勒布的论文有趣之处在于，他不仅试图找出萨满教的发源地，而且试图解释为什么西伯利亚是萨满教的发源地。对于当代人类学学者来说，这种解释——北亚是"人们更容易患神经类疾病"的地方——是学术书籍提供的常识。[89]和勒布一样，许多学者都理所当然地认为萨满教的产生与西伯利亚乃至整个北方地区的恶劣环境有关，据说生活在这些地区的土著居民个人或集体都很容易患上癔症。我将在下一章详细讨论将萨满教视为北方病态现象的观点。

病态的景象：西伯利亚流亡者作品中的萨满教

同时，我也想介绍一群不寻常的人，我在"流亡"民族志学家一章的开头曾经提到过他们，这些人在将萨满教视为"精神异常"这一观点的塑造过程中发挥了重要作用。此前我已提起过这些人当中的两位：博格拉斯和乔基尔森。他们两位主要是通过加入杰瑟普北太平洋探险队并与负责该学术项目的弗朗兹·博厄斯合作而建立起自身与西方学术界的联系。

除博格拉斯和乔基尔森外，其他写过萨满相关作品的著名流亡知识分子还有伊萨克·G. 戈德堡（Isaac G. Goldberg, 1884-1939）、I. A. 库什蒂亚科夫（I. A. Khudiakov, 1842-1876）、德米特里·克莱门茨（1848~1914）、爱德华·K. 佩卡斯基（Eduard K. Pekarskii, 1858-1934）、瓦里里·F. 特罗西查斯基（Vasilii F. Troshchanskii, 1846-1898）、温塞斯拉斯·西罗舍夫斯基（Wenceslas Sieroszewski, 1858-1945）、布罗尼斯劳·皮尔苏德斯基（Bronislaw Pilsudskii, 1866-1918）和列夫·斯滕伯格（1861~1927）。他们所写的传记一个有趣的点在于，这些人最初从未考虑过诸如土著和民族志等事——事实上，他们普遍对学术并无追求，只是因为在西伯利亚期间不经意地拥有了"田野经验"，才转而探索土著人的生活方式与习俗。

一些流亡者，如博格拉斯和西罗舍夫斯基，转向了研究西伯利亚土著习俗并对其进行记录，并将民族志与小说写作结合起来，因为他们认为两者都是同一种创造性追求的不同组成部分。事实上，在成为人类学家之前，博格拉斯——1889~1898 年处于流亡状态——最初仅是用西伯利亚风景作为小说写作的背景；即使在成为专业的人类学家之后，他仍然保有继续写小说的冲动。博格拉斯坚信，用小说语言撰写民族志能使人类学知识变得更有吸引力，因此对后者是有益的；他曾如此表达过自己有关于此的态度："科学与艺术并不互相干扰，而是相辅相成的。"[90]苏联民间文学研究者德米特里·泽列宁（Dmitrii Zelenin）也写了很多关于西伯利亚萨满教的文章，在谈到他这位同事（指博格拉斯）的思想立场时，他说："在他的内心，一个小说家在不断地与一个学者斗争，但前者经常获胜。所有听过他演讲的人类学家都知道这一点。"相比之下，一位也曾流亡海外的职业小说作家科罗连科（Korolenko）则认为，博格拉斯与人类学的职业联系太紧密，因此不应被视为具有完全资质的作家。[91]

顺便提一下，科罗连科主张写作是应对北方荒原流亡环境的最具创造性的方式，这为想尝试成为作家的博格拉斯和他的同人提供了智识性灵感。有一次，博格拉斯开玩笑说，"西伯利亚社会科学领域"能建立起一个"专门的文学部门"，应完全归功于科罗连科。的确，写小说、写民族志或从事科学研究，为流亡者提供了一个很好且很难得的机会，他们一方面能借此发泄情绪特别是表达挫败感，另一方面则能借此远离不友好的现实。在逐步进入角色后，博格拉斯意识到完全有可能将"类似但丁笔下地狱的那种可怕的生活，改造成一种具有创造性的形象"，并"以观察者和研究者的身份接近这个位于极地的'地狱'"。最后，他惊讶地发现，即使在西伯利亚，人们也可以"发现那里的礼仪和生活方式"[92]。

现在简单介绍一下西伯利亚流亡民族志学者的背景。这些人主要来自两个群体：他们要么是地下、半恐怖主义革命组织"民意"（Popular Will）的参与者（博格拉斯、乔基尔森、克莱门茨、佩卡斯基、特罗西查斯基和戈德堡），要么是波兰民族主义运动的成员（西罗舍夫斯基、皮尔苏德斯基）。前者试图推翻暴虐的沙皇政权，后者则为当时处于俄罗斯帝国统治下的波兰独立而战。与地方主义者不同，流亡作家在文化上和精神上都与欧陆俄罗斯地区的社会生活和思潮密切相关。尽管一些流亡者，如西罗舍夫斯基和佩卡斯基，在流亡期间与土著女性结婚，并且至少部分地尝试着融入土著社会生活，但他们仍然感到自己与被迫生活于其中的这片荒凉之地格格不入。一旦有机会出现——要么是他们流亡期满，要么是借 1905 年和 1917 年革命的机会，他们中的很多人都乐于回到欧洲大陆，回到从前的文化和智识环境中。

尽管这些流亡民族志学家与西伯利亚关系较为疏远，但仍有一些因素能促进他们与当地居民的互动，而这使得他们比起那些短期访问者，更能以民族志学家的身份在当地处于有利位置。流亡者在西伯利亚土著社会本来就是边缘人，这已然能使他们与西伯利亚官场和其他普通俄罗斯人划清界限。此外，他们中的许多人本身就来自边缘民族。博格拉斯、乔基尔森和施特伦贝格都有犹太血统。佩卡斯基、西罗舍夫斯基和皮尔苏德斯基则是波兰人。我同意历史学家罗纳德·赫顿的观点——他认为，边缘身份可能有助于在政治流亡者和西伯利亚土著人之间建立一种精神纽带，因为后者也受到了俄罗斯帝国的镇压。顺便说一句，土著民众能明确区分普通罪犯和政治流亡者，前者是粗鲁的、不值得信赖的人，但后者却经常帮助他们。曾有一位短期访客——一位来自瑞典的当代观察家写道，政治流亡者与土著人生活在一起，彼此像平等的朋友一样相处。[93]因此，漫长的刑期和特殊身份为政治流亡者提供了一个能挖掘土著文化的民族志知识的独特机会。尽管如此，这些流亡者与西伯利亚地方主义者并不相同——后者将土著知识视为自己西伯利亚传统的一部分，并试图将其融入他们的文化项目中，而流亡者则将土著灵性和民族志视为病态景观中的"遥远的异国情调"。

尽管流亡者在其民族志中，特别是在其小说中，同样浪漫化了萨满教和土著人的生活，但他们仍倾向于对土著灵性生活中严峻、恶魔和哥特式的成分进行选择性记录。作为具有革命精神的持异议者，他们有时也会利用萨满教系统来揭露土著人被压迫的状况和他们的"落后"。这与波塔宁、阿诺欣和亚德特斯维夫等人的观点截然不同，后者提倡以积极的眼光看待土著人的萨满教和民间传说，认为其是重要的创造性传统，可以滋养整个西伯利亚文化。我的观点是，流亡小说呈现出来的土著文化背景在某种程度上反映了流亡者对他们不得不生活于其中的地方和不得不与之一起生活的人们的感受。

革命者出身的小说家伊萨克·戈德堡出生并生活在西伯利亚，最终也在西伯利亚被判刑，即便如此，流放经历也为他在其他情况下可能对西伯利亚产生的诗意与情怀提供了支持。尽管戈德堡的散文诗意地描写了在野外过着自然生活的"野蛮人"，描写了他们的诚实和尊严，但他的《通古斯故事》（*Tungus Stories*）和《针叶林法则》（*The Law of Taiga Forest*）更多地讲述了自然"针叶林法则"的达尔文主义的那一面：西伯利亚令人敬畏的、古老而野蛮的景观和习俗，会困扰并彻底压倒生活在那里的个体。戈德堡的故事还讲述了当地人死于传染病、冻伤和自杀的悲剧。在戈德堡的笔下，西伯利亚的风景冷酷而荒凉，这片北方的荒漠吞噬着人们，却从不让他们解脱。

在故事《名叫哈比布尔萨的萨满》（"Shaman Named Khabiburtsa"，1913）中，戈德堡描绘了一位中年通古斯（埃文基）萨满。在故事的开头，哈比布尔萨正处于人生巅峰。他拥有强大的治病能力，可以轻易拦截一头横冲直撞的熊。突然间，这份快乐的灵性职业就坍塌了。虽然哈比布尔萨此前得过萨满病，但他突然又开始听到声音和低语，而且他无论如何都摆脱不了。这些声音来自他的助灵——现在它们不仅失控了，而且还试图征服这位萨满。这位被折磨得精神呆滞的萨满无法驯服那些反叛的助灵，开始四处奔跑试图把这些助灵作为礼物赠给附近一位叫科德尔基（Kobdel'gi）的萨满。然而科德尔基并非傻瓜，他似乎感觉到了发生的事情，因此拒绝接受这种危险的礼物。万不得已之下，哈比布尔萨赶往一个俄罗斯村庄，在那里，一位东正教牧师正在用圣像和圣尼古拉斯的力量进行驱魔仪式，但这仍旧于事无补。故事的结局无疑是悲惨的。哈比布尔萨意识到自己的助灵已完全失控，于是给妻子一把步枪"以防万一"。最后，这位萨满像是玩具一样被那些反叛的助灵所掌控，当他彻底变成一个胡言乱语的疯子时，他的妻子由于惊恐开枪打死了他——这个场面伴随着胜利的助灵的大笑和呼喊。[94]

北方荒漠中的死亡与将死，以及荒野法则都是西罗舍夫斯基最喜欢的隐喻。西罗舍夫斯基是一位波兰铁匠，因参加波兰民族解放运动而被流放到西伯利亚。和他的同志们一样，西罗舍夫斯基也在"西伯利亚社会科学系"中取得了进步，通过撰写民族志和进行小说写作滋养了自己的智慧。每个对西伯利亚萨满教有基本了解的人都熟悉他关于雅库特（萨哈）萨满的经典民族志笔记，伊利亚德在其著名的《萨满教：古老的入迷术》一书中也广泛引用了西罗舍夫斯基的笔记。[95]但很少有人知道西罗舍夫斯基也写过民族志小说。我想更深入地研究后一种文本，因为它们有助于说明流亡者对西伯利亚本土景观的态度。

在西罗舍夫斯基的《森林边缘》（*On the Edge of the Woods*，1897）中，主人公保罗（Paul）显然是作者的另一个自我，他被沙皇政权流放到一个偏远的萨哈人村落，那里的人虽然善良友好，但"睡得太多，思考得太少"。在那里，保罗被安排住在一位老萨满家里，他于是立即向当局提交了一份申请，要求把他从这个荒凉之地转到一个小镇上，但他一生都没有得到当局的回应。这个流亡者把他所有的书读了一遍又一遍，时间慢得令人难以忍受。最终，保罗开始遭受失眠和幻觉的折磨，这吓坏了他的东家。就在保罗快要发疯的时候，村子里突然暴发了天花疫情。这种不幸惊醒了他，保罗积极地试图通过组织隔离来对抗不断加重的疫情。然而与此同时，村民们却认为"人无法逃脱命运"，冷漠地准备迎接死亡。老萨满也尝试通过举行降神会来抵御这场疫情，他身穿"法衣"，手持神鼓，在垂死和已死的人们当中，做最后一次绝望的尝试。然而，萨满的灵魂无法战胜强大的"俄罗斯奶奶"——当地人对天花的称谓。就在降神会上，萨满突然死于心脏病发作。在保罗反应过来之前，这位失败的灵性实践者就像被闪电击中一样倒在了地上，"萨满的心脏停止了跳动，一小股血从他的嘴里流出来，用死气沉沉的眼睛盯着保罗"[96]。

虽然在西罗舍夫斯基写的另一个故事《向神献祭》（"Sacrifice to Gods"，1895）中，萨满没有死，但那位萨满却被描绘成病态神灵的使者，要求通古斯人（埃文基人）牺牲他们最尊敬的长者。在这个特别的故事中，西罗舍夫斯基描绘了一个饱受驯鹿灭绝和饥荒困扰的通古斯社区。在这种痛苦中，一位名叫塞尔提肯（Sel'tichan）的老人及其家人能以某种方式保护自身免受疾病困扰，也能生活得很好，而这位老人也热心地帮助不幸的亲人，给予他们食物。一次，社区邀请一位叫奥尔通加布（Ol'tungab）的萨满对社区的未来进行占卜，这位萨满为此举行降神会，他于是飞至另一个世界，向社区传递"神灵的意志"：为防止驯鹿灭绝，人们必须牺牲村子里最富裕和最幸运的通古斯人。

在这则民族志作品《向神献祭》中，西罗舍夫斯基详细描述了萨满教降神会——对降神会的描述用了整整九页纸，几乎占了故事的一半。在描述萨满占卜的哥特式氛围时，作者写道：

> 最后，萨满微微颤抖着，痛苦地打了个嗝。随后，颤抖和打嗝逐渐加重，变成抽搐和呻吟。观看者中有人尖叫起来。一个老妇人倒在地上，弓着背，扭动着身体。一个黑影掠过地面，那是一只鹰，在太阳和萨满之间飞翔。突然，一声刺耳的尖叫在空中响起。人群向后靠去，如同一阵风吹过时的草地。没有人知道是谁发出了令人毛骨悚然的声音，是萨满？还是那只鹰？[97]

萨满的预言使当地人产生了分歧。塞尔提肯家族已经准备好为拯救他们的领袖而战，而社区的其他成员则想要实现神灵的意志。就像戈德堡的故事一样，《向神献祭》的结局是悲惨的。尽管塞尔提肯的亲戚们抗议，塞尔提肯本人也怀疑萨满的诚意，但他仍决定遵循"神的意志"，当着大家的面刺死了自己。当萨满温和地帮这个死去的老人合上眼睛，说着"真正的战士就是这样生或死的"时，读者只能猜测到底是什么让"以活人献祭"这样的事情得以发生，是萨满的狡猾本质，还是身处不幸中的人常常嫉妒幸运之人的邪恶本性，抑或神灵的意志想要确保人类世界的一切都是平衡的？毕竟，这已经无关紧要了，重要的是萨满教是一种病态美学，在这种情况下，个体的命运掌握在超出他或她控制范围的强大力量手中。

顺便说一句，我还想指出，这个特别的故事中有一件事打动了我。西罗舍夫斯基在其整个流亡生涯中都生活在萨哈土著人中，几乎没有遇到过其他土著，但他却将《向神献祭》的故事发生的地点设在通古斯（埃文基）地区。当然，作者可能需要为故事创造一个受欢迎的民族志语境，而典型西伯利亚土著社会、风景如画的通古斯地区很符合这个设定；不过，这其中可能还有另一个原因，与长期定居或半定居的萨哈人不同，游牧的通古斯家庭更易受自然灾害影响，因此后者也许更适合作为故事主要思想的载体，即被强大的自然力量掌控的人们。在这种情况下，萨满教的病态美学和游牧生活方式有助于更好地阐明故事的这条线索。

与此同时，对于其他流亡作家来说，同样的萨满死亡隐喻可以传达一种明确的社会信息。例如，和西罗舍夫斯基一样被流放到萨哈土著人当中的维克多·瓦西里耶夫（Viktor Vasiliev），用"垂死萨满"这一提法来揭露俄罗斯"文明"对土著民众的有害影响，即"土著"正在迅速变成"即将消失的土著"。瓦西里耶夫以自己的亲身经历为基础，在半虚构的散文《萨满达克汉》（"Shaman Darkha"）中，描绘了一个被基督教传教士逼到绝境后最终死去的通古斯萨满的形象。[98]达克汉是拥有强大的自我牺牲精神的人，他经常用神圣药物来帮助民众。这位萨满从不拒绝探访病人，哪怕病人住在离他家很远的地方。虽然达克汉在帮人治疗的过程中也获得了不错的"收入"，但这种职业并没有让他变得富有。相反，由于他的长时间缺席，他的家庭逐渐分崩离析；最严重的一件事是，他的小儿子死了。然而达克汉并没有抱怨，"他知道这是所有萨满的命运，他们注定要为更高的力量服务，并不断与神灵互动。对他们来说，世俗的追求并不重要"。

俄罗斯东正教传教士试图在通古斯地区推行基督教教义，这破坏了这片本土景观。当地人不明白为什么"穿黑袍的人强迫自己拒斥祖先传下来的宗教并谴责所有的神灵，也不理解为什么只能崇拜一个神，为什么要点上一些'粗棒子'（蜡烛），并向一些画在木板上的画像（偶像）鞠躬"。虽然东正教的神职人员没收了达克汉的鼓和长袍，但达克汉起初并不屈服。他的族人给他制作了新装备，他的萨满法力因此得以恢复。然而，他在15年后与传教士的又一次遭遇却是致命的。尽管达克汉藏起了他的法器，但这并不管用。牧师们还是找到了他的鼓和长袍并将其焚毁——这象征着萨满法力和土著生活的毁灭，"老达克汉绝望地看着他的东西被焚毁，随着鼓皮的破碎和扭曲，燃烧的火焰带走了他的一部分灵魂，带走了能够掌控神灵的萨满所有强大和光荣的力量"。在过去25年里为他整个生命赋予意义的东西现在正在消逝。这场悲剧伤透了老达克汉的心，此后不久他就死了。瓦西里耶夫本人也曾遭受过当局的折磨，因此对萨满及其信仰表示由衷的同情。

像前文提到的流亡作家一样，博格拉斯在他的民族志小说中也挑选了萨满和萨满教作为描述对象。1902年，也就是杰瑟普北太平洋探险结束之后，这位人类学家选择在纽约生活并致力于写作那本开创性的《楚科奇人》，此间他还完成了《八个部落》（*Eight Tribes*）这部民族志小说的写作。[99]博格拉斯与西罗舍夫斯基和戈德堡相似，也非常关注萨满教的哥特式特征。事实上，在这部很特别的小说中，作者将萨满法力的来源归为一具尸体，但这其实是他自己"创作"出来的民族志事实。

在《八个部落》中，一个名叫玛米（Mami）的楚科奇女孩把自己献给了她爱的男人。与此同时，萨满的徒弟瓦坦（Vattan）也想要赢得这个女孩的爱。由于无法吸引她，瓦坦就准备自杀。他的叔叔兼老师瓦图维（Vattuvi）是一位强大的萨满，他说服了瓦坦，并指导他服用一种强效的爱情符咒来拯救这个年轻人。为了得到这种爱情药，萨满和他的徒弟在一段时间里每个晚上都要去墓地。在夜间的墓地里，叔叔和侄子都脱光衣服，像北极狐一样四肢着地，爬向其中一个坟墓，挖出一具半腐烂的尸体。

然后瓦图维让瓦坦咬下尸体上的一块腐肉，并把腐肉藏在他的药袋里。渐渐地，药开始散发出爱的魔力。虽然神圣咒语发生了效力，玛米把自己交给了这位萨满学徒，但女孩最终从咒语中醒来。在试图逃离时，玛米的头不小心撞到石头上，然后就死了。于是绝望的瓦坦点燃木柴，把自己和女孩的遗体一并焚毁了。这个结局表明，博格拉斯之所以使用哥特式萨满教这一设定，是因为他想达成一个稍有不同的目标。尽管像西罗舍夫斯基和戈德堡一样，博格拉斯在他的书中也将死亡，特别是将"在北方景观中死去"作为一条重要的叙事线索，但这位学者却通过故事表达了这样的观点，即人类最终战胜了病态的灵性力量。他笔下的萨满精明、狡猾且有创造力，但他们仍无法征服爱情，因为爱情是由其自身所属的更高级法则驱动的——这也是这部小说所要传达的信息。作为民族志学者的博格拉斯以这种观点看待土著灵性实践者，因此很容易在一开始就把萨满定性为神经病，到了苏联时期也就更容易将萨满斥为"应该消灭的寄生虫"。接下来，我们也不能将博格拉斯放在一边，下一章我还将更多地谈论他和他的同志们。

第三章
从神经病患者到部落精神分析家：
心理学视角下的萨满

萨满是异常的、神经质的和癫痫的；他的功能是以其异常特质为基础的，而他发挥这样的功能又反过来进一步加重了这种异常。

——《宗教与伦理百科全书》（1920）

萨满教的治疗处于当代物理医学和心理分析等心理疗法的分界线上。

——克劳德·列维-施特劳斯（1949）

1901 年，在弗朗兹·博厄斯的赞助下，俄罗斯民族志学家沃尔德马尔·博格拉斯——前一章描述过的流亡民族志学家之一——对西伯利亚东北部的楚科奇人和尤皮克人进行了研究。萨满教是博格拉斯观察对象的重要组成部分。如果我们认可他的描述，那么就会相信他遇到的萨满是一群奇怪的、不正常的，或者至少是易怒的人。一个叫叶提林（Ye'tilin）的人一紧张脸就抽搐，另一个叫凯勒维基（Kele'wgi）的人，曾因遭遇不公平交易而持刀扑向一个俄罗斯商人。

最让人印象深刻的是一个叫"假丫头"（Scratching Woman）的年轻萨满，博格拉斯与他保持着爱恨交织的猫鼠关系。根据博格拉斯的说法，这个男人的行为在周围的人看来是女性化的。这个人还非常暴躁，博格拉斯很难跟上他的情绪波动：假丫头有时很高兴，愿意与探险者分享他技艺的奥秘；有时候，他却非常冷漠，特别是当周围有其他人的时候。在博格拉斯看来，这位萨满出于某种原因而缺乏在他人面前谈论与灵性相关问题的欲望，而这是萨满精神紧张的又一证据。假丫头吹嘘说，他用刀割伤自己，伤口可以很快愈合；但他也很敏感，当人类学家试图给他贴膏药时，他又会抱怨说太疼。在博格拉斯的压力下，假丫头曾经不情愿地同意举办萨满降神会。当这位民族志学家满怀好奇，忍不住突然在仪式进行到一半时点燃了一根火柴——仪式本应在一片黑暗中进行，假丫头勃然大怒，把民族志学家和他妻子晾在外面的内衣拿走了。奇怪的是，这位民族志学家把这种恶作剧的报复行为归结为楚科奇灵性实践者的狡猾本性。还有一次，假丫头弄得自己满身是血，吓了博格拉斯一跳。尽管博格拉斯确信萨满对他耍了花招，但他却搞不清假丫头是怎么做的。当博格拉斯急切地追问究竟是怎么回事时，假丫头却公开嘲笑他说："看看我的脸，说谎的人都舌头打结，但那些能脱口而出的人，说的都是真话。"[1]

根据他与假丫头和其他土著灵性实践者的会面，博格拉斯得出了以下结论："紧张和高度兴奋的性格最容易受到萨满召唤。与我交谈过的楚科奇萨满通常都非常容易激动，也容易歇斯底里，他们中有不少人甚至是半疯的。他们使用欺骗手段时如同精神病患者那样狡猾。"[2]一年后，博格拉斯得出结论说："研究萨满教，首先，我们会遇到各种各样的男人和女人，他们要么紧张不安，要么明显精神不正常，要么彻底疯了——这种特点在容易患神经症的女性中尤其明显。"这位民族志学家对萨满教职业的最终结论可概括如下：萨满教是一种"通过选择精神不稳定的人而创造出来的宗教形式"[3]。

应该说，俄罗斯人类学家对于楚科奇萨满的描述以及对于土著灵性的概括受到了外界的关注，作为俄罗斯-美国杰瑟普北太平洋探险队（1897~1902）成员，博格拉斯用英文出版了他关于楚科奇人的综合性研究专著——也正因如此，"假丫头"得以成为人类学关于北极萨满的原型与经典。尽管博格拉斯对西伯利亚灵性实践者思想的洞察帮助人类学构建起了典型萨满的形象，但这位民族志学家并非首个将萨满描述为"处于疯狂边缘"的人。这位学者在撰写《楚科奇人》这本专著时，曾引用已然把萨满描述为神经质的俄罗斯相关著作的观点。其实在许多方面，萨满被评价为精神失衡的人是很自然的。在欧洲人眼中，部落萨满在其主持的降神会仪式上有很多不羁行为，或者，正如 19 世纪的民族学家约翰·卢伯克（John Lubbock）所说，那些萨满经常把自己弄得很愤怒。[4]从 19 世纪末到 20 世纪上半叶，作家和学者主要从现代医学、心理学和精神病学的角度来看待萨满教。他们想当然地认为萨满教代表着一种"被文化认可的"精神障碍。为追踪这种看法的起源，我将从探索被称为"北极癔症"的现象开始。

北极癔症是萨满教的温床

18 世纪和 19 世纪对西伯利亚和北美洲北部进行考察的探险家经常会提及，土著民众总是极度紧张和精神不稳定。他们带着一种惊讶感，描述了某些土著人莫名其妙地趴在地上，弓着背唱歌或模仿别人行为的情景。例如，他们说自己经常会看到一个女人身体僵直地坐在地上，像僵尸一样来回移动身体，喃喃地唱着歌。欧洲观察家指出，某些微不足道的事情或动作，比如突然发出的惊叫，一个意料之外的动作或敲门声，或哪怕一只鸟从附近飞过，都会让那些北方人陷入歇斯底里的状态。而对于西方探险家来说，这样的场景看起来都很不正常。此外，还有一些土著人会突然跑到树林里或山上待上几天的事情，如此等等。

以下是曾在西伯利亚东北部萨哈人中生活过一段时间的 A. 格杰奥诺夫（A. Gedeonov）在 1896 年对一次癔症发作的记录：

> 天已经很晚了，我决定去睡觉。我刚闭上眼睛，隔壁的房子里就传来可怕的声音。可以这么说，这些声音的调门越来越高，节奏越来越快，最后终于达到一个临界点，听起来那个人的胸腔似乎要爆炸了。这声音是一个用雅库特语（萨哈语）唱歌的女人发出的，她还不时咳嗽，一会儿不唱了，一会儿又继续唱。这可怕的歌声力

量越来越大。我无法克服恐惧，冲到声音发出的地方，看到了下面的场景：一个女人坐在一张低矮的长凳上，散落的头发垂落到肩上和胸部。她抱着头，像钟摆一样，前后左右地摇晃着抽搐的身体。她大汗淋漓，胸部剧烈起伏。那女人的眼睛不自然地四处张望，大大的瞳孔满是干枯的颜色。有时她会停止歌唱，撕开衣服，狂笑，歇斯底里地哭泣。那个女人的唱、笑和哭，还有她那副样子，把我吓得僵住了。但与此同时，她的家人却若无其事地继续着日常琐事。他们有说有笑，喝着茶，补着渔具。在那一刻，这种冷血的态度让我很不安。然而，几年后，我自己也习惯了这样的场景，我甚至能在这座房子里、在这个女人歇斯底里的歌声的陪伴下安然入睡。由此，我意识到，一个人可以调整自己的神经，哪怕是面对这种可怕的现象——科雷马河（Kolyma River）地区的俄罗斯人称之为萨满教，雅库特人称之为莫讷瑞克（menerick，即"疯狂的人"）——的时候也是如此。[5]

请注意，大多俄罗斯人及后来到这个地区的格杰奥诺夫，都使用了萨满教这个词。这是我讨论的关键之一。

另一段描绘类似行为但没有提及萨满这一表述的记录来自加拿大北部。1898 年，著名的极地探险家罗伯特·E. 皮尔里（Robert E. Peary）和他的探险队成员将船停靠在埃尔斯米尔岛（Ellesmere Island）过冬时，目睹了一件让他们非常震惊的事情：

一个已婚妇人伊纳鲁（Inaloo）在大半夜时突然发起病来。她一丝不挂地在甲板上走着，然后，似乎是为了寻求更大的自由，她跃过船上的栏杆，跳到冰面上。过了好一会儿我们才发现她，但那时，她已经离我们有半英里远，而且还在那里拼命地抡着手臂叫着。人们抓住她并把她带回船上后，一场精彩的仿生表演开始了——当地鸟类和哺乳动物的每一种叫声都被她模仿了个遍。这个女人还有好几次试图在她家的圆顶冰屋屋顶上行走，不过不用说，她从未成功过。[6]

这样的记录为当代作家和学者提供了大量关于北极土著的行为和性格的材料。1905 年，丹麦医生 A. 伯特尔森（A. Bertelsen）推测说，格陵兰岛的因纽特人"容易冲动、易受暗示和情绪不稳定"。在一本关于欧亚神话的参考书中，芬兰民间传说研究者昂诺·霍姆伯格曾颇随意地说，北极人似乎特别容易患上神经类疾病，"最微不足道的小事都能吓到他们，他们会因受到最轻微的挑衅而晕倒，或者因此变得像疯子一样愤怒"。更晚近的研究成果是 1972 年美国精神病学家爱德华·福克斯（Edward Foulks）的一本专著，他在这本专著中将此现象归因于北方地区的土著人没有学会压抑自己的原始欲望和冲动。[7]

已有文献对上文提及的"歇斯底里"行为尚无公认定义，其中现代精神病学将其解释为一种由文化限定的综合征。我发现最流行的术语是"北极癔症"。1898 年皮尔里极地（Peary polar）探险队的成员使用了 pibloktoq（皮布洛克托）这个词，这是因纽特语中的一个变形词。顺便说一句，现代精神病学手册接受将 pibloktoq 作为北极癔症的同义词。19 世纪和 20 世纪初，在俄罗斯，一些作家称"癔症"为"雅库特病"，原因是关于这种疾病的大多数记录都来自西伯利亚东北部的雅库特（萨哈）国家。此外，根据西伯利亚当地的用法，一些俄罗斯作家试图区分所谓的常规癔症和模仿狂躁症，并用萨哈语单词莫讷瑞克（menerick）和厄莫亚克（emeriak）来分别指代两者——前者的字面意思是"疯狂的人"，后者的意思是"模仿狂"。

民族学家和探险家在提到北极癔症时也经常使用来自某些部落的提法。例如，在描述"模仿狂"时，著名的通古斯萨满教研究者史禄国（见图 3-1）曾使用过源自埃文基语的"孤独主义"（olonism）一词，但他并没有用任何本土词来特指癔症。某些学识渊博的观察者试图用实证科学术语对这种疾病进行分类，他们因此使用了拉丁标签——"模仿狂"，即用舞蹈症模仿病（chorea imitatoria）来表示，而常见的歇斯底里现象被归类为癔症兼恶灵附体恶魔狂躁（hysteria cum demonomania）。为清晰起见，除一般性提及"北极癔症"之外，我接下来也将使用"莫讷瑞克"和"厄莫亚克"，因为这两个词是西伯利亚民族志文献中最常出现的提法。北极癔症现在似乎已经成了公众常识，至少在19世纪晚期的西伯利亚，在俄罗斯人和混血人群中，我们发现了一个谚语"把一个歇斯底里的女人嫁给一个莫讷瑞克"，意思是把两个一无是处的讨厌鬼结合在一起。[8]

图 3-1 史禄国

资料来源：Anatoly M. Kuznetsov,
Far Eastern University, Russia。

19世纪的民族志学家和作家经常将"北极癔症"与"女性神经官能症"联系起来。事实上，所有的民族志记录都告诉我们，在西伯利亚和北美北极地区，大多数歇斯底里的人都是女性，而且这些描述完全符合维多利亚时代的观念，即女性容易情绪失衡，有歇斯底里的天然倾向。在俄罗斯，作家们还将西伯利亚的这种疾病与在欧陆俄罗斯地区农民女性当中普遍出现的"爱尖叫的疾病"（klikushestvo）联系起来。在对歇斯底里的女性进行描述和概括时，许多当代作家把她们比作"不守规矩的动物"，认为应该将她们"驯服"和"困住"，这样才能确保成功治愈她们；他们还找出各种严厉的措施，如对患者身体进行电击，给她们注射鸦片，里面还要加上松节油、芥末、胡椒和浓醋等，让她们的皮肤出血或起泡。俄罗斯语言学家弗拉迪米尔·达尔（Vladimir Dal'）曾多次亲自观察粗鲁的俄罗斯农民如何"成功地""治愈""爱尖叫的疾病"，也包括公开鞭打患病妇女等，他因此得出结论说，"恐惧对神经和大脑能产生有利影响"。在他的专业性观点中，这种鞭打"疗法"被视为治疗欧陆俄罗斯癔症和西伯利亚莫讷瑞克即"疯狂的人"的最佳休克疗法。[9]

人们可以在医生 S. I. 米茨科维奇（S. I. Mitskevich）的医学回忆录中找到当代对北极癔症的最详尽描述，这位马克思主义革命者曾是俄国布尔什维克革命领袖弗拉基米尔·列宁的同志，1898～1903 年他被俄国沙皇政府流放到西伯利亚东北部的科雷马河地区。在这个没有任何医疗服务的地区，当地官员欣赏他的医术，任命他为地区医生并给他发工资。因此，与很多与他一样被流放的同志不同，米茨科维奇享有相对的行动自由。此外，他还娶了一个在萨哈人中长大的俄罗斯姑娘为妻，这也使他与当地人的接触变得更加容易。为满足当地的俄罗斯人、萨哈人和混血病人的治疗需要，米茨科维奇有机会在不同地方观察和记录北极癔症的症状。

在他的书中，米茨科维奇试图完整描述典型的"'莫讷瑞克'即疯狂的人"的癔症是如何开始和如何加重的。在他看来，这种疾病通常是由严重的创伤或不幸引发的。例如，一个女人因孩子夭折或丈夫去世会持续悲伤好多天。她经常哭泣、无法入睡，还说自己心跳过快，头痛和头晕。医生因此判断，"真正的""疯狂症"击中了她。这个女人出现意识模糊，开始经历可怕的幻觉——她看到了"魔鬼"，或可怕的人，抑或其他可怕的生物。这时，病人开始尖叫，有节奏地唱歌，弄乱自己的头发或者用头撞墙。然后她会癫痫发作，弓着背——米茨科维奇用拉丁词角弓反张（opisthotonus）来形容这种症状。最后，她的肚子变大了，米茨科维奇认为这是"癔症导致的腹中积气"。医生还说，这个女人在癫痫发作期间还经常摆出"淫荡姿势"，比如脱掉衣服。[10]

北极癔症的第二种表现形式是病人陷入模仿狂热，也就是萨哈语的厄莫亚克，即模仿狂，而这种现象正是关于西伯利亚土著民族志的重要趣闻。西伯利亚僵尸无目的地模仿附近人的动作或声音的故事，经常可见于相关记载。以下是波兰流亡革命家、民族志学者和作家温塞斯拉斯·西罗舍夫斯基对这种疾病的定义：

> 这种疾病类似抽搐，病人不可遏制地模仿一切不寻常、令人惊讶和意想不到的事情。轻症病人会无意识地模仿他/她听到的声音，或大声喊出曾经影响过他/她但业已离开的东西的名字。在逐渐加强的刺激下，一些重症病人会进入无意识状态并完全失去对自己的控制，这时，别人让他们做什么他们就做什么。[11]

在西伯利亚东北部，当俄罗斯旅行者进入当地人的住所（看到奇怪的景象）而问对方"你在做什么"时，他们得到的回答经常是"你在做什么？"[12]

政治流亡者兼作家 Z. 施克洛夫斯基（Z. Schklovsky）在一次长途旅行后在一个萨哈人小木屋（蒙古包）休息时，注意到这家刚从外面抓了一条鱼回来的主人长得很像印第安人，他于是产生了一种浪漫情绪，开始大声地背诵亨利·朗费罗的浪漫诗歌《海华沙之歌》：

> 用钩状手指，
>
> 有着铁尖的钩状手指，
>
> 早起去撒网，

　　　　他发现了一百条鲑鱼。

　　令他惊讶的是，施克洛夫斯基听到身后有人在重复这首诗——那是一个患有模仿狂症的土著女人。在重复完这段诗后，她突然抓起一根木棒，袭击与作家一同前来的那位毫无防备的朋友，不知为什么，似乎是作家朋友的眼镜吓坏了她。虽然人们制止了她，但这个女人大声骂着"abas！"（外阴），然后转而开始模仿帐篷里的人的动作。[13]

　　重度的模仿狂症患者，连仅仅是恰巧路过的人提出或发出的任何要求和命令都会接受。他们会轻易地从屋顶上跳下来，经常因此摔伤自己的脚。他们也会在众人面前暴露自己或持刀攻击他人。在科雷马河地区，这些模仿者经常成为各种粗俗的恶作剧的对象。当地的土著人和俄国人——从小孩儿到镇上的重要人物（牧师和警察），都以戏弄和恐吓这些可怜的弱者为乐。有些低自尊的人为显示自己有多痛苦，或只是为了自愿扮演小丑角色，还故意假扮模仿狂来伤害自己。只要周围的人注意到一个女人容易害怕和紧张，他们就会有意地开始培养她的模仿倾向，直到她变成一个严重的模仿狂。米茨科维奇曾经描述过这样一位潜在的模仿狂：那是一位年轻的鞑靼妇女，她刚从欧陆俄罗斯来到科雷马河地区时，曾以开玩笑的态度去模仿模仿狂的行为，她甚至还会大声喊着萨哈语"abas"（外阴）来挑逗那些与她调情的年轻男子。[14]

　　正如我提到的，米茨科维奇将这两种类型的北极癔症归因于个人创伤和不幸。在他记录的科雷马河地区患此症的16个男女病例中，孩子或丈夫的死亡，以及严重疾病是引发这种奇怪行为的最常见原因。例如，这些人中的一个病人是叫作伊诺肯提·台新（Innokentii Taishin）的萨哈人，他对自己染上梅毒感到沮丧，于是开始"歇斯底里"地唱歌，很快就变成了"莫讷瑞克"。每当他感觉好些时，他的"莫讷瑞克"症状就会消失。[15]我们有理由认为，作为弱势群体，西伯利亚土著妇女是北极癔症的首要候选人，而这也许可以解释为什么男性较少患有这种疾病。

　　学者们迄今对北极癔症的成因仍未达成一致，与所有疾病一样，这种综合征也是多种因素叠加所引发的。最常见，可能也最合理的解释是，北方环境恶劣，如冬季寒冷、黑夜漫漫以及食物匮乏等共同引发了这种异常的行为。例如，去往因纽特地区的探险家通常会注意到那里的人普遍存在阴郁或抑郁的情绪，而且这种情绪自秋季开始就会有所加重，到了10月份会尤其严重，这是人们陷入极夜的黑暗之前的最后几周阳光灿烂的日子；打猎失败会使整个群体更加忧郁。弗雷德里克·库克（Frederick Cook）博士曾在20世纪早期与格陵兰岛北部的因纽特人待过一段时间，他注意到，随着阳光减弱乃至消失，抑郁情绪就会慢慢袭来："因纽特人似乎在潜意识层面感觉到匮乏和饥饿的逼近，而这意味着死亡。"可见，北极癔症的产生显然有其特定的生态背景。[16]

　　作为马克思主义者，米茨科维奇认为北极癔症的发生与当地的物质条件也有关系——这是有道理的。例如，他观察到北极癔症在贫穷的、混合血统的科雷马河地区北部传播更广，而在相对富裕的科雷马河地区南部则较少。[17]值得注意的是，除了米茨科维奇之外，博格拉斯和乔基尔森也都注意到，楚科奇使鹿部落中没有这种疾病[18]，因为这个西伯利亚苔原上的游牧民族拥有大规模驯鹿群，且远离俄罗斯帝国殖民统治，因此享受着相对的繁荣，而这种地位使他们得以与居住在科雷马河地区贫困的土著和俄罗斯人区别开来。[19]与此同时，上述三位观察者都指出，科雷马河地区是这种怪异行为的核心所在。科雷马河地区的居民历年都会受到饥荒的困扰，他们认为这是一种无法规避的罪恶。事实上，19世纪70~80年代，楚科奇使鹿部落经常去往科雷马河地区定居点，帮助那里的饥饿的俄罗斯人和混血居民，官方还因此向几位楚科奇部族族长授予过帝国勋章，以表示对这一慈善事业的认可。

　　后来有些学者也把营养问题列为可能的原因。例如，人类学家安东尼·华莱士（Anthony Wallace）认为，问题的关键在于北方土著居民的饮食中缺乏维生素：在黑暗的冬季，由于低钙饮食，维生素D3的合成较少。最后，有些人还认为，在某些情况下，癔症还与性病有关。性病在科雷马河地区很普遍，而该地区也恰好提供了北极癔症的大部分可用记录。众所周知，梅毒感染晚期会引发患者脑部器质性病变，从而导致其出现精神问题及不稳定行为。一个很好的例子就是前文提到的萨哈人台新，米茨科维奇诊断他患有抑郁症。值得注意的是，目前西伯利亚和阿拉斯加的土著居民中没有关于北极癔症的记录，他们有更好的饮食，也能获得某种元素的补充剂和药物。

20 世纪早期的人类学家玛丽·安托瓦内特·恰普丽卡在其研究过程中发现，北部地区奇怪行为的观察者其实也可在热带地区，如在马来西亚半岛发现这种行为，可见，认为北极气候是癔症的罪魁祸首是不正确的。尽管如此，她还是不想放弃环境决定论。为找到答案，恰普丽卡推演了极端气候对人们行为的影响。从这个角度来看，癔症并不是极地严寒和漫漫长夜的产物，而是极端气候的结果，正如恰普丽卡所说，（癔症）是"极端气候癔症"[20]。换句话说，一些西伯利亚人"疯了"，是因为他们那里的天气特别冷，而一些马来人也"疯了"，是因为他们那里的天气特别热。其实，恰普丽卡在内心深处可能也意识到了自己的解释只是一种毫无根据的猜测，但值得赞扬的是，她同时提出了一个合理建议：在给这种不寻常行为贴上病理标签之前，最好问问土著人自己，他们对自己癔症的发作有什么看法。[21]

史禄国是著名的埃文基和满族萨满教研究者，恰普丽卡的上述提问最初是由他向西伯利亚南部地区的熟人提出来的。当恰普丽卡在英国整理她的《原始的西伯利亚》（1914）时，史禄国和他的妻子正在埃文基人中间做田野调查。作为一名文化相对主义者，史禄国认为对癔症进行生态和经济上的解释是"欧洲的谬论"。这位民族志学者指出，在西方人看来不正常和怪异的行为，在土著文化背景下却可能是完全正常的。他也反对对北极癔症进行"医学化"解释，他认为自己经常观察到的这种行为是一种经过编码的信息。在他看来，癔症患者想要向其社区成员传达的重要信息以及隐秘的愿望、欲望和恐惧，都不适合在公共场合透露。史禄国强调，埃文基人不愿就那样直截了当地在整个社区面前暴露自己。出于这个原因，他们经常用某种形式的表演性语言来包装隐秘信息。因此，这位民族志学家总结说，"癔症"突然发作其实是一种可用来戏剧化他们的恐惧、期望或情感的方便的形式。那些突然的行为变化，比如躬起背、倒在地上，或者伴着歌声抽搐等，都能立即引起社区成员的注意。

史禄国强调说，周围的人通常都能很好地理解这种"不寻常表演"的象征性身体语言和声音语言。例如，一个女孩想嫁给她心爱的人，但环境不允许，那么作为一种出路，她可能会变得歇斯底里。通过进行这种表演，女孩向社区发出了被她隐藏起来的欲望信号。这位学者补充说，事实上，在突然发作之前，行动者已经开始自我兴奋的过程，在这个过程中，他们想象自己"很痛苦"，其实人们完全可以由这种行为联想到欧洲人的暴脾气，而不是癔症。[22]

史禄国指出，那些人虽会有这种歇斯底里行为，但发作期间却从来不会伤害自己。他还注意到，癔症患者经常交替睁开一只眼睛，观察自己的行为对观众的影响。史禄国还指出，歇斯底里行为通常是集体事件，很少单独发生过。他强调，虽然土著人总会在社区成员面前突然发作，但他们却不仅是表演者，而且的确是被神灵拜访了。这位人类学家还对同时代学者和作家的观点提出批评，说他们像米茨科维奇一样将北极癔症视为一种疾病，他建议欧洲人接受当地人自己对这种疾病的看法。鉴于当地人通常将这种奇怪的行为称为一种习惯或习俗，史禄国得出结论说，北极癔症与精神疾病无关。

医生 D. A. 凯特曼诺夫（D. A. Kytmanov）在史禄国对埃文基土著进行研究的十年之后也对这一群体进行了探索，他也证实，北极癔症在本质上与文化相关。在《通古斯人的功能性神经症及其与萨满教的关系》（"Functional Neuroses among the Tungus and Their Relation to Shamanism"）一文中，他指出，尽管在欧洲人看来，癔症患者的歌曲听起来很古怪且毫无意义，但其歌词却为当地社区传递了有意义的信息。凯特曼诺夫还注意到他所观察到的所有癔症患者在身体姿势上都有惊人的相似之处。

在他看来，埃文基的莫讷瑞克类型的癔症患者甚至在很小的细节上都遵循着某些既定的规则：他们首先将自己置于一个固定的位置，然后蹲在地上有力地前后摇摆，同时唱起歌来——医生补充说，他们可以持续几个小时保持这种状态；当癔症患者唱累了，摇晃累了，他们就往后仰躺倒在地上，就那么静静地躺着，假装自己睡着了；他们只是偶尔低声说些什么；这些行为结束后，所有癔症患者都表现得好像不知道发生过什么事一样。[23]

有些人倾向于将癔症与西伯利亚土著人的精神状态联系起来，而这实际上恰好证实了史禄国关于埃文基人癔症的说法。例如，乔基尔森不确定北极癔症是一种疾病还是一种自我暗示，他曾经记录了目睹的一件事。在一次田野调查期间，乔基尔森和另一个俄罗斯年轻人一起住在当地萨哈人家里，后者是一个被流放到西伯利亚的普通罪犯。这家的女主人虽然是有夫之妇，但还是喜欢上了那个年轻人。当那个年轻人离开时，她突然发作了，即兴唱了一首歌以表达自己的感受：

> 那位朋友长着像翅膀的睾丸！
> 那位来自南方的雅库茨克的陌生朋友！
> 那位有柔韧的关节、有英俊的脸蛋和善良的心灵的朋友！
> 我遇到了一个非常警觉的朋友！
> 我永远不会和他分开，我的朋友！[24]

她就当着丈夫和孩子们的面一直唱着这首歌，唱了大约两个小时后睡了过去。经过这一事件，乔基尔森得出结论说，这个女人的行为与癔症无关，她其实是在发出自己潜意识里的声音。他还指出，不仅个体，有时甚至整个土著部落都会陷入莫讷瑞克和厄莫亚克的痛苦之中。最著名的集体疯狂发生在 20 世纪初的上科雷马河地区，那里的尤卡吉尔人属于贫穷的游牧和狩猎部落，经常受到俄罗斯人和当地其他邻居的虐待。1899 年夏天，一群尤卡吉尔人来到上科雷马镇，在那里搭起帐篷，并打算购买盐、铅和火药。晚上，一群俄罗斯酒鬼突然闯入一个帐篷，吓坏了一个尤卡吉尔家庭的成员。作为回应，一些尤卡吉尔人开始唱歌跳舞，很快彻底转变成莫讷瑞克行为。虽然那些醉汉很快就离开了帐篷，但这种集体的不适不仅没有停止，而且还扩散开来，波及了整个群体的其他成员。

很快，两百名尤卡吉尔人中有三分之一"疯了"，他们跳着、唱着。有些人甚至跳进河里，泡在水里，直到某些还保持着"理智的"邻居把他们拖出来。还有一些人用刀和斧头袭击附近的人。一个老妇人在事故中受了重伤，而且一些碰巧住在附近的萨哈土著也传染上了这种疾病。这种狂热持续了四个月后才逐渐平息。然而，第二年夏天，这种流行病再次出现，尤卡吉尔族群有一半的人陷入"瘫痪"状态，直到秋季才再次消退。乔基尔森为这个故事添加了一个重要元素：首先发疯的是几个年轻的尤卡吉尔女孩，她们发出"野蛮的叫声"，撕破自己的衣服，或者试图淹死自己，或者攀爬高大的落叶松，躲在高处的树枝里。[25]尽管这些记载并没有告诉我们究竟是什么促使女孩们走上莫讷瑞克道路的，但我们可以假设，点燃这股热潮的火花之一是俄罗斯醉汉企图占她们便宜。

另一个集体狂热的事件是关于一群当地男性的厄莫亚克行为。1868年，俄罗斯精神病学家卡申（Kashin）记录了这个故事，它后来成为一个受欢迎的民族志故事，被收录在许多关于西伯利亚土著和萨满教的书籍中。顺便提一下，卡申就是给厄莫亚克病贴上拉丁标签"舞蹈症模仿狂"的那个人。这位医生告诉我们，在外贝加尔湖地区，一位俄罗斯军官曾经训练了一支由新选拔的布里亚特和埃文基士兵组成的准军事哥萨克分队。但有一天那些土著新兵突然就不听从军官的命令了，反而开始集体模仿他的命令和手势。愤怒的军官大声训斥这些土著人，但他们却继续模仿军官的训斥[26]——就像尤卡吉尔土著人的情况一样。这种集体狂热可能是一种自发产生的心理防御，而这是土著传统文化所认可的。

这两个集体狂热的例子表明，北极癔症的产生可能还有另一个原因: 对殖民霸权的抵抗。在现代学术中，随着学者们经常性地指出西方应该为非西方人面临的各种社会和心理问题负责时，这种解释就变得流行起来。虽然很难得出明确结论，但人们仍找到某些根据并由此猜测，1899 年尤卡吉尔人集体暴发莫讷瑞克是一种象征性的抵抗行为。目击者指出，在这次事件中许多尤卡吉尔人被捕时都在用楚科奇语唱歌——尤卡吉尔人所在的地区其实没有人说楚科奇语，但考虑到楚科奇使鹿部落在俄罗斯帝国内享有准主权地位和相对的经济繁荣，那么穷困潦倒和地位低下的尤卡吉尔人用楚科奇语言唱歌可能象征着他们对自由的向往。

"北极癔症是对殖民霸权的抵抗"，对这一观点的最新阐释来自加拿大人类学家莱尔·迪克（Lyle Dick），他研究了 1898 ~ 1909 年皮尔里极地探险队的到访与 20 世纪初加拿大北部埃尔斯米尔岛因纽特人的北极癔症之间的联系。迪克发现，在因探险队成员到访而受到干扰的因纽特人当中，北极癔症发病率急剧增加。为了探险，皮尔里探险队给因纽特向导和工作人员带去了难以承受的压力，拆散了许多因纽特家庭。因此，五分之四的北极癔症记录都发生在当地人离开他们熟悉的环境或家庭分崩离析之后。此外，皮尔里探险队还容忍或在某些情况下允许队员强迫土著妇女与其发生性关系。迪克认为，这些行为都促使土著女性采取奇怪的行为作为心理防御。最严重的北极癔症发生在 1908 ~ 1909 年皮尔里探险队最后一次到访的谢里丹角。那年冬天，皮尔里探险队遇到的 20 个土著妇女中有 5 个疯了。因此，有理由认为，在谢里丹角，除季节带来的压力之外，不平衡的权力关系和性虐待加剧了北极癔症。[27]

迪克对加拿大北部的北极癔症的观点也适用于西伯利亚。来自西伯利亚的资料表明，癔症在混血和土著人口贫困或处于被征服状态的地区传播得更广泛。科雷马河地区就是一个例子，那里居住着混血儿、政治流亡者和犯罪流亡者，还有若干贫穷的土著部落。此外，该地区也是沙皇流放制度的中心地区之一，在那里，有影响力的人通常是地区警察局长、哥萨克人或牧师。[28]旅行者的笔记经常提及，土著民众非常惧怕那些在当地享有绝对权力的人；有时这种恐惧甚至达到病态程度——土著民众看到像官员的俄罗斯人就会躲起来。

19 世纪 70 年代初，在斯雷登-科林（Sredne-Kolymsk）镇，一个片区警察养成了一种粗俗的娱乐习惯——喜欢突然从后面抱住当地年轻女性，在她们的腋下挠痒痒。当地没有人敢挑战这个掌权者，这个警察也习惯了自己的"恶作剧"，很快，镇上几乎一半的年轻女性要么开始疯狂地模仿这个行为，要么长时间歇斯底里地大笑——值得注意的是，该镇讲俄语的混血儿称这种行为为"萨满化"。对记录了这个事件的那位19 世纪的作家来说，整个事件虽然似乎是一个"无意识的催眠"的例子，但实际上这显然是这个荒凉小镇真正主人对自己受到虐待的心理回应。另外一个事件也印证了这种行为的确是一种心理防御。当另一位穿着制服的警察来镇上做短暂访问然后离开时，发作癔症的妇女人数急剧下降。[29] 20 世纪初，也是在这个小镇，还有一个叫瓦里里·别列日诺夫（Vasilii Berezhnov）的牧师因粗鲁对待厄莫亚克妇女在当地臭名昭著。当地妇女曾向米茨科维奇抱怨说，牧师的"笑话"能把她们逼得昏倒。[30]上述所描述的事件表明，斯雷登-科林镇女性的行为可能包含着某种象征性的性别抵抗因素。

科雷马河地区提供了西伯利亚关于北极癔症的主要记录。让我们仔细看看科雷马河地区吧：从民族志记录来看，它是北极癔症的中心地区。这个地区地广人稀，面积几乎和法国一样大，它位于北极圈之北，拥有世界上最冷的冬季。俄罗斯沙皇政权基于科雷马河地区的气候条件将其视为驱逐政治对手的理想场所，并在 20 世纪 70 年代一直采取这种做法。与世隔绝和气候恶劣使这个地区区别于西伯利亚其他地区，当然，西伯利亚整体上都不是一个适合居住的地方。最致命的月份——尤其是对后来者来说——是 12 月和 1 月，在这两个月里太阳不会升起，气温在-60℃到-40℃之间波动。早期的旅行者报告说，在最冷的几周，当地人甚至会冬眠，整天躺在家里以保存能量。

20 世纪初，科雷马河地区隶属雅库茨克地区北部，当时当地总人口仅约 6000 人（见图 3-2），其中大多是萨哈土著和俄罗斯与土著混血后代，还有若干失去驯鹿的尤卡吉尔人的分支。这里几乎年年发生饥荒。格杰奥诺夫是被放逐到这个地区的不幸的人之一，他把自己的经历描述为一场真正的噩梦："直到今天，我的记忆中还闪现着在这片没有任何希望、没有过去也没有未来的、压抑的土地上生活的画面。在这里，人的思维活动停滞了，感情冻结了，甚至痛苦也消失了，剩下的只有折磨人的忧郁。这里如此静寂，足以让人失去任何想要摆脱它的欲望。"另一位流亡者还引用拜伦的诗《黑暗》来更好地呈现科雷马河地区的景观："没有草，没有树，没有人，死气沉沉——一片死寂。"[31]这就是本书第二章中提到的博格拉斯和其他被流放的民族志学者服刑的冻原"死亡之块"。

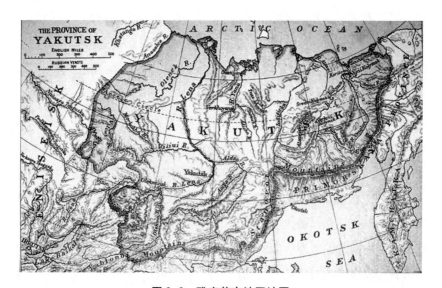

图 3-2　雅库茨克地区地图

注：流亡作家 Z. 施克洛夫斯基引用拜伦的话这样描述雅库茨克地区："没有草，没有树，没有人，死气沉沉——一片死寂。"

资料来源：Z. Schklovsky, *In the Far North-East Siberia* (London：Macmillan, 1916)，地图附录。

在这里我想说的是，那些被流放的作家和民族学家无疑是对北方的景观感到沮丧的，所以他们在自己的作品中把对漫长而严酷的北极冬季的感觉延伸到了当地人身上。至少他们的作品本身就表明，他们总是沉溺于对北方土著的抑郁、喜怒无常、易怒和紧张的描述与概括中。在他们看来，所有这些因素都为癔症和萨满教等异常行为的产生提供了肥沃土壤。波兰革命家出身的民族志学者 N. A. 维塔舍夫斯基（N. A. Vitashevskii）在谈到萨哈土著的性格时，把他们描绘成从摇篮到坟墓都很紧张的人。与"文明"的同龄人相比，萨哈人像是儿童，更"任性"：女性更"爱吵架"，男性更易怒，老年男女更是"脾气暴躁"。此外，在他看来，萨哈人通常都缺乏自制力，非常没有耐心。[32]

1924 年，维塔舍夫斯基的同胞、后来成为美国地理学家的斯坦尼斯劳斯·诺瓦科夫斯基（Stanislaus Novakovsky）不辞辛劳地总结了所有流亡者描述的那个"歇斯底里的西伯利亚"（histeria Siberica）——这是他给北极癔症取的另一个拉丁名字。许多记录都清楚地显示出，地形和气候是引起奇怪行为的原因，而他也认为这种解释是理所当然的。诺瓦科夫斯基的文章发表在美国《生态学》杂志上，对塑造西方人关于西伯利亚土著社会的看法发挥了不小的作用。除渲染流亡者作品中经常提到的几个要素，如极地气候、环境单调、生活贫困和"让人难以记住"等，诺瓦科夫斯基还在总体上将北方土著生活方式概括为"持续精神压力的恶性循环"。

他说，严冬是这种歇斯底里行为的主要诱因，其"扼杀了人的灵魂"，即便是春天也无法给那里带来哪怕一点儿的解脱：从一个季节到另一个季节的剧烈转换使人们的灵魂"找不到休息之所"；夏天也没能安抚人们的身心，这位地理学家指出，在这个短暂的温暖季节里，生物在天气变得太冷之前都急于交配，因此当地的北方人无法像西方人那样以正常和放松的节奏谈恋爱。他也赞同流行精神分析学的观点，认为季节性压力会使土著居民产生极端的性焦虑，而这会削弱他们的神经系统。除了性紧张之外，在短暂的夏季，当地人不得不夜以继日地工作，狂热地准备冬季用品，这更是耗尽了他们的体力，结果，正如人们可能已经猜到的那样，导致癔症发作的"精神衰竭"就由此出现了。[33]当代许多研究北方社会的学者都认为诺瓦科夫斯基在其论文中对西伯利亚土著人形象的描绘是理所当然的。对以北方土著人为写作对象的人来说，严酷的北极地貌和北极癔症就是他们经常用以对西伯利亚土著文化进行评估的参照。

"原始人的精神病院"：萨满教作为一种精神障碍

1880 年，俄罗斯语言学家达尔在向读者解释莫讷瑞克的含义时写道："莫讷瑞克是被魔鬼附身的人，他喊叫、扭动身体、愤怒，经常模仿某种动物的声音。莫讷瑞克普遍见于西伯利亚，据一些专家说，其与作为异教徒的萨满有关。"[34]

这位总是急切地采用已有用法的语言学家以其上述观点清楚地表明，在他那个时代，北极癔症和土著灵性之间的联系正在逐步获得学术真理的地位。基于天气恶劣会使北方人紧张不安这种既定观点，人们很容易得出结论，萨满和他们的入迷仪式也同样属于病理领域。对于许多同时代的观察者，特别是那些短期来访者来说，当地灵性实践者奇怪的身体动作和仪式操作与北极癔症没什么不同。一些作者直接提出，萨满模仿了歇斯底里者的行为，只不过他们进一步将那种天生精神错乱的艺术发展完善到了专业水平。还有一些人补充说，作为有影响力的社区领袖，萨满通过举办可怕的降神会使异常行为变得"合法化"，而这会加剧北极癔症（在当地的发作）。

下面可以看看流亡民族学家 V. L. 普里克朗斯基（V. L. Priklonskii）对萨哈萨满仪式的描述。显然，那个场景把他吓坏了，他由此进一步推断出这种仪式对当地人思想的有害影响：

　　在这种神秘仪式上，很难说出观众处于何种精神状态。我看不出他们脸上有什么特别的表情。不过，就我自己而言，我还是衷心地希望这次神秘仪式能尽快结束。想象一下你必须面对的整个气氛吧：一个小木屋里的火堆上燃着熊熊的火，一个狂热者跑来跑去，还有两个被特别挑选出来的强壮家伙正处于入迷状态，他们不可避免地或者跌进火堆，或者撞到头，并且这些举动都伴随着疯狂的号叫。我觉得即便是一个意志坚强的人也不能忍受这种场景。[35]

如果像普里克朗斯基这样的长期探险家都不曾冒险去寻找对萨满奇怪行为的可能解释，那么那些没有时间也没有意愿去研究土著民族志的肤浅的短期观察者，就必然会毫不留情地把北极癔症和萨满教等同起来。因此，P. 里亚布科夫（P. Riabkov）在其 1882 年发表的关于西伯利亚地理和人口的科普文章中，声称患有舞蹈症模仿狂的西伯利亚土著就是萨满。他在文中还使用了一个特殊词语"萨满－莫讷瑞克"，用以暗示原生的精神错乱与灵性这两者之间有直接联系。平心而论，这位作者这样做其实是等于公开承认他对北极癔症和土著的宗教生活都了解得不多。[36]

极地探险家皮尔里是同一类型的短期观察者，他也没有对灵性仪式和北极癔症进行区分。在 1900 年的一次加拿大北极之旅中，他甚至叫停了因纽特人为一个病人举行的萨满教降神会，因为他以为自己又遇到了"因纽特人"的癔症发作。[37]萨满在秋冬季密集举办仪式活动，目的在于试图缓解当地人心理上的季节性压力，但在欧洲探险家看来，这似乎与他们经常在其他当地人那里观察到的癔症发作没有什么不同。总的来说，在许多当代作家和学者的心目中，北方景观和北极癔症显然就是萨满教的滋生源。

我目前发现的关于萨满教行为最早、最详尽的生理学和病理学解释是俄罗斯医生 M. F. 克里沃沙普金（1865）的著作。在关于通古斯（埃文基）的笔记中，他强调萨满教是一种类似于所谓女性癔症的疾病，他由此将萨满教定义为"癔症兼恶灵附体"（hysteria cum demonomania）[38]。然而，直到 20 世纪初，当西罗舍夫斯基、普里克朗斯基、博格拉斯和乔基尔森及其流亡同志的著作将萨满牢固地树立为"一个精神上有问题的极地魔法师"形象时，这种看法才成为主流。20 世纪初，观察者们得出结论，萨满教和北方土著癔症行为的确是有一些关联的。无论如何，他们相信这两者都源于北方环境的恶劣，在他们看来，恶劣的北方环境自然而然地孕育了当地人的畸形人格。这个概念最终进入了所有的百科全书和相关参考书。

我强烈怀疑，在将萨满教行为与西伯利亚环境的不友好联系起来时，西伯利亚的流亡者和其他观察者——就这一点而言——不仅是向当代地理决定论致敬，而且可能是试图将他们自己的体验融入他们所"创作"的民族志中。事实上，从欧陆俄罗斯地区的大学中心所在地迁到满是苔原和针叶林的"（文化）沙漠"，他们远离了熟悉的智识环境，甚至经常缺少铅笔和纸这样的普通物品，可想而知，怀有不情愿情绪的人类学家在北方荒野中肯定感到不自在。在流亡者对西伯利亚景观和当地居民的描述中，我们也很容易发现这种阴郁情绪。[39]

皮尔里的流亡同志维塔舍夫斯基也是一位作家，他曾专门写过一篇论文，探讨北方环境和"北极癔症"及土著灵性之间的联系。这篇文章有一个很有特点的标题即"走向原始神经官能症"（"Toward Primal Psychoneurosis"，1911）。该文认为，在降神会上，萨满要么模仿歇斯底里的行为，要么直接变成癔症患者。在他看来，萨满教学徒实际上是在学习如何重现北极癔症的行为。维塔舍夫斯基概括说，在人类历史的开端，人们生活在一种"彻头彻尾的歇斯底里"的状态中。后来，在"高级萨满教"阶段，歇斯底里的行为变成了特定个体的垄断，这些个体甚至把北极癔症变成了一种仪式性的职业。[40]

几十年后，人类学家保罗·雷丁和韦斯顿·拉·巴雷（Weston La Barre）对萨满教的起源进行了同样的概括；唯一不同的是，这些后来的学者用原始生活中的普遍不安全和危险取代了北方环境作为萨满教的行为诱因。同样值得注意的是，维塔舍夫斯基认为，萨满教的职业源于灵性实践者在精神疾病猖獗的原始社会中治愈自己的愿望。土著人的降神会让维塔舍夫斯基想起歇斯底里的土著人大声喊出自己焦虑的情景。在这种特别的概括中，人们可以发现"被治愈的治疗者"这一概念的雏形，这也是后来逐渐在西方流行起来的对萨满教的解释之一。

人类学家康斯坦丁·雷奇科夫（Konstantin Rychkov）在他关于埃文基民族志的通论性文章（1922）中，试图完善上述观点和其他将萨满教视为神经官能症的观点。从他那里，我们了解到，"所有的萨满，无一例外"都患有癔症。这位学者写道，在降神会期间，萨满会达到"最高程度的抽搐"——失去意识并咆哮。他认为萨满的这种举动和萨满念诵的内容，都是他们心智失衡的产物。他甚至用当代医学语言来概括自己的结论：萨满教仪式是"神经破碎作用下大脑功能异常的结果"[41]。

在西伯利亚，不识字的俄罗斯人和混血儿经常把北极癔症称为"萨满身份（气质）"（shamanhood）或"萨满教化"（shamanizing），这进一步强化了将萨满教视为北极癔症的衍生物的观点。例如，对于一个癔症发作的女人，科雷马河地区的混血儿就会说"她正在萨满教化"[42]。顺便说一句，与那些后来到此地的人不同的是，土著居民从不混淆灵性实践者的职业和精神疾病，而是用不同词语来分别描述它们。因此，萨哈人能清楚地区分癔症患者和萨满，前者在他们眼中是被鬼魂附身和折磨的人，后者则可以随意召唤神灵的人。当代研究者偶尔也会提到这种区别，但他们更愿意遵循俄罗斯的用法。一个很好的例子是曾经生动地描述了自己与萨哈女性莫讷瑞克相遇经历的 A. 格杰奥诺夫，在 1896 年为一份俄国科普杂志写的文章中曾提到，土著居民从未使用"萨满教"描述过"精神疾病"，但与此同时，他在讨论"萨满教的发作"和"萨满教化的女人"时，却用"萨满教"这个词来描述北极癔症。[43]

虽然医生米茨科维奇强调萨哈人能明确区分精神疾病和灵性实践，但他却仍将萨满的行为与莫讷瑞克联系起来。他在这两者之间建立关联的理由很简单："（当地的）俄罗斯人直接说，患有莫讷瑞克痉挛的病人是'萨满教化'了的人。"萨满教降神会上的"入迷场景"和莫讷瑞克病发作在他看来是相同的，"歌曲的节奏相同，躯干运动相同，入迷之后的癫痫发作相同，发作后的抑郁和忧郁状态也相同"。在将北极癔症和萨满教联系起来后，这位医生却承认其实他一生中从未见过萨满，也承认他的概括其实是"别人说过的话"[44]。

他书中最令人好奇的部分是一张表格，表中列出了来自位于罗德切沃（Rodchevo）的萨哈村的 14 位女性癔症患者。除年龄和名字，表格里也列举了她们的症状。我们由此了解到：这些女性患者中有 12 位被诊断为患有莫讷瑞克病，而其中 6 位同时患有厄莫亚克病；还有一位是"轻症"患者，另一位则被认定是"萨满"[45]。即使是自学成才的、对土著文化更了解的人类学家乔基尔森，也把莫讷瑞克和萨满学徒归为一类，称他们为"病人"[46]。著名的萨满教研究者史禄国认为上述论断"更像是观察者（对北方恶劣环境）的反应，而不像是当地人的反应"。此外，他还忍不住说了一句讽刺的话。对于这样的民族学家来说，所有的西伯利亚景观看起来都是不正常的，因为作为欧洲人，他们习惯了阳光、适宜的温度、城市的噪声、街道上各种各样的风景以及剧院和餐馆里的美食[47]——对于那些碰巧以志愿民族志学者身份只身来到西伯利亚的有钱人来说，这个评价可能稍显残酷，但的确一针见血。

直到 20 世纪初，由流亡民族志学者所提出的关于萨满教的病理性概括，仍主要在俄罗斯民族志领域内使用。随着博格拉斯和乔基尔森等人的英文版民族志出版，这些观点进入了西方学术界，并与当代流行的心理学理论完美地融合在一起。流亡者所撰写的民族志能够较为容易地融入西方学术界，与波兰裔英国人类学家玛丽·恰普丽卡的《原始的西伯利亚》（1914）和瑞典宗教历史学家阿克·奥尔马克斯的《萨满教相关问题研究》（1939）两本书不无关系。[48]它们一方面对博格拉斯、乔基尔森、普里克朗斯基、维斯塔夫斯基及其同志的民族志做了很好的阐释，另一方面也援引了波塔宁、阿诺欣、克谢诺丰托夫和其他西伯利亚地方主义作家的民族志，还有芬兰民族志学家和民间文学研究者的作品。此外，奥尔马克斯还将西伯利亚材料与北美本土民族学联系起来。

和流亡民族志学者一样，恰普丽卡在其早期的作品中也强调天气寒冷、黑夜漫长和食物短缺对西伯利亚北部居民社会和宗教生活的不利影响。起初，她也认为正是这些要素使西伯利亚人习惯于内省，倾向于以歇斯底里的状态发出启示，喜欢占卜和容易"性变态"——后者应该是她在博格拉斯的《楚科奇人》一书中读到的有异装癖的楚科奇萨满的形象。恰普丽卡在其代表作《原始的西伯利亚》中同样指出，北极癔症是萨满教的根源。然而，仔细阅读这本书就会发现，她的论断并不像流亡作家或奥尔马克斯那样粗糙——我将在下文讨论奥尔马克斯的研究。例如，恰普丽卡强调萨满不同于普通的癔症患者，因为后者无法控制攻击他们的灵性力量；她在该书中某处写道，病理性不是萨满的基本特征，但仅在下一页上，她又写道，土著灵性实践者可能有病态人格。[49]恰普丽卡可能已经意识到，博格拉斯、乔基尔森和其他许多当代作家在讨论土著宗教时使用的"病态"和"正常"等标签都是受制于文化的标签。她因此指出，西方人认为是病态的行为，在当地人看来可能是正常的，反之亦然。虽然恰普丽卡在写这本书的时候还是一个纸上谈兵的学者，但她敏锐地发现，把萨满的仪式活动和北极癔症联系起来，对于理解灵性实践者的社会角色并无用处。在《原始的西伯利亚》的一章中，她甚至提出，要解释西伯利亚土著的灵性，必须求助于社会学，而不是地理学或医学病理学。

平心而论，恰普丽卡对自己所持的保留意见并未做清晰表达，而是倾向于从已有的民族学观点中进行取样。更确切地说，她对萨满教的解释也是前后矛盾的。我对此的感觉是，那些没有仔细阅读她的书或没有关注个中细微差别的同时代人，对恰普丽卡在对以往文献进行梳理概括的过程中所构建的关联是如此理解的：严酷的环境＝北极癔症＝萨满教，因此也就难怪英国民间文学研究者诺拉·查德威克——最早试图将萨满教从病理解释中解脱出来的学者之一——批评恰普丽卡将萨满教与北极癔症联系在一起了，但严格地说，其实恰普丽卡从来没有这样认为过。

与恰普丽卡不同的是，第二位对流亡民族志进行总结的学者奥尔马克斯毫无保留地接受了萨满教的病理性本质观点。在他看来，萨满教本质是"先是遭受剧烈的癔症的攻击，然后以瘫倒在地告终，部分是受迫害妄想症的精神错乱"。奥尔马克斯坚持认为"经典"萨满教是一种特殊的北方现象，是由"西伯利亚和北美洲北极地区的精神病患者"发展而来的。他坚信，"伟大的萨满教"只能在极端恶劣的气候及其歇斯底里的（社会）环境中产生。为了更清楚地说明自己的观点，这位学者还附上了一些地图，用以强调北极癔症在西伯利亚和北美的分布情况，这些地区的最北端则被标记为萨满教极端形式所在的区域。

奥尔马克斯的论点很简单也很直白——在最北端的苔原地区，天气条件最为恶劣，因此在这一地区，萨满教以其纯粹形式出现，萨满则可达到极端入迷状态。在稍远的南方，气候较为温和，但这影响了萨满教仪式。由于西伯利亚南部和北美洲亚北极地的灵性实践者没有极地天气带来的巨大压力，这位学者因此推断这两个地区缺乏"伟大萨满所拥有的精神异常"。这位学者还指出，南方萨满为戏剧化地呈现其灵性之旅并保持自身的深度入迷状态，不得不依靠辅助仪式工具，如服用神圣的植物（毒蝇菌、烟草和酒精等）或长时间击鼓和蒙面跳舞等。对奥尔马克斯来说，萨满唯一积极的社会贡献就是将集体精神错乱引入了他们的仪式。这位学者借鉴博格拉斯、普里克朗斯基和维斯塔夫斯基的著作，认为感染了神经症和癔症的北方土著社会为萨满教提供了丰厚的人的资源。[50]

奥尔马克斯在书中将萨满教发展图景描绘为一幅民族志漫画，而这也反映了维多利亚时代对女性的看法。事实上，大多数北方癔症患者是女性，而萨满则是男女皆有，这给了奥尔马克斯一个机会，让他在对萨满教演变进行概括的过程中带有浓重的父权情绪。这位学者断言，女性软弱、柔顺和容易情绪化，但她们只是"创造"了萨满教的前身（北极癔症），而男性却能把在女性那里不受控制的情绪用强有力的戏剧表演（萨满教职业）语言表达出来。奥尔马克斯认为，大多数土著妇女注定要继续做"密室里的萨满"——无法调节自己情绪的普通北极癔症患者。有一次，奥尔马克斯惊呼道："他们，而且只有他们（男性）能够从癔症的背景中唤醒自己更强大的心灵，去从事伟大萨满的灵性拯救行动。"他说，如果说女人擅长什么，那么她们也只会施展低级的巫术，偶尔为人算命、下符咒和占卜。奥尔马克斯坚持认为在经典的极地萨满教中很少能发现女性的身影——但其实这是不正确的。已有民族志材料显示，亚北极地温和的气候模糊和弱化了经典的萨满教，在那里，女性要么主导萨满教，要么与男性共享萨满角色[51]，但奥尔马克斯却对此持保留态度。平心而论，奥尔马克斯只是清晰地呈现并强化了当时俄罗斯和西方著作中关于西伯利亚和北方土著社会的思想情结。

博格拉斯、乔基尔森、恰普丽卡和奥尔马克斯的著述使土著灵性实践者的精神障碍人格成为关于萨满教辩论的中心，而这些著述后来成了西方萨满教研究的主要来源。基于这些著述，人类学家理所当然地认为真正的萨满教是一种与癔症有关的精神病理现象。[52]渐渐地，关于"北方地区部落灵性实践者有心理障碍"这一论点成为一个既定的学术"真理"，并在 20 世纪上半叶占据着主导地位。然而，这种方法显然淡化了导致萨满教行为反复出现的社会、文化和精神背景。在许多学者的眼中，正如人类学家 I. M. 刘易斯（I. M. Lewis）所比喻的那样，萨满教变成了"原始人的制度化精神病院"[53]。学者们对萨满最常见的诊断就是其患有癔症、神经官能症、癫痫病和精神分裂症。不过，即便是那些认为这种评价很肤浅的作家也同意，萨满教为那些在适应社区的社会生活方面遇到困难的、有精神障碍的人，提供了一种有利的庇护。

美国著名民族学家罗伯特·洛伊参考博格拉斯的民族志，将萨满界定为代表"病态性病例"的"神经质"。保罗·雷丁在其关于原始宗教起源的通俗著作中强调，在整个西伯利亚，灵性实践者的精神不稳定呈现出"病态的比例"。在阅读了恰普丽卡和博格拉斯的著作后，这位学者认为这个地区的萨满来源于患有莫讷瑞克病的人。[54]

有趣的是，雷丁用社会经济环境代替自然环境条件来解释萨满的病态行为。这位人类学家断言，精神不稳定的人恰好反映的是原始社会生活的特点——痛苦、匮乏和物质上的不安全感。萨满通过其表演为普通民众重现了"人类为安全而不懈斗争的戏剧"，而这场斗争总是围绕着进入未知和神秘领域而展开，雷丁写道："萨满的神经质行为以及神经质癫痫样病变意识反映了普通人也能接受的、充满反差的世界。"雷丁强调，总的来说，萨满教为那种神经质的个体提供了一个机会，后者由此可以自由选择与他们一样拥有超常能力的人当学徒，从而使异常行为得以历史地演进为一种固定的宗教文化；后来的灵性实践者——无论是正常的还是神经质的，都必须效仿前人才能获得萨满职业资格。[55]

另一位人类学家韦斯顿·拉·巴雷在其关于宗教起源的综合性著作中，和雷丁一样倚重博格拉斯和恰普丽卡的观点，他指出，萨满最初是从最高级别的精神病患者中招募的。有趣的是，拉·巴雷虽然也大量使用史禄国搜集的民族志资料，但从未提及史禄国对"萨满教是癔症"这一论点持批判态度。拉·巴雷认为，世界上所有的宗教都是由欣喜若狂、偏执自封的人开始的，而这些人恰是反映大众精神渴望的最佳人选。后来，那些渴望进入这一职业的"正常人"也不得不复制这些最初的精神异常的萨满所创立的仪式实践。[56]

小汉斯图腾师：精神分析与萨满

将萨满看作精神异常的观点，与在整个 20 世纪上半叶流行于西方思想界的精神分析学密切相关。将萨满教视为一种"文化上被认可的精神错乱"，完全符合西格蒙德·弗洛伊德（Sigmund Freud）的观点，他认为宗教只不过是一种神经症或强迫症，其起源于婴儿的无助感。对宗教的这种看法源于他认为文明是一种神经官能症，是人类为脱离动物世界而必须付出的代价。从经典精神分析的角度来看，萨满教是一种社会制度，部落居民用它来象征性地疏导集体或个体焦虑，且主要是性方面的焦虑。

弗洛伊德的梦的理论是对萨满教进行精神分析的基石。对精神分析学家来说，萨满在降神会和入教仪式中看到的奇妙意象相当于一场梦的体验。在这种情况下，萨满教的降神会是与个体的梦相对应的集体的梦。就像一个人把他或她的担忧和恐惧倾倒在梦中一样，部落狩猎和采集社会通过萨满教降神会反映他们永久的焦虑和不安全感——这是一个集体的梦。在充满自然灾害、饥荒、疾病和不断的部落战争的险恶原始环境中，萨满从象征层面上帮助人们缓解紧张局势和恐惧。病人、饥饿者和受惊吓者至少能通过与萨满一起做梦，将他们的焦虑引导到入迷的灵性仪式中，找到了暂时解决问题的办法。[57]

以精神分析为导向的学者们总是把自己掌握的材料进行分类，去适应特定的弗洛伊德式的陈词滥调和隐喻，这是当时所有流行思想不可逃脱的命运。例如，人类学家拉·巴雷将萨满视为偏执的父亲（出于某种原因，母亲们被忽视了），他们能保护自己的社区免受超自然的攻击，灵性实践者由此成为"受惊吓者和婴儿化的人"的家长的形象。然而，相关研究者补充说，从心理上讲，萨满本身就像是个孩子，他们并没有将自己与世界分开，而是希望通过举办仪式来改变世界。总的来说，在拉·巴雷看来，萨满就像一个"小汉斯图腾师"（参考弗洛伊德的一个经典隐喻），表现出"基本的幼稚和偏执的非男子气概"[58]。

匈牙利裔美国精神分析学者和民俗学者格扎·罗海姆（Geza Roheim）在他的一部作品中，通过对匈牙利、西伯利亚和北美萨满教相关文献进行梳理，去寻找其中的色情元素。在他的解释中，西伯利亚萨满在表演中使用的铁矛、棍子和牛角都变成了象征性的阴茎，而萨满在祝祷中提到的各种开口、通道和入口则被赋予阴道的特征；这位学者当然也不会忽略那种直接的性暗示，比如在西伯利亚，一些阿尔泰萨满在一年一度的丰产仪式中把巨大的木制阳具夹在两腿之间；罗海姆还将萨满教灵性之旅与所谓飞行梦联系起来，而后者正是弗洛伊德所说的勃起梦，在这个隐喻中，人体被视为阴茎的象征。[59]精神分析学者们也以类似方式将萨满教的灵魂飞行和进入他界，以及灵魂侵入病人身体等，都视为性交的隐喻。

1932年，瑞士精神分析学家、牧师奥斯卡·菲斯特（Oskar Pfister）试图以弗洛伊德的理论对萨满教进行第一次全面讨论。这位学者对来自美国西南地区的艺术家和地方主义作家劳拉·亚当斯·阿默（Laura Adams Armer）制作的一部民族志纪录片《山歌》（*The Mountain Chant*，

1928）产生了浓厚兴趣。这部电影详细描述了纳瓦霍的治疗仪式，该仪式以沙画绘制、释梦、记忆追索和集体治疗为中心。在牧师菲斯特看来，这部电影充斥着需要用精神分析的语言来表达的隐喻。因此，这位牧师决定写一篇关于《山歌》的专题论文，以其作为对美洲印第安人"直觉精神分析"的案例研究。

这部电影的主角是一个 50 岁的印第安人，有一天他做了一个可怕的梦，梦里他的孩子都死了。要知道，许多美洲土著文化都将梦视为在另一个世界中的真实经历，所以可以想象这个人在收到这个信息后该有多沮丧。一位灵性实践者告诉这位父亲，他需要找一位萨满吟唱者为他唱山歌，帮他纠正在另一个世界发生的不幸。最后，这个印第安人找到了一位吟唱者，后者告诉他当他还是个小男孩的时候，可能见过一头病熊或死熊。吟唱者还建议他的病人唱一首山歌来安抚"圣熊"。整个部落都来协助进行这场治疗，治疗从所有参与者在汗蒸房净化开始，一共持续了 9 天。在这些天里，在治疗者的指导下，男性参与者绘制了彩色沙画。在每天例行的魔法歌仪式之后，这些沙画都会被销毁，彩色的沙子被倒在病人身上。最后一天，将近两千名纳瓦霍人聚集在病人和他的家人周围，合唱了山歌的最后几节。在这之后，病人终于从抑郁中恢复了。

菲斯特对治疗过程的精神分析如下：这头熊象征着病人的父亲。当这个印第安人还是个孩子时，他希望自己的父亲死掉；现在轮到他自己成年了，他开始担心自己的孩子也希望他死掉。菲斯特还做了另一个假设：印第安人梦见自己孩子死去是对自己孩子的无意识报复。治疗仪式是为了安抚熊的灵魂，而这象征着病人与父亲和解。萨满作为这场象征性和解的主要工具，负责指挥仪式、指导社区并引导部落神话的上演。[60]

另一位采用经典弗洛伊德方法研究萨满教的现代学者是民族精神病学家乔治·德弗罗（George Devereux）。20 世纪 30 年代，他对加州的莫哈韦（Mojave）印第安人进行了田野调查，并撰写了一篇关于他们性生活的文章。基于这一研究及后续研究，1969 年德弗罗出版了一本书，专门研究莫哈韦人人格的各种病态现象，其中就包括萨满教。德弗罗认为萨满是用仪式来拯救自己的疯子，并指出，从精神病学的角度来看，萨满教是一种"神经质的防御"。他相信，部落社会奖励萨满的幻想和古怪行为，只会延长他们潜在的精神疾病。他因此认为萨满教不是一种治疗方法，而是一种挥之不去的疾病。他对萨满的总体诊断如下："莫哈韦人的萨满，无论男女，要么被诊断为疑似病例，要么被诊断为彻头彻尾的精神病患者。"德弗罗对部落萨满是精神错乱者的这个观点如此执着，以至于他把所有不同的观点都视为谬论。此外，他还与那些想要"给予萨满一个心理健康证明"的同事进行了斗争。[61]这种对萨满教的激进的精神病学解释，最终促使德弗罗将整体上允许并且在文化上认可萨满教这种失衡行为的土著社会都视为病态社会，他指出正是这种病态社会孕育了精神错乱的个体。

对德弗罗来说，萨满教并不一直是一种治疗方法，有关于此，最令人信服的事实是萨满教力量具有的矛盾性质很容易将精神治疗最终变成精神杀戮，而这会给萨满自身带来许多严重后果。的确，在许多部落和前工业化社会中，如果萨满在治疗或占卜过程中出错，那么他们所享有的尊重就很容易转变为被怀疑和仇恨。不过，这种态度与民众对主流西方医生的态度其实没什么不同，后者也生活在同样的恐惧之中，害怕犯专业错误，害怕成为医疗事故诉讼的对象。至于莫哈韦人社会，人们通常会给那些犯错误的灵性医生贴上"巫师"的标签，然后迫使他们自杀。

德弗罗在其论文中指出，萨满教是受到文化认可的精神错乱。虽如此，他仍倾向于捕捉萨满教的黑暗面，而这对当代的灵性追求者来说可能是一种有用的解药，因为他们几乎只关注土著灵性的善意方面。这位学者搜集到的大量土著人的口述证词表明，人们认为萨满"好"或"坏"只在一念之间。民间这种对萨满的矛盾态度，或者说萨满在所谓传统社区中的地位不稳定，可能源于人们对灵性力量的矛盾态度——在部落社会中，灵性力量是中立的，它可以向任何方向发展。这与犹太-

基督教在善与恶之间树立了牢不可破的界限形成了鲜明对比。

在莫哈韦人社会，没有一个萨满有安全感，他们总是容易受到各种指责。例如，如果萨满连续几次没有治好病人，或者没有足够的技术去占卜或按人们的预期引导天气变化，也没能带来狩猎的好运气，部落民众可能很快就会把他们说成是恶毒的巫师。德弗罗强调，"每个萨满都被视为潜在的危险来源，因为他既能引发疾病，也能治愈受他掌控的疾病。因此，即使一个萨满作为治疗者的名声是清白的，他也不能免受对他突发的巫术指控"[62]，这就难怪没有多少莫哈韦人愿意接受萨满这一职业了。德弗罗告诉我们，从事这一危险职业的候选人在心理上会陷入双重困境：被神灵选择成为萨满的人会面临着自己的法力可能出错的风险，这会带来对巫术的指控而且他自己也可能因此死去；而如果候选人拒绝接受萨满职业，那么未被使用的治病能力却可能使他们自己发疯。

还有另几位莫哈韦人与德弗罗分享了他们的故事，他们说，有时候那些并未伤害周围的人的萨满也会突然成为集体迫害的对象，仅仅是因为社区的某些成员认为其不幸是来自灵性实践者的邪恶意图。如前所述，受到这种指控的无助受害者经常以自杀作为摆脱困境的方式。德弗罗的当地知情人之一希夫苏（Hivsu）曾严肃地指出："在旧时代，我活不了这么久（56岁），他们早就会杀了我的。萨满很少能活到高龄，但我还是会成为一个萨满，我没办法。"有一个可怜的萨满在社区的压力下开始相信是自己迷惑了几个人，他最终选择在寒冷的天气里躺在室外的地上，感染了肺炎，后来自杀了。[63]

我想知道德弗罗在20世纪30年代记录的印第安人故事在多大程度上可以被认为是对萨满的古老和传统观念的描述。众所周知，30年代的主流文化与当今不同，当时的欧美社会对土著灵性实践者予以了妖魔化；许多作为被征服者的印第安人，也很容易受到这种公众情绪的影响；此外，对印第安人土地的剥夺和对土著传统的文化攻击也会削弱萨满的权威和威望，普通的印第安人认为萨满应为他们无法找到治疗痛苦的良方而负责。对于更多的部落社会来说，这种处境并不罕见，因为它们必须应对西方文明的快速发展。19 世纪末，加利福尼亚州的几个土著社团开始反对自己的萨满，他们因为各种社会性的和个体的不幸而指责萨满，偶尔还会杀掉萨满。德弗罗看待莫哈韦灵性实践者的命运的残酷视角，可能也反映了当代印第安人自身的消极立场。

例如，在与莫哈韦人相邻的米沃克（Miwok）印第安人中，曾发生过一场大规模的袭击本部落灵性实践者的事件。部落中的印第安人分成几股去消灭萨满，特别是那些没治好病人的萨满。1880 年，为避免被杀掉，一位可怜的萨满不得不逃离他的社区，躲到 300 英里以外的约塞米蒂山谷（Yosemite Valley）的一个峡谷里。[64]德弗罗对莫哈韦长老的采访显示，20 世纪 30 年代，一些通过梦境获得萨满力量的人宁愿因拒绝这种力量而发疯，也不愿成为萨满而置自己于险境中。有一次德弗罗去接触一个被人们说成是行为乖张、可能被萨满力量附体了的莫哈韦女人——其实这位民族心理学家是希望在这个受惊吓的女人身上发现一个正在"萌芽"的萨满，但这个女人送他走的时候却说："这根本不是真的！我只是一个有脾气的人罢了。"[65]

最后一位沉浸于精神分析传统的杰出的萨满教研究者是杰拉德·雷赫尔-多尔马托夫（Gerardo Reichel-Dolmatoff, 1912–1994）。为躲避纳粹主义和世界大战的危险，这位奥地利考古学家搬到了哥伦比亚。在他的新家园，他开始转向人类学研究，并以研究亚马孙河流域印第安人的灵性实践而知名。雷赫尔-多尔马托夫的萨满教研究以草药致幻剂的使用为中心，他相信萨满是在集体无意识领域发生作用的。在他看来，萨满及其病人能通过服用草药致幻剂看到彩色幻象，萨满正是用这种方式使病人释放出隐藏的恐惧和欲望；他认为，这些幻象恰是用宗教语言揭示个人和群体潜意识的诊断工具。[66]

现在的萨满教研究领域几乎没有人记得罗海姆或德弗罗等精神分析学家，但雷赫尔-多尔马托夫的著作却因其对草药致幻剂的仪式性使用进行研究而广受欢迎。60~70 年代，他关于草药使用的研究引起了美国人类学界的注意，雷赫尔-多尔马托夫因此于 70 年代在加州大学洛杉矶分校（UCLA）做了几年的客座教授，而这个地方是当时意识状态改变研究的中心之一。

一般来说，采用精神分析和行为主义模式这两种方法进行宗教研究的缺陷在于相信人类是完全理性的存在——从这个角度来看，所有的灵性体验都是病态的幻觉。以医学化维度进行萨满教研究的学者并未深入研究萨满教在社会、文化或精神上所扮演的角色，而主要是关注部落灵性实践者的精神方面，这样的研究当然没有给探索部落灵性本身留有余地。

据我所知，精神分析已被从主流的人文和社会科学中驱逐出去，现在也没有学者再以经典的弗洛伊德方式来研究萨满教并寻找性象征了，而那些某种程度上将对萨满教的解释与精神分析联系起来的学者与作家，现在通常更倾向于按卡尔·古斯塔夫·荣格（1875~1961）所创立的分析心理学传统进行研究。弗洛伊德这个任性的瑞士弟子在学术上融合了科学和灵性，但缺乏弗洛伊德的实证主义视角。直到 20 世纪 60 年代，荣格的作品因包含强烈的反现代信息才被西方反文化社团（counter cultural community）重新发现，并由此引起很大关注。目前，在精神、身体和灵性社团以及体验性萨满教的实践者和研究者那里，荣格都占据着显要地位。这位瑞士学者挑战弗洛伊德，不仅驳斥了他这位资深同人的性别决定论，而且还提出，除个人无意识之外，所有人都拥有共同的无意识原型——荣格称之为集体无意识。荣格通过引入"集体无意识"这一隐喻保留了现代心理学的话语，同时又为灵性和神圣得到承认打开了一扇门，这也使他在方法上与其前辈所采用的唯物主义得以区分开来。

史禄国：通古斯萨满的心智复合体

试图与主流的、从医学角度看待部落灵性实践者的观点分道扬镳，同时又坚持在心理学方法领域从事相关研究的学者并不多，俄国民族志学家史禄国是其中之一。史禄国的研究，特别是其《通古斯人的心智复合体》（*Psychomental Complex of the Tunqus*，1935）一书，对 20 世纪 60 年代后的西方萨满教研究产生了深远影响。现在几乎所有关于萨满教的研究都会提及史禄国的名字，然而，这位民族学家在他所处的时代的萨满教研究领域却是一个孤独的人。这不仅是因为史禄国的大部分学术生涯都是在中国哈尔滨的移民社区度过的——那里处于西方知识文化的边缘地带，而且主要因为他的思想不符合当时的主流学术形式。

在试图把握非西方传统的本质时，史禄国主张用"洞察"和"直觉"作为民族志研究方法，并强调"我们的实证科学"对人类学事业没有多大帮助。[67] 这种智识立场可能会吸引当下的部落灵性研究者，因为他们也同样怀疑西方理性主义学术能否把握非西方文化的生活方式，但这种立场肯定不会吸引 20 年代和 30 年代那些实证科学的代表性人物。

史禄国也是第一批质疑民族志田野观察者作用的人之一，这个问题至今仍困扰着人类学。因此，他经常提醒他的读者要注意西方民族志对非西方的他者及其生活的描述方法，并警告说那种描述中包含着许多以欧洲为中心的偏见，而这些偏见就像雷区一样威胁着人类学家，无论他们走向哪个方向。史禄国强调，把当代民族志对部落民众的描述视为对"土著生活"的"客观"描述是天真的。他进而客观地写道，即便流亡民族志学者中的一些人在土著人中生活了很长时间，他们仍患有"高级文明"情结的病症。

在法国接受语言学训练后，史禄国回到俄罗斯，在那里他供职于圣彼得堡民族志博物馆（Künst-kamera）。第一次世界大战后，他还在符拉迪沃斯托克的俄罗斯远东大学工作过一段时间。1922 年，他移居中国，在那里度过了职业生涯中最富有成效的几年。除对西伯利亚考古学、土著语言、通古斯（埃文基）和满族灵性感兴趣之外，这位学者还对族群和文化问题进行了总体性的思考。史禄国非常想搞清楚是什么使人们成为一个族群（他称之为"心智复合体"），他因此试图洞察作为他观察对象的人们的灵魂和精神。在对族群这种复合体的概括中，史禄国推断人类的族群性是根植于所有有机生命体也包括人类的生物本性——他有时会称之为"先天条件"。

不过，他却从不认为人类的族群行为应完全归结为人类的生物本性，而是更愿意谈论人类受文化限定的行为。[68] 上述提及的要素对史禄国的族群理论的发展都起到了重要作用。史禄国将族群视为一个有机实体，认为它会经历一个拥有高等级精神力量的阶段，然后在理性主义的衰落中解体。在这个语境下，他对"颓废的"和"理性主义的"西方持消极态度，对"有机的"和"有活力的"纳粹德国的崛起持同情态度，还有他在 20 世纪 30 年代与德国同事威廉·穆尔曼（Wilhelm Mulmann）的书信往来中表达的情绪，都不应该让我们感到惊讶。[69]

史禄国在法国受训期间获得的语言学背景使他热衷于学习他所考察的民族的语言。他恰当地指出并强调，很多关于部落民众及萨满的民族志记录之所以很奇怪，一方面是因为西方人信奉实证科学，另一方面则仅仅是因为交流上的鸿沟。在史禄国那个时代，研究人员往往不愿费心去弄懂他们所研究的群体的语言，而更喜欢借助口译员进行研究，博格拉斯和乔基尔森也不例外。为了摆脱欧洲中心主义情结，深入了解埃文基文化，史禄国深入研究了他们的语言。

1910 年，圣彼得堡民族志博物馆馆长威廉·拉德洛夫首先激发了史禄国探索这群土著的兴趣。拉德洛夫建议史禄国把他的注意力转向埃文基人、萨摩耶人（涅涅茨人），或者满族人。最终，史禄国选择了第一个群体作为研究对象，但他搬到中国后，满族人却占据了他后来的研究生涯。虽然埃文基人是西伯利亚土著中最浪漫的群体，但此前还没有人认真地探索过他们的文化。因此，1912 年，在拉德洛夫的祝福下，史禄国启程前往西伯利亚南部的外贝加尔湖地区，开始了他的第一次人类学考察。这位学者显然从来都不缺钱，因为他这次实地考察的经费都是自己出的。他的妻子伊丽莎白·罗宾逊（Elizabeth Robinson）在这次和随后的所有探险中都是他的忠实伙伴和研究伙伴。他们夫妻二人作为一个团队可以以男女两性视角来探索他们所接触到的土著文化。

　　与此同时，像许多当代民族志学者一样，史禄国夫妇也在寻找传统土著文化的样本。史禄国在回忆他们的第一次探险时，毫不掩饰地说，到已被俄罗斯人或邻近的布里亚特人同化的定居埃文基人社区旅行时，他起初很恼火，因为他无法找到"纯粹的传统通古斯人"。最终，在寻找真正的"原始人"的过程中，这对夫妇穿越了亚布洛内伊（Yablonevyi）山脉，深入西伯利亚针叶林当中。在那里，他们终于遇到了几个传统的驯鹿牧民家庭。第二年，他们再次回到该地区，与这些游牧民族一起游牧了五个月，在此过程中搜集民族志信息，并提升了自己的语言能力。最终，史禄国能够流利地使用当地语言，不仅是为了与当地萨满交谈，也是为详细记录他们的"操作方法"[70]。

　　1915 年，在一次对居住在靠近蒙古高原荒凉之地的埃文基人的探险中，夫妇俩找了两个当地向导作为陪同，但这两个人竟然是土匪。尽管在整个旅途中，这两位民族学家对自己的安全问题都不太有把握，但史禄国却惊喜地发现，其中一个土匪是"小萨满"。史禄国感到很幸运，因为这两个人后来免费把他们掌握的宝贵的民族志信息提供给他，并帮助他从其他当地人那里获得了相关信息。不过令他沮丧的是，即使在那个荒凉之地，游牧生活也正在失去传统面貌。这位探险家在通古斯酋长的帐篷里发现了留声机，几瓶马泰尔白兰地和香槟，以及其他——用他的话说——破坏原始风景的"不必要的东西"，对此他都怀有厌恶情绪；[71]此外，当地的萨满还自由地将俄罗斯东正教徒带入了他们的灵性神殿。

　　和他当时的许多人类学同事一样，史禄国对土著文化被破坏感到不安。尽管如此，这位民族志学者最终还是通过遵循他给自己提出的原则——按土著文化自身的方式接受它——克服了这种不适，这对他的学术研究很有帮助。例如，在他后来的著作中，在讨论外来者"侵入土著信仰"问题时，史禄国并没有试图去寻找纯粹和古老的萨满教蓝图，而是相反地指出：萨满教从本质上讲就是一个开放的、折中的系统，它能够容纳来自任何来源的灵性。

同年，史禄国继续向南探险，到达当时中国的"伪满"。在那里，他以从埃文基人那里学到的丰富的萨满教仪式知识给当地人留下了深刻印象，而且他也乐于与他的新东家分享这些知识和信息。结果，正如这位学者所写下的那样，"我成了受到满族人赏识的那种专家，还曾受邀加入一个团队去遴选一位新萨满，这是非常罕见的"[72]。这种与满族灵性实践者的信息交流立即为学者打开了一扇通往"满族圣殿"的大门，他由此可以不受限制地获得满族人的神圣知识。总而言之，史禄国践行了今天人类学家所说的"参与观察法"。

史禄国认为，20世纪20年代初苏联的大环境不适合知识分子生存，他因此决定移居中国港口城市哈尔滨。当时的哈尔滨有一个充满活力的俄罗斯移民社区。史禄国此后的田野研究也自然从埃文基人转向了满族人。他的开创性著作《通古斯人的心智复合体》汇集了他1912～1917年在西伯利亚南部的民族志研究，以及20年代在中国北方观察到的若干满族文化方面的资料。这本书中有一半内容直接涉及萨满教。

对史禄国来说，埃文基萨满教并不是什么古老的东西。这位学者所说的萨满教是当地土著信仰与埃文基人从蒙古人及满族人那里获得的佛教元素的混合体，他因此将埃文基萨满教的出现时间定为11世纪。他观察到佛教对埃文基文化的许多影响，并赞同西伯利亚萨满教与印度相关的观点，认为这至少适用于西伯利亚南部的萨满教。此外，他也完全赞同浪漫主义前辈的观点，即埃文基的萨满一词和梵文的 sramana 起源于同一个印度源头。为此史禄国与他的语言学家朋友 N. D. 米罗诺夫（N. D. Mironov）还专门合作撰写了一篇文章，捍卫关于"sramana－萨满"解释的"荣誉"[73]。

与此同时，对于此前某些学者认为所有的萨满教现象其实都是古典佛教向北迁移后的衰败形式，史禄国尽管并不认可，但还是避免对这些前辈的观点做粗暴的评价。史禄国更倾向于认为埃文基萨满教的确是受到了佛教激发，不过他认为这种概括并不适宜拓展到其他西伯利亚土著群体那里。史禄国指出，埃文基萨满教万神殿中的部分神灵和某些萨满法器都来自佛教传统。比如，埃文基萨满所崇拜的蛇的形象，在西伯利亚其他地区的萨满教景观中就是不存在的；再如，在埃文基萨满仪式中，萨满还会安抚一群被称为富士（fuchi）①的神灵——fuchi起源于佛教万神殿，使用佛教传统法器镜子。但让人觉得有问题的是，史禄国试图将西伯利亚的萨满鼓追溯为藏传佛教乐器，将埃文基萨满的入迷追溯为古印度的禁欲主义；同样令人生疑的是他对"sramana-萨满"两者之间不稳定联系给出了推测性的语言学解释。由此可见，这位俄国移民民族志学者更多是在以19世纪早期浪漫主义者的身份发表言论的。

一个更恰当的说法是，基于其所提出的西伯利亚南部萨满教受到佛教激发的观点，史禄国让人们注意到了萨满教的流动性质，即萨满教随时可吸纳外来神灵，无论这些神灵来自哪里。除了发现埃文基萨满教与东方有所关联外，这位学者还发现当地人也吸纳了来自俄罗斯东正教的元素。[74]从根本上讲，史禄国试图证明萨满教并非原始宗教，而是一种不断变化着的思维模式、自然哲学和自然医疗实践。因此，萨满教是折中的，它可自由地与其他世界性的宗教共存。

在探索埃文基灵性时，史禄国一直秉持着一个坚定的信念——严格按照一种文化自身的方式接受这种文化。遵循这一立场，史禄国接受了土著灵性的存在——不是因为他本人相信这种灵性的存在，而是因为他所研究的土著民众相信这种灵性的存在。但不像现在某些体验类型的学者，他从未转而去信仰土著灵性。不仅如此，史禄国也完全不认同与其同时代的学者将萨满教界定为病态性质的观点，甚至对那些把北极癔症、萨满教和常规精神疾病混为一谈的研究者持严厉批判态度。史禄国认为这些人的观点是"欧洲人对非西方民族文化的民族志反应"，只是在试图迎合占主流地位的文化和思想情结。

———————————

① 日本佛教中代表火的女神，据说富士山即是以此女神命名的；另一种说法是fuchi来自阿伊努人对"火"的称谓。——译者注

　　史禄国强调，部落社会中患有精神疾病的人在数量上并不比西方社会多，也并不比西方社会少。在他看来，经常被欧洲观察者视为萨满教入迷行为温床的个体性或群体性的所谓极地精神病，实际上是一种被文化认可的行为，而这种行为其实是在向特定社区成员发出特定信号。然而，他没有回答为什么社区认可这种类型的行为，而不是其他类型的行为。在梳理了大量的土著癔症案例后，史禄国强调，所有案例都表明，这种行为都是在向附近的人传递特定信息。

　　在史禄国看来，虽然常见的癔症发作是在传递重要的信息，但"厄莫亚克"的模仿行为（他称之为 olonism①）却可能有助于一个社区释放其在社会生活中积累的病态能量。史禄国也观察过这种模仿狂的行为，他指出"厄莫亚克"通常是由某些特定的、愿意接受这种角色的人来扮演的。史禄国曾经在其书中讲述过几起当地人故意挑起模仿行为的事件，正如他所暗示的那样，这些行为其实只是为了让人们放松和开怀大笑。

　　有一次，史禄国和一个以模仿狂行为著称的埃文基人坐在一起，后者当时正在喝粥。另一个坐在附近的埃文基人突然开始做类似于迅速把食物塞进嘴里的动作，那个"厄莫亚克"于是立即开始模仿，但他是用真正的食物填满自己的嘴巴。最后，这个"厄莫亚克"直到快要窒息时才"醒了"过来，并在朋友们的笑声中跑开了。后来，史禄国还曾仔细观察过一个有癔症的人的膝盖和眼睛的反射情况，不过他得出结论说那个人是正常的。

　　有几次，史禄国的埃文基朋友们搞恶作剧，让他观看一个"厄莫亚克"在公共场合的自慰行为，但其实这个"厄莫亚克"在其他方面看起来像一个正常人。史禄国记录说，这些埃文基人中的某个男人会在这个"厄莫亚克"面前移动自己的手以装作在自慰。作为回应，这个"厄莫亚克"就会拔出自己的阴茎并立即勃起，"这让所有在场的男人，尤其是

---

　　① olonism，西伯利亚痉跳病，是西伯利亚地区特有的神经紊乱症，患者会模仿另一个人所说或所做的一切，通常还伴随着淫秽的言语。——译者注

女人都非常满意"[75]。史禄国指出，在针叶林地带那些孤独的小社区里，这种奇怪行为给当地人的生活"带来了一种令人愉快的多样性元素"。

后来的两次观察经历最终使史禄国改变了对北极癔症的看法。首先，他注意到只有成年人才会有模仿狂的行为，而孩子和老人都不知何故不会得这种病。其次，他发现埃文基人在遇到麻烦或危机时，整个社区并没有产生歇斯底里的情绪。史禄国强调说，当遭遇饥荒或流行病时，埃文基人从来没有疯狂过，而是会竭尽所能克服危机；相反，正如史禄国所观察到的，当人们过着相对舒适的日常生活时，癔症却会加重。史禄国的所有这些结论，都与将土著社会的歇斯底里现象视为疾病的当代学术观点相左。

史禄国从根本上接受了埃文基人本身对这种行为的解释，即这是习俗和习惯。史禄国因此得出结论说，歇斯底里现象是当地的文化要素，而不是病理学上认定的疾病。为说明这一点，史禄国将土著的异常行为与欧洲年轻人喜欢躲在储藏室、冰冷的阁楼或洗手间进行了比较。他还带有讽刺意味地暗示，对西伯利亚的土著人来说，他那个时代吸引了数百万西方人的西方传统习俗，如裸体主义、露骨的卡巴莱舞蹈，或对左翼进步运动的痴迷和狂热等，可能同样是病态的。[76]如果他肯把纳粹运动纳入当代西方社会歇斯底里行为的清单，那么这无疑也是正确的结论，也就是说纳粹运动也会被西伯利亚土著人视为"病态"的，不过他却从来没有这样做过。

史禄国认为，解决土著社会各种社会和心理问题的最有效方式就是萨满教。在他看来，土著社会的灵性实践者是强大的治疗师，他们能凝聚社区，在混乱中缔造秩序。这位作为俄罗斯移民的民族志学者所描绘的萨满是部落英雄，也是社区的支柱，没有他，社区就会分崩离析。后来，宗教历史学家米尔恰·伊利亚德在其知名著作《萨满教：古老的入迷术》（1951）中吸纳了上述这种关于部落灵性实践者的观点。

史禄国从根本上颠覆了用以研究萨满教的当代病理学方法。在博格拉斯和奥尔马克斯这样的民族志学者眼里，萨满是神经质的部落魔术师，以极端形式反映着存在于他们生活当中的病态，而史禄国所看到的萨满则是英雄，他们通过仪式表演，运用思想和精神的力量，从他们的社区中吸走消极的病态能量。史禄国写道，灵性实践者是当地社会的某种"安全阀"，也是"他们社会组织的必要生物性自卫"[77]。因此，史禄国强调，在被文化允许的歇斯底里失控行为发生时，萨满可以介入以规约公众行为。相比之下，那些因故没有萨满的埃文基社区，则面临着陷入完全无序状态的危险。[78]这位民族学家还指出，一个社区在失去一位萨满之后，会立即开始寻找另一位萨满。

史禄国反复强调萨满是健康的，他拒绝将萨满视为疯子或集体恐惧症的投射对象，也没有把萨满视为恶劣环境的产物。他对伴有癫痫、谵狂和其他痛苦的精神和身体体验的"著名的萨满病"的看法，与对北极癔症的看法是一样的，认为两者都是即将成为萨满的人按照土著文化的要求所必备的习俗性行为。然而他并没有解释土著社会优先考虑这种特殊行为方式的原因，而是去探讨萨满在社区中发挥的社会作用和治疗作用——这使他的学术研究更接近现代的萨满教研究。

史禄国似乎预见到了当下流行的自然灵性情绪，他指出了萨满教的实际重要性，认为萨满教是西伯利亚土著民族自然而然地发现的最佳自我治疗方法。他还指出，欧洲社会对待"精神和神经疾病"患者的方式使这类患者基本上无法被治愈，但在通古斯人中，所有这些人都可以被萨满的催眠所影响并治愈，最终恢复正常。[79]后来，20 世纪 60 年代，人本主义心理学家借用了史禄国的观点来修正有关精神疾病的概念。1967年，这类学者之一、曾担任伊萨兰研究所（Esalen Institute）负责人的朱利安·西尔弗曼（Julian Silverman）以史禄国提出的特别见解为基础，成功地引起了人们对作为一种精神治疗方式的萨满教的关注。

虽然史禄国的萨满教研究方法在当时的学术界中处于边缘位置，但仍有一些学者曾从不同角度提出与他相似的观点。在英国，民间文学研究者诺拉·查德威克反对把部落灵性实践者视为歇斯底里的人。在她那本现在几乎被遗忘的《诗歌与预言》（*Poetry and Prophecy*，1942）中，查德威克写到了原始人迷状态包含的诗意成分。查德威克将萨满视为原始社会的"领先的知识分子和创造性艺术家"。她指出，萨满在降神会期间能完全控制其入迷状态，并确切地知道自己在做什么，这表明他们的心理是健康的。顺便提一下，查德威克是最早用"入迷"一词来指代萨满意识改变状态的研究者之一，伊利亚德后来在其关于萨满教的专著中采用了这种提法。查德威克甚至几乎一字不差地重复了史禄国的观点，强调除令人难以置信的创造力之外，部落灵性实践者还拥有强大的自律与自控能力以及坚强的意志。总体来说，萨满教在她看来是"所有宗教中最民主的"[80]。

查德威克也是第一批将古代北欧民间传说中的人物与经典的西伯利亚萨满教进行对比的人之一，这种做法在当今的西方萨满教实践者中很流行。她将奥丁（Odin）描述为北欧万神殿中的"神圣萨满"，并强调应"在北亚为他寻找亲缘关系"。与此类似，"爱尔兰诗人和先知的斗篷"让她想起西伯利亚萨满的服装。最后，也是重要的，这位学者还提出了如下正确的观点：许多早期关于萨满的考察总是优先关注男性灵性实践者，而弱化女萨满的作用。她的这种观点无疑背叛了当代观察者的父权情绪。[81]

在苏联，反对萨满教运动到1929年发展成政治运动，即便如此，当时的某些关于萨满教的观点仍与史禄国的观点类似。20世纪20年代，在充满矛盾的苏联文化环境中充斥着相对多元论和各种社会实验——今天，我们可以将其描述为反文化性质的。当时的知识分子仍可传播带有原始美学色彩的思想，民族志学家也可以旅行并搜集萨满教的故事。顺便说一句，在那十年里，民族学家搜集了很多关于西伯利亚萨满教的最有价值的信息。

这或许可以解释这样一个事实：20年代，博格拉斯在讨论部落信仰时转向了相对主义，他不再将萨满教视为一种受环境制约的精神错乱。也就是说，这位学者突然开始认为，萨满教的灵性领域，包括飞升、幻象和梦境等，只是另一种看待周围世界的方式，这种方式并不比西方的实证知识更好，但也不差。为支持自己的新论点，这位人类学家引用了爱因斯坦的相对论——这在当时很流行。在《爱因斯坦与宗教》（*Einstein and Religion*, 1923）一书中，他提出了颇有说服力的观点，即在爱因斯坦理论的基础上，人们可以把梦、灵魂和神话视为与日常现实一样真实的另一个维度。[82]

博格拉斯强调，梦的经历在部落人的生活中扮演着重要角色。他带着激情并且有技巧地批评了他那些将梦视为"暂时的错觉"的同人，指出后者可能会把整个非西方的自然宗教都视为精神错乱，而这是没有道理的。这位曾经的"萨满教是神经症"观点的倡导者总结说，既然对于部落社会的人来说，梦代表着现实，那么就应该是如此吧。[83]博格拉斯在该书的最后部分得出的结论听起来更接近后现代经验主义人类学的观点："宗教世界的现象，无论其是主观的，还是客观的，本质上与其他现象并没有区别。它们有自己的维度，也有自己的时间，能代表独立于世俗体系之外的、属于他们自己的领域。"[84]在博格拉斯的新书中，人们没有再看到他早期作品中神经质的"假丫头"和其他精神失常的萨满。相反，博格拉斯向读者透露了几个"未解之谜"，以展示土著萨满的力量。他讲了一个关于他遇到一个来自阿拉斯加圣劳伦斯岛的尤皮克萨满的故事。故事中的老萨满阿苏纳拉克（Assunarak）让这个俄罗斯人类学家见识了一场有奇迹发生的降神会，而这仍是博格拉斯用理性的语言无法解释的。值得赞扬的是，这一次他没有试图进行解释，而是遵循了他新引入的相对论立场。

老萨满阿苏纳拉克把博格拉斯的红毯子盖在自己身上，并让博格拉斯紧紧地抓着它。博格拉斯确实试图紧紧地抓住红毯子，同时将身体倚靠在用大马哈鱼皮围起来的撮罗子的框架上。但那个不诚实的人（指萨满）却往另一侧爬动，轻而易举就拽翻了博格拉斯、撮罗子和撮罗子里的所有物品。很快，萨满举起并扭动整个撮罗子的框架，撮罗子上的大马哈鱼皮掉落了，房子里的盘子等器皿以及其他物品也掉落在地上，接着，一桶水溅起了很大的水花。当学者松开抓着毯子的手时，老萨满在一片狼藉中重新出现，咯咯地笑着说："现在，毯子是我的了。"这时博格拉斯再四下看去，惊奇地发现撮罗子、盘子等器皿，以及水桶都井然有序。[85]由于无法对这一事件进行合理解释，这位学者建议，对待这种超自然现象的最好方法，就是让自己接受"自然宗教中的超自然现象的确是按照其自身的规律存在的"。他补充说，在这个领域，部落人显然驯化了他们的神灵，就像马戏团的人驯服了狮子和老虎一样。[86]

人文主义学术再次考察萨满教

除史禄国之外，人们还可以从美国医学历史学家欧文·阿克尔克内希特（Erwin Ackerknecht）的著作中看到人们对萨满教态度变化的苗头。早在1943年，阿克尔克内希特就批评了某些学者和科学家将萨满界定为具有病态人格的人。同时，阿克尔克内希特却不愿放弃从医学视角看待自然宗教中的灵性实践者，为此他提出了将萨满视为"已治愈的治疗者"的观点。阿克尔克内希特认为，萨满并不是患有神经性疾病的人，而是已将自己从这种疾病中治愈的人，因此，萨满是理想的治疗者，因为他们能更好地回应病人的需要。[87]

学术界对自然宗教的灵性实践的态度发生重大转变，是在法国著名人类学家克劳德·列维-施特劳斯发表其里程碑式的文章《魔法师和他的魔法》（"Sorcerer and His Magic", 1949）和《象征的有效性》（"Effectiveness of Symbols", 1949）之后，这两篇文章均收录在他那本开创性的《人类学结构》（*Anthropologie Structurale*, 1958）一书中。列维-施特劳斯将萨满描绘为成功地使用象征性治疗（安慰剂效应）方法治愈其社区成员的灵性实践者。尽管列维-施特劳斯的研究仍然停留在精神分析领域，但他却彻底颠覆了弗洛伊德对萨满的看法。与早期学者将萨满诊断为患有不同种类精神疾病的病人不同，列维-施特劳斯将萨满类比为西方精神分析师的部落版本。这位学者指出，精神分析学家和他们的部落同人之间的唯一区别是前者倾听病人的讲述，而萨满却与病人交流。[88]列维-施特劳斯强调，被他称为"萨满教技术的现代版本"的精神分析并没有发明任何新东西，它只是恢复了古代象征的一些碎片，但并没有恢复整个有关精神的知识体系。[89]

列维-施特劳斯在西方人文和社会科学界地位很高，同时也是结构主义的创始人之一。他向受过教育的人们证明了部落魔法的存在。列维-施特劳斯称原始的灵性实践者为英雄，并强调说，"正是他，挡在超自然神灵的前面，刺破人们受到威胁的器官，释放被囚禁的灵魂"[90]。尽管像许多当代学者一样，列维-施特劳斯理所当然地认为萨满都是神经病，但他还是从讨论萨满的心理转向关注他们在社区中所进行的治疗活动。这位人类学家对萨满在治疗过程中如何使用已有的符号和神话特别感兴趣。

列维-施特劳斯的观点可总结如下：萨满教治疗能成功主要仰赖病人和社区都相信部落灵性实践者的神圣力量。这位人类学家强调，如果人们集体性地选择一种特定的情感和治疗系统，那么这个系统就肯定能治愈他们，而这只是因为他们相信这个系统。列维-施特劳斯不无道理地指出，深入渗透于 20 世纪 30 年代和 40 年代知识和文化领域的精神分析法，也同样是很多西方人所深信的治疗神话。

列维-施特劳斯在其关于库纳（Cuna）印第安萨满为分娩妇女举办降神会的经典讨论中曾提出，萨满在治疗过程中通过使用部落神话中的隐喻，有效地为病人缓解了痛苦。列维-施特劳斯在进行分析之前，描述了一位萨满帮助一个难产女性分娩的事情。萨满诊断说，这个女人的灵魂被负责胎儿形成的神灵姆乌（Muu）捕获了。为找回这个女人的灵魂，萨满踏上了前往姆乌及其女儿所在地的旅程。在许多非西方的自然灵性信仰中，灵魂飞升都兼顾外在和内在两种形式。去姆乌家的路、姆乌家的土坯房分别代表着孕妇的阴道和子宫。萨满要穿越这些地方，与怀有敌意的神灵进行战斗。萨满在此过程中唱着歌，告诉病人和观众他遇到的那些无法回避的障碍，以及他为追回这个孕妇的灵魂与姆乌所进行的伟大战斗。最终，这场通往"暗黑的内部世界"的旅程成功了，那个罪恶的神灵终于释放了孕妇的灵魂，孕妇得以安全分娩。[91]

萨满如何解除病人的痛苦？列维-施特劳斯认为，萨满所唱的那首描述其在旅程中的行动和所获印象的歌曲，能够提供心理层面的治疗。在上述案例中，萨满通过吟唱"在病人体内"演绎部落神话，从而在心理层面上"操纵"病人的病变器官。病人身体的疼痛都被人格化了，比如女人的子宫成为到处都是萨满必须与之战斗的怪物的世界。萨满的歌细致地描述了萨满的所有遭遇。列维-施特劳斯因此总结道，萨满是在从女人的心灵中将其身体无法忍受的痛苦剥离出去。换句话说，萨满把徘徊在女人无意识层面的痛苦带回意识层面，而这就是让病人解脱的方式。再次强调，这里的重点是，因为人们相信限定的象征，所以成功治愈就变得可能了。列维-施特劳斯如此解释说：

> 萨满神话并不符合客观实际，但这并不重要。（重要的是）生病的女人相信神话，她属于一个相信神话的社会。守护神和邪恶的灵魂，超自然怪物和神奇的动物，都是一个连贯的系统的一部分，而当地人关于宇宙的概念正是建立在这个系统上的。这个生病的女人接受这些神话般的存在——或更准确地说，她从未质疑过它们的存在。[92]

为说明部落治疗的安慰剂效应，列维-施特劳斯还回顾了奎萨利德的记录。在列维-施特劳斯的解读下，这段民族志材料后来成为各种关于萨满教和象征治疗的著作所引用的材料，而且还出现在一本心理学教科书中。弗朗兹·博厄斯在《夸扣特尔印第安人的宗教》（1930）一书中讲述了一个名字叫千金散尽（Giving-Potlatches-in-the-World）的土著印第安人的经历，这个印第安人起初对萨满教持怀疑态度，但后来转而相信萨满教的治疗效果。根据博厄斯书中这段材料，这个印第安版本的"多疑的托马斯"是为检验当地魔法师是如何操纵人们而选择成为萨满的："我渴望了解萨满，无论关于萨满的事情是真的还是编造的，也无论那些人是不是在假装自己是萨满。"[93]

在入教阶段，高级别的萨满带领新学徒千金散尽进入食人族舞者位于森林深处的房子。千金散尽告诉我们说，那个地方是想要成为萨满的人模仿萨满病（某些症状）的神圣场所。萨满同意将自己的方法和技术传授给他，其中也包括模拟昏厥和死亡。萨满还告诉这个新手从病人身上的什么部位能够吸吮出疾病，而他也了解到萨满在降神会上当着众人的面"制造"出来的那个所谓疾病，是萨满吸吮病人身体后从嘴里吐出来的一小撮儿带血的鹰羽毛。高级别的萨满还教会千金散尽怎么把自己弄出血来，其实就是咬破自己的舌头或吮吸自己的牙龈，而且还教他要在仪式开始之前就将鹰羽毛藏在嘴里。这样，在降神会上，萨满就能从病人身体里"吸出"鹰羽毛，然后将其作为"带血的虫子"——也就是疾病的具体体现——展示给大家看。这个学徒还被带到墓地睡觉，这样第二天早上就会有人看见他在墓地睡觉并因此觉得他要成为萨满了。

当千金散尽在人们面前使用自己新学会的治疗技能时，他惊讶地发现他的病人真的因为他的治疗而感觉自己好转了。这个年轻的治疗者后来逐渐成为伟大的萨满并因此而知名，他还获得了新的名字——奎萨利德。此后这位新晋的萨满逐渐扩大了活动范围，并在与那些无法以"带血的虫子"形式"制造出"有关疾病的有效象征的同行们的竞争中胜出。列维-施特劳斯指出，奎萨利德的病人之所以能康复，是因为病人相信他的力量。在博厄斯看来，奎萨利德从一个怀疑论者转变为萨满教实践者，是"被社会所接受的象征"影响了原本未必接受这种象征的人的最好证据。

事实上，由博厄斯讲述的奎萨利德故事为象征性治疗提供了有力背书。在后来的人类学调查过程中，哈利·怀特海德曾披露，奎萨利德并不是一个土生土长的印第安人，也并没有从怀疑论者变成萨满，他其实是一位混血的民族志学者兼翻译，名叫乔治·亨特，他同时也是博厄斯的几个文化知情者之一。然而，这并未降低象征的有效性，尽管亨特不再从事萨满职业，而是选择为职业人类学家工作，但他年轻时确实曾经投身萨满教，只不过他是在一种更传统的情况下，也就是因为得了萨满病才成为萨满的。亨特·奎萨利德也的确用过"带血的虫子"进行治疗并缓解了病人的痛苦。这里最重要的是神话的力量，这个神话由社区和病人共享，被部落医生所使用，而这无疑给个人和整个社区都带来了安全感和宽慰。

20世纪60年代，尽管许多研究者仍然认为土著人很容易受到各种形式的精神障碍的影响，但他们也很明显地开始为萨满恢复名誉。临床心理学家朱利安·西尔弗曼在其1967年关于萨满教和精神分裂症的论文中，将萨满视为"已被治愈的精神分裂症患者"和"有创造力的疯子"。西尔弗曼后来成为伊萨兰研究所的主任，在60年代和70年代，即"反文化"时期，这个研究所作为人类潜能运动的中心所在，是西方首批以经典的东方和部落灵性技术开展治疗实验的机构之一。西尔弗曼强调，在信仰萨满教的社会中，萨满不仅可以在社会中找到生存空间，而且可以用他们的才能服务于社区。西尔弗曼还在史禄国研究的基础上，对土著社会对精神病患者的包容与西方社会对精神病患者的残酷对待进行了对比，他指出，西方社会总是排斥精神病患者并将其隔离在精神病院里。西尔弗曼也因此成为第一批将萨满教融入反主流文化的人之一，这位精神病学家在发表上述论文的同年夏天，还在伊萨兰举办了一场题为"萨满教、致幻剂和精神分裂症"的研讨会。[94]西尔弗曼对萨满教的评价后来通过约瑟夫·坎贝尔的《指引生命的神话》（*Myths to Live By*）一书引起了公众的注意——坎贝尔援引这位精神病学家的论文，将经典的东方和部落灵性与缺乏神圣性和灵性的西方模式进行了对比。[95]

同年，德国作家安德烈亚斯·隆梅尔（Andreas Lommel）在他广为人知的、关于古代猎人的古老信仰的记录中提出了类似的论点，他指出"萨满教是通过克服精神疾病而形成的一种精神态度"[96]。另一些作家则走得更远，认为萨满教仪式和萨满的所有入迷行动实际上都是对萨满病的再现。后来，在1982年，琼·哈利法克斯（Joan Halifax）——一个受欢迎的心灵、身体和灵性作家——巧妙地将这些论点发展成萨满是"受过伤的治疗者"的观点。她强调说，萨满在入教和仪式表演的过程中，代替其他部落成员遭受了巨大的身体和精神上的痛苦。他们通过治愈自己，最终也治愈了他人。当前的一位灵性追求者对"已被治愈的治疗师"和"受过伤的治疗者"的观点进行总结说："通则第一条：萨满通常是那些治愈了自己的人，在这个过程中，他发现了也可以用来治愈别人的知识……"[97]

人们可以在列维-施特劳斯、西尔弗曼、隆梅尔和哈利法克斯等人的论著中发现，关于萨满的看法正在发生变化，而这种变化根源于欧美社会对非西方传统态度的普遍转变——从启蒙运动的理性主义和唯物主义转向灵性和非理性。在接下来的两章中，我将讨论这种智识上的转变。这种转变在 20 世纪 60 年代之后开始加速，并由此引起了人们对萨满教越来越多的兴趣。

第四章

魔法植物：致幻植物与部落灵性相遇

"啊！"巴斯先生轻声说。他用他纤细的、几乎透明的手指拿起瓶子，把它举起来，盯着它，仿佛那瓶子是一个失散已久的朋友。很快，他拧开瓶盖，吸了一口气，在你没来得及说杰克·罗宾逊之前又把盖子盖上了！他低声说："哦，我的天！这味道啊，让我想起了几千年前！你相信吗？"

孩子们倒抽了一口凉气，目瞪口呆。恰克（Chunk）觉得自己可能是听错了，所以大胆地说："巴斯先生，您说的是几千年？"（巴斯说：）"啊，是的。哎，我闻到的是几个世纪之前的气息，仿佛这几个世纪都不存在一样。"

——埃莉诺·卡梅隆（Eleanor Cameron），

《飞往蘑菇星球的奇妙旅程》（1954）

(*The Wonderful Flight to the Mushroom Planet*)

1927 年，投资银行家 R. 戈登·沃森（R. Gordon Wasson）及其妻子瓦伦蒂娜（Valentina，出生于俄罗斯）在纽约卡兹奇山（Catskills Mountains）的树林里散步。瓦伦蒂娜突然弯下腰，捡起几个蘑菇。她告诉丈夫说她要吃了它们，这让他大吃一惊。虽然瓦伦蒂娜向沃森保证这些蘑菇是可以食用的，但他还是不太相信，求她远离那些恶心的毒蘑菇。沃森上床睡觉时，觉得可能再也见不到妻子了，但第二天早上，令他吃惊的是，烹煮并食用毒蘑菇的瓦伦蒂娜居然活了下来。[1]

这段经历引起了夫妻二人的兴趣，他们由此得出的结论是，不同的文化背景决定了他们对蘑菇的态度不同。沃森来自盎格鲁-撒克逊（西方）文化，在这种文化中，毒菌被妖魔化了，即使是最开明的西方人也对蘑菇感到忧虑。相比之下，俄罗斯文化似乎更能接受这种蘑菇。为什么有些文化对毒蘑菇有根深蒂固的、病态的并且是毫无根据的恐惧呢？究竟有什么好害怕的呢？为回答这些问题，瓦伦蒂娜和戈登——有足够的钱和空闲，开始了他们一生当中最令人兴奋的探索之旅，去探索蘑菇在不同文化的历史和民间传说中的作用。1958 年，瓦伦蒂娜死于癌症，戈登则独自一人继续进行这种探索。最终，他的探索演变为对致幻蘑菇和早期宗教两者之间可能联系的研究。

这项研究后来还催生了一个学术团体，由此聚集了一些人。这些人相信植物致幻剂在远古时代就引发了人类的灵性；从本质上讲，沃森和他的同事为萨满教研究增加了一个新的关于致幻的维度。这种"与 20 世纪 60 年代反主流文化密切相关的迷幻研究，不仅为学术界关于萨满教的辩论提供了信息，而且还激发了公众对萨满教的兴趣"。60 年代和 70 年代，纸质媒体上关于萨满教的讨论经常将萨满教与致幻剂联系起来，这就造成了一种印象，即萨满教首先意味着植物药物的实验。因此，对于许多灵性追求者来说，萨满教与致幻植物的仪式使用有关：佩奥特仙人掌、牵牛花、蘑菇和烟草以及其他植物。我发现对这种流行情绪最新的也是最明确的表达是丹尼尔·平奇贝克（Daniel Pinchbeck）的《断裂开启思想》（*Breaking Open the Head*，2002）一书。对于这位生活在曼哈顿的第二代波希米亚人来说，要去往当代萨满教的中心，就意味着要尝试植物致幻剂。

神圣蘑菇的探索者：戈登·沃森

沃森（1896~1986）的专业是记者，职业是银行家，他并不依赖那些专门搞学术研究的人的观点，并由此享有主流学者难以享有的思想自由，这使他能够想象出和写出在传统学者看来可能是疯狂的理论。沃森的书不局限于任何特定的学术领域，但又能符合人类学、心理学、历史学或考古学的标准。

　　早在 20 世纪 40 年代，戈登·沃森就迫不及待地想去看看"神圣蘑菇"的实际作用。他在一篇论文中读到，在墨西哥瓦哈卡州（Oaxaca）的偏远地区，墨西哥印第安人通过摄入致幻蘑菇使自己进入入迷状态，并能由此看到被他们视为神圣指引的幻象。这种蘑菇被古阿兹特克人称为"神灵的血肉"（God's flesh），属于裸盖菇属（见图 4-1）。这篇论文的作者是哈佛大学的民族植物学家理查德·伊文斯·舒尔兹（Richard Evans Schultes），他曾在 30 年代末访问过阿兹特克地区，并在当地采集了蘑菇标本。然而，这位民族植物学家并没有参加过任何萨满教仪式。1939 年，另外两位研究人员访问了同一地区，并得以观察到当地印第安人是如何食用蘑菇的。40 年代，这个关于能够改变人的意识状态的植物的故事尚未引起公众的兴趣，因此，当时没有人注意到这一点。沃森和他的妻子来到瓦哈卡州，则不仅是为了采集裸盖菇样本和观察蘑菇占卜仪式，而且还想参与这些致幻仪式。

　　1953 年和 1954 年，这对夫妇到访胡奥特拉·德·希门尼斯（Huautla de Jimenez）地区，这是瓦哈卡州山区的一个村庄，被认为是阿兹特克印第安人的中心。在他们的一次访问中，戈登和瓦伦蒂娜观察了一个由 curandero（当地对灵性治疗师的称呼，以下简称"萨满"）奥雷里奥·卡萨拉（Aurelio Cassera）主持的蘑菇仪式，他们也很想体验这种仪式。[2]转折出现在 1955 年的夏天，即他们另一次对胡奥特拉的探险中。这一次，由戈登、瓦伦蒂娜和他们的女儿玛莎以及他们的摄影师朋友艾伦·理查德森（Alan Richardson）组成的小型探险队，遇到了马萨特克（Mazatec）萨满"多娜·玛丽亚"（玛丽亚·萨宾娜，下称"萨宾娜"）。6 月 29 日，为探险者提供住宿的胡奥特拉人卡耶塔诺（Cayetano）带着沃森和理查德森在村庄附近寻找裸盖菇，他本人的住所后来也成为具有里程碑意义的萨满教降神会所在地。很快，这些人发现了大量蘑菇。沃森说："我们把它们收集在一个石膏板盒子里：神圣的蘑菇必须始终放在一个封闭的包裹里，永远不能暴露

图 4-1　墨西哥印第安人在萨满降神会中使用的裸盖菇

注：图为罗杰·海姆（Roger Heim）所绘的水彩画。
资料来源：由 R. 戈登·沃森提供，收藏于哈佛大学植物标本馆。

在路人的视线中。"他们是一群高贵的人，大多很年轻，个个温润健康，满身香气。[3]银行家要求与当地的萨满见面，因为萨满会帮助他们在仪式上品尝蘑菇。卡耶塔诺应沃森的要求，直接带着这些探险者去找萨宾娜——当地人恭敬地称她为"最高水平的萨满"（curandera de primera categoria）。

沃森为萨满的智慧和灵性光环而着迷，称她为"顶级萨满"[4]。他跟萨满的第一次对话使他相信这位萨满是一个具有"罕见的道德和灵性力量，致力于自己职业"的人。他感到幸运的是，在简短交谈之后，萨满自愿为他和他的同伴们举办了夜间蘑菇占卜仪式。在萨宾娜和她女儿的陪伴下，神圣蘑菇的寻求者们进行了两次通宵守夜。

在一切都已安排好的那天，夜幕降临后，参加蘑菇守夜活动的人聚集在卡耶塔诺家的院子里。除沃森和理查德森，在场的还有大约 25 人，大部分是卡耶塔诺大家庭的成员。整个仪式被要求在完全黑暗的环境中进行。在仪式结束——黎明到来之前，任何人都不能离开这所房子。为参加这个仪式，沃森和理查德森也禁食了一整天。

在瓦哈卡州举行的蘑菇仪式中，来访者和萨满通常会吃下生裸盖菇，并由此看到幻象。当来访者开始看到幻象时，萨满就会用蘑菇作为诊断工具。吃下蘑菇后，萨满就进入了入迷状态，从而打开了通往灵性世界的大门，而且也可能以这种方式解决一个问题。萨宾娜向沃森解释说，在降神会上，并不是她自己而是蘑菇，在进行真正的治疗并与人们交谈。对她来说，蘑菇是充满活力的"亲爱的小朋友"。因此，萨宾娜和其他萨满都相信，是神圣的蘑菇用自己的身体传达疾病或不幸发生的原因，或发出如何解决问题的指示。可见，基于一种万物有灵论的世界观，土著人认为植物也有自己的思想——可以提供建议、指导，或者哪怕只是与人交谈。

沃森和理查德森发现，蘑菇都是被成对吃下的——成对的蘑菇象征着一雌一雄。萨宾娜通常每次吃 13 对，而病人每次吃 6 对。沃森把萨宾娜递给他 6 对蘑菇的那一刻描述为他的民族植物学研究的巅峰时刻。理查德森的妻子虽同意他参加这次旅行，但条件是不能让"讨厌的毒蘑菇经过他的嘴唇"[5]。然而理查德森无法抗拒（诱惑），还是和沃森一样也吃了 6 对蘑菇。通常情况下，一个人在吃下裸盖菇后大约 30 分钟后就会开始感受到"致幻蘑菇"的效果，而且这种能"看到幻想"的状态会持续 5 到 6 个小时。萨满在咽下最后一个蘑菇后，在胸前画着十字，然后就会进入入迷状态。在意识发生变形后，萨宾娜开始跳舞和唱歌。沃森原本是怀着"无论蘑菇发生什么效力，他都会尽力抵挡住"的强烈愿望来参加降神会的，但最终也不得不屈服于神圣蘑菇的意志——他也进入了一种不同于日常的意识状态，开始"看到"一些东西。当萨满将自己的意识调频到能够接受来自灵性世界的信息时，沃森和理查德森也在观看某些正在他们眼前展开的幻象。

后来，这些朋友还对比了各自对仪式的印象。尽管他们看到的幻象有所不同，但仍看到了很多相似的图案：

起初，我们看到的是几何图案，它们棱角分明、色彩丰富，可以用来装饰纺织品或地毯；随后，这些图案变成了建筑结构，有着富丽堂皇的柱廊和天井，建筑上所有石雕都有着焖烂的色彩：金色、缟玛瑙色和乌木色；所有一切都是最和谐和巧妙的设计，在最丰富和辉煌的景象中延伸到视线之外——这在人类的视野中是无法想象的。[6]

对沃森来说，这些建筑形象来自东方，尽管他无法将它们与任何特定传统联系起来。很快，他看到桌上的一束花变成了一辆由来自神话中的物种驾驶的汽车。与此同时，房间的墙壁消失了，它们开始在流动着神圣微风的宇宙中移动。参与者觉得他们获得了一种"神圣的流动性，这些幻象可以用思想的翅膀把我们带到任何地方……"[7]

它们如此生动，以至于在沃森看来，它们比他在"日常世界"中看到的任何东西都更加清晰和"可信"。对于探险家来说，他在"另一个世界"中观察到的各种物体的图像都是明亮而清晰的，不像它们在"日常世界"中有着模糊而不完美的外观。沃森将这些清晰的蓝图与希腊哲学家柏拉图关于尘世中的万物都拥有天堂的形式的观点进行了对照，因而很享受这种置身于另一个世界的感觉。尽管如此，他还是努力让自己理性的某一部分保持警觉。正如沃森后来解释的那样，他的大脑一边享受着不断展开的幻象，一边却在推理和观察。就这样，朋友们在黑暗中躺在席子上，写着笔记，低声交换着看法。他对这种小型降神会的神圣氛围感到兴奋，这使他想起了"早期基督徒的神启"。事实上，他和朋友们是第一批参加这种古老的神秘仪式的白人——这种仪式可追溯到"人类文化史的黎明"，这给他们带来了额外的刺激。[8]总的来说，沃森觉得很满足——对于任何一个着迷于土著原始文化美学和灵性的西方人来说，这都是一种理想的体验。

与此同时，沃森发现萨宾娜的萨满教中到处都可看见罗马天主教的象征符号。萨宾娜相信，基督洒过血的地方会长出蘑菇。沃森还发现这位萨满还是一位声誉良好的教会成员。在为沃森和他的朋友操持萨满教仪式时，她坐在一个祭坛前；祭坛上有一束花和三支点亮的蜡烛，还装饰着基督教的某些形象和图景——孩童时期的耶稣以及约旦河洗礼仪式。[9]此外，在降神会的高潮，蘑菇（神灵）还用基督耶稣的声音宣布了它们的判断。拉丁美洲萨满教呈现出这种融合性特征是该地区几个世纪以来印第安人和基督徒密切互动的结果。

尽管如此，沃森还是觉得，通过参加这种蘑菇仪式，他与神圣世界的交流比参加任何基督教仪式都要强有力得多。他写道，对他来说，这是与神的真正交流，"东正教教徒在信仰上必须接受面包和红酒是上帝血和肉转化而来的奇迹；相比之下，阿兹特克人的神圣蘑菇却自带坚定的信仰：每一位蘑菇的领受者都能亲眼见证奇迹"[10]。的确，在萨宾娜的降神会上，他不必认为面包和酒是耶稣的宝贵血肉，蘑菇通过揭示迷人的幻象就将沃森直接带入了神圣领域。这种通过服用致幻剂将个人带入神圣领域的方式，与主流教会的常规象征意义形成了鲜明对比，而这也是土著的致幻草药成为西方人在寻求灵性过程中的主要吸引力之一的原因。对于马萨特克萨满来说，他们与任何其他部落萨满一样，都将蘑菇仪式视为纯粹功能性的——他们用它来解决特定问题或治愈疾病。与许多痴迷于萨满教之美的西方人一样，沃森对"神圣游戏"包含的神秘知识和审美价值更感兴趣，萨满教的基本原理则是次要的。当探险者第一次接近萨满时，萨宾娜很自然地问起沃森想要通过这次仪式解决什么问题。因为沃森并没有什么问题要解决，所以他必须迅速想出一个令人信服的想要通灵的理由。于是他说要询问儿子彼得的情况，彼得当时正在军队服役——这听起来倒像是需要举办降神会的正当理由。[11]

1955年6月29日，萨宾娜为他们举办了第一次蘑菇降神会。此后，沃森和理查德森又参加了另一次降神会，并看到了第二套幻象（the second set of visions）。与此同时，瓦伦蒂娜和玛莎虽然只是出于好奇仅仅吃了一份毒蘑菇，但她们在屋外的睡袋里舒适地睡觉时也看到了幻象。回到纽约的公寓后，沃森夫妇再次食用了蘑菇，试图了解这种东西在城市环境中是否也起作用。他们很高兴地说，一些幻觉的效果仍然存在，但他们也承认，那幻觉比他们在萨满陪伴下所获得的幻觉要弱得多。

沃森后来继续用裸盖菇做实验。他请他的一个朋友——瑞士化学家艾伯特·霍夫曼（Albert Hoffman）在实验室中将这种致幻蘑菇所含的墨西哥毒菌化学物质分解出来。顺便提一下，这位化学家是 1957 年第一个合成麦角酸二乙基酰胺（LSD）的人。后来沃森再次回到瓦哈卡州时，他带着霍夫曼一起去了。在沃森的要求下，萨宾娜在一次神圣仪式上吃下了合成的裸盖菇素——作为她的魔法蘑菇的替代品。这位化学家向萨满解释说，这是"以药丸形式存在的蘑菇神灵"。沃森后来很高兴地报告说，根据萨宾娜的说法，天然蘑菇和这种提取物之间并没有区别。

1957 年，沃森成了名人。那一年，他在《生活》杂志上发表了一篇题为《寻找魔法蘑菇》（"Seeking the Magic Mushroom"）的文章，主要内容就是"蘑菇女王"萨宾娜举行的魔法仪式。人类学家菲克斯（Fikes）称这篇让沃森永垂不朽的论文是"当代对吸毒过程写得最好、传播最广的描述"[12]。这篇文章配以沃森的朋友理查德森拍摄的彩色照片，吸引了数百万读者。因此，许多寻求可替代性灵性的人将其注意力转向了墨西哥土著地区和更远的南美洲。

从文化和文学的角度来看，沃森与萨满的相遇是一个里程碑。沃森与萨满的相遇和随后在全美范围内的宣传不仅为萌芽中的致幻剂革命提供了助力，而且还促生了我将在第六章讨论的"灵性学徒自传"的叙事类型。后来，沃森的一位知识继承者将当前西方灵性追求者与美洲土著灵性的浪漫关系，与纽约灵性追求者和马萨特克萨满的相遇都联系了起来。[13]尽管这种说法无疑是夸张的，但《生活》杂志上的这篇文章，与《黑麋鹿说》（*Black Elk Speaks*）和弗兰克·沃特斯关于霍皮印第安人的书以及卡斯塔尼达的小说一道，都成为激励美洲土著灵性追求者和部落萨满教寻求者的魔法故事。

在被沃森的文章所激发的灵性追求者中，有一位名叫蒂莫西·利里（Timothy Leary）的哈佛大学年轻的心理学教授，他后来成为迷幻革命的教父。跟随沃森的脚步，利里去往墨西哥，并在那里创立了哈佛裸盖菇素（磷酰羟基二甲色胺）项目，他的同事、学生和朋友都参与了这个项目。参加者中有诗人艾伦·金斯伯格（Allen Ginsberg）和作家杰克·凯鲁亚克（Jack Kerouac）等名人。同年，加州大学洛杉矶分校的研究生卡洛斯·卡斯塔尼达（Carlos Castaneda）则正在考虑从事人类学研究，他渴望以某种方式复制沃森的经历，也渴望找到属于自己的萨满——草药致幻秘密的承载者。到美国 1966 年宣布裸盖菇素等致幻药物为非法时，已有 100 多万人尝试过这种致幻剂了。[14]

无论沃森本人是不是有意为之，他在《生活》杂志上发表的文章都在大众意识中植入了这样一种想法：他们可以到异国他乡去寻找奇异的、能够释放出非凡幻觉的致幻剂。渐渐地，使用墨西哥致幻菌素的团体"就像蘑菇一般成堆地涌现出来"。他们中的一些人只是想用致幻蘑菇来"看东西"而别无其他，但也有一些人则想用这种方式治病。20 世纪 60 年代，"披头士"们涌向墨西哥的瓦哈卡州，他们或者到那里直接找萨宾娜，或者是为寻找一个机会吃那种著名的致幻蘑菇。就像很多已经发生过的类似事情一样，所谓的西方朝圣者很快就亵渎了这种原本不为外人所知的土著植物。很快，致幻蘑菇就进入了墨西哥的农贸市场，并被作为旅游商品公开出售。萨宾娜不明白为什么那些"吃得又好又健康"的西方人要来找她的（致幻）蘑菇，因为在她看来，这些人显然并没有生病。然而，这位萨满无法避开那些执着的"外来者"——他们不顾一切地想要闯入一个原本独立的世界，而且带着现金。

从 60 年代末到 70 年代中期，萨宾娜所在的胡奥特拉地区成了"蘑菇朝圣者"的圣地。想要探索"内部世界"的观摩者包围了这个地方。这些人当中最幸运的人遇到了萨宾娜或其他萨满，而其余的人只是在那里闲逛。人类学家亨利·芒恩（Henry Munn）曾在 1965 年访问过瓦乌特拉，他记得自己当时曾在那里的街道上听到过"披头士"唱歌。60 年代，瓦乌特拉还曾吸引了米克·贾格尔（Mick Jagger）、约翰·列侬（John Lennon）和彼得·汤森（Peter Townsend）等超级摇滚明星，这些名人找到萨宾娜并在她的指导下体验了灵性之旅。如果没有瓦乌特拉，许多美国人很可能永远不会在 20 世纪 60 年代"打开、收看抑或退出"①。外来者的涌入打乱了当地的生活，以致墨西哥政府后来一度封锁了这个村庄。1969~1976 年，警察封锁了通往瓦乌特拉的道路以阻挡嬉皮士进入。此外，萨宾娜自己也曾因向外人提供这种毒品而一度坐牢。[15]

萨宾娜说她早就料到沃森及其同伴会把此前已经隐藏数百年的秘密传统带到更广阔的世界，这是沃森转述的——如果可信的话。其实无论萨宾娜到底有没有这么说过，她的整个生活都被沃森的行为戏剧性地改变了。虽然这些宣传最终给她带来了一些收入，使她在物质生活上更轻松，但她却为此付出了灵性方面的代价。萨宾娜说，她的医术不知何故被破坏了，或者用她自己的话来说是"消失在云端"了。随着"外来者"涌入马萨特克人的村庄，萨宾娜抱怨说："从陌生人到来的那一刻起，'圣子'就失去了纯洁。他们的力量消失了，他们被亵渎了。从现在起，他们毫无用处了，但这是没有办法的。在沃森来到之前，我觉得'圣子'提升了我，但现在我没有这种感觉了。"[16]

沃森也引用了萨宾娜的这些话，他为自己成为那个开启亵渎过程的人而感到悲伤。然而，也许是为了自我安慰，这位探险家辩解说，他对萨宾娜的"发现"是必要的，因为这样后代才能保存她的知识。总的来说，沃森从哲学层面探讨了现代性对古老灵性之地的入侵，并指出这种入侵是不可避免的，因此讨论其是否具备道德正义性毫无意义。[17]

虽然沃森对致幻蘑菇非常热衷，并喜欢在萨宾娜指导下服用这种蘑菇，但他并无意搭上六七十年代流行的迷幻运动，他也因此从未充分利用当时正在开展的反主流文化运动所开辟的宣传渠道。事实上，以他的学术头脑和优雅的绅士风度，他也的确不是一个好的灵性实践者候选人，他更应该去当个学者。但这却让他落得了个"骑墙派"的名声：当利里宣传反主流文化的好处，呼吁每个人都应进入另一个维度的世界

---

① 指开始使用致幻剂，开启吸毒之旅或退出吸毒行列。——译者注

时，沃森却一直提醒大家要谨慎，他不希望更多的公众卷入他曾亲身体验过的致幻实验。利里曾拜访过沃森，并希望借此找到一个志趣相投的人，但这位浮夸的心理学家感到很沮丧，"沃森反对当下对蘑菇的使用，虽然这些蘑菇能促生关于古代的所有伟大的哲学性幻象，但他说那些幻象与现代世界无关"[18]。

沃森对"像雨后疯长的蘑菇一般"成堆出现的那些人持讽刺和怀疑态度，他也不赞成去墨西哥进行灵性朝圣——虽然这是他自己引发的。有时，他甚至公开反对某些涉及致幻植物的灵性项目。当一个美国球盖菇食用者社团在经典的玛雅遗址帕伦克（Palenque）地区附近出现时，人们开始四处传播说，生活在这个低地的古代和现代玛雅人在仪式上使用过这种蘑菇，但沃森认为这些言论纯粹是胡说八道。他恰当地指出，并没有考古或民族志的证据能证明玛雅低地的人们曾使用过蘑菇，这种言论让在那里找寻迷幻植物的人感到非常沮丧。[19]

蘑菇同谋：神圣的苏摩、毒蝇伞以及宗教的起源

沃森倒并没有限制自己去墨西哥实地考察裸盖菇的神奇特性，而是意识到需要做更多的事情。他在瓦哈卡州进行实地考察之余，也对相关民族志文献进行了研究，以期在世界各地，如中国、印度、日本、古希腊和罗马、波斯和西伯利亚等地的文化中寻找类似的蘑菇致幻经验。沃森得出结论，萨宾娜在其"圣子"的引导下所进行的仪式并非马萨特克印第安传统所特有。在他看来，裸盖菇在仪式上的使用只是某种普遍宗教实践的一个特定案例，而这种实践可以追溯到人类历史的开端。在他最后一本书中，沃森特别强调："萨宾娜是萨满，是人类痛苦和渴望的焦点，她穿越了石器时代去往西伯利亚。"[20]

顺便提一下，西伯利亚在沃森的蘑菇理论中占有重要地位。沃森写道，这个地区是地球上少数几个可以被现代观察者捕捉到蘑菇崇拜的活态传承的地方，而在其他地区，这种传承已经消失了。具体来说，他的研究

集中在某些西伯利亚土著萨满降神会上对毒蝇伞（Amanita muscaria）的使用（见图4-2）。沃森在萨宾娜降神会上的所见所闻，让他想起了西伯利亚北极地区的蘑菇仪式。那一地区的西伯利亚人似乎同样能"听到"蘑菇"说话"，并能像萨宾娜一样从毒蘑菇那里得到灵性指导。

图4-2 西伯利亚土著使用的毒蝇伞

资料来源：Franz E. Köhler et al. , eds. , *Köhler's Medizinal-Pflanzen in naturgetreuen Abbildungen mit kurz erläuterndem Texte* (Gera-Untermhaus：F. E. Köhler，1883–1914)，vol. 4，图版 7。

在去马萨特克人村庄之前，沃森夫妇已经读过乔基尔森和博格拉斯关于科里亚克人和楚科奇人的书。事实上，沃森认为这些民族志文本是涉及蘑菇的仪式使用的主要书面资料。[21]作为俄国-美国杰瑟普北太平洋探险队的成员，乔基尔森和博格拉斯在其对西伯利亚东北部土著人生活方式的描述中曾讨论过毒蝇伞的使用。戈登·沃森是如此描述他们夫妇在西伯利亚寻找相似情况的："我们了解到，在西伯利亚有六个原始族群（他们太原始了，以至于人类学家在进行文化研究的过程中把他们视为珍贵的博物馆藏品），他们在萨满教仪式中使用过某种致幻蘑菇。"[22]

让我们来看看，西伯利亚的毒蝇伞究竟是有什么特别之处，才最终使沃森将这种植物视为核心研究对象的。这种蘑菇的学名是由瑞典著名博物学家卡尔·林奈（Carl Linnaeus）取的。这位现代植物学的创始人说，为给这种蘑菇分类，他使用了拉丁词 musca——意思是"苍蝇"。林奈进一步解释说，在瑞典，人们过去常常把毒蝇伞切碎，然后把它与牛奶混合在一起来毒死苍蝇。毒蝇伞是一种美丽的毒蘑菇，它的茎为白色实心，鲜红色伞帽上点缀着白色的疣。最大的毒蝇伞直径可达 9 英寸。这种蘑菇通常生长在欧亚大陆北部和北美的松树、桦树和山毛榉林中。它含有能使服用者中毒的精神活性元素，包括鹅膏蕈氨酸（ibotenic acid）和蝇蕈醇（muscimole），其中第二种化合物经过人体肾脏时不会发生改变，这就是吃致幻蘑菇的人的尿液中含有致幻剂的原因。这种蘑菇晒干后，菇中所含的鹅膏蕈氨酸会转化为肌素。[23]这可能是楚科奇人以及西伯利亚东北部其他土著居民在使用蘑菇之前更喜欢把它们晒干的原因。在西伯利亚西部，人们经常生吃毒蝇伞或喝毒蝇伞汤。

尽管一些作家认为与裸盖菇相比，毒蝇伞的致幻作用可能较弱，但空腹摄取适当剂量的毒蝇伞却可能产生强大的致幻作用。例如，流行小说家汤姆·罗宾斯（Tom Robbins）就给毒蝇伞（的致幻作用）打了很高的分数：

> 在致幻剂作用下，我觉得自己是宇宙不可分割的一部分。吃了毒蝇伞后，我觉得我就是宇宙。我没有失落的感觉，恰恰相反，我觉得自己就是超级英雄。我并非怀有敌意，明白吗？但我觉得自己无比强大——尽管我的肱二头肌更像柠檬而不是葡萄柚，但我会欣然接受穆罕默德·阿里（Muhammad Ali）的挑战，即使是在（此次服用致幻剂）两年之后的清醒时刻，我也相信自己能好好揍他一顿。我全身充满了欢欣鼓舞的能量。[24]

为获得最佳的致幻效果，人们会把新鲜蘑菇垂直切成 1 厘米长的小段，然后在 75℃~80℃（相当于 165℉~175℉）下将其加热至干燥。为获得一段完整的幻象，人们会吞下那些被切成小段的蘑菇干，不过他们也不会过量服用——楚科奇人一般一次吃 3 个蘑菇，最多也不会超过 5 个。一个人在服用足够剂量的毒蝇伞后，一般会先睡着，然后看到（幻象）并听到声音和命令，神灵这时会出现并直接与人交谈。这个人醒来后会感到"满血复活"，有时甚至精力充沛到又跑又跳。人们还相信吃下致幻蘑菇的人的身体大小都会发生改变——既能变大也能变小；在西伯利亚楚科奇人当中，人们相信蘑菇神（mushroom spirit）能把一个人带到阴间，带到死亡之地，它经常以一种能快速移动的形象出现在人们面前，它会不断增大，能砸碎石头，还能撕裂树木。

在对比西伯利亚、美洲和其他地区使用蘑菇的仪式后，沃森夫妇确信，致幻蘑菇是古代人和当代的部落原始人灵性生活的中心，也就是说两者都保留着原始蘑菇崇拜的遗迹。这对夫妇在一本配有华丽插图的两卷本著作《蘑菇、俄罗斯和历史》（*Mushrooms, Russia, and History*, 1957）中阐述了他们进行比较的第一个结果。十年后，沃森又出版了第二本书《苏摩：不朽的神圣蘑菇》（*Soma: Divine Mushroom of Immortality*, 1968），后来贯穿他整个学术生涯的主要论点之基础正是在由本书奠定的——在遥远的过去的某个地方，人们开始迷恋蘑菇的致幻效果，并由此将它们作为宗教启示的来源对其予以崇拜。沃森研究中所提及的苏摩就是传说中的神圣药水苏摩，这种药水的魔力在古印度史诗《梨俱吠陀》中被描述过，而苏摩（的原料）其实就是毒蝇伞。

学者们通常认为以印度教为基础的《梨俱吠陀》起源于古代雅利安人。大约在公元前 2000 年，雅利安游牧民族从里海附近的东南部地区迁移至阿富汗、巴基斯坦和印度北部，并与上述地区的德拉威人（Dravidian）混居在一起。雅利安语属于印欧语系吠陀语，接近古典梵语，而《梨俱吠陀》是用梵语写成的最古老的文学杰作之一。在这部史诗的 1000 多行赞美诗中，有 120 行提及了苏摩——由某种未知植物制成的神圣饮料。这些赞美诗告诉我们，在古代雅利安人的礼拜过程中，祭司把这种植物与水混合，用石头敲出植物中的精华，过滤后再加入蜂蜜或大麦汁，然后在礼拜结束前喝掉这种饮料。

在沃森之前，已有学者推测苏摩可能是某种土著植物，更有可能是对一种神奇药水的隐喻。沃森将《梨俱吠陀》中对苏摩的描述与毒蝇伞的致幻特性进行比较，发现两者有很多相似之处，他由此推断传说中的苏摩就是蘑菇。例如，《梨俱吠陀》中说，苏摩生长在高山和森林地区，毒蝇伞也是如此。史诗还提到，苏摩能使人进入入迷状态（意识改变状态），而西伯利亚的毒蝇伞也是如此。

沃森指出，"（服用者）尿液方面的联系"为苏摩就是毒蝇伞的判断提供了额外证据。据了解，毒蝇伞的致幻成分在通过人体时不会消失，而是会留在尿液中。从老一辈西伯利亚探险家的游记中，沃森了解到，在科里亚克人及其邻居伊特尔曼人中，那些无法接触到毒蝇伞的人会去喝吃过这种蘑菇的人的尿液，然后就能享受同样的幻觉效果。例如，18世纪的俄罗斯博物学家斯捷潘·克拉舍宁科夫——顺便说一句，他并不认为使用毒蝇伞与萨满教有任何联系——开玩笑说，"定居的科里亚克人对蘑菇的尊敬程度如此之高，以至于他们不允许吃过毒蝇伞的人把小便洒在地上，而是把他们的尿液收集在一个盘子里喝了，然后他们也像吃过蘑菇的人一样发起疯来"。与沃森同时代的德国博物学家约翰·格奥尔吉（Johann Georgi）也以类似的方式告诉他的读者，尤卡吉尔萨满"在进入入迷状态之前要好好喝一顿尿"[25]。

对沃森来说，上述描述与他在《梨俱吠陀》第九卷中找到的一节经文完全相符。那节经文提到主持仪式的祭司膀胱里满是含有苏摩的尿液，"那些才华横溢的执掌仪轨之人，团结一致，充分尊重苏摩。那些膀胱盈满尿液的人小便之后形成了流动的苏摩"。沃森也在另一部著名的古印度史诗《摩诃婆罗多》中发现了更多证据。这个故事提到了一个名叫乌坦卡（Uttanka）的圣人。故事描述乌坦卡在沙漠中饱受干渴之苦，此后他遇到了克里希纳神（Krishna），而后者伪装成一个肮脏的、赤身裸体的猎人。克里希纳神把他的尿液给乌坦卡解渴。乌坦卡深感震惊，愤怒地拒绝了。后来乌坦卡却非常沮丧地从克里希纳神那里得知，那尿液其实是苏摩。如果乌坦卡当时接受并喝下那位肮脏猎人的尿液，他就能加入永生族（the Immortals）了。[26]

通过上述类比，沃森得出结论说，雅利安人把"蘑菇崇拜"带到了印度河流域，而这种"蘑菇崇拜"是对所有人开放的。沃森认为，随着时间的推移，雅利安人与当地的德拉威人混在一起，最终失去了对蘑菇的崇拜。沃森认为，西伯利亚人在萨满教中使用毒蝇伞，是雅利安文明的边缘化表现，也是这一伟大的古老信仰的最后幸存形式。这位"魔法蘑菇"的探索者不得不承认，并不是所有的西伯利亚土著都使用这种蘑菇；他解释说，在历史的发展过程中，西伯利亚人失去了大部分古老的蘑菇崇拜。尽管如此，沃森还是坚持认为，对于那些仍在使用毒蝇伞的当代土著来说，与魔法蘑菇交谈是他们当代信仰的核心要素。然而几乎所有的西伯利亚民族学者都认为这种说法是不真实的，因为经常以仪式目的使用毒蝇伞的唯一一个地区只有西伯利亚东北部，那里的楚科奇人、科里亚克人和伊特尔曼人都是如此使用蘑菇的。不过即便在这些群体中，吃蘑菇也是与喝酒、击鼓或吟诵等其他能诱导意识状态改变的方法相结合的。

楚科奇人相信，强大的萨满并不需要使用类似毒蝇伞的任何额外工具——尽管这种蘑菇有神奇的效果；他们相信毒蝇伞可用来满足那些力量弱小的萨满的需要，因为这样的萨满没有足够的能力将自己带到另一个维度的世界当中，所以蘑菇对这些人来说确实是一种方便的工具，用楚科奇萨满亚塔金（Yatargin）的话来说，毒蝇伞能把他们"拖"到灵魂的世界。值得注意的是，在西伯利亚西部的汉特人中，除了使用各种工具诱导意识状态改变的正规萨满群体外，还有一个叫作"毒蝇伞人"的特定群体，他们专门靠服用毒蝇伞来建立与灵魂世界的联系。顺便说一句，汉特的史诗说唱者也使用毒蝇伞来提升自己的能量并以此刺激自己。对沃森来说，所有这些事实，特别是蘑菇与其他能够诱导意识状态改变的工具相结合，都反映了纯粹的蘑菇崇拜的堕落。

沃森认为，以蘑菇崇拜为中心的原始宗教是对所有人开放的。他认为，"在蘑菇的作用下"，古人能够绕过祭司，直接与神沟通，而且他们也能把自己想象成神或半神的化身。事实上，在这样一种平等的崇拜形式下，谁还需要祭司呢?! 沃森还推测，在寻求意识形态垄断的过程中，古代祭司和后来来自世界各地的各种宗教传教士挤压了原本存在于整个欧亚大陆的平等主义蘑菇崇拜的生存空间，而他认为这就是世界上很多文化没有在仪式中使用蘑菇的原因。沃森指出：在古印度，祭司们祛除了苏摩崇拜要素；在西伯利亚，俄罗斯殖民者压制了蘑菇所引发的智慧；而在新大陆，天主教修士驱赶甚至毁掉了那些隐秘的裸盖菇使用者。

沃森后来因此得出结论，《圣经》中关于禁果的这一著名提法最初可能起源于古代祭司对服用致幻蘑菇的禁忌。沃森还将致幻蘑菇引发智慧这种方式的瓦解与文字文明的进步联系起来，指出基于理性的文字及相关知识，与由致幻蘑菇启发而产生的口头智慧是不相容的。[27]

沃森关于萨满教乃至早期宗教起源于致幻蘑菇的使用的观点，容纳了包罗万象的假设和各种各样的材料。他还挖掘了大量的民间传说以及考古学、民族志和文学方面的资料，其中也包括旅行者的间接评论和随口评论。这些材料都被他用来证明，在原始时代，从斯堪的纳维亚到白令海峡，整个欧亚大陆都在仪式上使用蘑菇。例如，1975 年，沃森偶然结识了一位来自密歇根州的教师，她拥有教育学硕士学位，同时也是奥吉布瓦的萨满。令沃森高兴的是，这位女萨满告诉他，"阿冈昆族"正在寻求来自毒蝇伞的建议；他还在相关文献中发现了加拿大麦肯齐河（Mackenzie River）地区的阿萨巴斯卡印第安人也将裸盖菇用于引发幻象。沃森用这两个事实将亚洲使用"魔法蘑菇"的群体与北美的相关群体联系起来。[28]

众所周知，毒蝇伞通常生长在白桦树树荫下。沃森因此将西伯利亚土著几则关于白桦树的传说看作西伯利亚早期拥有蘑菇崇拜的证明。沃森还特别将这些传说解释为西伯利亚人对白桦树的崇拜，并将白桦树与西伯利亚萨满的世界树联系起来，进而推测，萨满正是将白桦树视为他们与神灵接触的"宇宙轴"。因为白桦树是"萨满的树"，而毒蝇伞就生长在白桦树树荫下，所以沃森认为两者都代表了魔法蘑菇崇拜的痕迹。因此，那些像阿尔泰人一样崇拜白桦树的某些西伯利亚人，无论如何也都应是蘑菇崇拜者，因为毒蝇伞和白桦树密切相关。

对沃森来说，最困难的任务是在西欧和中欧寻找蘑菇崇拜的遗迹，因为一千多年来，这些地区的前基督教传统几乎被犹太-基督教传统完全抹去了。沃森认为，尽管如此，还是可以找到一些间接证据。沃森曾以有一首明确提及毒蝇伞的德国童谣作为这方面的例子：

> 树林里有一个"人"，
> "他"一动也不动，一声也不吭，
> "他"身上披着一件纯紫色的斗篷，
> 喂，那个一条腿站着的"人"是谁？

孩子们要回答："幸福的蘑菇！毒蝇伞！"其实就连刘易斯·卡罗尔（Lewis Carroll）的《爱丽丝梦游仙境》中爱丽丝遇到的那只坐在蘑菇上抽烟的毛毛虫的著名情节，似乎也让沃森闻到了"致幻蘑菇的味道"[29]。

总的来说，沃森开始相信，有关神圣的概念源于早期人类社会在仪式中对致幻蘑菇的使用，因为致幻蘑菇能引导人们的意识状态发生改变，使他们更容易接触到灵魂和神迹。换句话说，沃森认为致幻剂是"原始人通往想象力的强大跳板"。沃森在他后期的几本著作中指出，魔法蘑菇能让绝大部分人"比垂死的凡人更清楚地看到此生（此岸）地平线之外的远景，并且通过在时间隧道中穿梭，进入另一个存在层面，甚至像印第安人说的那样，去往神灵所在的地方"[30]。

由于蘑菇仪式与神圣领域密切相关，沃森建议不再将能够引导意识状态改变的植物称为"致幻剂"，而是用一个新术语"宗教致幻剂"（entheogen）来取代它。沃森及其同人认为，这个源于希腊语的新表达方式——意思是"产生神灵的观念"、"包含神性"或"内在的神灵"，能更好地表达这些植物的灵性意义。这种关乎术语的变化所强调的，是通过摄入神圣植物而看到的图景并非幻觉，而是来自另一个宇宙的真实图景。

迷幻人类学

一些作家跟随沃森的脚步，继承了他的蘑菇理论，并继续在其他文化中寻找类比物。他们当中的一些人像沃森一样认为毒蝇伞就是宗教体验得以产生的原始火花，其他人则认为，还有一些更强大的"蘑菇"同样可以作为引发原始宗教体验的发端。目前仍有一些作品持与沃森相同的观点。作家里德·卡普兰（Reid Kaplan）利用考古证据，在斯堪的纳维亚发现了毒蝇伞崇拜。通过比较丹麦出土的青铜剃刀上的雕刻和瑞典的岩石艺术，他得出结论，两者都描绘了装有宗教物品的器皿。瑞典的岩石艺术展示的是一个人拿着一个雨伞状的物体：对早期的学者来说，它是帆或者用来制作帆的灌木；对其他人来说，它是北欧神话中宇宙树（Yggdrasil）的象征。

卡普兰驳斥了上述解释，认为岩石上描绘的是人拿着毒蝇伞，他参考了沃森将西伯利亚毒蝇伞与《梨俱吠陀》中的苏摩联系起来的观点，致力于将斯堪的纳维亚也纳入那些古时曾在仪式上使用蘑菇的地区的行列。卡普兰还指出，斯堪的纳维亚半岛是生长各种毒蘑菇的肥沃土地，其为蘑菇崇拜提供了理想的环境。最后，并非最不重要的是，直到今天，瑞典人仍然保持着在圣约翰之夜（6月24日）向篝火上扔毒蘑菇以抵御巨魔和其他邪恶灵魂的传统。卡普兰认为，这种在现代仍延续着的传统是原始的萨满蘑菇崇拜的遗存。[31]

另一位当代作家罗根·泰勒（Rogan Taylor）在为"以毒蝇菌为基础"的萨满教寻找相关证据时，把目光转向了人们熟悉的圣诞老人。泰勒指出，圣诞老人长袍的红白配色反映的其实是毒蝇菌的颜色；圣诞老人在平安夜顺着烟囱进入的广为人知的形象，可能对应的就是西伯利亚神灵从兽皮房屋（蒙古包）的烟孔进入室内的古老实践；而拉着圣诞老人雪橇的驯鹿，则指向作为使鹿部落的西伯利亚人——他们就是古代蘑菇萨满教的传承者；最后，在泰勒看来，圣诞老人著名的夜空飞行，就是西伯利亚萨满的经典灵性飞行。[32]

即使是壮丽辉煌的巨石阵也未能躲过来自"蘑菇"视角的考察，而且这种考察对传统考古学将该遗址视为古代"天文台"的观点形成了挑战。对于作家马修·卡洛韦（Matthew Calloway）来说，这一英国考古圣地是"能够召唤神圣的蘑菇神，是以宇宙的创造力来启发和赋予人们力量的动力源站"[33]；卡洛韦更是认为巨石阵的圆形结构是对毒蝇伞帽的象征性复制。卡洛韦指出，如果把毒蝇伞帽倒过来，拔下蘑菇柄，你就会看到蘑菇褶从中心向外辐射的景象，而一个人如果在阳光明媚的日子里参观巨石阵，也同样可以清楚地观察到阴影是如何从该遗址中心辐射出去的；而只要有一点想象力，你就会知道从毒蝇伞帽下面看到的蘑菇鳃和这些影子是如此相似。这至少是卡洛韦对这个著名地点的解释。将巨石阵如此重新阐释为毒蝇伞的复制品，即使在那些也相信欧洲萨满教起源于致幻体验的狂热的玄学主义者看来也是太过分了。他们中一个人甚至写信给《萨满鼓》（Shaman's Drum）杂志——该杂志发表了卡洛韦的文章，建议编辑在选择稿件时更加谨慎。

一些作家虽同意蘑菇方法论的一般前提，但同时指出沃森将神圣的起源仅仅归为西伯利亚毒蝇伞是错误的，他们建议扩大致幻剂的候选名单。瑞典宗教史学家史蒂文·莱托（Steven Leto）在古遗址托福达·合噶尔（Tofta Hogar）附近发现了大量裸盖菇。这位历史学家认为，斯堪的纳维亚的确存在蘑菇崇拜，但这种崇拜并没有完全集中在毒蝇伞上。最有可能的是，古代的北欧萨满将毒蝇伞与当地的裸盖菇结合使用，而后者是一种更强大的致幻剂。

为证实自己的观点，莱托提醒人们注意《红色艾瑞克传奇》（Saga of Eirik the Red）中那位著名的女预言家利尔沃尔文（Lillvolvan）这一形象。莱托认为，这位女预言家所披的蓝色斗篷，是对裸盖菇柄的暗示——它在被触摸时会变成蓝色；她头上所戴的黑白相间的毛皮帽子，则是裸盖菇帽。莱托总结道："所以，这个女人的穿着可被视为对裸盖菇的隐喻。"莱托还以类似的方式，把古代斯堪的纳维亚传说中神灵所喝的迷幻饮料说成是用蘑菇煮成的水。[34]

直言不讳地表示自己是沃森思想继承人的，是已故的激进反文化哲学家和灵性追求者特伦斯·麦肯纳（Terence McKenna），有报纸称他为"20世纪90年代的蒂莫西·利里"。然而麦肯纳也同样认为，毒蝇伞"太弱了"，既不能作为可以令人入迷的苏摩的灵性原材料，也不能作为人类宗教的强大精神推动力。曾经尝试过各种致幻剂的麦肯纳也亲自服用过毒蝇伞，因此对毒蝇伞并不感冒——他服用毒蝇伞后看到的不是强大而丰富多彩的幻象，而是一些模糊图像。麦肯纳推测，裸盖菇的致幻效果要强得多，可能更适合扮演神圣蘑菇的角色。

麦肯纳也像其他几位作家一样，认为沃森过分重视毒蝇伞和西伯利亚白桦树了。他特别指出，《梨俱吠陀》多次提及苏摩的上下文中曾提到过公牛，而这又引发了把牛粪和蘑菇联系起来的无稽之谈——众所周知，裸盖菇在牛粪上生长得更好。尽管麦肯纳与沃森有分歧，但他完全同意沃森的基本观点，也强调"致幻剂是最古老的宗教形式"。

此外，麦肯纳将沃森的蘑菇理论拓展到如此极端的程度，以至于他开始认为毒蘑菇不仅有助于向人类灌输神圣观念，而且激发了整个人类文明。麦肯纳在其著作中指出，裸盖菇中的化学物质含量可能是人类大脑相应成分含量的两倍，它对人类意识的进化发挥着"启动器"作用。从这个意义上看，使用裸盖菇的古代萨满堪称人类创造力和文明的源泉。麦肯纳还推测，在过去，那些摄入蘑菇的猎人能比没有机会摄入蘑菇的猎人更好地生存下来。

致幻物质使人类得以"文明化"——它驯服了我们祖先的野蛮和好斗的本能，抑制了人类原本不受控制的自我表达，使他们"女性化"，并提升了他们的冥想技能。总的来说，麦肯纳认为，在蘑菇群落丰富的地区，文明是繁荣的；相比之下，在那些蘑菇稀少或消亡的地区，文化的发展就会放缓，创造力也不足。麦肯纳认为，致幻蘑菇从本质上讲是一种高效的智力形式。像许多思想、身体和灵性社团的代表一样，麦肯纳关心的是重塑理性主义的西方社会。他建议，为获得精神上的成长和幸福，人们应该重新认识无意识的价值，而这可以通过服用植物药物来实现。换句话说，麦肯纳推荐以植物蘑菇替代核蘑菇①，后者是现代文明的罪恶象征。[35]

琼·哈利法克斯是帮助萨满教引起现代灵性追求者注意的人之一，她曾开玩笑地谈到"蘑菇同谋"，这个同谋群体是"一个由年轻人和老年人、学者和学生、萨满和神秘主义者组成的迷人网络"。"我们中的一些人"，她回忆道：

> 都有机会在新英格兰风格的戈登餐厅见面。我们中的一些人还会发现自己在会议上形成共谋……我们所有人都在追寻这个谜团的答案。我们知道这种蘑菇对西方研究者、历史学家、人类学家和考古学家隐藏了自己，也知道它是理解各种古老萨满教文化传统的关键。此外，我们中的许多人不仅被以蘑菇作为圣餐的文化的民族志之美所感动，而且我们自己也品尝了这种神秘的味道，并感到有责任将它公之于众。[36]

正如我在前文提到的，追随沃森的学者和"神植物学家"（the obotanists）并不一定接受他的还原论观点，即毒蝇伞或其他某种毒蘑菇是激发世界各地原始宗教的真正源头；除了蘑菇，这些人指出还有其他可能的原始诱因——可能是佩奥特仙人掌、牵牛花种子、生物碱藤蔓，或任何其他已知或未知的草本致幻剂，它们的神奇效果在我们祖先的精神中植入了恶魔和神灵的观念，早期宗教由此产生。尽管关于致幻物质的研究有很多角度，但主要方向是由沃森确定的——致幻剂指引并

---

① 核爆炸之后会形成蘑菇云，麦肯纳因此将核爆炸喻为"核蘑菇"（nuclear mushroom）；他建议用致幻蘑菇激发想象力和创造力来解决问题，反对用核武器来解决问题。

占据着原始灵性的核心，而这恰与当代的反文化情绪产生了良好的共鸣。在一些作家看来，沃森关于萨满教和早期宗教致幻性质的观点最终赢得了稳固的理论地位。迷幻作家玛丽·巴纳德（Mary Barnard）在她的文章《花盆中的神灵》（"The God in the Flowerpot"）中总结了这些作者对这种能改变意识状态的草药的立场："它们是神圣的植物，是神奇的草药或灌木，是萨满灵魂可坐在上面穿越时空的魔毯。"[37]

巴纳德也提出了她自己的设想，具体来说，就是神圣草药是如何让古人的思想转向神圣的。她写道，人们可以想象这样一种情况：在原始时代的某个地方，一个饥饿的印第安人——他的头脑仍然纯净，没有任何宗教思想——正在美国西南部的一个干旱地区游荡。为了寻找食物，这个饥饿的人什么都愿意尝试，哪怕是像佩奥特仙人掌这样并不吸引人类的植物。这个印第安人某一次在空腹情况下摄入了佩奥特仙人掌，然后发现这不仅可以让他恢复力量和活力，还可以让他享受令人难以置信的丰富的幻觉。巴纳德认为，这种经历或类似经历必然会对处于休眠状态的人类大脑产生深远影响。因此，能改变意识状态的植物可能像强大的引擎一样引发神圣观念。虽然她并不认为自己的观点是有关神圣起源的唯一正确答案，但她提醒读者："我们必须记住，药用植物就在那里，等待着赋予人们一个基于新体验的新想法。"[38]

总的来说，沃森的学术研究落在了 20 世纪 60 年代的迷幻沃土上，激励了当时的灵性追求者和社会学者。哈利法克斯称赞沃森"为学者和探险家打开了一扇认知的大门"。另一位仰慕者则激动地写道："他的观点动摇了西方宗教的基础，播下了光明的种子，激发了神圣论革命。"虽然沃森总是与大众文化情感保持距离，但很明显，他的作品为20世纪60年代的迷幻革命奠定了智识背景。[39]

沃森还以其活泼的文风，帮助他那些有学术基础的同事和朋友推广研究成果，比如人类学家韦斯顿·拉·巴雷或著名的民族植物学家理查德·伊文斯·舒尔兹——这些人复杂的学术著作可能会让外行的读者感到乏味。甚至像克劳德·列维-施特劳斯和米尔恰·伊利亚德这样的学术权威也采取了相应措施来调整自己的学术以适应当时的迷幻情绪。列维-施特劳斯是结构主义奠基者之一，他曾为沃森的《苏摩：不朽的神圣蘑菇》一书写了一篇积极的评论，并对北美印第安人在仪式上使用蘑菇进行了恰当的概括，不过这一概括总体上是重复了沃森在其作品中已经说过的话。

20 世纪 70 年代初，随着沃森的《苏摩：不朽的神圣蘑菇》越来越受欢迎，伊利亚德（我将在下一章讨论他对萨满教的看法）也改变了他对致幻剂在萨满教中作用的看法。诗人兼作家罗伯特·格雷夫斯（Robert Graves）对沃森的学识印象深刻，他说服伊利亚德相信古希腊的酒神崇拜中的确使用蘑菇。在此前的早些时候，伊利亚德坚信部落灵性修行者使用改变意识状态的植物是纯粹的古代萨满教的堕落，他为此曾打比方说，这些物质是"纯粹的'入迷'状态的庸俗替代品"。然而对沃森来说，情况却恰恰相反：使用致幻剂表明萨满教是健全的、有生命力的，而由"病态个体"举办各种入教及降神会等仪式并进行（癫狂的）舞蹈才是萨满教的退化。无论如何，伊利亚德在 1978 年前与彼得·弗斯特（Peter Furst）的一次谈话中曾说自己已经完全相信，由神圣植物引起的自发的幻觉和入迷是一种古老的体验；在通过致幻剂和通过其他手段达到入迷状态之间没有现象学上的区别。[40]

沃森关于蘑菇文化史的深刻见解和他的同事们的作品，尤其是舒尔兹和拉·巴雷的作品，以及公众对部落植物知识日益增长的兴趣，激发了许多学者和作家去研究致幻植物在萨满教中的使用。人类学家弗斯特是当时著名的迷幻运动研究者之一，他在评估蘑菇理论对自己学术的影响时强调，是沃森激发了他对研究致幻剂史前史以及致幻剂与萨满教及其狂喜与入迷之间关系的兴趣。[41]弗斯特在从现代惠乔尔民族志到中美洲考古学等各个领域都做出了许多贡献，而且在 60 年代和 70 年代引领了萨满教习语在美国人类学中的传播。[42]

1963 年，当迷幻人类学迈出第一步时，巴纳德在《迷幻评论》（Psychedelic Review）中强调了这个"性感"话题当年是如何为学者们开辟了一个巨大的研究场域的，"对于雄心勃勃的'神植物学家'来说，最明显的线索就是，药用植物和麻醉品与萨满教和以萨满能离开肉体的灵魂为特征的神话之间的关系"。弗斯特鼓励他的人类学同事更加坚定地推广致幻方法，他指出，在"这一重要领域"，人类学家不应该落后于民族植物学家和药理学家。[43]作为对这种学术和大众兴趣的反映，大量关于致幻剂和萨满教主题的书籍和文章如雨点般密集涌现。1970 年在加州大学洛杉矶分校（UCLA）举行的一系列讲座成为该研究领域的重要里程碑，讲座主题是"改变意识状态的草药在土著人生活中的作用"。该项目由弗斯特发起，聚集了当时主要的迷幻运动研究者，包括舒尔兹、拉·巴雷、马琳·多布金·德·里奥斯（Marlene Dobkin de Rios）和沃森等。在上述参与者中，最后但同样重要的是卡洛斯·卡斯塔尼达，当时的他是一位著名的新晋作家。该项目成果《众神之肉》（*Flesh of the Gods*）后来也得以由主流出版社出版。[44]

那些相信致幻剂是早期宗教起源的迷幻人类学家都对这样一个事实感到困惑：在旧大陆，仪式上使用的致幻剂种类远没有新大陆多。当亚洲的灵性实践者仅使用蘑菇和其他一些植物时，新大陆的神圣技术人员却熟知至少 200 种用于仪式目的的植物。1970 年，以关于佩奥特宗教的综合性研究而著名的人类学家韦斯顿·拉·巴雷开始着手解开这个民族学之谜，他以沃森的论断为起点，指出在人类诞生之初，大概是在石器时代，所有社会都重视并分享由致幻植物引发的入迷状态。然而，与美洲相比，充斥着大量社会、人口和意识形态灾难的旧大陆之历史却迅速向前发展。拉·巴雷认为，正是在这场历史旋风中，旧大陆的人们失去了许多古老的文化特征，包括在仪式上使用致幻剂。

这位人类学家特别指出，在强大的世界宗教的迫害下，欧亚人逐渐丢失了关于神圣植物的知识，并最终在其仪式生活中将萨满排挤了出去。在经历了几千年的"宗教净化"之后，在过去那种充满活力的致幻萨满教中所使用的西伯利亚毒蝇伞得以孤独地幸存下来。拉·巴雷强调，相比之下，在海洋屏障保护下的西半球居民，仍保留了许多古代萨满教的特征，特别是在仪式上使用致幻剂这一特征。拉·巴雷将新大陆视为历史停留的地方，他强调，人们可以把美洲看作"欧亚大陆旧石器时代晚期–中石器时代的某种民族志博物馆"[45]。

在欧洲人到来之前的美洲，不曾出现过大规模反对异教和巫术的"十字军东征"，人们由此可以在那里发现旧大陆在走向现代化的过程中失去了什么。因此也无怪乎拉·巴雷说，在西半球，萨满教甚至能在绝称不上是一个平等部落社区的阿兹特克帝国的高级祭司中盛行；这位人类学家甚至更进一步指出，美洲土著的祖先在石器时代从亚洲迁移到美洲的原因之一就是欧亚大陆不再使用致幻剂，而他们对神秘致幻剂的极大尊重促使他们穿越白令海峡去寻找新的能改变意识状态的草药，用以填充他们的萨满教工具包。拉·巴雷推测，印第安人在这次迁徙中偶然发现美洲堪称植物天堂，这为他们不必去做任何重大改变而追求古老的入迷技术提供了绝佳机会。[46]

致幻方法影响了许多从事土著宗教研究和一般宗教研究的人文及社会科学学者。受影响最大的领域之一是中美洲考古学，该领域学者开始寻找当地人在仪式上使用致幻剂的证据。一位年轻的人类学家非常乐见这种方法延伸到古玛雅考古领域，20 世纪 70 年代早期他将致幻方法视为"保守的玛雅学者所需要的一种刺激，而他们中的大多数人一直认为古玛雅人是冷静、善良的人"[47]，如果知道古玛雅人使用毒品，他们会感到震惊。1974 年，人类学家多布金·德·里奥斯从致幻剂使用的角度重新审视了玛雅考古学，她也因对死藤水萨满教的开创性研究而闻名。[48]尽管没有直接材料表明古代或现代玛雅人曾在仪式上使用致幻剂，但德·里奥斯却认为玛雅人确实是这样做的。根据间接证据，这位人类学家断言，古代玛雅萨满为引导自己看到幻象，不仅使用蘑菇，还使用蟾蜍和睡莲等。在注意到古玛雅雕塑中反复出现的蘑菇、青蛙、蟾蜍和睡莲等题材后，德·里奥斯萌生了从致幻角度重新审视玛雅宗教的动力。

由于玛雅文化未曾直接提到过致幻剂，德·里奥斯转向了沃森的观点，也认为祭司可能压制了对植物药物的普遍使用。德·里奥斯认为，这种压制与玛雅人的政治中央集权和等级制度的兴起有关，致幻剂由此退到地下状态，最终消失了，但相关证据还是缺乏的。在沃森和德·里奥斯的批评者看来，这种关于古代祭司压制致幻草药使用的论点，似乎是在尝试对古代文化使用致幻剂的理论缺乏支撑性证据进行方便的解释。

著名的玛雅学者塔蒂亚娜·普洛斯克里亚科芙（Tatiana Proskouri-akoff）惊奇地观察到了 20 世纪 60 年代玛雅考古学的萨满化转向。她觉得有必要指出："直觉在科学中发挥着重要作用，但它应该被严格限定为一种很个性化的作用。直觉可能会为我们指出一条路，但我们在被邀请穿越那段有路标指引的路之前，必须仔细检查这条路上是否有流沙。"[49]人类学家埃丝特·帕斯托里（Esther Pasztory）同样对这种对中美洲历史的修正感到惊讶，她还为此写了一篇文章，批评那些在玛雅坟墓和宫殿里"塞满"萨满的学者。然而最令她震惊的是，正是这篇抨击古玛雅研究萨满化的论文，促进了"萨满"一词在中美洲考古学中的进一步扩展。帕斯托里不得不带着沮丧的情绪承认人们的确无法违背时代精神（zeitgeist），"对于大多数学者来说，中美洲在 1950 年之前拥有'祭司'，在 1950 年之后却只拥有'萨满'。中美洲没有变，变的是我们"[50]。

迷幻学也成为 80 年代考古学中的岩石艺术研究发生转向的主要来源。那一时期的考古学家开始自称"认知学者"，并且开始运用民族学类比方法和入迷状态下人们的灵性体验，去重新解读古代和现代部落民族创作的岩石艺术。[51]早期学者解释说，世界各地的悬崖上、岩石上和洞穴里的绘画和雕刻图像反映的都是狩猎魔法——一种据说是古代人用来确保狩猎运气的应用性技术。但"认知学者"对这种唯物主义方法提出了挑战，他们指出那些在岩石上描绘自己幻想经历的人可能是萨满。换句话说，围绕同一个对象，早期探险者看到的是狩猎魔法，而新一代研究者看到的却是处于意识改变状态中的萨满（见图 4-3）。美国林业局的考古学家詹姆斯·D. 凯瑟（James. D. Keyser）对此做了简洁的概括："这无关填饱肚子，却与充实精神有关。"[52]

图4-3 科索山地区的大角羊岩画

注：20世纪80年代很多考古学家将这种岩石艺术图像视为萨满的幻觉体验。
资源来源：大卫·怀特利（David Whitely）提供。

大卫·刘易斯-威廉姆斯（David Lewis-Williams）为证明自己关于岩石艺术起源于萨满教的观点——威廉姆斯也是该理论先驱之一，转向了人类神经学。他指出，岩石上的图像（各种各样的点、"之"字形、平行线和其他图形）与人们在致幻剂作用下或感觉剥夺（sensory deprivation）状态下所看到的幻觉中的几何图形惊人地相似。加州考古学家克莱门特·梅根（Clement Meighan）将岩石艺术研究的转变与日益高涨的反文化情绪联系起来，他写道：

近年来，将岩石艺术与各种药物诱发的幻觉联系起来的出版物数量大幅增加，这并非偶然。在过去20年里，我们的文化一直对致幻剂文化有着强烈的兴趣并沉迷于此；而关于史前人类对致幻剂的使用及致幻剂与摇滚艺术之间的可能性联系却是我们自己想出来的。[53]

其他学者也以类似的方式重新审视了中世纪欧洲猎捕女巫的历史。早期学者将这一事件视为集体的妄想；后来的作家们则开始将这一事件视为当代社会矛盾和宗教冲突紧张的产物，认为其导致了大规模精神病的暴发。与此同时，20 世纪 70 年代之前，所有学者都把关于中世纪的女巫飞行、哥特式安息日和恶魔般的狂欢的描述视为那种虐待狂审判官的病态幻想——他们折磨这场捕猎活动的可怜受害者，让女巫们说出奇怪的供词。人们认为这些记录不可能是真实的，而反主流文化思想影响下的迷幻人类学却认为，这些描述中所涉及的中世纪巫术其实是类似萨满教的、某种古老的欧洲灵性形式。

迈克尔·哈纳（Michael Harner）是一位任性的人类学家，也是现代西方萨满教研究的先锋，对以往"将女巫的供词视为一派胡言"的观点，他率先提出了修正。[54]哈纳强调说，那些描写女巫和巫术的作者要么沉迷于这个话题所包含的深奥且神秘的一面，要么就是把注意力集中在欧洲反对女巫运动的残酷方面。几乎所有孩子都知道女巫骑着扫帚飞行和人能变成狼人的童话故事，然而，这位学者指出，几乎没有任何作家把这些飞行和变形当真。但如果仔细看这些现存的记录，人们就会清楚地发现女巫确实会飞。唯一的问题是：她们是怎么做到的？

哈纳强调说，要回答这个问题，人们需要注意有关致幻植物的记录。这位学者说，有些人并不一定要像亚马孙雨林的萨满那样摄入致幻剂。一些中世纪的文献表明，欧洲女巫能通过在身体上涂抹改变意识状态的物质，成功地使自己"快速进入"另一个世界当中。这种神奇的药膏通常是富含生物碱的铁杉、乌头、颠茄、曼德拉草和莨菪等植物的提取物（见图 4-4），它们会引起幻觉和性梦。正如 15 世纪的一份资料所说，女巫会在自己的腋窝和身体其他"多毛的地方"涂抹这些物质。

1960 年，为证明女巫的飞行是可能的，德国学者威尔-里尔克·普克特（Will-Erich Peukert）用 17 世纪的配方配制了一种混合了颠茄、莨菪和曼陀罗的药膏，并给自己和同事涂抹了这种药膏。他的实验似乎成功了，因为整个研究小组"连续睡了 24 小时，梦见了狂野的骑行、疯狂的舞蹈和其他与中世纪狂欢有关的奇异的冒险"[55]。

图 4-4 具有强大致幻能力的植物莨菪

注：据说欧洲女巫把它涂在腋窝和生殖器上就可以进行灵性飞行了。

资料来源：Franz E. Köhler et al., eds., *Köhler's Medizinal-Pflanzen in naturgetreuen Abbildungen mit kurz erläuterndem Texte* (Gera-Untermhaus: F. E. Köhler, 1883-1914), 1: 11。

哈纳在 20 世纪 60 年代还是一位迷幻人类学家（他在 70 年代放弃了这一研究），对当时的他来说，飞天扫帚不仅仅是弗洛伊德式的神器，考虑到腋窝、阴道和其他多毛部位都有大量神经和血管，他还认为欧洲女巫很有可能是使用涂有致幻物质的扫帚把魔法药水涂在身上的。[56]在这种情况下，女巫们在"自己头脑中的幻觉景象"中确实可以骑着扫帚飞行，而女巫飞行与西伯利亚萨满的经典灵性之旅非常相似。

　　哈纳还提出，由于欧洲致幻剂拥有危险的力量①，中世纪的巫术可能只是一种要素不齐全的萨满教，其与经典的西伯利亚萨满教不同，后者是将灵性之旅的准备、改变了的意识状态和占卜等要素都集合在一场活动中。哈纳推测，致幻植物在欧洲很稀少，因此欧洲中世纪的女巫没有机会自由地摄入美洲印第安人很容易得到的那种物质——它能把一个人带入另一个世界，但又不会让灵性实践者丧失能力。例如，女巫可能会把颠茄汁涂在自己身体上，以诱导自己入迷和产生幻觉，颠茄是一种致幻能力非常强大的物质，会使人昏迷，高剂量服用甚至会导致死亡，因此女巫不可能在重度昏迷时还能体验到幻象，更不可能在此过程中去举行诸如印第安人的佩奥特仪式或西伯利亚的蘑菇仪式。

　　在这种情况下，哈纳认为随着时间的推移，欧洲女巫不得不将她们的活动拆分开来，她们在专门的女巫集会活动（esbat）上施咒和举办其他仪式，但在这种集会上她们不会使用致幻剂，这样才能在日常现实中保持清醒状态；如果要获得幻觉体验，女巫们会利用安息日举行狂欢聚会——在聚会上她们会遇到恶魔。在安息日聚会上，通过摄入颠茄汁或其他能改变意识状态的物质，女巫们就能骑着她们著名的扫帚飞到另一个世界。可见哈纳认为，由于欧洲草药致幻剂药力非常强大，因此欧洲萨满教的入迷环节和仪式环节是分开举行的。

　　这一论断促使哈纳提出了另一个重要问题，即我们是否应该像伊利亚德所说的那样，将萨满看作在一次幻觉体验中同时完成入迷和举行降神会两个环节的人？如果事实不是如此，那么哈纳由此推演：我们应该去修订和扩展关于萨满教的概念，把并不完全适用于西伯利亚民族志所记载的经典萨满教框架的实践类型，如巫术，也纳入这个领域。

---

　　①　指致幻能力非常强大。——译者注

"亚马孙河谷和奥里诺科河的一些特别的麻醉品"：死藤水萨满教

我为本节标题所选的这个短语来自英国植物学家理查德·斯普鲁斯（Richard Spruce）《植物学家在亚马孙安第斯山脉的笔记》（*Notes of a Botanist on the Amazon & Andes*）中的一个章节。斯普鲁斯曾经在19世纪50年代访问过南美洲，他也是对南美部落环境中的草药致幻剂进行全面记录的第一人。在他之前和之后的很多年里，亚马孙地区能改变意识状态的草药并没有引起太多关注。探险家们确实曾记录过这种草药，但在记录土著文化整体的过程中从来没有把它们作为一种特殊的东西单独提出来。作者经常顺便提到某种土著植物致幻剂，或将这一信息归入土著本草的章节。然而，鉴于沃森的蘑菇研究和日益提升的迷幻意识，情况发生了变化。自20世纪60年代以来，亚马孙雨林的神圣植物持续成为人们普遍关注和热衷研究的对象。内部空间①的研究者和探险者纷纷涌入丛林，试图体验使用草药致幻剂的土著仪式，并进而在他们的书中详细描述这些仪式。

在秘鲁、巴西和哥伦比亚的亚马孙地区，印第安萨满和混血萨满以及普通人摄入最多的神圣草药是一种饮料，其从外观上看类似黑茶。这种药剂是由一种拉丁文名叫卡皮木（Banisteriopsis caapi）的藤蔓制成的。1852年，斯普鲁斯在日记中写下了对这种植物的如下描述：木质藤条：藤粗与拇指粗细相当，连接处隆起。叶对生，约6.4厘米×3.3厘米大小，尖卵形，叶正面光滑、背面长有绒毛。[57]

由这种植物制成的仪式性饮料有各种各样的名字：卡皮木、死藤水、雅阁（yage）、奈特玛（netema）、聘德（pinde）和内普（nape）。为方便起见，我在这里将使用死藤水这一名称，这似乎是文学作品中最流行的表达。死藤水（ayahuasca）来自克丘亚语（Quechua）——秘鲁、厄瓜多尔和智利北部的印第安人的语言，死藤水被诗意地译为"死者的

---

① 内部空间，指人的身体内部，不只是指人的心灵。美国影片 *Innerspace* 讲述的就是在人体内部各器官旅行的故事。——译者注

藤蔓"、"灵魂的藤蔓"或"祖先的藤蔓"。虽然当地萨满有时也会单独用卡皮木藤的藤蔓煮死藤水，但更多的时候都是把藤蔓和其他致幻植物混合在一起，这样他们就可以通过控制死藤水以引导特定的幻象形状和颜色。事实上，死藤水有两层含义：一层是专门用卡皮木藤制成的饮料；另一层是由这种藤条和其他改变意识状态的草药混合而成的饮料——对这些化学成分，西方人也并不太熟悉。最流行的死藤水配方是将死藤的藤蔓卡皮木（chakruna）与绿九节（psychotria viridis）或chagropanga①（死藤，diplopterys cabrerana）的叶子混合煮沸。[58]

斯普鲁斯曾报告说，印第安人主要使用卡皮木藤的末端作为配制死藤水的主要成分，他因此也留下了关于如何烹煮神圣药水的最早记录之一：

> 在臼中加入一定量的这种粉末，然后加水搅拌，有时还要加入一小部分卡皮木藤的细根。经充分研磨后，再将粉末过筛，将其中的木质纤维分离出来；然后再向剩下的粉末中加入足够的水，使其成为可以饮用的饮料。这样制备出来的死藤水，颜色为棕绿色，味道很苦，难以下咽。[59]

1852 年秋天，维多利亚时代的实证主义科学家斯普鲁斯应邀作为客人参加弗佩斯河（Vaupés）地区图卡诺（Tukano）印第安人所谓的礼物盛宴，他因此观察到了死藤水服用者所呈现出来的外在行为"症状"并做如下描述：

> 在饮用（死藤水）后的两分钟内或更短时间内，它的效果开始显现。那个印第安人脸色惨白、四肢颤抖，脸上露出恐怖的神色。突然，乖戾的症状出现了：他大汗淋漓，似乎被不计后果的愤怒所控制，抓起任何一件可随手拿到的武器——他的姆鲁古（murucu）、

---

① 盖丘亚印第安语对当地一种具有致幻作用的金虎尾科植物的称谓。——译者注

弓箭或弯刀冲到门口，猛烈地击打地面或台阶，嘴里一直喊着：
"我会这样来对待我的敌人（指名道姓）！"大约十分钟后，兴奋的
情绪过去了，印第安人变得平静了，但他似乎很疲惫。如果他是在
自己的小屋里，他会睡一觉来消除余下的情绪，但现在他必须重新
起来跳舞以摆脱睡意。[60]

斯普鲁斯觉得既然参加了这个宴会，那么不妨尝试一下死藤水，但
他同时也决心抵抗它的影响。印第安人给这位植物学家的死藤水的量多
到他几乎承受不了的地步；为增加致幻效果，主人还递给他一支大雪
茄。对于从不吸烟的斯普鲁斯来说，这已经足够了。幸运的是，他的朋
友还给他准备了一杯咖啡——据这位探险家说，这在一定程度上缓解了
致幻剂的影响。

服用这种神奇的麻醉药并不是一种愉快的经历。许多人都感到恶
心，有些人还会呕吐和腹泻；服用者的情绪通常从狂喜转为一种好斗的
兴奋感。他们所看到的幻象会在眼前迅速流逝，通常从华丽变成可怕，
然后又倒回来。他们也能感觉到忽冷忽热，时而恐惧，时而勇敢。此
外，死藤水也会给人一种灵肉分离的感觉。在死藤水的作用下，人们常
常"变成"各种鸟或动物，感觉自己飞到了遥远的地方，与神灵和祖先
交谈；他们还能看到各种各样的动物，尤其是爬行动物和猫科动物。

对于当代的一些死藤水使用者来说，这种饮料令人不快的味道恰是
它吸引人的地方。丹尼尔·平奇贝克是前往南美进行灵性朝圣的灵性追
求者之一，他认为死藤水的苦味是西方文明的一种象征性解药，西方文
明通过使一切都有吸引力、美味和舒适来"糖化"和溺爱人们。平奇贝
克强调，喝死藤水的人"会呕吐、腹泻、发抖、流汗，但同时也能看到
无比美丽的幻象"[61]。

他的观点似乎是，一个人必须为赢得精神上的回报而吃苦。事实
上，按照西方探险者的说法，摄入死藤水的精神回报是巨大的，因此喝
下死藤水是值得的。据说，死藤水能提供一场生动的"与知识的约会"。

所有的观察都表明，死藤水比西伯利亚或墨西哥的蘑菇更有效。用学者汉斯·彼得·杜尔（Hans Peter Duerr）的话来说，这种饮料似乎是专门为（灵魂）飞行而设计的。[62]

对死藤水引发的灵性之旅所做的最美丽的描述之一，出现在迈克尔·哈纳的《萨满之路》（*The Way of the Shaman*）——现代西方萨满教研究经典著作——一书中。1960~1961年，哈纳在秘鲁亚马孙地区的科尼博（Conibo）印第安人中，在自然（非刻意）的环境中体验过这一经历。这位人类学家指出，在摄入死藤水后，他在幻象中看到了可怕的龙一样的爬行动物，这些爬行动物将他带到原始造物的源头，并向他介绍了通常只留给死者或被指定要死亡的人的秘密知识——他确信自己快死了。正如哈纳自己所比喻的那样，他感觉自己就像"被定罪的苏格拉底"，手中拿着毒堇汁站在雅典民众面前。[63]

虽然这种经历很可怕，但却很有启发性，甚至堪称一种"解放"，因为人类学家通过这种体验发现了"方法"。尽管历经考验和磨难，《萨满之路》的作者还是告诉我们，这趟梦幻之旅的结局是快乐的乃至愉快的。在回到日常世界之前的一段时间里，这位人类学家得以在另一个世界里飞向银河系，他在那里"建造"了令人惊叹的建筑，甚至与带着讽刺意味嘲笑他的恶魔进行"社交"[64]。

第二天，哈纳在一种出乎意料的清明和平静的心情中醒来，醒来后他立即冲向自己的行李袋，从里面拿出一台录音机，开始对着录音机讲述自己的经历，为的是确保不会遗漏任何东西。事实上，他有点担心自己的安全。这种恐惧是可以理解的，他现在毕竟是唯一一个拥有"幻象中的生物"留给垂死之人的秘密的人。哈纳认为应该以某种方式与其他人共享这种深奥的知识，他因此跑到附近的一个布道团，在那里他向两位传教士详细介绍了他的灵性体验。在哈纳讲故事时，热情好客的传教士偶尔会打断这位人类学家，拿起《圣经》，向他指出书中与他所看到的异象部分直接匹配的章节。例如，当哈纳告诉传道士，（他在幻象中看到）一种爬行动物的嘴里流出水时，传教士们很快就从《启示录》中找到了相应的引文："蛇的嘴里流出水来，像洪水一样。"[65]

人类学家讲述完自己的经历后如释重负地回到了原来的村庄，那里有一件更令人惊喜的事情在等着他。一位盲人萨满在服用死藤水时经常访问灵性世界，哈纳向他征求专业意见，并跟他分享了自己看到的部分幻象。那位印第安萨满被这位人类学家在第一次旅行中学到的东西惊呆了，他下结论说："你肯定能成为萨满大师。"[66]总之，死藤水之旅对哈纳来说是一次深刻的灵性启示，使他相信灵魂的存在，并促使他从一个不可知论的人类学家转变为萨满教实践者。最终，他离开了学术界，建立了萨满教研究基金会（the Foundation for Shamanic Studies，FSS），现在他致力于将基于土著萨满教的技术带给西方人。

其他有过类似经历的人在死藤水所诱导出的幻象中却并没有看到任何神圣的东西。例如，另一位萨满教研究者、已故人类学家杰拉德·雷赫尔-多尔马托夫——曾通过精神分析视角考察过亚马孙土著的宇宙观，在他看来，德萨纳（Desana）印第安人以致幻剂引导意识状态改变充满了性象征意义。雷赫尔-多尔马托夫也曾考察过死藤水仪式，而且在哈纳在希瓦罗人和科尼博人中进行田野调查的那几年，他也服用了死藤水。在一个特殊案例中，雷赫尔-多尔马托夫得出结论，死藤水引发的幻象与土著人对乱伦的焦虑有关。[67]对体验死藤水的不同感知表明，一切都取决于个人的智识立场：他们如何看待事物，他们期望看到什么，特别是他们是否准备好了去看和去相信。

到20世纪70年代，关于亚马孙致幻剂的学术乃至形而上学研究者们达成了一项共识，即尽管服用死藤水的人文化背景不同，但他们基本上拥有相似的视觉体验。这似乎再次证实了伊利亚德在其经典著作《萨满教：古老的入迷术》中所写的：萨满教是一种跨越文化边界的普遍性的人类体验。换句话说，无论一个人是印第安人还是欧洲人，他们在死藤水之旅中所经历的幻象基本上都拥有相同的主题线。

智利的反主流文化心理学家克劳迪奥·纳兰霍（Claudio Naranjo）进行过一项实验，用以测试美洲土著和拥有欧洲血统的智利人在服用死藤水后所看到的幻象。他发现，人们观察到的图像中至少有一半是相同的：它们通常是蛇、龙、美洲虎或其他种类的爬行动物或食肉动物。智利的城市精英们在临床环境中摄入死藤水所含的化学物质后报告说，自己变成了"能量球"，变成了有翅膀的生物，在天空中快速飞行；他们还看到了黑人和罗马天主教符号，觉得它们在猛烈地旋转；他们还遇到了心怀恶意的矮人。与此同时，这些智利人也与其美洲土著同伴一样，看到了可怕的黑豹和老虎，蜥蜴和龙等爬行动物、食肉动物，以及深湖和深海。[68]

死藤水幻象的普遍相似性促使瑞士人类学家杰里米·纳尔拜提出了一个具有启发性的概念。他在《宇宙之蛇》（*Cosmic Serpent*）一书中提出，亚马孙萨满和西方人在喝下卡皮木饮料后通常会看到反复出现的蛇形螺旋图像，而那实际上是了解我们基因根源的窗口。纳尔拜认为，死藤水幻象中的螺旋状爬行动物形象，只不过是人类 DNA 螺旋密码的远古复制品。从这个角度看，萨满教显然是一种非常古老的现象，它不仅把我们带回人类历史的黎明，而且直接带我们回到了造物的源头。[69]

在传统环境中，在亚马孙地区的印第安人中，人们在各种场合都使用死藤水饮料。首先，他们认为这种饮料可以清除人体内不必要的情绪和感受；其次，也是最重要的一点，当地萨满饮用这种药水是为了诊病。萨满喝下这种饮料，进入一种入迷状态，进而进入肉眼不可见的世界，并从灵魂那里获得如何处理特定问题或应对不幸的信息。虽然死藤水最广泛的使用场合是灵性治疗，但其实印第安人在各种场合都会喝这种饮料，如入教仪式或葬礼等。在大多数情况下，治疗者和病人也都会服用死藤水。在传统的亚马孙环境中，妇女和青春期前的儿童很少服用死藤水，他们仅被允许出现在死藤水仪式上并观察仪式的效果。

例如，当德萨纳或希瓦罗的死藤水萨满给人们治病时，人们不仅期望他们能发现疾病的根源，而且期望他们能从病人身体中祛除这种根源，并将其归还给那些使人生病的萨满。由于死藤水的效果既令人愉快又令人恐惧，印第安人通常都在萨满的陪伴下饮用它，萨满一般会通过仪式歌曲引导饮用者体验灵性之旅。死藤水对人的影响取决于许多因素——饮用者的个性、聚会的气氛、植物的特性以及剂量等。总之，死藤水的效果是不可预测的。

雷赫尔-多尔马托夫强调死藤水的这种矛盾特性给德萨纳印第安人带来了困扰，而印第安人也因此发明了各种各样的咒语和歌曲，并寄希望于这能使死藤水改变"心意"，变得对人们有利或者至少消除最令人不快的那部分影响。德萨纳印第安人还告诉学者，服用死藤水的目的是进入造物的领域，在那里，一个人可以看到宇宙以及人类和动物的创始，并能与自己的祖先交谈。印第安人相信，通过死藤水仪式，人会死去，然后会带着智慧重生——这样的灵性仪式通常能增强印第安人的信仰，他们相信神话中的生物和神都是存在的，因为这些都是他们亲眼所见。[70]这些话语很好地支持了纳尔拜关于死藤水降神会作为通往造物源头之旅的论点。

除死藤水萨满教的土著丛林实践者之外，还有一大群所谓的素食主义者、混合血统的灵性实践者都声称他们能直接从制作死藤水用的藤蔓植物以及其他致幻植物那里获得知识。这些混血儿的灵性实践者大多在城市中工作，其中也包括秘鲁的城市贫民窟。这些城市中的灵性医生在其治疗实践中严重依赖罗马天主教的象征和传统，他们因此经常需要违反一些道德或宗教规范来帮助寻找病人烦恼的根源。这些萨满在喝下死藤水后能看到病人不幸的根源并给出建议，比如，他们可以要求一个人背诵祈祷文或要求他为其不当言行而道歉。从角色上看，城市死藤水萨满扮演着类似社会工作者和心理治疗师的角色。有一些死藤水萨满教的实践者还将自己与玫瑰十字会（Rosicrucians）联系起来，并将自己的知识追溯到安第斯土著文化和古老的欧洲秘教传统上，后者是文化与灵性融合的一个很好的例子，现在几乎遍布世界各个角落。

在斯普鲁斯之后，对亚马孙地区致幻草本植物进行详细研究的另一个西方人是哈佛大学的民族植物学家理查德·舒尔茨。在第二次世界大战期间，舒尔茨被分配到雨林地区研究用于战争需要的橡胶树，而与此同时这位科学家也正在寻找关于卡皮木和其他土著致幻植物的信息。战争结束后，舒尔茨选择继续进行他的探索（见图4-5）。[71]

图4-5　亚马孙印第安人吸食鼻烟

资料来源：19世纪保罗·马科伊的版画《穿越南美洲之旅》（*A Journey across South America*）（London：Blackie，1872），2：543。

1953年，舒尔茨在哥伦比亚进行实地考察时，偶然遇到了另一位哈佛校友威廉·巴勒斯（William Burroughs）。巴勒斯是一位浮夸的文学亡命徒（literary outlaw），也是杰克·凯鲁亚克文学界的资深成员。凯鲁亚克及其朋友是第一批从被物质主义浸透的西方文化中抽身出来转向另类现实的人，而这种态度正是从20世纪60年代后期开始流行起来。巴勒斯也同样在寻找土著致幻藤条，只是目的不同。巴勒斯是一个多产的作家，也是一个被宠坏的波希米亚人，他主要靠信托基金的钱生活，并曾因海洛因成瘾而痛苦不堪。他在一次饮酒狂欢中不小心射杀了他的妻子。1953年，他在哥伦比亚雨林中找到了避难所，希望这种丛林饮料能帮助他战胜毒瘾，改变他的生活。巴勒斯加入了舒尔茨的探险队，与这位民族植物学家的合作最终帮助巴勒斯获得了20磅死藤水；巴勒斯还与一位印第安巫医交上了朋友，正是后者给了他这种神奇的饮料。[72]

巴勒斯怀着激动的心情，向他的朋友诗人艾伦·金斯伯格报告说："亲爱的艾伦，回到波哥大来吧。任务已经完成了。我随身带回了一箱雅阁（Yage，死藤水的当地名称之一）。我知道巫医是怎么做的。我已经喝过三次了。"[73]科学家和文学灵性追求者之间的丛林友谊是有象征意义的，这表明灵性追求者与舒尔茨或沃森等研究者之间的合作关系既密切又存在矛盾，因为舒尔茨或沃森只是向社会宣传致幻剂，而即将到来的迷幻革命则试图将这些致幻剂融入人们的文化和精神生活。顺便提一下，这种矛盾关系后来在舒尔茨某次给巴勒斯的回复中显现了出来：巴勒斯向这位科学家描述了他的迷幻之旅，称其为一次惊天动地的形而上学体验，但作为维多利亚实证主义科学家部落（现已绝迹）成员的舒尔茨却说："真有趣，比尔，我看到的只是颜色。"[74]

巴勒斯在死藤水之旅中所看到的景象与哈纳在《萨满之路》中所描述的一样可怕。在一次灵性之旅中，巴勒斯被成群的飞蛇和发出尖锐叫声的幼虫袭击。然后，这位作家变成了一个高大的黑人女性，然后又变成了一个黑人男性。最终，他又变成了雌雄同体的人，同时通过万花筒看到了梵高式的图像。巴勒斯在给金斯伯格的信中如此描述自己的经历：

> （服用）雅阁就意味着一场时空之旅。许多种族——黑人、波利尼西亚人、山地蒙古人，沙漠游牧者，通晓多种语言的近东人以及印第安人——的血液和物质，以及尚未孕育和未出生的新种族，还有尚未实现的组合等，都穿过你的身体。那是一场迁徙，是穿越沙漠、丛林和山脉的不可思议的旅程……在这里，未知的过去和突现的未来在无声的震动中交汇在一起。[75]

在与神的相遇中接收到启示后，金斯伯格与他的朋友一道，在一位当地巫医的陪伴下，参加了神圣的茶礼（tea rite）。诗人声称，在被恶心的感觉击中之前，他通过神灵的黑色鼻孔观察到了造物的奥秘。虽然，像巴勒斯一样，死藤水的味道最初并没有让他感到兴奋，但饮用死藤水后他眼前展开的图像看起来却很吓人，不过他的审美却似乎得到了满足，"我开始兴奋起来，然后整个该死的宇宙都在我周围乱蹿起来了"[76]。随后，巴勒斯和金斯伯格出版了《雅阁书信》(*The Yage Letters*)，该书收录了他们寻找丛林藤蔓时通信的内容，这种神奇药水也因此而永垂不朽。[77]《雅阁书信》也成为后来那些追随巴勒斯与金斯伯格脚步的灵性朝圣者所遵循的文化和灵性蓝图。

神秘之旅

巴勒斯为此后成千上万的美国人和欧洲人开辟了道路——他们在20世纪60年代和70年代涌向南美，希望通过服用这种神奇的药水来解决他们的精神和情感问题，或者只是为了与异国情调相遇。在50年代，巴勒斯对雨林草本致幻剂的探索似乎还是一种古怪的冒险，但现在这种旅行已变成一种大规模的朝圣，围绕它甚至还形成了一种小型的丛林萨满教产业。这一产业的参与者既包括西方灵性追求者，也包括旅游经营者，还包括当地土著和混血儿，对后者来说，为游客烹煮神奇的饮料以及为游客提供住宿给他们带来了可观的现金收入。

死藤水和其他拉丁美洲草药致幻剂后来成了西方灵性市场上的主要产品。一些西方人只要想看看或想了解，抑或只是像我的一些美国朋友说的那样，想尝试一些不同的东西，就会去找亚马孙的萨满，喝下神奇的药水。来自美国、欧洲和日本的人纷纷前往拉丁美洲的丛林和沙漠，参加与致幻剂有关的仪式。为应对日益增长的需求，在秘鲁等国家，当地的死藤水调制者建立了丛林休养所和城市治疗中心。在许多情况下，这些企业都是由与西方"新纪元"圈子有关联的北美旅游经营者和土著灵性实践者共同经营的合资企业。如果现在巴勒斯想去亚马孙雨林寻找丛林饮料来解决他的灵性问题的话，他很可能会预订网上或灵性小册子上提供的众多萨满教之旅之一。

这种灵性产业现在还提供除死藤水以外的许多其他形而上的体验，比如可以在古印第安遗址上，让灵性追求者参与土著仪式；有时神秘之旅还包括某些教育项目，如参观印第安村庄、学习土著知识和文化、了解当地的植物和动物等。尽管如此，摄入丛林致幻剂仍然是这些冒险之旅的主要组成部分。例如，一家有着异国情调名字的灵性企业"野生蘑菇旅行路演"公司，专门为追求灵性的西方游客提供丛林里的神圣饮料，此外，该企业提供的旅游项目还包括探索丛林植物和参观土著村庄。那些觉得自己已经做好准备的人可以参加通宵的死藤水仪式，在仪式上当地萨满会诵经。该项目由格里·米勒（Gerry Miller）主持，他是加拿大人，毕业于加州大学伯克利分校。他拥有艺术学位，称自己是致幻植物方面的专家。夏天天气太热，人们不能去丛林旅行，他和妻子就回到加拿大，在自家的古董店工作；到了冬天，这对夫妇则把所有注意力都转向亚马孙雨林。1993 年，他们的丛林项目包括为期两周的亚马孙河上下游旅行，费用为每人 3600 瑞士法郎。[78]

总部位于加州的四风基金会（Four Winds Foundation）是另一家灵性旅游企业，它除了提供死藤水之外，还提供各种文化和灵性体验项目。该基金会将灵性追求者带到秘鲁，让他们在马丘比丘（Machu Picchu）等风景如画的前西班牙时期的古代遗址中体验某些仪式。例如，在该基金会在这个高海拔地区搞的一次神秘之旅中，那些"民族志"游客进行了冥想，观察了一次为豚鼠治病的仪式——豚鼠的内脏被解剖以确定疾病迹象，游客们还经历了火的考验。这次旅行还包括让西方游客初步接触秘鲁萨满教，活动地点在一个潟湖里，据旅游组织者阿尔贝托·维奥尔多（Alberto Villoldo）说，这是一个古老的萨满入教之地，也是通往灵性世界的入口。那些来体验神秘之旅的游客脱光衣服，把自己的个人物品扔进水里，然后当地的灵性修行者爱德华多·考尔德伦（Eduardo Calderon）用剑摩擦他们的身体。根据该仪式的设计，参与者经历了萨满般的重生由此得以从过去的经历中解脱。最后，在仪式尾声，新入教者被要求在泥土中打滚，这象征着他们从大地母亲那里重生。最终，这些来自海外的灵性追求者被宣布已成为"新的地球守护者和治疗者"[79]。

秘鲁是神秘之旅最受欢迎的目的地之一，一些灵性追求者甚至将秘鲁亚马孙地区视为萨满教的"哈佛"。维奥尔多是来自加州的医学人类学家，同时也是"安第斯萨满"这一最著名的神秘旅游经营者之一。他创办的四风基金会带领一批西方灵性追求者与秘鲁萨满一起工作。这位能带领人们"通往灵界"的旅行代理商直言不讳地表示："我收费很高。"[80]在很长一段时间里，维奥尔多都在与考尔德伦合作，后者是秘鲁的民间巫医兼艺术家，也是玫瑰十字会成员。据维奥尔多的前行政助理玛德丽娜·德尼格（Madrina Denig）说，20世纪90年代初，基金会举办的一次为期三周的萨满之旅花费了3万美元，而考尔德伦只收到了500.81美元。[81]与此同时，基金会每年向土著人捐赠价值为4万~6万美元的食品和医疗援助。[82]在秘鲁，也有一个以利马为基地的当地组织"死藤水-瓦西"（Ayahuasca-Wasi），该组织专门为西方游客设计并提供为期一周的体验式课程，内容不仅包括"亚马孙萨满教"，还包括冥想和西藏哲学。也有一些秘鲁灵性实践者通过他们在北美和欧洲的代理商组织萨满教之旅，收费高达1万美元。[83]

关于这种神秘旅游对当地居民的影响，人们众说纷纭。许多学者和灵性追求者，如德尼格就指责北美灵性企业家利用土著居民牟利。此外，人类学家道格拉斯·沙伦作为第一个"发现"考尔德伦的人，用"文化秃鹫"一词来形容像维奥尔多这样的人。一些批评家还指出，西方人的涌入破坏了传统环境，亵渎了土著灵性。最近去世的迷幻作家特伦斯·麦肯纳曾沮丧地写道，许多丛林萨满"被金钱、金发女人和来自马里布（Malibu）的邀请摧毁了"[84]。

然而与此同时，外国和当地的灵性之旅组织者却都强调，他们的冒险活动对双方都有利。当西方灵性游客对在异国情调下体验灵性感到满足时，当地贫困的经济也收获了一些现金流。秘鲁哲学家和艺术家里瓦斯-瓦斯克斯（Rivas-Vasquez）现在经营着一个常设性的死藤水丛林营地 Yushintaita，用以满足来自西方各地游客的灵性需求。他指出，这项事业对他所在社区的经济有好处。他还强调，周围的大多数人都很高兴看到游客，因为他们给当地带来了额外的工作机会，比如园艺、烹饪以及为游客提供帮助等。例如，一群当地妇女被雇用收集丛林藤蔓，然后他用这些藤蔓酿造死藤水。里瓦斯-瓦斯克斯还利用他组织的赴欧洲和北美参加培训旅行获得的部分资金，建立了由当地农场工人和艺术家共同参与经营的合作社。"现在他们能工作了，就有饭吃了"，这位知识分子萨满总结道。[85]

弗斯特是将萨满教的隐喻引入美国人类学领域的学者之一，他一直试图站在那些在拉丁美洲的悲惨环境中挣扎求生的当地治疗师的立场上，这对许多西方人来说是难以想象的。这位学者认为土著人渴望从有关萨满教和部落灵性的西方浪漫中受益并没有错，"如果白人想要花大价钱购买一种听起来更真实的萨满教（体验）——因为这种体验是以西方人不懂的语言表达的，那么（土著人）为什么不能从中适当获益呢？"[86]

美国人艾伦·休梅克（Alan Shoemaker）经营着一家名为 Shamanismo 的神秘之旅旅游公司，专门带团去秘鲁雨林旅行。他说自己第一次到南美洲时，认为死藤水萨满教是某种远离享乐主义的特殊的灵性智慧。但后来他对死藤水能引发幻象的看法却更实际了。今天的休梅克已不再用浪漫的眼光来看待秘鲁萨满了：

> 很快我就了解到，大多数萨满（curanderos）和死藤水巫医（ayahuasqueros）都是专业人士，他们对自己行业知识的掌握与一个人学习成为汽车机械师或医生一样；现在秘鲁北部甚至建了一所为萨满颁发执照的学校。当然这并不是说这些萨满没有治疗能力，我非常尊重和我一起工作过的大多数萨满。大多数萨满都有一种真诚的疗愈病人的愿望，而且他们当中的大多数都是熟练的治疗者。这些年来，我也遇到过一些所谓的"萨满"，他们从事这一职业是为

了赚钱或因为没有其他工作。制作死藤水并不是一项困难的工作，记住足够多的"伊卡罗斯"（icaros，指歌曲）来完成一场仪式也很简单。[87]

在秘鲁，当地人经常装扮成萨满或死藤水巫医，他们不会坐等西方的"民族志"游客接近，而是主动向这些寻求灵性智慧的人伸出手，因为他们希望能赚点外快。顺便提一句，在秘鲁，一些酒店会张贴标语以警示西方游客——当地的骗子会戴上羽毛和珠子，假装成死藤水治疗师。[88]唐·奥古斯丁·里瓦斯-瓦斯克斯是一位秘鲁知识分子兼死藤水萨满教实践者，他警告《萨满鼓》的读者说，西方人在寻找死藤水灵性的过程中可能面临着潜在的危险。他指出，利马和库斯科的街道上到处都是自封的"速成萨满"，他们当中既有当地印第安人、混血儿，也有在秘鲁的外国人。他说，这些人"向大批涌向秘鲁寻求异域迷幻体验的西方人兜售他们的服务和啤酒"。

他们中甚至有一些人因为急于把草药饮料提供给怀着渴望的外国人，连萨满教的圣歌都懒得学，其实学唱圣歌至少能给他们的死藤水课程增添一点民族志的装饰。有些"萨满"不知道如何制作死藤水，而是从未知的出处购买现成的混合物。里瓦斯-瓦斯克斯强调，除非一个人在这个地方"有关系"，否则很难找到一个可靠的萨满，"尽管涉及潜在的法律和心理风险，精神饥渴的西方人——尤其是那些不会说西班牙语的人——经常把自己置于被'有创业精神'的企业家哄骗或被彻头彻尾的骗子利用的危险之中"[89]。

德尼格是美国的萨满教实践者和宗教科学派的牧师，她讲述了自己在通往土著灵性的崎岖道路上遇到的麻烦和与此相关的丰富多样的故事。[90]一位名叫胡安（Juan）的秘鲁人类学家，自称是安第斯神秘主义的老师，他找到德尼格，说"神灵大师"命令他引导她进入安第斯神秘主义。仪式之美给这位女士留下了深刻的印象。三天后，这位人类学家再次出现，向她提出了一个商业性的提议："你现在已经入萨满教了，玛德丽娜，你现在可以带领他人入教了，你每让一个人入教，根据我的合同，你都要给我 300 美元。"[91]

在另一次不幸的遭遇中，一位当地灵性从业者想要与一位有人脉的西方人建立合作关系，以便后者能带萨满教旅行团跟他"学习"，于是他在德尼格的门上贴了一张纸条，邀请她来谈谈。当这位好奇的女士来跟他谈的时候，"治疗师"向她介绍了这一灵性事业的细节：德尼格带西方人前来参加为期五天的课程，每人收费 5000 美元，之后所有参与者都将获得证书，被宣布为经过认证的萨满。德尼格犯了一个错误，她没有立即表示拒绝，而是说自己在不了解他的药物是如何发生效力的情况下无法确定是否合作。那位"萨满"了解了这层意思之后，急切地想用佩奥特仙人掌制成的神圣饮料的力量打动德尼格，于是他很快就把药水煮熟了。这个有魄力的男人急切地想把这个外国佬送到"不寻常的世界"中去，于是用牛角杯把这种饮料一股脑地从这个可怜女人的鼻子里灌进去——那个剂量足以用来治疗一只恐龙，并让她完全咽了下去。德尼格抱怨道："他把能扔的东西都扔给了我。"与此同时，这位"萨满"的一个助手则试图引导德尼格看到哥特式的幻象来让德尼格处于一种"适当的情绪"中，"你应该看到有一条强大的绿蛇了吧，它将吞噬你"。

最后的"惊喜"出现在仪式尾声，德尼格突然被要求为这次仪式支付 1000 美元。当她拒绝支付费用时，愤怒的"萨满"竟然要跟她回家，让她去拿现金。麻烦还不止于此，"萨满"离开后，陪同举行仪式的音乐家也来向她要钱。这个走投无路的女人别无选择，只能拿起西方文明的武器，她用一个问题让这些"掮客"清醒了过来，"给钱，为什么？我又没有和你订立契约"。关于丛林萨满教经济的这些黑暗面，另一位美国死藤水使用者曾不无讽刺地指出："亚马孙萨满是当地经济的牧师、医生、慈善家和资本家。我们这些留学生就是给他们下金蛋的鹅。"[92]

20 世纪 80 年代，向往神秘知识的游客越来越多。来自秘鲁的希皮博（Shipibo）萨满马特奥·阿雷瓦洛（Mateo Arevalo）和他的很多同行一样，也想利用这个机会赚点外快，于是他也开始迎合来自北美和西欧的游客，后者都是前来寻求智慧或灵性治疗的，或者只是对异域风情充满热情。阿雷瓦洛为外国人修建了丛林小屋，并开始经营收费很高的死藤水静修所。此外，他还在家里接待前来学习萨满教（通常三到六个月）的西方徒弟。谈到他的职业，这位灵性修行者强调："我是一个创新者，我为祖先的知识扩了容。我们，希皮博人，像任何其他人类社区一样，需要成长和改变。我们不能保持原样，如果我们保持原样，游客就会一直盯着只披着羽毛的裸体印第安人看，人类学家也会一直把我们当作博物馆中活生生的展品看。"[93] 阿雷瓦洛通过组织灵性冒险活动每个月能从他的西方徒弟那里得到大约 200 美元。此外，他为海外游客开办的死藤水课程收费为每人 30 美元。

阿雷瓦洛的亲戚、灵性治疗师安东尼奥·穆尼奥斯（Antonio Munoz）也试图利用这些新机会，他从秘鲁的热带雨林搬到了首都利马，并与一位心理治疗师建立了合作关系。这两个人现在提供基于现代和传统技术的治疗课程，并将死藤水饮料纳入了治疗实践。在这种情况下，死藤水作为一种医学分析工具被提供给患者，目的是帮助他们更好地表达他们的恐惧和创伤。穆尼奥斯认为，"萨满需要学习心理治疗的科学，以便更好地治疗病人。我们需要进步，为全世界提供我们的替代疗法"[94]。

这种立场促使一些死藤水从业者从西方科学和医学的角度来合理地使用这种神奇药水。例如，在向西方观众解释死藤水治疗的本质时，向海外灵性追求者提供死藤水的里瓦斯-瓦斯克斯强调说，死藤水是一种维生素，可以增强免疫力，修复人们超负荷的神经元。这位灵性从业者认为许多药物都含有破坏神经元的化学物质，而死藤水恰恰相反，它能保护和修复神经元。引入神经元这一概念使得里瓦斯-瓦斯克斯注意到死藤水对现代城市居民的潜在生态效益，城市居民的大脑中通常都充斥着各类信息和噪声。里瓦斯-瓦斯克斯指出，死藤水的治愈功能除经由可能产生的心理作用实现外，也可以通过安慰剂效应来实现，特别是在患者坚定地相信这种药水的疗效时尤为奏效。[95]

为与带着萨满教意图来到南美洲的西方客人共同建立一个灵性的折中方案，许多灵性从业者根据这些游客的口味为他们定制仪式。例如，在秘鲁，一些萨满试图使自己的仪式更加传统，他们因此清除了仪式中的基督教元素，同时增加了现代西方秘教的习语。比如，很多秘鲁萨满过去经常在治疗过程中使用《圣经》，但 20 世纪 80 年代开始涌入该国的西方灵性追求者认为《圣经》不属于土著传统文化，一些萨满因此把《圣经》收了起来，尽量表现得更加"传统"。通常，迎合西方人口味的治疗师都采用了萨满（chamán）的说法，这也是出于相同的目的，即在他们和西方听众之间架起桥梁。[96]现在许多拉丁美洲的萨满都谈论脉轮或能量，或以治疗仪式的形式包装他们的降神会，由此创造出了由土著和基督徒及"新纪元"元素和相关仪式共同构成的有趣的文化组合。

当前，秘鲁的萨满与他们的欧美同行一样，都强调萨满教的仁慈和治愈的一面，淡化传统萨满教的黑暗面——其实传统萨满教通常充斥着相互指责、报复、复仇，甚至对怀有恶意的动物和人类的毁灭，因为萨满认为这种动物和人类要为各种不幸负责。在当下这种新的、消过毒的、仁慈的亚马孙萨满教中，死藤水都被用于治疗目的。因此，现代秘鲁萨满仍会从病人体内取出魔法飞镖，但他们却再也不会把它们还给那些发送者——在过去这是很自然的，因为按照传统萨满的对手在报复行动中通常都会这样做。[97]

有时，秘鲁萨满为迎合西方观众对玄学的特殊要求，还会以怪诞的形式出现，比如萨满考尔德伦就是这样。有一次，他不得不把原本为长期学徒安排的仪式压缩到很短的时间内，这是为迎合一个奥地利电影摄制组的兴趣，后者是来拍摄《治愈国度》（Healing States）的——这是一部关于他与高级灵性学徒合作的纪录片。此前他曾经告诉过学徒们，他们每年只能喝两次由佩奥特仙人掌制成的含有三甲氧苯乙胺（mescaline）的饮料，但为了拍摄这部纪录片，学徒们却必须每天都喝这种药水。结果，一个学徒出现了不良反应，在返回旧金山的航班上，这位学徒失去了知觉。[98]

与此同时，一些拉丁美洲萨满也以各种方式接纳西方游客的愿望，但这却在海外灵性追求者和灵性企业家中引发了不必要的期待。例如，一位神秘的旅游经营者坚持说："亚马孙雨林正在被砍伐，印第安人正在消失。萨满教不属于印第安人；他们只是知识的守护者。根据他们的预言，新萨满就是我们——生态愿景的新守护者，与地球和谐共处的守护者。"[99]

除秘鲁的亚马孙地区，墨西哥也是向往神秘体验的游客的热门旅游目的地。除前文曾详细讲述过的瓦哈卡神圣蘑菇诱惑之外，灵性追求者还"开发了"惠乔尔印第安人的栖息地，即佩奥特仙人掌所在地。惠乔尔印第安人在民族志文献中因其神秘的年度佩奥特仙人掌朝圣而闻名，在春季和秋季，惠乔尔人通常会前往圣路易斯波托西（San Luis Potosi）的高原沙漠——那里盛产佩奥特仙人掌，取回仙人掌用于他们的仪式（见图4-6）。从开始到结束，整个朝圣都伴随着复杂的仪式，人类学家芭芭拉·迈尔霍夫（Barbara Myerhoff）在《采集佩奥特》（*Peyote Hunt*，1974）中对这些仪式进行了描述。

在朝圣季节，一小群西方人去往圣路易斯波托西沿途的土著村庄寻找惠乔尔朝圣者，并试图加入他们。印第安人通常不介意与外人分享他们的佩奥特仪式，前提是后者对他们表示尊重并支付一些现金。来自亚利桑那州科尔尼的31岁陶艺家利奥·默卡多（Leo Mercado）带着他的家人和几个朋友加入了惠乔尔人采集佩奥特的队伍。在印第安人的指导下，他们用了三天时间尝试服用佩奥特。然而，在返回的路上，他们满载着剩下的仙人掌，却被墨西哥警方逮捕，在监狱里待了两个月。尽管遭遇了不幸，默卡多仍兴奋地回忆起他饮用佩奥特酒产生幻觉的经历，"你不仅看到了神灵，你自己还成为神灵"[100]。

加州的鹿基金会（Deer Foundation）是一个能满足类似默卡多这种人需求的组织，该基金会经常组织前往惠乔尔人村落的神秘之旅：既包括体验佩奥特，也包括参与一系列的仪式活动。这个基金会是最早推广部落萨满教的西方中心之一，其由灵性追求者黑雁·塞昆达（Brant

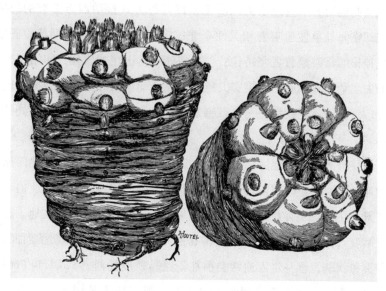

图 4-6　佩奥特仙人掌

注：佩奥特仙人掌被惠乔尔人和其他美洲土著在仪式中广泛使用，并且在 20 世纪 60 年代和 70 年代受到西方部落灵性追求者的追捧。

资料来源：Carl Lumholtz, *Unknown Mexico*（New York：Scribner's, 1902），1：358。

Secunda）领导。塞昆达在纽约布鲁克林一个富裕的犹太家庭长大，18 岁时他离开家流浪到墨西哥北部，在那里他开始跟随惠乔尔圣人何塞·麦苏瓦（Jose Matsuwa）当学徒。经过 12 年的学习，塞昆达成为一个灵性从业者兼灵性旅游经营者。如今，他把西方人带到惠乔尔萨满所在地，并在现场指导他们进行灵性训练。[101]

　　塞昆达说惠乔尔人称他为兄弟，并请他为社区成员进行治疗。这位灵性企业家补充道："我觉得，你基本上可以说我几乎是一个惠乔尔人。"塞昆达说，他喜欢带他的学生去惠乔尔乡村，因为"人们在那里可以看到美丽的文化"。虽然塞昆达是将这些印第安人带入全球"新纪元"文化轨道的人之一，但他也担心，向往神秘的游客带来的不同的服装风格、不同的举止以及西方的金钱，可能会导致惠乔尔人的自然和纯洁被西方的物质主义所腐蚀。

　　欧洲人和美国人参加由维奥尔多、米勒和塞昆达等灵性企业家组织的旅行动机各有不同：对一些人来说，在热带雨林静修和在土著环境中摄入致幻剂代表着深刻的灵性和治疗体验。在给《旧金山纪事报》的一封信中，酗酒和吸毒的乔伊·怀尔德（Joy Wilder）强调，死藤水所诱导产生的幻象，使得她在生命中第一次得以进入"优雅的状态"。回想起神圣的药水给她的生活带来的巨大变化，她写道：

> 我是20世纪60年代即意识革命时期的孩子，参加过"12步项目"、参加过治疗小组，也参加过净化饮食、冥想练习。我虽然完成了上述功课，但我的内心深处却没有被触动。在服用死藤水两个疗程之后，我意识到死藤水具有灵性能量，它可以为我打开那最后一扇门。死藤水能找到我盔甲上的缝隙，使我敞开，让阳光照亮我的灵魂，让春风净化通往我心灵的早已腐烂的通道，祛除我的疾病。[102]

相反，对其他人来说，死藤水仪式、佩奥特仪式和蘑菇仪式，以及一切在异国他乡举办的仪式，却只是许多激动人心的审美体验之一。纽约一家画廊的老板杰卡贝贝尔·卡斯托尔（Jacabeber Kastor）在赴拉丁美洲背包旅行的途中服用了多种当地药物，他的感受恰好反映了上述心态，他说："我们很多人都是中产阶级白人，我们喜欢寻求重要的个性化体验——我们很高兴能遇到陌生的印第安人，而致幻剂让这个过程变得更兴奋和危险。"[103]

在被《卡尔加里先驱报》（Calgary Herald）记者问及是什么驱使他的客户参加野生蘑菇旅行路演亚马孙雨林之旅时，米勒说："对一些人来说，他们来旅行是为了探索幻觉，而其他人却只是想体验一下丛林，寻找蘑菇和药用植物。"例如，米勒在1993年带来的10位灵性游客中，只有一人将整个事件视为一次严肃的灵性冒险。这个人是职业剧作家，他参加这次旅行的唯一目的就是摄取死藤水，他认为这是打开一扇通往原始石器时代神秘之门的机会。这位作家写道："对我来说，这次旅行是一次改变人生的经历。它让你有机会穿越到史前时代。我们参观了一些远离文明社会数百英里的村庄,那里的人们仍然以狩猎采集的方式生活。"可以说,米勒在千方百计地迎合着客户的这种原始期望。他带领的旅游团一踏上秘鲁的土地,就会立即被送上一艘船,直接被带入丛林荒野。"到了早晨",米勒补充说,"文明已经远远落在后面了"。旅游团的另一个成员是一位医学转录员,她对死藤水一无所知,进行丛林之旅只是因为她想"离开"一段时间。当有人提供死藤水仪式时,她决定尝试一下,但也只是出于好奇。[104]

尽管神秘之旅参与者的叙述集中在他们的灵性体验和审美体验上(毕竟,这是他们参加这种旅行的原因),但其中也有一些人揭示了西方人对不发达国家生活的第一手发现。带着萨满教意图旅行的神秘主义游客在收获了灵性以外,有时也可能对有关文化和社会的陈词滥调进行批判性观察,而他们早在大学校园、玄学商店和治疗静修所这些缓冲和绝缘地带就听过这些陈词滥调。在一篇文章中,我偶然发现了一个有趣的花絮,讲的是前往秘鲁的灵性朝圣如何激发了人们对"他者"的真正发现以及激发旅行者对自己故乡的欣赏的。

皮拉尔·蒙特罗(Pilar Montero)是一个有着古老贵族血统的西班牙裔上层美国人,她的朋友阿瑟·科尔曼(Arthur Colman)是一个有犹太血统的美国人,她们一道加入了一个萨满旅行团。在两位神秘旅行团领队——秘鲁人类学家兼萨满胡安·维克多·努涅斯·德尔·普拉多和他来自美国的长期助手伊丽莎白·詹金斯(Elizabeth Jenkins)的带领下,这两个美国人冒险进入了秘鲁安第斯山脉。对蒙特罗和科尔曼来说,这场灵性之旅变成了通往另一个世界——一个极度贫困和停滞的世界的旅程。这两个加州人和荣格学派的分析家,在回忆他们在安第斯山脉的冒险经历时说:"我们在安第斯山脉周围所看到的贫穷,加深了我们对自己所居住的加州这一现实世界的神圣性认知。我们清楚地意识到,不仅是自然,而且还有我们对自然的技术叠加,一起造就了神灵的面孔。"[105]

第五章

萨满教走向全球：米尔恰·伊利亚德和卡斯塔尼达

当学生准备好了，老师自然就出现了。

——谚语

自 20 世纪 60 年代以来，萨满教在人文研究和流行文化中日益受到关注，而这通常与两个名字有关：米尔恰·伊利亚德（1907～1986）和卡洛斯·卡斯塔尼达（1925～1998）。伊利亚德出生于罗马尼亚，是一位哲学家和宗教史学家，曾在芝加哥大学担任比较宗教学教授多年。1951 年，当他还在欧洲时，他出版了第一本关于萨满教的著作 *Le Chamanisme et les techniques archaiques de l'extase*，该著作英译本《萨满教：古老的人迷术》（1964）出版后成为学术畅销书；卡斯塔尼达是一位从秘鲁来到美国的移民。虽然他想成为主流学术圈学者的梦想没有实现，但他本人却通过出版体验性小说《唐望的教诲：雅基人的知识之路》（1968）吸引了众多灵性追求者的心灵，该书还为许多后来的文学效仿者提供了灵感。最终，卡斯塔尼达成为"新纪元"社团的非正式信徒之一。

伊利亚德的著作吸引的主要是学者，还有那些没有被他那复杂表述和由各种语言组成的大量尾注所吓倒的外行。相比之下，卡斯塔尼达的生动小说则以寓言形式将萨满教这一话题推向了大众。这两本书相辅相成，塑造了有关萨满教的流行观念和学术观念。在这一章中，我不仅要详细介绍伊利亚德和卡斯塔尼达对萨满教的贡献，还要介绍他们所处的那个对萨满教等实践兴趣日益提升的时代背景。

社会背景和思想背景

20 世纪 60 年代见证了殖民帝国的终结，见证了第三世界民族解放运动的兴起，也见证了被欧美社会学术边缘化的非西方的"没有历史的人"的复兴。60 年代也是一个越来越不信任作为西方文明支柱的、被珍视已久的进步主义及理性主义观念的时代。许多人逐渐认识到，启蒙运动所引入的这些价值观不仅耗尽了他们的创造潜力，而且应为殖民主义和殖民压迫负责。知识分子越来越多地开始将启蒙运动的实证主义视为一种狭隘的方法，因为这种方法以牺牲其他形式的知识为代价来优先考虑科学。自第一次世界大战以来，西方文明的声望从未跌至如此之低的地步。到了 70 年代，人们越来越坚信西方现代性是一种文化僵局，而且这种看法现在已成为西欧和北美知识分子主流观点的一部分。对许多人来说，"西方文明"这个词已变得毫无意义；对一些人来说，这个词甚至变成了一个骂人的词。一旦人们沉迷于这种观念，西方在其心中就不再是标志性形象，而是成为人类发展的主要障碍。[1]

这种情绪变化产生的诱因之一可能是中产阶级价值观渐进的转变——从以物质主义为基础的传统西方价值观，转向更注重有助于自我实现的生活和精神。人本主义心理学的创始人之一亚伯拉罕·马斯洛（Abraham Maslow）在其著名的"自我实现理论"中描述了这种趋势。这位在 60 年代非常受欢迎的著名学者，将人类价值观的等级喻为"金字塔"：食物和住所是基础，是第一位的。当这些都得到满足后，才有安全感。一个人有了安全感后开始关心爱和归属感。最后，当这些目标都得到满足时，人们开始努力以自由和创造性的方式表达自己。对灵性体验的追求位于价值金字塔的顶端。看来，在 60 年代的富裕西方国家，许多人确实已满足了他们的基本需求，并产生了一种超越父母和祖父母的世俗物质性愿望的冲动。马斯洛认为，受过良好教育且物质上有保障的人，除非沉迷于主流的唯物主义和常规认知，否则就可能会去追求在生理和社会需求之外发挥自己的最高潜力。[2]

马斯洛相信，这种自我实现的过程最终会塑造出一种新的世界性人格，这种人格可以适应任何文化，同时又超越所有文化。马斯洛哲学观点的本质内容是，一个人可以在今生而不是来世就到达我们通常所说的天堂。这种观点以及类似观点在一个受到唯物主义、行为主义和弗洛伊德心理学影响的思想环境中无疑是一股清流。在某种程度上，马斯洛不断变化的价值观"金字塔"有助于我们解释，为什么在 20 世纪 60 年代，物质上有保障且受过教育的中产阶级会加入各类公社，尝试各种致幻剂，参与人类潜能运动，也有助于解释为什么在 80 年代最终产生了一种自然的和另类的精神——这种精神如今已成为西方文化的一部分。灵性追求者在非西方，特别是亚洲和美洲土著灵性传统中找到的灵感，是其自我实现过程的重要组成部分。

在人文和社会科学领域，随着启蒙主义及相关知识的声望下降，人们越来越不信任抽象的学术概念，也越来越不信任那些宏大的、能解释一切的社会和经济计划，因为这些计划把人当作社会和经济力量大博弈中的棋子。相反，学者们开始在他们的研究对象上加上"人脸"，试图强调人类的能动性。像他们 19 世纪的浪漫主义前辈一样，学者们尤为关注人、文化和精神的角色，开始对探索独特的、个人的、非理性的和奇异的事物感兴趣，并重新审视辍学、吸毒和通灵的经历。非西方国家的传统和知识在早期被认为是迷信和不正常的，但后来却成为西方学术界关注的焦点。在人文科学领域，经验性知识获得了很高的地位，过"以人为主体"的生活成为一种流行的做法。[3]

60 年代，人类学从对宏大的文化和生态理论的关注，以及对他者的超然观察，转向了对这些文化进行体验，并探索土著个体如何运转他们的社会。即使是考古学这门本质上局限于研究过去稀缺材料和遗迹的学科，也没有落后。70 年代，一种名为认知考古学的新学派开始兴起，该学派的追随者呼吁同人运用想象力来探索古代人的思想和信仰。在这种情况下，对萨满教和部落民众的意识状态改变产生兴趣是很自然的。

　　心理学也发生了深刻的思想转变，这门学科日益与自我实现（人类潜能运动和反主流文化）紧密交织在一起。在这里，一门新学科——人本主义心理学，开始逐渐取代占主导地位的精神分析和行为主义心理学。精神分析将人视为实际的或潜在的病人，而人本主义心理学则将人视为健康的个体。马斯洛是人本主义心理学的主要发起人之一。这门新学科还重新审视了精神疾病的概念，摒弃了早期流行的、反复使用弗洛伊德陈词滥调的做法。最终，公众对精神分析的兴趣也下降了。以前被认为不正常的东西，现在不仅是正常的，而且可能是"杰出的"和"具有创造性的"。在这种情况下，人们对萨满这种"病态和古怪的"人的态度开始发生变化，也是很自然的。

　　一般来说，对另类现实（改变了的意识状态），特别是萨满教体验的探索，成为超个人心理学的主要议题。超个人心理学是 1969 年在人本主义心理学中兴起的一个新的分支学科，其主张将宗教和灵性视为具有强大治疗潜力的有效体验。除马斯洛的著作外，这一分支学科还借鉴了以下研究：卡尔·荣格——他强调原型和超越性思维——的知识遗产；阿尔多斯·赫胥黎的著名著作《感知之门》（*The Doors of Perception*，1954），该书是迷幻革命的思想灵感来源之一；还有阿伦·瓦兹（Alan Watts）关于利用禅宗佛教技术进行心理治疗的畅销作品。

　　1969 年，加州大学戴维斯分校的心理学家查尔斯·塔特（Charles Tart）出版的著作《意识状态的改变》（*Altered States of Consciousness*），论述了从梦境体验到自然灵性的各种意识改变状态，堪称这方面研究的"教科书"——该书出版后，学术界和大众对意识状态改变的关注均有所增加。[4]塔特的主要观点是，意识不是一个不变的、统一的实体，而是一种平行的、交替的现实。塔特还认为，由药物、冥想、做梦和催眠引起的意识改变状态优于所谓正常的清醒状态。这本书作为心理学课的必读书，很快就收获了广泛的读者。1975 年，加州超个人心理学学院（California Institute of Transpersonal Psychology，现为加州整合研究院，California Institute of Integral Studies，CIIS）促进了这个子学科的制度化。目前，CIIS 作为拥有博士学位授予资格的高校，是世界上少数从超个体角度研究和教授非西方精神实践及西方秘教技术的研究中心之一。

20 世纪 60 年代和 70 年代，许多另类学者和灵性追求者都倾向于在整体上研究人格，并致力于帮助人们充分开发他们的情感和精神潜力。这些学者聚集于加利福尼亚州的伊萨兰研究所，这个研究所是研究自我实现或人类潜力运动的首批中心之一。伊萨兰研究所成立于 1962 年，得到了反主流文化名人阿伦·瓦兹、阿尔多斯·赫胥黎、卡尔·罗杰斯和马斯洛等的支持，最终成为美国反主流文化的圣地和各种另类精神的试验场。值得注意的是，伊萨兰是以曾经居住在该地区的埃塞伦（Esselen）印第安人的名字命名的——他们可能是被这里的温泉吸引来的，该研究所网站也描绘了这里的原始居民和"现代伊萨兰氏族–世界大家庭"之间的精神联系。[5]

伊萨兰研究所是最早将萨满教作为体验课程组成部分的反主流文化中心之一，这里开设的其他课程还有戏剧疗法、瑜伽和各种亚洲灵性技术。60 年代和 70 年代，心理学家朱利安·西尔弗曼是伊萨兰的主任之一。西尔弗曼在 1967 年的一篇论文中主张将萨满教视为一种精神疗法。70 年代初，该研究所吸引了迈克尔·哈纳加入，他是现代西方最早复兴萨满教的人之一。伊萨兰还曾吸引了卡洛斯·卡斯塔尼达前来参加一个萨满教研讨会。60 年代末 70 年代初，智利心理学家克劳迪奥·纳兰霍也担任过伊萨兰研究所某个项目的负责人，他因在城市环境中使用南美致幻死藤水进行实验而闻名，并最终建立了自己的超物理小组。哈纳把纳兰霍介绍给卡斯塔尼达，之后两人保持了几年的亲密关系。[6]

总的来说，基于对启蒙理性主义和唯物主义的强烈反对，公众对意识、精神，以及意识状态改变和异常现象等话题的兴趣急剧增加。在反主流文化圈子里，人们开始相信土著民族的救赎力量，并期望土著文化为现代文明提供治疗手段。早先被贴上迷信标签的自然灵性实践被重新塑造为"超感知"，萨满则被视为西方精神科医生的部落版本——两者只是在不同的领域工作，本质上发挥的是相同的功能。[7]

米尔恰·伊利亚德与古老的入迷术

在心理学和人类学承认神圣感是一种自主和有效的体验之前，宗教历史学家伊利亚德（见图5-1）已在其对世界各地宗教和神话进行比较研究的通论性著作中阐述过类似观点。因此，在他那影响深远的对萨满教的界定中，他完全脱离了对萨满教的病态和唯物主义解释，将其视为一种独立于心理健康、文化和经济之外的对灵性体验的探索。早在1946年伊利亚德还在酝酿《萨满教：古老的入迷术》这本书的时候，他就在日记中写道："我必须从宗教史的普遍角度来呈现萨满教，而不是将其视为一种属于精神病学的异常现象。"[8]

图5-1　宗教历史学家米尔恰·伊利亚德

资料来源：芝加哥大学图书馆特藏研究中心。

不赞同任何将宗教置于特定情境中的方法是伊利亚德整个学术生涯的一个特点。伊利亚德坚信，神圣的东西应该被专门挑出来讨论，而不是被简化为社会生活、历史、经济或大脑功能。他认为，这种方法是可行的——这种方法后来也被称为现象学方法。伊利亚德在其萨满教著作中强调，他考察了"发现于世界各地的梦、幻觉和升天的图像，而不考虑任何历史或其他'条件'"。伊利亚德是在刻意远离这些"宗教现象上的寄生物"，强调自己的目标不是将萨满教置于特定的文化、历史或地方，而是要去捕捉它的普遍本质，即"作为一种宗教民族学现象的萨满教的精神、象征和内在一致性"[9]。

伊利亚德对萨满教体验本身感兴趣，这就自然地淡化了萨满教世俗的一面。伊利亚德用以解释那些"不识字的人"尊重并崇敬萨满的原因的方式很好地印证了这一点：他认为部落的灵性实践者获得声望和权力并不在于治疗病人、制造雨水或保护他们所在的社区不受侵犯等方面，而是在于他们在神圣力量积累的量级上超过了周围的人。他坚持认为这就是古代社会和现代初级社会对成功萨满的看法。

伊利亚德指出，怀着世俗唯物主义心态的现代人是无法理解这种心态的：

> 对于原始人来说，穿上某种兽皮会感觉自己变成了那种野兽。正如我们已看到的那样，即便在今天，萨满也相信他们可以把自己变成动物。记录萨满穿着兽皮这一事实本身并没有什么用处，重要的是记录他们伪装成动物时的感受。我们有理由相信，这种神奇的转变能够实现"走出自我"，而这种"走出自我"经常在入迷体验中得到表达。模仿动物的步态或穿上它的皮就是转变为超人存在的一种方式。[10]

伊利亚德推测，转变为超人的存在使萨满在入迷尾声时得以产生一种快感的体验，而这反过来又使灵性实践者进一步靠近神圣。古代人不仅把动物和兽皮奉为圣物，还把他们周遭的世界奉为圣物，包括树木、山脉、岩石和河流等。他认为萨满教是一种古老的、原始的灵性，它独立出现在所有民族的历史发端之时，从而使这些民族能够与神圣保持直接接触。尽管现在许多学者将伊利亚德的萨满教著作视为印象派和浪漫主义之作，认为他的著作缺乏事实支撑——这无疑是正确的，但我们还是不得不称赞伊利亚德所取得的成就。伊利亚德在其著作中为自然宗教的灵性实践者恢复了地位，而早期的学者却把他们边缘化，认为他们是精神变态，是巫师和巫医。伊利亚德把部落灵性与所谓的世界宗教放在同一水平上，强调说："石头或树木所呈现出来的神圣感，在神秘性和高贵性方面并不低于'上帝'所呈现出来的神圣感。"[11]

在开始撰写萨满教研究专著之前，伊利亚德已经在印度待了三年，出版了一本关于瑜伽哲学的小书，而且那时他在欧洲已经以研究东方神话和宗教而闻名。尽管这位学者着迷于东方世界的魔法和神话，但他从未针对任何特定的文化传统或地区进行研究。伊利亚德作为一个比较学者，一直试图通过进行广泛的跨文化比较去捕捉人类宗教经验中的普遍元素，他因此更欣赏带有想象力的、大胆的和富有创造性的整合。出于这个原因，伊利亚德对他的许多同事主动强加给自己的研究主题深表怀疑。[12]

尽管伊利亚德对当代所有关于萨满教主题的作品都有近乎百科全书式的了解，但他从来不认为自己是萨满教和部落民众方面的专家。作为一位比较宗教历史学家，他认为自己的任务是揭示隐藏在厚重的"文明"之下的那个"普遍的古老模式"，而他对萨满教本质的洞见正是他努力破译这些"普遍的古老模式"的组成部分。伊利亚德非常喜欢"古老"这个词，他经常用这个词作为古代或原始的同义词。在许多场合，他甚至不分青红皂白地用这个词来形容石器时代的人、古典文明中的人和现代的"原始人"，在他看来，这些人都是被现代文明遗失的原始智慧的载体。

因此，根据伊利亚德的说法，世界各地萨满教的普遍要素之一是人迷（意识状态改变），世界各地的萨满都使用这种技术与神圣互动。他发现的另一个普遍模式是萨满飞升至上界。作为一个例子，让我们看看伊利亚德是如何解释后一个原型的跨文化起源的。这位学者以一个阿尔泰（西伯利亚）萨满在降神会上爬上白桦树的例子作为他的萨满教专著的开篇。为描述典型的萨满教降神会，伊利亚德采用了威廉·拉德洛夫的著作《来自西伯利亚》中的相关描述。伊利亚德说，我们暂且假定升天观念来自与阿尔泰地区非常接近的东方传统，但没有任何证据可以证明佛教在阿尔泰地区植入了升天仪式。人们可以在世界各地与古代东方毫无关系的人中间找到类似的升天仪式。从这个角度讲，这位学者总结说，我们必须假设升天的象征与全世界人民的灵性都是紧密相连的，也就是说，它"属于人本身，而不属于作为历史存在的人"[13]。伊利亚德也以同样的方式讨论了古代和现代其他人的宗教体验。

伊利亚德还非常关注另一个重要的普遍要素，即有关中心（轴心）的象征。伊利亚德指出，这一象征的表现形式在不同的民族中可能是不同的：（普遍可见的）萨满世界树和圣山，西伯利亚萨满在灵性之旅中用来进入灵魂世界的桥梁，游牧蒙古包中的烟囱、萨满鼓或楼梯，以及更"先进"文明中的寺庙或神圣城镇等。不过，在本质上，所有这些象征都传达了关于"中心"这一普遍原型的思想。例如，对伊利亚德来说，西伯利亚萨满鼓由仪式上选择的树木制成，表明了它与世界树有联系，而这反映的就是关于"神秘中心"的观点。[14]

伊利亚德还强调，世界各地的萨满教宇宙观均由三个层次组成（另一个经典或普遍模式）：上层、中层和下层世界，它们由中轴（世界树或圣山）连接起来。伊利亚德当然很清楚萨满教宇宙观在不同的文化中是不同的——他在其萨满教著作中指出，在阿尔泰人当中，有些人认为天分为七层，而另一些人则认为天分为九层——尽管如此，他仍然渴望找到普遍模式，他因此指出关于"中心"象征的各种不同版本是后来被补充进来的，这种补充"污染"了根深蒂固的关于"宇宙有三界"的普遍古老观念。比如，他曾指出七层宇宙的观念就是经由古代的东方传播到西伯利亚的若干土著群体中的。[15]

在找寻跨文化宗教象征的过程中，伊利亚德与荣格立场相近——荣格是另一位富有远见的学者，并且后来在反主流文化圈子里也很受欢迎——他们对神圣的看法也有些相似。尽管荣格的思想是建立在心理学研究基础上的，但就像伊利亚德一样，他感兴趣的也是寻找精神生活的跨文化原型。伊利亚德非常为这位瑞士同人（指荣格）关于"世界范围内宗教和神话象征主义的普遍平行性"这一概括所吸引，但对他来说，荣格的学术却只是他众多理论灵感之一。如伊利亚德对萨满教的若干普遍符号的确立受到了从事欧亚神话研究的芬兰民俗学者的影响，特别是受到了宗教历史学家昂诺·哈尔瓦-霍姆伯格的影响，后者撰写了《生命之树》（ *Der Baum des Lebens* ）、《阿尔泰人的宗教信仰》（ *Diereligiösen Vorstellungen Der Altaischen Völker* ，1938）等。[16]伊利亚德采用了哈尔瓦-霍姆伯格在欧亚民族神话和灵性中发现的典型象征，并将其扩展到世界其他地方；伊利亚德也受到了西伯利亚地方主义者所撰写的民族志的影响，这些地方主义者致力于在欧亚神话中寻找普遍模式，伊利亚德是从德语文献中得知了他们的作品。

在《北亚萨满教的形成》（"The Formation of North Asian Shamanism"）一文中，伊利亚德对那些认为萨满教是北亚特有地域性灵性实践的观点提出了挑战，这也是他关于《萨满教：古老的入迷术》一书的结论。正如史禄国在通古斯萨满教中发现了萨满教与佛教的联系（见第三章），伊利亚德也承认藏传佛教和西伯利亚南部土著信仰之间有关联，但这是否意味着像史禄国所说的那样，即佛教塑造了埃文基萨满教呢？伊利亚德对此持反对意见，他强调通古斯萨满教"不是佛教的产物"[17]，他甚至把这些字用斜体来表示。这位学者写道，东方传统可能在形式上对埃文基萨满教有所影响，因为毕竟后者的神灵中确实有佛教神灵；但关键是这种影响并未波及萨满教的"普遍的古老模式"，如轴心观念、世界树、入迷或升天等。伊利亚德坚持认为，尽管发生过变化也有过创新，但这些核心元素在萨满教这种古老文化中仍根深蒂固，一直保持未变。伊利亚德推测，每一种萨满教，如果抛开当地文化特征和外来创新等要素，总会显示出其普遍的原始根源。

在这种情况下，人们应如何区分萨满教中的古代元素和现代元素呢？伊利亚德用他富有创造性的想象力回答了这个问题。例如，他以某种方式假设，萨满飞到天界（上层世界）以获得神灵帮助这种方式可以追溯到古代，而萨满降到下层世界则是后来的创新。这位学者暗示，在古代，灵性力量分为善良和邪恶两种性质，善良的神灵居住在天界，而邪恶的神灵则居住在下界。事实上，很多土著部落社会从未对神灵进行过善恶之分。例如，许多 18 世纪和 19 世纪的民族志告诉我们，西伯利亚和北美的土著人认为所有的灵性力量——无论他们居住在哪里，都是中立的。这些神灵既可以变得仁慈也可以变得邪恶，不过这其实取决于人类对它们的安抚程度。

相比之下，伊利亚德所界定的"顶级萨满"都渴望飞向天堂，而将通往下界的灵性之旅视为下地狱。这位学者将去往下界的萨满之旅视为一种超越古代灵性的创新，并称这种旅行为"地狱"之旅，是一种前往"恶魔"居住地的旅行——请注意这里所使用的犹太-基督教寓言。伊利亚德根据他创建的古代萨满教蓝图提出，因为埃文基萨满对飞升至上界（古老的技术）投入的注意力太少，所以他们的萨满教是"颓废的"，也因此缺乏经典模式。[18]

批评者认为，伊利亚德认为上界优于下界，暴露了他源自基督教的偏见，因为这不是对萨满教的实际演变的描述。使用《圣经》中的隐喻无疑是不利于他对萨满教进行跨文化描绘的计划的，如果他不选择使用这种隐喻，他为此所做的努力原本可能是合理的。例如，伊利亚德将全世界萨满教职业的起源与人类"堕落"的观念联系起来。他写道，我们从世界各地的各种神话中了解到，在某些未知的原始时代，人们以一种神圣方式生活着，他们与自然世界亲密且和谐——动物和人说话，人也和动物说话。事实上，人和动物曾经如此接近，以至于人可以变成动物，然后动物再变成人。在那个天堂时代，每个人都可以直接接触神圣。

　　伊利亚德在其为大学生准备的关于萨满教的要点说明《原始传统中对天堂的向往》（"The Yearning for Paradise in Primitive Tradition", 1962）中指出，人类一旦脱离了自然世界，断绝了与"天堂"的亲密联系，就失去了通往神圣的捷径。也正是在此时，人们立即开始渴望回归到能与神圣直接接触的状态，因此而产生了"对天堂的怀念"。这位学者指出，幸运的是，古代和现代的部落社会都能够通过特殊的中介——萨满——与神圣保持一致，而萨满能帮助普通人"重建原始人类的状态"[19]。

　　因此，萨满就是那些保持着人类最初能力的少数人，他们可以与神圣的动物交谈，变成它们，然后再回到日常世界。在伊利亚德看来，萨满的所有仪式活动都是对人类失去的原始自然状态进行神秘重建的练习。他以萨满教中普遍存在的模仿动物声音的做法为例——虽然对许多早期的观察者来说，这种行为是萨满怪异行为的证据——指出这种模仿意味着建立"与动物的友谊"，"这使他们能够获得动物的自发性"，并最终使灵性实践者"远远超越人性堕落的普遍状况"[20]。

　　伊利亚德相信，通过求助萨满，部落中的人学会了如何应对这种原始的堕落，因此从未与自然天堂失去联系。相比之下，那些踏上不稳定的文明和有组织宗教道路的社会却经历了第二次堕落，而这第二次堕落被证明是致命的。根据伊利亚德的说法，以神话和萨满教仪式为代表的传统灵性圈能以象征性的方式让人们重回天堂的状态，但现在它被打破了，由此，灵性不仅变得遥远和难以接近，而且还进入了地下、进入了无意识状态。最终，堕入文明（fall into civilization）的人们陷入世俗主义的沼泽。在西方文明中，神圣注定要在幻想、文学、艺术、音乐或社会理论的层面上作为怀旧情绪而徘徊。唯一的例外是基督教神秘主义者，伊利亚德认为他们是萨满的现代版本。在他看来，现代社会无论如何都无法产生任何一种人类的代理人，但只有这种代理人才能像古代萨满一样，让人们在精神上重新回到其已失去的天堂。

　　虽然引用基督教寓言可能会使伊利亚德的学术研究有缺陷，但这其实也可能提高了他的书的受欢迎程度。毕竟，他在作品中流露出的偏见是一种普遍性的偏见。他是一位开明的学者，愿意接受各种灵性体验，前提是它们符合他的浪漫主义传统并挑战了主流的犹太-基督教传统。哲学家道格拉斯·艾伦（Douglas Allen）为伊利亚德写了一本中肯的学术传记，他告诉我们，伊利亚德的思想同时受到西方和东方各种灵性的影响，其中既包括印度教传统、神秘基督教，也包括炼金术和东欧农民的自然主义导向基督教等。

伊利亚德在其浪漫的原始主义基础上叠加使用《圣经》习语的学术研究，可能对现代西方灵性追求者很有吸引力，因为后者对所有这些象征都很熟悉。这些人中的很多人都与伊利亚德一样来自相同的犹太-基督教传统却并不信任这种传统，他们不约而同地以各种非西方的、前基督教的或早期基督教的和西方秘传宗教的灵性为精神来源。伊利亚德曾指出，他一生都在努力理解那些信仰特定事物的人：萨满、瑜伽修行者、澳大利亚土著以及著名的基督教圣人，如埃克哈特大师（Meister Eckhart）或阿西西的圣弗朗西斯（Saint Francis）。[21] 带着这样的心态，伊利亚德肯定不是一个信仰基督教的宗教学者——就像他的批评者所说的那样。他总是批评主流基督教传统，更喜欢非西方的灵性和西方的神秘主义，他认为后者才是永恒的、整体的、有机的和非线性价值的载体。

在伊利亚德看来，古代和现代的部落民众通过举办神圣仪式，周期性地废除时间，将自己带回到天堂时段，从而使自己生活在神话中。在这样的社会中，整个生命都在循环往复。这种愿景也可见于目前流行于欧洲和北美自然主义灵性社团中的神圣"圆圈"隐喻（其来自美洲印第安人）。伊利亚德推测，相比之下，西方社会把"神圣的过往"从日常生活中挤压了出去，与此同时，这种生活却像一支箭一样，总是朝着进步的方向行进。生活在持续的"历史恐怖"下的西方人不得不为此付出高昂的代价：毫无意义的存在、压力，最终死亡。根据伊利亚德的说法，许多当代问题在本质上都源于西方传统对神圣和灵性的不懈诋毁，西方也正是借此创造出了科学和技术的偶像。这位学者在其整个职业生涯中一直是启蒙运动传统的坚定批判者，他对理性主义、唯物主义、线性发展和有组织的基督教均持批判态度。

早在 20 世纪 60 年代这种情结流行之前，伊利亚德就已经怀有此种情结了，而这可能有两个原因：从 20 年代开启职业生涯之初，伊利亚德就扎根于欧洲浪漫主义传统，并尤为推崇当时流行的东正教和有机"土壤"灵性。他拥有罗马尼亚民族主义情结并非小事，因为这种民族主义情绪，在 20 年代和 30 年代的许多欧洲知识分子中广泛存在，其通常与对西方启蒙传统的不信任结合在一起；此外，他与东方的交往显然又增强了他的反理性主义情绪和反西方情绪。无论如何，他的世界观在 60 年代末开始变得"重要起来"，当时，西方现代性吸引力的日渐下降为反理性主义留出了空间，而这可能有助于解释为什么伊利亚德最终在 70 年代获得了知名学者的地位。

伊利亚德解释说，他热切关注古代灵性是因为他希望纠正欧洲中心论的学术偏见，而这种偏见系统地贬低和忽视了古代神话和信仰：

> 我试图为西方人打开通往其他世界的窗户——即使其中某些世界在数万年前就已经毁灭了。除弗洛伊德或詹姆斯·乔伊斯，我也还有其他可以对话的人：我试图理解旧石器时代的猎人、瑜伽师或巫师，以及来自印度尼西亚的农民，还有非洲人，等等，我试图与每一个人交流。[22]

伊利亚德与 60 年代和 70 年代的许多反主流文化者保持着一致，他认为，在为时已晚之前，欧洲人和美国人应该向非西方人学习，学习后者通过神话和灵性的透镜来看待周遭世界，这样人们才能回到最初的和谐。他说，例如，如果我们学会理解现代澳大利亚土著人的灵性或他们石器时代祖先的灵性，就可以唤醒我们原本持有的永恒的灵性知识。1951 年，伊利亚德在出版其萨满教著作的第一个法文版时，非西方的灵性信仰仍然是一个边缘的、主要是民族学感兴趣的对象。然而，伊利亚德却预言般地写道，欧洲文化的命运如何，将取决于其是否能与非欧洲灵性世界对话。[23]果然，当西方人在 20 世纪 60 年代对自己的传统感到担忧时，他们越来越多地求助于非欧洲的传统。

伊利亚德反复强调，虽然我们注定要生活在西方文化和历史中，但也应该掌握能保护自己免受西方权力侵害的方法。为此他至少提炼出了如下议程："我的基本关注点恰恰是逃避历史的手段，通过象征、神话、仪式和原型来拯救我自己。"对伊利亚德来说，这种思维倾向满足了人类超越日常状态进入梦境、神话和想象世界的自然需求。毕竟，正如他在自传中所强调的，"对幻想、白日梦和冒险的渴望一如既往地存在于现代人的灵魂中"[24]。

既然西方文明已将古老的知识降级到潜意识层面，那么我们的工作将是重新激活它，并将它带到意识层面。伊利亚德认为，西方人走向神圣的第一步是学会如何认真对待象征、隐喻和故事——一切可能带有古代象征残余的东西。伊利亚德认为，这种方法有助于打破西方社会的精神健忘症，让我们回归有意义的生活。

尽管这位学者总是试图保护自己的生活不被好奇的外人所发现，但从他不经意间发表的言论来看，他对现在可能被称为"萨满的灵性练习"并不陌生。据说早在 30 年代，当他需要处理一个问题时，他就会躺在床上，闭上眼睛，让自己进入入迷状态。在这种时刻，他感觉到自己"已经完全置身于外星或一个逝去的世界，然后我会开始在那里生活，在一个对我来说似乎完全真实的地方生活，遇见那种会对真正有趣的问题感到兴奋的非凡生物"[25]。

伊利亚德从不太关心 60 年代的美国文化和社会生活，但他同情反主流文化运动，认为这是西方文明的一剂良药。1962 年，在一本由大卫·尤因（David Evin）主编的文集《毒品体验》（*The Drug Experience*，1961）中，他偶然发现了一篇描述三甲氧苯乙胺如何影响意识状态改变的文章。那篇文章特别吸引伊利亚德的是对一个人的描述：那个人能够通过摄入佩奥特去往"时间以外"。伊利亚德在日记中提到，他在阅读那份记录时"高兴得发抖"，很明显，伊利亚德的这一评论表明他在这一段描述中找到了药理学证据，由此能够印证他此前在萨满教研究中以及其他相关论著中所提及的"废除时间和回到古代的可能性"[26]。

迷幻的 20 世纪 60 年代和对萨满教致幻剂作用的新研究，迫使伊利亚德重新审视他对萨满教中使用的能改变意识状态的草药所持的负面看法。最初，他认为使用致幻植物是经典萨满教的退化，并强调真正的萨满教是用诸如击鼓、摇响或吟唱等方法来诱导意识状态改变的。但反主流文化运动和致幻剂研究让他认识到，植物致幻剂和其他能引导人类进入非世俗世界的工具一样古老。

伊利亚德指出，现代人逃离世俗时空、回归神话的另一种方式是虚构。他认为，在现代社会，文学扮演着与古代社会神话相同的角色。有一次，他把小说称为现代社会中"神话行为的残余"。虽然他承认，读一本小说所花的时间肯定不同于一个古代人对一则神话的重演，但这仍然是废除历史的一种方式。伊利亚德本人就是一位小说作家，他也直接参与了神话意识西方版本的创作。

在他的自传中，伊利亚德反复谈到自己是从事双重职业的人——学者和作家。例如，在撰写《萨满教：古老的入迷术》的同时，他还创作了一部推理小说《禁林》（*The Forbidden Forest*）。有一次，在被这两件事左右拉扯时，他选择暂且搁置对古老入迷术的研究，完全投入小说创作中。[27]同样值得注意的是，伊利亚德在 30 年代是作为罗马尼亚文坛的知名人物而开启自己的职业生涯的。平心而论，他对自己做学问和搞创作这两者彼此相关联持矛盾心情，他偶尔会把两者各自独立开来，但其他时候也会表示文学和学术是同一项创造性事业的组成部分；他认为人性在本质上是非理性的，因此拒绝站在理性主义和确定性知识那一边。

虽然伊利亚德的作品被格式化为带有尾注和相关术语的学术文本，但严格地说，伊利亚德的萨满教研究和其他作品都不是传统意义上的学术著作，它们被注入了大量的想象力，处于主流学术研究和文学创作的中间地带。伊利亚德的萨满教作品是写给所有同时代的、准备用想象力飞翔的人的；伊利亚德让读者沉浸在神和魔术师居住的神话世界里，在那里，一切都是可能的——死者复活了；人消失了又重新出现，或者变成了动物，反之亦然；自然法则被废除了；人类被赋予了自由登上天堂的能力。正如宗教学者丹尼尔·诺埃尔（Daniel Noel）告诉我们的那样，我们有理由相信伊利亚德"文学的那一面"给他的萨满教著作渲染上了印象主义色彩。我认为"幻想家学者"（visionary scholar）这个词最能定义像伊利亚德这样的学者型作家。人们同样可以把这种说法应用于他的一些朋友和同事，包括荣格和坎贝尔·约瑟夫。

虽然伊利亚德在当前人文学者中的声望已有所下降，但他的书在现代西方秘密宗教社团中仍然很受欢迎——究其根源，是因为他不仅是在面向学界开展工作，而且在这个过程中也在试图引起欣赏灵性世界的普通读者的注意。因此，伊利亚德特别强调，他在构思自己的萨满教论著时，并不想把自己局限于只是写一本学术书："如果这本《萨满教：古老的入迷术》能被一些诗人、剧作家、文学评论家和画家阅读，我会很高兴。也许他们中的一些人能比某些东方学家和宗教历史学家获益更多。"[28]

伊利亚德在该书"前言"中再次指出，该书主要是为非专业人士设计的。尽管如此，在实证主义和精神分析占统治地位的20世纪40年代末，这位学者也并没有对吸引大量读者抱有幻想。事实上，他在"前言"中承认，他对萨满教的描述很可能会让许多读者感到乏味。

此外，伊利亚德可能也感知到了知识实证主义的时代即将结束，他暗示说，"事情在变化"，古代世界以及现代社会中的古老民族的世界，与当代西方世界相比，既不失连贯性也不失趣味性。此外，他强调任何有教养的、真正的人文主义者，都可以从学习非西方信仰中受益，"因为人文主义不再等同于西方精神传统已经有一段时间了，尽管西方传统也是伟大而丰富的"[29]。

伊利亚德的遗产：支持者和批评者

的确，时代变了。20 世纪 60 年代和 70 年代，一大批对挖掘古老灵性感兴趣的学者和灵性追求者都欢迎萨满教。尽管目前一些对萨满教感兴趣的灵性追求者确实认为伊利亚德的观点缺乏事实支撑，但即便到现在他的书仍然是经典萨满教研究的主要作品。伊利亚德的学术力量在于他能够抓住西方受众的反理性愿望，并能为灵性追求者在寻找替代方案的过程中指明方向。

伊利亚德对萨满教研究的贡献在于他不仅提出了恢复西方人眼中的自然主义宗教的主张，还拓展了萨满教隐喻的地理边界。从某种意义上说，是他让萨满教走向了全球。他的前辈们倾向于将萨满教这种现象限定在西伯利亚、北极地区和北美西部，但伊利亚德则提请学者们将这个习语应用于所有非西方和前基督教的欧洲信仰，因为后者也并不符合世界宗教那种有组织的模式，而且其灵性实践者也是在意识状态改变的情况下开展工作的。在很长一段时间里，伊利亚德的书都是该领域的主要综合性研究成果，其为许多在 60 年代和 70 年代就该主题写作的人奠定了基调、格式和方法。在伊利亚德之后，萨满教研究者变得更有兴趣探索萨满教的超越性方面，不再那么关注其社会和文化背景了——正如许多当今的学术研究者所做的那样。

德国艺术作家安德烈亚斯·隆梅尔是第一个运用伊利亚德的方法将萨满教视为一种普遍的古老灵性的人。隆梅尔在《早期的猎人世界》（*The World of the Early Hunters*，1967）一书中描绘了一个原始社会和现代狩猎社会的灵性图示，这其实是在尝试表明萨满教有着"更广泛的分布"，他也因此写道，他在古希腊和地中海其他文化中发现了"西伯利亚的影子和萨满教的理念"。从这个角度来看，传说中的俄底修斯下到阴间，在那里进行血祭使鬼魂复活，对他来说也是北极萨满教传说的类似版本。[30] 当下的某些人类学家也对伊利亚德的观点持批评态度，并对那些倾向于在超越特定部落的前提下对萨满教进行概括的人表示不满，但这些人类学家中的某些人最初其实也认为伊利亚德的解释是有吸引力的——至少20世纪60年代和70年代伊利亚德的观点在学术界过时之前是如此。

美国人类学萨满教习语的使用发起人之一彼得·弗斯特认同伊利亚德的观点，他赞同萨满教是世界上最古老的宗教，并认为"世界上所有宗教都是以萨满教为根基而产生的"[31]。60年代末，他用这种方法重新审视了奥尔梅克人（Olmec）的猫科动物雕塑，认为这些雕塑所呈现的是正在从人变成动物过程中的萨满形象（见图5-2a和图5-2b）。在弗斯特主要探讨的两个小雕像中，"跪姿人-美洲豹"描绘的是一个跪着的人，另一个则是"站姿人-美洲豹"。两个面目狰狞的雕塑都是半人半动物的形象。弗斯特的前辈推测美洲豹可能是雨神，并将这些雕塑与奥尔梅克人的雨和生育仪式联系起来。弗斯特重新审视了这一观点，得出结论说，这些雕塑可能显示了古代萨满正在转变为其助灵的过程。福斯特指出，这种雕塑和其他相似雕塑上都有一条清晰的分界线，这条线将他们看起来像人的后脑勺和看起来像美洲豹的前脸分开。弗斯特推测，古代雕塑家可能想展示人类的皮肤是如何逐渐剥落而露出里面的美洲豹的。

此外，在人类学家看来，这些小雕像扭曲而狰狞的面孔反映的是古代萨满在从俗世走向非凡世界时可能感受到的那种难以忍受的情感压力。总的来说，你在这些雕像上看到的属于猫科动物的样貌后来变成了"用于祭祀的徽章，其所呈现的是祭司或萨满所固有的、超自然的美洲豹特质，他对美洲豹的认同以及与美洲豹的灵性联系"[32]。

弗斯特强调，从地方到全球，萨满变成动物的仪式都是一种普遍性实践的具体形式之一。他指出，意识变形是世界各地起源神话的共同主题。弗斯特援引伊利亚德的观点写道，当人和动物之间的原始联系被打破后，唯一能够保持这种联系的人就是萨满，是萨满继续在两个世界之间旅行，定期重建人类和动物的神秘关系。在弗斯特之后，许多学者开始假设奥尔梅克雕像和雕刻上反复出现的半人半美洲豹形象就是处于转

(a)   (b)

图5-2　猫科动物雕像

注：根据彼得·福斯特的说法，这些小雕像是由奥尔梅克印第安人（约公元前900~前300年）雕刻的，展现的是"美洲豹"萨满正在转变成他们的助灵。

资料来源：敦巴顿橡树园提供，哥伦布发现美洲大陆前的藏品，华盛顿。

变阶段的萨满。此外，学者和畅销书作家在心照不宣的情况下重新塑造了许多奥尔梅克雕像，这些雕像以摆出各种"杂技"动作的人的形象来表现萨满能变身为身姿敏捷的美洲豹。值得注意的是，弗斯特认为，他对奥尔梅克雕像的再解读是为学术实证主义提供的一种解毒剂，而这种实证主义禁锢了考古学家的智慧。[33]

　　总的来说，萨满教这一习语吸引了许多中美洲的考古学家，尤其是那些研究印第安艺术的人。他们开始像伊利亚德和弗斯特一样，相信神话和信仰在传统社会中延续了几个世纪，而这也使考古学家们相信，他们可以在探索神圣和神话的过程中抛开时间和历史。考古学家大卫·弗赖德尔（David Freidel）是古代玛雅文化研究者，他在学生时代读过伊利亚德的《萨满教：古老的入迷术》后就对萨满教这门学科着迷了。这本书使他确信萨满教确实是"一种非常古老、具有连贯性的和广泛传播的灵性范式"。弗赖德尔重温了玛雅考古学，并开始认为玛雅艺术是萨满意象的反映。后来，这位考古学家与他另外两位同事琳达·谢尔（Linda Schele）以及乔伊·帕克（Joy Parker）都得出结论，玛雅神庙的几座金字塔是与创世有关的山脉的象征。对他们来说，金字塔成就是伊利亚德所谓世界中心（世界轴心）的另一个版本，其提供了通往上层世界和下层世界的通道。[34]

弗赖德尔及其同事都曾亲身参与现代玛雅仪式，并将这些仪式投射到古代玛雅传统中，试图证明"玛雅仪式及其宇宙学已经持续了至少两千年"，而且"玛雅宇宙观中的'实在'从古代一直延续到了现在"[35]。值得称赞的是，作者们并没有坚持认为他们对玛雅历史的解读是对该文化的最佳诠释。他们的主要目标是展现人类的能动性和灵性——这些都是早期考古学家所忽略的方面。这三位考古学家也并不隐瞒，他们在试图给玛雅考古学注入活力的过程中，很大程度上依赖于他们对那个时代灵性渴望的想象。他们写道：

> 我们这些当代朝圣者对最初的建造者的意图一无所知，我们因此在玛雅纪念碑上留下了自己的意义和审美价值，就像我们在思考其他文化和其他时代的艺术杰作时所做的一样。我们的无知恰好能允许现代想象力自由驰骋。在这些废墟中，我们看到了我们想看到的东西，无论是春天朝圣者关于浪漫神秘主义的主张，还是许多毕生致力于玛雅研究的学者们所持有的实用唯物主义。我们不得不承认，我们对过去的感知总是被现在所束缚。我们对玛雅人头脑中的山脉的重建，与细心的考古学家对金字塔山的修复一样，都只是一种解读，而非其真正的原初状态。[36]

　　已故的芭芭拉·迈尔霍夫在从事研究的过程中也深受伊利亚德观点的影响。迈尔霍夫是一位来自南加州的人类学家，因其关于惠乔尔印第安人佩奥特朝圣仪式（1974）的著作而广为人知。[37]在开始对惠乔尔印第安人村庄进行实地考察之前，她已经形成了自己的观点——认为萨满是伊利亚德书中的跨文化人物，所以她很自然地在其所遇到的修行者中去寻找普遍模式。在1976年的一篇论文中，她将萨满描绘成古代魔法的载体，认为萨满从事的是"宇宙性事业"，她几乎逐字逐句地重复了伊利亚德关于"向往天堂"的论点："他（萨满）从下界带回知识，从而将他的信奉者与曾经像神话般人人可及的灵性和地方联系起来。"[38]

　　迈尔霍夫认为，萨满教是一种超验现象，其与部落社会的社会和经济问题无关。她强调，萨满在其社区中占据着突出地位，因为他们在人类世界和三层宇宙之间架起了桥梁。在讨论萨满作为连接人类世界与另一个世界的角色地位时，迈尔霍夫创造了"萨满平衡"（shamanic equilibrium）的概念，从而进一步发展了伊利亚德关于萨满在人类世界和神圣世界之间保持平衡的论点。迈尔霍夫认为，部落社会中萨满的主要任务是训练自己在弥合对立的过程中达到巧妙平衡。这位人类学家推测，那些灵性修行者的目标是避免陷入世俗（此岸世界）的深渊，同时也要避免停留在永久的入迷状态，因为这将使他们永远留在另一个世界。[39]

　　她的平衡论的第一个"活证据"是她在加州印第安人当中的知情者——一个有时喜欢单脚站立并凝视地平线的灵性修行者。第二个是拉蒙（Ramon），一个惠乔尔灵性实践者，他是迈尔霍夫《采集佩奥特》中的主要人物，他曾在喝了几杯啤酒后为迈尔霍夫和弗斯特"展示"在瀑布前单腿平衡站立。有关于此有一段有趣的历史。作家卡洛斯·卡斯塔尼达从迈尔霍夫那里听到了这个故事后把它写进了他的书《魔法故事》（*Tales of Power*，1974）①，将其作为其中的一集，即唐·吉纳罗（Don Genaro）在瀑布旁边跳跃。因为在20世纪70年代早期，一些学者

---

　　① 该书1999年由内蒙古人民出版社翻译出版，书名为《力量的传奇》。为更贴近原文，本书译为《魔法故事》。——译者注

仍然把卡斯塔尼达的书视为真正的民族志，而弗斯特提到的卡斯塔尼达那位"知情人"就是唐·吉纳罗，后者认为在瀑布旁保持平衡是萨满教平衡传统的一部分。因此，这位小说家（指卡斯塔尼达）向两位人类学朋友分享了他和唐·吉纳罗的故事，这两位人类学家后来就用这个故事创立了一个小理论。[40]

迈尔霍夫还用著名童话"杰克和豌豆"（Jack and the Beanstalk）拓展了伊利亚德的核心观点，即人类从神圣状态跌至世俗的深渊。这位人类学家重读了这个故事，将其喻为一次萨满升入天堂之旅。作为一个"可怜的局外人"，杰克注意到一个由废弃的豆子长出来的豆茎已经长到了天上。他感觉到一种来自上界的召唤，因此爬上了豆茎——迈尔霍夫将其解释为伊利亚德宇宙中心（世界轴心）或生命之树。当杰克爬至顶端时，他从一个天界巨人那里偷到了财富，那个巨人于是开始追捕这个小偷。为了自救，杰克赶紧爬下来并砍倒了豆茎，这被认为是砍倒了"萨满"树。通过这样做，杰克永远地终止了他与超自然的联系。带着从天上带来的财富，杰克在地球上变成了一个富有的人。然而，以断绝与超自然的联系为代价，杰克将自己束缚在了世俗世界，不再是萨满了。迈尔霍夫总结说，在这种情况下，家庭的舒适、有序和稳定是以牺牲神秘和幻想为代价获得的。[41]这是对西方人堕落的一个多么美丽的比喻啊！

像伊利亚德一样，迈尔霍夫哀叹现代西方世界在"成熟"的过程中失去了幻想和纯真的灵性。此外，她也为西方社会未拥有很容易纠正这种情况并修复破碎世界的萨满而感到遗憾。与此同时，作为见证了20世纪60年代和70年代反主流文化和人类潜能运动兴起的加利福尼亚人，迈尔霍夫发现，有必要强调"人类在各个层面上的融合可能会再次成为目标和理想，结果就是萨满将会在我们中间再次出现"[42]。

一些中世纪欧洲的研究者也同样被伊利亚德的学术研究所吸引，他们因此采用伊利亚德的"萨满通用模板"，重新审视了早期基督教圣徒和古代日耳曼和斯堪的纳维亚吟游诗人的神秘经历。[43]加州大学洛杉矶分校中世纪历史学家卡洛·金茨堡（Carlo Ginzburg）在《入迷：破译女巫的安息日》（*Ecstasies Deciphering the Witches Sabbath*，1991）一书中重新考察了作为灵性实践的中世纪晚期的欧洲巫术，这非常符合伊利亚德提供的萨满教蓝图（见图 5-3）。金茨堡通过比较中世纪欧洲民间传说中的女巫和狼人与亚洲北部的传统萨满，发现两者之间存在许多跨文化相似之处。像伊利亚德一样，金茨堡比较了被广阔的地理空间和时间分隔的文化。事实上，伊利亚德在他的文章《关于欧洲巫术的一些观察》（1975）中已经指出，欧洲民间传说与萨满教中描述的女巫在行为上存在相似性。但金茨堡比他的前辈走得更远，他暗示被比较的文化之间存在遗传性的亲缘关系，他还探索了以入迷和动物转化为中心的欧亚萨满传统，指出希罗多德（Herodotus）关注的斯泰基人（Scythians），西伯利亚的现代埃文基人和古代凯尔特人都是从太平洋延伸到大西洋的同一个灵性传统的一部分。[44]

在思考原始的"入迷"方法传播至欧洲的方式时，金茨堡推测可能是亚洲游牧民族把他们的萨满教带到了西方，此后欧洲人将这种萨满教改编成他们自己的信仰。这位历史学家强调，"已有文献表明，毫无疑问，欧亚神话之间存在着一致性，这是几千年沉淀下来的文化成果"[45]。这个论点人们似乎在 19 世纪欧洲浪漫民俗学派那里听到过，该学派同样认为欧亚神话拥有共同根源。在本书的第一章，我也曾讨论过某些欧洲浪漫主义学者——芬兰民俗学家、民族学家和西伯利亚地方主义作家的相关研究。

金茨堡认为，中世纪欧洲的巫术民俗是前基督教入迷崇拜的遗迹，但基督教后来将"入迷"从欧洲人的灵性和文化生活中排挤了出去，并对其进行了妖魔化。例如，金茨堡强调，在中世纪欧洲早期的文献中，狼人要么被描述为命运的无辜受害者，要么被描述为仁慈的角色。然而，到了 15 世纪中叶，欧洲文学和民间传说赋予了狼人以凶猛的特质——它们吞食羊和婴儿。在同一时期，公众也开始将女巫视为有恶意的人。金茨堡强调，这就是为什么在中世纪末期，狼人和女巫最终获得了他们在现代故事中如此令人熟悉的邪恶特征。[46]

早期学者认为，在中世纪欧洲，很多人（女巫）往往都是在狂热的

图 5-3　女巫安息日飞行

注：历史学家卡洛·金茨堡和人类学家迈克尔·哈纳将女巫重塑为古典萨满的欧洲版本。

资料来源：Rudolf Quanter, *Kulturgeschichte des deutschen Volkes* (Stuttgart and Berlin：Union Deutsche Verlagsgesell schaft, 1924)，177。

基督教原告施压的情况下才承认自己使用过巫术的。金茨堡扭转了这个观点，他建议我们将女巫在法庭上的证词视为其真的使用巫术的证据。金茨堡断言，女巫骑着扫帚飞行并变形为动物，虽然在基督教审问者看来似乎是与魔鬼签订契约的证据，但其实这可能只是女巫在从事萨满教实践的表现——萨满的灵性飞行和动物变形在非西方自然宗教的民族志描述中很常见。"在这种情况下"，金茨堡继续说道，《入迷：破译女巫的安息日》这部在中世纪最受欢迎的、描述女巫邪恶本性的作品，可能就会成为著名的《萨满之路》的欧洲版。事实上，历史学家搜集的民间传说材料表明，参加安息日活动的女巫进入"另一个世界"然后返回，其实是伊利亚德描述的萨满飞行的经典案例。

伊利亚德也对西方新萨满教的创始人、人类学家迈克尔·哈纳产生了深远影响。这位罗马尼亚移民学者的知识遗产在"核心萨满教"中清晰可见——"核心萨满教"是哈纳在世界各地的萨满教中挑选出来的、他认为是萨满教共同原型基础上开发出来的心理治疗技术。[47]在某种程度上，"核心萨满教"实现了伊利亚德恢复古代知识以造福现代人类的梦想。像伊利亚德一样，哈纳也描绘了一个黄金天堂的时代，那时动物和人类生活在一起，但后来这个天堂消失了。哈纳也同样指出，在人类堕落之后，萨满是唯一仍能与动物世界保持联系的人；他与伊利亚德一样强调：尽管发生了巨大的历史变化，当代生活在偏远地区的部落群体仍然完整地保留了他们萨满教知识的基础。[48]

在当前的学术研究中，弗斯特、迈尔霍夫、金茨堡和哈纳所阐述的观点仍是边缘性的。伊利亚德将萨满教界定为跨文化和超验的并不完全符合当今的后现代主义思想，后者的确倾向于关注那些独特的、不同的和特殊的事物，但其同时也避免做宏大比较。许多当代人类学家对谈论文化原型并得出跨文化结论的方法持怀疑态度，原因之一是他们对能够得出这种概括性结论的来源持怀疑态度——这些来源有足够的代表性吗？或者它们仅仅是通过西方人的眼睛过滤后偶然获得的事实？当今的很多人类学家对能否得出宽泛性的结论持不确定观点，所以他们更愿意将自己的研究限定于特定文化，并让当地人谈论他们自己的传统。这些学者认为，像入迷、飞至天界、三界范畴和宇宙中心（世界树）等由伊利亚德提出的概念，都被他推崇为世界范围内萨满教的普遍支柱，但这些支柱一旦与特定的非西方自然信仰有所不符时，就会"散架"。

事实上，许多人类学家都试图改变或彻底抛弃萨满教的定义。这种趋势始于20世纪60年代，美国后现代主义的领军人物克利福德·格尔兹（Clifford Geertz）认为，西方人发明的萨满教或图腾崇拜等抽象概念毫无意义，这些概念只是为感兴趣的学者提供了方便他们整理材料的工具。人类学家玛丽·阿特金森（Mary Atkinson）也试图放弃伊利亚德关于萨满教的跨文化观点，她有意用复数来呈现"萨满教"，以强调部落灵性实践是独特的、难以一概而论的事实。考古学家罗伯特·沃利斯（Robert Wallis）也用同样的方式描述了现代新萨满教灵性实践的多样性。

后来，人们对伊利亚德作为研究者的可信度提出了更严重的担忧。事实上，作为一位萨满教研究者，伊利亚德是典型的纸上谈兵的学者——他的研究中二手资料非常多，他从未亲身观察过一个萨满。对于那些认为实地体验是深入了解他者文化先决条件的人类学家来说，伊利亚德的这种研究方法必然使他学术信誉扫地。此外，批评家还指出伊利亚德的萨满教论文也包含了许多事实性错误。[49]

然而，伊利亚德对萨满教的解释仍然更受从事宗教和文学研究的学者的欢迎，这些学科似乎比热衷于关注文化细节的人类学更容易接纳关于萨满教的现象学观点。文学研究者斯蒂芬·格罗斯基（Stephen Glosecki）支持伊利亚德关于自然灵性的观点，他强调，"萨满教这个词的确是对一种真正的普遍实践的表达，而不仅仅是人类学家想要强加给部落社会的一个标签，虽然人类学家迫切地想在部落社会中看到这种宗教特征"。另一位文学研究者罗伯特·托兰斯（Robert Torrance）在最近的一部作品中特别提到萨满教是一种普遍现象，不应该被限定在欧亚大陆北部和美洲，但这部作品在很大程度上依赖于伊利亚德对部落灵性的普遍解释。[50]

在伊利亚德在其书中非常宽泛地论述了萨满教这一习语之后，学者和作家们逐渐开始重新审视附体、女巫、魔术师和巫医等这些古老的标签，他们早先也曾用它们来描述部落的灵性实践。到 20 世纪 60 年代末，对上述标签的使用已经过时，在这种情况下，伊利亚德的提法则被证明是非常有吸引力的——萨满和萨满教这两个词语当然是方便的替代词，因为它们不包含与上述术语相关的负面含义。[51]比如巫医和类似的词语虽因与北美民族学联系过于紧密而仍可见于某些学术和通俗著作中，但这种带有性别色彩的术语不如萨满那样更具普遍性和中立性，因此无法被作为对传统灵性实践者的有效描述。

"萨满教"一词的另一个吸引力是它强调部落灵性实践者的主权。伊利亚德所说的萨满是有魅力的英雄，他们能按自己的意志召唤助灵，大胆地穿越时空，与其他世界的灵性力量建立联系。总的来说，对萨满的这种描绘非常符合对非西方文化不断变化的态度，因此，"萨满"形象在 20 世纪 60 年代和 70 年代从毫无存在感到转为重新崛起。作为一位研究非洲传统宗教的学者，I. M. 刘易斯很好地捕捉到了这种对初级社会中灵性实践者态度的变化，"由此，萨满成为独立和希望的象征，而不是屈服与沮丧的象征"[52]。

刘易斯也重新审视了附体概念。早期学者曾广泛使用附体这个术语来描述非洲的灵性实践，暗示"黑暗大陆"的部落医生是被灵性力量所控制的。刘易斯抹去了萨满教和附体之间的界限，将非洲灵媒定义为"不是臣服于异常和混乱而是主宰"。因此，他将非洲的灵性实践者重塑为萨满，并将非洲"萨满"与世界其他地区的部落社会联系起来。[53]刘易斯由此将伊利亚德的萨满教观点拓展至非洲。伊利亚德在其一生中，都没有把非洲纳入他的跨文化计划中，因为他没有走到把附体与萨满教绑定那一步。南非宗教学者 S. A. 索普（S. A. Thorpe）在其比较研究中，完成了刘易斯的任务，他将修纳人（Shona）和祖鲁人（Zulu）的灵性实践者与来自西伯利亚的埃文基同行和来自北美的拉科塔及纳瓦霍同行联系起来，由此将非洲灵性纳入萨满教研究领域。[54]

最后，70 年代初，卡斯塔尼达的畅销小说《唐望的教诲：雅基人的知识之路》将萨满教习语带出了学术界，伊利亚德所开创的萨满教跨文化阐释由此得到进一步普及。

尽管伊利亚德关于古老的入迷术的著作内容全面而丰富，且令人印象深刻，但这本书仍然是一个学术文本。正如一位灵性作家所说，伊利亚德的萨满教论著过于枯燥，无法吸引广泛的读者。[55]随着卡斯塔尼达及其文学模仿者作品的出现，萨满教从学者的世界进入反主流文化领域，后来又进入了自然主义和"新纪元"领域。

卡洛斯·卡斯塔尼达：唐望·马图斯的成就

据传说，一切都始于 1960 年墨西哥和美国边境的亚利桑那州小镇诺加利斯（Nogales）的那个炎热的夏天。加州大学洛杉矶分校的一位人类学研究生坐在小镇上的灰狗巴士站，正在计划去某个地方寻找传统的印第安人，然后写一篇关于土著使用致幻植物的学期论文。他的这次寻找是为了完成其人类学教授给出的一项任务，教授承诺给班上任何能找到并采访到一个活着的印第安人的人一个"A"。

这个研究生决心完成作业并得到"A"，这个决心最终和他丰富的想象力一起发挥了作用。后来，他声称自己在诺加利斯的那个车站遇到了"他的印第安人"——起初是这个研究生的同伴注意到人群中有一个皮肤黝黑的男子，他知道此人是一位对传统草药有所了解的土著，于是向这个研究生引荐了这位土著知识分子唐望·马图斯（Don Juan Matus）。这个研究生就是卡洛斯·卡斯塔尼达，而上述就是未来的畅销书作家卡斯塔尼达和他的另一个自我——萨满唐望之间著名合作关系的开始。没有人见过唐望，但他的灵性影响了大批灵性追求者和学者。[56]

卡斯塔尼达的学期论文讨论了一种叫作曼陀罗的、能改变意识状态的植物的仪式用途（见图 5-4）。"致幻的魔法植物！"当迷幻的 20 世纪 60 年代达到其顶峰状态时，没有比这更好的话题了。很自然，卡斯塔尼达的选择，正如他的前妻玛格丽特（Margaret）回忆的那样，"古怪到足以维持他的兴趣"[57]。后来，卡斯塔尼达详细说明了他从 1960～1972 年跟随唐望当学徒的经历——开始是在美国亚利桑那州，然后是在墨西哥北部的索诺兰沙漠（Sonoran Desert）。但与此同时，卡斯塔尼达的批评者却指出，他大部分的所谓"田野调查"其实很可能都是在加州大学洛杉矶分校图书馆面壁集中阅读关于萨满教和致幻剂的文献。

玛格丽特记得，卡洛斯起初确实和几个真正的印第安人一起工作过，有一次，他跟她提起一个住在棕榈泉附近保留地的卡惠拉

图 5-4 曼陀罗草

注：可以说，卡斯塔尼达用学期论文点亮了自己的写作事业；他在这篇论文中探讨了一种具有强大致幻能力的植物曼陀罗草（曼陀罗属）的仪式使用；很多美洲土著部落都将这种致幻植物用于萨满教仪式。

资料来源：Franz E. Köhler et al. , eds. , *Köhler's Medizinal-Pfllanzen in naturgetreuen Abbildungen mit kurz erläuterndem Texte*（Gera-Untermhaus：F. E. Köhler, 1883-1914），1：23。

（Cahuilla）印第安人。而他所指的人极有可能是萨尔瓦多·洛佩兹（Salvador Lopez）——著名的卡惠拉萨满，以表演吞火而闻名。卡斯塔尼达可能是通过这位萨满住在保留地附近的女友琼妮（Joanie）认识他的，可能也是他告诉了卡斯塔尼达关于卡惠拉人使用曼陀罗和其他致幻剂的事情。在其他场合，卡斯塔尼达也提到过自己正在与居住在科罗拉多河地区的一些身份不明的印第安人一起工作。后来，当卡斯塔尼达时不时从家里消失时，他就会告诉妻子说自己是去墨西哥给唐望当学徒了。[58]

可能的情况是，唐望这个角色融合了若干灵性实践者的特征，如洛佩兹、沃森的玛利亚·萨宾娜，以及卡斯塔尼达从他的人类学朋友那里听说的或在书中读到的其他一些萨满等。他的妻子补充说，卡斯塔尼达为他的主角选择的姓氏可能来自一种葡萄牙佐餐起泡酒品牌"Mateus"，她和卡斯塔尼达喜欢在晚餐时喝这种酒。[59]尽管如此，直到他生命的最后，卡斯塔尼达仍坚持说自己确实跟随唐望学习过，而且确实曾在亚利桑那州和墨西哥北部做过田野调查。[60]有一次，在《魔法故事》的扉页背面，卡斯塔尼达甚至注明了他老师的出生年份（1891 年），但他却审慎地略去了自己的出生年份。这种试图将真实性和主权赋予其当地文化知情人的做法，可能是卡斯塔尼达最喜欢的恶作剧之一。

卡斯塔尼达关于魔法植物的论文最终开启了他辉煌的文学生涯。他不仅因为这篇论文得了"A"，而且还把它扩展成一篇硕士论文。加州大学出版社那些精明的"金融奇才"们，很好地适应了迷幻的 20 世纪 60 年代的精神，把卡斯塔尼达的硕士论文变成了畅销书《唐望的教诲：雅基人的知识之路》（1968）（以下简称《教诲》）。这本书以自由流动的寓言性对话形式写成，描述了唐望如何在五年时间里通过致幻剂让他的学徒卡洛斯（一位人类学学生）接触到另一个世界。

为不把自己的想象力局限在特定的文化背景中，卡斯塔尼达没有把他的萨满和任何特定传统联系起来。一方面，唐望拥有传奇的古代托尔特克人（Toltecs）的智慧——托尔特克人是一千年前居住在墨西哥北部和中部的土著人；另一方面，唐望被描绘成一个身份模糊、文化背景混杂的多元文化巫师。卡斯塔尼达告诉他的读者，唐望拥有雅基人血统，但却不得不四处游走并被介绍给许多其他传统。关于唐望的背景，卡斯塔尼达写道：

> 他从未提及他是在哪里获得知识的，也没有说明谁是他的老师。事实上，唐望很少透露他个人生活的信息。他只说他 1891 年出生在西南部；他几乎一生都在墨西哥度过；1900 年，他的家人与成

千上万的其他索诺兰印第安人一起被墨西哥政府流放到墨西哥中部；直到 1940 年他一直住在墨西哥中部和南部。由于唐望游历甚广，他的知识可能是多种要素融合的产物。尽管他认为自己是来自索诺兰的印第安人，但我并不确定是否应该把他的知识完全置于索诺兰印第安文化中。[61]

卡斯塔尼达强调，他无意去确认唐望究竟属于何种确定的文化背景。对他来说，更重要的是强调萨满教和巫术没有国界。人们可以在卡斯塔尼达随后的书中看到同样的立场。他在自己的博士论文摘要中强调，"经过多年实地研究，我得出的结论是巫术没有所谓文化中心"[62]。实际上，唐望的身份模糊且跨文化，他所扮演的角色让他在任何地方都能感到自在：西伯利亚苔原、非洲大草原、拉丁美洲丛林，甚至洛杉矶的水泥森林——这的确堪称伊利亚德宇宙萨满的文学版。

《教诲》的具体情节很简单。研究生卡洛斯学会了如何使用三种致幻植物：仙人掌、曼陀罗草和裸盖菇。通过摄取这些草药，卡斯塔尼达得以进入精心打造的"玄学实验"，体验到了意识改变状态。这其中一个实验就是那个经常被引用的著名桥段，即卡斯塔尼达在唐望的指导下抽"蘑菇粉末"烟后变成了一只乌鸦：

> 他命令我眨眼。他一定无数次重复了这个命令和其他命令，因为我能非常清晰地记得所有命令。我一定是眨眼了，因为他说我准备好了，命令我把头抬起来，把乌鸦放在下巴上。他说下巴上有乌鸦的腿。他命令我摸摸那乌鸦的腿，观察它们是如何慢慢出来的。然后他说我还没有变结实，我必须长出一条尾巴，而且这条尾巴会从我的脖子里长出来。他命令我把尾巴像扇子一样展开，并试试如何扫地。[63]

在另一个桥段中，卡洛斯吃下了佩奥特仙人掌，然后他开始听到嗡嗡的声音，而且还观察到他老师的眼睛如何变成蜜蜂的眼睛。

毫无疑问，该文本的发布恰逢其时，当时的反主流文化公众已准备好用有异国情调的药物来提升自身的意识。卡斯塔尼达的书顺利地进入了已被媒体普及的赫胥黎的墨斯卡灵（mescaline）之旅、沃森的蘑菇探险和蒂莫西·利里的迷幻药实验所创造的机会市场。1963 年，卡斯塔尼达试图将自己对印第安草药的兴趣与反主流文化联系起来，他于是找到了在墨西哥的利里，请求和这位教授一起工作。卡洛斯试图引起利里的兴趣，他告诉这位哈佛学者（利里）是玛丽亚·萨宾娜让他来和利里分享她的一些秘密的。卡斯塔尼达甚至向这位迷幻运动研究大师递上蜡烛和熏香，说那是来自萨满萨宾娜的礼物。卡斯塔尼达向利里解释说，他是来帮助教授扩充知识的，"我想追随你的脚步。我从瓦哈卡、秘鲁和墨西哥北部的印第安人身上学到了很多。我可以和你分享他们的魔法。我们都可以变得更强大"[64]。然而，利里对卡斯塔尼达的提议并不感冒，所以拒绝了他。很有可能，卡斯塔尼达确实遇到了萨宾娜或附近的一些土著医生——他们都是受沃森作品启发而跑到墨西哥寻求改变意识状态的众多灵性朝圣者中的一员。无论如何，卡斯塔尼达关于蘑菇的第一本书肯定吸引了一大群人，对他们来说，蘑菇成了继大麻之后的主要土著毒品。

尽管卡斯塔尼达的《教诲》描述了致幻体验带来的诱惑，但该书其实并不仅仅探讨了迷幻剂的仪式使用。在书中，唐望向他的徒弟解释说，能改变意识状态的草药本身并不是目的，帮助卡斯塔尼达脱离日常或常规的现实，进入非常规的领域（另一个世界）才是目的。唐望还让他的徒弟参与了许多智力游戏，邀请他思考各种口头寓言和解决哲学难题。在《教诲》和所有后续书籍中，卡斯塔尼达都把自己描绘成一个愚蠢而天真的、接受过西方教育的学生，在和唐望一起学习时，他试图摆脱日常现实的影响，以便向"另一个世界"敞开自己。卡斯塔尼达生前很少接受采访，但在为数不多的一次接受采访时，他如此强调"唐望"系列图书的主旨："唐望萨满教的目标是打破历史和日常感知的界限，去感知未知"[65]。这条挑战美国中产阶级道德观并主导了卡斯塔尼达所有作品的叙事主线，是他的书吸引反主流文化追求者的另一个因素。

C. 斯科特·利特尔顿（C. Scott Littleton）在强调卡斯塔尼达在20世纪70年代对反主流文化受众的影响时指出：

> 几乎每个学院或大学校园都有一批"卡斯塔尼达似的怪胎"，对他们来说，"唐望的教诲"已经变成了一种新的灵知论——这或许反映了一个时代的焦虑和渴望，因为这个时代已对常规的真理产生了深深的怀疑，无论这真理是科学的还是宗教的。[66]

加州宇宙学

尽管卡斯塔尼达被认为是"新纪元"文化的主要灵感来源之一，但其实他是在20世纪50年代末才对灵性世界和神秘学感兴趣的。他出生于秘鲁卡哈马卡镇（Cajamarca）的一个珠宝商家庭，原名卡洛斯·阿拉纳（Carlos Aran），他不想在自己的祖国度过余生，因为在那里他看不到成功的希望。卡洛斯确信，要想有所作为，他需要移民到美国。当他梦想成真，于1951年踏上美国的土地时，他做的第一件事就是将自己的姓氏改为卡斯塔尼达——这是一种抹去旧身份、创造新身份的象征性行为。

卡斯塔尼达定居在加州，在那里，他尝试从事美术和雕塑，还写了一些诗歌和短篇小说。然而，这些并没有给他带来任何认可。英语是他的第二语言，但他渴望学会用这种外语清晰优美地表达自己，因此在洛杉矶城市学院学习创意写作。[67]最终，卡斯塔尼达把他的志向缩小到人类学教授这一职业上。为成为有知识的人，他于1959年进入了加州大学洛杉矶分校的人类学系。他也梦想做一些开拓性的人类学研究，为发表相关成果打开大门。但为谋生存，他也不得不从事各种工作——这是很多移民的命运，这打断了他的创作追求。卡斯塔尼达做过各种各样的零工，包括当出租车司机和卖酒的店员。

在阅读阿尔多斯·赫胥黎的《感知之门》（1954）之前，卡斯塔尼达并不太关心神秘和魔法的世界，而这本书却对他那一代很多灵性追求者产生了重要影响。赫胥黎是英国人，20世纪30年代移居美国加州，他致力于从东方和西方的深奥教义中发展出一种可能成为普遍宗教的哲学。在《感知之门》中，赫胥黎认为致幻剂拓宽了人类的意识，因此是有益于人的。

有一段时间，卡斯塔尼达对这本书如此着迷，以至于他开始把它当作一个启示，他甚至一度将这本书的作者视为自己的榜样。尽管赫胥黎对东方宗教和致幻剂非常感兴趣，并且也反对常规性的智慧，但他并未像垮掉的一代中的一些同龄人那样成为不修边幅的"达摩流浪者"（dharma bum）。穿着得体、多才多艺的赫胥黎彬彬有礼，有文化且聪明，同时又反主流文化——在卡斯塔尼达看来，他就是绅士学者的化身。顺便说一句，卡斯塔尼达在学生时代以及罕见的公开露面场合也总是穿着西装。在成为名人后，这种保守的外表让他的反主流文化观众感到惊讶，他们希望在他身上至少看到一点魔法师的影子。

不久，另一本书，即安德里亚·普哈里奇（Andrija Puharich）的《神圣的蘑菇：通往永恒之门的钥匙》（*Sacred Mushroom：The Key to the Door of Eternity*，1959）取代了赫胥黎的书，成功引起了卡斯塔尼达的注意。这本书作为戈登·沃森的苏摩学术的一个分支，讨论了西伯利亚萨满是如何在毒蝇伞影响下入迷并使灵魂离开自己身体的。最后，在读完另一部开创性著作——韦斯顿·拉·巴雷的《佩奥特异教》（*The Peyote Cult*，1964）后，卡斯塔尼达开启了属于他自己的灵性探索，他告诉妻子他准备去寻找一个印第安人。[68]

卡斯塔尼达对另类灵性疗法和致幻剂的兴趣反映了50年代和60年代的文化环境与社会思潮。没有比加州更适合探索另类灵性兴趣的地方了，加州是反主流文化的思想前沿，也是卡斯塔尼达定居的地方。事实上，不只是加州，整个美国西海岸在传统上对宗教和灵性实验都是持开放态度的。

与"垮掉的一代"和反主流文化相关的人都聚集在加州及其邻近的州。在不同时期，这个州先后庇护过诗人艾伦·金斯伯格和加里·斯奈德（Gary Snyder），还有"垮掉的一代"的非正式领袖、作家杰克·凯鲁亚克，以及传教士阿伦·瓦兹——后来成为哲学家，在西方公众中传播禅宗。赫胥黎在 20 世纪 30 年代来到加州，到了 50 年代他走遍了该州的大学校园并在那些地方谈论人类的潜力和东方宗教。50 年代和 60 年代，许多对非西方灵性和西方神秘主义感兴趣的灵性追求者都受到该地区吸引来到这里。卡斯塔尼达的前妻玛格丽特回忆起那些年的经历时说，60 年代，加州大学洛杉矶分校乃至整个加州都成了"另类灵性圣地"。她写道："在一群新兴的灵媒和超感知觉从业者的影响下，整个加利福尼亚海岸线都开始骚动起来。"[69]

加利福尼亚能成为反主流文化的主要据点，不仅因为这里有迷人的风景并对各种灵性实验开放，而且也因其与西部其他地区不同，是令人难以置信的不同文化和人的熔炉；最重要的是，这里的中上层人士拥有许多资源和闲暇时间去从事追求各种灵性自我实现的项目；还有另一个重要原因是这里有高度发达和资金充足的大学体系，如加州州立大学接纳了大量的学者和灵性追求者，使他们能在这里参与探索自然灵性、改变意识状态以及非西方传统的实验。菲杰弗·卡普拉（Fritjof Capra）、希奥多·罗斯扎克（Theodore Roszak）、玛丽莲·弗格森（Marilyn Ferguson）、林恩·怀特（Lynn White）、加里·斯奈德、罗德里克·纳什（Roderick Nash）、雅各布·尼德尔曼（Jacob Needleman）和其他很多人都是在加州的大学体系里工作的反主流文化学者和作家，他们在这里共同为未来的身体、思想和灵性文化以及伦理——环境历史学家奥尔斯顿·蔡斯（Alston Chase）称之为"加州宇宙学"（California Cosmology）——奠定了基础。[70]灵修作家卡伦·沃格尔（Karen Vogel）说："在我 1975 年搬到加州伯克利后，女神有意识地进入了我的生活。"她搬到加州后，找到了一个社区，与那个社区的人一起分享女性萨满教、女神仪式和迷幻剂。[71]我确信有许多美国和海外的灵性追求者在去往美国西部，尤其是在加州之后，都可能有过类似经历。

20 世纪 60 年代和 70 年代，加州大学洛杉矶分校人类学系有许多人都渴望探索诸如灵性、萨满教和意识变形等主题。许多学者都在寻找经验性知识，这其中除卡斯塔尼达之外，还有一个叫彼得·弗斯特的研究生，他后来成为惠乔尔印第安人的杰出研究者，他同时也是美国人类学和考古学中提出萨满教隐喻理论的先驱。在这个系的其他毕业生中，非常推崇萨满教的还有克里斯托弗·唐南（Christopher Donnan）、阿兰娜·科迪·科林斯（Alana Cordy-Collins）、托马斯·布莱克本（Thomas Blackburn）和芭芭拉·迈尔霍夫。

考古学家马丽加·金芭塔丝（Marijia Gimbutas）和历史学家卡洛·金茨堡都是加州大学洛杉矶分校的杰出学者，前者在 70 年代早期提出了女神灵性（goddess spirituality），后者则将中世纪的巫术与古代萨满教联系在一起——这些学者的出现丰富了知识界的图景。即使是对古代灵性感兴趣的非学者也在加州大学洛杉矶分校找到了自己的位置。丹尼尔·斯塔特尼科夫（Daniel Statnekov）曾是一位古董收藏家，后来他成了灵性追求者。他在回忆录中说，自己当年离开东海岸前往加州，因为那里是"美国新思想的试验场"。他通过考古学家唐南成为加州大学洛杉矶分校文化历史博物馆的非正式成员，以探索古代秘鲁哨瓶和意识改变状态两者之间的可能联系。

考古学家戴维·惠特利，目前是对岩石艺术进行萨满教阐释的主要支持者之一，他也毕业于加州大学洛杉矶分校，他说："很多研究萨满教的人都来自加州大学洛杉矶分校。"当我咯咯地笑着接受这一说法时，他补充道："这是千真万确的，这绝对是真的，虽然我不记得有萨满教的课程，但相信我，它确实存在。"当我开玩笑地问他："也许对萨满教的兴趣某种程度上与加利福尼亚有关？"惠特利起初一笑置之，说"这是我试图避免的问题。"过了一会儿，他又半认真地补充道："这么多人从加州大学洛杉矶分校毕业，这肯定不仅仅是巧合。你想一想——他们来自加州大学洛杉矶分校，而不是伯克利分校，所以其实可能并不因为是加州。""所以可能只是南加州？"我试图继续我们的智力游戏，但我们的谈话不知何故跑题了。

即便是那些刚开始对部落灵性很感兴趣的、初露头角的加州大学洛杉矶分校人类学学者都能从著名的教授那里获得学术灵感，这些著名教授包括人类学家赫拉德·雷赫尔－多尔马托夫和约翰尼斯·威尔伯特（Johannes Wilbert）等，他们都是从事拉丁美洲研究的杰出民族学家；还有心理学家道格拉斯·普莱斯－威廉姆斯（Douglas Price-Williams），他在该校人类学系教书，主要研究梦、萨满教和意识变形。前两位的影响尤为重要，他们都是讲德语的移民学者。雷赫尔－多尔马托夫是一位奥地利考古学家，后来成为人类学家，他搬到哥伦比亚后，在 20 世纪 70 年代作为客座教授经常去加州大学洛杉矶分校授课。这位学者深受古典精神分析传统的影响，同时也是一位了不起的实地研究者，他对哥伦比亚印第安艺术中的萨满象征和萨满幻象的象征都进行了扎实的民族学研究。他有丰富的田野调查经验，曾亲身摄入仪式用的致幻剂，并记录下他对这些体验的印象。顺便提一下，雷赫尔－多尔马托夫也是首批提出"萨满是大部分美洲印第安岩画创作者"这一观点的人之一。[72]

威尔伯特则主要通过与学生的密切互动而对其产生正式和非正式的影响。他是一位来自德国的人类学教授，到美国后成为拉丁美洲研究所所长，因关于瓦劳（Warao）印第安人使用烟草产生幻觉的著作而闻名。[73]正如威尔伯特向我解释的那样，他对萨满教灵性药物应用的兴趣是由民族植物学家理查德·E. 舒尔茨激发的，后者是亚马孙雨林植物的著名探险家。据他以前的学生说，威尔伯特是一位优秀的教育家，经常为他们开设拉丁美洲人类学和萨满教等热门主题的研讨会。这位教授对他的研究生非常好，经常邀请他们去他家参加他的拉丁美洲研讨会，但这不是为了给他们的考试加分，而仅仅是为了让他们获取知识。最终，与会者的数量越来越多，以至于他不得不将研讨会从家里转移到校园。虽然威尔伯特从未将萨满教作为主要研究对象，但他花了多年时间研究烟草萨满教（tobacco shamanism），并为他的人类学学生树立了榜样。此外，这些学生中的一些人也分享了一个故事，即教授本人也加入了烟草萨满教。当我向他提到这一点时，威尔伯特笑着说这是一个荒诞的故事，"我不是萨满，我只是观察其他人是如何被引导加入烟草萨满教的"。

学生们与萨满教和萨满教研究的接触也可能来自加州民族学公共课程，比如卡斯塔尼达曾与克莱门特·梅根联合授课，卡斯塔尼达还曾应克莱门特·梅根之邀写了那篇著名的关于魔法植物的论文。虽然考古学家梅根对宗教并不是特别感兴趣，但学生们默认他讲授的课程就是在讲萨满教。正如惠特利向我解释的那样："如果你上一门加州民族志课程，你会在民族志中接触到很多萨满教的内容，因为加州土著文化中到处都是萨满教。"总的来说，卡斯塔尼达通过在加州生活和在加州大学洛杉矶分校学习，将自身置于一个充满活力的智识环境——在这种环境中灵性和意识状态改变非常受重视，而这给他提供了大量的思想来源，并为他未来将要撰写的书籍提供了素材。

"我们只不过是故事篓子"：后现代主义者卡斯塔尼达

卡斯塔尼达的《教诲》的后续作品《另一个世界：与唐望的进一步对话》（*A Separate Reality：Further Conversations with Don Juan*，1971）、《伊斯特兰之旅：唐望的课程》（*Journey to Ixtlan：The Lessons of Don Juan*，1972)、《魔法故事》（1974）以及其他几本书，激发了数百万读者的想象力。这些书被译成 17 种语言，销量达到约 2000 万册，这使卡斯塔尼达成为与玛格丽特·米德（Margaret Mead）齐名的人类学名人。他坚持不懈地试图模糊自己的身份，加上他的崇拜者在他周围营造的神秘气氛，都提升了卡斯塔尼达作为一个作家兼魔法师的迷人形象。第一本书成功后，卡斯塔尼达意识到他终于找到了自己的位置。在余生中，这位作家一直围绕魔幻现实主义和灵性学徒主题进行创作，但他同时也做了一些改变，如改变人物设定、引入新角色等。然而，在每本书里，你都可以找到相同的主角，唐望和卡洛斯以及相同的信息："在自我束缚的现实世界之外，还有另外一个世界（存在）。"[74]

直到1976年心理学家理查德·德·米勒（Richard De Mille）公开对卡斯塔尼达进行揭露，此前很多学者都认为唐望是一个真正的巫师。尽管如此，敏锐的读者其实都很快就注意到卡斯塔尼达所描绘的民族志景观和自然景观都有问题。第一个发现问题的是世界著名的神圣蘑菇专家R.戈登·沃森，他对卡斯塔尼达所说的把蘑菇粉末当烟抽感到惊讶，因为他在对墨西哥的广泛探索中从未听说过这种做法。沃森很清楚，干蘑菇和蘑菇粉根本无法点燃。因此，他后来说："当我第一次读这本书时，我就觉得这是个骗局。"[75]尽管如此，这位民族植物学家还是好心地只对卡洛斯提出了一个较为"合理的怀疑"，至少他对唐望的存在从未表示过怀疑。人类学家戴维·阿伯勒（David Aberle）——对美洲土著人使用佩奥特仙人掌进行开创性研究的学者，也对卡斯塔尼达的书的模糊的文化背景产生了怀疑，因为卡斯塔尼达的书完全没有提供唐望其人的真实背景。

后来，主要揭发者德·米勒和杰伊·C.菲克斯（Jay C. Fikes）列举了卡斯塔尼达书中的许多矛盾之处：他注意到《教诲》的作者没有就他遇到的魔法植物给出任何本地名字；第一本书描写的故事发生在索诺兰沙漠，但书中描述的风景、植物和动物与真正的墨西哥索诺兰沙漠的情况并不一样，更何况萨满和他的徒弟还被索诺兰沙漠并不存在的动物和昆虫所纠缠？不可思议的是，卡斯塔尼达和唐望能在100℃的高温下徒步旅行；最糟糕的是，卡斯塔尼达也没能提供他与唐望的对话的现场记录。总之，人们没有办法知道卡斯塔尼达的唐望是否真的存在过。

评论家还注意到，卡斯塔尼达的第一本书或多或少还符合人类学的叙事惯例，其中也没有俚语；但到20世纪70年代末，人类学在他的新文本中逐渐消失了，取而代之的是哲学和东方教义，而且卡斯达尼塔还经常用到俚语。唐望的语言也经历了戏剧性的转变，比如，萨满自由地将他的部落语言转换成美国俚语，或者突然开始像大学教授那样说话。

　　特别是当那些恼人的批评家坚持要求卡斯塔尼达向他们揭示唐望实践的细节或神奇蘑菇的化学特性时，卡斯塔尼达就用所谓玄学作为壁垒来保护自己。卡斯塔尼达会简单地说，人们不能用西方学术的标准来验证他从唐望那里获得的知识，"我的陈述都是对现象的描述，这种现象在西方世界的线性知识的条件下是不可能被辨别的。我永远无法用因果关系来解释唐望教给我的东西"[76]。有时，卡斯塔尼达只是诉诸灵性感受，表示以科学观点验证萨满教知识会剥夺世界的魔力。[77]

　　批评家还提到了卡斯塔尼达作品的另一个有趣的方面，即书中情节都很好地迎合了反主流文化读者不断变化的愿望和情感。揭露了唐望虚幻本质的作家德·米勒称卡斯塔尼达为"罗夏"（Rorschach），即被人们投射了情感的人。[78]卡斯塔尼达作为一个敏锐的观察者，总能在朋友和同事中寻找新鲜想法、情节和人物，他能立即捕捉到流行文化的细微变化，用美丽的玄学外衣将它们包裹起来，然后再把它们投放给他的读者。事实上，卡斯塔尼达自己也间接承认他塑造的这个角色的多变本质。在一次采访中，卡斯塔尼达说："对我们来说，唐望一直就在那里待命。他没有消失。他衡量自己的出现和消失，以适应我们的需要。"[79]

　　比如第一本书的主要情节都是围绕着卡斯塔尼达的药理学冒险展开的，其反映了迷幻的 60 年代的大众情绪。他也正是在这个节点上，摄入了致幻剂并思考它们的效果。在该书中，改变意识状态的药草都被描述为拥有自己独立心智的强大存在，如麦斯卡利陀（Mescalito）或佩奥特等植物都成了老师和灵性向导。然而，在卡斯塔尼达第二本小说《伊斯特兰之旅》（1972）中，所有的致幻剂突然消失了。唐望把致幻剂放在一边，开辟了一条基于深奥的瑜伽式冥想技巧和灵性练习而通往灵性的新路线。[80]

　　这显然是卡斯塔尼达对 20 世纪 70 年代初社会气氛变化所做的反应。到这个时候，反主流文化的受众已经厌倦了致幻剂，开始逐渐转向"更安全"的灵性技巧，如神秘学、冥想和打鼓等。与此同时，美国政府也开始无差别打击各种致幻物质。随着这种情绪的变化，卡斯塔尼达的唐望放弃了佩奥特仙人掌、曼陀罗和蘑菇。在书中，唐望向卡洛斯宣布，一旦达到必要的感知水平，就应该丢弃致幻剂；唐望甚至还嘲笑卡斯塔尼达不能理解这个简单的想法，说所有这些改变意识的草药只是他在卡斯塔尼达身上玩的一种巫师把戏。

在出版于迷幻革命的巅峰时期（1974）的《魔法故事》一书中，卡斯塔尼达问唐望："你为什么让我吃那么多次魔法植物？"萨满起初试图一笑置之，"因为你是哑巴"。当卡斯塔尼达催促他做出解释时，唐望告诉他这位天真的徒弟，使用这些草药其实一种休克疗法，他想以此来让卡斯塔尼达突破日常感知的藩篱，让他更容易进入非常规的世界。唐望告诉卡斯塔尼达，事实上，如果一个人足够强大，比如那些有知识的人，并不需要任何额外工具来增强自己的能力，进行灵性练习就足够了。[81]顺便说一句，在他生命的最后几年，卡斯塔尼达变得对（不能使用）致幻剂的关注达到偏执程度，只要哪个人有一点使用致幻剂的嫌疑，他就会把这个人从他身边的核心圈子里赶出去。有一次，卡斯塔尼达谴责他身边的一位女同伴服用了百忧解（Prozac）并试图通过与他发生性关系将有毒的能量传给他。[82]

同样，为迎合公众情绪的变化，20 世纪 70 年代末，卡斯塔尼达开始迎合日益高涨的女权主义情绪。因此，在《巫师的传承》（*Second Ring of Power*，1978）中，他引入了灵性女战士的角色，而此前唐望更喜欢男性伙伴。在美国就《平等权利修正案》①（Equal Rights Amendment）进行辩论的时候，卡斯塔尼达笔下的萨满则被女性信徒包围了。卡斯塔尼达在书中引入女性维度也反映了他个人生活方式的改变：那时，他身边正围绕着几个他信赖的"女巫"，她们也同样作为研究生在加州大学洛杉矶分校人类学系"当学徒"。

卡斯塔尼达对美国文化生活中不断产生的细微变化非常敏感，90 年

---

① 美国在 1972 年为保证男女平等而提出的一项建议修正案。——译者注

代，他也加入了替代性灵性研修运动，其实他本人的书在某种程度上激发了这一运动。此时，卡斯塔尼达打破了神秘的沉默，开始采取实际行动，这种变化令他的读者感到震惊。在女巫泰莎·阿贝拉（Taisha Abelar）、卡罗尔·蒂格丝（Carol Tiggs）和弗洛琳达·唐纳-格劳（Florinda Donner-Grau）的帮助下，卡斯塔尼达建立了一个灵性团体——碧绿集团（Cleargreen，Inc.），并开始教授一种叫作"无极"（Tensegrity）①的"魔法之道"（身体运动）系统。当卡斯塔尼达讲课时，他的女性同事通常会在工作坊的参与者面前做具体示范练习。卡斯塔尼达认为，这种从唐望那里继承来的古老的托尔特克人实践能够帮助人们提升意识，增加身体能量。第一期"无极"培训举办于 1995 年，卡斯塔尼达在一所高中的礼堂里为来自不同国家的 250 名学员开设了为期三天的课程。

　　卡斯塔尼达的书不仅迎合了美国社会和文化生活的特定现实，也迎合了 20 世纪 60 年代迅速赢得美国知识界的普遍后现代主义哲学思想——这可能是他的小说如此受欢迎的另一个原因。后现代主义的主要信息是，不存在真理或客观现实，我们感知到的世界只是我们自己的文化和社会结构的反映。唐望，特别是在卡斯塔尼达后来的书中，开始以哲学教授的身份发言，他反复告诉卡斯塔尼达"现实是虚构的"，这个词所指的只是我们自己的文化和个人经历的投射。在接受《时代》杂志采访时，卡斯塔尼达阐述了他的"唐望"系列书籍背后的哲学，强调萨满教给他上的关键一课是"（他）明白了常规性的现实只不过是社会共识的产物"[83]。

　　如果人们接受了这种看待世界的方式，那么他们可以肯定地说，魔法、巫术和萨满教都是真实体验，它们跟科学一样，都是同一创造性事业的不同版本。与此类似，学术文本也可以被构建成事实和虚构自由交

---

　　① 卡斯塔尼达在师从唐望学习巫术之后"发明"的一种修炼方法体系，包括运动、自我探究、做梦、沉默等，目的是让修炼此法的人过上有意识的和创造性的生活。——译者注

融的艺术，在这个方向上，有些学者因为担心自己的想象力被彻底释放出来而选择中途停下来，但卡斯塔尼达却一直走到尽头，去"想象"他的民族志——毕竟，唐望告诉他"巫师可以构建和塑造属于他们自己的多重现实"。据说，卡斯塔尼达会对他圈子里的人说，"我们只不过是故事篓子"[84]。

在这方面，卡斯塔尼达无疑超越了他的加州大学洛杉矶分校的后现代主义老师，后者认为他在《教诲》的上一个周年纪念版的"序言"中说的那些恶作剧的话就是对他们说的，"我对田野调查太过投入，以至于我确信，那些支持我的人最终还是失望了"[85]。作为一个优秀的巫师兼作家，他只是构建了他"想象的世界"。这个"想象的世界"经由印刷文化被复制成数百万份，并被无数崇拜者接受，最终成为现实。卡斯塔尼达的老师之一、加州大学洛杉矶分校的社会学家沃尔特·戈尔德施密特（Walter Goldschmidt）将卡斯塔尼达的第一本书认定为"民族志兼寓言"[86]，这并不是某些批评者所说的他认可了"卡斯塔尼达'骗局'"，实际上他认可的是反映了社会科学和西方智识文化领域中自然增长的趋势——这种趋势日益模糊了事实和虚构之间的界限。正如我在本章开始时指出的，从哲学角度来说，这种趋势反映的是欧美智识文化领域中浪漫主义情绪的复苏，它是对占主导地位的实证主义和理性主义思想的一种应对。

在《萨满教的灵魂》（The Soul of Shamanism）一书中，宗教学者丹尼尔·诺埃尔探讨了当前西方社会痴迷于萨满教的文学和人类学根源，他提示我们，克利福德·格尔兹、维克多·特纳（Victor Turner）和克劳德·列维-施特劳斯等人类学权威以不同的方式抹去了文学和科学之间的边界，而这表明学术可以被构建为艺术。诺埃尔补充说，1973年加州大学人类学系因卡斯塔尼达的虚构性作品，即后来以《伊斯特兰之旅》为名出版的作品，而决定授予卡洛斯·卡斯塔尼达博士学位，是很自然的一件事，对此任何人都不应该感到惊讶。[87]

多年来致力于揭穿卡斯塔尼达的德·米勒一直很想知道一个人如何

能通过与"虚构的萨满"进行民族志性质的对话来获得人类学博士学位，他对于那些学者中没有一个人站出来对加州大学洛杉矶分校发生的事情进行讨伐，也没有一个人反对该校研究生委员会认可"卡斯塔尼达幻象"的决定感到非常惊讶。此外，批评家杰伊·菲克斯也对卡斯塔尼达及其好友弗斯特和迈尔霍夫进行了类似的抨击，他认为这是"学术机会主义和学者的结合"，并暗示学者们最初就对这种骗局予以了支持，然后又"密谋"将全部问题掩盖起来，以挽回人类学的面子。

在我看来，这样的批评家错过了或者也许并不想看到这样一个事实，即卡斯塔尼达的萨满教作品只是反映了一种既成事实。卡斯塔尼达的书出版的时候，学者们开始意识到，寻找"真实"或"客观"的知识是徒劳的，对此观点的最热情的支持者们甚至很自然地进一步认为，事实和虚构之间没有区别。很明显，20世纪60年代后，人文和社会科学都变得更加接受在非虚构领域开展的文学实验。卡斯塔尼达的批评者们假设现代人类学乃至社会科学都是完全作为实证科学、依赖经验证据而运作的，但这是不正确的。他们没有注意到的是西方智识领域发生的深刻后现代转变——西方智识界的文化敏感性与日俱增，其更接受想象力，更注重道德评判，不再对真理孜孜以求。

卡斯塔尼达对他的建构主义哲学如此着迷，以至于他开始不仅将它作为一种智力游戏，而且作为一种生活方式来实践：他试图和一群崇拜者一起，按他书中所写的那样展开日常生活。卡斯塔尼达喜欢通过模糊和不断改变自己传记的细节来迷惑人们，对他来说，这显然是一个制造和再造多重现实的问题——反正不管怎样，社会现实都是被建构的——当时的主流思想就是如此。卡斯塔尼达还与那些得到他承认的、属于他核心圈子的人一起参与巫术游戏，一起"制造"唐望所教授的那种生活背景和场景。卡斯塔尼达称这些游戏为"真实的魔法剧"——这是一种激动人心的现场表演，他和他的追随者都改了自己的名字、身份和目标；在这出戏里，所有的忠诚、承诺和感情都遭到了嘲笑、粉碎和抛弃。

在他的要求下，他的几个追随者会扮演诸如一对订婚夫妇的角色，他会跟进并检查他们在亲戚面前表演得如何，而这些追随者通常也会相信这个游戏是真的。他的一些亲密崇拜者甚至烧毁了自己的出生证明，给自己起了新名字，切断与日常现实的联系。为了消除"自我"——卡斯塔尼达认为这种"自我"是一种日常现实中的存在，他经常在别人面前斥责他核心圈子的成员。

这位作家和他身边的人都深深地陷入了幻想之中，整个场景对他们来说变得真实而有效。埃米·华莱士（Amy Wallace）是一个任性的"卡斯塔尼达者"（Castanedian），她偶尔会和卡斯塔尼达同床共枕，并把这位作家描绘成一个理想主义者；对她来说，唐望的魔法世界已经成为第二个现实："我不认为卡斯塔尼达是一个无情地追求金钱和女人的骗子。我认为他是坚信自己的梦想，并尽最大努力去实现它的人。"[88]

然而，一个偶然的机会却使卡斯塔尼达成为他自己所痴迷的"现实是一种社会建构"理论的受害者。1970年，卡斯塔尼达在还是一个博士生时已经是知名作家了，他和他的朋友伯克利人类学家迈克尔·哈纳一起去了伊萨兰研究所，他要在那个周末的萨满教培训班上协助后者。培训结束后，他们两人与其他留在伊萨兰的反主流文化学者一起接受旧金山电视公司的采访。在采访中，卡斯塔尼达开始阐述他最喜欢的话题，即"现实其实是不存在的，人们所感知的现实只是社会共识的产物"；他随后还抛出了一个反问："我如何知道我存在？"听到这里，坐在旁边的格式塔心理学家弗里茨·皮尔斯（Fritz Perls）——一个粗鲁而浮夸的人，迅速转过身来，给了卡斯塔尼达一记耳光，很显然，他只是为了给卡斯塔尼达一种真实感。[89]

第六章
人类学、卡斯塔尼达的治疗小说
与新萨满教的印刷文化

突然之间，人类学家就能够看到并体验到萨满意识状态的真实状况了。他们能看见神灵，能用 X 射线透视人的身体，能看到人们变身为另一种形式，甚至能像萨满一样飞到远处——而这些以前都被看作隐喻或迷信行为。

——蒂莫西·怀特
《萨满鼓》编辑

有些时候我们恰好拿起一本书，然后我们的世界就在阅读那本书的过程中或建成或毁灭了。

——蒂拉·布兰登·埃文斯（Tira Brandon Evans）
凯尔特萨满社团

卡洛斯·卡斯塔尼达的第一本书《唐望的教诲》及后续两个文本都以人类学研究为名，这为它们赋予了可信度。不过，卡斯塔尼达的"民族志"没有尾注、参考文献，也没有晦涩的术语，因此不具备正式的人类学学术特征——其实后者经常会吓跑大众。迈克尔·哈纳从人类学专业中退出来就是为了在西方社会推行萨满教灵性传统，他指出，大多数学者所写的东西都像泥土一样干巴巴，他盛赞"唐望"的创造者将萨满教的冒险和激情带给了西方世界。[1]卡斯塔尼达的民族志叙事直接源自索诺兰沙漠，所以它在读者眼里很容易就成了具有可信度的人类学研究文本（见图6-1）。

图6-1　卡洛斯·卡斯塔尼达和他的《伊斯特兰之旅》

资料来源：作者提供。

卡斯塔尼达拒绝提供他笔下人物的确切身份，这反而提升了他的叙事情节的吸引力。读者被赋予了自由的想象力，他们可以去四处寻找与卡斯塔尼达所描写的人物和情节相类似的文化和个人。从长远眼光来看，正如卡斯塔尼达的支持者解释的那样：

> 我们正在阅读的究竟是民族志还是神话，对我们来说并不重要。那些在沙漠中闪闪发光的超自然存在——巨大的精灵飞蛾、来自植物界的盟友麦斯卡利陀，以及能使唐望在令人眩晕的瀑布顶端抓住湿滑岩石的巫师触须等——这些都立即进入了我们的脑海。我

们一直在等待它们，仿佛我们很需要它们，它们就这样闯入了我们的个人神话世界。[2]

卡斯塔尼达和唐望成为具有吸引力的文化模式和知识模式，激发了那些灵性追求者去复制他们的经验。据说，在美国西北部的公交车站，总有人徘徊着想要发现唐望，另一些人则涌入美国西南或者深入南方，穿过墨西哥边界，希望遇到属于他们自己的印第安老师。

要了解一种事物就先变成这种事物：体验人类学和意识人类学

20 世纪 70 年代，不仅灵性追求者们，而且还有很多学者都全盘接受了卡斯塔尼达的民族志和田野调查。他们认真地阅读关于意识变形的"难忘证据"，并且从《教诲》一书中援引资料来支撑他们自己对萨满教和致幻剂的论述。我的美国前辈曾告诉我，70 年代，很多人类学专业导师都被有关唐望的信息所吸引，并经常将《教诲》纳入他们的人类学课程表。这些人当中的一部分人甚至在卡斯塔尼达的民族志首次遭到公开的严重质疑后仍旧承认他的学者身份。一个人写道："我已经认识他很久了，我从不怀疑他的专业。"[3] 在我的祖籍国俄国，由于显而易见的原因，几乎没有人知道关于卡斯塔尼达的论争，因此仍有一些人类学家在其著作中引用美国人类学家卡斯塔尼达与其宝贵的印第安向导唐望所做的"田野调查"。

平心而论，很多欢迎卡斯塔尼达著作的学者并不是对他的民族志抱有幻想和幻觉，而是为其主旨所吸引。卡斯塔尼达从根本上触及了一个敏感的问题，这个问题与后现代主义人类学密切相关：作为学者的观察者应该如何接近他者的文化？在《教诲》的第一页，作者提出了一个问题：我们是应该循环往复地使用那种实证主义的"类别清单，还是应该从特定文化自身作为综合性知识体系的角度对其进行整体性的考察？"[4] 卡斯塔尼达是如此概括其方法论优势的，"任何现象都应该按其本来的样子，按其内在情况及规律的精神内涵被研究"。唯有如此，研究者才能将"萨满教视为（一个）有其自身规则和结构的、具有连贯性的系统"，并进而使其转变为"应该被严肃考察的有延续性的课题"[5]。简言之，卡斯塔尼达认为，一个人如果不当萨满就不能理解萨满的世界。

学者，特别是那些正在研究灵性文化的学者，将卡斯塔尼达视为一个不仅"说出了真理，而且还能按照这种真理生活"的同行。对他们来说，卡斯塔尼达没有用理性主义去肢解土著思想，所以他能够洞察这种思想。卡斯塔尼达刻意避免将他的印第安萨满归在学术类别下，而是相反，他不仅让唐望自己说话，而且自己也参与到巫术世界里。卡斯塔尼达也因此达到了很多人类学家可望而不可即的境界：不是当一个观察者，而是对仪式进行彻底的参与。也有一些同行仅从表面上看待卡斯塔尼达的田野研究的价值，其中的一位叫作 C. 斯科特·利特尔顿的人曾带着一点小嫉妒的情绪说：

> 卡斯塔尼达在由唐望和他的朋友们所实践着的巫术世界中获得了"正式会员身份"，而实际上，这种成就经由卡斯塔尼达的另一次跳跃式转换——从中部墨西哥平顶山去往恐怖又令人着迷的守护神王国——得到了进一步强化，这在人类学史上也是绝无仅有的。我们越来越多的同行都在与萨满进行一对一的紧密合作，如南加利福尼亚大学的芭芭拉·迈尔霍夫和加州大学洛杉矶分校的道格拉斯·沙伦等，但他们中还没有人能做到卡斯塔尼达所做的那样。[6]

很多同行对卡斯塔尼达"不再以所谓模式和范式为中心，而是以人类为中心"表示赞赏，认为这为人类学研究注入了新活力。卡斯塔尼达和唐望，由观察者和被观察者的关系变成了共同创造文化知识的伙伴关系。总之，那些对此感兴趣的学者反而将卡斯塔尼达的虚构看作纠正当下实证主义和行为主义的有效方法。宗教学家丹尼尔·诺埃尔曾花费数年研究卡斯塔尼达的毕生之作，他说自己最喜欢唐望的结局，并强调说："我非常喜欢在一位土著萨满与一位代表西方理性主义的聪明的研究生之间，总是前者占据优势。"[7]

卡斯塔尼达通过一种引人入胜的虚构形式所呈现的"唐望式思维"，其实早已在人文和社会科学中酝酿。例如，在人类学研究中，研究人员开始由原来从外部观察文化（"客位"方法）转而去体验文化（"主位"方法）。换句话说，如果学者们想要了解他者的文化，就必须将自己沉浸于这种文化中，努力成为其中的一部分。把自己想象成印第安人的希腊裔美国作家詹姆斯·海沃特（James Highwater）就抓住了这种知识立场的精髓，并将其描述为"要了解一种事物就先变成这种事物"[8]。对渴望看到"唐望"续集的学者们对此表达出的热烈反响，卡斯塔尼达研究生时代的同行兼朋友芭芭拉·迈尔霍夫评价说，"他们愿意相信"。心理学家理查德·德·米勒，也就是那位著名的致力于揭穿卡斯塔尼达的人曾经问及迈尔霍夫："'唐望'系列很明显是骗局，难道这不还意味着这种模式①是无效的吗?!"迈尔霍夫回答说："当然不是无效的。模式其实都是一样的，但信息总是需要的。"[9]

道格拉斯·沙伦是卡斯塔尼达在加州大学洛杉矶分校任职期间的熟人，他在与我的对话中也对此做出了相似的评价："无论他的著作是不是虚构的，他采取的方法——确认土著人观点的有效性——对人类学来说都是非常必要的，而且，我也觉得这对我们带到田野中的所谓'科学的客观主义'倾向是一种很好的纠正。"从这种学术立场来看，我们也就不难理解为什么一些学者一直以来都将卡斯塔尼达的著作看作人类学界的革新之作，并且称赞他"比以往任何一个民族志学家"都更好地传达了关于非西方人洞察他们以及我们的世界的方法了。[10]

对卡斯塔尼达来说，这种方法是他从加州大学洛杉矶分校的社会学家哈罗德·加芬克尔（Harold Garfinkel）教授那里承袭而来的，加芬克尔教授一直致力于民族方法学的研究，而这种所谓民族方法学其实就是

---

① 指"主位"方法与模式。——译者注

迈尔霍夫和沙伦曾提及的方法的另一个名称。[11]加芬克尔主张，真理依赖于特定的文化传统和民族传统。对于今天的很多学者来说，这种业已成为后现代思潮组成部分的观点似乎是一种老生常谈，但在 20 世纪 60 年代，它却堪称革命性的观点。这种方法被应用于人类学的前提是，对异文化进行考察的唯一合法的方法就是从其内部观察它。从这个观点来看，文化只向其内部人敞开，对陌生的他者则是封闭的。[12]

60 年代，美国人类学界开始逐渐认可内部视角的有效性，这也反映在当时的主位与客位之争上。持主位观点的学者也叫作"民族志学家"（或者民族志方法学家），他们都非常愿意将自己沉浸于本土文化，并努力以当地人的口吻说话；持客位观点的学者则仍保有着传统的实证主义和行为主义方法。有些时候，这两派之间的争论会转变为激烈的争端。1967 年，在美国人类学会年会召开期间，一些学者在酒吧里发生了激烈的争吵，他们大喊大叫，称对方为"肮脏的客位蠢猪"和"愚蠢的主位白痴"[13]。

顺便提一句，对唐望的"创作者"卡斯塔尼达来说，他得花费一定的时间和精力去除自己思想中旧有的理性主义方法遗存。当卡斯塔尼达在撰写硕士学位论文（《教诲》的续篇）时，民族志学家加芬克尔教授曾让他三易其稿，以确保这个学生去叙述灵性体验，而不是去解释这种体验。最初，也就是卡斯塔尼达首次跟随唐望参加佩奥特仙人掌仪式并产生幻觉后，他向加芬克尔教授提交了一篇关于分析自己幻觉的文章。卡斯塔尼达后来如此忆及导师对他的批评："不要进行解释，你谁都不是，你把事情发生的细节直接而详细地讲出来就行，丰富的细节本身就能说明你已经是他们中的一员了。"卡斯塔尼达用了几年时间修正他的文章，但后来又因为导师不喜欢他对唐望的行为做心理学解释而不得不再做修改。[14]作为一个好学生，卡斯塔尼达全心全意地接受了这位资深前辈的建议，打造了一篇充满对话和细节的报告，更重要的是，这些对话和细节全部直接来自"田野"。

卡斯塔尼达以引人入胜的诗歌形式传达了一种新兴方法论，无疑是应该受到赞誉的。他的虚构作品大大地推动了远离原来那种主流观点——将原始人的宗教和灵性视为过时的思维模式之标本而对其进行科学研究——的学术运动。一位既接受卡斯塔尼达的理论也接受他的民族志的人类学家强调，"我们欠他一个大人情，在让人类学脱掉自其产生之初就穿着的超理性主义'紧身衣'的过程中，他是先驱"[15]。唐望续篇以及其他作者的同类作品，使从事萨满教、魔法和超自然等主题研究的学者们的工作变得更加容易，而且也不会再招致其他研究者的嘲笑。20世纪70年代，对这类主题的研讨逐渐变得受欢迎起来，这类主题最终进入主流学术界。考古学家戴维·韦特利也赞同卡斯塔尼达所传递的信息，他告诉我说：

> 我对卡洛斯·卡斯塔尼达的回应从来都是：即便他进行了虚构，他虚构得也很完美，因为他所描述的所有关于雅基萨满教的事，我都能放进北美狩猎-采集类型的萨满教当中。当我读他的书时，哇，会发现那描述的就是加利福尼亚土著萨满。嗯，这个人真是太聪明了。他诚实与否，我不知道，但他显然很聪明。他是受过训练的人类学家。他的博士学位是否值得是另一个问题。

最终，对卡斯塔尼达著作所传递的理论信息的最激进支持者在1974年美国人类学学会（AAA）年会上聚在一起，组建了意识人类学学会（SAC）。SAC的创始人之一斯蒂芬·A. 施瓦茨（Stephan A. Schwartz），特别强调卡斯塔尼达的作品就是该组织得以创立的重要灵感来源。[16]在人类学主流圈中，人们对卡斯塔尼达毕生之作一直持矛盾观点：一方面，想要证实卡斯塔尼达作品的人类学有效性自然是很难；另一方面，这些作品传递的方法论信息却非常有吸引力，而且这种方法论也迎合了当代知识分子的情感，所以不能被简单地忽略。

1978年的AAA年会设置了两个专门探讨卡斯塔尼达的讨论组：第一小组是由德·米勒召集的心理学家小组，其扮演着"卡斯塔尼达终结者"的角色，对卡斯塔尼达持批评态度；第二小组则通过探讨体验人类学和意识变形状态，中和了第一小组的论调。第二小组的参与者称赞卡斯塔尼达为人类学家研究超自然现象提供了便利，并赞扬他将来自他文化的灵性智慧展现在世人面前。一位学者认为，对卡斯塔尼达这样"非常好的、有礼貌的和有亲和力的年轻人"的攻击完全是出于嫉妒。[17]

对萨满教和宗教进行体验性研究是当下最普遍的方法，我们可以简要地将这种方法中所包含的智识立场概括如下：如果一个人或群体坚称他或他们看到了另一个世界并能对其进行描述，我们就应该接受这种说法并且认同它的有效性和真实性。这解释了体验人类学家为探索神圣世界的学者们提供的方法：不要将灵性体验理性化。体验性研究方法的最激进支持者（意识人类学）则更进一步，认为仅仅接受被观察对象的观点是不够的，因为对他们来说，这仍是傲慢的和以欧洲人为中心的。他们主张，为真正理解他者的精神世界，必须真正融入他者的精神世界，接受它、吸收它，并按照它的原则进行生活。伊迪丝·特纳（Edith Turner）是这种方法的主要倡导者之一，她认为必须真正地转向本土传统，在她看来，唯有如此才能让学者从文化内部而不是外部发出声音。[18]

特纳本人一直遵循着这句"宣言"，她不仅亲身参与非洲的治疗仪式，而且正如她所说的那样，还在这个过程中看到了导致人生病的灵魂以一种类似等离子体样貌的、灰色大斑点形式从病人的背部被拿了出来。她强调，这并不是一个象征或隐喻——对她来说，这是一个启示，"这之后，我就知道非洲人是对的了，是有灵魂这种东西的"[19]。另一位人类学家莉丝·斯沃茨（Lise Swartz）曾在加拿大土著人中做田野调查，她探索了土著的再生神话，并得出"'再生'可能在现实中发生"的结论。另外两位学者拉里·彼得斯和罗伯特·德斯贾莱斯（Robert Desjarlais）在尼泊尔时曾进入过萨满入迷状态。[20]来自英国的考古学家罗伯特·沃利斯和社会学家珍妮·布莱恩（Jenny Blain）也采用了这种方法，他们最近还将本土化方法扩展到了当前对西方异教和新萨满教的研究中。通过有意识地接受灵魂的存在，这两位学者成为以萨满教和异教为导向的社团成员，他们同时也成功地将灵性实践与其学术工作结合了起来。

　　"入乡随俗"的人类学的支持者提出了一个有效观点，即强调：在从事对萨满教这类宗教实践的研究时，一个人要么加入，要么出局；置身其外的学者无法获得能够滋养这种研究的重要信息。沃利斯不无正确地强调指出："你不能就坐在一边儿做笔记，只要你在场就必须参与。"[21] 沃利斯的观点当然是对的，不过我却并不完全相信成为真正的信徒就能使一个人获得对灵性体验的更好的洞察。例如，我在 20 世纪 90 年代曾经参加过相关仪式，这当然有助于我更好地理解在阿拉斯加阿萨巴斯卡印第安人当中颇受欢迎的基督教，或那些最近开始自称为凯尔特萨满的西方灵性追求者的行为活动，但与此同时，我也并不认为一个人要探索这些传统就真的需要皈依基督教或凯尔特萨满教。

　　一些追求神圣感的探索者对在主流学术与"精神实在"之间摇摆感到不舒服；但我个人认为，中间立场恰能提供最有价值的见解。人类学家威廉·莱昂（William Lyon）承认，他很难同时置身于两个世界。在连续 11 年参加拉科塔神圣仪式，向萨满华莱士·黑麋鹿（Wallace Black Elk）① 学习并向西方公众呈现自己的灵性体验之后，莱昂终于做出了选择：他雕刻了一个神圣的烟斗，他本人则投身神圣领域——用他自己的话说，去试图"抓住一个灵魂"[22]。

　　另一个很好的例子就是路易斯·爱德华多·卢纳（Luis Eduardo Luna），他是著名的南美仪式致幻剂死藤水的研究者。他最初是作为一个普通学者去往拉丁美洲的，但是经过 25 年田野体验和对当地死藤水仪式的参与，他逐渐成为一位萨满教实践者。现在，他正作为自然社团里活跃度很高的成员组织灵性讲习班。卢纳对自己的这种转变进行了反思，他强调："通过回顾，可以发现这种转变是符合逻辑的，因为我在最初就对死

---

　　①　西方人与传统萨满教相遇后发展出了新萨满教，在此过程中，很多拥有印第安人和西方人混合血统的新萨满在从事新萨满教职业的过程中给自己的名字添加了传统印第安意象。经综合考量，本书将这些融合了传统印第安意象的名字进行了意译处理，如此处将 Wallace Black Elk 翻译为华莱士·黑麋鹿，还有下文将 Hyemeyohsts Storm 翻译为海梅约斯特斯·风暴，将 Lame Deer 翻译为跛鹿等。——译者注

藤水带来的意识状态改变有浓厚的学术兴趣和个人兴趣。"[23]

由学者转变为灵性实践者的最好例证就是哈纳，也正是哈纳发起了当代西方的新萨满教活动。作为希瓦罗印第安人的好学生，哈纳正如他自己所说那样，由观察者转变成了"激进的参与者"——服用死藤水致幻剂，并真的看到了它们所带来的幻觉。激进的参与最终促使哈纳去寻求在都市生活中复制萨满教体验的方式。结果是，哈纳脱离了学术界，成了全职西方萨满。他设立了萨满教研究基金，这是欧美地区首个萨满教学派。很快，他的代表作《萨满之路》（1980）就成了人类学经典之作和灵性入门指南。

墨西哥学者维克多·桑切斯（Victor Sanchez）也经历了从人类学家到灵性实践者的相似转变过程，他详述了自己的转变过程。桑切斯与其他很多人一样，并没有天真到相信唐望的存在，他很大程度上是被卡斯塔尼达的优美文笔所吸引：诗一般的感觉和"对自由和神秘的孜孜不倦的追求"[24]。这位学者对卡斯塔尼达小说中明确表达出来的人生观非常着迷，他最终放下自己的职业认同并褪去西方知识分子的外衣，转向一种更有灵性的生活。桑切斯还组织了一个灵性讲习班，他本人也成为唐望主义思想的志愿宣传者。后来，他还出版了实用指南《唐·卡洛斯》（*Don Carlos*），告诉人们应该如何通过一系列练习，并按照这位加利福尼亚巫师兼作家的思想重新塑造自己的生活。

桑切斯在解释自己转变的缘由时说，他最初也是作为主流人类学家开启职业生涯的，像其他很多人一样，他遵循着常规的学术规则，对土著他者进行观察和分类。但后来，他对这种方法产生了厌倦，开始认识到，自己和很多同事一样，都是"学术征服者"，想要把可笑的逻辑和模式强加给生机勃勃的土著社会。在这种情况下，"变成土著人"对他来说就成了一种很好的补救方法："我对人类学进行了转向，其实可以说是进行了颠覆，我了解印第安人（与我们）的差异性，不再是为改变他们，而是为改变自己——把自己沉浸在对现实的陌生看法中，去发现自己的未知'面孔'。"桑切斯自称是"改变了信仰的人类学家"，说自己通过精读卡斯塔尼达的作品和后来与真正的美洲萨满的共事而逐渐接受了土著的灵性。[25]

与哈纳和桑切斯不同，大部分从事部落灵性传统研究的学者当然更愿意留在学术的围墙里，努力平衡着常态世界与非常态世界。以布莱恩为例，她既是社会学家，也是北欧萨满教和异教实践者，在其近期著作《赛德魔法的九个世界》（*Nine Worlds of Seid-Magic*，2002）中她非常生动地描述了自己试图同时在这两个世界里逗留时体验到的张力。布莱恩在其神圣之旅中，通过进行赛德（Seid）（北欧人的一种神圣实践活动）去往米德加德（Midgard）① 平原，触碰到了著名的"宇宙树"（Yggdrasil）的树皮；她还在大乌鸦的指引下，骑在狼背上感受温暖而柔软的狼毛；在某一时刻，她自己甚至也变成了狼群里的一匹狼，追踪并杀死母鹿，用牙齿撕扯着它的血肉。[26]但与此同时，她也仍是学术"圣圈"的参与者——教授社会学方法、参加学术会议并出版学术文章。

我个人并没有感受过这种张力，因为在我们这个时代，人文和社会科学以及校园文化总体上能容纳任何种类的灵性与文化体验或观点，无论它们看起来有多么不寻常。布莱恩自己也曾论及这种态度上的变化，她写道："当今时代，人们不再主张用彻头彻尾的'真理'和终极的'存在'来呈现世界，而且对不同世界的接受度也越来越高了。"[27]通过揭穿所谓宏大理论和那些被认为是建构出来的真理，后现代主义思潮为进行多重分析提供了可能性，而这反过来又开启了多重世界之门，对于一些人来说，这多重世界中就包含着灵性的存在。

显然，当下的人类学很乐意接受体验性的和虚构性的叙事，这与过去人类学将自己裹在确定性知识的"紧身衣"中形成了对比。学术界基于对这种趋势的认识，现在不仅开始接受关于土著灵性传统的传记，而且开始接受西方新萨满教实践者的灵性体验描述。[28]总之，正如特纳提醒我们的那样，今天人们已经越来越支持体验人类学了。莱昂补充说，意识到"变成土著人"的重要性并且"真诚地参加萨满教仪式"的人类学家越来越多了。[29]

这些当然是事实。毕竟，20 世纪 60 年代和 70 年代，很多反文化项

---

① 北欧神话中人类居住的地方。——译者注

目都成为学术研究和公共知识的主流了。过去，一个人类学家如果变成了土著人，那么他或她的学术生涯就终结了；但现在风向却变了，变成土著人被认为是有利条件，甚至是必要条件；进而，那些对进行这种转向仍很犹豫的人，还会有"被认为对土著人情感持麻木态度"的风险。特纳提醒我们，那些不愿意接受体验方法，不愿意转而信仰他们考察对象的宗教的学者们，是"知识界的帝国主义者"（intellectual imperialists），与过去那些想要消灭异教信仰的基督教传教士并无二致。沃利斯——一位通过接受欧洲前基督时期灵性信仰而变成土著人的考古学家，以同样的方式强调那些不肯变革的学者仍旧陷在"殖民主义宿醉"当中；他还向我们解释说，这些人害怕自己滑入野蛮人的行列，其实是源自西方文化的一种根深蒂固的担忧。[30]

魔法故事：现代西方萨满教的印刷文化

已故宗教学者丹尼尔·诺埃尔考察了卡斯塔尼达毕生之作的诱惑所在，强调指出，唐望系列的确可能是个骗局，但它却是一个非常有力的骗局。为什么这么说呢？诺埃尔是这样解释的，他说卡斯塔尼达之所以受欢迎，原因很简单，因为卡斯塔尼达作为唐望的学徒，用他的小说帮助了在西方社会受到亵渎的想象力和灵性传统的复兴。在当代，欧美人普遍忽视想象力的存在以及想象力的能量。西方人的最大麻烦就在于他们总是将想象力和现实两者割裂开来，暗示前者不是真实的，后者才是真实的，而卡斯塔尼达在给唐望当学徒时则将这种独立的存在视为理所当然。

与著名的宗教史学家米尔恰·伊利亚德一样，诺埃尔也指出，文学、神话和童话等是西方文明灵性传统的最后遗留。诺埃尔写道，如果灵性能够复兴，那么它肯定来源于虚构文学和体验文学。从这个角度来看，卡斯塔尼达似乎是一位强大的现代神话创造者，他能将灵性传统气息重新带回我们的生活。因此，诺埃尔没有否定和揭穿卡斯塔尼达，而是把他的小说看作能够教会我们尊重自己的想象力和梦想的很好的一课，而从长远来看，这有助于我们回归灵性。诺埃尔的表达似乎是神话可以治愈现代西方文明弊病这种已有观念的另一个版本。早期的德国浪漫主义者，以及后来的现代西方神秘主义的杰出先驱，如卡尔·古斯塔夫·荣格和约瑟夫·坎贝尔等，都坚持认为神话可以治愈欧美人过度的物质主义和理性主义。

考虑到西方人对萨满教和相关灵性实践的兴趣持续增长，诺埃尔指出，当下的萨满教社团基本上是作为一种书生气的现象而兴起的，其是由卡斯塔尼达及与其志同道合的作家所开创的文学性文化的一个分支。也就是说，在他看来，新萨满教是大量阅读关于部落灵性传统的虚构、半虚构作品和民族志文本，以及随后试图在生活中再现这种阅读内容的结果。诺埃尔颇具讽刺意味地将他认为已成为灵感源头的印刷媒体称为"萨满人类学"（shamanthropology）。当代萨满教实践者则坚持认为自己的实践活动可直接追溯到古代萨满教或非西方初级社会的当代信仰，所以他们当然不同意对他们的活动做上述阐释。

虽然诺埃尔的确指出了现代西方萨满教的一个重要源头，但是人们还是需要记住，我们在这里，比如在威卡教中，也并不总是能观察到从书籍阅读到灵性实践这种直接的模式。[31]除卡斯塔尼达的作品和另一些具有启发性的文本，萌生阶段的萨满教活动也受益于 20 世纪 60 年代和 70 年代人类潜能运动提供的随时可用的技术。毕竟，作为西方萨满教之父的哈纳在南美有着广泛的田野经历，并且在反主流文化兴起之前就已参与到由亚马孙印第安人所引导的致幻体验中去了。虽然他没把在南美洲土著萨满那里学到的很多东西纳入核心萨满教，但后来却把他在北美印第安人那里当学徒时所学的技术融入了这个体系。

把关于新萨满教的具有启发性的文本都归在伊利亚德和卡斯塔尼达名下，或都归为人类学著作（萨满人类学），显然是把问题过于简化了。我们好像还应该探讨一下新萨满教印刷文化之整体，它不仅包括伊利亚德和卡斯塔尼达，还包括约瑟夫·坎贝尔、卡尔·荣格，也有美洲土著灵性传记与自传、西伯利亚民族志、早期的欧洲中世纪民间传说等形式。

在进行上述修正后，我们就能接受诺埃尔的论点了。他将我们的注意力引到卡斯塔尼达用以复兴精神传统的工具上——与其说是通过他第一本书对致幻草药的力量的描述，或是通过他后来的那次"无极"培训，不如说是通过他写下的与我们发生关联的文字。绝大多数西方人都没有机会到田野中观察萨满，也没有机会按卡斯塔尼达的作品或者真正的民族志描述的方式去异国他乡亲身参与仪式，但每个人却都能参与到书面阅读当中。实际上，卡斯塔尼达就曾为构建他想象中巫师的人格而去加州大学洛杉矶分校图书馆研读相关书籍，而他本人也恰是经由书面材料得以接受灵性启示的典型。

哈纳，作为卡斯塔尼达的同行，也同样指出文字在西方传播萨满教知识方面的力量。哈纳通过其代表作《萨满之路》为现代西方人提供了萨满教指南，他在该书中写道：

> 在西方文化中，大多数人都不知道萨满，更不用说跟萨满一起进行训练了。然而，我们的文化是一种书写文化，所以你并不用进行专业化的学习——书面指南就能够给你提供基本的方法层面的信息。虽然最初通过书本学习基本的萨满教技术可能有点尴尬，但坚持下去，你的萨满教体验就能证明其自身的价值。[32]

与诺埃尔差不多，哈纳也强调"卡斯塔尼达骗局"有助于释放想象和灵性的力量，而这种力量正是西方理性主义的解药。为保护唐望续篇不再遭到批评，哈纳曾解释说，"我认为卡斯塔尼达完全是有根据的"[33]。他也承认卡斯塔尼达可能进行了虚构，但他同时指出卡斯塔尼达也有可能是为了传达一个更深层次的道理。哈纳还以比喻的方式对卡斯塔尼达将人类学与虚构作品所进行的创造性融合和一些萨满为一己私利去欺骗顾客所写的那些书进行了对比，哈纳说，当亚马孙萨满计划从他们的病人身体里取出"有恶意的飞镖"时，他们都是提前将那些飞镖藏在嘴里，然后再将它们从嘴里"拽出来"给观众看——作为病痛已被驱除的可见性证据。[34]

诺埃尔和哈纳所说的卡斯塔尼达信条的智识意义，也同样适用于另一些唤醒欧美人部落精神传统的虚构和非虚构作品。来自加州的超个人心理学家尤尔根·克雷默根据卡斯塔尼达的一部作品的名字将上述作品都命名为"魔法故事"，他认为这类作品可以帮助西方人重新与其本土根源建立关联。为解释人们如何能做到这一点，克雷默借用了一句后现代主义格言——它告诉我们，文学性文本不仅不反映"现实"，而且实际上还主动地塑造"现实"。克雷默建议说，现在我们不应该问是否存在"现实"，而应该问"是否存在我们想要创造的共识性'现实'，这种共识性'现实'是我们想要参与其中的吗？"[35]

这位学者推测，既然我们无论如何都生活在一个叙事性现实（narrative reality）中，我们当然应该认真考虑卡斯塔尼达、海梅约斯特斯·风暴（Hyemeyohsts Storm）和林恩·安德鲁斯（Lynn Andrews）创作的以部落为背景的小说等魔法故事，因为它们可能会成为塑造属于我们自己的"现实"的有力工具。总体说来，克雷默认为，通过扮演人类思想和灵魂的工程师，这些作家及其志同道合者传播了新的思维形式，这可能最终会促使读者去塑造属于他们自己的魔法故事，并最终可能会促使一种新的"全息范式"① 得以创立——这种范式将帮助人们摆脱过度的理性主义和实证主义。[36]最近，克雷默与其他西方实践者一样，已将这种魔法故事添加到斯堪的纳维亚的英雄传说等中世纪欧洲传说当中，后者承载的是欧洲前基督教时代的灵性传统，它比那些来自另一些文化的传统或虚构性文学作品等更能影响西方人。

现在，让我们仔细看看那些魔法故事，它们激发了寻求部落智慧的灵性追求者的想象力。首先，卡斯塔尼达的小说和那些以类似形式写成的书籍生动地呈现了位于人类学和虚构作品两者中间地带的有关"灵性

---

① 即认为宇宙是不可分割的、各部分之间紧密相关联的整体。——译者注

学徒"的题材。尽管这类题材已经被彻底榨干了，但到目前为止它仍然非常活跃。自 20 世纪 60 年代以来，在卡斯塔尼达的作品取得惊人的成功之后，出版商一直青睐那些由所谓部落民族描述的有关形而上体验的内容。

人类学家沙伦在讨论其《四风巫师》（*Wizard of the Four Winds*，1978）的出版历程时也强调了出版业的这一倾向。沙伦在加州大学洛杉矶分校读研究生期间刚开始着手写关于他给秘鲁萨满爱德华多·考尔德伦当学徒的经历的文章，就兴奋地收到了印第安纳大学出版社（Indiana University Press）的出版合同和预付款。然而，他最终却不得不解除合同，转向另一家出版社，因为出版商强烈要求他做出修改，以便将整个文本修改成为一本冒险和神秘的书。沙伦说："底线是他们希望我再写一本像卡斯塔尼达的书那样的书。"最近，遵循秘鲁古老传统的灵性修行者琼·威尔科克斯（Joan Wilcox）也写了一篇类似的文章，她说，作为作家，她能感受到来自同事和潜在出版商的压力——要求她专注于形而上的体验。[37]她还强调，许多读者在阅读与萨满教有关的书籍时，也经常会期待自己能对形而上的世界有所体验。

"灵性学徒题材"的书在格式和真实性上各不相同，但其中大部分都是虚构的自传。林恩·安德鲁斯是最早成功模仿卡斯塔尼达的作家之一，她来自加州伯克利，被称为"女版卡斯塔尼达"。印第安人兼女性这种（"优越的"）身份意味着她拥有同样"优越的"道德和伦理观念，而这能使她确立自己的文学地位。从本质上讲，这是一种"一石二鸟"的尝试：她能同时利用美洲土著传统和流行的女权主义精神。

安德鲁斯记录了她向住在加拿大某个未知地区的克里（Cree）女巫医阿格尼斯·吹口哨的麋鹿（Agnes Whistling Elk）、鲁比·普兰蒂（Ruby Plenty）酋长学习的过程。在安德鲁斯第一本书《女巫医》（*Medicine Woman*）的末尾，阿格尼斯指示安德鲁斯回到白人世界中去传播她在印第安人那里学到的智慧。顺便说一句，这种叙事线索——欧美灵性学徒回到西方世界教授灵性智慧——已成为这类题材作品的标配。

安德鲁斯笔下的人物基本上都是卡斯塔尼达和唐望的女性版。她与卡斯塔尼达一样，对文化和地理背景进行了模糊处理。在她的笔下，印第安文化是一种合成的意象，是她用来引导读者走上"真正的女性之路"的创造性修辞。让那些批评她的作品缺乏民族志真实性的人尤为感到愤怒的是，安德鲁斯在描绘加拿大克里人的背景时，把平原印第安人、普韦布洛人，甚至是阿兹特克人的各种不同的和互不相关的传统都混杂在了一起。但她和卡斯塔尼达一样，也坚称自己的灵性体验是真实发生过的。

与此同时，安德鲁斯凭借想象的翅膀，比其文学前辈飞得更远。为了解古代女性的传统，她远赴尤卡坦半岛、尼泊尔和澳大利亚。在其一部小说中，安德鲁斯把自己置身于中世纪的英格兰，以凯瑟琳为名过着她过去的（中世纪时期的）生活（lived her past life）。顺便说一句，她忠诚的美洲印第安老师——鲁比和安格尼斯都跟随她去了欧洲，并协助她进行了穿越时光之旅。

除女版卡斯塔尼达之外，还有一位被称为"夏安版卡斯塔尼达"的人，他就是查尔斯·风暴（Charles Storm），一位来自北加利福尼亚州、曾用名为海梅约斯特斯·风暴的作家。他创作了虚构故事《七支箭》（Seven Arrows, 1972），并将其设定为寓言式的民族志。风暴声称他"发现"了夏安人的一个古老而神秘的叫作"七支箭"的仪式。与卡斯塔尼达的小说一样，《七支箭》也淡化了具体的土著文化背景。对风暴来说，"夏安人"只是一个笼统的隐喻，其描述的是带有印度教象征意义（Hindu Symbolism）的、广义版本的大平原印第安文化。与安德鲁斯和风暴的书类似，此后的灵性自传也都试图挖掘新的仪式、文化和地理背景。例如，俄罗斯精神病学家奥尔加·卡里提第（Olga Kharitidi）在其半虚构作品《进入圆圈》（Entering the Circle, 1996）中，通过描述她在西伯利亚阿尔泰当萨满学徒的经历，成功地塑造了西伯利亚版的卡斯塔尼达和唐望。卡里提第的书表明，通过引入新的文化背景和地方，仍可在这个领域获得很大的商业机会。[38]

西蒙·巴克斯顿（Simon Buxton）的《蜜蜂的萨满之路》（*The Shamanic Way of the Bee*, 2004）是最近的，也是最奇特的尝试之一，巴克斯顿声称自己通过"花粉之路"从蜜蜂那里学到了灵性智慧。巴克斯顿认为自己是经由蜜蜂对他脖子、头顶和第三只眼的叮咬而接触到这种萨满教的。这位"蜜蜂萨满"还声称，"神圣的毒液"诱发了他的幻觉体验。此外，巴克斯顿说他为进入意识变形状态还试着服用了龙葵草药———种来自欧洲的强大致幻剂。

为迎合西方萨满教实践者在当下的情绪——他们现在更急切地寻求将自己根植于基督教之前的欧洲灵性，巴克斯顿将蜜蜂萨满教宣传为欧洲萨满教的一种独特的古老形式。与卡斯塔尼达、安德鲁斯和风暴一样，作者也对地点、文化和日期做了模糊处理。此种方法已将这种特殊的体验类型推向了极端，《萨满鼓》——西方萨满教学界主要期刊之一——的编辑蒂莫西·怀特因此斥责了巴克斯顿的"奇谈怪论"，并且对他不负责任地宣传自己从未使用过的危险草药和方法持批评态度。怀特强调，一些以英国民间传说为基础的荒诞故事不会造成任何伤害，实际上还可能很有趣，但如果这个故事被阐释为真实的民族志，那么就可能是危险的。[39]

最后，有些书只是简单地复制了卡斯塔尼达的做法，这种水准的最早文本之一是一本丛林小说——曼努埃尔·科多瓦-里奥斯（Manuel Cordova-Rios）和F. 布鲁斯·兰姆（F. Bruce Lamb）的《亚马孙上游的巫师》（*Wizard of the Upper Amazon*, 1971），它是对早期出版的作品进行摘写而成的。另一些模仿性作品还包括由两个女人发表的故事——她们是卡斯塔尼达生命最后几年里创建的女巫圈子的成员，卡斯塔尼达声称他的这些同人都是唐望的徒弟。这两者之一泰莎·阿贝拉，与卡斯塔尼达一样，也获得了加州大学洛杉矶分校人类学系的博士学位，而且她后来也离开学术界转而投身了巫术世界。

阿贝拉的《巫师的十字路口》（*The Sorcerer's Crossing*, 1992）几乎完全复制了同一地点（索诺兰沙漠）的同一种经历——卡斯塔尼达与唐望的经历，只是将这种经历女性化了。在这本书中，阿贝拉讲述了这样一个故事：20世纪60年代，在亚利桑那州图森（Tucson）附近的山区，她遇到了一个女巫，然后她和这位女巫一起在墨西哥索诺兰沙漠居住。事实证明，这位女巫与向卡斯塔尼达教授过魔法的巫师和萨满都同属一个世系。[40]实际上，阿贝拉甚至开始非常严肃地相信自己的幻象——在索诺兰沙漠当"学徒"期间，她虽然同时在一所社区大学教人类学，但她开始相信自己在荒野中的生活是一种梦幻般的现实，这种现实与她在日常现实中的生活是并行存在。[41]

　　卡斯塔尼达的第二个助手弗洛琳达·唐纳从加州大学洛杉矶分校的人类学系获得硕士学位后，同样也投身于唐望的魔法世界。阿贝拉以索诺兰沙漠为背景，唐纳则以亚马孙雨林为背景。在她1982年的《沙波诺》（*Shabono*）一书中，她描述了自己在1976年和1977年与亚诺玛米（Yanomami）印第安人共同度过的长达一年的时间获得的迷人的灵性体验。[42]然而事实却证明，在这段时间里，唐纳从未离开过美国——她其实是在继续她的研究生学业，只是虚构了一个生活在亚马孙土著中的女人的故事而已。

　　显然，加州大学洛杉矶分校人类学教师们在当年被问及"卡斯塔尼达论文是否真实"的问题时都感到头疼，现在，为避免再次遇到这种麻烦，他们合力发表了一份关于唐纳工作的声明——他们对这位全日制研究生的经历表示惊讶，这位直到1977年底才离开大学围墙的研究生，竟然能在一整年时间里投身热带雨林，与部落人一起分享丛林体验。[43]尽管唐纳曾向一个朋友承认，"我说了太多的谎言，把自己都搞晕了"，但她平时却像卡斯塔尼达和阿贝拉一样，总是坚称自己的经历是真实的。这种态度似乎也符合她经常提起的人生原则——"唐望自信的魔法外衣"，这个原则很简单，即"坚持你自己的观点，你就永远会赢"[44]。

　　许多有关神奇魔法的虚构故事或半虚构故事都遵循着如下的模式：首先，叙述者/作者或感到生活"过于文明了"，或亲身经历了毁灭性的不幸和生活问题；然后，这位叙述者/作者遇到了一位土著灵性导师，后者让他/她得以沉浸在灵性智慧的海洋中；这位叙述者/作者开始进行灵性探索，并经历启蒙阶段，而这个阶段通常伴随着艰难的身体测试或道德测试，而候选人通常能通过这些测试；最终结果通常是，这位萨满学徒的意识发生完全转变；最后，萨满/灵性导师告诉这位萨满候选人，他/她已成为被选中的人，他/她已被赋予某种深奥的智慧，应该被带到更广阔的世界；在此之后，新诞生的灵性实践者回归社会，帮助人们解决西方文明面临的持久的精神和生态危机。从遥远的非西方背景去往更广阔世界的叙事路径是必不可少的，因为这样叙述者/作者才能把他/她的灵性工作坊与一个特定的非基督教部落传统联系起来，而这会使这种应用性的灵性具有可信性。

例如，安德鲁斯在其小说《女巫医》中写道，在完成跟两位虚构的、多元文化背景的加拿大克里族萨满——吹口哨的麋鹿和普兰蒂酋长——学习的学徒生涯后，她想留在原生态的荒野中。然而，萨满却做出了不同的决定，他们要把她打造成向城里人传递印第安智慧的使者。据说，"吹口哨的麋鹿"斥责安德鲁斯（像卡斯塔尼达一样，在她的小说中，安德鲁斯用了自己的本名）："你不是印第安人，荒野不需要你。除了城市，你认为这个世界需要在哪里得到治愈？有树和风的地方，很容易变得神圣，但洛杉矶的高速公路却很难保持神圣。"因此，安德鲁斯不情愿地回到洛杉矶和伯克利的水泥丛林，去治愈西方人。[45]

以特定地点和传统为背景的非虚构灵性叙事也同样在寻求接触全球受众并解决地球问题。例如，威尔科克斯在她关于秘鲁萨满学徒生涯的书中写道："我被赐予了一份伟大的礼物，让自己以一种谦卑的方式，成为秘鲁盖丘亚人（Q'ero）神秘主义信息的通道，并由此提供一种媒介，让萨满可以借之讲述他们的传统并接触到那个需要被提醒的世界——我们都是伟大存在之网中灵性的和精力充沛的存在。"[46]另一位作者朱莉·安·斯图尔特（Julie Ann Stewart）是美国人，她通过把自己转变为布里亚特萨满而成为一个土著人。她把自己所书写的西伯利亚南部萨满教视为一种工具，她要以此来触及"超越种族界限的普遍真理"[47]。

上述话语在此类叙述中很常见，这些作者总是把自己描绘成拥有传播神圣知识的力量的个人，而且认为这些知识可以激发全球意识并将部落智慧带给城市。

萨满学徒所写的书在文学质量方面当然参差不齐。我们有卡斯塔尼达创作的散文，其已成为这一流派的经典；我们还有强有力的体验性叙述，如哈纳的《萨满之路》。杰里米·纳尔拜 1998 年的《宇宙之蛇》则是这一流派的又一作品。在这本风格和概念都很出色的小书中，这位瑞士人类学家告诉我们，他注意到：许多由致幻饮料，即死藤水引起的萨满教幻象中都会反复出现各种爬行动物的图像；而且这些图像在世界上的其他文化中都有出现；最重要的是，这些爬行动物在形状上都大致类似于 DNA 的螺旋形状。凭借这种相似性，他提出了一个兼具启发性和创造性的论点，即体验过萨满教幻象的人可能会在分子水平上穿越到造物的根源上。

与此同时，也有些书给人的印象是仓促拼凑而成的，缺乏想象力和文学技巧。公平地说，这类文本的作者，例如，安伯·沃尔夫（Amber Wolfe）[48]就曾坦诚说，他的产品仅是一种"萨满教食谱"（cookbook shamanism），是为读者提供的便携手册。然而，有些人虽也声称自己揭示了从土著灵性导师那里获得的深奥的和具有治愈力的智慧，但是却用如下陈词滥调侮辱了读者的智力——如此我们也很难为他们开脱：

> 强烈建议步行。大多数人都能安全地做到这一点。步行并不费力，却能有效地扩大肺活量、刺激循环，提升身体体温调节能力，保持良好的肌肉张力，同时振奋精神。你应该每天进行适度的散步。

同一作者还曾提出另一种"智慧"，"雷雨云内部会产生强烈的电流。这种能量是通过高度带电的负离子和正离子之间的爆炸反应产生的"。以上两段话都摘自美国一家大型出版社出版的玛丽·夏雨（Mary

Summer Rain）的《地球之路》（*Earthway*）。[49]

除了很具可读性的西方灵性追求者的体验性作品，人们还应该阅读来自特定部落背景的传记和民族志，后一种叙述通常都戴有"真实的土著口述"的光环。例如，对于旧金山萨满教从业者莱斯莉·格雷来说，一篇民族志报道成为触发她决定转向萨满教职业的召唤。在阅读了著名的奎萨利德记录之后，她表示"我渴望学习萨满的方式"（1930），并由此彻底重新审视她关于神圣和灵魂的看法：

> 我的人生彻底改变了。我突然意识到，所谓的进步——从萨满教到催眠术，到催眠学，再到弗洛伊德和当代精神病学——不是进化，而是一种权力的下放。萨满的运作方式才是真正的力量所在。理解、解释和分析，都远不如萨满教强大。[50]

我已经在第二章和第三章讨论过奎萨利德记录。在这里，我将对这个印第安人口述故事的吸引力进行简要总结。这个故事描述了一个传统的夸扣特尔印第安人如何加入萨满行列，并在后来得到"奎萨利德"这个名字的故事。他一开始对萨满持怀疑态度，想要确定他们到底是不是骗子。然而，在奎萨利德学习了治疗技术并在人身上试用后，他发现这些技术确实能治愈病人。结果，他的怀疑产生了"裂缝"，奎萨利德后来也成为一位全职萨满。人类学家弗朗兹·博厄斯在 1930 年发表了这篇口述材料，但并未提及这篇记录与传统印第安人无关，却说这是乔治·亨特的经历。亨特是一位混血的业余民族志学家，他拥有英国-特林吉特印第安人双重血统，曾协助博厄斯进行田野调查。亨特的确曾是一位萨满，他也不是出于验证他的愿望而加入这个行列的，而是在经历了萨满召唤后以传统方式加入的。后来，他退出了这一行列，开始为人类学家工作，后来逐渐转变为民族学标本的收藏家。

后来的人类学家、心理学家，特别是灵性追求者被这段发表于 1930 年的报告所吸引，因为它描述了印第安版的"多疑的托马斯"最初质疑萨满教治疗的强大效果，但最终却皈依萨满教并从而证明整个传统治疗系统有效性的过程。奎萨利德的故事被克劳德·列维-施特劳斯在其著名的文章《魔法师和他的魔法》（"The Sorcerer and His Magic"，1949）中引用后，进入人类学和民族心理学的编年史，成为象征性治疗的经典案例。亨利·F. 艾伦伯格也将这个故事收录在他的动力精神病学教科书《无意识的发现》（*The Discovery of the Unconsciousness*，1970）中。[51]列维-施特劳斯和艾伦伯格在描述奎萨利德的故事时传递了这样一个信息：人们可以怀疑某个萨满教实践者的技能，但不能怀疑萨满教本身。

对于对部落灵性感兴趣的现代追求者而言，最著名的魔法故事之一是约翰·G. 内哈特（John G. Neihardt）创作的《黑麋鹿说》（1932）。这位内布拉斯加州的诗人在穿越拉科塔地区为他正在创作的一首诗寻找素材时，遇到了拉科塔圣人尼古拉斯·黑麋鹿（Nicholas Black Elk，1863-1950）。黑麋鹿在 9 岁时生病，在生病过程中他看到了一种强大的幻象。在幻象里，黑麋鹿遇到了来自四个主要方向的灵性力量，并最终从居住在西方的雷（thunder beings）那里得到了治疗和治愈的力量。随后，灵（spiritual beings）不断出现，并向黑麋鹿施压，以提醒他他们的存在。最终，这个年轻的拉科塔人意识到自己的命运就是成为一名巫医，主要职责是保护生命的神圣之环不被破坏。伟大的幻象和来自灵性存在的压力当然符合萨满教启蒙的经典模式（萨满病）。内哈特后来与老年的黑麋鹿成了朋友，并把他的人生故事转录了下来。通过出版黑麋鹿的口述材料，这位诗人成为目前流行的、拥有部落背景的灵性传记和自传类型的源头之一。后来很多这类书籍，特别是那些涉及美洲土著灵性口述的书籍，都复制了《黑麋鹿说》的模式。

20 世纪 30 年代，在大萧条冲击下的美国读者更关心的是餐桌上的面包，他们还没有准备好完全理解内哈特所做的事情。然而，60 年代和70 年代，在富裕的美国社会，反主流文化运动重新发现了这个故事，因为它包含了强大的能够替代西方唯物主义和理性主义的灵性和生态价值。因此，这本书逐渐影响了许多反文化和自然主义运动参与者的观点。此外，对一些人来说，《黑麋鹿说》也成为一个神圣文本，正如其中一个人所说，这是对"历史上最伟大的灵性异象之一的首个书面记录"[52]。亨利·尼斯（Henry Niese）自己也曾写过一本萨满学徒传记，强调《黑麋鹿说》对他灵性生活的深远影响。他回忆说，在读完这本书后，他"第一次意识到，有一种文化、一种智慧，与我自己的经历有关"[53]。尼斯对这本书如此着迷，以至于他甚至承诺自己要尽最大努力修补"印第安人和印第安文化的神圣之环"，而黑麋鹿在书的结尾处感叹了这种神圣之环的崩溃。顺便提一下，这个结尾是诗人内哈特创造性地添加出来的。

宗教历史学家托马斯·帕克希尔（Thomas Parkhill）在思考这本书对其思想生活的影响时承认，20 世纪 70 年代，如果不是内哈特的《黑麋鹿说》把这位拉科塔老人描绘成美洲土著的传统主义者，他几乎不可能接受对黑麋鹿生活的复杂描述。帕克希尔说，比起最近发表的那些关于拉科塔圣人的真实传记，黑麋鹿这种形象更能与他自己在 70 年代的知识和精神抱负产生共鸣，因为黑麋鹿不仅是一个传统主义者，也是一个天主教教义问答者。这位学者强调，70 年代陷入困境的美国国家之"环"被打破了，而正是文学作品《黑麋鹿说》帮助他应对了他当时产生的疏离感。因此，拉科塔老人的灵性经历促使他思考人们应该如何重新认识现代世界。[54]

我相信，其他选择用《黑麋鹿说》来表达对西方社会所面临的社会文化或生态问题的反对态度的人，也会为我们讲述类似的故事。心理治疗师布拉德福德·基尼（Bradford Keeney）曾提供了一个关于黑麋鹿所带来的灵性影响的奇特例子。对于这位大学教授来说，他对萨满教的皈依并不是因为读了这本书，而是因为黑麋鹿拥有纯粹的文学精神。基尼说，当他路过密苏里大学保存着黑麋鹿和内哈特两者对话的原始手稿的档案馆时，他看到了一个强大的灵性幻象，他由此踏上了萨满教之路。[55]

顺便提一下，许多现代美洲土著的灵性传记和自传都是按照《黑麋鹿说》的模式写就的。事实上，这其中的几本传记都是代表来自拉科塔传统的灵性启示。对于西方的许多灵性追求者来说，拉科塔人代表着经典的美洲印第安人的原型。拉科塔人基于对美国现代化的强烈抵制，成为勇于抵抗却败局已定的浪漫英雄，他们最终获得了印第安高地战士的形象。此外，他们也被描绘成非常有灵性的角色。

最著名的拉科塔灵性叙事且延续了《黑麋鹿说》模式的是《跛鹿：幻象的寻求者》（*Lame Deer：Seeker of Visions*，1972），该传记由跛鹿（Lame Deer）和理查德·厄多斯（Richard Erdoes）共同撰写。有趣的是，厄多斯后来又写了类似的灵性传记，起初是与莱纳德·乌鸦狗（Leonard Crow Dog）合作，然后与阿奇·火·跛鹿（Archie Fire Lame Deer，跛鹿的儿子）合作。[56]华莱士·黑麋鹿·乌鸦（Wallace Black Elk Crow）、威廉·莱昂、皮特·凯什（Pete Caches）、弗兰克·愚者·乌鸦（Frank Fools Crow）和托马斯·梅尔斯（Thomas Mails）以及埃德·麦加（Ed McGaa）、亨利·尼斯等人也先后写过拉科塔灵性文本。[57]但这些合作完成的文本，如厄多斯与人合著的书，并不是为向全世界的灵性追求者传递灵性信息而设计的；而莱昂和华莱士·黑麋鹿合著的书却相反，其意在将土著灵性实践信息传递给所有的"地球人"，这种立场符合该类题材的传统。正如内哈特告诉其读者的，尼古拉斯·黑麋鹿将他的幻象告诉给了所有人。

当然，关于其他美洲土著群体的传统也有许多灵性文本。鉴于北美印第安象征在西方自然界的普遍流行，印第安文化完全或部分地影响了很多"新纪元"的幻想性叙事是很自然的。[58]通常，这些由白人作者和自称是美洲土著后裔的人所写的文本，是各种美洲土著传统与西方形而上学思想的混合体。[59]他们也可能将美洲土著文化与东方或非洲元素融合在一起，或者也可能将美洲土著文化与基督教灵性[60]或欧洲中世纪民间知识融合在一起。[61]此外，现在也有很多灵性叙事借用了北美以外的其他土著传统，比如大量幻想性文学文本就借鉴了拉丁美洲的土著灵性，此外也有几本以西伯利亚、太平洋和非洲为背景的萨满自传出版。最近，很多魔法故事开始利用早期欧洲民间传说——西方灵性追求者将其与前基督教时代联系起来，认为这些民间传说可能比美洲土著传统或其他非西方传统更能赋予他们以魔力。[62]

虽然这其中的一些文本是在土著文化基础上对实际体验的描述，但它们却经常迎合那些将特定的非西方社会视为古代生态智慧载体的大众口味。这些书的作者或编者经常把土著萨满描绘成永恒的传统文化代理人。在他们的渲染下，萨满教似乎是一种冻结在时间和空间中的古老的灵性法器。例如，前文提及的合作文本就公布了已故的华莱士·黑麋鹿——一位现代拉科塔灵性实践者的启示，而文本的编纂者人类学家莱昂则提出了一个令人困惑的言论：

> 北美萨满教是独特的，因为它相对而言没有受到世界上任何主要宗教的影响。这与欧洲、亚洲或非洲的萨满教不同，后三者的萨满教通常融入了道教、基督教或佛教的模式。然而，在北美，萨满教几千年来基本保持不变。美洲土著形式的萨满教深深植根于自然及其要素，也许是当今世界尚存的最纯粹和最强大的萨满教形式之一。[63]

这种说法当然很受欢迎，但我们也不得不承认，它们不仅与现实相矛盾，而且把土著宗教描绘成了一种不会改变的中石器时代的化石。

主流人类学学术视野中的萨满教

魔法故事并不一定都是一部小说，也不一定是以部落传统为背景的灵性自传，它可以是任何一种文本，其中也包括学术书籍，前提是只要它能回应西方灵性追求者的期望。例如，很多对萨满教实践和自然宗教感兴趣的人通常都能从著名的宗教学者米尔恰·伊利亚德、瑞士心理学家和神秘主义者卡尔·古斯塔夫·荣格以及美国比较神话作家约瑟夫·

坎贝尔的学术研究中获得灵感。在前一章当中我已提到，伊利亚德的作品所传递的反现代及原始主义信息，在 20 世纪 60 年代和 70 年代有很大的需求。荣格的学术成就也是如此，他致力于将科学与神圣结合起来。在反主流文化盛行的年代里，他的作品被重新发现，并由此成为超个人心理学的灵感来源，而超个人心理学是在 70 年代初焕发生机的一门新学科。坎贝尔在反主流文化圈也同样出名。他在自己的著作中试图在各种文化的灵性中找出共同原型——这些著作在现代自然主义社区中持续受到欢迎。作者还将东方的仁慈的灵性传统与西方的堕落文明进行对比。80 年代，他在美国公共广播公司主持了"约瑟夫·坎贝尔与神话力量"栏目，他的知名度也由此得到空前提升。[64]在美国，几乎所有与我交谈过的灵性追求者以及对萨满教感兴趣的人，都至少读过一本坎贝尔的著作。

例如，灵性实践者斯蒂芬·拉森（Stephen Larsen）就解释了坎贝尔的《千面英雄》（*The Hero with a Thousand Faces*，1949）是如何促使他进入萨满教世界的。在谈到自己 60 年代的精神状态时，拉森说自己是一个去神话化的、多疑的、半疯狂但在精神上怀有渴望的年轻人，像他那一代的很多人一样，他放弃了父母信奉的传统宗教，转而信奉实证主义。然而，拉森感到一种巨大的精神空虚。他认为他的生活已经失去了意义，除了为在社会和经济阶梯上谋得一席之地而竭尽全力地奋斗之外，他一无所有。60 年代早期，他偶然发现了坎贝尔的书，这本书在精神上唤醒了他，帮助他平衡了思想，并最终引导他走上了萨满之路。对拉森来说，《千面英雄》显然成为一个魔法故事，因为它使他相信自己的心理失衡其实是一种类似于象征性的萨满肢解现象，而这种现象必然会带来灵性的复苏。[65]

对美洲土著宗教象征主义特别感兴趣的那些人从坎贝尔和伊利亚德等学者的学术研究中获得了很多灵感，这些学者都强调土著自然主义宗教的先验方面。阿克·哈尔特克兰兹就是这样一位学者，他是一位来自瑞典的美洲土著宗教研究者。顺便提一下，除了对美洲印第安人宗教进行研究以外，哈尔特克兰兹也是全世界范围内研究北方萨满教的权威之一。这位瑞典宗教学者在他的《萨满治疗与仪式戏剧》（*Shamanic Healing and Ritual Drama*）、《北美本土宗教》（*Native Religions of North America*）和《灵魂与美洲土著》（*Soul and the Native Americans*）等著作中，对美洲土著的灵性实践进行了通俗的概述，但没有将其简化为社会、经济和文化。

哈尔特克兰兹并不关心最新的学术时尚，而是更喜欢在欧洲传统的宏大叙事中进行研究。因此，他的学术研究与目前流行的人类学小案例研究在类型上背道而驰。像伊利亚德一样，哈尔特克兰兹拒绝将宗教归因于社会和文化背景。相反，他倾向于用粗线条描绘宏大的文化景观——他所做的宏观性概括从西伯利亚东北部一直延伸到北美和南美，而这是美国主流学者很少敢做的工作。

这位瑞典学者毫不掩饰自己更喜欢"献身人文主义"和"对受控制的想象进行直观感受的过程"，而不太喜欢社会科学的传统模式。此外，哈尔特克兰兹还公开承认了他的浪漫主义观念，并强调他"从小就痴迷于印第安人的知识，尤其是'美洲印第安人生活中的宗教奥秘'"，而且一直对自己所研究的文化保持着这种浪漫的依恋。在他的书里，印第安人似乎是地球的管家和与周围世界和谐相处的人。他的书在欧洲和北美的灵性追求者中很受欢迎，是很自然的。他的书和公开演讲也为瑞典的新萨满教社团提供了灵感，这些社团的成员经常呼吁这位学术权威来支持他们的灵性实践。[66]

在思想上，伊利亚德、荣格、坎贝尔和哈尔特克兰兹彼此接近，因为这些学者并没有将宗教和神话做理性化阐释，而是承认神圣是自在的。他们没有仔细研究特定的信仰是如何随着时间的推移而变化的，而是去探索这些信仰的永恒原型。这种方法非常符合西方追求部落灵性的人的期望。将萨满教或任何其他灵性作为跨文化范畴来讨论当然没有错，但在当今的学术研究中，尤其是在人类学家那里，这种方法却并不受欢迎。对以萨满教为通用方法持批评态度的人确实有他们的道理，比如，他们强调一个人不能将部落世界观简化为"世界树"或"三层宇宙"这样的普遍概念，而这种方法恰是伊利亚德及其志同道合者在其构建的古代灵性框架中抽象出来的。基于对文化语境多样性的强调，很多人类学家都认为不应该将部落世界观微缩至一个抽象的和永恒的萨满教当中。

对将萨满教普遍化持怀疑态度，当然与后现代主义思想在当前人文和社会科学领域的流行有很大关系，在美国尤为如此。这种思路优先考虑独特性与个体性，避免泛化。这其中所传递的基本信息是，任何抽象在本质上都是有缺陷的，因为它永远无法捕捉现实的多样性和丰富性。此外，后现代主义思想对前几代学者的民族志文本也持深深的怀疑态度，认为它们是西方男性探险家和作家的殖民幻想的集合。由此，基于学者们所认可的这种思路，这种民族志记录其实并不能告诉我们任何关于土著社会和土著信仰的事情。

20 世纪 60 年代，人类学家克利福德·格尔茨——上述思路的先驱之一，目前也是美国人文学科的偶像之一——揭示出萨满教这一概念不过是宗教研究者们用以整理数据的理想结构。[67]格尔茨强调，萨满教，就像西方人发明的任何其他民族学抽象概念一样，在被应用于非西方社会的特定自然宗教时，很难经受住审视。值得注意的是，简·阿特金森（Jane Atkinson）在其关于萨满教研究的综合性评论文章（1992）中，避免使用单数的"萨满教"一词，而倾向于使用复数形式的"萨满教"。其他学者在类似尝试中也采用了这种用法，他们强调文化语境的多样性，认为不能将其简化为一般性的抽象概念。[68]

人类学家还强调，我们所描述的普遍化的萨满教通常是作为解决特定物理问题和社会问题的一种实用的灵性技术而存在的，它并不是一种抽象神秘主义工具。罗伯特·哈玛杨（Robert Hamayon）是西伯利亚土著宗教研究者，也是伊利亚德最坚定的批评者之一，他提醒我们，必须要记住，萨满教这种现象代表的是狩猎采集者社会组织的一个组成部分，其支持定期的生命献祭仪式，"注定要确保社会及其自然资源的再生产"。早在 20 世纪 30 年代，史禄国就在其《通古斯人的心智复合体》一书中强调，对特定传统进行过滤，从而挑选出一般抽象的萨满教，这既不可能也不理想，因为人们无法将"萨满教情结"与关于文化和社会生活的"更大情结"分离开来。[69]

人类学学者也注意到，不仅很难概括出一个"普遍的"萨满教，而且很难对特定社区层面的灵性实践和灵性实践者进行概括。就像非西方社会的传统萨满一样，他们的治疗行为和表演艺术都是自由即兴创作的，现代人类学家采用复调方法来强调萨满不仅带有特定文化标识，而且还带有个体精神技巧的标识。这些研究者强调，非西方的自然宗教是出了名的不稳定，它们通常缺乏经典化的神灵。同一部落的不同氏族团体和萨满个人都可以有自己的神灵，并且可以用不同的方式解释相同名字的神灵。

卡罗琳·汉弗莱（Caroline Humphrey）在关于中国达斡尔萨满教的合作研究项目中，提出了一个理论指导方针：不能把萨满教作为一种知识体系来思考。对萨满教，最好是通过一个特定文化和社会背景下的灵性实践者个体的眼睛进行描述，而不是用部落或宗族萨满教的抽象术语来看待。在这种情况下，知识必然是不完整的，但正是这种不完整，才使我们得以把握萨满教的本质。汉弗莱还强调，变化和"分散"性质以及高度个性化的实践才是萨满教的统一特征。她指出，在部落灵性领域，最高级别的代理（the ultimate agency）属于那些尝试用现有文化和灵性事物"从事萨满教"的个体。[70]总的来说，目前对非西方自然宗教的学术研究之主导趋势，是尽可能避免泛化，强调集体或个体的灵性实践。

研究萨满教的复调特征和个性化特征，就是要试图揭示部落灵性的所有复杂性，以及所有可能与核心主题无关的侵入性元素。因此，人类学家迈克尔·布朗（Michael Brown）对他在秘鲁希瓦罗印第安人中观察并录制的一个治疗降神会的完整版本进行了探讨。通过阅读这篇文章，人们发现，在降神会上除核心要素外，还有来自那些观察和审视萨满教降神会的观众的各种评论和感叹。布朗文章中的主角萨满扬库什

（Yankush）既不像列维-施特劳斯笔下魅力非凡的"部落精神分析学家"，也不像是会运用伊利亚德所谓"宇宙符号"的灵性英雄。在布朗的描绘中，这场特别的希瓦罗治疗降神会是一个关于灵性与社会力量进行持续公开对话的例子。扬库什远远不是那种典型的、从混乱中创造秩序的人，而是一个充满不安全感的人。例如，在降神会期间，他不断即兴发挥，试图保护自己免于受到前来观看治疗表演的观众们可能产生的愤怒情绪的影响——如果病人出了什么问题，这种愤怒很可能会转向他。

布朗很善于展示萨满教的矛盾本质，很多早期萨满教研究者和现代西方"新纪元"及自然主义作家也经常淡化这种矛盾。这位人类学家明确表示，在所谓的部落环境中，人们很容易将仁慈的萨满由部落英雄重塑为恶毒的巫师。对观察过扬库什的观众来说，他的萨满降神会既危险又有治疗作用，两者都有可能。因此，扬库什不得不在外界持续的仔细审查下进行治疗。此外，几位观众还警告他一定要使用仁慈的力量。为保护自己免遭危险，萨满会寻找替罪羊，反复强调他的某个同事可能对这个女人（指病人）施了魔法。扬库什很明显在不断调整他的神歌和灵性技巧，以适应观众不断变化的情绪。在评论这种即兴的灵性表演时，布朗认为萨满的表演代表着"反结构的世界，在这个世界里，萨满和他们的观众就像现场演出中的演员，不断地重新协商他们的行为。出于这个原因，每次治疗都体现着治疗者和社区之间微妙的力量平衡"。从本质上讲，布朗对将萨满喻为灵性英雄、平衡的创造者，以及混乱中的秩序创造者等既定的民族学隐喻提出了质疑。[71]

"将萨满视为破坏社会秩序的精神无政府主义者"这种后现代主义观点在迈克尔·陶西格（Michael Taussig）的《萨满教、殖民主义和野人》（*Shamanism, Colonialism, and the Wild Man*, 1987）一书中得到了最好的阐释。[72]这位从医生转行而来的人类学家曾经探索了哥伦比亚南部以死藤水为基础的土著治疗实践。最初去哥伦比亚时，陶西格并没有计划进行任何人类学田野调查。他是 20 世纪 60 年代的那批叛逆者之一，当时正在追求从事一项社会事业，他为此来到哥伦比亚南部，目的是服务于乡村的马克思主义游击队的医疗需求。渐渐地，陶西格注意到他周围有很多治疗"实病"和"虚病"的民间医生，这促使他更仔细地研究这一现象。此后，他在进行萨满教研究时将马克思主义知识分子立场与对治疗的兴趣结合在了一起。

不像伊利亚德及其志同道合者，陶西格并没有把萨满教描绘成原始和古老的事物。作为一个马克思主义者，这位学者将这一特殊的地理区域性现象的起源追溯到 20 世纪初的橡胶繁荣（rubber boom）时期，那时当地的印第安劳动力正在受到掠夺性的橡胶生产公司的无情剥削，而且这种剥削已达到种族灭绝的程度——公司的代理人折磨并杀害印第安人。陶西格指出，殖民者故意推行种族灭绝，以控制当地劳工。虽然"橡胶热"最终消退了，但充满恐惧的历史记忆依然存在。这位学者通过深入挖掘"黑暗之心"（the heart of darkness）①，发现，"橡胶日"（rubber day）的痛苦经历已经渗透到当地的集体无意识中，并且反映在救赎治疗体系中。

陶西格注意到，在哥伦比亚南部，最强大和最可怕的是普图马约河（Putumayo River）下游亚马孙丛林里的"野蛮的印第安萨满"，他们虽然令人畏惧，但同时也受到尊敬，因为他们是非常精通医术的灵性医生。不仅当地居民，就连鄙视印第安人的移民也纷纷向这些萨满寻求治疗。因此，对这些灵性实践者来说，萨满教已成为一种象征性的"解放"——过去被橡胶公司虐待的当地人"回来了"，成了令人敬畏和尊敬的治疗师。[73]

在陶西格看来，萨满是魔术师兼反叛者，是穿着印第安服饰的"无政府主义者"，他们破坏了既定的规则和观点。对陶西格来说，哥伦比亚土著治疗师主持的灵性降神会是无法与宗教仪式相提并论的。与安托南·阿尔托所谓的残酷戏剧相比，降神会是一个即兴事件，在降神会上，混乱、

---

① "黑暗之心"，指邪恶、腐化或道德堕落的核心，这个短语源自约瑟夫·康拉德同名小说《黑暗之心》，小说讲述了一位船长在非洲内陆探险时所见到的殖民地的腐化与堕落。——译者注

无序和无政府状态占据着统治地位，永远无法保证有一个美好的结局。

陶西格认为，萨满的全部智慧就在于其提供了一个舞台，在这个舞台上，萨满和那些加入萨满行列的人可以表演出社会中的矛盾。与布朗一样，陶西格有意将日常生活的现实（包括身体机能）引入死藤水降神会的情境，并将这些降神会的所有细节都复刻出来，从而剥离了萨满教的英雄和庄严形象。

> 拉屎、呕吐、用抹布擦脸、去厨房捡煤块、去收集煤烟、从没人记得最后被放置的地方去拿致幻草药充都尔（chondur）的根、低声诉说恐惧、讲了又讲一个笑话（尤其是那个笑话）、在飞行途中停止唱歌、对狗大喊大叫、在门砰的一声打开和人的急连转弯中，一个宇宙打开了……[74]

陶西格写道，将萨满视为从混乱中创造秩序的人，反映了西方人想象中的浪漫观念，而不是有关萨满的现实状况。这位人类学家指出，关于萨满前往天堂的神秘之旅以及他们与其部落有机统一等说法，正是"法西斯迷恋"（fascist fascination）的一个例子——这显然是在指涉伊利亚德的学术和知识背景，后者在早期曾对民族主义土壤意识形态致敬。陶西格同时反驳了他的同事们把秩序与善、混乱与恶联系在一起的观点。在亚马孙死藤水灵性降神会的无序状态和混乱中，陶西格看到了西方"法西斯"秩序的有效解毒剂，而这种秩序恰恰植根于欧洲启蒙运动的逻辑、理性主义和纪律。根据陶西格的说法，在这种精神上的无政府状态中包含着萨满降神会的解放潜力。他说自己遇到的一位普图马约萨满曾直接向他指出，"我一直在通过我的植物方面的工作①教会人们革命"[75]。

后现代人类学对将萨满教普遍化持轻视态度，这引起了从事传统比较神话学和宗教研究的学者的批判性回应，这其中最突出的代表之一是

---

① 指用魔法植物治病。——译者注

瑞典的美洲土著宗教研究者阿尔特克兰兹。20 世纪 60 年代和 70 年代在美国人类学和考古学领域推广萨满教概念的人之一彼得·弗斯特也有类似的目标（将萨满教普遍化）。弗斯特强调，没有人会质疑各种萨满教之间存在明显差异，我们应该探索和记录这些差异。然而，这并不意味着我们必须避免从跨文化的角度来审视萨满教，或者必须避免把它看作人类共同的世界观和共同的象征。弗斯特似乎认为，我们研究萨满教的角度只是一个关乎研究优先项的问题。一些学者可能想探究萨满教的具体内容，而其他人则可能更关心萨满教的基本原理，因此后者更倾向于将萨满教视为一种寻求解决人类普遍问题的知识体系。[76]他和阿尔特克兰兹的立场与那些不拘一格的灵性追求者的心态产生了很好的共鸣，他们都想要确定永恒的古代智慧的原型。

第七章

面向未来：现代西方社会的萨满教

我认为这是我们这个时代的伟大冒险，比"太空竞赛"更有全人类价值。这是对旧灵知（Old Gnosis）的回收和更新。

——西奥多·罗斯扎克

《荒原尽头》（1972）

我试图采用数千年前的方法，并学习如何将它们用于解决我们文化中的问题。

——桑德拉·英格曼（Sandra Ingerman）

新墨西哥州圣达菲萨满教实践者

在20世纪70年代之初的美国，曾使许多美国人沉迷于致幻剂使用和另类生活方式的反文化运动正在走向衰落。许多灵性追求者在集体的迷幻体验中感到疲劳，开始渴望自然的、以个人为导向的灵性。人类学家迈克尔·哈纳就是这些灵性追求者之一，他虽理论上仍是学者，但实际上已逐渐融入反主流文化社区。尽管他在职业生涯早期曾投入大量精力去研究南美印第安土著群体及其充斥着致幻剂使用的灵性文化，但他却有意避免在西方环境中复制这些经历。相反，哈纳通过试验北美本土、西伯利亚和萨米人传统的"不靠药物"的灵性技巧——这些方法更多地依赖击鼓、吟唱和引导性冥想——来寻找替代方法。哈纳的思想与许多灵性追求者的情感产生了共鸣，他所创立的培训机构由此开始受到欢迎。

最终，哈纳离开了学术界，从东海岸搬到加利福尼亚，以全身心投入教授西方人使用"古老的入迷术"并在精神上治愈自己。1980 年，哈纳建立了萨满教研究基金会（FSS），这是现代萨满教的第一个学校，其以组织化和系统化的方式在世界范围内传播古老知识，萨满教由此进入了现代西方自然社区。今天，西方有各种各样的萨满教社团和个人，他们当中既有寻求以特定的非西方传统为基础的人，也有那些实践所谓的威卡教和凯尔特萨满教的人。不过，这其中一些社团和个人与哈纳及其所创立的萨满教体系毫无关系。与此同时，哈纳的《萨满之路》（1980）被策划为给任何希望学习萨满技术的西方人的指导手册，它持续地激励着这种社团中的很多人。由于哈纳是提出"现代西方秘密宗教语境中的萨满教概念"的先驱者之一，我想从讨论哈纳的灵性体验开始概述欧洲和北美的新萨满教。

迈克尔·哈纳和核心萨满教

哈纳最初是一个致力于研究亚马孙雨林的科尼博和希瓦罗也称舒阿尔（Shuar）印第安人的传统学者，他是后来逐渐演变成萨满教的灵性实践者的。正如他后来回忆的那样，探索亚马孙土著文化的最初动力只是一种浪漫的冲动，他想要找到一个仍然未被征服的美洲印第安部落社会："在北美，这个机会几乎晚了一个世纪；所以我选择了南美洲，特别是希瓦罗人，他们以成功抵抗毒品的能力而闻名并将在此后的几个世纪里成为征服者。"[1]这位人类学家打算写一本"关于那个以耸人听闻的、病态的'缩头术'（head shrinking）而闻名的土著群体的准确的民族志"。

这个可怕的希瓦罗人的形象来自芬兰人类学家拉斐尔·卡斯滕（Rafael Karsten）撰写的《西亚马孙的猎头人》（*The Head-Hunters of Western Amazonas*，1935），该书是对这些印第安人的第一次全面描述。[2]卡斯滕详细描述了希瓦罗人的社会和政治生活、狩猎习俗、贸易、农业、语言和物质文化，他还详细描述了他亲自服用的能改变意识状态的希瓦罗草药的效果。尽管如此，卡斯滕还是更多地将这些事情视为背景，因为他最关注的是猎头活动，他在书中花了很大的篇幅来描述这个习俗。他认为这种病态习俗影响了希瓦罗人生活的方方面面。此外，卡斯滕暗示，了解猎头及相关仪式是解读希瓦罗社会的关键。他解释说，对敌人砍头和缩头的仪式是希瓦罗人捕捉敌人灵魂的方式，他们认为敌人的灵魂就存在于他们的头和头发中，而通过捕获敌人的灵魂，才能保护社区的安全。因此，在外界看来，哈纳计划对其进行田野调查的人似乎是有着异国情调的丛林居民，但他们其实却是沉浸在令人毛骨悚然的缩头仪式中的人。

　　哈纳强调，起初，当他在 1956~1957 年与这些印第安人生活在一起时，他是把这些人的文化作为一个整体进行探索的，并没有优先考虑他们的灵性，当然也没关注能致幻的死藤水（"死者的藤蔓"）——这是一种植物饮料，希瓦罗人在萨满指导下喝下这种饮料后通常就能看到幻象。萨满曾给这位人类学家两次服用致幻剂的机会，但每次他都退缩了，因为他害怕那会破坏他的理性主义思维——哈纳不无讽刺地说"这是我在学术上最重要的工具"[3]，而在那个年代，重视理性立场是可以理解的。20 世纪 50 年代，人类学和西方智识文化总体上还处于实证主义的魔咒之下，因此对经验知识还不感兴趣。尽管在 60 年代，哈纳在秘鲁亚马孙地区的科尼博印第安人中工作时尝试服用了死藤水，但那时他对这一经历的意义尚未给出任何普遍性的结论。事实上，哈纳在其 1962 年的文章和 1963 年的论文中，并没有提及这种能够改变意识状态的草药。

　　哈纳后来开始关注热带雨林藤蔓植物是在迷幻革命期间。在 60 年代中期的某个时候，这位人类学家开始确信，包括他自己在内的学者都低估了改变意识状态对土著文化的影响："我意识到人类学低估了萨满教知识的重要性，我也意识到我已经进入了一个比人类文化更深的现实。"[4]他在加州大学伯克利分校图书馆对此进行了深入的研究，并试图"从字面上和比喻上寻找彼此相似的灵性，而这使他更加坚信世界各地都存在类似的灵性实践"[5]。与沃森、卡斯塔尼达和蒂莫西·利里以及他那一代的许多人一样，哈纳开始对土著致幻剂着迷，并认为这是拓展现实世界的关键。当时，他和他的许多人类学和心理学同事一样，基本上认同"是药物发挥了作用"，并因此将宗教的起源归因于古人摄入了致幻剂。哈纳强调，广为人知的 LSD 实验强化了他的观点，也就是说，致幻剂中含有的生物活性物质是萨满用来进入意识改变状态的主要工具。[6]

在有了这种新认识后，1964 年，哈纳暂停了他在图书馆的研究，回到亚马孙雨林，而他这么做的唯一目的就是要"特别关注希瓦罗萨满使用的这种药物"[7]。他想要成为希瓦罗西北部一些土著萨满的学徒，据说该地区的土著萨满非常强大。哈纳大胆地找到其中一位萨满阿卡丘（Akachu），直接请阿卡丘教他如何使用魔法飞镖——这是希瓦罗萨满教的核心要素。印第安人充满渴望地看着哈纳的新温彻斯特（Winchester）枪，暗示哈纳可以将这把枪作为学习魔法课程的学费。哈纳高兴地把他的枪和子弹都交给了萨满。作为回报，阿卡丘给了哈纳一根用巴尔杉木做的粗木棍，并解释说："这是你的魔法杖，它会保护你远离恶魔。如果你遇到了恶魔，拿这个朝他扔过去。"[8]后来，哈纳以新身份回到了伯克利，这个时候他已是一个初步了解希瓦罗萨满教奥秘的人。为更多地了解能改变意识状态的植物在萨满教中的作用，他又在 1969 年和 1973 年两次去往希瓦罗，继续他在那里的灵性学徒生涯。到 20 世纪 60 年代末，哈纳开始将他的研究完全集中在土著致幻体验方面。[9]

这位人类学家强调，这种能改变意识状态的草药为整个希瓦罗文化增添了色彩。例如，他强调，在希瓦罗人中，人们早在童年时期就开始寻求来自灵性世界的力量。在父亲的陪伴下，一个 6 岁的男孩会走到瀑布边，在雷鸣般作响的瀑布下不停地踱步，试图以此来引导自己看到神圣的幻象。如果幻象没有出现，男孩就会采用捷径，去咀嚼曼陀罗的皮，这种致幻剂通常在 3~4 分钟内就会带来预期的幻象。此外，哈纳还告诉他的读者，印第安人会给刚出生几天的婴儿服用少量能改变意识状态的草药，以使他们对探索幻象产生适应性。哈纳还指出，如果一个小男孩太调皮，他们的父母有时会给他们服用草药致幻剂——通过幻觉的力量来管教他们。有时希瓦罗人甚至还会给希瓦罗猎犬服用致幻剂，目的是让猎犬获得超自然力量，从而帮助其更好地去"看"。

有时，观察时代变化或观察学术情结与大众情绪如何使我们优先考虑某些主题而淡化另一些主题，也是一件很有趣的事情。虽然卡斯滕早些时候曾通过希瓦罗人的猎头实践来观察这个族群，但哈纳却将希瓦罗人视为一个沉浸在由致幻引发的灵性中的萨满族群。在迷幻革命的全盛时期，在《自然历史》杂志 1968 年刊登的一篇文章中，哈纳公开了他 1960～1961 年与印第安灵性老师一起服用死藤水后看见幻象的经历。对此持怀疑态度的人类学家理查德·德米尔忍不住说了一句讽刺的话："哈纳等了七年才把他与真神的对话告诉学术界。"[10]

在这篇文章中，哈纳向读者介绍了死藤水强大的灵性效果，这一段内容也被他纳入 1980 年出版的手册中。这位人类学家如此描述他的死藤水之旅："我发现自己虽然醒着，但是却置身于一个超乎我最狂野梦想的世界里。我遇到了长着鸟头的人，以及龙一样的生物，他们解释说他们是这个世界真正的神。我请了其他助灵帮忙，试图在遥远的银河系中飞行。"[11]在有过这次看到幻象的经历后，哈纳与一位有影响力的科尼博萨满分享了他的感觉。据说，这位土著制药者对哈纳所看到幻象的力量印象深刻，并且预测哈纳将成为萨满大师。

尽管有这些深刻的经历，但直到 20 世纪 70 年代哈纳才意识到他从希瓦罗萨满那里学到的关于通过使用致幻剂进入意识改变状态的知识，实际上是一种边缘性的实践。人们也可以认为，70 年代早期迷幻革命的衰落是哈纳改变想法的一个重要因素。在此期间，美国社会和文化逐渐趋向于实施严格的禁毒法律。70 年代，人们意识到其实还可以通过其他危险较小的方式来达到对现实的拓展，而且更重要的是，公众日益关注生态、健康的生活方式和深层精神。总体来说，人们渴望不依靠药理学而获得灵性技术和体验。

可见，在 20 世纪 70 年代，哈纳已开始考虑如何利用萨满教的治疗潜力来解决西方社会的精神问题。正如我在本章开始时提到的，哈纳想要让欧美读者了解的是部落萨满教知识，而不是来自他从希瓦罗人那里直接学到的致幻实践。他从民族志著作中读到的西伯利亚和澳大利亚巫医使用的安全方法（击鼓或者弄出有节奏的声音），或者他在家里与北美土著萨满互动而学到的知识，才是他所构建的灵性蓝图的组成部分。

为适应不断变化的公众情绪，哈纳进一步指出通过药理学方法达到意识改变状态不仅效率低，而且有害——致幻剂可能会释放出令人困惑的幻象，干扰萨满工作时必需的注意力，此外服用致幻剂也会在人体内留下各种化学残留物。[12]哈纳还指出，萨满的鼓声以及嗒嗒声可以产生与致幻鼻烟和饮料相同的效果，而且还没有任何副作用。这位学者回忆道：“我开始在我个人的萨满工作中尝试击鼓，我惊喜地发现，通过适当使用技术和遵循某些原则，可以达到与致幻药相同的效果。”[13]尽管哈纳在《萨满之路》中描述了他 1961 年由亚马孙藤蔓类饮料引发的幻象经历，但他说这是以写书为目的的进行的练习，因此不建议大家效仿他的这种致幻冒险。哈纳还在书中提醒人们，一个人想要变成鸟或其他动物，并不一定要服用致幻剂。[14]

他解释说，他是基于自己的跨文化观察，而不是因为当代公众的情绪发生了改变，才决定对致幻剂对改变意识状态的作用进行弱化处理的，“我最终得出的结论是，在亚马孙使用致幻剂是少数人的做法。萨满进入意识改变状态的更常见的方法是单纯依靠击鼓，特别是通过自己击鼓来实现”[15]。这当然是一个符合实际的观察。早在 1973 年，在他主编的《致幻剂与萨满教》（*Hallucinogens and Shamanism*）文集中，哈纳就发现有必要简要说明，除剥夺、自我折磨和冥想外，使用致幻剂只是萨满进入入迷状态的方法之一。哈纳现在则坚持认为，早在 60 年代中期，他就意识到了部落致幻剂其实处于边缘位置。[16]

渐渐地，通过阅读民族志以及向那些不使用能改变意识状态的草药的土著萨满学习，哈纳逐步创建出一套灵性技术体系——他称之为核心萨满教。这个体系得以形成的前提是基于这样一种信念，即如果剥去某个特定传统的文化外衣，全球萨满教的跨文化普遍特征就会显现出来。换句话说，在这个地球上，各个时代和各个地域，基督教之前的欧洲也包括在内，其灵性实践是惊人相似的。在他看来，核心方法一旦被识别和提取出来，就可用于治愈现代西方人的精神问题。因此，哈纳将他的教学策略集中在"对一些千年萨满教方法的提炼和解释"上。[17]乔纳森·霍罗维茨（Jonathan Horowitz）是哈纳从前的学生之一，现在他在斯堪的纳维亚教授萨满教，他详细阐述了他老师的技巧："文化的外表是肤浅的。这些古老的方法直接通向我们的内心世界，通向所有人共有的古老层面。"在这种情况下，萨满教的核心任务就是"剥去不同萨满教之间的文化差异，发展出共同的核心和基本面"[18]。

这种方法在思想上来源于伊利亚德对萨满教的看法，伊利亚德认为萨满教是一种古老的跨文化灵性，是所有信仰和宗教的摇篮。在《萨满之路》一书中，哈纳赞扬伊利亚德揭示了萨满知识在世界范围内的一致性。像他的前辈一样，这位核心萨满教的创始人相信，古老的方式是如此强大，能够深入人类的思想，而某一个体带有文化色彩的信仰和对现实的假设，基本上是无关紧要的。[19]这位人类学家也像伊利亚德一样，欣赏那些反复出现的跨文化象征，如世界树、世界山和隧道。哈纳认为，同样，世界各地的萨满尽管彼此相隔数千英里，但他们的灵性实践却有着惊人的相似之处。

当评论家指责卡斯塔尼达将唐望塑造成一个超越地理和文化边界的多元文化"通用萨满"时，哈纳却为卡斯塔尼达辩护——这并非巧合。德·米勒指责卡斯塔尼达抄袭了哈纳的民族志，对此，哈纳却指出，这根本不涉及抄袭。哈纳在解释自己的立场时，强调萨满教实践在整个"原始世界"都非常相似。[20]同样重要的是，哈纳的观点在 20 世纪 70 年代也发生了转变——从认为萨满教依赖致幻剂到更关注安全的萨满教，而卡斯塔尼达的作品也反映了类似的转变。我们记得，在《教诲》（1968）中，卡斯塔尼达也大量论及了致幻剂（佩奥特仙人掌、曼陀罗、蘑菇）在仪式上的使用，但这种描述在他后来的小说中却完全消失了。

哈纳开始关注以击鼓和使用摇响器为基础的灵性技巧，并向感兴趣的西方人传授萨满教治疗和占卜方法。哈纳将自己定位为一个恢复古代知识的人，他想要建立一个更好的灵性未来。起初，他一次只与一两个人合作，但后来他的学生数量不断增加。到 20 世纪 70 年代中期，哈纳已经在加州的伊萨兰研究所等机构和地方为人类潜能小组举办了培训和研讨会。最后，1979 年，哈纳在康涅狄格州建立了一个非营利性的研究中心，即后来的萨满教研究基金会（FSS），这也是西方萨满教的第一所学校。这个项目最终取得了成功。结果，1987 年，这位人类学家彻底告别了学术界，成为一名"全职萨满"[21]。

在此之前七年，哈纳出版了《萨满之路》，这是西方萨满教的经典之一。这本书描述的经历为西方灵性追求者提供了卡斯塔尼达的小说和他众多模仿者的小说中所缺失的东西——真正的土著人、真正的萨满以及真正的改变意识状态的技巧。在出版这本书的同一年，这位学者将他的萨满教学校从康涅狄格州搬到了加利福尼亚州的米尔谷（Mili Valley）。作为思想、身体和灵性文化的大本营之一，米尔谷可以更好地容纳这种灵性项目。

哈纳版本的萨满教的核心仪式项目是击鼓。这位人类学家及其同事们认为，单调的鼓声可以使中枢神经系统发生变化，使人处于一种不同于日常的意识状态中。顺便说一句，虽然哈纳有时会使用"意识改变状态"这个词，但他更喜欢谈论"萨满的意识状态"。哈纳及其在 FSS 的同事指出，以每秒 4~4.5 拍的频率击鼓会暂时改变脑电波活动，从而使人脑产生幻象，并会使人们迅速达到一种意识改变状态，这有助于灵性实践者踏上萨满之旅。[22]

作为核心萨满教的创始人，哈纳还强调，单调的鼓声所引起的变化，能使人体免疫系统建立起对各种疾病的抵抗力。哈纳萨满教的支持者补充说，没有哪种致幻剂能产生如此神奇的效果。在击鼓时，唯一需要担心的问题就是可能侵犯邻居隐私。然而，哈纳及其同事为此找到了一个解决方案。他们开始发行击鼓录音带和 CD，并将其说成是真的鼓声的完美替代品。对多媒体的使用，有助于鼓励个人成为他或她自己的萨满，因此堪称一种以欧美个人主义灵性为框架的、真正的西方方案。

加利福尼亚州米尔谷中心的活动最终吸引了成千上万人的注意。据报道，FSS 现在每年培训大约 5000 人。[23]许多 FSS 的老师和毕业生都开办了他们自己的治疗中心和学校。哈纳以前的学生纷纷开始传授萨满教（见图 7-1）、写书，并在美国和欧洲各地演讲。核心萨满教讲习所的毕业生通常自由地使用他们在 FSS 学到的灵性技术，并将其与自己的个人灵性技巧融合或叠加。这似乎是 FSS 的目标之一，即给灵性追求者提供一个"灵性的框架"，这样他们就能把他们自己的特殊技术置于其中。

图 7-1　佐治亚州的一个萨满教工作坊（2003 年）

资料来源：作者拍摄。

最著名的核心萨满教实践者之一是桑德拉·英格曼，她住在新墨西哥州圣达菲附近。她专门研究所谓的灵魂提取，这是哈纳萨满教的一个创造性分支。英格曼每年在美国和其他地方举办大约 40 个讲习班，此外她也是一位多产的灵性作家。也有一些毕业于 FSS 的教师移居国外，将哈纳的核心萨满教带到了其他西方国家。前人类学家霍罗维茨也曾师从哈纳，他后来去了斯堪的纳维亚，现在在那里教授按哈纳的思路设计的萨满教课程。雨果-伯特·艾舒勒（Hugo-Bert Eichüller），是一位来自德国的社会工作者和心理治疗师，在向哈纳学习后，他回到纽伦堡，在那里建立了研究所（the Institut für Schamanistische Studien）——一个德国版本的萨满教研究基金会。总的来说，学习过哈纳萨满教并自己开授课程的人现在分布在许多西方国家，还有一些人甚至在西伯利亚工作。FSS 现在已经成为美国和其他西方国家萨满教实践的主要先锋。20 世纪 80 年代和 90 年代，很多灵性学校和中心如雨后春笋般涌现，尽管这些机构在目标和议程上可能有所不同，但他们都将自己定位为传授萨满教的机构，而且都直接或间接地借用了哈纳所创建的体系。

FSS 活动的一个重要组成部分是保存在部落社会处于边缘位置的萨满教知识。这可能是基金会的一个愿望，即以某种方式回报土著人民，因为西方灵性追求者从土著人民的传统中汲取了知识。该基金会响应了某些土著群体的请求，帮助他们恢复被殖民破坏的以土地为基础的传统知识。哈纳及其同人认为这种援助同时也是在为这些土著群体提供萨满教知识的"骨架"，对此感兴趣的土著人可把他们自己的文化之"肉"填充于骨架中。比如这种以发扬土著人传统为目标的项目，就为图瓦共和国（西伯利亚）萨满教实践复兴提供了助力——在那里，土著灵性实践者将传统中遗留下来的东西与从西方秘教中挪用来的技术混合在了一起。[24]

批评者指出，这种项目是把西方人构建的关于萨满教的"应急版本"（quick-fix version）强加给了土著社会。例如，考古学家沃利斯认为，土著社会要恢复自己的萨满教，最好使用自己的传统[25]，然而要把这种"政治正确"的理想落实到现实中并非易事。在很多情况下，土著人（例如，在上述提及的图瓦共和国）自己也有兴趣与 FSS 和其他西方"新纪元"及自然主义中心建立联系，随时准备接受来自西方同人的灵性反馈。此外，在一些土著社会，例如在哈卡斯（西伯利亚），萨满教传统已经完全消失，人们已无法去谈论一个已经消失的传统。FSS 方面的代表则坚持认为，不仅是西伯利亚人，来自美洲的萨米人和因纽特人也找到了哈纳，要求他为他们传授核心萨满教知识，以恢复他们因"被征服和被基督教化"而失去的神圣传统。

与 19 世纪关于萨满教的民族志描述相比，哈纳的技术当然看起来有所不同，而且也不那么传统。尽管如此，这并不妨碍西伯利亚和其他非西方地区那些对此感兴趣的灵性实践者阅读哈纳的书，也不妨碍他们将哈纳的技术融入自己的实践。非西方的萨满教实践者尤以试图复兴这种类型的灵性实践而闻名，他们由此从基金会那里获得了一个荣誉称号——"萨满教的活宝藏"。例如，图瓦民族志学家和民俗学家蒙古什·凯宁-洛普桑（Mongush Kenin-Lopsan）就被授予了这一荣誉。[26]

正如我前文提及的，FSS 的成员认为核心萨满教可以方便地移植到任何文化背景中，人们可以将其作为一个"骨架"并围绕它建立自己的灵性。来自英国赫尔的马克·高夫（Mark Gough）就是一位遵循哈纳传统的萨满教实践者，他解释说："你学习了这些，然后就可以自由地把自己的文化或宗教身份融合其中。"我曾参加过一场名为"美国萨满教101"的研讨会，会上来自佐治亚州萨凡纳的灵性实践者埃里克·佩里反复强调，哈纳实践的本质是使萨满教技术和奥秘脱离其原有的文化背景。佩里断言，萨满教不应被视为一种宗教，而应被视为一种跨文化的"灵性技术"；无论是对真正的基督徒还是对坚定的无神论者来说，这种"灵性技术"都有可能为他们所用。[27]哈纳开发的灵性技术不仅融合了非西方的关于"大地"的象征，而且还融合了西方心理学和精神病学，尤其是精神分析学的语言。例如，哈纳讲习班的参与者试图回归新萨满教关于"灵魂丢失"的概念，而这能让人想起弗洛伊德关于压抑和创伤的观点。[28]

在哈纳萨满教基础培训班上，人们会躺在地板上，闭上眼睛，试图放松。伴随着密集而单调的鼓声，他们开始进入幻象探索状态，踏上通往灵性世界的心灵之旅。哈纳及其同人还鼓励那些掌握了核心技术基础知识的参与者自己去旅行，自己击鼓或使用录有鼓声的磁带和耳机。灵性之旅通常从进入通道、隧道或洞穴开始，然后就会到达灵性世界。杰克·班尼特是一位来自南卡罗来纳州哥伦比亚市的灵性实践者，他自称是哈纳方法的坚定信徒。在我和他一起参加的萨满教入门培训班上，导师为我们准备了以下场景："想象地上有一个洞，在这里发挥你的想象力。穿过这个洞，试着遇见你的魔法动物（power animal）。"与魔法动物互动并前往另一个世界的萨满之旅，是哈纳萨满教的核心要素。在培训班上，杰克不停地告诉我们："我所做的就是旅行、旅行、旅行、旅行。别跟我说什么当萨满却不旅行。"

尽管哈纳和那些遵循他的方法的人坚持认为，人们在旅行中获得的信息直接来自神灵，但他们似乎也意识到，在当今这个充满怀疑的世界里，并不是每个人都准备好了能立即接受神灵的存在。在我刚才提及的培训班中，参与者们被邀请"运用想象力"——这是"顺利"过渡到灵性世界的第一步。在指导我们如何开始时，杰克指出："去旅行是运用想象力并允许或接受一切发生。"在阐述他自己的经历时，杰克强调说，在第一次看到神灵并直接从神灵那里获得信息之前，他经历过 20~25 次的旅行，并在旅行期间大力发挥自己的想象力。可见，想象力是通往灵性世界的钥匙。正如核心萨满教的一位老师霍罗维茨向他的学生推荐的那样："试着关闭你所谓的分析性思维，试着认真对待你的想象——正是通过想象，灵性世界才让我们看到它。"[29]当代萨满教的老师们则强调，一两次地关闭理性思维并不是关键，关键在于要把这作为一种日常练习，就像锻炼身体一样。

哈纳萨满教的主要目标之一是让一个人确定自己的魔法动物，并使魔法动物在某种意义上成为其守护天使，为其提供建议，并保护其免遭不幸。作为回报，拥有魔法动物的人要与魔法动物培养良好的关系，通过灵性之旅定期拜访它们，与其共舞，并以其他方式承认魔法动物的存在。如果人们忘了与这种强大的动物保持联系，后者就可能会暂时离开，甚至永远离开。在这种情况下，哈纳说，沮丧的人可能会生病或遭遇各种不幸。在现有的民族志文献中，哈纳所说的魔法动物也被称为守护灵、精灵、图腾动物或助灵等。

这些出现于西方人"灵性全息甲板"（spiritual holodecks）① 中的魔法动物或助灵的形象，反映了西方萨满教对野生动物和所有与土地有关的事物的迷恋。在《萨满之路》中，哈纳直接指出，强大的魔法动物"通常是野生的、未被驯服的物种"。在候选动物名单中，他列出了鹤、老虎、狐狸、鹰、熊、鹿、鼠海豚和龙。在另一个世界中，龙和其他野兽也同样被视为真实的存在。像鸡、猪、牛这样不吸引人的家畜是没有资格成为魔法动物的，因为它们是人工繁殖的产物，已经失去了与自然的联系，没有任何魔力。哈纳还强调，昆虫永远不可能成为强大的魔法动物。[30]与此同时，哈纳所构建的体系却允许猫进入核心萨满教的灵性万神殿——尽管猫与人类有着长期的联系，但人们认为这种神秘生物仍保持着很大的自主性和野性。[31]

在部落萨满教那高深莫测和令人感到威胁的灵性万神殿中，人们通常不知道神灵会怎么对待他们。相比之下，在核心萨满教和一般的现代萨满教亚文化中，魔法动物以及所有其他灵魂都表现得很仁慈——他们从不伤害人。哈纳强调说："无论动物守护神看起来多么凶猛，它们都不会对自己的主人构成威胁，这种强大的动物是绝对无害的。"它只是一种魔法力量的来源，它没有侵略的意图；它只会在你需要帮助的时候出现。[32]《萨满鼓》的编辑蒂莫西·怀特也以同样的方式强调，他的杂志作为萨满教研究领域的主要期刊之一，从不发表关于萨满邪恶面和黑暗面的文章，因为他担心这种材料可能会无意中鼓励一些人去尝试黑暗的做法。[33]

总的来说，在新萨满教中，神灵可能是温和的，也可能是严厉的，他们可能会帮助、嘲笑、恐吓，甚至对一个人进行"精神肢解"——尽管如此，他们却从未伤害过任何人。不管萨满之旅有多可怕，但它总是

---

① 即人脑中关于灵性的模拟现实系统。——译者注

有一个快乐的结局，全程下来就像让人看了一部令人肾上腺素上升的惊悚电影。加林纳·林奎斯特（Galina Linquist）写道：

> "他们"即便给你开了一剂苦药，也是为了你好。例如，如果在旅途中，神灵烧毁了你，吃你的肉或肢解你，这其实是帮你撕掉过时的服装和社会面具，是让你解放自我。在冒险故事类型中，旅途中发生的一切都是一种隐喻，也是自我转变的手段。[34]

从一次灵性之旅成功归来之后，参与者在培训班负责人和其他参与者的帮助下抑或他们自己的努力下，看到了与灵性的这种相遇可能会如何影响他们日常的现实生活。毕竟，去往另一个世界的灵性之旅就是为从强大的魔法动物那里获得如何解决某些个人问题或治愈疾病的建议。可见，核心萨满教以及其他版本的西方萨满教之所以有这样的仁慈本质，就在于这种萨满教以灵性心理治疗为目标，其寻求的是释放人类最好的潜力。

哈纳解释说，萨满并不需要知道某种特定疾病的本质，他只需去往"他界"旅行，与灵性力量取得联系，帮助一个人找回他或她失去魔力的动物，就足够了。帮一个人找回魔法动物能让他或她充满活力，增强他或她对疾病的抵抗力，并帮助这个人过上美好、幸福的生活。[35]尽管哈纳坚持认为萨满教不是一种宗教，而是一种方法，但他指出，仅仅是"有意识地相信"萨满教的效果或萨满教实践的安慰剂效应是不够的，一个人必须"无意识地接受"灵性的存在，而不试图质疑或解释它。这种方法的底线是，如果一个人质疑萨满教的智慧或试图反思它的有效性，就会破坏这一整套灵性技术的魔力。相反，哈纳邀请人们沉浸在伟大的未知（the great unknown）之中，不要用传统的西方术语来解释灵性领域的有效性，而是要接受它。[36]有些培训班参与者认为自己在通往另一个现实的旅程中看到幻象只是一种想象，对这些人，哈纳的回复是："是的，但你必须问自己，为什么你会选择去想象那个特定的东西。"[37]

核心萨满教及其相关技术标榜自己是人类心灵成长的捷径，而这正好非常能引起忙碌的西方受众的共鸣。例如，曾经在 FSS 学习的两位学员撰写的新萨满教手册就是教人们"采用能产生立竿见影效果的古老技术"[38]。而向斯堪的纳维亚的灵性追求者传授哈纳核心萨满教知识的乔纳森·霍罗维茨也得出了同样的结论，他强调，像部落灵性这样的"民主知识"并不需要用很长时间来做介绍，人们"只需几分钟就能体验到萨满教的体验"[39]。另一位曾经在 FSS 学习的职业顾问葆拉·克伦贝（Paula Klempay）强调，对于那些渴望快速参与到萨满教当中的人来说，拿到基金会分发的鼓声磁带，阅读哈纳的《萨满之路》作为指导，然后按照自己的意愿进行实验就足够了。[40]加拿大心理学家埃德·肯尼迪（Ed Kennedy）是哈纳的另一位学生——师从哈纳学习之后，他在桑德贝（Thunder Bay）建立了 FSS 分支机构，他说得更明确："我发现这是能对人体起作用的最深刻、最直接，也是最快速的方法之一。这是个能快速奏效的办法。"[41]

来自旧金山的萨满教从业者莱斯莉·格雷详细阐述了这种快速方法的意义。她说，她的大多数客户都希望重新获得力量，以便更好地应对生活状况，但他们太忙了，不可能花几年的宝贵时间玩精神分析游戏去反复挖掘自己的童年记忆——格雷试图满足人们的这种愿望。她在自己的书中关注的是如何让人们掌控自己当下的行动，而不是沉迷于对过去的思考。她举了一个例子，一个人因没能获得升职机会找到了她，这个客户此前从未看过心理治疗师，也不想分析自己的性格——正如卡斯塔尼达所说，这种人的目标是成为一个"灵性掠夺者"，希望能在工作中获得为自己而战的力量。为找出应对方法，格雷引导这个客户进行了一次心灵之旅并为他进行了一次占卜。格雷强调，当代萨满非常清楚，当前的生活是快速而繁忙的，人们必须立即做出决定。因此，根据格雷的说法，在这种情况下，当代萨满教已经成为"一种非常快速的利用意识的方式，它不受时间和地点的限制，所以你可以立即获得更深层的智慧，并且可以快速把这种智慧纳入你的决策中"[42]。

　　我想补充的是，城市萨满教不仅被设计为一种能快速获取古代智慧的途径，而且也被设计为一种便携和紧凑的技术。一个很好的例子是哈纳的鼓声磁带和耳机，人们可以用它来自行进行萨满之旅——实际上就是随时随地走上萨满之路。在这种情况下，古老的灵性总是触手可及。格雷称赞这种快速而有效的技术说："我使用过录音机、耳机和鼓声磁带，所有这些都是便携式的。你甚至可以使用随身听。有了它，你如果在工作时需要做一个决定，你就关上办公室的门，躺在地板上或坐在椅子上，闭上眼睛，打开录音机，这很快就能触发意识改变状态，你就能得到问题的答案。"[43]

　　为支持这种个性化实践，新萨满教诉诸了传统萨满教的即兴性。事实上，与基督教或伊斯兰教相比，无论过去还是现在，部落萨满都只负责制定他或她的个人技术和仪式，而不必遵循任何固定的灵性蓝图。在现代西方灵性追求者看来，土著灵性具有自发性，以及部落医生之间彼此缺乏集体团结，似乎是一种内在的无政府主义，它揭示了萨满教的民主本质。即便是西伯利亚土著社会尤为崇尚通过继承而获得治疗能力，也没有什么可以阻止一个人以继承以外的方式获得这种能力——只要这个人让他或她的社区相信它有效即可；而这种继承以外的方式在以追求看到幻象为传统的印第安社会中更为常见，在那里每个人都可以接触到幻象。这样看来也就难怪美国民族志学者后来把后一种方式称为"民主萨满教"了。

　　一位萨满教的当代实践者强调："萨满教不是一个对一些人开放，而对另一些人关闭的灵性职业俱乐部。恰恰相反，土著人的或原始的观点承认，每个人都与另一个世界有着独特而可行的联系，因此每个人都拥有一份礼物。"[44]此外，一些灵性作家甚至直接宣称非西方的传统萨满教是精神上的个人主义。[45]显然，这种立场对西方公众有广泛的吸引力，因为他们都深受隐私观念和个人主义观念的影响。事实上，精神上的个人主义存在于当前所有版本的西方无教会灵性中。一些作家将这种日益流行的灵性研究方法戏称为"希拉主义"（sheilaism）——这是根据罗伯特·贝拉（Robert Bellah）带领的一群学者在一项著名的社会学调查中记录的事件命名的。在这次调查中，学者们询问一位叫希拉·拉森（Sheila Larson）的女性她的宗教信仰是什么。她认为这个问题很难回答，说她在这里学一点，在那里学一点，然后她创造了"自己的灵性"；她由此被研究人员贴上了"希拉主义"的标签。[46]

顺便提一下，来自 FSS 的人类学家比尔·伯顿（Bill Burton）直接指出，美国个人主义和个人自由的传统可作为萨满教复兴的支撑性背景："对美国人来说，没有任何文化议题比个人层面的民主更重要。"在对此进行阐释时，伯顿指出萨满教的吸引力在于：每个人都可以自由地塑造他或她个人的灵性神殿，在那里，他们与助灵以亲密朋友的身份互动，人们由此在没有人情味的社会中找到了一个可以用来逃避孤立感的避难所，同时也感到自己的精神隐私得到了保护。[47]

哈纳在其培训和著作中，反复提到这种个人主义因素，他解释说萨满教是一种民主的灵性，萨满彼此独立且遵循自己的灵性路径，没有中央权威来监督他们。此外，他补充说，与传统萨满教从业者总是代表病人行事不同，在核心萨满教中，每个人都可以充当自己的牧师和医生，满足自身从找回丢失的灵魂到职业生涯成长的多种个体性需求。这位核心萨满教的创始人解释说："在萨满教中，每个人都是自己的先知，每个人都能直接从最高的源头获得灵性启示。"他还曾经在另一个场合强调说，"我认为几乎每个人都是潜在的萨满"[48]。

《萨满教完全傻瓜指南》（*The Complete Idiot's Guide to Shamanism*）的作者基尼·斯科特（Gini Scott）试图为不熟悉萨满教的公众提炼出萨满教技术的个性化精髓，她将萨满教从业者的活动比作电影导演的工作，后者能完全控制他或她自己的场景。她写道："你选择演员，决定场景，给演员一个大致的指导方针，让他们即兴发挥。然而，在任何时候，你都可以叫停，重新定向并引导拍摄，然后再回到镜头后观察。"[49]总的来说，在许多不同版本的新萨满教中，个人可以独自或作为团体的一部分进行探索幻象的旅行。在这种旅行中，他们通过进入意识改变状态，自由地尝试设想灵性图像，创造自己的"灵性全息甲板"，然后用各种灵性角色填充这些领域。加拿大人类学家琼·汤森德（Joan Townsend）在调查了北美的几个萨满教培训班后，将新萨满教正确地定义为一种"个人主义的宗教运动"，而不是一种"团体组织的运动"——后者总是服从于某种集体标准。[50]

现代西方萨满教的多样性

虽然哈纳是将部落萨满教技术与西方灵性方法相融合的先驱，但他的核心萨满教只是西方国家目前众多的萨满教版本之一。他的书和培训可能帮助许多灵性追求者将其体验定位为萨满教，不过这些人的独特的灵性彼此之间其实差异很大，而且在灵性来源上也很多元。事实上，并不是所有的灵性从业者都对哈纳的萨满教版本感到满意。例如，有些人就对哈纳的理念感到不安，他们认为萨满教的知识并不能通过参加讲习班来掌握。来自佐治亚州萨凡纳的灵性实践者埃里克·佩里总体上是喜欢哈纳体系的，但他仍对核心萨满教含义感到担忧，"除非你受过训练，否则你就不是萨满"。提到非西方的、传统的和以土地为基础的萨满教——这种萨满教没有任何正式的认证程序，而只需要一个社区的认可——佩里曾感叹道，"黑麋鹿没有学位"。对于像黑麋鹿这样的人来说，是个人获得的灵性启示将其塑造为萨满教实践者的，有关萨满技术的指导则是不必要的或者是次要的。

对哈纳持批评态度的萨满教社团成员也认为，通过剥离文化传统去理解普遍萨满教的抽象核心是不可能的。他们强调萨满教总是在特定的文化背景中呈现出来，如拉科塔、萨米和希瓦罗等。来自英国的"德鲁依萨满教"（Druid shamanism）实践者格雷沃尔夫（Greyvolf）很好地阐述了这一立场："所有的'萨满教'实践都是对当地神灵和自然界的回应，萨满教之所以会有地区性差异，是因为它们都被涂上了来自其故乡的特有色彩。"[51]萨满教主要在线期刊之一《灵谈》（Spirit Talk）的编辑卡伦·凯莉（Karen Kelly）也表达了同样的观点："首先，我的萨满教实践根植于我的家乡——我所生活的这片生生不息的土地，这关乎的不仅仅是自然，而且一定是我所在的英国及周边的自然。我喜欢美国西南部的沙漠和加拿大沿海的温带雨林，但它们从根本上对我来说却是陌生的。"她说，她能在自己生活的地方，特别是通过埃夫伯里（Avebury）的古老石头去倾听来自长者的声音。她强调，她作为萨满教从业者所需要的，不是那些距离遥远的土著人，而是她所在地的击鼓社交圈。值得注意的是，她曾在很长一段时间里试图否认自己与故乡的联系，但这种联系却不断呈现出来。[52]

来自加利福尼亚的超个人心理学家和灵性实践者尤尔根·克雷默在过去二十年里一直致力于恢复他的北欧土著灵性，他同样对哈纳萨满教的治疗潜力表示怀疑。在某一次跟我的谈话中，他强调说："土著灵性不是普遍性的，它一直都是具体的。"克雷默相信，一个西方人即便在类似 FSS 这样的机构中接受过短暂的教育，也仍将是一个没有任何文化根基的世界性精神流浪者。他认为核心萨满教和相关技术只是为了迎合当下对土著灵性知识的渴望。如果不根植于自己的传统，这些项目注定会流产。

克雷默提请西方的灵性实践者在文化上要有针对性，不要去搞什么一般性和普遍性的萨满教。比如，他认为，如果北欧人以渥尔娃（volva，古斯堪的纳维亚的女萨满）的斯堪的纳维亚占卜技术为基础，那么他们就会自动将与这种表达相关的所有文化联系起来。"入迷"这个词也是如此。对克雷默来说，这个词只是一种抽象的欧洲表达，它被用来描述一种个人超越日常边界进入另一个世界的状态。然而，如果一个人使用诸如具有斯堪的纳维亚文化特色的单词"seidr"时，整个情况就都变了——在这种情况下，这个使用"seidr"的人将自己编织进了一个充满文化限定的神话的特定地方。根据克雷默的说法，这是目前欧洲和美国的灵性追求者将自己锚定在本土思想中的一种方式。[53]

顺便说一句，对哈纳萨满教的这种批评，与人类学家对米尔恰·伊利亚德的批评类似，后者也指出，伊利亚德的普遍萨满教是一种与现实无关的抽象概念。毫无疑问，这种对萨满教跨文化视野的批评也反映了当下的后现代思维——这种思维以怀疑态度看待各种概括性研究，并试图将知识部落化和特殊化。

来自斯堪的纳维亚萨满教研究中心的安妮特·霍斯特（Annette Host）也对哈纳版本的萨满教做了批判性审视，并由此得出一个重要的观察结论。她指出，当我们从智识层面剥去拉科塔、尼泊尔或雅库特（萨哈）萨满教的土著外衣时，我们就会不可避免地将被剥去外衣的最终产品包裹在我们自己的文化观点、习惯和偏见中——即使我们并不想这样做。她从自身作为北欧人的角度指出，哈纳版本的萨满教非常美国化，"是适应了美国的灵性快餐文化"[54]。

她想用对哈纳的批评来证明，核心萨满教只是一种"一相情愿"，但她认为核心萨满教是"美国的灵性快餐文化"的观点却值得商榷。如果我们考虑到现代世界的多语言性质和不断扩大的但仍以美国为核心的全球性文化①，我们就会看到，哈纳萨满教并没有看起来那么肤浅。它完全符合我们的世界作为一个地球村的形式，因此对很多人来说它很有吸引力——这些人要么属于连字符群体②，要么根本不知道自己是谁。否则，我们如何解释他的学校每年培训大约 5000 人，并在洛杉矶、斯德哥尔摩、哥本哈根等城市丛林中都受到欢迎，甚至在居住在西伯利亚城市的一些土著知识分子中都赢得了反响？就我个人而言，对于能否将哈纳萨满教斥为抽象的和不真实的，我会持谨慎态度。但顺便提一句，人们其实同样想知道，想扎根于凯尔特传统或北欧灵性传统的欧洲人和北美人，又在多大程度上可以被认为是这些传统的合法继承人？

让我们听一听来自芬兰的萨满教从业者克里斯蒂安娜·哈尔-希尔文诺伊宁（Christiana Harle-Silvennoinen）怎么说——她曾与图瓦（西伯

---

① 仅代表作者本人的观点。——译者注
② 指血统模糊的混合族裔人群。——译者注

利亚）萨满教从业者一起学习萨满教，对哈纳的方法对连字符群体具有很大的吸引力，她有着自己的看法。虽然哈尔-希尔文诺伊宁似乎已掌握了图瓦灵性的基本技巧，不仅如此，她还获得了一个图瓦名字，甚至还获得了图瓦萨满专业委员会颁发的红色会员证，但她仍感到不安："我部分地认同他们，但我在文化上、精神上或身体上都没有根源。其实，也许我的精神根源就在图瓦，但我觉得自己并没有获得模仿这种文化的许可。"[55]

像很多不希望自己被指责是在扮演"印第安人"的欧洲萨满教从业者一样，哈尔-希尔文诺伊宁也可以选择给自己穿上芬兰的灵性服装，安全地声称自己已在属于自己的文化环境中成了当地人。但她真能做到吗？事实证明，她即便通晓多种语言但也并没有做出那样的选择："如果我不会说图瓦语，那我是什么？如果我竭尽所能挖掘自己的血统，我会发现我是瑞典、德国和威尔士人的混血，但我是这样的人吗？"尽管哈尔-希尔文诺伊宁找到了一种"神学"上的安慰——这种神学告诉她，是她的助灵要求她这么做的，但她同时也指出，哈纳的核心萨满教实际上为她提供了一个最起码的基础，"播了种子，添了一些堆肥，适当的时候有足够的雨水和阳光。我也意识到，就我所学的东西并不一定需要去图瓦旅行"[56]。

还有另一个涉及核心萨满教以及在西方工业环境中实践部落灵性的问题：参照民族志材料，我们会发现，丛林的和北极的某些灵性实践、舒适的郊区疗养中心、录有鼓声的磁带和不以特定文化传统为基础的个性化技术，看起来都不是基于特定土地的传统。事实上，对于一个梦想着以土地为基础的部落萨满教的人来说，比如 FSS 网站的市场页面上出现的产品可能不会激起浪漫和灵性的情感。在这里，除了哈纳的《萨满之路》，人们还发现了"思想回收器"（mind folds）、CD 和磁带，它们都可以作为鼓的替代品。那些对真正的击鼓感兴趣的人可以购买一面用合成皮材料制成的鼓，这样他们就可以在任何时间、任何地点和任何天气使用它。而且，所有这些产品都被方便地包装成若干套，可供初学者、中级水平者和高级水平者使用。[57]不过，当那些对整体性和自然主义有所渴望的灵性追求者看到这些人工制品时，他们还是觉得似乎缺了点什么。

许多灵性追求者认为，萨满教一直是一种地方性灵性知识，它不仅存在于特定文化中，而且还存在于特定的土壤和景观中。对洛伦·克鲁登（Loren Cruden）来说，萨满教是一种灵性技术，但它也应该被固定在特定的土地、河流、动物、植物和其他"没有电话存在的"地方中。而克雷默则写道："我很难想象一个真正的萨满是不以特定的荒野和特定的神灵为基础的。"[58]对克雷默及与他志同道合的人来说，把萨满教移植到西方大都市的水泥丛林中是没有意义的，因为这样既不会改变城市人的生活方式，也不能让他们远离商业主义，走向土地。克雷默等学者也不相信周末的灵修会能改变人们的意识。出于这个原因，克雷默反对"城市萨满"这个说法。他认为，这个充满现代性联想的术语，只会误导那些想要找回自己土著思想的人。

虽然哈纳版本的萨满教已经成为部落灵性从业者的主要灵感，但它仍无法穷尽西方现代萨满教的所有版本。就像欧洲和美国的其他秘教一样，萨满教的各种亚文化版本也不是同质性的。没有等级制度，没有教条，也没有固定仪式，这一切都鼓励了一种折中的灵性追求方法。西方的许多自然主义灵性社团，尤其是新萨满教，将每一个人视为一个独立个体，这些个体可以在灵性市场上货比三家，选择他或她最喜欢的想法。这其中常见的方法是，如果一种灵性技术对个人有效，它就会被接受。无论是跟随老师当学徒、参加讲习班，还是通过读书自行学习萨满教，他们都经常会在他们称之为萨满教的个人灵性中加入自己的个人创造性。最重要的是，萨满教很少以纯粹的核心形式表现出来。通常，灵性实践者会把核心萨满教编织到他们已有的灵性中，他们甚至可能不把它界定为萨满教。毕竟，萨满教仅被视为一种灵性技巧。

通常，人们会发现一个人在同时参与探索多种传统，而且这些人还会根据自己或所属团体的需要定制灵性。在这种情况下，任何关于萨满教从业者群体的概括都是相对的。人类学家加林纳·林奎斯特将这些人描述为一个流动的、模糊的群体——他无疑是正确的。考古学家罗伯特·沃利斯曾写过一本关于英国新萨满教的见解深刻的书，对这种模糊群体，他补充说，那些把自己的实践描述为萨满教的现代西方从业者彼此之间其实差异很大，如果把这些人归为一个群体就会带来误导。因此，他避免对萨满教做一般性表达，而是选择使用复数的萨满教和新萨满教等词。[59]

萨满教这一习语在现代人类学、心理学和宗教学研究中获得了广泛而松散的含义，因此可以很好地为当前西方的灵性追求者服务。因此，人们经常使用这个词，不仅将其用作指代传统意义上的意识改变状态下的灵性工作，而且还将其用作能将他们的灵性实践定位为古老的、部落的和基于土地的方式。此外，西方自然主义社团的人们也经常谈论萨满教对土地的态度或萨满教哲学，而在其他语境中，萨满教也经常被用来指涉灵性态度或生态态度。可见，对不同的人来说，萨满教可能意味着不同的东西。

在当前不受教会影响的西方灵性世界中，有各种各样的社团和个人都用萨满教来描述他们的灵性技术。这些人包括核心萨满教的实践者和在特定的非西方的、以土地为基础的灵性中找到灵感的人，也包括生态女权主义者和女神运动的参与者。此外，自20世纪80年代以来，越来越多的异教徒和巫术崇拜者都开始自称为德鲁伊萨满教、凯尔特萨满教和萨满巫术崇拜（也称威卡教）的实践者。

严格地说，上述很多实践者都不愿意看到自己的实践被称为"纯粹萨满教"，因为他们的实践既可称为异教也可称为"威卡教"或萨满教。此外，一个人或团体通常可以同时参与探索、试验和实践多种传统，创造他或她自己的融合性灵性。这一点很明显，比如，加利福尼亚一个叫赫拉夫纳（Hrafner）的社团所使用的灵性资源就是如此。该社团的领导者是小说作家戴安娜·帕克森（Diana Paxson），她的几部小说都涉及北欧灵性遗产中的人物和事件，她也因此逐渐信奉欧洲前基督教灵性。她阅读过哈纳的书《萨满之路》，并参加过他的培训班，因此将哈纳萨满教视为自己的灵性源头之一；其实在此之前，她已深度参与女性奥秘（女神灵性）、卡巴拉（Kabbalah）①和威卡教的活动了。

赫拉夫纳借鉴的主要是北欧斯堪的纳维亚的民间传说，并且非常强调赛德尔（seidr）占卜——一种古老的斯堪的纳维亚形式，为占卜而进入意识改变状态，这是帕克森和她的朋友们通过阅读北欧的传说学到的。与此同时，赫拉夫纳的成员中很多人有威卡教背景，他们也并不认为自己纯粹是萨满教实践者。赫拉夫纳吸收了各种各样的灵性技巧，最近还融合了乌班达（Umbanda，一种非裔拉丁美洲人的习俗），因此使自己成为旧金山湾区异教徒网络的一部分。[60]这个群体和许多其他类似群体的灵性面貌表明，与试图对社会和文化现象进行分类的学者不同，自然灵性的实践者对按类别和群体对自己进行分类最不感兴趣。

萨满教或类似实践没有等级和教条也没有固定仪式等，鼓励着那些想尝试这类实践的灵性追求者根据他们个人的口味，将各种传统的折中意象和技术结合起来。无论是在 FSS 这样的灵性中心接受过培训的人，还是那些自行学习并掌握了萨满教技术的人，都在不断地将他们个人的创造性组成部分添加到萨满教实践中。比如，我就遇到过这样一些灵性追求者，对他们来说，萨满教可能就是佛教、西伯利亚和美洲土著象征，加上城市瑜伽和荣格精神分析的混合体的代表。最后，越来越多的心理治疗师和灵性咨询师，尤其是接受过超个人心理学训练的那些人，都开始将萨满教作为辅助技术来与他们的客户合作。这其中的经验法则是选择适合自己的、抛弃不适合自己的。一个很好的例子是灵性作家琼·哈利法克斯，除哈纳以外，她是将萨满教带入西方受过教育的公众视野中的首批人之一。她也在其个人技巧中融合了佛教和萨满教。

很多灵性追求者都特意强调他们的萨满教实践是折中的，同时运用

---

①　又称希伯来神秘哲学。——译者注

了若干传统。例如，作家月桂（Cinnamon Moon）就称自己是"一个把平原印第安人的教义与许多其他部落的实践融合在一起的女巫医"，她也融合了基督教元素。另一位灵性作家阿诺德·明德尔（Arnold Mindell）则声称，他曾与非洲、美洲、澳大利亚、日本和印度的灵性治疗师一起学习。根据这些传统，以及他自己的心理治疗实践和解决冲突的经验，明德尔提出了"新萨满教"——一套"结合了现代心理学和古代萨满教实践"的练习系统。住在布鲁克林的唐娜·赫尼斯（Donna Henes）自称为"广受赞誉的城市萨满"，她尝试过各种灵性疗法，从击鼓到灵气（Reiki）再到塔罗牌占卜，她笑着承认说："我（从事的）就是一个多元文化的时尚秀。"[61]

甚至那些或多或少把自己的灵性活动附着在某种特定传统上的实践者也是持折中态度的。例如，旧金山一个名为瓦坎（Wakan）的社团对美国印第安人，特别是惠乔尔印第安人的象征进行了大量研究。美国人类学以及"新纪元"印刷文化和讲习班都曾广泛宣传惠乔尔人的灵性实践，特别是他们在仪式上使用佩奥特仙人掌并最终吸引了许多灵性追求者的情况。但瓦坎（需要注意的是这个名字来自拉科塔人，而不是惠乔尔人）并没有把自己限定在这些特定传统中，而是继续尝试其他的实践。[62]相比之下，另一个总部位于加州的组织——由黑雁·塞昆达领导的鹿之舞基金会（the Dance of the Deer Foundation），则完全致力于探索同样的惠乔尔传统，而不是试图用外来元素稀释它。该基金会与瓦坎社团不同，它的运作方式是让组织灵性旅游的旅游企业把西方人直接带到惠乔尔地区，让他们向"真正的"当地人学习。

萨满教作为一种灵性疗法也很符合生态女权主义的理念，因为它将女性视为与自然保持一致的自然治疗师，认为女性与寻求征服自然的男性形成了鲜明对比。生态女权主义的观点是，女性站在以土地为基础的价值观一边，因此是天选的萨满，她们比男性更有可能治愈地球。此外，如果运用一定的想象力，人们就可以将早期西方历史中女性的从属地位以及这种处境对"隐藏在面纱之后"的女性造成的痛苦，与萨满病和萨满教联系起来。从这个角度看，女性的确是天选的萨满。作为"受过伤的治疗者"，女性崛起于父权制、理性主义和物质主义占主导的社会，最终能治愈世界。

女权主义作家罗马·莫里斯（Roma Morris）认为，女性经历的许多不幸、压力和人生变故（离婚、家庭成员死亡等危机）实际上都是"萨满性质"的经历。问题是，女性通常不认为自己是萨满，只把这些经历视为不幸。但这样她们就错过了一个很好的灵修机会。莫里斯和她的朋友金妮·黑狼（Ginny Black Wolf）开设了一门为期九个月的萨满课程，该课程是以著名威卡教作家星鹰（Starhawk）所开发的技巧为基础的。这门课程包括一个面具制作项目，让女性通过制作面具将社会强加给她们的角色所带来的痛苦和折磨以视觉形式呈现出来；然后再让她们通过萨满之旅摆脱这些角色，准备接受新身份。焚毁面具是这种仪式性的戏剧疗法的核心部分，它象征着女性从被强加的角色中得到解放。[63]

西方萨满教可谓各形各色，这一点在灵性追求者对引导自己进入意识改变状态的工具选择上也体现得很明显。比如哈纳的追随者只需使用普通的鼓或拨浪鼓，而对于退休心理学家和语言学家费利西塔丝·古德曼（Felicitas Goodman）的追随者来说，乐器却只是辅助工具——她和她的同事们用来让自己沉浸在意识改变状态中的主要方法是模仿古代雕像的身体姿势。还有一种比较少见的做法，是由丹尼尔·斯塔尼科夫首创的，他通过复制古秘鲁哨瓶的声音来引导萨满之旅（见图7-2）。在20世纪70年代之前，考古学家认为哥伦布发现美洲大陆之前的印第安人已经使用的这种陶制容器是用来盛水的，但斯塔尼科夫和他的灵性追随者们却挑战了这种传统的学术认知，坚持认为这种陶器的主要作用是灵性方面的。他们确信，如果将陶瓶用作哨子来吹，它就会发出低频声音，这有助于改变意识状态。此外，《萨满教完全傻瓜指南》的作者基尼·斯科特告诉我们，一个人要享受完整的萨满教体验并达到意识改变状态，其实并不需要借助任何东西。鼓声和嗒嗒声只会激怒她，阻止她进入那个独立的世界。为让自己进入意识改变状态，她只需使用创造性的想象力将幻想引向指定的方向。斯科特声称，她用这种简单的练习构建"灵性全息甲板"在效果上并不比使用其他萨满教诱导方法来得差。[64]

图7-2　吹古秘鲁哨瓶复制品的灵性追求者

资料来源：由唐·赖特提供。

尽管新萨满教信徒的做法五花八门，但他们仍有一些共同的看法。首先，他们承认除日常和世俗世界，还存在着另一个世界。这意味着这些人相信，存在一些可被描述为不寻常的现实或独立的现实，而且后者像我们在日常生活中所感知到的一样是真实的存在。如果一个人准备采取这种立场，他或她就必须迈出第二步，即认识到居住在这种世界的神灵也是真实存在的——这是接受基本的"神学"和参与任何现代西方萨满教流派的先决条件。靠传授身体姿势引导意识变形的贝琳达·戈尔（Belinda Gore）强调："我们的（灵性）体验不是我们想象的产物，也不是全然的个人无意识的反映。虽然个人的无意识可能决定了我们在进行观察时使用哪种镜头，但其实场景本身就是独立于我们而存在的。我们可以与它互动，但我们不能创造它。"[65]

另一些基本的共同看法还包括，萨满教从业者都赞同灵性应该是一种基于土地的理念，这解释了环境伦理学在新萨满教中占有重要地位的原因。像其他自然宗教的代表一样，萨满教的从业者也相信，这个世界上的一切都是相互关联的，人只是自然生命之网的一小部分。事实上，这一立场业已为许多西方国家主流文化所采用。

另一个重要的理念则是对西方文明，特别是对西方文明的核心要素——启蒙运动和现代性持消极态度，但对非西方灵性传统和文化持敬畏态度。许多在欧洲和北美教授及传播萨满教实践的人认为，从石器时代到中世纪前后，人类一直保持着与自然的平衡，他们深深地沉浸在灵性之中；但文艺复兴和启蒙运动降低了"神"在人类生活中的存在感，限制了人类有关于此的知识，排除了一切"不科学"的东西；现代西方文明也在不断贬低神圣和灵性的意义，禁锢了人类的心灵。许多萨满教从业者由此把自己的工作目标确立为从启蒙哲学中"捞回"古代知识并将其用以治愈现代人。

现代西方萨满教社会学

在过去几年中，一些学者从不同角度并在不同背景下对西方，如美国、英国、瑞典和丹麦等地的新萨满教进行了探索。这些学者包括：人类学家琼·汤森、加林纳·林奎斯特和梅雷特·德曼特·雅各布森（Merete Demant Jakobsen）；宗教学家简·斯文伯格（Jan Svanberg）、丹尼尔·诺埃尔和科库·冯·斯图克拉德；考古学家罗伯特·沃利斯——我在前文当中引用过他的话；以及社会学家珍妮·布莱恩。他们的研究让我们了解到现代萨满教信徒的专业背景、性别、动机和个人计划，而我所构拟的现代西方萨满教社会学综合图景，正是以上述同事的工作和我自己的观察，特别是对一群属于凯尔特萨满协会的人的观察为基础的；我同时也依赖于我与加利福尼亚州和美国东南部萨满教从业者的正式和非正式对话，这里是我目前居住和从事教学工作的地方。

我当然无意去描绘一个典型的萨满教从业者是什么样的，也不想指出究竟具体是什么让人们拥抱所谓的萨满教灵性。但与此同时，我也想概括一下，在我看来，使用萨满教习语的人们在智识和社会背景方面都有着共同特征：比如，值得注意的是，20 世纪 80 年代，很多过去曾在反主流文化运动中试用过致幻剂和人类潜能技术的人都开始来接触这种古老的入迷术。对很多人来说，转向萨满教是他们参与 70 年代环境和生态运动的自然而然的结果。而对萨满教感兴趣的灵性追求者也主要来自70 年代投身于美洲土著灵性和文化复兴的群体，或者来自参加过左翼和民权运动的群体。

加林纳·林奎斯特在考察瑞典城市萨满教从业者群体"宇宙树"时发现，这个模糊的新萨满教社团的很多成员都来自嬉皮士和左派。此外，她指出，80 年代，瑞典激进左翼的很多成员都因对政治激进主义感到沮丧，而开始转而信奉另类灵性。林奎斯特采访的人清晰地表达了他们对自己所参与的政治团体的专制结构和僵化的议程感到非常失望——他们有一种感觉，即左派和生态政治激进主义使个人屈从于政治议程，这对他们而言并不是解放，而是对个性的压制。在这种情况下，通过转向灵性和无意识，而成为"社会内向者"，是对此前毫无根据的政治和意识形态期望的一种强烈反弹。

约尔根·I. 埃里克森（Jörgen I. Eriksson）是将瑞典萨满教成员聚集到"宇宙树"社团中的人之一，他哀叹道："有时我会为自己曾在左翼运动中花费精力而痛骂自己。我问自己，为什么我不能用其他简单的方法来发现事物呢？为什么我要通过左翼运动来理解事物？但这都是马后炮，你已经虚耗了时间。"埃里克森已逐渐认识到，解放，并不是地球上那些不幸之人做瞬间反抗的结果，而是一个长期的自我解放过程。他将自己的看法概括如下：

> 我一直想让世界变得更美好。现在，我已经可以看到我的内心世界是如何与外部世界相对应的，也知道如何通过让自己成为一个更好的人来让世界变得更好——后者才是前提。左派的思想是认为

一个人应该压抑自己，认为一个人内在的自我并不有趣，认为一个人应该为集体而牺牲个人。[66]

转变意识是社会变革的一种方式，这种说法也反映了其他国家的灵性追求者的类似情绪。与很多来自自然灵性社区的人一样，西方萨满教从业者往往都是思想开明的人，他们非常关注社会问题和全球问题，尤其是生态问题。同时，他们也都将这些问题的根源归结于人类的精神失调，并试图通过个人意识的转变来寻求解决之道。这里传达的信息很简单，即一个人不应该试图改变别人和社会，而应该改变自己的思想、身体和精神。"新纪元"的先锋之一玛丽莲·弗格森在其《宝瓶的共谋》（*The Aquarian Conspiracy*，1980）中强调，创造新世界就意味着要创造新思想。伟大的"守护神"（nagual）① 卡洛斯·卡斯塔尼达则以他特有的浮夸方式更好地表达了同样的情感，他说："人们谈论革命，都是废话！首先要改变自己。在你完成内部革命之前，拯救世界的努力是毫无意义的。"毕业于哈纳学校的迪安娜·斯滕内特现在是一个萨满教工作坊的负责人，她将自己的目标定为："在我们的城市丛林中，最需要的奇迹是意识和态度的变化。"[67]对所有这些人来说，治愈应始于个人的心灵层面，然后逐渐拓展到一个社区，最后再拓展到整个星球的层面。

在那些严肃地信奉萨满教并将其作为长期实践的人看来，西方人要实现精神治愈，一个基本前提是他们要学会走出世俗领域，进入另一个世界，在那里人们可以定期与灵性存在进行交流。通过这种方式，人们就可以拓展他们的意识和知识，超越他们所处的社会强加给他们的传统智慧。现代西方萨满在通往这种领域的灵性之旅中所创造的"灵性全息甲板"，对长期的萨满教实践者来说，已成为有根据的和有效的体验，它与人们在日常现实中的其他体验都是类似的。正如哈纳在他的经典著作《萨满之路》中解释的那样，一个人在超凡脱俗的世界中完全有可能

---

① 墨西哥和中美洲印第安人供奉的守护神。——译者注

把日常世界中的经历视为虚幻。相反地，对于生活在日常世界中的人来说，超凡脱俗的经历可能同样是幻想。这位人类学家强调说，"从这两种特定的意识状态来看，它们都是彼此相对应的"，他还补充说，对卡斯塔尼达的书的大部分偏见，可能都来自一些人无法接受"存在多重现实"的观点。此外，哈纳还建议，应将意识领域中的这种偏见界定为"认知中心主义"——这与我们对以种族中心主义看待文化差异的批判方式相类似。哈纳认为，随着现代人逐渐了解到文化相对主义的价值，他们也会日益尊重认知相对主义。在他看来，纠正这种偏见的方法之一，就是让更多的人接触萨满体验，这样他们才能亲眼看到另外一种现实（另外一个世界）的价值。[68]

对萨满教感兴趣的灵性追求者指出，与那些能掌控意识状态（改变）的古代人和部落人不同，现代城市居民已然与这种原本固定在基因中的人类需求相分离，不得不过着无法再"入迷"的生活——他们没有能力进入这样的状态。对能改变意识状态的欣赏和对灵性追求者在这种领域开展工作的能力的欣赏，使现代西方萨满教的很多版本在根本上达成统一。古德曼和她的同事都是萨满教的支持者，他们主要通过模仿古代人物的身体姿势来诱导自己进入入迷状态，并强调为保持良好的灵性状态，人们需要通过时不时地进入意识改变状态来锻炼自己的神经系统。他们认为，现代社会无法为人们提供入迷的体验，因此导致了人们的精神空虚并产生各种形式的成瘾行为，如滥用药物、酒精、尼古丁、咖啡因和加班，纵欲过度，暴饮暴食，还有强迫性的运动，等等。作为"身体姿势萨满教"传授者之一的贝琳达·戈尔甚至认为，那些不能改变自己意识状态并使其调至灵性频道的人在心理上是有缺陷的。[69]

当代萨满教的这种实践，成功地填补了人们因对有组织的主流基督教及其他宗教的日益失望所造成的空白。现在的人怀疑态度太重了，以至于他们无法接受传统的宗教教义——这是他们在接受犹太-基督教教育时学到的；他们对宗教官僚机构如何包装、宣传和推广基督教也感到沮丧。相比之下，萨满教和相关灵性实践者却宣称他们的技术是"平等主义实践的回归"，并说这种技术与人类陷入犹太-基督教文明深渊之前就存在的原始自然宗教相关联。对比古代萨满教的灵性民主和现代世界宗教的等级结构，哈纳写道："我们现在正在恢复古老的方法以让我们自己获得直接启示，我们不需要教会的等级制度和受政治影响的教条，我们能自己寻找。"[70]他的一位亲密伙伴桑德拉·英格曼也同样指出："萨满教给你直接的启示，你可以自己去找神灵。在很多宗教中，你必须通过一个中间人。有组织的宗教已经变得非常官僚化，很多人都被官僚主义拒之门外。"[71]

在《入迷的宗教》（*Ecstatic Religion*，1989）一书中，人类学家I. M. 刘易斯让我们注意到这样一个事实：主流基督教把上帝描绘成一个强大的、占统治地位的存在。在这幅世界图景中，人类显得软弱和微不足道。虽然这种形象可能会满足那些仍然生活在宗教激进主义观念下的人，但对于受过良好教育和持怀疑态度的西方人——他们高度尊重人的能动性和个人主义——来说，这种形象显然显得傲慢和不合时宜，而萨满教却不会犯这种错误。比如，与传统基督教相比，在萨满教中，人们可以通过获得神圣力量将自己提升至神灵的层级。刘易斯强调："萨满把神灵拉到自己的层级上，就像他们飞到高处去迎接神灵一样，这使人类能够在与神灵平等或几乎平等的基础上去对待神灵。"因此，萨满教所传递的灵性信息是，神灵不仅与我们同在，而且在我们心中。[72]

萨满教的多神性质之所以有吸引力可能源于人们逃离基督教一神教的渴望。威妮弗雷德（Winifred）是一位来自英国的灵性实践者，她在解释是什么让她转向"异教"仪式时说："我希望皈依多神教，是因为我一直无法接受一神教的概念。无论如何，我认为多神教更接近现实。"[73]宗教历史学家和一些人类学家注意到，正在兴起的大众心理学已开始在我们的世俗世界中扮演替代宗教的角色，而这也为萨满教等心理治疗实践创造了空间。萨满教成功地将科学知识（如量子物理学、心理学和人类学）和神圣（"灵魂的存在"）结合起来。对那些既欣赏科学又渴望灵性的西方人来说，萨满教和类似的灵性实践的确很有吸引力。

尽管萨满教从业者通常对有组织的基督教怀有强烈的负面情绪，但他们也的确采用了各种各样的基督教要素与象征——特别是如果他们可以将这种象征追溯到早期和民间基督教时期，他们就将其认定是原始的，没有受到官僚主义和文明的腐蚀。事实上，这些人中的很多人都认为耶稣基督本身就是一个萨满大师，认为他能像经典的西伯利亚和美洲土著灵性从业者一样创造奇迹。为应对日益流行的非教会精神，一些传统教派，特别是那些在传统上就思想开放和自由的教派，业已开始在他们的实践中容纳异教徒和非西方的象征。例如，在西雅图，一个联合教会（Church of Unity）就接受了用梵语吟诵和印第安人的幻觉探索等做法，他们这样做是为了提高其在所在城市的教民中的受欢迎程度——这个地方的教民因对主流基督教漠不关心而声名狼藉。普救一位神教（Unitarian Universalism）是这场运动的先锋，其大部分信条都强调自然与灵性之间的联系。在这个教派中，自然、非西方和原始的浪漫都被追溯到爱默生和梭罗那里。因此，萨满教、新异教、威卡教和其他自然灵性团体的一些实践者成了普救一位神教的成员或朋友，其中一些人还会使用该教派的设施举行击鼓仪式和萨满教治疗。马里兰州贝塞斯达的一神论普遍主义派牧师约翰·布尔西亚加（John Burciaga）认为，现在在教会内部有一种重要的亚文化，人们似乎都在尝试以各种方式来实现意识改变状态，包括使用致幻剂。[74]

与主流的灵性社团坚持严格的灵性标准相比，新萨满教没有任何教义上的要求。乔斯·史蒂文斯（Jose Stevens）和莉娜·史蒂文斯（Lena Stevens）在其名为《城市萨满》（Urban Shaman）的手册中写道："没有教条，没有组织，没有特定文本，没有领导者，没有监管委员会——任何人都可以练习它的技巧，并从它的方法中获益。"[75]城市萨满教与许多现代西方秘教社区成员一样，对任何之于种姓和某种社团的忠诚都非常质疑，他们强调在其仪式实践中，萨满是一个探索者和即兴表演者。现代萨满教从业者通常对任何强加于他们个性之上的东西都非常敏感。一位长期的灵性实践者写道，一旦她开始听到"其他人"的萨满教"不正确"，而"我们"的萨满教"才正确"之类的说法，她就知道自己已进入了另一种形式的制度化的宗教了，是时候离开这样一种"神圣的秩序"了。[76]因结构松散且实践形式非常个性化，一个新萨满教团体，一个讲习班，或一个击鼓团体通常都是不稳定的和短暂的组织——这种"反结构"通常是当代受过教育的中产阶级钟爱的理想结构，他们都过于怀疑群体价值观，但同时又渴望集体的灵性体验。[77]

我的印象是，对很多对萨满教感兴趣的人来说，萨满教是一种补充性的灵性技巧，他们可以将其添加到自己可能已享有的其他灵性实践和信仰中：对一些人来说，萨满教可能有助于他们把自己的个体性神秘经历组合起来；对其他人来说，这却可能只是一次有趣而短暂的经历。我认为英国期刊《灵谈》的编辑卡伦·凯莉很好地抓住了大自然和新异教徒群体对萨满教的这种态度：

> 对我来说，比较"练习萨满技巧和成为萨满巫师之间的区别，与练习冥想和成为一名佛教尼姑之间的区别"，是有用的。全世界成千上万的人都在冥想，但很少有人，尤其是在西方，会称自己为佛教徒并遵循佛教戒律以及试着以一种正念的方式生活。很多人只是发现冥想是一种活在当下的有用方法，我认为自己也是其中之一；当然，更少的人会选择将自己的一生奉献给寻求启蒙，以萨满教教徒身份生活。大多数萨满教课程教授的都是萨满技术——如何旅行，如何取回灵魂，如何对抗外来入侵。我在培训班上遇到的大多数人都是相对较新的实践者。我自己已经练习萨满教技巧七年了，但我仍偶尔参加培训班，部分原因是我喜欢和其他从业者坐在一起，也有部分原因是当你在不同的地方重新学习一门课程时，想看看你听到了什么新东西——这是很有趣的。（现在）我很少能遇到第一次与我一起上课的人了，为什么呢？因为他们当中有些人正在做另一些有助于自己获得更多治疗工具的事情，而另一些人则觉得自己已拥有所需工具和技术了，现在已可以直接向神灵学习了。[78]

我毫不怀疑，对自然主义社团中的很多人来说，萨满教意味着一种深刻的、能改变生活的体验；而与此同时我也确信，萨满教只是这些人所尝试的众多灵性之一。这些人被萨满教吸引，只是因为对他们来说萨满教知识是古老而深奥的，方式是浪漫而自然的。最早探索西方新萨满群体的研究者之一的人类学家加林纳·林奎斯特曾指出这些灵性追求者都是后现代浪漫主义者，她强调说，这些后现代浪漫主义者所从事的是一场美丽而"神圣的游戏"，而萨满教美学就是最吸引西方灵性追求者的地方。[79]

布莱恩和沃利斯却认为，将新萨满教视为"神圣的游戏"会使整个现象都变得微不足道。他们指出，现代西方萨满教社团中的确有很多人都相信神灵是真实存在的，也将灵性视为严肃的神圣实践；然而为说服学术同人认真对待西方新萨满教，沃利斯似乎走到了另一个极端，他把这些灵性追求者描绘成忠诚的和真正的信徒。因此，他写道，真正的现代西方萨满教从业者是想从根本上重新定位自己的世界观，而不是为了乐趣和利益而从事萨满教。[80]在这些话语中包含着这样一种假设，即玩得开心、赚钱都与新萨满教无关，但我却有这样一种印象，即不管是好是坏，是快速的、短期的，还是终身的灵性追求——连同乐趣、盈利和自我旅行等，其实都同时存在于那些把自己的行动定位为萨满教的西方灵性追求者中。

对有些人来说，萨满教的浪漫吸引力可能会带来更深层次的灵性体验，甚至会促使他们对自己的思想做重新编程，而对另一些人来说，这却可能只是他们自我实现过程中的一个插曲。此外，对很多人来说，萨满教的本质（灵性）和形式（美学）同样重要，两者不可分割。我个人就曾遇到过许多灵性追求者，他们同时欣赏这两方面而不把它们分开。最后，也有些人在职业基础上追求萨满教，他们以这种身份向公众提供所谓的宗教咨询和心理治疗。这些人通常在北美、南美和北亚的"萨满之地"经营灵性工作坊，提供静修和灵性之旅。对他们来说，萨满教这一职业不仅为其提供了灵性方面的滋养，而且还为其创造或补充了收入。

　　萨满教可作为提升商业和创业技能的灵性技巧融入西方市场体系——这是新萨满教的一个特征，而这通常令其批评者感到厌恶。以月亮猫头鹰（Moon Owl）给自己命名的、来自英格兰的希瑟·坎贝尔（Heather Campbell），擅长用色彩涂抹、跳舞、击鼓、摇动摇响器等方式，给公司职员治病。比如，罗宾逊的饮料和玩具制造商孩之宝（Hasbro）曾邀请她提供服务，一家文胸生产商哥萨德（Gossard）也曾请她引导公司员工接触大自然。在后一个例子中，坎贝尔得出结论，文胸生产商需要让公司董事会摆脱挥之不去的紧张气氛，她为此举办了鼠尾草烟雾和羽毛的组合仪式。坎贝尔让公司高管们进入房间，光着脚随着她教的五种节奏跳舞。"一开始，好像我让他们从悬崖上跳下来一样（难），"坎贝尔说，"但他们一旦进入状态，房间里的能量就翻了两番。"坎贝尔的服务收费约为每天 1000 英镑。她坚称，她的客户总是对自己与树木对话得到的答案感到惊讶。她说："我会让他们问这棵树一个简单的问题，比如，阻止这种产品成为该领域最佳产品的最大障碍是什么？""他们会在第一眼看到的东西中找到答案。可能是一群蚂蚁爬过你的左脚，也可能是五只乌鸦停在你身旁的树上。"[81]

　　灵性作家和房地产商莉娜·史蒂文斯也曾解释过她如何尝试将萨满教技术应用到自己的生意中。首先，史蒂文斯以热情与尊重感对待每一处房产，认为周围的景观都是有生命的，是大自然母亲的一部分。然后，她通过进行萨满之旅去往另一个世界，以了解自己必须为客户提供某所特定房子的哪些信息。此后，史蒂文斯根据自己从神灵那里得到的信息做出判断。[82]顺便提一句，她的丈夫也是她的书的合著者、心理学家乔斯·史蒂文斯则教授企业成员如何修复"四分五裂的公司"，并"引导人们走向成功"。史蒂文斯详细阐述了这种商业萨满教背后的哲学，他引用卡斯塔尼达信条，强调萨满教是魔力的积累和储存。他鼓励客户积极追逐魔力，并且几乎一字不差地重复唐望的话，"你要么是捕食者，要么是猎物。学会像捕食者一样。学会跟踪魔力，观察它、理解它，然后扑向它"。

史蒂文斯将成功的商界人士与强大的萨满进行了比较，他指出："你看看商界最优秀的领导者，他们都不是单一的人，他们都多才多艺。他们善于讲故事，能够通过鼓舞人心的演讲来领导公司。他们是很好的仪式主义者。他们是强大的战士，知道如何战斗。他们都是有知识的人。"以下是他给客户的几条建议：第一，为了变得强大，他应该与比自己有力量的人为伍，而他最终能吸收这些强人的力量；第二，他应该摆脱那些消耗力量的习惯，比如抱怨和傲慢；第三，他应该尽量每天到户外去；第四，他应该每周花三天时间在大自然中独处，把自己与书本、收音机、手机和报告隔离开来。[83]毫无疑问，这些灵性指导方针很好地体现了美国式的理想，如个人主义、进取精神、良好的人际关系和环保主义。

一个公开承认萨满教既具有商业性又具有灵性的极端例子是作家林恩·安德鲁斯，她是著名的女性萨满教推动者。她强调，赚钱本身就是一种灵性追求。顺便说一句，她把这句格言巧妙地编织进了自己的事业中。除了是畅销书作家，安德鲁斯还从事灵性咨询，她收费相当高，例如，20 世纪 80 年代末，她每周接待多达 10 个客户，每小时收费 150 美元。[84]虽然许多部落灵性追求者对她的做法感到厌恶，但西方界限模糊的萨满教社团成员无疑都是与她志同道合的人。

人们是如何"皈依"萨满教的？为了说明这一点，我挑选了几位将萨满教实践融入生活的人的例子，他们的传记展示了通往古老入迷术的各种途径。林奎斯特在《萨满教在城市场景中的表演》（*Shamanic Performances on the Urban Scene*，1997）一书中向我们讲述了一位叫赫德伦德的人的经历。赫德伦德是瑞典新萨满教团体"宇宙树"的成员，他在很小的时候就接触了大量的鬼故事，这让他很着迷；但与此同时，他从小就是一个无神论者，对科学也很感兴趣。70 年代，激进的左派运动在瑞典盛行，赫德伦德一度站在无政府主义者和环保主义者一边。很快，像他那一代的很多人一样，他日渐对左派政治感到不满，因为后者的僵化结构压制了个人的个性。赫德伦德想要走自己的路，"我从来都不喜欢在人群中闲逛，那里太喧嚣，个人会消失在人群中"。他因此"向内转"，开始关注自己的意识，此后自然而然地进一步转向无意识和萨满教。[85]

唐娜·赫尼斯是一位来自纽约布鲁克林的美国城市萨满，她在一个虔诚的犹太家庭长大。她在走上萨满之路前同样经历过反主流文化和政治激进主义。20 世纪 60 年代初，18 岁的赫尼斯搬到了纽约，在那里她沉浸在致幻剂的世界里，和来自圣马可广场的人混在一起。她在 60 年代和 70 年代曾参与过民权和反战运动，还参加了去往南方的自由游行。根据她自己的陈述，70 年代，当她把一块印第安人编织的东西放在脸上时，那上面的灵性启示击中了她。在这之后，她踏上了她的萨满之路。现在，赫尼斯经营着"唐娜妈妈茶园和治疗中心"（Mama Donna Tea Garden and Healing Center），那里有各种各样的神学工具，从击鼓到萨满教咨询再到塔罗牌占卜等。"唐娜妈妈"以异教和萨满教的方式操持婚礼仪式，给新生儿取名，并举办纪念仪式和公司活动。使用萨满教的表达似乎帮助赫尼斯更好地定位和宣传了自己的活动。[86]

莉莲（Lilian）是一名来自瑞典的灵性实践者，她从未参与过任何激进运动，但她对反主流文化出版物却并不陌生。从孩童时期起，她就是一个贪婪的读者，精通各种深奥的哲学——从印度教和佛教到卡斯塔尼达。她的部落性体验始于她与彩虹人（Rainbow People）接触之后。彩虹人是欧美嬉皮士性质的社团，自 70 年代以来，这个社团就一直倡导回归传统的以土地为基础的生活方式。正如她强调的那样，是彩虹人引导她去接触"美洲土著灵性"的，但具有讽刺意味的是，事情却发生在挪威，"魔法歌曲强有力地传来，物体飘浮在空中，许多神奇的事情发生了。我们看到我身后有两个向导，巨大的生物，长着巨大的翅膀。这些前嬉皮士是我的启蒙老师，他们告诉我，我拥有力量"[87]。

对于萨满教社团的一些成员来说，他们的通往自身意识之旅更多的是与个人创伤有关，而不是与他们思想和文化品位的发展有关。在这些情况下，通过萨满教习语来表达痛苦经历可以治愈心灵创伤，建立个人自尊。

我读过的体验性叙事或我个人听过的故事，基本都涉及一个人在走上萨满教之路之前的创伤经历，而且这些叙事或故事也通常会提到对人类思想进行重新编码——从过度的物质主义转向以灵性为导向的生活。这些都是我们熟悉的情况，即生活危机或不幸会使一个人更接近神圣和灵性。

莫莉·拉金（Molly Larkin）与克里克（Creek）萨满熊心（Bear Heart）一起讲述了他们的经历，她写道："1987 年，我准备好了去死。在此前 12 个月里，我的生意被一个不道德的合伙人抢走了，我申请了个人破产，我的情人自杀了。我刚与前男友重归于好，很快又被那个 19 岁的接待员抛弃了。"当拉金准备自杀时，她遇到了熊心，熊心彻底改变了她的生活，给她带来了"找到平静与平衡的最清晰的答案"[88]。可以说，是这一特殊遭遇使她改变了整个人生议程，她由此远离了对物质的追求。心理学家布拉德福德·基尼也有过类似经历，他的生活被一场毁灭性的离婚扰乱了，而他的大学教学生涯则被几个嫉妒的同事毁掉了，萨满之路对他而言成为一个有用的灵性支柱，"在痛苦中，我别无选择，只能求助于灵性之旅。在被痛苦之火烧伤之后，我尽可能将自己沉浸入最古老的灵性之井的治愈之水中。我接触任何灵性传统都不是出于好奇，因为生活把我击垮了，我没有别的地方可去"[89]。

另一位灵性追求者、心理学家戴维·卢科夫（David Lukoff）发现，萨满教帮助他解决了自己的精神问题。20 世纪 60 年代，卢科夫在 23 岁时放弃攻读人类学博士学位，开始四处寻找自我，他搭顺风车环游美国，还去了墨西哥。最终，就像他那一代的很多人一样去往加州——反文化的灯塔。在那里，他听到某种声音，看到幻象，但他却无法对其进行定位。卢科夫只是觉得他疯了。有一次，一个声音对他说，"成为一个治疗师"，这个声音促使他把自己的"疯狂"理解成传统意义上的萨满召唤。卢科夫因此开始沉浸在萨满教文献中，阅读伊利亚德的书和匈牙利人类学家维尔莫什·迪奥塞吉（Vilmos Dioszegi）关于西伯利亚萨满教的著作。同时，他先后师从太阳熊、滚雷（Rolling Thunder）和华莱士·黑麋鹿——他们是 70 年代早期美国反主流文化运动中首批将自己定位为美洲萨满的灵性实践者。以卡斯塔尼达风格写作的作家海梅约斯特斯·风暴和华莱士·黑麋鹿向卢科夫保证，他产生幻觉不是因为有精神疾病，而是因为受到了萨满的召唤，这种召唤能使他与灵性力量交流。最终，卢科夫不仅学会了如何控制自己的精神状态，还学会了如何从中受益，他最终选择从事临床心理学这一职业。[90]

我曾在佐治亚州萨凡纳遇到一个哈纳核心萨满教实践者，他也同样求助于萨满教来修补被个人创伤和悲剧击碎的心灵。他是一个有过童年被虐待经历（他的母亲用火机烧伤了他的手指）的受害者，也是有过几次濒死经历的幸存者。最初，他加入了一个在荒野中实践"男性灵性"的男性仪式社团，该社团主张在生活方式上仿效罗伯特·勃莱（Robert Bly）创作的《铁人约翰》①（ Iron John ）[91]。他认识了社团当中的几个人，也正是后者向他介绍了哈纳的《萨满之路》，他后来参加了 FSS 的几门课程的学习。除了这些经历，他还在一个切罗基巫医那里做过短暂的学徒。有一次，后者指示他："马特（Matt），到树林里去。"于是，马特走进了树林。在那里，用他自己的话说，"我拼命祈祷，参加烟斗仪式和汗蒸仪式，我用击鼓引导自己踏上萨满之旅，我还融合了迈克尔·哈纳的观念"。马特后来还在他的灵性方法工具包中加入了他从"亚马孙地区的土著女性"那里学到的技巧。与自己的魔法动物建立永久联系是他在一次灵性之旅中的收获，这给他的生活带来了平静与稳定，并使他得以沉浸在这种平静、稳定的日常世界和另一个世界中；这种具有灵性力量的动物最终成了他忠实的伙伴、顾问和安慰者。

对于另一些西方人来说，萨满教是他们审美追求的结果，这意味着他们所追求的灵性是伴随着审美而来的。瑞典人类学家林奎斯特描述了灵性实践者兼艺术家玛丽的经历。玛丽最初走上萨满之路并不是因为接收到了丰富多彩的灵性启示，也不是因为遭受到了痛苦的个人创伤。对玛丽来说，一切都始于印第安人的象征。当她在绘画和雕塑中尝试使用一些不同

---

① 《格林童话》中的人物，他原本是一位国王，但因被施魔法而变成野人后被放逐到森林中。"铁人约翰"在西方社会被认为是具有典型男性气质的人。——译者注

寻常的材料和颜色时，她听到有人说她的作品看起来像美洲土著艺术和萨满艺术——这是她第一次听到萨满这个词。出于好奇，玛丽开始翻阅书籍，试图弄清楚萨满教到底是怎么回事。1982 年，当她听说有一群对萨满教感兴趣的人聚集在斯德哥尔摩的一家书店时，她就前去加入了他们，由此成为瑞典萨满教社团"宇宙树"的一员。[92]

紫女巫（Purple Medicine Woman）是我在旧金山的一个熟人（见图7-3），她的萨满之路源自她在西伯利亚南部与一位图瓦萨满的密集学习。最初，她也有类似的智识与审美追求——她拥有菲律宾和波多黎各血统，想探索自己的亚洲血统。在进行探索的过程中，她穿越亚洲腹地进行铁路之旅，这使她将注意力转向蒙古高原和西伯利亚萨满教，并最终成为图瓦萨满的灵性学徒。后来她工作的公司倒闭，她失去了工作，于是决定彻底投身萨满教——这既是一条灵性道路，也是一种职业。她在旧金山生活，那里有充满活力的自然灵性社团；此外，她还在美国灵性研究的主要中心之一——加州整合研究所获得了人类学硕士学位，无疑这些都有助于她从事新职业。

在许多情况下，特定的专业背景也会使某些人把注意力转向萨满教等灵性技巧。西方萨满教的现代实践者大多来自创意行业和社会服务行业。他们大多是大学生、艺术家、计算机工程师、教师，以及人文和社会科学学者，还有社会和医疗工作者。除此之外，我们还应该在这个名单里加上商界人士。商人的冒险本质通常需要魔法和形而上学的干预。这些人通常都是如饥似渴的读者，他们受过良好的教育，很多人还拥有大学学位。但与此同时，在萨满教从业者中，我们很少能看到工人、科学家和机械工程师，或者换句话说，那些与物质生产密切相关的人通常都沉浸于日常世俗世界中。

在华盛顿特区萨满教讲习班传授萨满教知识的迪安娜·斯滕内特写道："多年来，我的客户、学生和活动参与者有心理学家、临床社会工作者，也有计算机网页设计师、大学收发室管理员，还有小说家、出版商、财务规划师、医疗保健公司赔付经理、图书管理员、胃肠病学家、

图 7-3　美国萨满紫女巫正在给一位蒙古萨满熏烟

注：该场景来自西伯利亚仪式。

资料来源：黛布拉·瓦尔纳慷慨提供。

天主教修女和卫理公会牧师。"[93]在凯尔特萨满协会 2004 年组织的北美首次静修活动中，我发现其中一位是来自佐治亚州亚特兰大的心理治疗师，一位是来自得克萨斯州的前护士，两位是刚从萨凡纳艺术学院毕业的艺术家，还有一位是来自亚拉巴马州的计算机工程师，一位是来自费城鲍德斯（Borders）书店的经理；还有一位是非裔美国家庭主妇，她曾在德国生活并爱上了早期欧洲的灵性和文化传统；此外，还有几位早些时候曾从事过各种文书工作的退休女性，她们属于凯尔特"路径大师"（path masters）社团——该社团创始人是一位灵性作家兼散文家，其曾在加拿大不列颠哥伦比亚省教授创意写作，此外，该社团还有一位成员是实验室化学家，不幸的是，她最近退出了社团。

　　长期从事萨满教探索，再加上公众欢迎萨满教实践，这些都可能促进人们在西方环境中不断复制这种灵性知识。核心萨满教的创始人哈纳就是一个生动例子。我们能在那些真正在培训班和研讨会上教授萨满教实践的人中看到许多人类学家和心理学家的身影，这是很自然的，因为从事这些职业的人都与部落灵性和意识状态改变直接相关。阿林娜·斯洛博多瓦（Alina Slobodova）是哈纳以前的学生，现在住在莫斯科，她强调自己已熟练掌握了萨满教核心技术："我对意识改变状态感兴趣，并且在研究戏剧表演心理学。当演员进入角色时，其实就处于意识改变状态，那是一个创造性的过程。"[94]

　　林奎斯特指出，西方萨满教社团中有大量创意和社会服务专业人员，可能与萨满教被当作娱乐和游戏有关。正如我已提到的，林奎斯特相信游戏精神是新萨满教最显著的特征。此外，林奎斯特还用儿童游戏来比喻城市场景中的萨满教表演。正如我们所知的，孩子们认真对待他们的游戏，真诚地用他们的整个身体、思想和灵魂来扮演他们的角色。当游戏时间结束后，他们会回到日常生活中，在下次开始新游戏时再次沉浸在新场景中。当孩子们感到无聊的时候，他们就会中断从前的游戏，编造一些新的东西，然后会以同样的热情来玩。从本质上讲，对林奎斯特来说，新萨满教通过"现场演出"创造出"精心编排的背景"，演员和观众混合在一起表演，分享情感与象征，并创建自己的"行话"[95]。有些人肯定会认为她的观点轻视了新萨满教的整个图景，但其实在那些自然主义社团的人看来，孩子拥有未被"文明"腐蚀的自然心灵，因此林奎斯特所做的类比是有道理的。事实上，萨满教作为一种"神圣的戏剧"可能会给现代西方社会的日常生活带来必要的神秘元素，因为现代西方社会成员总是被迫对自己所做的任何事情都持极其严肃的态度，而且还被迫接受社会强加给他们的生活场景。

西方萨满教社团都是女性成员占大多数的社团，我们也可以将这个判断安全地延伸到其他以自然主义为导向的社团中。人们可以在各种以女性为主的灵性学徒项目中看到这种趋势，比如安德鲁斯的希尔兹姐妹会（Sisterhood of Shields）。这种特征在传统的灵性课程中也很明显，比如加州奥克兰纳罗帕大学的"土著心灵之路"课程，该校 2003 年招收的 9 名学生都是女性。即使是对萨满教培训班和静修所的性别构成进行浅显的分析，也会发现女性成员在数量上远远超过男性。瑞典城市萨满教灵性网络的领导人之一迈克尔·盖泽尔（Mikael Gejel）指出，参加他们仪式和活动的人中 70%~80% 是女性。同时，他也注意到，在同一个网络中，对萨满教进行著书立说的却以男性居多。在瑞典进行的社会学调查显示，对自然（主义）和异教主题出版物所引发的话题和问题感兴趣的人中，80% 以上是女性。总的来说，在西方的自然灵性中，男女比例是 1:2。[96]

我们只能推测为什么女性比男性更容易被另类的灵性所吸引。一种猜测是，萨满教和相关的灵性追求可能会给女性更多的自我实现和自我表达的机会，而这种机会在其他行业可能找不到。例如，在《原始激情》（Primitive Passions，1997）一书中，文学研究者玛丽安娜·托戈夫尼克（Marianna Torgovnick）指出，"新纪元"文化对关系和责任等问题的关注，之于女性的吸引力大于男性。对文化具有心理治疗作用的强调，也同样回应了那些认为自己被男性主导的社会和机构伤害的女性的关切。[97]顺便说一句，后一种观念也是女性灵性和生态女权主义的基石之一，这是一种在美国特别受欢迎的智识趋势。

生态女权主义者和女性灵性作家通常将女性与被西方白人男性主导的社会边缘化的群体联系起来。对于这些作家以及印第安人、非裔美国人和很多其他来自非西方国家的"地球上的可怜人"来说，女性能基于其社会地位而成为潜在的治疗者，因为她们对痛苦有"第一手"的了解。此外，一些灵性作家仅仅通过颠覆维多利亚时代对女性的旧观念，就得出了女性具有治愈潜力的结论。他们将非理性、与大自然有着有机亲近的关联、敏感等"女性天生的"特质，与理性主义、统治和暴力崇拜等"男性"特质进行对比。例如，自称有莫霍克-阿帕奇（Mohawk-Apache）血统的灵性实践者欧·斯尼娜（Oh Shinnáh）也强调，萨满教更受女性欢迎，她用以下方式阐述了这一点。她说，女人更接近灵性世界，因为她是一个"给予生命"的人；相反，男性却发展成为猎人，不得不靠夺取动物的生命来维持人类的生活。因此，在默认的情况下，女性天生具有高度发达的直觉，而男性想要抑制代代相传的根深蒂固的暴力本能，还有很长的路要走。[98]

我们做出这些判断的基本前提是，社会属性和生物学属性都使女性习惯于扮演灵性治疗师的角色。唐纳-格劳（Donner-Grau）是卡斯塔尼达核心圈子里的一个女巫，她很好地诠释了女性作为"天生萨满"的形象。在一次公开演讲中，她强调：

> 我想让唐望给我致幻药——我恳求他，但他拒绝说："你们女人不需要魔力，你们已经拥有它们了。"对我们来说，梦想和在另一个世界旅行都不算什么——我们只是太懒了。社会秩序将女性束缚在生育、抚养孩子和照顾丈夫的过程中，剥夺了她们进行探索的时间。[99]

20世纪70年代和80年代，女性被视为天生的治疗师，她们的形象彰显了古代的智慧，这一理念得到了威卡教作家星鹰、已故加州大学洛杉矶分校（UCLA）考古学家马丽加·金芭塔丝和女性灵性作家里安·艾斯勒（Riane Eisler）的推广。事实上，艾斯勒也是金芭塔丝理念的推广者。这两位作家推测，在人类的黎明，欧洲人生活在一个以母权制、和平与合作为基础的平等主义社会中。后来这个原始的天堂因遭到东方的所谓库尔干人的入侵而被毁灭，库尔干人建立了一个以战争和压迫为基础的男性主导的社会。战争和压迫后来成为西方男权文明的标志。这些作家因此鼓励女性挖掘历史悠久的女性力量——这种力量被认为是从犹太-基督教文明中获得精神解放的工具。

作家安德鲁斯——"女版卡斯塔尼达"将其整个职业生涯都建立在对女性力量来源的挖掘上，她先是把女性与美洲土著联系起来，后来在其作品中把女性与世界各地的土著群体都联系了起来。这位前艺术商人试图通过唤醒读者心中的魔法师和萨满来赋予他们力量。在她的小说《女巫医》（*Medicine Woman*）中，安德鲁斯描述了她是如何在给两位想象中的印第安长老当学徒之后成为一名灵性战士的，她还大胆地挑战邪恶角色——白人男性萨满红狗（Red Dog），后者从她的灵性老师那里偷走了婚姻篮子（marriage basket）。安德鲁斯的任务是找回被男人偷走的象征着女性力量的魔法篮子（magic basket）。通过从邪恶的萨满手中夺回篮子，男女之间的权力平衡得以恢复。安德鲁斯的书非常受欢迎，她由此拥有了一群崇拜者，其中一些崇拜者现在加入了安德鲁斯的神秘组织"希尔兹姐妹会"。这个组织后来还催生了新墨西哥州圣达菲的安德鲁斯神秘学院。通过与圣达菲自然医科大学合作，该学院现在能授予自然健康科学的学士、硕士乃至博士学位，而且也在专门从事神圣艺术和培训的组织工作。这个神秘学院在教学方面与宗教研究项目相符，因此其毕业生进入社会可从事灵性和心理辅导顾问工作。

自20世纪70年代以来，西方社会逐渐向包括萨满教在内的各种基于土地的哲学敞开大门。事实上，自然主义生活和思想的许多元素现在都已经是主流文化的一部分了，这其中既包括有机园艺和天然食品，也包括在美国举行庆祝地球日活动。萨满教在某些情况下也已经开始分享早期属于宗教咨询和心理治疗的红利，比如这种古老的灵性在匿名戒酒会和绝症患者身上就找到了传播途径。来自亚利桑那州立大学的人类学家迈克尔·温克尔曼（Michael Winkelman）相信，萨满击鼓可以帮助人们从毒瘾中恢复过来。此外，美国国立卫生研究院（National Institutes of Health）下属的国家补充与替代医学中心（National Center for Complementary and Alternative Medicine）资助了一个研究项目，以探索萨满教如何为传统医学提供补充。南希·沃科维奇（Nancy Vuckovic）是俄勒冈州健康研究公司（Health Research）的一名调查员，该公司曾接受了来自联邦政府的一项拨款，沃科维奇对这种古老知识的未来持乐观态度："我们正走在证明萨满教是一种替代医学的道路上。"[100]

但与此同时，认为萨满教业已确立自身作为一种广泛的非教会灵性和治疗形式的地位，也是一种站不住脚的说法。萨满教当然还没有像禅宗、瑜伽以及按摩疗法等现世性方法那样深入西方社会。尽管来自"新纪元"和自然主义社团的人们可能会欣赏萨满教，但社会总体上仍然将其视为一种边缘化的深奥技术。比如，这种态度在美国广播公司《黄金时间》（Prime Time）节目关于萨满教的辩论中就明显地反映了出来。医学人类学家菲利普·辛格（Philip Singer）在提及桑德拉·英格曼的培训班时，指出她的做法是公然的欺诈。他还没有忘记提到，与死者交谈的花费是每人235美元。一位叫里德·哈特（Reid Hart）的观众曾参加过英格曼的培训班，他向这位科学家（指辛格）提出如下挑战：

> 我参加过桑德拉和其他教授降神会相关技术的培训，我可以很确信地说，比起那些一个疗程不到4次、每次花费70美元的心理咨询，花费235美元学习与死者交谈很值。与死者交谈等方法当然是可以学习的。我发现培训班的费用是合理的，方法是有效的。所以这里就有这样一个问题：如果有人能从这类培训或书籍中受益，那么这对他们来说不值得吗？在我们的文化中，我们只接受那些当下可用的医疗模式，但它们只处理了一部分问题；难道我们不应该将我们的探索扩展到"已知东西"和物理现实之外吗？

辛格则试图用一句话来驳斥这种说法："如果这种信仰能让你免于被送进精神病院，那欢迎你去信奉它。"[101]不过，我非常怀疑辛格是否也对瑜伽或佛教表达过同样的不屑态度，这两者现在已经完全融入了西方主流文化。

第八章

灵感的来源：从美洲土著到欧洲异教徒的民俗

我无畏地向世界断言，（我拒绝驳斥）原生状态下的北美印第安人在任何地方都是高度道德的存在和高度宗教的存在，他们被造物主赋予了对自身存在和宇宙的某个伟大创造者的直观的知识。

——美国艺术家乔治·卡特林（George Catlin）

（19 世纪 40 年代）

为什么要到别处去寻找家里就有的东西呢？

——让·马卡尔（Jean Markale）

《德鲁伊教：自然的凯尔特祭司》（1999）

燃烧的鼠尾草和雪松的气味弥漫在空气中，萨满继续有节奏地击着鼓。房间里的每个人都安静地躺在毯子上。很快，伴随着鼓声，一个男人开始哼唱一首不知名的歌曲，据说这来自一个被召唤的灵魂的声音。信徒们说，萨满有节奏地击鼓可以带一个人踏上一段与灵魂向导相遇的旅程，让他找到那些似乎是无解的问题的答案。[1]

这是由丹尼尔·"白鹰"·鲁平斯基（Daniel "White Eagle" Lupinski）主持的萨满降神会的场景，白鹰是密歇根大学安娜堡分校的生物医学工程师，同时也在俄亥俄州的白湖镇（White Lake）教授萨满旅行技能。这样的降神会自 20 世纪 70 年代以来就很常见，它已经成为许多西方国家文化景观的一部分。不过，更有趣的可能是那些萨满教实践者，尤其是来自北美的萨满教实践者在被问及他们从事这一职业的缘由时所给出的解释。

让我们来聊聊拥有波兰姓氏的萨满白鹰。《克利夫兰实话报》（*Cleveland Plain Dealer*）的一位记者对作为工程师的“白鹰”如何开始从事灵性职业感到好奇，白鹰回复说：他首先把自己置于使自身追求成为可能的语境中——他特别强调说，由于人们对美洲印第安文化的兴趣不断提升，萨满旅行最近在美国各地变得流行起来；白鹰进而详细介绍了他个人是如何参与萨满教的，15 年前他读了一本关于美洲印第安人的书后，对萨满教产生了兴趣；在此之后，他在纳瓦霍保留地生活了 5 年，“学习萨满或药师的方法”；白鹰最终通过参加迈克尔·哈纳的萨满教研究基金会（FSS）的课程完成了古老的技术训练。我在这里特意选择了这个案例，是因为白鹰通过阅读有关美洲印第安人灵性的书籍，并跟随美洲印第安人老师学习萨满教的行为非常典型。像白鹰一样，很多来自北美和欧洲的新萨满教社团的人走上萨满教的灵性之路始于他们对美洲土著灵性的兴趣——对许多西方灵性追求者来说，美洲土著代表着古老的、生态的和灵性的原型。

著名神话作家约瑟夫·坎贝尔从小就与美洲土著有过接触，因此能很好地理解目前流行的这种看法。他称美洲印第安人是地球上最有灵性的人。[2] 有时，这种印第安人形象会出现在关于印第安人和非印第安人的弗洛伊德主义话语中。例如，著名的拉科塔萨满跛鹿在描述他如何在经历了 20 年的世俗物质生活后走上灵性之路时说：“我的漫游结束了，我要安顿下来做我唯一的全职工作——做一个印第安人。”跛鹿使用“印第安人”这个词，意味着他离开了那个追求赚钱和其他物质生活的白人世界，开启了职业萨满生涯。玛德丽娜·德尼格与其他人情况完全不同，她毕业于一所事工学院（a ministerial school），是拥有些许切罗基人血统的混血儿。在描述自己是如何被引入神秘的秘鲁萨满教时，德尼格说：“因为我有切罗基人血统，所以我在思想方面似乎与宗教科学一致。"³这两句话的本质是，作为一个美洲印第安人特别是切罗基人，她就应该是一个充满灵性的人——当然，我现在不打算探究这种刻板印象的起源，其他作者已对此进行了更详细的讨论。⁴在这一章中，我更感兴趣的是，被视为拥有深刻的生态和灵性智慧源泉的美洲印第安人，是如何促生了西方新萨满教社团的。我还将讨论美国和欧洲的灵性实践者使用美洲土著象征所引起的争议。此外，我也很关注西方新萨满教社团成员试图离开美洲土著的梦想之地，走向他们自己的欧洲土著灵性这一现象。

新萨满教和美洲土著

西方自然灵性界的很多人首先认为：非西方人，特别是那些在现代仍保持着初级部落社会组织和政治组织的人（部落人），仍保留着西方文明已丢失的古代智慧的幸存部分；部落灵性业已成为灵性追求者评估自己社会所面临的重大问题的理想蓝图。因此，西方的很多萨满教从业者都认为，初级部落社会曾经或仍然过着富有灵性的集体生活，而且他们也爱护自己的环境。这些西方人还认为部落民非常有创造力，对性别敏感，且有勇气——很多人认为美洲印第安人最能体现这些理想特征。20 世纪 70 年代，在环境运动兴起的背景下，土著社会关于"植根于土地"的伦理与现代西方文明形成鲜明对照，美洲土著此前被赋予的"具有优越的社会价值和灵性"的观念得到进一步加强。一位印第安代言人对外界社会挪用印第安文化提出了质疑，在对此做出回应时，一位灵性追求者直接说道："我们醒了，意识到你们比其他人更了解创世的真理，你们拥有真相。"⁵

90 年代初，即哥伦布抵达新大陆 500 周年前夕，把印第安人描绘为生态学家和唯灵论者的情况达到了顶峰。这几年我们看到了浪漫传奇影片《与狼共舞》（*Dances with Wolves*，1991）的上映，它作为对大众文化最有力的展示，强化了我在前文提及的刻板印象。这部电影大受欢迎，表明美洲土著和部落生活在西方社会得到了热烈回应，此时的西方人已对自己的文明持严重怀疑态度。这部电影是关于邓巴中尉（Lieutenant Dunbar）部落化（retribalization）的故事，他作为骑兵部队的一员，被派去对抗平原印第安人，但在此过程中却逐渐改变了立场。他亲身体验了"根植于土地"这种生活方式的奇迹，由此逐渐地回归古老的土著根源。整部电影本质上就是作为西方人的邓巴"被解构"的过程。顺便提一下，邓巴的部落化是在踢跳鸟（Kicking Bird）——拉科塔印第安预言家和智者——指导下逐渐展开的：先是这位中尉的头发变长了，然后他脱下军装，披上印第安鹿皮；后来他在头发上插了根羽毛，然后开始说拉科塔语；最后，邓巴放弃了自己的英国名字，改名为"与狼共舞"。这部电影激发了许多对西方文明怀有负面情绪的美国人和欧洲人渴望自然生活的情结。对这些人来说，电影《与狼共舞》反映的是西方人寻找真实生活方式，进而用其取代那种毁掉西方人的生活方式的尝试。[6]

几乎所有有环保意识的人，或者稍微熟悉关于心灵、身体和灵性主题出版物的人，都知道西雅图酋长的演讲，读过黑麋鹿的智慧，或者听说过霍皮人的预言。他们还极有可能接触过诸如地球母亲、伟大的灵性、四个方向、"我们彼此相连"，以及其他通常与美洲土著有关的符号。根据《身体、思想和灵性》（*Body, Mind and Spirit*）杂志 1989 年进行的一项调查，22% 的受访者在此前一年中参加过"印第安人"灵性实践或相关培训。在广受欢迎的《新纪元书目》（*New Age Catalogue*，1988）的"灵性"部分，美洲土著主题占据了突出位置，这部分介绍了太阳熊、黑麋鹿、卡洛斯·卡斯塔尼达和佩奥特仙人掌宗教等内容。[7]纽约奥尔巴尼（Albany）蓝白彩虹书店（Blue White Rainbow）的店员玛丽·安·温斯洛（Mary Ann Winslow）说，美洲土著的灵性信仰"真的已经成为主流。几乎每个人都进入过汗蒸屋和公共圆圈（communal circles）①。我们也经常收到传单"[8]。

———————————

① "圆圈"在印第安人眼里是神圣的，代表着平等的和生生不息的生命。——译者注

生态的/灵性的印第安人形象在西方国家的流行，源于英语和美国流行文化在世界上占据了主导地位。20世纪70年代和80年代，除了卡斯塔尼达的小说、《黑麋鹿说》和来自北美的类似出版物之外，印第安和非印第安裔的旅行灵性实践者也为这种意象的传播提供了助力。以上就是从加拿大到俄罗斯的形形色色的灵性追求者群体接受美洲土著象征的方式。瑞典萨满教社团的领袖之一约尔根·I. 埃里克森直接指出，瑞典的现代城市萨满教拥有两个灵感来源：一是美国的"大量印刷品"；二是"美洲土著"的旅行萨满/灵性领袖。[9]

瑞典人类学家加林纳·林奎斯特和芬兰宗教历史学家简·斯万伯格（Jan Svanberg）对一些瑞典灵性追求者走向萨满教的思想路线图进行了探索。他们两人都得出结论说：该路线的起点是北美的大西洋。路线的轨迹不仅涉及美洲土著，也涉及核心萨满教的实践——正如我们所记得的那样，这种实践起源于美洲。事实上，对瑞典萨满教社团发展做出重要贡献的人是美国人乔纳森·霍罗维茨。作为哈纳的学生，霍罗维茨定居在瑞典的邻国丹麦，并在那里建立了从事萨满教研究的斯堪的纳维亚中心，这对北欧国家萨满教社团的发展做出了巨大贡献。

林奎斯特是最早探索当代新萨满教社团的人之一，她详细描述了瑞典萨满教从业者团体与美洲土著之间的联系。在人类学家哈纳去往瑞典向那里的灵性追求者介绍他的综合性跨文化版本萨满教之前，该国的灵性追求者已接触过滚雷的灵性。滚雷是来自美国内华达州的前铁路闸工和旅行灵性教师，80年代早期他自称"切罗基萨满"。滚雷在瑞典的超自然圈子里非常受欢迎。1982年，滚雷首次在瑞典举办培训活动，此后该国萨满教社团迅速兴起。

很快，其他一些来自美国的人也追随滚雷的脚步，把自己定位为美洲土著灵性实践者，其中就包括医学故事（Medicine Story）、阿奇·火·跛鹿、理查德·鹿轨（Richard Deertrack）和游牧者（Nomad）。最后一位实践者是来自美国教会的非裔美国人，他将自己定义为"种族上的非洲人，文化取向上的美洲土著"。在这些满腔热情地游历北欧各地的旅行萨满中，有一个人的名字格外引人注目，这就是哈雷·迅鹿·里根（Harley SwiftDeer Reagan），他和滚雷一样，总是身着切罗基萨满的流行披风。根据瑞典萨满教团体奠基人的说法，除了哈纳和滚雷之外，这个特殊的人物（即迅鹿）也对瑞典部落灵性追求者产生了重要影响。[10]

埃里克森曾解释说，对美洲土著的兴趣促使他去探索他们的灵性文化，并最终促使他加入了萨满教。20 世纪 60 年代和 70 年代，他曾一度加入当时广受欢迎的激进左翼思想团体。1980 年，埃里克森作为电台记者报道了所谓的罗素法庭（Russell Tribunal）的工作，该法庭是由一位定居于欧洲的美洲印第安人在荷兰支持建立的。该法庭被设计为一个常设论坛，日常工作是审查关于美洲印第安人的政策，特别是美国的相关政策。这项工作使埃里克森结识了印第安政治和灵性活动家，但促使他加入萨满教的特别事件是他读了美国灵性作家道格·博伊德（Doug Boyd）的关于滚雷的书。[11]那时，埃里克森对自己的理想也还不够确定。虽然他想让（外部）社会变得更好，但他同时也在努力探索自己的内心世界。滚雷提出的关于"最好的政治是自己的精神转变"的论点帮他摆脱了这一困境。现在，所有的线索都在埃里克森这里汇集在了一起。

与此同时，美洲土著运动的勇士们也来到罗素法庭，鼓励埃里克森在"自己家里"寻找神圣力量，而不是追随时尚去挖掘美洲土著的传统。因此，埃里克森得出结论说，欧洲人应该恢复他们自己的神圣遗产。他开始阅读萨满教相关论著，寻找萨满教与古代北欧之间可能的联系，同时他也参阅了印第安和古代欧洲的相关资料。80 年代初，已经有一群人在朝着同一个方向前进。1982 年，埃里克森把这些人中的 18 个人带到维嘉（Vega）咖啡馆，在那里他们共同建立了一个名为"宇宙树"的瑞典萨满教社团，并创办了自己的杂志。宇宙树是北欧神话中的世界树。[12]

由于西方国家的新萨满教在起源上与北美土著有关，因此在这些国家的萨满教实践和出版物中，美洲土著印第安人占据着主导地位。一些大众媒介把萨满教称为某种形式的美洲土著灵性。[13]我发现，有关这种刻板印象的一个最奇特的例子，是刊登于《南华早报》（South China Morning Post）上的一篇文章。该报记者采访了一位中国香港女性知识分子，她将哈纳的核心萨满教和一些与美洲土著有关的仪式，如药轮（medicine wheel）融入了她的灵性实践。最令人惊讶的是，无论是记者还是这位女萨满本人，都不曾提及作为萨满教隐喻来源的亚洲萨满教传统，却强调萨满教与美洲土著信仰的关联。也有一些参考书和词典采用了这种流行的刻板印象，如《美国遗产辞典》主要将萨满一词首先定义为"萨满教的牧师"，其次是"某些北美印第安人中的巫医"。这种流行的刻板印象也渗透到了学术界。人类学家彼得·弗斯特曾是卡斯塔尼达在加州大学洛杉矶分校的同事，他写道，萨满教隐藏在全世界所有宗教之下。然而，他强调，美洲印第安人的"萨满教比在其他地方更有力量"[14]。

很多新萨满教实践者都依赖于北美印第安人相关象征和古物，其中最受欢迎的是对幻象的追寻、鹰羽、老鹰、四个方向、神圣的圆圈、汗蒸屋、鼓、捕梦网以及神圣通道等。也有一些新萨满教实践者在其探索中所看到的灵性意象大量地带有从书籍、培训班和灵性教师那里借用来的美洲土著象征。当我问来自佐治亚州萨凡纳的灵性实践者埃里克·佩里，是什么促使他转向这种类型的灵性时，他明确指出是美洲土著，"在我的卡巴拉实践中，我发现我的灵性向导基本上是以土著形式出现在我面前的，而他们主要是美洲土著。我并不是在美洲土著文化或背景下长大的，但我从这些灵性向导那里学到的东西却都来自美洲土著文化。"在这之后，他翻阅了伊利亚德的书，并将他看到的幻象与美洲土著的幻象和西伯利亚萨满的幻象进行了比较，此后他突然明白了，"哎呀，我所拥有的这些经历是萨满教的！"佩里补充说，在过去的七年里，这些以美洲土著形式存在的神灵一直是他的"指路明灯"。

当我向另一个熟人——一位来自亚特兰大的心理治疗师，他最近加入了凯尔特萨满协会——提出同样的问题时，他也指出，他最初对萨满教的兴趣，用他自己的话来说，是来自"美洲土著的东西"，特别是他参加了由美国东南部传授美洲土著灵性的人举办的药轮和汗蒸屋仪式之后；另一个重要的源头则是他阅读的资料。令我惊讶的是，与属于某个萨满教社团的那些人不同，他从未听说过伊利亚德的经典萨满教书籍。正如他所指出的那样，他对萨满教的了解来自关于美洲土著的畅销灵性书籍：海梅约斯特斯·风暴的《七支箭》、肯尼斯·梅多斯（Kenneth Meadows）的《药之路》（*The Medicine Way*）、内哈特的《黑麋鹿说》、杰米·萨姆斯（Jamie Sams）的《印第安药卡》系列，还有著名的美洲土著代言人小瓦因·德洛里亚（Vine Deloria，Jr.）的《神是红种人》（*God Is Red*）。[15]包括德洛里亚的书在内，所有这些作品都有一个共同之处，就是它们都以一种普遍化和理想化的形式将北美传统呈现为最高灵性智慧的体现，并将其与犹太-基督教传统进行了对比。

布鲁斯·霍金斯（Bruce Hawkins）是一位来自美国的灵性追求者，他和佩里一样，接受了带有美洲土著象征主义色彩的灵性启示；他也表示，点燃他对自然灵性兴趣的火花是关于印第安人历史和信仰的书籍。我想更多地谈谈他的经历，因为这些经历可能反映了20世纪60年代和70年代开始欣赏美洲土著灵性的那些美国人的经历——当时，这个国家在历史上首次开始大规模处理因过去对美洲印第安人的态度所造成的创伤。正如霍金斯所说，1975年，他读了迪·布朗（Dee Brown）的畅销书《魂归伤膝谷》（*Bury My Heart at Wounded Knee*，1970）以及内哈特的《黑麋鹿说》（1932），并由此进入了萨满教领域。《魂归伤膝谷》将美国西部历史描述为印第安人和白人之间的无休止战争，《黑麋鹿说》在60年代和70年代以平装形式再版，该书哀叹了传统拉科塔人生活方式的衰落。[16]霍金斯对印第安人作为被征服民族的悲惨历史产生了情感共鸣，同时也对印第安人的灵性产生了兴趣。在一次前往与印第安人战争有关的战场遗址进行朝圣之旅时，霍金斯经历了一场强大的灵性启示。这让他后来接触到了真正的印第安人，并与美洲印第安人运动（American Indian Movement，AIM）的激进分子有过一段短暂往来。简而言之，霍金斯在他的印第安朋友的鼓励下，开始寻求幻象。最终他对幻象的渴望使他迎来了灵魂出窍的萨满飞行。[17]

一些来自欧美的萨满教实践者原本对自身生活于其中的智识和文化环境以及自己所读的书籍都不以为然，但现在他们却发自内心地惊讶于自己在未与美洲土著直接接触的情况下，仅通过做梦和看到幻象就成了美洲土著灵性的受体。例如，自称为"内部空间工程师"的马西娅·劳克（Marcia Lauck）非常强调自己的典型的 WASP（盎格鲁-撒克逊白人新教徒）身份，但她却在梦中遇到了一群美洲土著长老。长老们告诉她，他们将建造一座桥梁，"通过这座桥梁，就可以将塑造了美洲土著文化的那些深刻的真理和知识，以及凝结在萨满仪式和药物包中的知识，引入西方文化，用以保护地球"。劳克一生中从未见过印第安人，所以对美国印第安长老们选择让她来执行这一伟大任务而感到震惊。与霍金斯不同，她并没有考虑到自己读过的书和周围的玄学文化可能会影响她的想象。对她来说，唯一合理的解释是"神学方面的"：美洲土著长老之所以能进入她的思想，是因为来自神圣力量的干预。[18]

荷兰人类学家梅雷特·雅各布森（Merete Jakobsen）调查了英国和丹麦的几个新萨满教社团，并讲述了一个关于格陵兰岛的因纽特土著女性的神奇故事。格陵兰岛过去曾经拥有高度发达的萨满教传统，但那位因纽特女性是在丹麦长大并接受教育的。她后来参加了一个新萨满教培训班，因此她从美洲印第安人哲学中获得的灵感多于她所属的格陵兰灵性传统。她的灵性体验通常以印第安人的意象为主，毫无疑问，这种意象是她从当时流行的关于美洲土著的身体、心灵和灵性的文学作品中汲取的，而这种作品在丹麦随处可见，且其中到处可见关于美洲土著的象征。[19]

我自己的观察也印证了其他研究者对美洲土著与新萨满教社团之间的关联的描述，特别是在这种关联于 20 世纪 70 年代和 80 年代形成之时。在与凯尔特萨满协会（SCS）的接触中，我了解到，协会中的大多数人在与美洲土著接触后都转向了欧洲的自然灵性。他们中的一些人也会继续尝试运用美国印第安人的象征，但现在他们会把这种象征与凯尔特萨满教的方法相结合。例如，两位来自加拿大 SCS 的"路径大师"在加入凯尔特萨满教之前，曾被塞内卡（Seneca）印第安灵性导师引荐给狼氏族（Wolf Clan），而另一位来自美国的"路径大师"，则在亚利桑那州长期跟随霍皮人萨满当学徒。顺便说一句，后者保留着自己的本名轻鹰（Lighthawk），并在凯尔特萨满教仪式中使用一位霍皮人朋友为她制作的摇响器——这是一个带有典型普韦布洛印第安人符号的美丽物件。轻鹰对我解释说，她不能在印第安人的环境中使用这个摇响器，因为在霍皮文化中，这种仪式工具只允许男性使用。然而，在她自己设计的凯尔特萨满教实践中对摇响器的使用却没有任何限制。她告诉我说："在我的萨满教旅行中，我可以跨越文化和空间。"

美洲印第安人的象征可被视为能促使一个灵性追求者踏上灵性之路的火花。我在旧金山认识了一个叫紫女巫的女性，在她设置的祭坛上，除佛教法器和西伯利亚古物，还有一幅印第安人的油画。虽然她把自己定位为西伯利亚萨满教实践者，但她却向我解释说，这幅放在祭坛中央的画像对她来说有一种神秘力量，正是这幅画在某种程度上引发了她对萨满教的信仰。唐娜·赫尼斯是一位来自布鲁克林的"著名的城市萨满"，她尝试过从萨满教到塔罗牌和灵气的所有治疗工具。她强调说，真正的灵性之光第一次造访她是在 1975 年，那一次她把一个印第安人编织的东西放在了自己脸上。唐娜指出，通过这次接触，她接收到了深刻的灵性启示，"我立刻明白了世界上的一切是如何相互联系的"[20]。我想在这里强调的是，一般来说，在现代西方萨满教的美学中，印第安灵性很少以纯粹形式被呈现出来。通常情况下，它都是与其他灵性技巧相结合的，目的是适应集体或个人的口味。

最早积极尝试将美洲土著象征融入现代西方神秘主义和灵性的人是灵性实践者文森特·拉杜克（Vincent LaDuke, 1929-1992），他还有一个更广为人知的名字是太阳熊。20 世纪 70 年代初，太阳熊借助人们对印第安文化和灵性的兴趣，创建了自己的灵性学校——熊部落公司。这个团体融合了各种印第安文化传统以及当代环保主义，还有由太阳熊亲自创造的仪式。他非常出名的原因是他引入了一种名为药轮的仪式，在今天，许多西方灵性追求者都将药轮融入了自己的灵性工具包。太阳熊和他的伙伴们在北美和欧洲各地旅行，传播美洲土著灵性和生态的"福音"。熊部落公司所从事的项目从致幻剂使用到创建公社，再到举办灵性研讨会，恰好反映了西方反主流文化在 20 世纪 60 年代和 70 年代的演变。

拉杜克是德国-法国-挪威-美国奥吉布瓦多血统的混血儿，他在明尼苏达州的白土（White Earth）印第安人保留地长大。15 岁时，他对部落委员会不接受他关于改革保留地经济生活的建议感到不安。这个少年得出的结论是："如果一个先知在他自己的保留地都不能被辨认出来，那么是时候试试自己的翅膀了。"这就是为什么太阳熊余生一直在路上，他走遍了美国，在很多地方都短暂地生活和工作过。50 年代，拉杜克曾在铁路、墓地工作过，还当过厨师和伐木工。

似乎是他在好莱坞的那段经历开启了他后来成为灵性导师和代理人的职业生涯。太阳熊拥有典型的印第安人外表，因此被选中扮演"印第安勇士"。事实上，他第一次扮演萨满是在哥伦比亚广播公司的节目《勇敢的鹰》（Brave Eagle）当中。拉杜克后来回忆道，在好莱坞的工作非常有趣。他喜欢骑马和扮演印第安人，"我们大多数人只能在小时候扮演牛仔和印第安人。至于我，我小时候太忙了，没有时间玩，但现在我长大了，我仍可以玩同样的游戏，并从中获得报酬"[21]。后来，电影制作人开始偶尔请他担任技术指导。作为一位印第安文化专家，他负责对好莱坞的印第安服装和布景的真实性进行检验。60 年代末，拉杜克还帮助激进的人类学家杰克·福布斯（Jack Forbes）在加州大学戴维斯分校开发了一个美洲土著研究项目和一门与印第安人相关的课程。最终，他发现自己其实是在教授美洲土著哲学。不幸的是，他自己的受教育程度仅限于初中，大学管理部门最终还是把他排斥在这些项目之外。拉杜克因此不得不转到一所附属于该大学的实验学院，因为后者不太在乎一个人有没有毕业证，于是他在这里开始教学，教授他能自给自足的印第安课程。太阳熊有大约 70 名学生，他教他们如何尊重地球母亲，如何从事有机园艺。

　　建立一个灵性社区——后来的太阳熊部落的想法就产生于这个特别的课程。聚集在太阳熊周围的人决定将他们的学习变成一种生活方式，这反映了当时在西方反主流文化中流行的公共情绪。该部落最终于 1969 年底在加州普莱瑟维尔附近的一块捐赠土地上成立。这个营地没有自来水，也没有其他便利的城市设施，而这却成了它的另一个吸引人的地方，"因为这迫使人们靠近土地生长"。这一营地建成后，太阳熊部落的 20 个成员——除一位来自蒙大拿州的印第安人外——都是美国白人，都以太阳熊为首领，并作为"印第安人"生活。[22]很快，关于这个部落及其倡导的有机地球哲学的消息传遍了整个加利福尼亚。1971 年，这个部落已经有大约 200 名成员，他们住在遍布于加州的各个营地。太阳熊部落成员们种植有机水果和蔬菜，并尝试储存和保存它们。总体而言，拉杜克项目是 20 世纪 60 年代和 70 年代初在西方国家迅速发展起来的众多短命嬉皮士项目之一。

　　部落里的事情很快就失去了控制。首先是吸毒猖獗，吸食被太阳熊称为"药草"的大麻在部落里非常流行。太阳熊逐渐开始厌倦事情的发展方向，并斥责了"那些想要进行蒂莫西·利里之旅的人"。后来他前往内华达州的里诺，并在那里转而从事出版业。[23]1972 年，他创办了《多烟》（*Many Smokes*），这是一份灵性和自助性期刊，主要宣传被称为美洲土著灵性的、以土地为基础的价值观。太阳熊最终从里诺搬到了华盛顿州。到 70 年代中期，他已经完全放弃了建立一个永久性的另类公社的想法。迷幻的 60 年代的影响正在减弱，公社也不再流行。最后，拉杜克找到了一个理想的解决方案——既融合基于土地的价值观，也不会让人们陷入集体生活的危险之中。1975 年，他与同人重建了太阳熊部落，这一次不是将其作为一个永久的居住社区，而是作为一个虚拟架构，将分散在美国各地的欧洲后裔团结起来，使他们聚集于灵性培训和讲习班上。这就是太阳熊部落如何演变成西方思想、身体和灵性社团的重要一员的过程。与他在 60 年代树立的目标相反，这一时期的太阳熊彻底改变了他的观点。到了 80 年代，他表示太阳熊部落不是反对技术，而是反对技术滥用。太阳熊的座右铭变成了"不要回到石器时代"，要"走向新纪元"[24]。

在太阳熊开发的新灵性项目中，有一个萨满学徒项目，该项目以寻找幻象为中心，活动包括为学徒举办汗水净化仪式让他到山顶上用一到四天祈祷以看到幻象。太阳熊及其助手随后会就幻象向那些人做出解释。此外，太阳熊还坚持不懈地教育其追随者尊重所有的植物、动物和昆虫的生命。新项目的活动也包括吟诵、跳舞、击鼓和使用水晶等内容的培训，其中由太阳熊开创的最著名的活动是吸引了数百人参与的药轮仪式。

太阳熊反复强调，虽然他的医学项目是以印第安传统为基础，但它不是静止的，而是以开放包容的姿态融合其他文化及其灵性并因而不断变化着的。他提供的不是被传统文化束缚的灵性，而是"我的医学需要什么，就从任何地方（拿来用）"的一种融合性系统，其既包括来自美洲土著神圣社区的密德威温（Midewiwin）① 仪式元素，也有得到广泛运用的泛印第安汗蒸屋，还有幻象探索和药轮——他因此称自己为"万能医生"[25]。尽管印第安激进主义者谴责太阳熊滥用印第安灵性，但他的确激励了西方自然主义社区的很多人。太阳熊传授的知识似乎没有严格的体系，但这正是他受欢迎的原因，因为他传授的知识迎合了追求者对于灵性的个性化渴望。在向学员讲授自然生活和大地灵性方面的基础知识后，太阳熊甚至鼓励他们研发属于自己的药物。他的某些学员后来成为萨满教老师，在美国和其他地方巡回演讲，并组建了属于自己的社团。

另一个为组织反文化灵性项目而挪用美洲土著象征的例子（带有负面意味）是臭名昭著的迅鹿（SwiftDeer）。很多印第安文化代言人和西方灵性追求者都说迅鹿是一个失常的人，认为真正的灵性实践者都不应该以他为榜样。尽管如此，我作为历史研究者仍对他的职业产生了兴趣，对我来说，他的职业呈现出了所有真实的或想象的负面特征，而批评家们把这些负面特征都附加在"新纪元"上。与举止沉稳的太阳熊相

---

① 北美印第安人的一种宗教和医疗组织，以神秘仪式和草药治疗而闻名。——译者注

反，迅鹿是一个浮夸的灵性"小丑"，在 20 世纪 70 年代和 80 年代他几乎能驾驭任何有关印第安灵性的潮流：卡斯塔尼达、太阳舞、汗蒸屋。在他为创建的鹿部落调制的"文化鸡尾酒"中，人们能发现所有常见的形而上的陈词滥调，如美洲土著灵性、佛教、占星术，再如枪支崇拜、反移民情绪、生存主义，还有全民皆兵理论以及各种阴谋论，等等。

70 年代末，当迅鹿处于职业生涯的起步阶段时，他就在一本瑞典萨满教杂志上宣称自己是一个切罗基/梅蒂斯（Métis）萨满、一个巫医、一个玫瑰十字会会员，还说自己是一个杰出的治疗师、一个空手道和柔术大师，而且拥有人文心理学和比较宗教学的博士学位。除了这些胡言乱语外，迅鹿还声称他曾师从纳瓦霍巫师汤姆·两头熊·威尔逊（Tom Two Bears Wilson）——卡洛斯·卡斯塔尼达在其书中称他为唐·吉纳罗。此外，他还曾对欧洲的灵性追求者说他和卡斯塔尼达一起咀嚼过仙人掌，还说一位来自北加州的著名小说家，同时也是夏安巫医的风暴与他分享过秘密。有一次，他又声称自己的神圣知识来自龟岛卷发协会（Twisted Hairs of the Turtle Island），而这个协会隐藏在天狼星附近的某个地方。对于潜在的怀疑者，迅鹿表示，"如果你不相信人类是星星的后裔，那么在你看来，可能整个文化史都有问题"。还有一次，他宣称自己所教授的一切都来自某个太阳舞委员会。[26] 面对迅鹿无数的关乎神圣的玩笑，那些原本准备接受他美洲土著萨满身份的欧洲灵性追求者甚至都开始有新想法了。来自瑞典的灵修者埃里克森强调，他确实从迅鹿的培训中学到了很多东西。但他同时很谨慎地表示："我和那个男人保持了临界距离。你有没有注意到这个人对什么都有答案？在某些情况下，他其实都不知道自己在说什么。例如，他说奥丁①是闪电之神——他能在我们的遗产上犯这样的错误，那他也能在其他事情上虚张声势。"[27]

迅鹿在欧洲被看作萨满教亚文化先锋之一；但在美国，他却因经营所

---

① 奥丁，北欧神话中的诸神之王。——译者注

谓的 Quodoushka 实用性爱工作室而臭名昭著。令真正的切罗基人愤怒的是，迅鹿竟然宣称这个工作室是基于古老的切罗基习俗而建立的。他曾在培训期间与参与者分享过一个故事：他 14 岁时，一个切罗基成年女性——凤凰火（Phoenix Fire Woman）与他发生了性关系。据他说，这个女人向他展示了切罗基式的做爱艺术，告诉他男人有九种不同的阴茎，女人有九种不同的阴道，还告诉他性高潮可分为五个层次。而在欧洲，灵性追求者中很少有人知道，20 世纪 80 年代跳着太阳舞、萨满化了的迅鹿如今被他在亚利桑那州天堂谷的邻居称为"军械师"·里根（"Gunnie" Reagan）——他是美国全国步枪协会的活跃成员，是一个生存主义者、枪支爱好者，他还曾经举办过一场射击比赛"钢铁挑战"[28]。看起来，迅鹿其实很喜欢扮演神圣的"小丑"，喜欢故意对抗公众情绪和道德。他肯定是学到了西方宣传的一个主要规则：坏的宣传也是宣传。

看来迅鹿确实拥有某种魅力，能吸引到一些灵性追求者。珀施·琳恩（Porsche Lynn）是他臭名昭著的 Quodoushka 性培训参与者，她如此描述她偶遇迅鹿的那一刻：

> 我发现他身上有一种惊人的吸引力。我和他坐在一起时，他说出了他的一些思考。我当时正过着一种受害者的生活，他就打电话给我说，"你必须弄清楚为什么你选择这种父母，为什么选择在这个时候出生在这个地方"。我头脑里也有个声音说，"这家伙在胡说八道"，但他说得如此真诚，我真的不得不把它放在心上。

另一位在布朗大学学习人类学的女性希瑟·"月下猫头鹰"·坎贝尔（Heather "Moon Owl" Campbell），也同样被里根（迅鹿）的个性所吸引。她在德国的一个会议上听到他演讲后，"爱上了"他所说的一切，并"立即报名参加了培训"。学徒期持续了七年，迅鹿后来把她从她的祖国英国带到了美国，"我们训练得很辛苦：我们被埋在地下，我们禁食，我们比赛，我们流汗"。课程的高潮是一个命名仪式，正是在这个仪式上她获得了自己的萨满名字——"月下猫头鹰"。在完成跟迅鹿学习的学徒生涯后，坎贝尔回到了英国，她现在在那里担任萨满指导顾问，工作内容是赋予企业及其成员以力量。[29]

灵性之争：印第安人和"白人萨满"

正是大规模挪用印第安人的象征，特别是像"军械师"·里根这种表演者组织的这类活动，导致了灵性之争——美洲印第安文化代言人和非印第安灵性追求者之间关于使用印第安象征的斗争。这无疑是一种后现代的紧张状态，人们无法想象，一个世纪前，大多数西方人根本不关心部落信仰和习俗，将其视为"原始迷信"，但现在，情况却正好相反，印第安人本身和很多西方灵性追求者都崇拜印第安文化。他们担心西方公众总是广泛借用美洲印第安人的形象会淡化土著身份。

最激进的美洲印第安文化代言人，对更多的（外界）社会使用与印第安有关的象征持批评态度，他们希望土著的美洲专属于美洲土著。这些批评家将非印第安人用土著象征和手工器物进行灵性实验视为文化盗窃；还有一些人用更激烈的言辞称这种做法是一种新形式的殖民主义——白人先是抢走了土地，现在又准备窃取印第安人的灵性。代表印第安人发言的批评家们甚至采用了"白人萨满的新帝国主义"和针对美洲土著的"文化种族灭绝"这样激烈的措辞。[30]

某种程度上，这是一种自然而然的情绪反弹，是美洲印第安人对外界社会对与印第安相关的一切都给予热情和经常令人恼火的关注的一种反弹；与此同时，他们也担心西方公众总是广泛借用美洲印第安人的形象会淡化土著身份，这也是可以理解的。土著代言人中的很多人本身就是背井离乡的城市人，他们想要恢复自己的传统身份，希望属于自己的特定仪式和传统能获得版权，从而将其用于自身的文化建设。出于这个原因，他们中的很多人都质疑"新纪元"主义者是否有权使用美洲土著人的灵性。

　　这其中包含的基本原理非常清晰：如果周边的社会都使用同样的象征，那印第安人还剩下什么？一位来自南达科他州布鲁勒的拉科塔苏族人罗伯特·多伦（Robert Doren）现在住在盐湖城，他经常为城市中的美洲土著举办汗蒸屋仪式，对侵犯印第安人传统的行为，他也感到担忧。多伦指着他主持的仪式，悲伤地说："这已是我们（印第安人）剩下的所有了。"拉科塔人的代言人勒罗伊·哗哗作响的叶子（Leroy Rattling Leaf）批评了那些不介意与非印第安人合作的土著灵性实践者，他强调说，越多的美洲土著与外人分享他们的仪式，他们就越远离自己的土著文化，"我认为我们因此失去了一些东西。我们再也找不回来了"[31]。

　　印第安保护主义者和"新纪元"主义者之间的冲突，反映了关于身份和灵性的两种观点之间的冲突。首先，这个问题显然是关乎他们个人的灵性。不拘一格的灵性追求者，无论是印第安人还是非印第安人，都声称灵性应该根据个人的愿望来设计和塑造。对他们来说，主张享有自由体验世界上任何灵性生活的权利，选择符合他们个人口味的东西，是很自然的。相反，对美洲土著文化工作者来说，灵性是一种集体资源，他们用它来重建自己的破碎身份，他们因此认为灵性文化不关涉个人选择，而是一个集体问题。在这一语境下，可以理解的是，一些美洲土著坚持认为，对特定仪式和物品的使用必须有土著社区和长老的批准。此外，一些印第安代言人也认为，只有拥有印第安血统的人有权参加印第安人的仪式。印第安活动家南希·巴特菲尔德（Nancy Butterfield）用下面的话很好地阐述了这种激进主义方法："只有被长辈选中并由长辈教授了正确的仪式方法——这个过程需要数年时间——的美洲印第安人才有权实践这些传统。"[32]

　　印第安代言人通常称那些把土著象征和手工制品融入思想、身体和灵性文化的人为"塑料萨满"或"塑料男巫医/女巫医"。这里的假设是："新纪元"的仪式是人为的和想象的，因此不是真实的。相比之下，美洲土著所举行的土著仪式，尤其是在保留地这种传统环境中举行的土著仪式，在他们看来才是有机的、自然的和真实的。科罗拉多大学政治学教授，也是著名的美洲土著代言人小瓦因·德洛里亚对破坏美洲印第安人特定仪式的美国人和欧洲人提出了最严厉的批评，他讽刺而幽默地写道，那些非印第安人依附着"所谓的巫师"，愿意"支付数百美元来换取坐在地上的特权，让玉米粉撒在他们的脸上，并被告知地球是圆的，所有的东西都是循环的"[33]。美洲土著人对"新纪元"批评的核心在于，脱离语境并与其他文化和传统仪式混合在一起的土著仪式是毫无意义的。每种宗教都与特定的土地或地点有着某种神秘的联系，基于这一前提，德洛里亚指出，部落灵性深深植根于当地社区，因此就其本质而言，其不可能包含一种普遍信息。出于这个原因，他将那些与更广泛的受众一起工作的土著人描述为背叛了其各自群体的价值观的人。[34]

同样在科罗拉多大学工作的激进作家沃德·丘吉尔（Ward Churchill）是对"塑料萨满"提出批评的第二人，但他走得更远。他把新萨满教的做法贴上"没有文化背景的、毫无意义的'仪式聚餐'"的标签，呼吁白人和印第安人关闭"新纪元"会议，烧毁他们的汗蒸屋，归还被他们亵渎的圣物。[35]丘吉尔对待这些事情非常严肃，对那些扰乱与美洲土著信仰相关意象的人也非常严厉，甚至连小说作家东尼·希勒曼（Tony Hillerman）也没有逃过他的批判眼光，后者是以纳瓦霍宗教为背景的流行警匪故事的作者。顺便提一下，具有讽刺意味的是，丘吉尔虽把自己定位为土生土长的土著人的儿子、美洲土著激进分子和"塑料萨满"的破坏者，但他自己却因被认为是"扮演"印第安人而在美洲印第安人运动（AIM）的前战友那里栽了跟头。据丹佛·韦斯特伍德（Denver Westword）说，在AIM的一次内部争论中，有几位领导人开始严重质疑这位作家的印第安人身份，称他为"骗子"和"'想要成为'印第安人的人"。到目前为止，丘吉尔都无法为自己的美洲印第安身份提供足够的证据。[36]

"塑料萨满"的另一些激进批评者还把对美洲土著灵性的争论转变为政治和经济问题。丽莎·奥尔德雷德（Lisa Aldred）将当今美国社会区分为压迫性的主导社会和被征服的土著民众，她认为白人对美洲土著文化的任何侵占最终都会导致对土著人的压迫。另一位作家将被美洲土著吸引的灵性追求者称为资产阶级，认为他们只是试图通过追求新奇的事物来填补自己的无聊。她讽刺地补充道，这些灵性追求者都患有"饱腹综合征"[37]。

西方国家财富的普遍增加给了人们更多的闲暇时间去追逐创造性的审美追求。在这里我想重申一下心理学家亚伯拉罕·马斯洛著名的自我实现观点。20 世纪 30 年代，只有如梅布尔·道奇·卢汉这样的少数人才能享受到的东西——卢汉有能力隐居在新墨西哥的陶斯，沉浸在灵性追求和写作中，如今，显然有成千上万的西方中产阶级也能享受到。在这里，我要质疑的其实是"塑料萨满"的激进批评者们所提出的假设，即西方人对美洲土著文化和灵性的兴趣是殖民主义的一种表现。在他们试图将土著的美洲留给美洲土著人，试图认可什么是传统的、什么不是传统的过程中，我感觉到他们其实是试图在时间和空间上冻结宗教和文化，但不管人们喜欢与否，这种冻结在现实生活中永远不会发生。

与此同时，很明显，今天的很多美洲土著人都对所谓的"对美洲土著传统的大规模模仿"感到恼怒。1993 年 6 月 10 日，来自美国和加拿大的约 500 名拉科塔人及其亲属代表通过了一项《向拉科塔灵性剥削者宣战》（Declaration of War against Exploiters of Lakota Spirituality）的宣言。[38]该群体通过这一宣言具有很重要的象征意义。在广受欢迎的土著美洲，拉科塔人被认为是"最真实的印第安人"的原型之代表。尽管宣言是"最印第安"和最浪漫的美洲土著群体通过的，但它却反映了所有印第安人的情感。这份宣言列举了一系列违反美洲土著灵性的行为，包括在商店里出售神圣的烟斗，举办不被社区认可的汗蒸屋仪式和跳太阳舞。通过宣言的人们呼吁举行示威、进行抵制并召开新闻发布会作为行动方式。宣言通过的第二年，对此感兴趣的印第安人在"乌鸦的踪迹"（Trail of the Crow）的基础上组建了"神圣月亮的战士"（Warriors of the Sacred Moon）——一个以识别和反对盗用印第安象征为使命的社团；另一群有着相似目标的美洲土著群体则开设了一个网站，专门用于打击特定的"白人萨满"[39]。

有时，美洲土著活动家还会采取积极的措施反对印第安人和非印第安人的"塑料"萨满实践者。例如，在科罗拉多州，AIM 成员曾前去干扰太阳熊举办的周末萨满静修。1993 年，在加州的滨河市，大约 20 位AIM 抗议者在蒂姆·图希（Tim Toohey）的房子前示威，蒂姆·图希是迅鹿的学徒之一，经常在自家后院举办有偿的汗蒸屋仪式。在另一个案例中，在"夏安版的卡斯塔尼达"、《七支箭》的作者风暴的一次演讲中，美国印第安激进分子散发传单，宣称"我们神圣的灵性实践是不出售的，如果你试图从我们这里偷走它们，你就犯了灵性灭绝罪"。1990年，在旧金山湾区的一家书店里，前去抗议的美洲土著人扰乱了"女版卡斯塔尼达"林恩·安德鲁斯的公开读书会，而安德鲁斯此前曾在她的小说中挖掘过女性灵性的主题。同年，为了回应美洲土著人的批评，旧金山的几家书商将安德鲁斯的经典著作，如《女巫医》和《美洲虎女人》（Jaguar Woman）等都做了下架处理。有时，印第安人也会抗议像环保主义者这样的"好心人"使用印第安人的形象，后者经常诉诸生态印第安人的神话，却没有意识到印第安保护主义者对公开使用这种象征非常敏感。1990 年，在旧金山，20 个印第安人聚集起来抗议带有这种善意性质的拨款。他们举着海报，上面写着"帮助猫头鹰，但不要来随意取走我们的灵性"和"不要支持灵性种族灭绝：我们的文化和土地已被系统地摧毁了，现在他们还想拿走我们最后的力量——我们的灵性"[40]。

很多印第安社区现在都在试图让外人远离他们的仪式和典礼。霍皮印第安人在 20 世纪 60 年代成为持续反主流文化运动关注的对象，他们曾因自己拥有灵性而遭受过嬉皮士的入侵，现在他们甚至不想与外人谈论他们的传统。他们不仅禁止外人在自己的居住地拍照，而且认为在有关霍皮文化的博物馆里做笔记都是一种冒犯。1998 年，拉科塔部落当局也采取了类似措施。部落官员颁布法令，规定他们宗教的任何要素都不得传授给非印第安人。此外，他们还列出了禁止传播或克隆的特定仪式名单，其中包括汗蒸屋、太阳舞、幻觉探索，还有涉及鼠尾草、烟草和动物的仪式。此外，该法规还警告说："任何白人或部落成员故意鼓励或让非印第安人参加任何仪式，包括太阳舞或幻觉探索等，都将承担责任，并将被部落或联邦法院以欺诈罪起诉。"这种措辞表明，存在某种真正的印第安传统，而对其挪用或改变就代表着欺诈。谴责"塑料"的文件同时也暗示版权法应该延伸到灵性领域，不过这种说法当然很难自圆其说。[41]

为确保土著仪式留在土著社区内，一些美洲土著社区开始将他们的仪式限定在特定人群内部，这些人包括有"充分"印第安血统的人，以及被收录进官方承认的"印第安人口普查名册"的人。各部落的具体规定各不相同，有些土著群体认为拥有 1/4 土著血统的人才能被认为是拥有完全资质的土著。但很明显，美国很大一部分人都是多重血统，他们很难满足这一要求。[42]然而，这种做法在目前占主导地位的多元文化主义意识形态的背景下却是有意义的，因为这种意识形态主要是通过将人们冻结在各自的种族、性别和文化环境中进而使其文化碎片化。

一个人是如何因为踏入美洲土著象征禁区而陷入困境的？这方面的例子，我们可以看看唐·埃弗哈特（Dawn Everhart）的经历。埃弗哈特主要是基于哈纳的世界性核心萨满教而从事灵性实践活动的，这种萨满教其实并未确切地指向或仰赖与美洲印第安人相关的任何意象。但不幸的是，除了核心萨满教实践之外，她还试图将自己锚定在美洲土著象征中。她因此按照一些灵性追求者的流行做法，给自己取了一个印第安名字叫"水上舞蹈"（Dances on Water），而且还声称自己是切罗基人——她拥有 1/32 的切罗基血统。顺便提一下，获得切罗基身份是一些试图扎根于美洲土著传统的西方灵性追求者最喜欢的做法。由于历史上有很多切罗基人与高加索人联姻，所以这给她声称自己拥有印第安血统提供了一个很好的机会，但埃弗哈特也承认自己其实从未体验过真正的部落传统。

她说，她的灵性技巧来自一位巫医，这位巫医在丹佛经营着一家

"变形新纪元中心"，而且也把自己定位为切罗基人。为完善自己的灵性技巧，她还师从哈纳以外的另一些写过各种萨满教书籍的老师。她因此学会（显然是从哈纳那里）如何进入灵界，并最终见到了她所谓的祖先，一个百年前的切罗基人。埃弗哈特认为这位祖灵就是她的向导。在一次灵性之旅中，祖先指示她去往广阔的世界向更多的人教授萨满教的智慧，她的灵性向导甚至指出了可以容纳她的课程的学院。据说祖先对她说，"去科罗拉多自由大学（CFU）吧"，然后她照做了。后来，以开设另类课程项目而闻名的 CFU 接纳了她，让她作为教师在那里教授 8 小时的"走萨满之路"课程，并以每人 45 美元的标准收费。虽然是有偿课程，但她显然不是为了钱，她只拿到其中的 9.25 美元——这远远低于普通大学教师的收入，剩余的钱都上交给了学校。

因为水上舞蹈埃弗哈特不仅教她的学生如何找到自己的魔法动物和神圣空间，而且还教授给他们一些敏感的项目，如起源于美洲土著灵性实践的药轮仪式等，她因此遇到了真正的麻烦。以反对"塑料"运动而闻名的当地美洲土著活动家认为她完全符合"塑料"的特征，因此立即把她视为"稻草人"①。CFU 收到了大量电子邮件，要求学校将这门课程从课程表中删除。一个愤怒的抗议者写道："我们认为这是白人文化又一次剽窃印第安灵性的机会……如果这种做法继续下去，我们将与有关的土著当局联系，施加压力以叫停这种活动。"大学里的管理者此前显然没有意识到他们正在踏入神圣的领土，现在他们非常害怕，所以不仅立即取消了"走萨满之路"这门课程，而且为了以防万一，还取消了"凯尔特萨满教"这门课程，而埃弗哈特原来是打算稍后讲授这门与美洲土著文化无关的课程的。[43]

美洲土著代言人对他们视为己有的象征被挪用持批判态度，这使很多试图从这种象征中获得灵感的灵性追求者感到不适和不安。如何更好地融入美洲土著文化而不冒犯土著人是个系统问题，这可能会让那些不

---

① 即认为她一文不值，一无是处。——译者注

知情的人，特别是来自海外的人，觉得琐碎而肤浅。尽管如此，这种批评仍然严重困扰着西方自然社区的许多成员，在北美尤为如此，那里的人对美洲土著土地和文化的被剥夺仍记忆犹新。有时，像《萨满鼓》或互联网论坛等与萨满教相关的期刊或平台等，都会提出这种"挥之不去"的问题并就其展开争论。

从政治同情心方面看，西方自然社区的大多数人都倾向于自由主义，并对美洲土著人的事业深表同情——这至少是我在与美国新萨满教信徒的接触中得出的印象。与此同时，他们也不断听到有人指责他们的"新纪元"灵性实践是对印第安人固有信仰的滥用，甚至是一种新形式的文化灭绝。为了净化自己的良心，他们中的一些人认为自然社区的成员应该向美洲土著社区支付费用作为使用土著仪式和象征的部分补偿。例如，《萨满鼓》的编辑蒂莫西·怀特就将林恩·安德鲁斯在该杂志上刊登的精心制作的广告所获的全部收入捐给了造福土著人的非营利组织。来自加州伯克利的多元文化灵性实践者契克什（Chequeesh）也提出了类似的建议，她认为，为获得满足感，尝试美洲土著宗教的人应该找到一群"正在挣扎着活下去的美洲印第安人，把钱或其他东西给他们作为回报"[44]。

大量借用美洲土著灵性要素的那些人试图证明自己的灵性实践拥有正当性，他们说自己根本没有其他选择。他们中的一些人确信西方文明是如此邪恶和腐败，以至于他们不能在其中找到任何鼓舞人心的东西。灵修作家月桂向那些潜在的美洲批评家提问说："我们确实可以先看看我们自己的遗产和文化，但如果这其中并不包含我们正在寻找的答案，我们为什么要停下来呢？我的祖先并没有留下任何像萨满之路那样召唤我的东西。"契克什在提到她潜在的批评者时，也提出了类似观点。她认为，如果历史选择了美洲土著作为灵性知识的守护者，他们也只能接受，因为他们注定要与其他人分享有关灵性智慧的真理。[45]

那些欧美的灵性追求者，特别是那些渴望分享美洲土著灵性的人，会自虐般地谴责自己的白人身份，以试图与土著传统融合。因此，作为对《向拉科塔灵性剥削者宣战》的回应，一个叫 M. 克里斯托弗

（M. Christopher）的人真诚地恳求道："我谦卑地尊重拉科塔人，也尊重造物主赋予拉科塔人展示自己的方式。我是你们的朋友。即使你们向我宣战，拒绝我向'以你们的方式创造地球的力量'祈祷，我也永远是你们的朋友。"[46]为避开批评，许多从美洲土著人那里获得灵感的灵性追求者都坚称自己只是诉诸形而上学的方式，而且强调自己并不是从书本或者培训班上学到了被美洲土著视为己有的意象和特殊仪式，而是直接从神灵那里学会了这些。前面提到过的被批评为"塑料"的埃弗哈特强调："我不需要美洲土著的许可，因为我与我的灵性向导有交流，我的信息来自灵界，而不是这个世界。"另一个益格鲁萨满乔西·乌鸦翅膀（Josie Raven Wing）也说她是让自己的灵性向导教她如何举办汗蒸屋仪式的。此外，她还提出了一个很难找到答案的形而上学问题：如果是更高等的存在教给了印第安人和西方人同样的仪式，那是谁的错？[47]

一些西方灵性追求者提到了宗教自由以及选择自由的原则——这两种自由是西方文明的基石，而在其他场合，他们却对此进行过很多的抨击。他们向美洲土著批评家指出，土著人对特定的仪式和物品没有版权。阳光·加纳（Sunshine Garner）曾参加过太阳熊部落的仪式，她在与一位美洲土著保护主义者的辩论中，将主流基督教教派的自由选择原则和开放性与土著习俗的封闭性进行了对比：

如果你走进塔科马（Tacoma）的任何一个教堂，和人们一起唱歌和祈祷，我知道你一定会受到欢迎。如果你带一本《圣经》回家，在家里阅读和祈祷，没有人会说你在窃取别人的宗教。如果你随后与朋友分享你在教堂学到的东西，并和朋友一起祈祷，你可能会发现不会有人称你为"塑料"基督徒或者说你在模仿《圣经》读者。[48]

虽然这是一个有效的评论，但人们必须记住，与基督教及其积极的传教议程不同，美洲土著的信仰通常不包括传教。

许多新萨满教信徒对印第安保护主义者的批评非常敏感。药鹰·威尔伯恩（Medicine Hawk Wilburn）是一位声称自己拥有美洲土著血统的作家，他在回应有关盗用土著灵性的指控时表态相当尖锐："如果你担心你的宗教的某种虚假形式可能会以某种方式伤害你的宗教本身，那么你的宗教肯定有问题。"[49]另一位高加索灵性追寻者称，将非印第安人后裔排除在美洲土著仪式之外也是种族主义和种族隔离。[50]有时，某些北美神学社团也会邀请美洲土著代表参加他们的治疗圈，并一起讨论问题。1997年，一些印第安代言人应邀参加了一个专门讨论"挪用问题"的灵性主题会议。在会议的最后一天，与会者愉快地跳起了由来自布鲁克林的犹太裔美国人、著名的惠乔尔印第安巫师黑雁·塞昆达所指挥的"鹿之舞"。一位受邀的印第安人怀着厌恶之情看着塞昆达如何把这种舞蹈说成是"我们更神圣的仪式之一"，并对其嗤之以鼻。另一个印第安人则更有哲学意味地说："人们渴望仪式，哪怕那些仪式都是断章取义的。"[51]

与北美土著灵性有关的一切都危机四伏，这使得很多部落灵性追求者离开了他们的传统游乐场——北美土著社会。如今，自然社区的很多成员都绕过印第安人保留地，试图开发新的"梦想之地"，那里未受到外界关注带来的破坏，人们因此可以安全地在那里进行探索。这些地方目前包括墨西哥、亚马孙雨林和秘鲁安第斯山脉。自20世纪90年代以来，灵性追求者将西伯利亚——古典萨满教的故乡——也纳入了这个名单。图瓦神秘之旅的组织者比尔·法伊弗（Bill Pfeiffer）解释说，他被这个小小的西伯利亚共和国吸引的原因之一是，西方人越来越难以体验北美土著文化中的萨满仪式。他强调说，相比之下，西方的灵性追求者发现图瓦萨满非常欢迎外来者，他们乐于让游客参与他们的仪式，他们也愿意作为导游为他们服务，还会为其提供便宜的住宿。[52]

这种跨出北美土著社会的重心转移也反映在新萨满教纸质媒体方面。《萨满鼓》杂志的编辑怀特注意到了一个明显的"不幸的下降"，即涉及北美土著灵性传统的文章和书籍数量在不断下降。与此同时，他也提醒人们注意，关于亚马孙河流域的死藤水萨满教的文章却持续增多。

事实上，关于死藤水萨满教的文章提交量不断增加，以至于《萨满鼓》不得不拒掉很多来稿。怀特在对这种"不对称"进行解释时提到了南美土著专家的态度——与被过度参观和过度探索困扰的北美同行不同，南美的土著专家们尚未感受到外来者关注带来的威胁，他们因此愿意与西方灵性追求者合作。[53]

文化和智识的融合：北美风格

印第安灵性在更广泛的社会中的实际传播情况，远比激进的"塑料"反对者看到的更复杂。这当然不能被简化为"印第安保护主义者反对'白人萨满'这种二元论"。这里的问题是，许多美洲土著和混血灵修者并不认同激进主义者对他们"窃取土著灵性"的指责。他们当中的很多人都是在 20 世纪 70 年代和 80 年代出现在这个图景当中的，而当时美洲土著（传统）刚开始在美国、加拿大和欧洲流行。对印第安文化和灵性的普遍迷恋启发了这些萨满，他们现在可以通过提及诸如卡斯塔尼达的唐望等人物将自己置于当代文化背景中。[54]

这个群体中的一些人不仅准备好与更广泛的社会一起工作，而且也走入了主流的身体、思想和灵性文化，开始推广他们自己的教诲和启示。例如，巫医灰熊湖（Grizzlybear Lake）就是一位不拘一格的灵性实践者，他是塞内卡–切罗基人，在搬到加利福尼亚后皈依了尤罗克（Yurok）灵性。他试图为自己的灵性找到更多的受众："我们的部落药物，我们这片土地上的魔法中心，我们的古老仪式，还有我们的灵性知识都迫切需要被使用。"他明确表示，他不想让自己符合传统治疗者的形象，因为传统治疗者通常被描绘成生活在保留地的偏远地区、"等待被人类学家、作家或某种灵性研究者发现"的人。[55]

70 年代和 80 年代，在典型的印第安拉科塔人中间，涌现出了一大批新的巫医：华莱士·黑麋鹿、埃德·麦克加恩、阿奇·火·跛鹿、伦纳德·乌鸦狗等。这些人在美国和世界各地旅行，试图迎合人们对印第安灵性的兴趣。例如，阿奇·火·跛鹿就将自己变成了一位全球灵性旅行家和教师，向斯堪的纳维亚的萨米人、日本的阿伊努人（Ainu）、西欧的自然团体分享拉科塔灵性知识，他甚至在柏林墙倒塌前为东德的印第安支持者开设了汗蒸屋。

另一位拉科塔灵性修行者，华莱士·黑麋鹿，则满足了从大学生到名人如约翰·丹佛（John Deňer）等各种各样的受众的灵性需求。顺便说一句，像很多美洲土著灵性实践者一样，华莱士在 20 世纪 70 年代美洲土著文化复兴期间发现了自己的治疗天赋。但他的文学合作者、人类学家威廉·莱昂却坚称，华莱士 5 岁时，长辈们就已经发现了他在萨满治疗方面的天赋。莱昂还认为华莱士是《黑麋鹿说》中著名的尼古拉斯·黑麋鹿的灵性传承者。与莱昂相反，一些拉科塔印第安人却指出，在 1973 年著名的"伤膝谷事件"——不仅引起了美国白人对印第安人的同情，也引起了人们对美洲土著文化的广泛兴趣——发生后华莱士才将自己定位为萨满，而且华莱士是出于宣传目的才把自己和黑麋鹿的形象捆绑在一起，并通过把自己的原名"黑牛麋鹿"改成了"黑麋鹿"将自己和所谓著名的前辈联系起来的。事实上，在"新墨西哥圣达菲"网站上，我偶然发现一些材料也称华莱士为"传统的拉科塔老人和传奇人物尼古拉斯·黑麋鹿的后代"[56]。

像华莱士一样，另一个拉科塔人乌鸦·狗，在 70 年代的印第安文化复兴期间也扮演了灵性修行者的角色。事实上，当时的他作为 1973 年"伤膝谷事件"的领导者之一而成为全美关注的焦点。同样，他也对所有民族和文化的人敞开大门。乌鸦·狗强烈反对其拉科塔同胞们的观点，认为他们想保留自己的仪式供内部消费。他强调，拉科塔人与所有民族分享他们的信仰没有错，因为"在造物主的眼中，我们都是一体的"。他补充道，"神灵真的不在乎你是什么肤色，只要你关心的是继续走神圣之路"[57]。此外，一些老一辈的拉科塔修行人也持有同样的态度。例如，备受尊敬的拉科塔巫医弗兰克·愚者·乌鸦总是以普遍化的方式，迎合各种血统的灵性追求者的需求。此外，尽管在年轻一代的美洲土著中出现了保护主义情绪，但他还是继续分享自己的灵性信仰。愚者·乌鸦强调："神灵赐予我们魔力与方法，是为了让我们传递给别人的，有其他什么别的想法或行动都是纯粹的自私。我们只有将它们分享出去，才能真正留住它们并获得更多，如果不分享，我们就会失去它们。"[58]

当然，与古老的民族志书籍和游记中描述的传统印第安灵性的理想化蓝图相比，借用印第安象征和手工制品的西方灵性实践似乎是人为的和非传统的。本质上，"塑料萨满"的批评者倾向于将最近发明的传统和社区都视为虚构出来的。人们有时似乎会忘记，虚构出来的社区并不一定是想象中的（imagined）社区。一旦选择了某些道路的灵性追求者通过纸质媒体、培训、静修或网络会议来发明和想象他们的实践，他们就会形成一个社区。从这个角度讲，它们也是传统的。考古学家、萨满教从业者沃利斯曾讽刺地问道：一条新的宗教道路从一个新发明变成一项传统需要多少时间？宗教史学家菲利普·詹金斯也在他的书中详细探讨了现代美国人对美洲土著灵性的迷恋，并提出了类似的问题，他强调，一种宗教并不会因为它是最近创造出来的，或者甚至包含欺骗的成分就变得不那么有效。作为一个例子，他引用了摩门教会的历史，该教来源于约瑟夫·史密斯（Joseph Smith）丰富的思想。这位学者还补充说，即使一种宗教对另一种宗教有所借鉴，它也不会因此变得不可信。[59]

"塑料萨满"的批评者还忽略了这样一个事实，即基本上所有的文化传统都是在或遥远或最近的过去创造出来的，而且都在经历着不断的变化，但这些批评者却在理想化的古代部落传统和后来的衍变之间画了一条线，认为前者是真实的，而后者则出于某种原因不可能是真实的。西方灵性追求者从欧洲或美洲土著象征中塑造的折中性组合，尤其是他们还将这些组合置于灵性"新纪元"市场，可能会使习惯于将传统文化解释为古老和遥远的事物的那些人感到震惊，但这并不妨碍这种现象成为西方文化景观的一部分。因此，"希尔兹姐妹会"的创建者、作家林恩·安德鲁斯的文学幻想与其他催生了迈克尔·哈纳的核心萨满教、神智学、摩门教会、美国震教会，或拉科塔灵性及其关于白色水牛女人（White Buffalo Woman）的传说的其他创世神话也没有太大不同。所有这些宗教和灵性都有其各自的产生时间和地点，其中一些是最近才出现的，而另一些则业已存在了几个世纪。在我看来，关于什么是传统文化、什么是非传统文化的争论没有多大意义。就其本质而言，文化不会像博物馆里的艺术品一样冻结在时间和空间里，它是一个不断变化的有机体；在我们经常称之为"地球村"的当今世界尤其如此，在这个世界中，不同文化特质之间的快速交流正以几何级数增长。在这种情况下，对传统土著灵性到底是由什么构成的问题，还没有一个明确的答案。

著名的印第安文化代言人之一德洛里亚认为，跨越文化边界和混合各种宗教传统的外在标识这一现象代表着印第安人传统的"堕落"[60]，对此，其他人却有不同的看法。洛伦·克鲁登对当代北美土著和非土著的灵修者进行了一项调查，她强调，"无论如何，在文化上和灵性上，我们都是借用者"，灵修者们其实从未间断地吃着对方的药。例如，她指出，当纳瓦霍人到达美国西南部时，他们也借用了霍皮人和普韦布洛人的很多习俗。事实上，许多美洲土著文化也已经将基督教和"新纪元"灵性融入他们的仪式中。[61]不同的灵性和文化特质的自愿或非自愿交流总会推动社会的发展。不管我们喜不喜欢，我们都在不断地参与文化的给予和索取。在不同的文化和灵性的中间地带，人们可以看到新的身份、新的文化和亚文化的出现，而这一过程无疑挑战了传统文化的多愁善感的概念。

顺便提一下，一些老一辈印第安人并不认为将印第安灵性与基督教相融合有什么矛盾，但这有时确实不符合 20 世纪 70 年代作为传统主义捍卫者进入文化和政治舞台的年轻一代美洲土著活动家赋予老一辈的角色。例如，美洲土著人代言人拉塞尔·米恩斯认为，出生于 1890 年前后的有影响力的灵性实践者、拉科塔传统的代表愚者·乌鸦根本就不是基督徒，但愚者·乌鸦却在其自传中声明说：

　　我仍然是一个虔诚的罗马天主教徒。我一个月做一两次弥撒，一有机会就接受圣餐。我的第一任妻子不去教堂，但我的第二任妻子凯特是罗马天主教徒，我们一起参加礼拜仪式。与此同时，我们也在按照我们的传统宗教信仰和习俗生活，我们发现两者之间有差异，但这并不是什么问题。[62]

　　灵性交融的最好例子是佩奥特教和太阳舞相关信仰与实践。佩奥特教，在仪式方面以基督教神学为基础，并以佩奥特仙人掌作为圣餐来引导神圣幻觉。这种灵性实践在 20 世纪初从墨西哥北部传播到美国西部的美洲印第安人那里。对于被击败且士气低落的美洲土著人来说，佩奥特作为一种致幻剂为其提供了一种获得灵性启示的药理学捷径，而早期的印第安人通常是通过幻觉探索和各种皮肉受苦行为，还有跳舞和击鼓来获取灵性启示的。引领佩奥特教发展的三个人及其行动都反映了这种宗教的跨文化本质：第一个是约翰·威尔逊，一个拥有卡多-特拉华-法国血统的混血儿。作为鬼魂舞——这种舞蹈是美国西部印第安人的另一个融合性宗教运动——的领导者，威尔逊以其获得的灵性启示创作了佩奥特教的仪式歌曲；第二个是著名的科曼奇酋长夸纳·帕克（Quanah Parker），他也是一个混血儿。当年他病入膏肓，在所有的医生和巫医都放弃了他的时候，一位来自墨西哥的塔拉乌马拉萨满（灵性治疗者）前来看他，为他提供了一些佩奥特仙人掌茶，最终成功地使他起死回生。此后，帕克就成了佩奥特教最热情的推广者之一；第三个是帮助将佩奥特教制度化为一种新宗教的詹姆斯·穆尼——一个来自史密森尼学会（the Smithsonian Institution）的考古学家。为创建一个合适的地方以便让印第安的佩奥特仙人掌使用者安心地遵循自己的路径与方法，这位学者召集有影响力的佩奥特教领导人，帮他们起草了一份宪章，然后将佩奥特教各分支合并成为美洲土著教会。[63]在评论该教会的合成性质时，美国宗教历史学家菲利普·詹金斯得出结论说，与现代"新纪元"一样，土著的佩奥特教运动是新宗教运动的经典范例。[64]

太阳舞（见图 8-1）是关于传统平原印第安人的民族志文献中记载的最丰富多彩的印第安仪式之一，有关太阳舞的故事则是灵性适应时代变化进而实现文化融合的另一个例子。与将基督教融入美洲土著传统的佩奥特教不同，太阳舞原本是印第安传统中的一种文化变异。这个仪式出现在 1750~1800 年的阿拉巴霍人（Arapahoe）、夏安人和拉科塔人居

图 8-1 平原印第安人的太阳舞仪式

注：太阳舞仪式吸引了许多西方部落灵性追求者的注意。该图由印第安人乔治·布斯热特（George Bushotter）19 世纪绘制，描绘的是拉科塔太阳舞的场景。

资料来源：James O. Dorsey, "A Study of Siouan Cults," in *Eleventh Annual Report of the Bureau of American Ethnology, 1889–1890* (Washington, DC: Government Printing Office, 1894), 462, 图版 48。

住的平原地区。在整个 19 世纪，这个仪式被传播到其他印第安人部落，并持续向西迁移。正如人类学家莱斯利·施皮尔（Leslie Spier）

所说，早在 19 世纪，这个仪式就已经是一种"合成产品"了。[65]太阳舞现在很受人们欢迎，跳太阳舞的人中既包括"想证明自己是印第安人的印第安人"，又包括那些寻求灵性慰藉、想让自己更加部落化的西方人。

太阳舞通常举行于几个相关社区聚集在一起进行夏季首次野牛狩猎之时，从最本质上讲，这是为履行对超自然力量的诺言。在营地中心附近，人们会搭起一个帐篷，萨满在那里向宣誓者讲解仪式的意义并为他们准备礼服。然后，人们充满仪式感地把帐篷中间的杆子移到跳舞的场地上，宣誓者将在那里跳舞。他们凝视着太阳跳舞，以便进入意识改变状态，从而与超自然力量交流。宣誓者还要遭受更多皮肉之苦以加速进入意识改变状态——他们不停地跳舞，有时会持续跳几天，并且不吃不喝。在拉科塔人、夏安人和克劳人中，太阳舞还通常包括另一个让宣誓者自我折磨的必要元素——幻象寻求者的胸部和背部都会被穿孔，然后再把他们拴在场地中间的杆子上，让他们持续地围着杆子跳舞，直到感到自己的肉体消失。[66]

太阳舞的目标和形式因群体而异。例如，在某些文化中，自我折磨只是一个可选要素。比如，基奥瓦（Kiowa）印第安人就不接受在太阳舞中流血的做法。此外，虽然在一些群体中这种仪式看起来很仁慈，仅以灵性得以更新为目标，但对其他群体来说，这种仪式却是战争文化不可或缺的一部分。例如，在 19 世纪，在克劳印第安人中，太阳舞就承载着一个重要的灵性复仇主题。如果一个印第安人在敌对部落那里失去了一个近亲，无法摆脱悲伤，他就会去参加太阳舞仪式以获得必要的幻象，而这是一次军事冒险能取得成功的重要先决条件。一个人会在其社区的帮助下不断跳舞，折磨自己，直到达到意识改变状态，在这种状态下他会看到一个流血的敌人的形象。后来，随着战争生活方式在平原印第安人中间的普遍衰落，太阳舞逐渐演变成一种治疗仪式。萨满开始使用太阳舞集会来治疗病人、进行预言或干预天气。风河流域的肖肖尼人（Shoshone）19 世纪 80 年代和 90 年代在保留地生活时期，从阿拉巴霍印第安人那里学到了仁慈形式的太阳舞，他们甚至还给这个仪式增添了基督教的象征元素。具有讽刺意味的是，20 世纪 40 年代，一位风河肖肖尼的灵性实践者又将太阳舞作为一种治疗仪式重新传回到克劳人那里，后者曾在 19 世纪 70 年代因野牛狩猎和战争减少而放弃太阳舞。

复活于 20 世纪 70 年代的太阳舞无疑是美洲文化和灵性复兴的有力工具。因此，AIM 的激进分子经常利用太阳舞集会来发表政治演说。此外，在那十年间，太阳舞还传播到了其他从未有过这种仪式的美洲土著社团中，也正是后者开始将太阳舞视为印第安人的象征。这一仪式不仅吸引了想要扎根于印第安土地的美洲土著的注意，也吸引了欧美反主流文化者的注意。在拉科塔印第安人太阳舞仪式的当下版本中，像凝视太阳这样的古老元素已经消失了，因为人们知道它对视力有害。与此同时，给皮肉穿孔的习俗却仍然存在。人类学家莱昂告诉我们，今天的人们通过跳太阳舞向神灵献上他们的肉体，以此来祈求朋友和亲戚获得幸福和快乐，祈求增进地球福祉，或者祈求将自己与瓦坎（神圣）力量重新联系起来。这些都完全符合现代自然灵性的立场。一个拉科塔灵性实践者用一句话表达了这种具有现代意识导向的太阳舞仪式："人们跳（太阳）舞是为了更好地了解自己。"[67]

拉科塔灵性实践者还将太阳舞传播到了平原以外那些对此感兴趣的印第安人和高加索人当中。一个名叫马丁·高熊（Martin High Bear）的灵性修行者说，他接收到了一个灵性召唤，让他去往四方，把太阳舞带到更广阔的世界。他在传教之旅中先后访问过加拿大和太平洋诸岛。1981 年，他在俄勒冈州胡德山（Mt. Hood）附近举办了年度太阳舞仪式，参与者包括从未练习过太阳舞的高加索灵性追求者和西北部印第安人。我前文提到的另外两个拉科塔人，华莱士·黑麋鹿和乌鸦·狗，也同样在对此感兴趣的白人公众和原本没有这种传统的印第安人中传播太阳舞。例如，乌鸦·狗就把太阳舞带到了亚利桑那州霍皮人居住的沙漠地带。具有讽刺意味的是，1990 年在松树岭保留地举行的印第安太阳舞仪式中，29 个参与者中近 90% 是白人。[68]然而，有关太阳舞的后现代故事并没有就此结束，现在这一仪式业已跨出北美。20 世纪 80 年代，一群墨西哥印第安人曾在南达科他州与乌鸦·狗共舞，他们随后将这一仪式带回了家乡，并开始以拉科塔风格跳太阳舞。乌鸦·狗的父亲在思想上认可这种文化融合，他告诉他的社区，他曾接收到一个从南达科他州一直排到墨西哥的帐篷的幻象。[69]

虽然有很多非印第安灵性追求者都受益于美洲土著及其文化，但其实也有很多美洲土著从"新纪元"社区及其印刷文化中获得过灵感，对居住在具有丰富的神秘主义和自然灵性传统之地的土著后裔来说，尤为如此。[70]因此，人类学家克雷格·贝茨（Craig Bates）强调，泛印第安传统和"新纪元"文化塑造了现代米沃克（Miwok）印第安人的灵性，后者是居住在加利福尼亚的混血儿。此外，米沃克人目前的灵性实践还包括从祖鲁人萨满穆特瓦（Mutwa）那里学来的仪式，穆特瓦来自非洲，他的教诲让很多米沃克人着迷。米沃克的灵性追求者们会在各种场合供奉烟草，涂抹烟草汁，用英语背诵祈祷文；为回应美洲土著灵性在大众当中的流行，一些人还宣称自己是萨满。像许多其他具有混合血统的美国人一样，这些米沃克灵修者渴望立足于古代文化，因此通常声称自己从祖先那里获得了萨满法力。这种新的灵性显然为某些城市化的印第安人提供了文化认同，但同时也使他们成为全球"新纪元"和自然社区不可或缺的一部分。一些对更古老习俗尚存模糊记忆的长者不赞成汗蒸屋仪式和"彩虹"宗教，其中一位长者如此表达其对米沃克新萨满教灵性实践的不屑一顾，"他们失去了自己的整个文化，根本不知道自己到底在做什么"[71]。

西方神秘主义印刷媒介中的隐喻与思想也可见于很多美洲土著作家或为美洲土著代言的作家作品当中。例如，一位居住在加利福尼亚州的美洲印第安后裔灵修作家罗伯特·莱克（Robert Lake），就在其作品中广泛使用了超个人心理学概念，他非常倚重卡尔·荣格和布鲁诺·贝特尔海姆（Bruno Bettelheim）的研究，并将众多西方整体疗法整合到自己的美洲土著灵修手册中。莱克在 20 世纪 70 年代去往加利福尼亚，在洪堡州立大学从事民族研究项目。他娶了一位尤洛克女性，为自己取名巫医·灰熊湖并将自己重塑为灵性导师，此后开始为尤洛克和广大美洲土著代言。人类学家托马斯·巴克利（Thomas Buckley）研究了莱克著作的内容，指出他的著作基本上反映了社会各界对环境的关注，并且代表了洪堡州立大学大部分学生的"新纪元"情感。[72]

思想、身体和灵性的文化与学术对美洲土著产生影响的一个最好例证是拉科塔作家艾伦·罗斯（Allen Ross）博士。我曾在 80 年代末与他有过短暂通信。1989 年，他出版了《米塔库耶·奥亚辛》（*Mitakuye Oyasin*），书中称"我们都是有血缘关系的"[73]。艾伦强调，他是在与来自德国的印第安粉丝进行一次具有里程碑意义的会面后踏上了"印第安之路"的，当时他作为军人正驻扎在德国。在欧洲，德国人是最着迷于美洲土著文化的——由于篇幅有限，对于很多原因我在这里都无法详述。[74]在德国有一些相关社团和俱乐部经常重演北美印第安人的仪式和典礼。罗斯与某个社团的人交了朋友，并因此得以更多地了解自己的文化和灵性。罗斯 1974 年回到美国后走上了 70 年代印第安文化复兴时期许多被边缘化的美洲印第安人所走过的路。他首次参加了汗蒸屋仪式，进行了一次幻象探索，并成为太阳舞舞蹈圈的一员。然而，他的"红色之路"（red road）并没有就此结束。在学习土著灵性的同时，罗斯开始在科罗拉多大学教授"哲学和美洲土著信仰"，他自己还选修了荣格心理学的课程，并发现了卡尔·荣格的思想和拉科塔哲学之间的深刻相似之处。最终，罗斯获得了心理学博士学位。

在《米塔库耶·奥亚辛》一书中，罗斯不仅描述了广受欢迎的荣格心理学，还从苏族人的角度进行超心理学和大脑研究。他在全书中根据西方神秘主义的观点重塑了美洲土著的象征。根据罗斯的观点，留在"红色之路"上的印第安人相信转世，而著名的亚特兰蒂斯则代表着起源于印第安人的知识体系。在以拉科塔短语"塔卡瓦坎斯坎斯卡（Taka Wakan Skan Ska）"（"神圣的东西在移动"）为标题的一章中，作者描述了外星人的到来，而拉科塔萨满黑麋鹿的著名幻象"开花的树"则成了能量中心的隐喻；神圣的"小丑"——拉科塔人的赫约卡（heyoka）①竟然是能遥控心灵的大师。最后，罗斯还坚称，神圣的白水牛崇拜反映的是金牛座崇拜。可见，罗斯将拉科塔知识整合到了西方形而上学研究领域，他最终总结道："在寻找自己的根源和身份的过程中，我发现美洲印第安人的传统仪式非常接近占星术和荣格的共时性概念。"[75]

毫无疑问，美洲土著激进主义者和关心保护土著文化真实性的西方学者们，要么忽视这些作品，认为它们是反常的，要么会更糟地认为它们企图侵占和腐蚀美洲土著人的灵性。尽管如此，当读到一位曾在松树岭拉科塔人中做过实地调查的法国人类学家称罗斯及与其志同道合的作家为"吸血鬼作者"，指责他们（的研究）违背了土著文化本质并会危及土著文化生存时，我还是感到不舒服。[76]我特意引导人们关注罗斯著作，是想表明，与《黑麋鹿说》等经典文本相比，罗斯著作的内容肯定看起来很奇怪，但这种对比也并不会使《米塔库耶·奥亚辛》显得不够印第安化或不够传统，除非你只认同被禁锢在19世纪文化中的所谓典型印第安文化图景。在我看来，罗斯的书是对拉科塔人乃至美洲土著人灵性世界的代言，人们也可以在其他为美洲土著代言的作者的书籍和文章中找到与罗斯及其著作相似的观点。显然，的确存在一种能吸引土著人和非土著人参与其中的共同的文化和智识背景，其吸引了像罗斯这样的人同时为土著文化和现代西方神秘主义代言。顺便提一下，也有其他拉科塔的荣格追随者和来自其他印第安文化的荣格追随者，他们同样在用其所熟悉的西方形而上学隐喻来表述他们的灵性。[77]

如果将"新纪元"印刷媒介所承载的哲学信息与撰写美洲印第安人灵性书籍的土著作者所传递的哲学信息相比较，你就会发现它们之间的相似之处多于相异之处。这种相似性是自然的，因为土著人和非土著人都是在西方智识传统下走着相同的路线，都以浪漫主义、反理性主义、

---

① 美洲土著文化中的"共情者"，这种人善于体察他人的情绪，通常通过做梦或接收幻象解决问题。——译者注

形而上学和自然哲学为基础，并且对现代性持消极观点。他们都认为美洲土著伦理在道德上乃至在各方面都优于西方文化，并且都相信印第安人基于土地的价值观可以重塑西方文化。[78]

在这些超越文化和种族界限的共同情感中，最强有力的一种情感在美国土著小说家 N. 斯科特·莫马代（N. Scott Momaday）的散文《美国土地伦理》（*American Land Ethic*，1970）中得到了表达。[79]莫马代强调美国社会应该停止污染环境，应该尊重地球母亲，他在谈到所有美国人时明确使用了"我们"这一表达方式，而没有将人们分为土著和非土著，"我们美国人现在比以往任何时候都'更需要'——实际上比我们原以为的'更需要'——想象在这天地之间，我们是谁，我们是什么。我正在探讨的，从本质上看是一种想象行为，也是关于美国土地伦理的概念"。作者直接呼吁所有美国人向部落智慧学习。彼时的人们尚未卷入关于借（挪）用土著美洲文化的论争，因此这位作者才得以发出"去向印第安人学习吧"这样的信息。同一年，德洛里亚赞扬了风暴的《七支箭》（1972），认为这本书和卡斯塔尼达的书一起，激发了公众对美洲土著灵性的兴趣。德洛里亚还特别赞扬了风暴对美国人进行的土地伦理教育。[80]

顺便说一句，德洛里亚的主要著作《神是红种人》（1973）、《现代存在的形而上学》（*The Metaphysics of Modern Existence*，1979）、《红土、善意的谎言：印第安人和科学事实的神话》（*Red Earth*，*White Lies*：*Native Americans and the Myth of Scientific Fact*，1995）以及最近的《灵性与理性》（*Spirit and Reason*，1999）都是我在前文中曾经提及的践行反理性主义和反现代主义思想路线的生动例子。[81]德洛里亚借鉴西方形而上学作家的著作，主张反对启蒙运动，反对硬科学，反对逻辑和理性。值得注意的是，他告诉读者说，他对"正统科学"的不满始于阅读伊曼纽尔·维利科夫斯基（Immanuel Velikovsky）的《碰撞中的世界》（*Worlds in Collision*，1950）。维利科夫斯基认为，《圣经》中描述的一些奇迹是由行星与地球碰撞引发的真实事件。按照流行的"生态/灵性印第安人"

的刻板印象，德洛里亚把印第安人的历史描绘成印第安版基督教的堕落。在他的书中，前哥伦布时代的美洲似乎是热爱自然的土著人居住的天堂，但他们的灵性和基于土地的生活方式后来却被腐败的欧洲社会摧毁了。在一本很受欢迎的关于"美洲土著灵性"的小册子中，我看到一句断言——事实上，天堂是否真的存在并不重要，重要的是"这个故事具有力量，能引起共鸣，这才是神秘的真理"[82]。再顺便说一句，将前哥伦布时代的美洲视为灵性和生态天堂的观点在印刷媒体上被复制了数千次，早已成为主流思潮的一部分。

梅林的呼唤：西方萨满教对欧洲本土灵性的追寻

在西方自然灵性圈子里，很多人都认为美洲土著人对所谓"塑料萨满"的批评是有效且合理的。尽管西方灵性追求者仍非常追捧美洲土著文化，但相关的使用争议却使得他们中的很多人开始转而选择其他形式的灵性信仰，他们希望后者能够提供一个更稳定的基础。总的来说，现在越来越多的人认识到，美洲印第安人的仪式和象征并不能让非印第安人的灵性实践者变得更加土著化。因此，自20世纪80年代末以来的总趋势是，西方灵性追求者摆脱对美洲土著象征的依赖，转向了欧洲的前基督教传统。从事美洲研究的学者达格玛·维尼茨尼希（Dagmar Wernitznig）以敏锐的马克思主义眼光探究了美国和欧洲的灵性崇拜者在过去二十年中所做的事情，她在自己的小册子中告诉我们，"变成印第安人"的趋势现在正在稳步减弱。[83]

对融入美洲土著文化挥之不去的担忧，偶尔会渗透到灵性实践者的梦和幻象中——可能会有一个美洲土著人或欧洲民间传说中的某个人物前去拜访灵性追求者，他会指导灵性追求者放弃印第安化的道路，去走欧洲土著人之路。一位荣格学派分析师弗雷德·古斯塔夫森（Fred Gustafson）曾经从拉科塔哲学中获得了很多灵性启示，但他在某一次梦里却看到了自己对参与美洲土著人灵性生活的担忧：

我看到了一双缀有串珠的质量很好的鹿皮鞋，就像我一直在寻找的那双一样。它们是颜色较浅的原皮色。我拿起它们，看到价格是 40 美元，我知道自己有 20 美元，但钱不是问题。我想看看它们的尺码，但是我找不到标记的尺码。我并不关心价格，而是担心它们对我来说太大了。[84]

作为一位荣格派学者，古斯塔夫森像他的很多同事一样，通常通过梦境体验看待周围的世界，他因此开始严重担心是否能够实践自己所选择的灵性形式。

再以约翰·马修斯为例，他写过很多关于凯尔特萨满教的文章。这一次，他与一位叫"老头儿"（Old Man）的印第安萨满在梦中相遇了。此前马修斯已迷上了美洲土著人的灵性，如饥似渴地阅读了弗兰克·沃特斯的《黑麋鹿说》（1932）和《霍皮人之书》（1969）。他最终去往美国了解他非常喜欢的那些人及其智慧。马修斯解释说，老头儿多次在清醒梦（lucid dreams）中拜访他，最后指示马修斯必须回到英国寻找属于他自己的本土萨满教。回家后，马修斯逐渐开始相信他早先探索过的古老的凯尔特神话就是不列颠群岛土著萨满教的最后遗迹。美国灵修者弗兰克·麦克尤恩（Frank MacEowan）也有过类似的经历。在参加拉科塔风格的太阳舞仪式时，他意识到了自己的凯尔特血统——凯尔特祖先们促使他去凯尔特王国而不是印第安人那里寻求灵性智慧。[85]

作家埃德雷德·索森（Edred Thorsson）是北欧灵性学研究者，他强调说，尽管欧美人真诚而执着地模仿着非西方信仰，但除非转向自己的传统，否则他们将无法找到哪怕一丁点儿的灵性的真实性。他认为古代的日耳曼魔法可能有助于欧洲人找回他们"迷失的灵魂"。荣格心理学学者丹尼尔·诺埃尔也同样指出，西方新萨满的确是从美洲土著灵性或其他非西方文化习俗中找到了灵感，但除非他们转而在前基督传统中寻找属于自己的本土性源头，否则他们永远不会有安全感。在《萨满教的灵魂》（The Soul of Shamanism，1997）中，诺埃尔追溯了当代西方萨满教的反主流文化、人类学和文学源头，接受了德洛里亚对"塑料"的批评，并提醒读者注意挪用土著文化遗产的危险。这位学者还用梅林这个角色作为隐喻（典型的榜样性角色）来强调西方文化本身确实有足够古老的形象或原型作为灵感的来源，它也能帮助塑造出欧美本土萨满教。可作为候选的欧洲萨满经典原型包括北欧主要神祇之一奥丁、希腊神话中的俄狄浦斯、欧洲中世纪民间传说中的浮士德，还有其他几个人。[86]

当前版本的西方新萨满教越来越关注欧洲的前基督教传统，经常援引凯尔特和北欧民间传说的象征。一个印第安人后裔灵性实践者曾向他的白人同事指出这些传统之间的相关性，他强调说："凯尔特人和日耳曼人都有着复杂的灵性，他们是欧洲的'印第安人'。"[87]"塑料萨满"的激进批评者丘吉尔在其德国巡回演讲中，同样也提醒听众，"每个人都是某个地方的土著"，他还建议听众去挖掘自己古老的和前现代的根源，去发现自己身上的盎格鲁-撒克逊血统、匈奴血统、哥特和西哥特血统。[88]但这并不意味着印第安人的象征已经被完全抛弃了。在个人灵性实践中，虽然美洲土著文化可能与重建的前基督教欧洲灵性以及从其他传统中汲取的元素融合在了一起，但欧洲与新萨满教之间的联系却正在变得越来越明显。

从英国萨满兼作家迈克尔·布罗姆利（Michael Bromley）的话语中，人们可以看到灵性优先事项发生了从美洲土著传统到欧洲古代民间传说的转变。像很多其他寻求部落灵性智慧的人一样，布罗姆利通过挖掘美洲印第安文化的象征而开启了自己的灵性之路。他说他现在的灵性名字"咆哮熊"（Growling Bear）是从一位拉科塔女巫医那里得到的，因为后者感觉到他有"熊的能量"。随后，布罗姆利开始用印第安人的仪式和手工艺品做实验。然而，在出版于 1997 年的《灵石》（Spirit Stones）一书中，布罗姆利却有意远离印第安灵性，将自己限定在自己的家乡：

我认为自己是现代萨满；我所从事的职业，在今天仍和它刚开始时一样有效。不像世界上大多数其他的萨满，我没有萨满血统，没有来自父亲对儿子教诲的那种连续性，我也不知道灵性教诲和仪式。我称自己为凯尔特萨满，因为凯尔特人是非常古老和有灵性的民族，他们居住在包括英格兰在内的广大地区。我是英国人，我想保持自己的身份；我不想假装自己是印第安人。[89]

作家"瓦奔·风"（Wabun Wind）［玛丽丝·詹姆斯（Marlise James）］20世纪70年代初痴迷于太阳熊的魅力，成了太阳熊的妻子，后来还成为太阳熊部落的领导人之一，她也得出了类似结论。在灵性道路上走了20年后，她注意到，"我学到的一件事是，你不能跨越文化；我学会了接受我自己——一个拥有威尔士和美洲血统的白人女性，我也学会了把学到的东西变成我自己的东西"[90]。

在试图帮助西方灵性追求者脱离美洲土著和其他非西方文化背景并为其描绘欧洲之路的第一批文本中，有一本是心理学家兼作家布雷恩·贝茨（Brian Bates）的小说《命运之路：盎格鲁-撒克逊巫师的故事》（*Way of Wyrd: Tales of an Anglo-Saxon Sorcerer*, 1983）。[91]像很多属于"灵性学徒类型"的文本一样，该书借用了卡洛斯·卡斯塔尼达的唐望系列的某些要素，甚至还克隆了卡斯塔尼达的书写模式乃至某些措辞。就像小说中的两个主要人物卡洛斯和唐望一样，伍尔夫和布兰德（Wulf and Brand）也卷入了很多心理游戏之中。巫师伍尔夫为布兰德安排的灵性练习看起来也像是唐望给卡洛斯出的谜语的翻版。像他们的文学性的前辈一样，伍尔夫和布兰德展示了他们超人的飞跃本领，以及他们去寻找魔法植物，被有掠夺性的神灵夺走灵魂，与"发光的生物"互动，等等。当然，人们并不会在这本书里找到墨西哥沙漠、亚马孙丛林或其他在60年代和70年代流行于灵性题材印刷文化中的非西方背景，《命运之路：盎格鲁-撒克逊巫师的故事》的情节牢牢地设定在10世纪的英国，描述了一个基督教教徒布兰德师从于盎格鲁-撒克逊巫师伍尔夫的学徒生涯。

布兰德的上司派他去了解异教徒的世界观，以便他能在与后者的斗争中获胜。布兰德于是去了英国森林深处的一个异教徒聚居地，并在那里与伍尔夫结缘。然而，在学习过程中，布兰德逐渐认识到，神圣不仅包括基督教的上帝，还包括所有有生命的自然。结果，他扩展了自己的灵性意识——他并没有谴责基督教，而是转而信奉异教。激发贝茨创造性的幻想火花，并最终促使他写这本书的，是一份中世纪早期手稿，该手稿描述了可能源于基督教之前的传统神圣符咒与治疗方法。

从根本上看，贝茨通过创作一部基于欧洲传统的治愈性小说表明，即使是在欧洲异教传统方面的历史和民俗资源匮乏的情况下，西方灵性追求者仍可通过运用想象力来构建属于自己的本土灵性。这个文本无疑成了欧美灵性追求者的又一个魔法故事——他们希望自己变得更加部落化。《命运之路：盎格鲁-撒克逊巫师的故事》也印证了从事凯尔特传统研究的法国学者让·马卡尔的观点，他曾强调，"尽管过去几个世纪以来，西方的这种异教传统就算没有遭到彻底的清算，也曾或多或少地受到过排斥，不过即便如此，它也仍然存在并非常年轻，随时准备滋养那些对它有需求的人"[92]。

很多新萨满教培训营和工作坊都明显转向了来自北欧或凯尔特神话、文学和民间传说的仪式与信仰。因此，很多西方国家中现在被称为新萨满教的宗教更多的是以欧洲传统为基础，而不是以美洲土著或其他非西方象征为基础的。比如，在瑞典，最初受美洲土著启发的萨满教实践者在20世纪80年代末开始欣赏他们自己的北欧土著萨满教传统。他们当中的一个人指出，现在，在前往上界的灵性之旅中，他的朋友们更有可能遇到奥丁，而不是伟大的神灵瓦卡·坦卡（Wakan Tanka）。他还补充说："在龟岛上，北欧萨满教再次过上了不需要任何拐杖的独立生活。"[93]

对于那些身处北欧传统的人来说，灵感大多来自斯堪的纳维亚的传说，灵性实践者通常从中挑选出赛德尔仪式——赛德尔是古代斯堪的纳维亚通过改变意识状态进行占卜的一种降神会，在西方灵性追求者看来它类似于西伯利亚的经典萨满教降神会。[94]灵感的另一个重要来源是中世纪早期的古英语、爱尔兰语和威尔士语诗歌和民间传说，它们可服务于凯尔特灵性或凯尔特萨满教建构。在这个语境中，德鲁伊教成员和凯尔特牧师都被视为类似于美洲土著萨满或经典的北亚萨满。此外，一些灵性追求者不仅构建了跨文化的相似物，还试图在广阔的欧亚地区——从西伯利亚到西欧——的各种民间传说和灵性之间建立传承性的联系。例如，法国诗人和哲学家马卡尔就以伊利亚德的书为蓝本，谈及北欧和北亚灵性传统的统一性问题，并将其与南亚和地中海传统进行了对比。[95]

将自己置于凯尔特传统的现代灵性追求者也在"歌唱小屋"（cell of song）这种古代实践中看到了意识状态改变的证据，这种"歌唱小屋"仪式直到 17 世纪才为威尔士人、苏格兰人和爱尔兰人所知。为激发创作灵感，来自这些地区的传统歌手将自己关在一个没有窗户的地窖里一天一夜——在那里，他们用布包着头，经历着我们所说的"感官剥夺"，而这能引发类似于古典萨满教的意识状态改变和幻象体验。[96]此外，也有一些相关的考古遗址和文物被解释为前基督教异教传统存在的证据，这也为当前寻求古代欧洲灵性的人提供了另一条线索。比如，像巨石阵和埃夫伯里（Avebury）这样著名的英国遗址，对很多自然宗教成员，也包括新萨满教的实践者来说，都具有灵性意义。

值得注意的是，像美洲土著传统一样，对于一些西方灵性追求者来说，重建的欧洲传统也呈现为灵性和道德的典范。因此，D. J. 康韦（D. J. Conway）在其被凯尔特萨满教实践者广泛用作指南的文本中向我们指出："凯尔特是一个充满活力、无所畏惧、聪明的民族，他们向所有与其有接触的文明学习。比如，有传说表明，他们拥有瑜伽技术，掌握了关于能量中心和光中心的知识，以及星状体的知识。"我们还从他那里了解到，与其邻居相比，凯尔特人赋予了女性更多的权利。[97]人们可能会质疑凯尔特人是否真的拥有上述这些品质，但真实的是，康韦所描绘的这幅图景与许多灵性追求者当下的情绪和期望都非常吻合。

不幸的是，与现代美洲土著和西伯利亚民族志包含大量灵性相关材料相反，欧洲的相关材料都是关于基督教的内容，对灵性材料记录得很少。犹太－基督教传统长达数千年的统治使得此前存在的东西几乎没有留下记录。超个人心理学家尤尔根·克雷默在思考如何使欧美思想更加部落化的过程中哀叹道，现在几乎没有任何可见的传统可以用来建立西方自然灵性，因为西方人，正如他所说的那样，已经"脱离他们的本土思想"太久了[98]，现在已经很难在现有记录中将前基督教灵性与后来的基督教灵性区分开来。比如我们以其为基础建立古代北欧信仰知识的斯堪的纳维亚传说，是由 13 世纪和 14 世纪的基督教修道士记录的，这种传说因此自然而然地被灌输了对前基督教传统的偏见。此外，也正如一些灵性追求者所说的那样，在这些记录中，人们很难将"基督教层"从早期的"异教层"中剥离出来，而这仅仅是因为传说中所描述的北欧社会（在 9 世纪和 13 世纪之间）正处于从异教向基督教的过渡状态。可见，犹太－基督教的传统已经深入北欧人的生活，早就将非基督教的灵性实践者置于边缘地带了。[99]

比如，在许多斯堪的纳维亚的传说中，异教灵性实践者就是作为边缘化人物出现的，他们有时还带有负面特征，这无疑向我们传递了更多关于当代基督教对北欧萨满态度的信息，而不是在告诉我们关于异教仪式的信息。不过，那些在 18 世纪和 19 世纪转录和翻译北欧传说的作家对这些记录的内容做了修订。学者和萨满教从业者珍妮·布莱恩指出，19 世纪的翻译者多用负面词汇去翻译用来描述异教徒行为的古老的日耳曼术语。她以一首题为沃鲁帕斯（Voluspa，古斯堪的纳维亚语 Völuspá，意思是 Völva，即女预言家的预言）的诗作为例证，指出这首诗中关于"女性魔法"的那部分内容可以有多种解释。例如，其中一段被翻译如下：

此女海丝，来到人家。

天生智者，善用巫术。

编织咒语，施法心灵。

恶女之中，备受欢迎。

布莱恩总结说，这些词可能是在不同时代创作和写下来然后被翻译的，但它们对不同的人有不同的含义。作为一位灵性实践者，布莱恩试图恢复这一段和其他段落的古老内容。她让我们注意到这样一个事实，即在许多现代部落民族中，消极和积极的魔法从来没有分开过，她改用正面词汇翻译了这段文字，并根据异教徒社区的当下情感进行了如下调整：

> 此女海丝，步入人家，
>
> 人亦称其"渥尔娃"。
>
> 酝酿预言，赋能法杖。
>
> 施展巫术，影响人心。
>
> 绝望的女人，都视她为快乐。[100]

另一件需要记住的重要事情是，关于古代欧洲灵性的记录很少，因此这种记录无法为我们描绘一幅中世纪早期欧洲信仰的一致画面。的确有一些关于赛德尔实践的信息和材料，但是这些材料中只有一份记录提供了对这个占卜仪式说不上是完整的描述。现代灵性实践者经常引用和重演的《红色艾瑞克传奇》中的一段话详细描述了古代冰岛女预言家（即渥尔娃）进行的一次预言，她来到格陵兰岛，预测当地维京人社区将遭受一场饥荒。[101]下面是对女预言家这段描述的摘录：

> 在定居点有一个女人，名叫托尔比约格（Thorbjorg）；她是女巫，被称为小西比尔（Little Sibyl）；她有九个姐妹，都是女先知，但现在只有她还活着。在冬天参加宴会遵循的是托尔比约格的惯例——尤其是那些想知道自己命运或这个季节的前景的人，会邀请她去他们家里。托克（Thorkel）是一家之主，他的家人认为他有责任搞清楚困扰着他们的艰难时期何时会结束，所以托尔克邀请她到他家，并为她准备了一场盛大的招待会——这是接待此类女性的

习俗。他们给她准备了一个高座位，座位上放了一个用母鸡羽毛做成的垫子。

当天晚上她到达时……身披一件蓝色斗篷，从肩带到下摆都镶嵌着宝石；她的脖子上挂着玻璃串珠，头上戴着一顶黑色的羊皮帽，里衬是白色的猫皮。她手里拿着一根手杖，手杖顶端有一个把手；手杖是用黄铜装饰的，把手正下方周围镶着石头。她腰间系了一条用好运木制成的腰带，上面挂着一个大皮囊，里面装着她施展魔法所需的符咒。她穿着一双毛茸茸的小牛皮鞋，有着长长的皮鞋带。她戴着猫皮手套，里面是白色的，毛茸茸的。

这种特殊的描述后来成了很多西方灵性实践者所遵循的蓝图，他们都试图将自己的技术建立在北欧灵性的基础上，并试图复刻赛德尔降神会。像小西比尔一样，他们也爬上高高的座位，在朋友们的鼓声和歌声的伴奏下进行预言。

传说中的日耳曼神奥丁同样是作为古代北欧萨满的原型出现的（见图 8-2）。特别是，我们从冰岛诗集《埃达》（Edda）中得知，奥丁在没有食物和水的情况下被挂在树上九天，这似乎是一种为了获得幻象而自行进行的身体剥夺①行为。[102] 从这个传说中，人们还了解到奥丁最终得到了灵性的启示——神秘的 18 个符咒，其中包含了长生不老的秘密、自我治愈的秘密、掌控各种要素的秘密，以及爱情成功和战胜敌人的秘密。20 世纪 70 年代之前，除少数学者外，几乎没有人认为这种民间传说反映的是萨满的体验。但基于当下对意识状态改变的密切关注来看，这些记录应该是对萨满教的描述。

由于欧洲中世纪早期记录中很少提及欧洲异教实践，所以很自然地，西方灵性实践者在构建本土灵性时严重依赖自己的想象。北美凯尔特萨满协会（SCS）的创始人蒂拉·布兰登-埃文斯（见图 8-3）向我讲

① 等同于上文提及的"感官剥夺"。——译者注

图 8-2　北欧神奥丁

注：对于许多西方灵性追求者来说，奥丁是前犹太-基督教欧洲萨满的原型。

资料来源：Mary E. Litchfield, *The Nine Worlds: Stories from Horse Mythology* (Boston and London: Ginn, 1890), 12-13。

述了她是如何在现有的爱尔兰、威尔士和苏格兰古老文本中寻找前基督传统的痕迹的。布兰登-埃文斯强调，她对这些记录的看法完全是她自己的解释，所以这种解释不是可供所有其他 SCS 成员效仿的"神圣知识"。首先，与康韦（当下应用凯尔特灵修领域的领导者）相反，她公开承认过去几乎没有凯尔特萨满教这种东西。[103] 布兰登-埃文斯指出，她和她的朋友们正在构建一个他们称之为萨满教的新传统，而这是基于他们对中世纪早期民间传说的重读和个人的幻象体验，正是这种幻象向他们揭示了特定的仪式和实践。她还向我反复强调，她从她的灵性顾问"梅林祖父"那里接收到了关于特定仪式的指引。她和她的朋友们对古老传统的态度是："我们正在重建我们的传统。"

图8-3 凯尔特萨满协会"路径大师"蒂拉·布兰登-埃文斯

资料来源：照片由作者提供。

蒂拉·布兰登-埃文斯还向我详细讲述了她第一次是如何以及在哪里偶然发现"萨满教"这个词的过程，还描述了她对凯尔特萨满教的感应。正如许多西方新萨满教信徒的情况一样，她也提及了一些自己与美洲土著之间的关联：

> 我11岁的时候读了一本关于塞阔雅（Sequoyah）（19世纪著名的印第安人，他发明了切罗基字母）的书，在那里我遇到了一个词"萨满"，这个词所指的人，显然是做着我正在做的事情（指的是她小时候经历过幻象体验）。然后我对自己说："哦，太好了，现在我知道它叫什么了。"然后我开始进入另一个世界。我在专门找一个

印第安萨满。在另一个世界，我在寻找一个印第安向导，因为我认为萨满都是印第安人。然后我在另一个世界遇到的印第安祖先明确告诉我，我必须去寻找自己的部落。我没有被他们的圈子接纳。起初，这让我很困惑。我不明白为什么地球上的所有人都拥有他们的守护灵。

20 世纪 90 年代初的某个时候，布兰登-埃文斯在一个小镇的书店里偶然发现了约翰·马修斯写的《塔里耶辛：不列颠和爱尔兰的萨满教与吟游诗人传统》（*Taliesin: Shamanism and the Bardic Tradition in Britain and Ireland*）一书。[104] "它的封面上甚至没有'凯尔特萨满'这个词，但我一看到'萨满'和'吟游诗人传统'，我就说，'啊！哦！当然！'"在此之前，我从未想到萨满教竟然是这个地方、这个部落土生土长的。这本书和后续的阅读让布兰登-埃文斯相信自己有机会找到故乡，或者像她喜欢说的那样，"找到我们的脚"。于是，这次文学上的邂逅最终促使她走上了凯尔特萨满教之路。虽然异教徒和新萨满教社团成员撰写的二手文献对她的灵性成长很重要，但布兰登-埃文斯强调，为重建凯尔特萨满教，她更喜欢直接阅读原始资料：

> 我是那种如果研究某样东西，就不想阅读别人对它的评论的人，我喜欢阅读原始资料。当然，我不掌握别的语言，所以我得阅读翻译后的文字，也就是说它们是经过过滤的。有大量文学作品都在以稀释了的基督教形式描述着凯尔特传统，但如果你仔细看的话，你就能发现（它们的存在）。

从中世纪早期的资料中筛选作为异教的凯尔特元素需要将理性思考和灵性体验相结合，布兰登-埃文斯解释说：

> 阅读、思考，然后旅行，这就是我所做的——我理性地阅读，

思考我所读到的内容以及这可能意味着什么。全世界所有的人都大同小异，我们都想要同样的东西。生活在我们称之为不列颠群岛的地方的人们，在他们对自己土地的信仰方面会与阿尔泰不同，因为那是一片不同的土地。但仍然是同样的基本问题：地球是我们的母亲；太阳是赋予我们生命的奇妙而伟大的东西；月亮美丽而神秘。虽然我们不在同一个地方，但我们生活在同一个世界。因此，当我阅读这些故事时，我会说，"好吧，假设我就生活在罗马人到来之前"，此后，我会进入另一个世界，说，"让我看看（幻象）吧"。

按照布兰登-埃文斯的说法，这就是特殊的凯尔特仪式和典礼是如何从另一个世界降临到她身上的过程。

蒂拉·布兰登-埃文斯描述了她在寻找特定答案的萨满之旅中所访问的另一个世界，她将它比作一个有很多大门的美丽地方，而她必须找到自己的入口，"这是一个过程，也是主观的。你看，我们的传统被打破了，我们试图修补它。所以，我发现的、看到的和思考的，对其他人来说可能是真的，也可能不是真的。我绝不会冒昧地告诉任何人我看待凯尔特传统的方式就是唯一的方式"。尽管她的灵性方法是个性化的，但她在灵性之旅中发现的一些凯尔特传统元素却已演变成既定的仪式和典礼。比如，我就注意到，在为我进行水上启蒙仪式之前，一位曾师从布兰登-埃文斯、最近刚加入凯尔特之路的大师之一的年轻害羞女孩从口袋里拿出一张小纸片，上面列出了水上启蒙意识的步骤。这个女孩向我们道歉，因为她还不是太了解这个仪式——这个仪式本质上是一种引导式冥想。在冥想过程中，我和另一位参与者，一位对日耳曼传统感兴趣的非洲裔美国女性一起，开启了通往智慧"水池"的心灵之旅。

其他异教和新萨满教社团的领袖也都以类似方式，将他们个人的灵性体验塑造成集体仪式。例如，在赛德尔之旅的指导材料中，新异教社团赫拉夫纳的非正式领导人戴安娜·帕克森希望人们能够接触特定的北欧象征。这位来自旧金山湾区的小说家在其绘制的北欧神圣地理图中勾勒出了整个灵性之旅的场景，其中包括神奇景观的细节和灵性追求者将会遇到的特定人物等。帕克森解释说，如此详细地描绘超凡脱俗的世界，是为了促使组织赛德尔之旅的工作人员根据北欧神话中的文化符号进行思考。

以下是她列出的长长的指导方针中的一小段摘录。灵性之旅始于米德加德，一个与日常现实平行的世界。在米德加德的中心，人们发现了著名的世界树（见图 8-4），然后她详述道：

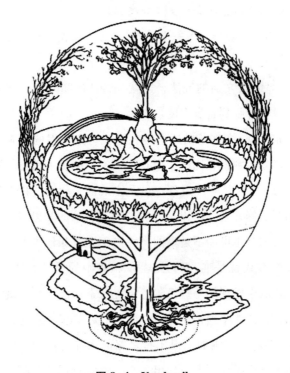

图 8-4　Yggdrasil

注：Yggdrasil 是北欧神话中神圣的世界树；西方灵性追求者将世界树视为北欧萨满教最重要的象征之一。

资料来源：J. H. Philpot, *The Sacred Tree*；*or*, *The Tree in Religion and Myth* (London：Macmillan, 1897)，115。

下界的入口位于北方，在那里原始的冰与火相遇，从而产生了尼弗海姆（Niflheim）的迷雾。在那里，在米德加德水平面之下，坐落着一口叫作赫瓦格密尔（Hvergelmir）的井，那是一口沸腾的大锅，是吉欧尔河（Gjöll）的源头。在这里，也许也是我们遇到格拉姆狗（dog Gram）的地方，它必须被喂饱，旅行者才能继续前行。

一位灵性实践者比恩（Bean）也参与了对神圣地理学的建构，她解释说，她手册中的材料不仅来自北欧的神话传说和民间传说，还来自希尔达·戴维森（Ailda Davidson）的《北欧的神和神话》（*Gods and Myths of Northern Europe*，1964），这是一本在异教徒和自然社区当中非常受欢迎的学术专著。尽管一些灵性修行者反对详细描述灵性场景，认为这可能会破坏萨满教的自发性和即兴性，但其他人却认为它们是一个有用的框架。[105]

那些试图通过援引古代北欧象征来扎根于欧洲本土的人，有时不得不面对德国纳粹政权滥用这一象征的遗留问题。众所周知，为了塑造其意识形态，"民族社会主义"（National Socialism）曾广泛诉诸北欧异教象征。例如，党卫军的官方标志是橡树叶，其代表自然的再生能力。臭名昭著的纳粹党所用的"卐"字记号作为纳粹政权的核心标志，象征着好运，而这个符号在最初的北欧传统中与雷神托尔（Thor）联系在一起。[106]纳粹意识形态还试图复兴前基督教北欧的古老神灵，倡导尊重自然，并努力将人们与他们的有机主义的传统土壤联系起来。阿尔弗雷德·罗森堡（Alfred Rosenberg）和其他支持纳粹北欧文艺复兴运动的思想家们都谴责基督教是腐败和虚假的灵性，他们还将基督教与古代日耳曼部落至关重要的有机异教（指自然宗教）进行了比较。总体来说，纳粹政权对犹太-基督教传统和西方文明都怀有深深的敌意，并怀有强烈的反现代情绪。在许多自由派人士看来，纳粹对前基督教的欧洲象征的挪用，损害了北欧灵性。

来自赛布鲁克学院的超个人心理学家克雷默根据他的个人经历提醒我们，对于西方灵性追求者来说，应对上述意识形态包袱非常麻烦。作为一个有德国血统的人，克雷默目前居住在加利福尼亚州，他去往那里最初是被美洲土著的灵性和围绕着这种灵性的繁荣的印刷文化所吸引。像许多其他灵性追求者一样，为更好地锚定自己的灵性追求，克雷默后来转向了欧洲灵性。起初，他对将北欧象征融入自己的灵性生活并没有把握。有几次，他拿起有关斯堪的纳维亚传说的书籍，又把它们放回书架："在日耳曼人（这里指纳粹德国）造成的创伤如此难以消除时，我应如何面对自己的北欧遗产？希特勒如此滥用北欧神话，我为什么还要读它？当德国神话中似乎没有任何东西可以滋养我的时候，我怎么能成为德国人并诚实地承认自己是德国人呢？"[107]克雷默几乎被所有这些怀疑撕裂，他于是开始憎恨他出生的地方（德国）和他接受的教育（西方启蒙主义课程）。尽管如此，他还是认识到没有办法逃离自己的遗产，因此不得不去查阅《埃达》中的一首诗。最终，他意识到通往欧洲部落意识的道路将是漫长而崎岖的，因为他必须接受奥斯威辛时期留下的痛苦的"遗产"，经过希特勒，经过新纳粹，经过沃坦（Whotan）①，经过海德格尔，经过荣格，还要经过基督教化，直到"无论未来如何"[108]。

对一些人来说，仅仅是提到欧洲异教或神灵奥丁就会自动成为一个危险信号。某一次，《萨满鼓》的编辑怀特建议西方灵性追求者跟随奥丁的脚步，读者哈尔·利托夫（Hal Litoff）立即就开始关注这一表态的含义。利托夫指出奥丁是一个战神，在他看来，这与现代西方萨满教仁慈的本性相矛盾。他指出奥丁已被列入了纳粹德国的国教范畴，而且是海因里希·希姆莱党卫军神秘实践的基础。利托夫尤为担心的是，通过使用像奥丁这样的符号来追寻萨满之路可能会是一种真正的浮士德式的交易。怀特在回应中指出，奥丁与其说是一个战神，不如说是一个预言之神；他因此继续解释说，这个神体现了北欧萨满教的幻觉探索传统，因此完全可以在不将其带入北欧战争实践语境的情况下对其进行安全的恢复。有趣的是，怀特还用平原印第安人的太阳舞来做类比：最初太阳舞与印第安人的战争传统有关，但在现代印第安人和西方灵性追求者的

---

① 德语对应 Odin，即奥丁的称谓。——译者注

手中，它已演变成一种延续和更新生命的仁慈仪式。[109]

值得注意的是，早在 1936 年，卡尔·古斯塔夫·荣格——后来成为现代秘教和许多自然社区的知识分子偶像之一，就预见了"奥丁主义"（Odinism），即未来的反主流文化调适。在谈到纳粹曾积极使用古代日耳曼象征时，他强调说：

> 沃坦［奥丁］在未来的某个时间点上，不仅应展示他性格中不安分、暴力、狂暴的一面，还应展示他的入迷技术和神秘本质，后者是他本性中非常不同的一面。如果这个结论是正确的，我们就不应将其最终置于"民族社会主义"语境中。事情一定隐藏在我们目前无法想象的背景中，但我们可以期待它们在未来几年或几十年的过程中呈现出来。[110]

荣格还为灵性追求者指出了其可能去寻找灵性的场所，以帮助找回他们原本的自我。事实上，荣格的研究对恢复意识原型的关注，为西方秘教也包括新萨满教中的许多人提供了直接或间接的智识启发。在西方智识文化转向反理性主义之前，他就已经对很多后来融入灵性实践和印刷文化的思想进行了提炼与概括。荣格学术最吸引人的一个方面是其提出了"尽管西方人拥有各种层次的文明，但西方人本质上仍然是古老的人"的观点。荣格强调，尽管犹太-基督教传统具有破坏性，但它并没有完全毁掉西方人通往神圣的所有道路。它只是将神圣的地下世界推向了无意识的领域，而在无意识领域，灵性仍继续以各种集体原型的形式存在。根据荣格的观点，这些原型的最有力表现就是神话。恢复古老灵性的方法就在于，学习如何滋养个人的想象力和创造性幻想，从而重新开启潜意识，而这就是灵性得以回归到一个人的生活当中的方式。

荣格对待非西方灵性的方式，为当前这些对探索前基督教欧洲传统感兴趣的灵性追求者们，提供了很多有用的指导方针。在向经典的东方和部落灵性，包括美洲土著传统致敬的同时，这位分析心理学创始人从未建议西方人模仿或复制非西方信仰以修复他们被现代文明亵渎的灵性生活；此外，荣格也不鼓励欧美人将禅宗或瑜伽等修行方式移植到西方。他认为，如果这些习俗被从其故乡移植到西方世界，那么它们将变得毫无意义。荣格还建议：关心自己根源的欧洲人应该审视自己的土著灵性和神话；外来的传统可以帮助一个人定位其灵性体验，但这个人使用的材料应该是本土的。1934 年，荣格在一封信中提示他的追随者说："西方的健康之路必须建立在西方基础上，用西方符号和西方的材料来建构。"[111]

第九章

回到西伯利亚：在隐喻的故乡进行探险

我以地球上的风暴和苦难起誓，

不再迷信，

我从它们那里成长起来！我获得了能量！

逃离魔法吧！（魔法）快走开！

萨满教，快走开！

消失了！萨满教消失了！

——萨哈诗人普拉登·奥文斯基

《红色萨满》（1925）

鼓槌在鼓面上一击就会改变你的一生：病人会被治愈，体弱者会变得强壮，倒霉的人会抓住好运气，穷人会变得富有，敌人会变成朋友，沮丧的人会重新开心起来，无助的人会变得强有力。萨满鼓就像一头鹿一样带你周游世界，在那里，你能看见你的过去，你未来的化身，获得心灵感应术所赐予的礼物，并且了解远处的人的想法，提前知道他们会给你带来善还是恶。

——阿尔泰觉醒研究院（Altai Academy of Awakening）网站（2004）

我们在这里要返回开启智识之旅的地方——西伯利亚。如果不去考察苏联时期以及后来萨满教在西伯利亚发生了什么变化，那么当代人想象中的萨满教图景将是不完整的。20 世纪 30 ~ 50 年代，苏联发动了对西伯利亚萨满教等宗教的镇压。从苏联意识形态的角度来看，古老的入迷术与其他宗教和灵性实践一样，都对推行启蒙理性主义、无神论和实证主义有害。萨满教因此被视为蒙昧主义和保守主义的代表。

苏联的意识形态运动持续了两代人的时间，西伯利亚很多萨满教传统的传承都因此而终结。虽然萨满教的世界观并没有完全消失，但其传统的连续性却遭到严重破坏；西伯利亚土著人的灵性传统与包括基督教、藏传佛教和伊斯兰教等在内的所有宗教活动都遭受了同样的命运。20 世纪 90 年代，苏联解体后，神圣的、灵性的和神秘的事物再次走进俄罗斯人的生活，萨满教与其他所有宗教一样迎来了在俄罗斯的复兴。接下来的故事描述了苏联人将萨满教理论化和他们曾经努力消灭萨满教的过程；这也将是关于 20 世纪 90 年代使萨满教得以重新回归西伯利亚人生活的背景、事件和为此做出贡献的人们的故事。我会将西伯利亚灵性传统的复兴置于全球性的思想、身体以及灵性文化的大背景下来讲述这些故事。

社会进化的选择：苏联学者眼中的萨满教

苏联学者不仅把宗教和灵性传统与特定的经济与社会形式紧密联系在一起，还努力将其置于进化阶梯当中。这种观点可追溯到 19 世纪中期的约翰·卢伯克、约翰·雅洛布·巴霍芬（Johann Jakob Bachofen）、路易斯·亨利·摩尔根（Lewis Henry Morgan）等持社会进化论观点的学者那里。英国民族学家卢伯克在其《文明起源和人类原始状态》（*The Origin of Civilization and the Primitive Condition of Man*，1882）中，将萨满教视为宗教从初级到高级发展序列中的一个阶段。在他所构建的进化标尺上，萨满教是以"神灵崇拜"为标志的，因此与所谓以物质崇拜和自然崇拜为核心的"拜物教/巫术"和"图腾崇拜"等早期阶段相比，萨满教代表着"相当大的进步"。卢伯克还推测，萨满教还没有发展出足以被称为"文明"的崇拜形式——后者发生于人们开始"制造"祖先形象的"偶像崇拜"阶段。顺便提一下，卢伯克是最早将萨满教定位为所有社会在原始阶段都会经历的普遍现象的人之一，他强调"虽名为西伯利亚（萨满教），但处于这一阶段的思想认知其实可广泛见于世界各地，而且似乎是宗教思想发展之必经阶段"[1]。

从 20 世纪 30 年代到 80 年代，接受进化论观点的苏联学者几乎都在沿着类似线索看待萨满教。很多苏联民族学家都坚信，在人类社会的开端，每个人都是他自己的萨满。专门的灵性实践者，以及煞费苦心的降神会和萨满教可能都是后来才出现的，那个时候社会也已变得越来越先进和复杂。一位非常有影响力的苏联民俗学家兼民族学家 D. K. 泽列宁（D. K. Zelenin，1936）在对萨满教的起源进行解释时说，这种最原始的信仰首先是源于对自然的敬畏（多神教）和对"自然界赐予"的祈求。在最初平等主义的阶段是没有萨满的。人们不需要专门的灵性实践者来充当他们的代表，因为每个人都有接近神灵的权利。在这种民主的灵性传统中，人与神之间的关系是平等的，人们没有必要讨好超自然存在，也没有必要对神灵卑躬屈膝。如果敌对的恶魔失去控制，古代人就会跟它进行斗争并抵制它们，而不是向它们祈祷。在苏联学者眼中，这种态度反映了原始共产主义社会（Primordial Communistic Society）的自由和平等主义的本质。

泽列宁强调，随着时间的推移，那些擅长驱除疾病的人逐渐成长为萨满，但是在一段时间里仍然没有形成任何特殊的社会群体，任何人都可以成为治疗者。然而，在新石器时代末期，当奉行平等主义的原始社会逐步解体为对抗性的阶级社会时，萨满也逐渐上升为"精神贵族"，他们开始按自己的需求来调整前萨满神话和仪式，并且发展出了自降身份以祈求神灵的信仰形式。泽列宁进而推想各种病态性的仪式正是在这一转折点上进入人们的宗教生活的，其中最重要的就是萨满/祖先的神化——正如另一位苏联学者所说，这就是"个人崇拜"[2]。同时，万神殿开始分化，变得有善恶和主次之分。根据泽列宁的观点，这种图景反映出当时的人们已进入最初的阶级分化阶段。萨满基于在恶魔之间建立的序列，开始利用神灵来彼此争斗[3]，这也正是泽列宁对萨满降神会起源的解释。可见，对泽列宁和另一些苏联学者来说，萨满教代表了从平等社会到阶级社会转变期间的过渡性意识形态。因此，从这个角度来看，萨满教是原始宗教的晚期历史形态，萨满所扮演的是从平等的集体信仰时代到专门性的祭祀时代过渡中的关键人物。

进化论不仅在总体上对萨满教进行了审视，而且还对萨满教的特殊用具给予了同样的审视。比如，阿尔泰文化研究者列昂尼德·波塔波夫（Leonid Potapov）就对萨满鼓"起源于弓"的说法给出了一个有吸引力的解释。[4]在降神会期间，西伯利亚的很多萨满都使用鼓作为能将他们带到另一个世界的象征性役畜①；波塔波夫也注意到，某些土著灵性实践者也将鼓作为象征性武器，比如阿尔泰萨满将鼓视为"仪式性的弓"，因此用鼓射出的箭去击中敌对神灵。鼓槌有时也会被视为箭；阿尔泰鼓用铁棍做的横梁被称为 kirysh，其字面意思就是"弓弦"；横梁上的铁吊坠则象征着箭。值得注意的是，在阿尔泰语中，"鼓"（jagal 或 cagal）这个词的词根指向的是"弓"（ja，ca 或 cag）。而同样值得注意的是，波塔波夫还曾遇到过一些阿尔泰萨满，他们直接把鼓称为"弓"。

在思考弓和箭如何可能成为仪式工具时，波塔波夫诉诸了经济决定论。他强调弓和箭的发明促进了古代部落经济的发展，而这最终反映在原始社会的信仰中。他推测，在原始人的头脑中，弓和箭具有能杀死一定距离内的动物的神奇能力可以用魔法来解释，狩猎工具也因此成为人们崇拜的对象，并最终获得仪式用具的地位，萨满法器由此产生。使用这种工具的人自然被视为神圣力量的载体，他们可以确保狩猎获得好运。波塔波夫推测，负责集体狩猎的熟练弓箭手可能就是第一批萨满。他还特别解释说，狩猎是原始社会的主要经济活动，所以这些人很可能因为掌控着以狩猎为目标的仪式而成为最早的萨满。

对波塔波夫来说，萨满教产生于早期狩猎社会的需要，而对泽列宁

---

① 比如在满族萨满教中，萨满鼓就被作为萨满施法时乘坐的工具，萨满可以坐在鼓上进入另一个世界。——译者注

来说，萨满教则产生于古代社会对于医药的需求。比之波塔波夫，泽列宁更强调萨满的首要历史性任务是治病，至于其社会功能和经济功能，如保护渔猎的运气等都是后来才产生的。[5]泽列宁总结道，有关疾病的最古老概念是怀有敌意的神灵入侵人体，要治疗这样的疾病，就意味着要从病人身体里取出这种有恶意的神灵。以此为前提，泽列宁指出，从身体里"吮吸"出病痛是萨满所用的最古老的治病方式。泽列宁将这种治疗行为置于进化阶梯的最底层，并将这种"吮吸"与动物舔伤口的本能习性联系起来，建立起这种关联后，"吮吸"出病痛的方法就自然而然地被默认为原始的方式。泽列宁还进一步推测"舔舐和吮吸"这一方法的起源，他认为，在古代，当人们无法自己舔舐生病的部位时，他们就可能会邀请自己的亲戚帮他们完成这个动作。泽列宁进而推测，那些最熟练的舔舐者可能会通过这种方式，而成为第一批萨满。

泽列宁还将这一解释向前推进一步，用它来解释萨满的"异于常人的本质"；我曾在第三章中讨论了一度流行的关于萨满"异于常人"的观念。泽列宁写道，舔舐和吮吸疾病是一项危险的工作，因为在古人的眼中，帮助病人的人其实是把疾病传给了自己，这可能是致命的。谁能安全地做这种工作呢？泽列宁推测，最好的人选应是那些生过病却存活下来的人。因此，那些患有精神疾病的人就成了治疗者这一行业的自然选择。泽列宁解释说，精神病患者在他们的社区看来，可以安全地吸走灵魂——反正他们也有病。泽列宁继续说，古代和现代的部落社会因此通常会迫使精神失常的人来完成这项特殊工作——把社区里的病人身上的致病恶魔转移到他们自己身上。[6]泽列宁写道，第一批萨满不仅是疯子，而且通常是女性。他之所以得出这一结论，不仅是因为他认同当时的观点，即女性比男性更容易患上癔症和其他精神疾病，而且还因为女性会生孩子——泽列宁推测，古代人可能会基于对孕妇的观察将她们视为"外来物"的载体。从古代社会的视角看，如果女性能把这些"外来物"放进自己身体，那么她们就同样可以把各种各样的神灵放入自己的身体，而这通常就是默认了女性会成为完美的萨满。[7]

虽然不是所有人都认同这一观点，但苏联学者的这种分析方法与"萨满是精神病"的概念融合在一起，却在一些苏联民族学家那里日益流行起来。除泽列宁之外，西伯利亚地区民族学家加夫里尔·克谢诺丰托夫在其论文《乌拉尔-阿尔泰萨满教中的疯狂崇拜》（"Cult of Insanity in Ural-Altaian Shamanism"，1928）中也向这一观点致敬。[8]与许多20世纪20年代的同胞一样，克谢诺丰托夫不辞劳苦地为萨满的心理异常提供着经济学解释。他认为，西伯利亚土著灵性发展取决于游牧经济的周期性变化——从依赖一种动物到依赖另一种动物。这位学者指出，北亚本土游牧经济经历的三个特殊阶段，与萨满教信仰经历的三个阶段是相匹配的。克谢诺丰托夫认为：当人们以狩猎为生时，神灵就通常呈现为野兽形象；当人们转向定居生活时，他们的神就会变得较为精致，主要呈现为驯养动物的形象；最后，神呈现出人类的特征，这反映了以奴隶劳动为基础的经济生产方式的产生，也反映了人类迈向了最初的文明。克谢诺丰托夫写道，在最古老的时代，即仍停留在第一阶段文明的初级社会中，最好的仪式"玩家"都是精神不稳定的人，没有人能像他们那样有效地仿效野兽的行为。这位民族学家强调，当萨满不得不扮演野熊、狼和其他未被驯服的动物的角色时，"这些魔法师的疯狂"也就达到了极致。

因此，在部落社会中，"有缺陷的身体和破碎的神经"在萨满世系中代代相传，所有萨满都容易遗传精神疾病，而在狩猎社会中尤其如此。克谢诺丰托夫强调说，因为这些社会必须经常与野生动物打交道，后者恰好为萨满提供了未驯服的样本。因此在这种社会中，萨满仍然是精神有问题的可怜人，他们举行降神仪式其实是他们遗传而来的异常行为的周期性复发。克谢诺丰托夫补充说，有些部落，比如他所属的萨哈人部落，过着定居的生活，并且饲养牲畜，萨满教在这些部落就从来都没有达到极端程度，因为在这里，人们是以温顺的家养动物为榜样的。

值得注意的是，V. G. 博格拉斯是将"萨满是精神异常者"的观点引入西方学术界的人之一，他对关于萨满教的进化论解释也并不陌生。

他在 1910 年关于西伯利亚东北部萨满教心理学的论文中，提出了"神经官能症"的论点，而且也试图将西伯利亚萨满教置于进化阶梯上。博格拉斯把当代西伯利亚土著社会看作人类进化过程中的特定阶段，并从中挑出了最古老（平等主义）版本和后来版本的萨满教。在他看来，楚科奇人的家族萨满教，即家族内所有亲属都充当萨满，似乎是最古老和最平等的本土萨满教。博格拉斯将这种开放的灵性与南西伯利亚那种精心打造的贵族式宗教实践进行了对比，他指出，在后一种实践中，萨满形成了一个半专业的祭司团体，负责主持所有的主要仪式；与楚科奇式的萨满教经常把主要的仪式角色分配给女性不同，在这种"高级"萨满教中，灵性实践只掌握在男性灵性实践者手中。[9]

像泽列宁、克谢诺丰托夫和博格拉斯一样，后来的几位苏联民族学家继续把对非西方自然灵性的流行心理学与医学解释，与前辈学者的观点相结合。直到 20 世纪 70 年代和 80 年代，一些著名的苏联民族学家，如研究图瓦萨满教的塞维安·温斯坦（Sevian Vainshtein）和研究萨哈人和阿尔泰人的谢尔盖·托卡列夫（Sergei Tokarev）等人，仍将萨满教起源与精神疾病联系在一起。例如，80 年代，托卡列夫在他所著的宗教史教科书中强调，"萨满几乎都有精神疾病，有疯狂发作的倾向"。直到今天，温斯坦仍然坚持这一主张。他在最近的一篇论文中，坚持认为"只有有明显精神疾病的人才会成为萨满；这些人遗传了神经质的反应模式，在传统上，这种反应模式以所谓的'萨满病'的形式存在，并根深蒂固"[10]。

与此同时，由于显而易见的原因，大多数苏联人类学家从未接受"萨满天生精神错乱"的观点。以解释社会如何运作为目的去深挖人类心理，与苏联人类学的总体思想相矛盾——后者总是倾向于寻找每种现象的社会和经济根源。许多苏联学者都强烈反对"神经官能症"的论点，认为萨满是意志坚强的个体，他们通过操控大众，引导人们的思想走向"错误意识"，从而为土著社会的富裕阶层服务。

平心而论，70 年代和 80 年代也有一些苏联人类学家对萨满教采用了更细致入微的分析方法，他们在研究中也并没有采用意识形态上的陈词滥调。人类学家弗拉基米尔·巴塞洛夫（Vladimir Basilov）是研究传统自然宗教的杰出学者之一，他在探讨西伯利亚和中亚萨满的社会和公共角色时，就避开了前辈们生硬的经济决定论。此外，20 世纪 70 年代，一些苏联学者甚至采用替代性理论来解释萨满教。比如民俗学家埃琳娜·诺维克（Elena Novik）就不再去关注西伯利亚灵性的社会和经济根源，而是采用结构主义理论进行分析。她的主要论点是，萨满降神会通常是在两种主要模式中选取其中之一：一是萨满找回被恶灵偷走的病人的灵魂；二是萨满从病人的身体里取出致病灵魂，并把它赶走。[11]

此外，1974 年，一位研究西伯利亚和南亚土著社会信仰的学者 E. V. 雷温尼科娃（E. V. Revunenkova）公开表达了她对实证主义学术能否把握萨满教本质的质疑。有趣的是，早在 60 年代，著名的萨满教研究学者、匈牙利人类学家维尔莫什·迪奥塞吉就基于他积累的丰富的萨满教民间传说表达了同样的立场。在赴西伯利亚的旅行中，这位学者写道："毫无疑问，科学能够利用它，但唯一的问题是，我们能不能正确地解释它？"顺便提一下，迪奥塞吉还为我们提供了有关实证主义学者与被萨满教美学所吸引的浪漫主义探险家之间思想斗争的经典案例：1958 年，当迪奥塞吉第一次听到哈卡斯萨满基兹拉索夫（Kyzlasov）的神歌时，他说："我很尴尬，我不得不承认，我立刻就被它打动了。"[12]这句很特别的话引起了我的注意。

被压迫者的宗教，有用的神秘主义，还是现代化的障碍？

也许这听起来有点奇怪——西伯利亚的"原始人"起初是受益于俄罗斯帝国解体和布尔什维克革命的。1917 年革命刚结束，一些布尔什维克理论家就把包括西伯利亚土著在内的非俄罗斯民族列为沙皇帝国主义的受害者。这些革命者认为，土著民众应因过去遭到的历史不公正待遇得到补偿。因此，布尔什维克推行了用现在的美国术语来说是"平权行动"的措施。革命者认为，所有的部落社会都是本质相同的平等团体，他们是原始的无产者，与那些更"先进"的文明人相比，他们没有贫富之分的概念。[13]因此，革命者及其同情者最初很少反对萨满教，他们更喜欢把主流基督教作为攻击目标。在这样的大气候下，萨满教实践者感到很放松，此外，许多早些时候皈依了东正教的土著居民还发现，他们有回归多神教灵性的可能。

20世纪20年代，西伯利亚的某些土著知识分子成为布尔什维克的同路人，他们认为萨满教可以成为民族建设的有用工具。他们中的一些人把当地的灵性实践者描绘成民间英雄，描绘为社区中那些卑微者和穷人的保护者。来自萨哈人的本土革命诗人普拉登·奥云斯基（Platon Oiunskii，1893-1939）将萨满描绘成自发的反压迫和反剥削的代理人。在他的诗剧《红色萨满》（1925）中，主角是名叫凯泽尔-奥云（Kysil-Oiun）的萨哈萨满，他既是占卜者，也是鼓动普通部落民众反抗压迫者的社会活动家。这位萨满通过与两个土著劳动者交谈，使他们意识到自己处于被奴役的地位。诗人将这部戏剧设置为由凯泽尔-奥云主持几场降神会，并用西伯利亚土著的象征来呈现布尔什维克意识形态的基础。演出以凯泽尔-奥云萨满忏悔的场景开始——顺便说一句，这种形式符合萨哈萨满以及其他部落文化中的灵性实践者代表人民与神和灵魂交谈的谦卑风格。但这种风格在这首诗歌中被渲染上了革命色彩，萨满在哀歌唱颂中转向呈现大众的苦难。面对来自他界的神灵，红色萨满谦卑地承认，他不确定自己是否能领导人民反抗压迫：

> 我与穷人同在，
>
> 我能用愤怒点燃他们的心吗？
>
> 我能让他们去对抗狡猾与邪恶吗？
>
> 我，就是人们所说的红色萨满吗？
>
> 我要用骄傲的翅膀破除诡诈，
>
> 我要为那些忧伤、软弱、胆怯的人全力发出声音，

我能把我的意念、我的利箭赐予这些受诅咒、受欺压的人吗？

我会把这些奴隶的灵魂变成长矛，让他们渴望激烈的战斗和寻求报复吗？

我要用他们雷鸣般的愤怒，唤醒他们，来搅动黑暗的人间世界，让他们享受血腥的盛宴吗？[14]

在《红色萨满》中，统治人间世界的奥罗斯酋长（Chief Oros）是邪恶的化身，他密谋将他的女儿嫁给天神家族，这样他就能同时统治人间世界和上界。红色萨满揭露了这一阴谋，他飞升至上界，在婚礼上，在蓝色火焰笼罩下和雷鸣般的鼓声中，杀死了奥罗斯酋长的女儿。

总体来说，20 世纪 20 年代，西伯利亚萨满教得以从俄罗斯东正教等强大的竞争对手的压迫中解脱出来，恢复了暂时的繁荣。在这十年中，希望探索西伯利亚土著灵性的作家和学者不仅有很好的机会搜集有关萨满实践的材料，而且还能参与到这种实践中。顺便说一句，这种宽松的环境是当时人类学家和民俗学学者能够搜集到如此多关于萨满教的民族志材料的原因之一。正是在 20 年代，前文提及的萨哈民族学家克谢诺丰托夫搜集了关于萨哈和埃文基萨满及其启蒙的经典故事和传说，这些材料后来都成为萨满教研究的经典文献。1927 年，后来成长为苏联人类学明星之一的波塔波夫，也并不觉得自己在一场勒死献祭动物的萨满祭祀仪式上帮个忙，会在意识形态上有什么不妥。此外，在 20 年代矛盾的意识形态环境中，苏联人类学另一位领军人物博格拉斯却突然开始将相对论引入对西伯利亚土著信仰的讨论，而这与他先前的观点完全相左。我们记得，在 20 年代之前，是他率先提出了萨满有神经病的观点。博格拉斯于 1923 年出版了《爱因斯坦与宗教》一书，在书中他提出了与过去观点相反的观点。他似乎是预见到了当时流行的智识立场，认为萨满教的灵性，包括飞升上界、看到幻象和做梦等，都只是另一种世界观，一种不比西方实证知识好也不比它差的世界观。他写道："真实的知识和想象的知识之间的区别消失了，因为我们人类（本身）的相对性使任何所谓客观推测都变得毫无意义。"[15]

　　20 世纪 20 年代，萨满教的秘密知识与其他东方灵性技术一道，引起了作为克格勃前身的苏维埃秘密警察（GPU）的注意，GPU 的一位领导格列布·博基，1917 年以前曾是一位炼金术士，十月革命之后也一直对神秘主义和密传知识有很大的兴趣。20 年代，为将神秘知识应用于自己的新职业，他一直在寻求可以用于精神控制和重塑人们行为的灵性技术。博基为此建立了一个"神经能量实验室"，并委派一位辍学的医学院学生兼神秘主义作家亚历山大·巴尔琴科（Aleksandr Barchenko）负责，而且博基和他的一些同事也喜欢去参加这个实验室的灵性培训班。巴尔琴科是一个梦想家和冒险家，他含糊地称自己为"宇宙节奏"的研究者。就像过去和现在的很多灵性追求者一样，巴尔琴科认为，占主导地位的理性及理性主义腐蚀了人类知识，为纠正这种情况，人们应该回顾一下古代——在他看来，在古代人类将直觉作为了解周围世界的方式。[16]

　　由于受到这位身居高位的朋友的追捧，巴尔琴科最终怂恿他这位朋友给当时很流行的神秘传说"红色香巴拉"（Red Shambhala）披上共产主义的外衣。这位所谓"宇宙节奏"的研究者用"红色香巴拉"的传说成功唤起了他这位秘密警察保护人的兴趣。"红色香巴拉"系列传说是说一些神秘的东方知识就藏在藏地某个山峰中，这些东方知识一旦得以复苏就能帮助世界从压迫中解放出来。博基的另一位助手还反过来向巴尔琴科讲述了他的心理感应波研究，并启发巴尔琴科说这种研究可能会成为"无产阶级战天斗地的最关键的武器"[17]。巴尔琴科对萨满超能力的研究只是"香巴拉计划"的一个部分，他在 1925 年还曾用秘密警察经费访问了西伯利亚地区西南部的阿尔泰山，目的是了解当地的民间乌托邦和萨满的精美服饰。考察归来，他将一些萨满用具从阿尔泰博物馆带回莫斯科，并开始研究萨满教对人类大脑的作用。非常有趣的是，从阿尔泰博物馆拿出来"充公"的萨满教物品并不包括他带回的所有，而是按一份来自秘密警察的秘密名单选择出来的。[18]人们猜测，巴尔琴科可能对考察萨满鼓有特别的兴趣，因为那是"思想控制"的主要工具。

四年前①，巴尔琴科还受命于某领导对芬兰边境的萨米地区进行了考察。他此行的目的是探究"莫讷瑞克"现象，也就是我在第三章中曾提及的东北亚地区土著人突然暴发的集体性或个人性的癔症——现在的某些研究者经常把它与萨满教联系在一起。实际上，巴尔琴科在这场考察中不仅关注了"莫讷瑞克"现象，还关注了当地所有的超常现象和魔法现象。巴尔琴科拥有丰富的想象力，他将其所考察的北方地域描绘得充满神话色彩，他声称自己在探险过程中发现了类似金字塔结构的物体，发现了岩石上画着巨大的黑人形象，还发现一条被某种神秘力量守卫着的、探险者无法前行的深入地下的通道。巴尔琴科还说他在萨米地区发现了一个魔法岛，在那里，当地萨满几个世纪以来都用鹿角作为仪式用具。

后来，另一位充满好奇心的探险者也去往萨米，他决定亲自去看看巴尔琴科在萨米地区所目睹的那些奇迹，但他报告说，那些所谓金字塔、人物肖像和裂缝都是天然形成的，并无神秘可言。

在萨米地区，巴尔琴科还与一位叫作丹尼洛夫（Danilov）的萨满成为朋友，巴尔琴科说，丹尼洛夫是能够按照自己的意愿进入"僵直性昏厥状态"和"昏睡状态"的人。巴尔琴科还曾作为病人参加萨满的降神会，请萨米萨满为他治疗心脏病。巴尔琴科说，那个跟他并排躺在毯子下的女人是通过低声吟唱神歌和操纵匕首将他从病痛中解救出来的。巴尔琴科探险归来，把萨米人描绘为希伯里尔人（Hyperborean），即希腊神话中的"极北乐土之民"的后代，是"曾经统治世界的神秘古代文明的最后的魔法师"——这些无疑助长了秘密警察的想象力。[19]

很明显，神秘主义者和秘密警察之间的奇怪伙伴关系不可能永远持续下去。毕竟，巴尔琴科的神秘计划不仅不能确保用秘密的古代知识去造福世界，而且完全违背了实证主义本质。20世纪30年代，政府加强

① 即1921年。——译者注

了对社会的控制，此时"神经能量实验室"的负责人巴尔琴科和他的秘密警察赞助人的命运就注定了。结果是整个实验室的人都被逮捕，被判犯有阴谋反共罪，并在 1937 年都被迅速处决了。

同样，西伯利亚一些土著布尔什维克将萨满教重新塑造为"被压迫者的宗教"的尝试也注定要失败，因为这违背了正统意识形态的启蒙性质与理性主义及以科技进步为中心的精神。萨满作为灵性传统的守护者，并不符合苏联的现代化计划的要求，西伯利亚土著灵性成为被彻底消灭的目标只是时间问题。

顺便提一句，前文中曾经提及的奥云斯基的诗剧《红色萨满》已经传达了将萨满教视为保守主义之代表的观点。红色萨满是自发性民间解放斗争的领导者，他是个孤独的英雄，已做好退出历史舞台让位于广大民众的准备——这片土地上受苦的人会通过颠覆旧有秩序而不是依赖魔法将解放运动的主动权掌握在自己手中。红色萨满穿上萨满服，拿起萨满鼓，并在鼓面上放了一把长刀。他接下来赞美这把长刀将会成为劳苦大众"用自己的血来淬火"的反抗压迫的武器。在最后一幕，萨满宣告他的职业和所有神秘事物都将消失于人们所预言的"巨大的理性"中，他于是把萨满鼓及所有神圣物品都扔进了火堆，然后像马克思主义者那样宣称"世界就来自世界本身"，"人的头上没有神"。

20 世纪 20 年代，苏联政府尚未开始讨伐萨满，也还没有给他们贴上"人民公敌"的标签。当时的苏联作家和学者大多从现代性的立场来批评他们，习惯性地把西伯利亚的灵性实践者描绘成阻碍进步的逆行者。主要的批评性话语涉及医疗、健康和卫生等领域，其中最粗俗的刻板印象之一是将萨满评价为"行走的细菌"，说他们感染了各种传染病。一个叫吉娜达·里希特（Zinaida Rikhter）的记者的观点就是这种刻板印象的最佳写照，她写道："大多数萨满都患有一种在游牧民族中非常普遍的性病。这些既能治疗身体问题也能治疗精神问题的医生本身会传播感染性疾病，正因如此，他们才会经常出现在被告席上。"[20]

在小说《卡马拉涅（萨满教化）》［*Kamlanie（Shamanizing）*，1931

年］中，作者尼古拉·塞韦林（Nikolai Severin）也曾详尽描述了同样的形象，以强调萨满教治病的疗效全凭运气。他对萨满仪式用具进行详细描述也是为了强调萨满教不健康和有害的本质。塞韦林所描述的萨满手持"一面让人想起吉卜赛女人在鹿圈里跳舞时所用的铃鼓——那是一种很脏的鼓"。在降神会的尾声，"萨满的脏衬衣被汗水浸透了"，他脸上的"汗水夹杂着污垢流下来"。在塞韦林另一部关于阿尔泰地区社会变革的小说中，一位叫乔顿（Chodon）的"内心险恶的萨满"前来治疗一个生病的男孩。这位萨满就像一个"掠食者"那样对待他的病人。作者强调说，萨满的眼睛因为过度酗酒而混浊了，在这个为生病的男孩举办的降神会上，酒鬼萨满的"愚蠢举止"混杂着汗味和烟草味等让人难以接受的气味，还有刺鼻的劣质烟雾，这所有的一切最后都终结于戏剧化的结尾。那个生病的男孩没有被治好，而是被令人窒息的烟雾熏倒了，最后死在了降神会上。[21]

顺便提一句，早期俄罗斯民族志与西方民族志在萨满教和精神疾病之间建立的联系，在一定程度上有助于批评者从心理卫生学角度将西伯利亚萨满妖魔化为对西伯利亚土著人有害的人。比如，有人指控萨满通过其疯狂行动使其所属社区长期存在精神疾病。曾在 20 世纪 20 年代对埃文基土著人进行考察的心理学家 D. A. 吉特马诺夫也将萨满教与北极癔症联系在一起，他说，西伯利亚的萨满为其所属群体的成员充当了坏榜样。他强调，通过入迷仪式表演，萨满促生了潜在的精神疾病，而这创造了"疯狂的邪恶循环"，并导致了北极癔症的大规模暴发。吉特马诺夫相信苏联现代化向西伯利亚的挺进必然会将这种精神倒退从社会生活中驱除出去，并能使土著群体的精神状态变得稳定，而那些仍就有"萨满病"迹象的年轻人则会成为心理疾病医院的病人。

在 20 年代苏联人的想象中，萨满不仅是阻碍现代医学、教育和技术进步的"传统愚昧"的代理人，而且是可怜的受害者。德米特里·斯托诺夫（Dmitrii Stonov）在他的旅行随笔集（1930）中将阿尔泰萨满描述为典型的癫痫病患者，"小而深的眼睛里有狂热的、不健康的光泽"，

"颧骨高的脸经常浮肿"，"眼睛下面布满黑眼圈"，"皮肤呈浅棕色"。所有这些特征似乎都在告诉读者，这个萨满"非常熟悉癫痫病发作时刻和疯狂的瞬间、不受控制的入迷以及创造性的狂热"。当萨满试图微笑时，他的微笑"变成了丑陋的面具"[22]。结果，斯托诺夫坚定地宣布了他的结论：萨满"显然是患有癫痫症的病人"，对他们进行"附体"的不是神灵，而是"他们自己的病态幻想"[23]。他因此认为这些人不是罪犯，而是受害者。顺便说一句，这种方式也被另一位作家索菲亚·扎雷契纳亚（Sofia Zarechnaia）在她的《黑色（女）萨满》（*Black Shamaness*，1929）中用于描绘小说的主人公——布里亚特老萨满阿黛（Adai）。阿黛不是骗子，而是土著传统的受害者，不仅如此，她还遭受着性别虐待——多次被丈夫殴打，因此"失去了理智"，最终转向萨满教。小说中另一个持共产主义观点的角色则表达了对这个可怜女人的同情。[24]

我在本书中多次提到的人类学家博格拉斯对这一流派的观点也有所贡献。他在小说《复活的部落》（*The Resurrected Tribe*，1935）中将萨满描述为野蛮无知的可怜受害者，并以此作为小说的核心线索。与此同时，该书除描绘了一个阻碍进步和现代化的传统萨满形象外，还列举了苏联早期审美的另一些流行用语：为解放而战的土著妇女和反抗祖先蒙昧主义的叛逆青年。老萨满乔布塔吉尔（Chobtagir）是小说中的主要人物之一，他是西伯利亚东北部尤卡吉尔人中一个孤立小社区的领导者。这个老人全身心地投入自己的灵性事业，除"沉迷于舞蹈、萨满式的号叫和轰轰烈烈的鼓声"外[25]，没有任何其他的生活。曾有一度，猎人找不到任何猎物，整个社区都面临着饥荒，可萨满的诅咒却没有用处。最终，女人失去了耐心（男人则表现得被动），开始反抗。老人古怪地提出用一头鹿来安抚神灵，以恢复狩猎的好运。为回应这一要求，部落里的一个"亚马逊女战士"直面萨满，"不要撒谎，老恶魔，我们去哪里找鹿？萨满都是骗子，男人都是骗子！"然后其他妇女也加入了这些勇敢姐妹的队伍，她们开始吟唱，"男萨满是骗子，男萨满是骗子"[26]——这是博格拉斯对 20 世纪 20 年代苏联流行的女性解放情绪的致敬。

与同时代那些关于重建北方土著生活的论著不同，博格拉斯在该书中并没有陷入将萨满视为"部落群众剥削者"的草率评价，虽然这种立场在 20 世纪 30 年代的苏联很流行。博格拉斯并没有把乔布塔吉尔描述成一个恶毒狡猾的巫医，而是把他描绘成一个真诚地想要帮助社区的人，而且他对灵性也非常真诚。在博格拉斯看来，使乔布塔吉尔变得恶毒的是传统的生活方式，是这种生活方式制约了老人的行为，使他变成了一个"逆行的人"。作品中的第二主角，萨满的孙子肯迪克（Kendyk）的言行则反映了土著人对现代性的渴望。肯迪克在他的梦里看到了一个"他所不知道的俄罗斯"（unknown Russian land），那里有金光大道、红旗和新的猎枪。在具有反叛精神的女性的鼓励下，肯迪克逃到了一个俄罗斯小镇。乔布塔吉尔预见到现代性即将来临可能对自己造成威胁，因此向自己的神灵请教。尽管神灵让他与布尔什维克作战（其中一个神灵给了萨满一把刀，并说："用它来砍杀吧"），但老人却在对灵性世界的忠诚与他隐隐约约感觉到的、对即将发生的变化的无力感之间左右为难。最后，老人选择以自杀作为出路。

当乔布塔吉尔被描述为一个传统的受害者时，肯迪克却被描述为不断成长并最终成为政权的代理人的形象。在接受了官方意识形态之后，肯迪克充满了力量和活力。他重返家乡，按照新的蓝图重建家乡。虽然博格拉斯在这部小说中没有将萨满界定为阶级敌人，但是该书在结尾还是呈现了 30 年代意识形态转变的情况。后来接替乔布塔吉尔职责成为部落灵性首领的人放弃了自己的权力，他表示服从肯迪克并谦卑地接受了自己成为一个局外人的角色：萨满仍被允许留在社区中，但要放弃选举权——这在 30 年代的苏联是常见的结局。

西伯利亚萨满成为阶级敌人

20 世纪 30 年代初，政府开始采取各种举措打击萨满（见图 9-1）。在这十年中，苏联进行了集体化改造和文化革命。30 年代之前，西伯利亚的很多宣传工作者对萨满教并不太在意，认为它不过是一种会自行消亡的、微不足道的原始迷信——与基督教或伊斯兰教等宗教不同，它不会构成任何威胁。20世纪30年代，苏联努力构建扁平化的社会生活，因此无法再接受这种意识形态上的机会主义。苏联的社会科学界对新议程做出了回应，要求揭露萨满教的阶级根源，以便更好地根除它。苏联思想家和学者都必须接受这样一个前提，即不能"为学术而学术"，人文科学和自然科学应该为特定的社会和阶级利益服务。

图9-1 苏联时期的反萨满海报

注：海报内容是鼓励"部落群众"将萨满驱逐出土著社区。

资料来源：G. 霍罗什夫斯基（G. Khoroshevski, 1931）的著作。来自本书作者的收藏。

那些忙于搜集萨满教资料而不考虑萨满教研究如何为国家和劳动阶级服务的学者被斥为在意识形态上发生了倒退。民族志学家 I. 科索夫（I. Kosokov）和反宗教宣传者 P. 卡普塔耶夫（P. Khaptaev）等人在他们关于西伯利亚土著宗教的著作中，开始采取激进主义立场，指出"萨满教自然消失论"具有政治有害性。这两个人都呼吁对土著宗教进行激进的改革。卡普塔耶夫主张，新的民族学家必须抵制原来那种"避免运用民族学服务于社会和政治运动"的观念，他写道：

> 当代研究者参与萨满教研究，不应是为向东西方博学的学术界表明，萨满教是在我们所居住的北方、西伯利亚和远东的小民族中的一种万物有灵论；现代研究者研究萨满教应是为了解和揭示萨满教存在的社会根源以及萨满教的阶级性质，这将有利于在仍存在萨满教的地方更快地消除这一现象。[27]

这种新的激进主义方法表现在学术研究上，就是学者尝试将萨满妖魔化为违背民众——这片土地上的可怜人——的利益的人。对西伯利亚灵性实践者的最常见评价就是给他们贴上"土著神职人员"的标签，说他们用错误的意识形态感染了普通民众的思想，自己却成为富有的土著贵族的代理人。人类学家、苏联官员 I. M. 苏斯洛夫（I. M. Suslov）强调，萨满教不是微不足道的东西，而是一种成熟的宗教，它负责欺骗劳动群众。另一位反宗教宣传者 A. 多洛托夫（A. Dolotov）在他关于萨满教的无神论小册子中也同样指出，萨满教应被当作"意识形态上的敌人"来认真对待。有趣的是，为证明西伯利亚萨满教是一种有组织的宗教，多洛托夫还大量引用了地方民族志学家克谢诺丰托夫早先在基督教和萨满教之间所做的类比。[28]

如果萨满是神职人员，那么他们当然应受到社会惩罚或被监禁，就像与他们相对应的基督教的牧师以及佛教的僧侣一样。前文曾经提及人类学家博格拉斯在不同时期对萨满教有过不同的看法，现在他也回来加入了这场"大合唱"。1932 年，在他的一篇广为流传的文章中，博格拉斯指出萨满教是对土著社会进行社会主义建设的障碍；他强调说，把萨满教和基督教与其他宗教都放到同一个篮子中，对反宗教宣传非常有用；他还强调说，俄罗斯的东正教作为外来宗教，从未被西伯利亚土著人广泛接受，而在西伯利亚工作的宣传人员如果能坚持不懈地把基督教牧师和萨满，把土著人的神偶和东正教圣像，把基督教仪式和萨满降神会放在一起，最终就能使土著人厌弃萨满教。博格拉斯强调，无论如何，这种类比总是有效的，因为它有助于人们理解"宗教组织总是反革命的，是为占统治地位的剥削阶级的利益服务的"[29]说法。

为保持自己在苏联人类学界的领军人物地位，博格拉斯显然在试图顺应意识形态潮流，他发表的某些言论在战斗性上远远超过了与其同时代的苏联人类学家关于萨满的类似言论。在他看来，政府不应只限于进行反萨满教宣传，还应采取"严厉而坚决的措施"对萨满进行行政处罚，这也是这个无神论国家在处理与基督教神职人员的关系时通常采取的做法。根据博格拉斯的说法，作为土著富人利益的意识形态代理人，萨满应该被"清算"。政府官员和民族学家苏斯洛夫斥责萨满活动和萨满教对土著群体的经济和社会生活都有害，而他的同行博格拉斯则使用了更强硬的措辞，将萨满称为"直接破坏者"，并呼吁宣传工作者揭露萨满"反社会"和"掠夺性"的本质。博格拉斯放弃了先前那个令人熟知的、关于"所有西伯利亚萨满都是神经病"的观点，转而强调他所认识的萨满都是理智、狡猾和意志坚定的人，并说他们都非常危险。[30]

博格拉斯还说，仅仅集中精力铲除萨满教是不够的，而仅在土著人面前宣传唯物主义的好处，也同样会偏离重点。在他看来，政府应该努力铲除滋生萨满教的根源：西伯利亚人以土地为基础的信仰，激活了自然却固化了土著人的生活方式和信仰。为实现这一目标，政府应通过积极植入现代化要素和摧毁土著生活（方式）来对整个土著社会进行重新洗牌。这位人类学家还详尽地建议，让土著居民"亲密地"接触可向公众开放的物理和化学实验或精心挑选过的电影，让罐头厂雇用更多的土著人，让土著人参与其他与机械生产有关的活动——这些都将在他们的头脑中灌输一种理性主义和与机械相关的概念，而且会比任何讲座都更能打破他们那"万物有灵论"的世界观。顺便说一句，博格拉斯还在同一篇文章中表达了对"参与观察"的人类学实践方法的反对，他认为那些学者参加萨满仪式等于是间接地对这些有害做法进行了证实，而这不利于国家建设目标的实现。

我们很难推测上述观点在多大程度上表达了博格拉斯个人对萨满教的看法。与 20 世纪 30 年代以后很多苏联学者一样，他可能只是为与当时逐渐成为苏联思想界奉为规范的正统意识形态保持一致。不管事实是否如此，博格拉斯在 1932 年发表的论文和类似的宣传文章是反对西伯利亚灵性的很好案例，他的这些文章也的确为政府发动反萨满运动提供了助力。[31] 总而言之，到 30 年代初，彻底铲除萨满教的时机已经成熟。仅将这种现象斥为反对进步的、蒙昧主义的原始哲学是不够的；将土著巫医视为有害于西伯利亚土著群众身心健康的、有传染性的癔症患者，或将其视为使土著人的头脑陷入思想黑暗状态的土著神职人员，也是不够的。

苏联的正统意识形态惯常用经济学来解释一切，因此在苏联学者看来，也有必要对萨满教进行经济评价，而他们这样做的目的是要将萨满群体描绘成一个剥削贫穷民众的剥削阶级。此外，斯大林主义关于寄生阶级在走向共产主义的过程中会不断升级抵抗的观点又强化了对萨满教的这种评价。为圈定那些可能会反抗的人，某些官员开始试图在西伯利亚土著社会中划分出社会阶层，即"被压迫者"和"压迫者"。这一时期的苏联意识形态工作者与其 20 年代的前辈不同，他们不再把更多的部落群众归入原始无产者行列。

30 年代，苏联人类学家及宣传人员开始强调，萨满是在以其欺诈性表演方式来敛财，在他们看来，这是萨满"以劳动群众为食"的生动证据。最终，意识形态工作者为萨满找到了一个阶级定位，他们将其归类为土著版本的富农——富农是指俄罗斯农村的富裕农民，是要被消灭的目标。官员学者苏斯洛夫在他那篇标题很有特色的文章《萨满教以及如何战胜萨满教》（"Shamanism and How to Fight It"）中，用了很大的篇幅来阐述萨满教是如何收取费用和积累财富的。苏斯洛夫说，萨满收取的费用不仅包括土著人给萨满的实体性礼物，还包括病人家属与萨满分享的食物。哪怕那些土著萨满很穷，他们也照样很坏，原因很简单，根据苏斯洛夫的说法，"萨满通过创造神秘的意识形态而将社会能量引导上了错误方向，因此导致了社会能量浪费，减缓了生产经济的发展"[32]。顺便提一句，祭祀仪式上的动物献祭也同样被视为对当地经济的破坏。结论是显而易见的，正如苏斯洛夫所说："打倒萨满教的斗争应该成为北方阶级斗争的一个组成部分。"[33]

西伯利亚土著没有明确的社会分层，有的是紧密的亲属关系和大量集体生活，因此将萨满归入阶级范畴是一项艰巨的任务。事实上，很多萨满都很穷，因此将他们归入劳动群众剥削者的行列是与事实相悖的。普图吉尔（Putugir）是一个被带到苏联大城市接受教育和新思想的埃文基青年，但他很难理解有关阶级划分的意识形态难题。1930 年，当他的教授要求他以书面报告形式反思他所属群体的宗教，并对萨满进行阶级划分时，普图吉尔却根本无法解释为什么自己遇到的萨满都很穷且很卑微，这让他的老师感到非常失望。尽管后来这个年轻人完成了他的反思性报告，但他的一位教授在评语中写道："文中有关萨满的社会和经济地位较低的所有说法都应该进行仔细核实。"[34]

由于在意识形态主义者眼中，萨满教是一种有组织的宗教，而萨满被视为剥削阶级，因此在 20 世纪 30 年代，苏联秘密警察对西伯利亚萨满进行了全面而无情的镇压。我想强调的是，这不是一场专门针对西伯利亚萨满的意识形态运动，对萨满的镇压只是当时致力于清除人们思想中的神圣和灵性，并将启蒙主义无神论和理性主义强加给他们的系统性工作的一小部分。萨满教因此与基督教、伊斯兰教、藏传佛教和其他宗教遭遇了相同的经历。值得注意的是，现在某些土著长者在回忆 30 年代的运动时都会说，这个运动对于压迫者和受害者是俄罗斯人还是土著是没有差别的，整个社会都受到了同样的控制。

　　萨满不仅被剥夺了公民权，被禁止治病，还被流放到劳改营。此外，萨满及其家人也经常受到排斥。萨满被宣布为"以劳动群众为食"的寄生虫，甚至还经常被地方当局用作自己经济和政治失败的替罪羊。比如，在西伯利亚一些地区，政府的集体化运动导致牲畜被大规模屠杀，但这却被归咎于萨满的秘密阴谋。[35]当局还有意识地动员公众舆论反对萨满，鼓励人们举报从事秘密活动的萨满。警察有时仅仅根据告密者的报告就去逮捕只是模仿萨满行为的土著人，他们这样做甚至只是为了完成上级下达的运动配额。[36]

　　土著的年轻一代在政府的鼓动下开始反抗传统，他们尤其热衷于迫害萨满。总的来说，迫害萨满的并不是革命者，而主要是当地的土著人——他们受到了无神论思想、对现代化的热情和国家解放伦理的启发。妖魔化萨满的政策是全面而有效的，萨满被置于无法被忍受的语境中。鉴于这种立场，很多当地人自然而然地吸收了反萨满教的情绪，并一直将这种情绪维持到20世纪80年代末。苏联宣传的有效性不应被低估，因为这种宣传已在很多土著人的意识中根深蒂固。人们对萨满态度的变化有时也会反映在民间谚语中，比如布里亚特人的一句谚语就用了"萨满是寄生虫"的观念——"当一只羊变得肮脏时，它就会离开，当一个人变得无用时，他就会成为萨满"。

　　苏联的现代化为很多土著人，特别是土著青年和土著女性，提供了一个实现自我和进步的机会。一些现在对镇压萨满教持谴责态度的土著长者也承认，在苏联时期，他们自己就是青年团团员，当时他们认为参加反萨满教的"十字军东征"是一种英雄行为，可以让他们炫耀自己对共产主义事业的忠诚。我在与俄罗斯人类学家尼古拉·彼得罗维奇（Nikolai Petrovich）的交谈中得知，他母亲是萨满，而他自己在90年代萨满教重新流行时也成了萨满，他带着怀旧情绪回忆起了30年代，还笑着承认自己当年如何"欢欣鼓舞""严肃认真"地参加了反萨满的"斗争"[37]。

　　在官方和公众的压力下，许多萨满开始公开谴责自己的职业，当地媒体还印发了大量萨满的忏悔书和自我反省书。由于担心会招致报复，很多萨满急忙将他们的鼓交给了官员，并试图保持低调；也有一些萨满偷偷做了新鼓，秘密地继续开展活动；还有很多人同时向政府和萨满教表示敬意，但并未为此感到不舒服。人类学家保尔歌科夫（Boulgakova）在访谈了 5 个具有这种包容心态的人之后表示，这种态度并不会被认为是不光彩的，她甚至坚持认为，这种包容促生了"萨满共产主义者"（a shaman-communist）这个新形象。[38]

从整体上看，自 20 世纪 30 年代开始，1917 年以前的萨满教实践形式要么消失，要么急剧衰落而转入地下后与苏联的流行文化共存。我想强调的是，尽管很多萨满世系被破坏了，以土地为基础的哲学被破坏了，但西伯利亚的萨满从来没有被完全消灭。苏联时期在西伯利亚进行田野调查的俄罗斯人类学家偶尔也会写一些关于萨满的文章。2001 年和 2004 年在阿尔泰进行实地考察时，我遇到了两个上了年纪的萨满，他们先后在 20 世纪 40 年代和 60 年代被神灵召唤而成为萨满，而这都是发生在不利于从事萨满教活动的时期。西伯利亚萨满教的立场——灵性技巧是由神灵强加给特定个体的——不允许人们简单地放弃这个职业，如果谁要离开就会有严重后果。人们相信，如果有哪个萨满放弃这一职业，那么对灵魂的恐惧就可能扼杀他，因此，一些萨满尽管公开谴责这个职业，但私下却仍秘密继续举办萨满仪式。与此同时，迪奥塞吉也告诉我们，有些萨满向祖先献祭，并试图归还他们在加入萨满教后得到的助灵。他们希望通过送走这些助灵来远离萨满教。[39]

那些继续从事灵性活动的人不得不别出心裁地反镇压。比如说，西伯利亚萨满在苏联时代的主要用具不再是鼓了，而是木棍或小树枝、手套、弓箭、鞭子、法杖、帽子以及另一些东西。30 年代以前，这些替代性的法器大量出现在土著萨满教的边缘地带，或者被那些还没有掌握击鼓技术的新手萨满所使用。当官员把萨满用鼓弄得不再安全的时候，次要工具就开始取代传统工具而成为治疗仪式的中心。人们的创造性想象远比这走得更远。在西伯利亚土著社会的某些地方，一些萨满甚至开始敲罐子的边缘，以此来代替敲鼓，而且这种活动还逐渐形成了新传统。社会学家玛乔丽·鲍尔泽（Marjorie Balzer）是北美研究西伯利亚文化和宗教的权威专家，她指出，萨满教针对政府的镇压运动进行了创造性调整。她曾记录了一个奇特的案例：在 20 世纪 30 年代的一次治疗中，一个名叫玛特罗娜（Matriona）的萨满用煎锅代替鼓，用木勺代替鼓槌，以此来召唤她的神灵。[40]

在苏联时期的西伯利亚土著社会，还有很多其他使用"假想鼓"的案例。比如，萨满出于仪式目的可以使用画在平面材料上的鼓的图像或者木箍圈，这两者都可以被悄无声息地操作而不引起注意。2001 年，在阿尔泰山，我遇到了一个叫克里奇纳科夫（Krychnakov）的萨满，他就在使用上述两种工具中的一种。当这个人在 20 世纪 60 年代开始从事萨满这一职业时，他使用了一个系着丝带的木箍圈。直到今天，克里齐纳科夫仍在他的治疗实践中使用这种法器，其他人则使用没有任何图案的普通布料。顺便说一句，30 年代之前，摇动这种器具作为边缘治疗方法的行为在阿尔泰人、图瓦人和哈卡斯人中都有着自己的意义。摇动这个动作通常被用来召集神灵之首，而且这个动作还被认为能避开致病神灵。就此而言，土著长者，或任何其他人，都可以主持这个环节。在当年的运动中，诸如无声地摇动上述器具之类的做法逐渐取代了击鼓，成为治疗仪式的中心环节。

下文是 1975 年 7 月图瓦萨满奥尔丁·科雷尔·翁达尔（Aldyn Khorel Ondar）的治疗过程。翁达尔此次是为一个家庭成员经常生病的人家举办预防疾病的萨满仪式。人类学家维拉·迪亚科诺娃（Vera Diakonova）参与了这次活动，她是这样描述的：萨满和这家人聚集在一棵被认定是萨满树的落叶松的周围。在落叶松的四个主要方向，人们用石头搭起了小壁炉。然后，翁达尔启动了萨满仪式，他右手拿着一大块大约一米长的白色布料站在树周围的火堆旁边。萨满挥舞着那块布料，开始唱神歌。翁达尔以诗歌形式讲述了他的祖先的故事，并描述了他的助手神灵。通过挥舞和吟唱，萨满召唤来了当地的神灵之首，然后向四面八方洒上自酿的酒水。神灵告诉萨满那些病人接下来会怎么样。听完神灵的讲述后，萨满把它送走，由此完成了降神会。[41]

苏联语境中的萨满教存续还有另一个有趣现象，即萨满教仪式和治疗活动被传播到了原本一直存在于土著社会边缘地带的巫医那里，换句话说，萨满的功能被分散在了另一些灵性实践者身上，但其实后者原本在土著社会中是占据次要地位的。不过，在这种被稀释了的形式下，举行传统仪式要更安全。人类学家里乌嫩科娃（Revunenkova）在 1983 年对阿尔泰人进行实地调查后得出结论，萨满（阿尔泰语叫作 kam）这个职业确实已经不再传承了，但萨满教的思想并没有消失。在此之前，只有萨满才能完成主要的传统实践，如治疗疾病、进行预言和主持葬礼等，但苏联时期萨满或者被消灭或者被驱逐到"地下"后，萨满的这些功能却在原本比较次要的灵性实践者中传承下来，也就是说这些辅助性的灵性实践者逐渐接管了某些特定的萨满功能，从而拯救了整个萨满教职业。

现在，传统上被称为 kosmochi 的"透视者"也拓展了他们的功能。20 世纪初，他们是专门检测人的双重人格（苏纳）的，但他们却无法把"苏纳"从另一个世界带回来，因为这是萨满的特权。到了 80 年代，我们却发现有的"透视者"被赋予了"回收灵魂"的能力，而且他们也开始充当生者和亡者之间的中介，而这过去也是萨满的主要职责之一。此外，在现代阿尔泰社会，出现了一种被称为"智者"（wise ones）的新类型。80 年代，阿尔泰人直接将"智者"称为萨满的现代版本。"智者"能治愈病人，解除咒语，并能进行预言。不像其他没有经过任何启蒙，通常也没有经历过神灵召唤的其他民间治疗师和"开天眼者"，"智者"通常在小时候就会有某种神圣性质的言行，这使他们似乎更接近传统的萨满形象。有时"智者"也被称为"透视者"，这体现了萨满和"透视者"功能的融合。[42]

正如鲍泽尔所说，苏联时期西伯利亚萨满教的女性化是其另一种生存策略。1917 年之前，在西伯利亚，男萨满和女萨满或多或少是平等的。20 世纪 30 年代，备受瞩目的男萨满成为第一批被镇压的对象，这使得他们最终从萨满图景中消失，他们所传承的很多深奥知识也随之消失了。与此同时，女性却以前所未有的规模接管了这项职业[43]——萨满教中的这种性别转换并不是西伯利亚独有的现象。萨满职业的女性化通常发生在所有经历深度现代化或国家形成的前工业社会。一个很好的例子是日本的通灵萨满教，这种专门与死者的灵魂交流的实践只存在于女萨满中。2003 年，当我在日本青森县考察通灵萨满教时，我从未遇到过一位男萨满，但历史文献却表明，过去这一群体中也曾有过男性。我们也能在韩国看到同样的情况，即萨满教现在通常与女性联系在一起。

后苏联时代的西伯利亚：萨满教与土著民族复兴

随着苏联的解体，人们对灵性和宗教的兴趣急剧增加，这是对苏联时期官方构建无神论举措的剧烈反弹。20 世纪 90 年代初，萨满教的隐喻在"周游"世界之后回到了它的"故乡"，在那里，它很快获得了属于自己的思想、身体和灵性，成为西伯利亚土著社区充满活力的文化复兴运动的组成部分。正如我曾提及的，虽然萨满教的某些零散要素得以在西伯利亚幸存下来，但我们不能否认苏联政府在将西伯利亚土著思想重新编码为无神论和唯物主义方面做得"很好"。不过 80 年代末以来，那种"正面的和积极的"观念日渐衰败，西伯利亚土著由此开始寻找精神和文化上的替代品。

考虑到萨满教传承曾遭到极大的破坏，因此在西伯利亚土著社会保护和复兴萨满教，就意味着要从古老的民族志书籍、欧洲和俄罗斯游记以及那些可能保留了古老智慧的为数不多的长者故事中创造出新知识。首先，人们应该将 90 年代的萨满教复兴置于西伯利亚土著民族文化复兴的大背景下。就像苏联时期很多其他被意识形态所黏合过的民族一样，西伯利亚土著人也感到有必要在新的时代巩固自己的民族传统与文化——此前，萨满教或已被消灭，或在乡村社会边缘徘徊，或被保存在民族志书籍中，进入了土著文化工作者的"工具箱"——人们开始将萨满教习语视为自己得以重新实现本土化的一种方式。用人类学家伊娃·弗里德曼（Eva Fridman）的话来说，萨满教变成了一种能帮助人们在自己的地方、部族和社区中扎根的"神圣的地理学"（sacred geography）。[44] 那些此前隐藏自己萨满世系的人都纷纷站了出来，承认自己从事过萨满行业；而另一些人却给自己"制造"出一个萨满血统，按他们自己的说法是自己因为受到召唤而掌握了灵性技巧。目前，在西伯利亚的一个土著人自治地区图瓦，萨满教已与藏传佛教和东正教一起被提升为官方认可的宗教。重新发明的萨满教在今天的萨哈共和国和布里亚特共和国的文化环境中也占有重要地位（见图 9-2）。[45]

图 9-2　现代布里亚特萨满正在举行萨满教仪式

资料来源：由黛布拉·瓦纳慷慨提供。

我们都知道，人们为建立民族并增强民族感情，经常求助于古代，而且他们在处理自己想要用于此目的的文化材料时，也经常遵循一个简单的格言：越老越好。萨满教完全符合这个特征，它看起来非常古老（"古老的入迷术"），因此自然是民族和文化建设的一个极好的资源。正如来自布里亚特的土著人类学家 M. I. 龚波耶娃（M. I. Gomboeva）所说，萨满教是激发西伯利亚土著"民族心理自我意识"的好方法。研究西伯利亚萨满教的著名学者、英国民族学家皮尔斯·维捷布斯基（Piers Vitebsky）讲述了在萨哈土著教育工作者是如何以上述提及的方式进行设计，从而将萨满教宇宙观变成一门学校必修课程的。他还写道，萨哈教育部的一位行政人员在给小学生讲课时，手指着一幅土著宇宙图详细介绍了特定神灵居住在哪些特定领域。教育工作者向儿童指出，他们正在学习的是属于他们自己的土著知识，这些知识应该作为他们的文化遗产加以收集和保存。这种用于民族动员的土著教学法的一个重要组成部分就是把土著知识浪漫地描绘成一种本民族固有的灵性和道德规范体系。[46]

在一些现代萨满的故事中，我感受到了这样一种立场——灵性复兴是一项有计划的民族文化事业。职业教育家塔蒂亚娜·卡别日科娃（Tatiana Kabezhikova）就说过这样的话，后来她也成了萨满。当被问及她最难忘的萨满仪式时，卡别日科娃讲述了她是如何被自己家乡的一些哈卡斯朋友邀请去祭祀一块名为"白母狼"的岩石的。哈卡斯是西伯利亚的一个地区，在那里萨满传统几乎完全被消灭了。下文是这位萨满与采访她的人类学家瓦伦蒂娜·哈里托诺娃（Valentina Kharitonova）之间的对话：

> 卡别日科娃：离阿巴坎（Abakan）不远的地方有一块岩石，那块岩石会让人想起母狼，人们因此叫它"白母狼"。住在那里的人有一个传说：有一只母狼用母乳喂养了九个婴儿。因为这一切听起来很美，很吸引人，尤其是在现在复兴这些古老的东西变得很流行时，我们预计接下来的日子里会有很多人来进行集体性崇拜。在祈

祷之前，他们（组织者）计划先召唤那只白色母狼的灵魂。

哈里托诺娃：这个召唤环节是这个仪式的固有程式吗？

卡别日科娃：是的，这是写在仪式程式中的。同时，我了解到我真的很需要追随"白母狼"的灵魂并让它回归。每一块岩石都承载着特定的信息。当我用这些岩石举行仪式并建立起与它们的联系时，我发现已经很长时间没有人向这些岩石祈祷了。有些人说，岩石是没有灵魂的，所以我必须举行这次仪式。在萨满的降神会上……很多人都是第一次参加降神会，对他们当中的很多人来说，我应该说，这会是个令他们惊恐的过程。[47]

我刚刚提到过的由美国人类学家弗里德曼搜集的萨满材料，也同样表明，卡别日科娃的角色其实是文化工作者。因此，卡别日科娃在阿巴坎建立"萨满教观点"中心的主要目的就是用"我们祖先"的"充满特色的"和"古老的看待世界的方法"去教育孩子。[48]这个中心还拥有自己的民间演出团体，其主要任务是重演传统音乐和民俗节目。简言之，我们在卡别日科娃和她的中心的行动中找到了关注自己民族和文化的那些人可以使用的工具箱。

我们如果清楚萨满教复兴与西伯利亚土著文化复兴之间有着明显联系，就能更好地理解诸如土著作家和人类学家蒙古什·凯宁-洛普桑希望将其故乡图瓦呈现为真正的萨满教发源地等现象。这位图瓦文化工作者是这样引导我们的："图瓦是这个地球上唯一一个萨满教仍以其原始形态幸存下来的地方。哈卡斯人、埃文基人和其他民族都有萨满，但他们却已失去了自己的根。这就是现在世界各地的学者都来到图瓦研究古老文化的原因。"[49]凯宁-洛普桑还为拥有迈克尔·哈纳的萨满教研究基金会（FSS）授予他的"萨满教活宝藏"的称号而感到自豪。此外，这位学者认为这个荣誉是"图瓦作为萨满教故乡"被承认迈出的第一步——这是他和他的同事们希望得到的正式的国际头衔。[50]

基于西伯利亚萨满教的很多传统现在都已消失，民族志文本因此成为传统灵性的主要来源之一。在经历了长期现代化和殖民化的土著社会中，土著群体创造性地使用民族志文本为自己赋权是一种常见做法。美国很多去部落化的印第安人也以同样的方式翻开了西方民族志书面材料，并把他们在这些材料中找到的东西转化为生活实践。在这种情况下，西伯利亚土著也不例外。例如，20世纪90年代中期，在西伯利亚东北部的楚科奇地区，土著文化工作者从博格拉斯的著作中获得了灵感。博格拉斯1909年出版的经典楚科奇民族志的再版部分是通过当地报纸传播的。很多土著教师和文化工作者阅读了这些材料，有些人还在工作中对这些材料中的知识加以运用。目前图瓦的一些萨满教从业者以类似方式对他们的传统进行了"加工"。德国人类学家乌拉·约翰森（Ulla Johansen）考察了"萨满诊所"的活动，这类诊所是90年代在图瓦兴起的精神咨询中心之一。她发现，在那里工作的萨满都非常依赖当地博物馆和图书馆的资料。在寻找真实性的过程中，灵性实践者经常运用两种方法：一是研究收藏品和书面记录；二是试图复刻他们在实践中发现的信息和相关设计。顺便说一句，约翰森遇到的布里亚特萨满教从业者也做了同样的事情。[51]

另一个强大的资源是俄罗斯和西方的"新纪元"纸媒，它们在90年代进入了俄罗斯图书市场。顺便说一句，人们从这些文学作品中获得的思想经常与我在前文提及的民族文化情感相融合。例如，布里亚特文化工作者和人类学家埃琳娜·乌尔巴耶娃（Irina Urbanaeva，她也是一位受戒了的比丘尼）的作品就受益于各种灵性作家，如乔治·葛吉夫（Georges Gurdjieff）、海伦娜·布拉瓦茨基（Helena Blavatsky）和卡洛斯·卡斯塔尼达等。像她的图瓦同事凯宁-洛普桑一样，她想证明她故乡的萨满教是最古老的，"作为游牧地区的亚洲腹地，我们祖先的故乡，是地球上保存着最古老的神秘知识形式的地区"。此外，乌尔巴耶娃还声称，在亚洲内陆，人们可以找到"古老的托尔特克智慧"的元素，她说"印第安萨满唐望"曾经做出过这种判断。这位人类学家还宣称，"因为神秘的数据显示，亚洲腹地是融汇各民族灵性的地区"。在她的话语中，我们不仅能感受到文化民族主义，还能感受到她的部分灵感的确来源于布拉瓦茨基，因为后者就是从亚洲腹地汲取神圣知识的。[52]

为解释萨满对培育西伯利亚土著人民族意识如此重要的原因，乌尔巴耶娃的布里亚特同行龚波耶娃转而诉诸卡尔·荣格关于集体无意识和超个人心理的经典论述。她说，萨满在其降神会中通过运用古代意象和象征来深度挖掘本民族的古老记忆，使得参观仪式的群体成员产生了一种民族集体无意识。布里亚特的另一位人类学家 G. R. 盖得尔达诺娃（G. R. Gadldanova）则从心理学转向人体生物学，指出萨满教在当下的复兴证明了布里亚特人"遗传密码"的能量和生命力。在她看来，萨满是非常重要的，因为它们激活了传统文化，而这种传统文化的模板就储存在一个民族的遗传性记忆中。[53]

让我们回顾一下西伯利亚土著人在俄罗斯所进行的萨满教复兴运动吧。第一个例子来堪察加半岛的伊特尔曼人。1987 年，来自这个群体的文化工作者建立起了一个伊特尔曼人文化复兴委员会，这是一个在欧洲人的西伯利亚东北游记和对一些老人的访谈基础上恢复土著文化的组织。为复兴土著文化，土著人定期重演萨满仪式，并在仪式重演中借助土著神话和古老生活方式创造场景。这个委员会目前已经组织过一些传统仪式，鲍里斯·日泽科夫（Boris Zhirkov）就是组织这些表演的人，当地土著人因此颇具讽刺意味地称他为"我们的萨满"。在后文将要提及的仪式表演中，为给这些文化实践附加上更大的权威性，他有时也会使用萨满鼓——虽然他并不认为自己是萨满教的实践者。[54]

在这些萨满教复兴的例证中最重要的就是图瓦的情况。图瓦位于西伯利亚，临近蒙古地区，仅有 32 万人口。图瓦族是西伯利亚人当中为数不多维持着较为传统的萨满教的民族。同时，图瓦人的萨满教在历史上就曾与藏传佛教以及另一些主要宗教互相发生作用并从后者当中有所吸取。图瓦曾经是苏联的一个共和国，其萨满教与佛教也因此都曾是被镇压的对象。现在，图瓦是俄罗斯最贫穷且犯罪率很高的自治地方，靠着联邦政府为他们平息犯罪而生存。图瓦在经济上主要靠外界资助，那里的很多居民还种植和售卖大麻——虽然这并不合法——作为他们可怜收入的补充。实际上，一些西方来访者因这种"有魔力的药草"在图瓦首都克孜勒狂野而自由地生长而感到惊喜。

20 世纪 90 年代，随着民族和文化复兴浪潮的兴起，图瓦知识分子和文化工作者联合在一起"再造"了已经衰微的萨满教。这场复兴背后的驱动因素是作家兼民族志学者凯宁-洛普桑。凯宁-洛普桑是文化人类学博士，他的朋友和同行都称他为"教授"；他本身也是一个生活多姿多彩的人。作为牧人的孩子，他说自己的萨满祖母在他 9 岁时就赋予了他灵性力量。他成年后的很多年都赶上了苏联时期。作为一位著名小说家，他在小说中经常赞美现代化及其给土著人的生活带来的好处。值得赞扬的是，他从来没有隐瞒他的"过去"，并且还公开宣称自己在苏联解体时仍是一名共产党员。同时，凯宁-洛普桑也是萨满教知识的热情搜集者，而且在萨满教在西伯利亚成为热门商品之前，他就已开始从事这项工作了。虽然这位学者说自己拥有萨满世系，但是他并没有举办过降神会，而只是偶尔给人看看手相。凯宁-洛普桑更像是一位"萨满管理者"，负责对有着古代信仰的实践者进行指导。1992 年，他建立了叫作萨满鼓（Dungur）的图瓦萨满委员会，这个委员会的所有成员都拥有红色的萨满证件——作为真萨满的标志。

这个委员会将自己定位为所有图瓦灵性实践者的指导者。同时，90 年代末期，另一些热心人也宣称自己是萨满并且建立了自己的委员会或者开始独立工作。凯宁-洛普桑就像那些老萨满一样，对这些灵性竞争者感到不满。凯宁-洛普桑为保护他的委员会的利益，宣布与这个委员会没有附属关系的人都不是萨满："我们是唯一合法的萨满——我们每个人都有证件能证明我们是真正的萨满，我们不接受他们。"[55] 当一位来自德国的同行问起他如何保护人们不受伪萨满欺骗时，他解释说："我们在收音机、电视以及纸质媒体上公布伪萨满的名字，我们建议人们不要资助他们，也建议伪萨满不要与我们的 40 位会员取得联系，我们的会员可以用证件来证明自己的身份。"[56] 同时，作为自封的图瓦萨满领袖，凯宁-洛普桑也想掌控委员会成员与来图瓦考察萨满教的考察者之间的关系。他曾经威胁一位叫作艾·丘瑞克（Ai-Churek）的萨满，因为后者要在未经他许可的情况下远赴意大利与一个电影摄制组合作。凯宁-洛普桑解释说："我们是有层级制度的，我们是很严格的。在图瓦，萨满教是比黄金还要珍贵的，所以是不能被滥用的。"[57]

萨满鼓委员会在图瓦政府借给萨满用的房子里办公。到2000年前，这个社团已有40位注册萨满和100多个学徒。在这些持证萨满中，也有几个俄罗斯人和西方人。这个委员会还于1992年开办了萨满诊所（见图9-3）。这个特殊机构作为灵性治疗中心，是土著人、俄罗斯人以及前来图瓦寻找萨满教知识或进行超自然冒险的外国人经常光顾的地方。后来，很多相似的诊所在图瓦建立起来。一个美国来访者非要知道这个房子里的萨满究竟采用了什么方法，作为回应，诊所里的萨满说："人们真正需要的就是希望，萨满能够提供这种东西。"[58]

图9-3　图瓦的萨满诊所

资料来源：由黛布拉·瓦纳提供。

病人在进入这个诊所后，一个接待员会先就他们提出的问题做解答，并且为他们进行预约和填写收据。墙上挂着萨满们的照片，上面还列有他们的专长和出诊费用。诊所治疗领域包括驱除恶灵、萨满教葬礼、占卜仪式，也有对腰、肾、脊椎、心脏以及胃肠等方面的普通疾病的治疗。虽然专程到图瓦考察萨满教的作家本尼迪克特·艾伦（Benedict Allen）

带着同情和开放的心态来到这里，但仍发现了这里有着浓厚的商业色彩。他写道，诊所里的这些人"选择成为萨满只是因为这有利可图。这并不是一种生活方式，而只是谋生。在焦虑的现代图瓦社会，人们正在寻找答案，这些新萨满如果能够得到合理报酬的话，就能够提供答案"[59]。

在诊所工作的萨满都能在自己的办公室接待客户，他们采用了轮换工作制。在五六位治疗者持续工作一个月以后，另一批萨满就会接替他们。诊所还时不时地鼓励来访的俄罗斯、欧洲和美国灵性追求者加入当地萨满行列去为土著人提供治疗。这种融合性的萨满治疗方法提升了这个诊所在公众眼中的受欢迎程度。为适应病人源源不断的到来（有时他们不得不排队等候），萨满鼓诊所的萨满还调整了他们的治疗方法，采用了西方医院常用的传送带方法。通常，在持续 15 分钟的疗程中，萨满鼓诊所的医生没时间通过入迷进入另一个世界进行萨满之旅，他们通常只是对病人进行问诊。他们也可能通过按手或击鼓来治愈病人。《华盛顿邮报》的一位记者访问了萨满鼓诊所，描述了他对几位"病人"的印象：一对夫妇来问询是谁偷了他们的卡式录音机，其实他们有自己的怀疑对象，所以前来和萨满确认一下；一个妇女因为她的女儿前一天去上班了，到第二天还没有回家，所以前来求助；还有一个病人带着明显的民族情绪来到诊所，强调他和他的妻子从来没有去看俄罗斯医生，因为他们从萨满那里已学到了让他们生活幸福所需的一切。[60]

与萨满鼓委员会相类似的职业萨满协会在西伯利亚更多社区也如同雨后春笋般地出现。20 世纪 90 年代，萨哈的灵性实践者和历史学家弗拉基米尔·孔达科夫（Vladimir Kondakov）也建立了民间医疗组织，将那些把自己定位于传统灵性和医药的实践者的人们联合在一起。另一个例子是布里亚特萨满的雷鼓委员会，该委员会于 1992 年由图书管理员出身的人类学家娜杰日达·斯捷潘诺娃（Nadezhda Stepanova）建立，这个灵性协会集合了 83 位萨满，包括能在某种程度上证明自己萨满世系的传统治疗者，也包括那些因受到神灵召唤而从事萨满职业的灵性实践者。斯捷潘诺娃作为委员会负责人和萨满教实践者，同时也在东西伯利亚文化艺术研究院的民族学和民俗学系任教。和凯宁-洛普桑一样，她精力充沛地致力于与西方的自然主义社团建立联系，并且将自己确立为传统的布里亚特萨满教的实践者。[61]

雷鼓委员会与萨满鼓委员会非常相似，也致力于聚拢在布里亚特已经散失的神圣知识。因此，和图瓦的那个萨满鼓委员会一样，这个新近建立的布里亚特雷鼓委员会也对萨满教进行垄断，并对没有加入他们组织的人采取质疑态度。雷鼓委员会的一位会员 D. D. 奥奇若夫（D. D. Ochirov）坦白地说："我们的萨满教委员会是为了把江湖骗子从萨满教仪式中赶出去，那些想要拥有萨满资格的人需要向我们展示他们的技术和仪式，这是入会的要求，对获得资格是必要的。"[62]

这里我要强调的是，人们在 20 世纪 90 年代初对西伯利亚特色的萨满教的那股热情现在已经逐渐消退了。对很多最初被古老灵性所吸引的土著人来说，整个事情就像是新发现的令人兴奋的禁果。现在，正如布里亚特人类学家龚波耶娃哀叹的那样，人们已不再对萨满教感兴趣了，而且再度对萨满教产生了怀疑。同时，她也提到西伯利亚萨满教的未来看起来并不光明，并表示她对人们将注意力从"民族自我意识"转向"个人性的自我意识"感到非常遗憾。[63]对此，我的观点是，这种悲观主义可能更多地与她自己的"民族志期待"有关，作为一个土生土长的知识分子，她对培养文化民族主义更感兴趣，而不太关注布里亚特人的大众情绪——在民族主义情绪消退后，布里亚特人很有可能仅将萨满教视为可供他们选择的众多灵性技巧之一。

进入圆圈：西伯利亚的新萨满教和世界性的神秘主义

对西伯利亚萨满教兴趣的高涨出现于 20 世纪 90 年代之初，这不仅与土著文化复兴有关，而且与苏联解体时神秘主义和灵性主义普遍兴起有关。这里我尤其要记录在特殊时期受欢迎的"超感官"的都市治疗现象，这个现象在俄罗斯，尤其是西伯利亚的音乐厅、剧院以及电视节目上都出现过。一些土著文化探索者想用这种全国性的活动吸引土著观众和俄罗斯观众，以推广萨满教活动。顺带提一句，直到目前，将萨满教表演带进剧院或者音乐厅仍是推广这种形式的灵性传统的最好方法之一。[64]

总体而言，自 20 世纪 80 年代末以来，随着官方无神论的衰落和公众对萨满教情绪的变化，越来越多的西伯利亚土著开始声称他们经历过萨满召唤。90 年代，许多西伯利亚土著开始将自己定位为萨满教从业者，他们都是大学毕业的年轻人或中年人，他们通常拥有创意和人文专业背景：人类学、教育、戏剧或音乐。随着人们对灵性和传统的兴趣逐渐浓厚，萨满教成为他们发挥创造性以及自我实现自然而然的出路。在访问哈卡斯和图瓦期间，加拿大民俗学学者基拉·冯·杜森（Kira van Deusen）惊讶地发现，介绍给她的被称为"萨满"的人当中有歌手、哲学家，还有乐器制造商——这些人不仅在治疗仪式和培训班上展示自己的灵性，而且还在讲座、舞台和大众媒体上"卖弄"神圣知识。

50 岁的尼古拉·奥扎克-奥（Nikolai Ooorzhak-Ool）曾任萨满鼓委员会的主席，他是从剧院专业转向萨满教的。他除拥有天生的好嗓子之外，还是舞台监督、剧作家和演员。奥扎克-奥说他对萨满教的兴趣是被他曾经扮演的一个萨满小角色激发出来的。这次扮演促使他开始阅读更多关于西伯利亚土著宗教的书籍，并且开始对那些仍记得图瓦萨满教的老人进行访谈。对他来说，走进萨满教是一场知识性启蒙。[65]苏联解体后的一些灵性实践者并不完全确信被加于自身的灵性角色。另一个在这个时期转向萨满教的图瓦知识分子罗莎·纳斯科-多尔祐（Rosa Nasyk-Dorjou）在与美国人类学家谈话时强调，她把自己看作强有力的治疗者，但她同时也被自我怀疑折磨着。纳斯科-多尔祐总是反思自己成为萨满的过程，问自己是否真的看见了神灵或这些神灵是否有可能是自己想象力的产物。[66]

新一代萨满通常是贪婪的读者。布里亚特土著人类学家盖得尔达诺娃曾谈及这些新萨满阅读关于萨满教民族志文本和学术著作的事情，称他们是通过阅读学到了该"如何做这件事"[67]。这些专业文本中也有来自欧美灵性作者的著作。结果是，新一代萨满的实践充斥着"新纪元运动"的术语："能量""因缘""静修""灵魂"，等等。因此，在图瓦萨满教诊所中工作的萨满告诉来访的德国人类学家约翰森，他们用"气息"来治疗病人。盖得尔达诺娃还发现，这些灵性实践者在培训班上的演讲中总运用能量和灵魂等用语。美国人类学家弗里德曼与很多布里亚特萨满和图瓦萨满的相关对话记录中也经常出现这样的用语。[68]

　　某些西伯利亚萨满教实践者也在努力创建他们与欧美灵性追求者之间的联系，他们对与世界各地的灵性融合都持欢迎态度。1998 年，在一位图瓦新萨满访问加利福尼亚并对那里的核心萨满进行指导期间，凯宁-洛普桑与哈纳进行了如下对话："我们认为我们可以互相学习，你中有我，我中有你。我们一起工作，世界性的萨满教才会进步，我们也会一荣俱荣，我认为你们的萨满教和图瓦萨满教一起才可称为世界萨满教。"[69]在图瓦的萨满教诊所中，加入"世界神秘主义共同体"的意图也是非常明显的，这些诊所不仅能够对当地的人进行灵性治疗，而且也作为神秘的旅行中心，迎合来自西方灵性追求者的灵性兴趣。就像很多拉丁美洲萨满一样，西伯利亚土著灵性追求者的"世界主义愿望"以及他们从西方"新纪元"和自然哲学中获得的反馈，当然不会使西伯利亚土著的新萨满教在真实性上低于旧时代的传统萨满教。

　　卡别日科娃是哈卡斯人，她是这方面的一个很好案例。卡别日科娃广泛借鉴了民族志文献和西方"新纪元"印刷文化，对她来说，古老的入迷术不仅代表了一种灵性追求，也代表了一种文化和智识追求。20 世纪 90 年代之前，卡别日科娃毕业于一所师范大学，获得了生物学和地理学的教育学位。她把她受到的灵性召唤与蜱虫叮咬引起的严重疾病联系在一起。这种昆虫在西伯利亚西南部很活跃，尤其是在春天，它们的叮咬会导致莱姆病（Lymedisease），并可能带来致命后果。由于哈卡斯的萨满传统已被完全抹去，她没有可以向之学习的长辈。因此，卡别日科娃师从俄罗斯民间治疗师和一位埃文基萨满。1996 年，她终于在一位来自图瓦的世袭萨满指导下进入了这个行业，并为自己制作了一套服装和一面鼓。20 世纪 90 年代末，这位刚刚被奉为神圣的萨满在哈卡斯首都阿巴坎的一间小房子里开了一家小萨满诊所。[70]

卡别日科娃的灵性技巧是通过深入阅读迈克尔·哈纳和卡洛斯·卡斯塔尼达的作品而获得的。她定期在家里会见外国精神病学家和人类学家，也到西方旅行，她也经常受益于她的西方联系人为哈卡斯萨满教复兴提供的经济支持。卡别日科娃的治疗方法包括灵魂追索和占卜，以及通过能量通道和脉轮（Chakra）① 治疗。她还运营了一个神秘的旅游项目，引导俄罗斯和西方游客前往她故乡的圣地和有魔力的场所；她还"发明"了各种仪式，帮助灵性追求者实现个人成长以及学习生态意识。[71]她所做的实际上是创造了一种新的萨满教。她所扮演的这个角色让我想起了美国那些去部落化的印第安人，他们为创造自己的传统，经常借用他们的印第安邻居的文化或主流文化的要素。可见，卡别日科娃与那些寻求再造凯尔特或北欧灵性的西方灵性追求者没有什么不同。

对于一些土著新萨满来说，与西方的灵性、印刷文化接触不仅为其提供了反馈，而且也为其提供了灵感。我想到的最好例子是图瓦萨满艾-丘瑞克——在图瓦语中的意思是"月亮之心"，很有诗意（见图 9-4）。1993年，图瓦人类学家兼作家凯宁-洛普桑将这位女士奉为萨满。那一年，在图瓦国家剧院，隶属于哈纳 FSS 的西方灵性追求者为一位心脏衰竭的土著演员进行了一次公开治疗。该活动是在图瓦举行的第一届国际萨满教会议的一部分。艾-丘瑞克以旁观者身份来观看这场仪式。在仪式过程中，她加入了即兴的治疗环节，在离开这座大楼的时候她自己已然成为一位灵性治疗者。在对生病的演员进行仪式环节操作时，凯宁-洛普桑试图让站在周围的当地人参与进来，其间，他突然递给艾-丘瑞克一面鼓，说"鼓!"丘瑞克说她径直走上舞台，开始用力击鼓。事实上，丘瑞克深深卷入了这场公开的康复仪式的旋涡，以至于凯宁-洛普桑不得不介入，把她带回日

---

① Chakra，梵语，意思是轮，这个概念起源于印度的瑜伽理论和实践。人的身体中轴线上共有七个脉轮，一个脉轮就是一个结点，各个脉轮活跃程度和彼此之间的平衡被认为会影响人的情绪与感觉。——译者注

常现实中，"快下来，都结束了。没关系的，别再击鼓了"。值得注意的是，1998 年访问美国期间，艾-丘瑞克强调说，正是这次特别的萨满教仪式以及与哈纳同事们的接触，给了她培养自己萨满教技能的灵感。[72]

图 9-4　图瓦萨满月亮之心

注：该图片描绘的是一次夜间仪式。
资料来源：黛布拉·瓦纳提供。

结束了图瓦国家剧院的表演之后，她决定成为一个永久的萨满教实践者。月亮之心除在萨满诊所里从事常规活动以外，还经常远赴美国、德国、法国和意大利参加各种民间音乐会、流行音乐会或讲习班，也经常去莫斯科的精英俱乐部参加活动。月亮之心在治疗仪式上，通常采用灵魂追索和按摩这两种方法。她也能清除家庭、企业和办事机构中的敌对神灵，使神圣的秩序得以恢复。就连那些对她采用"新纪元"运动和自然哲学术语不感兴趣的怀疑论者也指出，月亮之心的仪式和表演对周围的人具有灵性效力。来图瓦探索地方性信仰的作家本尼迪克特·艾伦很怀疑月亮之心，这种怀疑在月亮之心称自己为"自然之子"之后尤甚。然而，他最终对这位萨满表示尊重，因为后者一直与苏联时期的犬儒主义进行着坚持不懈的斗争。[73]

来自堪察加半岛的另一位西伯利亚灵性实践者奥尔加·扎波罗茨卡娅（Olga Zaporotskaia）是一位伊特尔曼治疗师，她的例子表明，西方文化和俄罗斯非教会灵性的融合并不总是一个容易的过程，尤其是非教会灵性与主流基督教发生冲突时。扎波罗茨卡娅的灵性技巧来自她从母亲那里获得的零散信息，也有她通过阅读俄罗斯报纸和杂志上流行的神秘的和深奥的材料，还有她看电视以及从俄罗斯东正教那里得来的信息。扎波罗茨卡娅同时也是当地基督教会的活跃成员。事实上，她将自己的治疗技能（她说她打开了第三只眼睛）归功于 1991 年的洗礼。这位萨满声称自己能看到人体内的疾病，尤其是能发现被感染的内脏。然而，在苏联时期，她无法对自己这种不寻常的体验进行定位。20 世纪 90 年代初，她长期患病的那段时间恰与灵性和宗教复兴时期相吻合，她由此领悟了自己的使命。

正如她所解释的那样，她的主要治疗方法来自她自身生物场的力量，生物场的力量是一个常见的俄罗斯灵性习语，与西方灵性追求者通常所用的灵性能量相类似。扎波罗茨卡娅也经常用因缘这个习语，并且强调她通过气场来为病人诊断。某个阶段，她还引用了很多"新纪元"运动的习语，但她无法使之与她的东正教背景相调和——也正因如此，总有人质疑她的治疗方法和她的基督教信仰，1995 年她终于心理崩溃了。后来她听从了教父的建议——后者将所有关涉"新纪元"运动的作品都称为异教，将自己藏书中所有这方面的书都烧掉了以抵制诱惑。这位萨满对帮助她战胜沮丧心情并帮她调整为折中主义的人类学家奥尔加·穆拉斯科（Olga Murashko）坦白地说："我努力将它们（与教会无关的灵性信仰）从我的脑子里驱除出去，但是它们总是自己又回来。有一次一个女人走了，但她给我留下了我曾经烧掉过的同类的书，现在我又有这些书了。"[74]

少数上了年纪的继承前辈萨满教知识的萨满，也就是曾经在苏联时期从事过"地下"灵性实践的萨满，对这些新的治疗者也表示质疑。在我 2004 年对他们进行访谈时，一位来自阿尔泰山脉的老萨满托蒂（Toty）对我说，"那些年轻人突然就说自己能'看见'，这可能会使他们自己置身巨大的危险当中"，因为他们当中的很多人都忽略了萨满的天赋是以特殊方式传承的。我们在对话中曾一度谈及了阿尔泰土著"新萨满"谢尔盖·尼维夫（Sergei Knyev）。[75]他毕业于一所地方师范大学，是个失败的商人，最近他转向灵性传统，试图将自己定位为阿尔泰大萨满。托蒂在谈及尼维夫的一些可疑说法时，讽刺和怨恨地说：

> 这个尼维夫是个有意思的家伙。他（想把所有的阿尔泰的灵性实践者都置于他的控制下）在集会上说阿尔泰的主宰神灵骑着白马降落在他身上，还赐予他一个新名字：白月亮。你知道，当我听见这些胡话的时候，我几乎从椅子上翻下来了。究竟是谁告诉他阿尔泰的主宰神灵与人类对话了？这怎么可能发生呢？尼维夫来找过我两三次，邀请我加入他组织的集体祈祷，但是我拒绝了。我为什么会这么做呢？这个世界是残酷的，很难修正。我不想成为这个残酷世界的一部分。他好几次来让我教他，但是在他说阿尔泰主宰神跟他说过话以后，我不再相信他了，这个家伙惹烦我了。

很多新的土著神圣技术人员都无法将自己与萨满世系联系在一起，他们因此也不能按照过去的方法来继承萨满的技术。所以，他们都想从托蒂这样的老一辈萨满那里获得能量。但就像尼维夫那样，他们最终只能选择自我启蒙并自行像萨满实践者那样行事。我再一次提及这个问题并不是为了揭穿这些人，也不是为说他们不真实或不传统，这些新奇的萨满入教方法其实反映了传统被"发明"的自然过程。

由于西伯利亚土著灵性实践者与西方灵性追求者之间联系不断增强，这两个群体逐渐实现了互相交错（见图 9-5 和图 9-6）。西方灵性追求者和西伯利亚土著新萨满之间的第一个联系，就是哈纳的 FSS 和围绕在凯宁-洛普森和艾-丘瑞克身边的图瓦文化工作者，还有想要再生产这种传统的那些人之间的合作。点燃了这种灵性合作火花的是 1993 年 FSS 组织的赴图瓦的那场旅行，这场旅行的目的是用核心萨满教的基本原理启发图瓦人参与到我前文提到过的首届国际萨满教研讨会当中。

哈纳和他的同行说，通过将核心萨满教引入已失去其大部分灵性传统的土著文化，FSS 能够提供一个骨架，那些对此感兴趣的土著能在这个骨架上附着他们的文化之肉——这种观点可以回溯到哈纳对萨满教的看法上。哈纳说，被剥去了外衣以后，各种文化中的萨满教在其核心上都能被简化为几个普遍和典型的技术，它们连接着人类历史拂晓之时所有的思想。

图 9-5　汗蒸屋

注：该汗蒸屋由美国灵性实践者沃琳达·蒙托亚（Verlinda Montoya）和西伯利亚萨满 2003 年在南西伯利亚开会期间共同建立，是西伯利亚新萨满教与西方新萨满教的一次合作。

资料来源：黛博拉·瓦尔纳提供。

西伯利亚萨满知识现在正在被加速介绍并提供给西方受众。更多的欧美灵性追求者来到西伯利亚当短期或长期的学徒。有一个叫作茱莉·斯图尔特的美国女人，在跟随切罗基的一位医疗者学习之后，又来到西伯利亚向布里亚特萨满学习并最终把自己打造为布里亚特萨满，现在人们称她为"月光"（Sarangerel）。她还是一个作家和学者，虽然一些学者

图 9-6　阿尔格列斯在南西伯利亚进行演讲和培训的路上

注：何塞·阿尔格列斯（José Argüelles）被称为"全球的节日"之父，他也是《玛雅人元素：超越技术的途径》（1987）一书的作者。

资料来源：安顿·尤达诺夫（Anton Yudanov）提供。

可能会因为她的著作与学术界的主流不相符而摒弃她的观点，但是最终发现她的《被神灵选中》（*Chosen by the Spirits*，2001）是对布里亚特-蒙古萨满教探讨得最好的英文著作之一。居住在新墨西哥的苏联心理学家奥尔加·卡里提第的半虚构作品《进入圆圈》（1996）则表明，在这个方向上还存在着重要的出版机会和商业空间。[76]《进入圆圈》被视为卡斯塔尼达作品的西伯利亚版，其与神秘"贝洛沃迪乌托邦"（Belovodie utopia[77]，西伯利亚考古学最近发掘的著名的阿尔泰"冰雪公主"及其非常吸引人的文身）以及西伯利亚的萨满智慧相匹配。此外，西雅图有一个群体在来访的西伯利亚土著教师的引导下，学习掌握生活在俄罗斯远东地区的一个小土著群体的乌尔奇（Ulchi）的灵性传统。另一个来自明尼苏达的社团与月光取得了联系，目前正在学习布里亚特-蒙古萨满教。现在，与西伯利亚土著萨满教相关联的习语正在逐渐进入"新纪元"运动和自然主义社区的印刷媒介中。很多灵性追求者现在都将这些习语与美洲土著灵性、东方象征和另一些非教会灵性相提并论。

今天，除了印度人、美洲土著、佛教徒和拉丁美洲的萨满师傅，在西方游历的灵性导师阵营中也有西伯利亚的萨满教实践者。第一批触及西方市场的是那乃萨满明戈·盖基尔（Mingo Geiker），他在 1994 年赴美国旅行期间在西雅图举办了研讨会。美国的灵性追求者肯为她的知识付费，并向她展示天赋等事都引起了她的关注，并改变了她的头脑。在回到家里以后，她大声地说道："我已经征服了美国！"她还跟一位朋友描述过一个美国人是如何跪在她的面前的事情。1995 年，一位来自俄罗斯远东的 92 岁的乌尔奇土著人，也是一位世袭的萨满米沙·杜万（Misha Duvan），在他的亲戚、一个舞蹈老师（娜蒂契达·杜万）（Nadyezhda Duvan）陪同下来到了西雅图，他也吸引了当地的思想、身体和灵性社团的注意。美国心理学家简·冯·伊斯莱斯泰恩作为接待他们的人开始对他们的灵性传统着迷起来，并解释说："就是因为它，我找到了我的家人。"[78]

那些不想或者没有机会去国外旅行的萨满有些时候会对这样分享灵性传统表示不满。与对"塑料萨满"持批评观点的美洲土著一样，他们认为西伯利亚土著灵性传统应该保留在自己的群体当中。一些西伯利亚萨满教实践者强调将土著知识移植到异国他乡的土壤中会激怒神灵，后者终有一天会给怀有世界主义理想的灵性实践者带来各种灾难。比如说，一位那乃萨满查帕卡（Chapaka）就将明戈·盖基尔的猝死归因于他的美国之行：

> 明戈回家之后很快就死了。她回来之后，发觉自己病得很严重。她的眼睛受伤了，甚至失去了感知力。那是她的神灵在惩罚她！（她的神灵的意思是："她唠叨着到处走，完全忘了我们！"）她自己的神灵把她折磨致死了，她自己的神灵！当某些萨满到处

去表演的时候，他们就会死去，他们到处旅行就会死掉，我很同情他们！

另一位那乃萨满也将明戈的死归因于她"用萨满的方式在美国唱歌"[79]。即便如此，仍然有很多西伯利亚萨满到国外表演，至今，他们都很健康，他们的神灵好像并没有来困扰他们。

结　语

本书将萨满教这一习语的日益流行和新萨满教的出现与西方智识文化中的反现代情绪联系起来。自20世纪60年代以来，西方学者和灵性追求者越来越质疑与启蒙运动相关的思维模式，或者从更广泛的意义上说，他们质疑与西方传统相关的思维模式——这种传统往往被视为缺乏灵性和生态价值。倾心于古代的、原始的和神秘的事物，是很多欧美人为自己的文明感到沮丧的后续。

当下西方反现代主义的兴起，在某些方面让我们想起了19世纪初欧洲的浪漫主义运动，那是对启蒙运动进步的第一反应。事实上，当今人文学科中的很多反现代主义思想，以及广为流行的自然灵性中的很多观点都可以追溯到浪漫主义作家和哲学家那里。现代西方探索者和很多学者都像他们思想上的前辈一样，对唯物主义科学持反对态度，他们哀叹现代西方生活的空虚，希望从非欧洲传统以及欧洲古代那里找寻精神层面的反馈。这种对现代性持批判态度的思想路线自启蒙时代以来就非常显著地存在于西方社会中，但其此前从未像过去四十年来达到如此剧烈的程度。尽管有人认为，这种观念会周期性出现，而且也仅仅是为应对大众对科学技术进步的厌倦而时不时产生的[1]，但"没有迹象表明，自然哲学的复兴以及对灵性、非理性和部落的日益关注今后会消退"。这似乎是以往对现代世界的反抗和当下对现代世界的反抗两者之间的主要区别。

20世纪60年代反文化运动的兴起和70年代环保运动的兴起，开启了对西方文明价值的大规模质疑，所有当时存在于精神和社会生活边缘的新旧精神替代品都成为人们关注的焦点。到90年代，越来越多的人接触到神智学、荣格学术、人本主义和超个人心理学，而且这些人还普遍对古典的东方和部落信仰产生了兴趣——这促生了一场意识革命，其在某种程度上解除了浸淫在理性主义和物质主义中的社会的武装。[2]

这场意识革命的某些要素在 20 世纪 60 年代被界定为反（主流）文化的和非传统的，但这些要素现在却已进入主流，成为一种集体行为方式。对很多人来说，这种行为方式决定了我们如何祈祷、吃饭、睡觉、工作和度过闲暇时光以及如何充实自我。这种行为方式包括对自然界保持敏感态度，包括有机食品的流行，也包括自然的生活方式，以及自然哲学成为文化和政治进程的组成部分（例如，美国全国范围内的地球日庆祝活动和西方政治舞台上绿党的出现）。随着多样性逐渐取代同一性，人们的精神生活变得不再那么教条和有组织，而是更多地呈现出个人主义和折中主义特点。[3]这场意识形态革命运动的指标性表现是，现在全美有近 20% 的人对思想、身体以及灵性技术与疗法持尊重态度。[4]萨满教这一习语，与古老的、自发的以及定制化的、在意识改变状态下进行的灵性活动相关，因此非常符合这种意识革命运动的需求。

正如我在本书第一章和第三章所述，60 年代之前，并没有多少欧美观察家看到了部落文化的美，只有很少的人关注到了这种美。作为原始世界的表现形式之一，萨满教这个词此前从未引起大众的注意，它只会在西伯利亚和北美的人类学研讨会上被提及。萨满教这个表达包含了许多消极和反现代的概念，如怪诞、非理性、飘忽不定和不正常。60 年代和 70 年代，随着西方智识文化逐渐远离启蒙传统，正常与不正常、文明与原始的含义才得到重新审视。正是因为萨满教能引发反现代的联想，它现在被定义为一种美德，并被赋予了积极意义。萨满也因此从怪异的蒙昧主义者变成了智慧和精神救赎的象征。这并非巧合，在这段时间里，一些欧美学者和作家发现萨满教这个提法不仅可用于描述非西方的自然宗教，而且也适用于反思自发的、非理性的和创造性的行为。比如，自 70 年代以来，文学和媒体开始越来越多地用萨满教来指代音乐家、艺术家、作家和诗人意欲超越当代欧美社会传统限制的创作追求。

米尔恰·伊利亚德在其经典著作《萨满教：古老的入迷术》中，给萨满教冠以普遍和古老的光环，并将其默认设置为"与现代相对立"的术语。这当然逃不过灵性追求者和反启蒙传统的学者的注意。致幻剂在

20世纪60年代的广泛使用，以及古代和现代部落民众在仪式上使用致幻植物的信息一经传播开来，就极大地激发了公众对萨满教的兴趣，特别是那些试图通过使用药物来探索灵性的人。那些初级的、"植根于土地"的社会被视为自然界的守护者，而萨满教则不仅与这种社会紧密相连，而且其自身也拥有强大的自然主义观念。可见，萨满教的这种观念与自70年代以来日益对西方意识形成重要影响的"植根于土地"的伦理产生了共鸣。

学者和作家对过去用来描述非西方信仰的旧术语进行了修订，这也是萨满一词使用量增加的重要原因。在过去四十年里，随着非西方的自然灵性逐渐在所谓的世界宗教家族中占据了与其他宗教相同的地位，欧洲中心主义和殖民主义的遗产也逐步被摒弃，诸如巫师、杂耍者、魔术师和巫医等说法开始变得过时，牧师即"priest"这个词原本可以作为一个替代词，但它因为与犹太-基督教传统联系太紧密也失去了这个资格。而萨满和萨满教就没有上述提及的那些意涵，这两个词不仅不包含上述偏见，而且还能避免与"男巫医"或"女巫医"等特定性别表达相关的用法所引发的争议。在通古斯语中，萨满并不特指男人，而是用来描述两性灵性实践者的词。[5]

事实上，萨满教一词来自非西方，增加了这个提法的吸引力。尽管萨满教在文化上与西伯利亚土著群体有联系，并经由德国和俄罗斯人的眼光进行了筛选，但萨满教一词与拉丁语并无关系，因此没有被贴上西方衍生词的标签。因此，这个提法可以很好地用于描述世界各地的部落信仰。即使是那些不喜欢使用来自特定文化背景的通用定义的学者，当他们需要讨论跨文化的、"植根于土地"的灵性实践时，也会使用这个术语。作为替代，这些学者有时使用复数萨满教来强调灵性实践的多样性。与此同时，一些秉承后现代主义愿望的人类学家，希望摆脱所有抽象概念和范式，因此在原则上也反对使用萨满教这个术语，而建议以特定文化对这种现象的界定与提法取而代之。无论如何，尽管一些人类学家仍对此持犹豫态度，但萨满和萨满教在人文科学、社会科学和灵性文学中的使用却总体上一直在上升。

20世纪70年代，对那些想将自己的灵性追求置于主流的犹太-基督教传统的对立面或补充地位的西方灵性追求者来说，新萨满教如何成为一种非常适合当前文化生活的后现代灵性运动以及相关问题就变得非常有意义了。像许多其他"新纪元"和自然主义灵性一样，新萨满教在美国兴起，然后传播到其他西方国家。对很多传统主义者和崇尚自然的人来说，美国作为一个可以在很大程度上呈现现代性成果的国家，代表着物质主义和世界主义的终极巢穴。因此，60年代和70年代，第一批具有现代性的精神解药在美国开花是很自然的，当然这是有文化上的先决条件的，美国人传统上就对各种宗教实验持开放态度——自这个国家成立以来，很多人就认为他们有权选择自己的宗教，或者他们根本不信仰宗教。

"新纪元"起源于美国解释了为什么美洲土著在新萨满教中受到如此尊重——特别在70年代和80年代尤为如此。60年代和70年代，美洲土著因其原始和古老而被现代社会边缘化，但在西方灵性追求者看来，正是社会赋予美洲土著的特殊品质使其获得了积极的意义，美洲土著因此成为道德和精神价值均很优越的象征。一些美洲土著文化工作者和美洲土著文化代言人对外界利用美洲土著传统作为治疗西方文明弊病的精神疗法并不感到兴奋。尽管印第安人和非印第安人自己也经常利用相同的知识传统——浪漫主义的天性和原始主义的哲学，但他们追求的目标是不同的，这导致了对北美话语使用的争论。这场争论的核心是两种不同的身份认同方法：非印第安的灵性追求者将灵性视为个人选择；美洲土著文化工作者则将灵性视为塑造自身文化身份的集体资源；美洲印第安代言人则对更广泛的社会使用美洲土著话语持批评态度。这些都促使很多西方人开始重新审视自己的灵性实践形式，在今天，很多将自己的灵性活动界定为萨满教的欧美灵性追求者都越来越远离非西方传统，并将自己的灵性实践置于基督教诞生前的欧洲传统中。目前他们当中最流行的灵性身份认同来自凯尔特和北欧。尽管如此，仍有一些西方灵性追求者继续从非西方传统中获得灵性方面的输入，其中仍包括美洲土著传统灵性。

一些学术评论家对非西方象征主义实验，以及基于前基督教欧洲灵性重建的灵性实践的实验都持批评态度，认为它们肤浅而不靠谱。这些批评家将"新纪元"和自然主义灵性追求描述为"无聊富人的时髦的原始主义"（社会学家迈克尔·哈林顿，Michael Harrington）或晚期工业资本主义的颓废文化（人类学家丽莎·奥尔德雷德）。[6]这种观点无疑向我们传递了上述批评者对此种灵性所持的道德态度，但这种态度也有令人质疑的地方，那就是其将流行的灵性追求视为文化衰落或精神上的堕落。在我看来，这些批评者是在以过时的眼光审视西方国家的文化和精神生活。20世纪初，只有少数富有的波希米亚人或一小群人类学家和作家才能负担得起对部落文化和古老传统的追求，而现在，西方中产阶级及以上的所有成员都可以享受这种精神追求。这个不断壮大的群体既有钱，也有闲，因此他们中的很多人自然更关心灵性方面的问题。他们对自家后院之外的世界感兴趣，在"自我实现"的愿望的驱动下，他们努力探索自我，想向不同文化学习。这类追求者的人数现在正在增加。如果把哈林顿"时髦的原始主义"的说法颠倒一下，有人可能会说，我们中的很多人（至少在西方国家）迟早会成为厌倦物质主义的"布尔乔亚"，而这些"布尔乔亚"注定不会满足于他们父母和祖父母的文化和精神。

对一些学者来说，"新纪元"和自然主义灵性可能是奇怪的。毫无疑问，许多来自贫困地区或有着第三世界背景的人可能也会觉得西方的这些灵性追求者很奇怪。最有可能的是，他们会赞同哈林顿的话。美洲土著的激进主义者或一些学者可能也同样认为西方灵性追求者所做的很多事情很荒谬，因为前者仍认为文化是古老的、遥远的和冻结在时间和空间中的东西。

认为西方灵性追求者的"部落化"尝试很肤浅，是对"新纪元"和现代异教徒的最常见批评。的确，西方灵性追求者最近发明的仪式和创造的故事与理想的传统文化相违背，因此看起来并不真实。尽管西方灵性追求者试图将自己定位到美洲土著灵性上，或定位为凯尔特与北欧传统灵性继承者的做法经不住认真审视，但毫无疑问，呈现在我们眼前的却是一场拥有大量追随者的新灵性运动（a new spiritual movement）。既然这是神圣领域的事情，那么在这些灵性探索中就没有什么不合法或肤浅的东西，因为在宗教问题上，关于什么真实和什么不真实的争论从来就没有多大意义。[7]比如约瑟夫·史密斯开创的创世故事和仪式在 19 世纪上半叶的主流基督徒看来，也同样是荒谬的，但没有人会否认，强大的摩门教会正是因为他的预言而发展起来，并且在美国国内外拥有成千上万的信徒。事实上，根据已经或正在出现的对"新纪元"和自然灵性论的批评观点，人们同样可以将美洲印第安人的信仰视为不真实的，汉森湖宗教（Handsome Lake Religion）或美洲土著教会（Native American Church）就是可印证这种观点的典型案例，前者是以汉森湖预言为基础创建的宗教，汉森湖是 19 世纪早期印第安人的精神领袖，他融合了易洛魁和贵格会的信仰，后者则是 20 世纪初被发明出来的，其将泛印第安元素与基督教融合在了一起。

从古代和部落文化中借鉴非教会灵性是当前美国和欧洲文化景观的一个明显特征。这些借鉴而来的灵性都已获得新生并拥有了很多追随者，而它们也因此变得真实并"成为传统"。对那些准备以自己的方式探索"新纪元"现象和自然灵性的学者来说，西方城市环境中的萨满教实践并不比任何其他土著或非土著——无论他们是跳太阳舞的拉科塔人、科学家教派成员（scientologists）、佛教徒，还是美国南方浸信会教徒——的仪式更好或更差。

在本书中，我试图表明，新萨满教作为一种模糊社区出现在反文化/环保运动、人类学、心理学和美洲土著的交汇点上。20 世纪六七十年代的反文化和自然主义运动，以其对自然的敬畏态度，为各种"以土地为基础的"灵性（earth-based spiritualities）的兴起创造了肥沃土壤。宗教学家科库·冯·斯图克拉德详细探讨了新萨满教的这个方面，他将新萨满教的知识根源追溯到 19 世纪德国浪漫主义者、美国先验论者和约翰·缪尔（John Muir）的自然哲学。相信自然是神圣的和有生命的，是许多"新纪元"和自然灵性的基础。

在以土地为中心的哲学以外，人类学和心理学也是新萨满教运动中的另外两个主要先锋。在西方，很多萨满教老师都是受过人类学或心理学训练的人，而这并非偶然——兴起于 19 世纪的人类学主要是一门致力于探索非西方初级社会的学术事业。20 世纪 60 年代和 70 年代，西方探索者们把这些人视为西方现代性的解药，因为他们很自然地在人类学文本中发现了理想的精神与伦理蓝图。此外，一些人类学家自己也进入了西方秘教圈，成为萨满教的老师和实践者，这其中最广为人知的就是迈克尔·哈纳、伊迪丝·特纳和《美国人类学家》（American Anthropologist）的前长期编辑芭芭拉·特德洛克（Barbara Tedlock）。宗教历史学家丹尼尔·诺埃尔给这些学者贴上"萨满人类学家"（Shaman thropologists）的标签，并非没有道理。

现代人类学与"新纪元"有一个重要的共同点，二者都将部落原始人进行了理想化。事实上，作为主流人类学学术分支的意识人类学，甚至主张将土著灵性作为洞察文化他者心态的最佳方式。始于 60 年代的部落民族复兴运动，在我们这个政治正确的时代，迅速转变为对这些民族的美化和理想化，以及对非西方文化的普遍美化和理想化。在道德考量和反西方情绪的驱使下，很多人类学家甚至开始心照不宣地隐藏部落生活的消极特征，并夸大其积极特征。[8]

心理学的贡献，尤其是大众心理学的贡献，对很多新出现的非教会灵性是至关重要的。萨满教以意识状态改变为表现形式，因此与心理学堪称"天作之合"。然而，只要心理学还停留在实证科学范围内，它就没有办法以其自己的方式探索这种灵性。因此，在很长一段时间内，心理学家认为萨满是"不正常的"。60 年代，随着人本主义和超个人心理学的兴起，心理学的突破由此而产生——它远离行为主义，重新审视所谓的"不正常"说法，开始认为灵性是一种有效的体验。部落萨满的治疗技术也由此被视为令西方社会受益的知识来源。顺便提一下，当下西方社会中的很多萨满教实践都是以短期或长期灵性治疗项目形式存在的，且这些项目均由受过训练或至少精通超个人心理学的人进行。

最后，我想表达的是，新萨满教实践被广泛地置于西方神秘主义传统，使得它们既属于"新纪元"领域，也属于现代异教运动。这源于新萨满的立场，新萨满在进行灵性追求的过程中，既可能是全球的，也可能是本土的，或者是两者兼而有之。某些西方萨满教灵性实践者以"新纪元"风格格式化自己的技术，他们是以普遍性的灵性为导向的折中主义者，自由地从东方和西方进行借鉴。他们也相信，灵性知识可以通过培训方式传播，在这方面，哈纳的核心萨满教和类似的灵性疗法就是很好的例子。这些追求者假定萨满教有普遍原型，这些原型在所有文化中都具有同样特征（意识状态改变、萨满灵性之旅、三层宇宙、萨满病等），并且可以在任何文化背景下学习和复制。

但与此同时，现在也有越来越多的萨满教从业者认为，这些特征不一定是普遍的，或者，即便是普遍的，它们也是与特定文化和自然景观密切相关的本土知识。这种观点成立的前提是，一个人不能将一种特定文化中的灵性实践（萨满教）移植到另一种文化中，也不能将它们提炼成普遍的萨满教。可见，这类灵性实践者已远离伊利亚德关于萨满教的愿景，开始尝试与自己所属的本土传统联系在一起，而这正是他们与现代异教社区的很多成员的共同立场。有趣的是，这种情绪也外化为当前在人类学家中流行的类似方法，这些人类学家认为特定的自然灵性作为自主的文化传统，不应该被堆放在一起，然后被冠以萨满教这个通用名称。显然，灵性追求者和学者都持有的当下这种"部落化"倾向其实反映的是后现代知识方法的普遍做法——其将知识描述为流动的、分散的和受特定文化限定的。总的来说，在现代西方，新萨满教可作为一种融合了世界各地的很多文化元素的世界性的精神疗法，它同时作为一种异教自然主义灵性形式，存在于美洲土著、西伯利亚、夏威夷、凯尔特和北欧或其他多种地理或文化特定传统中。

注　释

前　言

1. Mircea Eliade, *Shamanism: Archaic Techniques of Ecstasy* (Princeton, NJ: Princeton University Press, 1964).

2. Andrei A. Znamenski, *Shamanism in Siberia: Russian Records of Siberian Spirituality* (Dordrecht and Boston: Kluwer Academic, 2003); *Shamanism: Critical Concepts in Sociology*, edited by Andrei A. Znamenski, 3 vols. (London: Routledge, 2004).

3. 关于这十年的大规模精神觉醒，参见 Robert S. Ellwood, *The Sixtieth Spiritual Awakening: American Religion Moving from Modern to Postmodern* (New Brunswick, NJ: Rutgers University Press, 1994)。

4. 我从埃里克·R. 沃尔夫的《欧洲与没有历史的人》（Eric R. Wolf, *Europe and the People without History*, 1982; reprint, Berkeley: University of California Press, 1997）一书中借用了这个说法。

5. 我想指出的是，来自澳大利亚的著名自然灵性作家内维尔·德鲁伊 (Neville Drury) 精通萨满教，他在《新纪元：一场运动的历史》（*The New Age: The History of a Movement*, London: Thames and Hudson, 2004）一书中指出，使用"萨满"这个词让他很舒服，而且这可能是因为他找不到一个更好的概括性短语用来描述这一现象。

6. Robert C. Fuller, *Spiritual but Not Religious: Understanding Unchurched America* (Oxford and New York: Oxford University Press, 2001).

7. Catherine Albanese, *Nature Religion in America: From the Algonkian Indians to the New Age* (Chicago: University of Chicago Press, 1990).

8. Kocku von Stuckrad, *Western Esotericism: A Brief History of Secret Knowledge* (London and Oakville: Equinox, 2005), 10–11, 140–141.

9. 对新萨满教进行严厉批评的最新作品，可参见爱丽丝·基霍（Alice Kehoe）的《萨满与宗教：批判性思维的人类学探索》（*Shamans and Religion: An Anthropological Exploration in Critical Thinking*, Prospect Heights, IL: Wavel and, 2000）。基霍将萨满教的西方灵性追求者描绘成参与"古怪"活动的人，并指出正是这种活动延续了将部落民众视为原始人这一种族主义刻板印象；她还指出，西伯利亚土著和美洲土著的萨满教是真实的，而西方的新萨满教却不是。具有讽刺意味的是，基霍通过进行这种批评亲手延续了部落社会作为"真正的"和"传统的"文化载体的浪漫形象。她认为，萨满教习语应保留在它最初被描述的地区：西伯利亚和北美北部。

10. Ronald Hutton, *Shamans*: *Siberian Spirituality and the Western Imagination* (London: Hambledon and London, 2001); Hutton, *The Triumph of the Moon*: *A History of Modern Pagan Witchcraft* (Oxford: Oxford University Press, 1999).

11. Jeremy Narby and Francis Huxley, eds. , *Shamans through Time*: *500 Years on the Path to Knowledge* (New York: Jeremy P. Tarcher/Putnam, 2001); Kocku von Stuckrad, *Schamanismus und Esoterik*: *Kultur-und wissenschaftsgeschichtliche Betrachtungen* (Leuven: Peeters, 2003); Philip Jenkins, *Dream Catchers*: *How Mainstream America Discovered Native Spirituality* (New York: Oxford University Press, 2004); Gloria Flaherty, *Shamanism and the Eighteenth Century* (Princeton, NJ: Princeton University Press, 1992).

第一章

1. 已知最早提到萨满的记录之一是俄罗斯宗教分裂派大祭司阿瓦库姆（Avvakum）的手稿，他在 17 世纪 60 年代被沙皇流放到西伯利亚。70 年代，他在流放地写下自传，记录了自己的苦难。这位大祭司作为基督徒必须应对的考验之一是，他将一个当地俄罗斯官员帕什科夫（Pashkov）主张举办的仪式命名为萨满降神会，这场降神会是这个俄罗斯官员命令一个当地灵性修行者就一场针对蒙古人的军事袭击是否会成功举行的占卜。Archpriest Avvakum, *The Life Written by Himself*, translated and edited by Kenneth N. Brostrom (Ann Arbor: University of Michigan Press, 1979), 71. 俄罗斯官员使用萨满教仪式并不令人惊讶——17 世纪及以后，在西伯利亚，包括官员在内的当地俄罗斯人，并不觉得使用当地萨满教仪式有什么可怕的。

2. Nicolaas Witsen, *Noord en ost Tartaryen* (1692; reprint, Amsterdam: M. Schalekamp, 1785).

3. 参见 J. Dadley and Alexander William, *The Costume of the Russian Empire* (London: Bulmer, 1803); Ferdinand von Wrangel, *Narrative of an Expedition to the Polar Sea in the Years 1820, 1821, 1822 and 1823* (New York: Harper, 1841)。

4. Philip Johann von Strahlenberg, *An Historical-Geographical Description of the North and Eastern Parts of Europe and Asia* (London: Printed for W. Innys and R. Manby, 1738), 334, 458.

5. Johann Gottlieb Georgi, *Opisanie vsiekh obitaiushchikh v Rossiiskom gosudarstve narodov* (St. Petersburg: izhdiveniem I. Grazunova, 1799), 3: 114; Peter Simon Pallas, *Puteshestvie po raznym miestam Rossiiskago gosudarstva* (St. Petersburg: Imperatorskaia Akademiia nauk, 1788), 3, part 1: 306, 82.

6. Ekaterina II (Catherine II, Empress of Russia), *Sochineniia*, edited by Ars I. Vvedenskii (St. Petersburg: Marksa, 1893), 307。英文版参见 Catherine II, Empress of Russia, *Two Comedies by Catherine the Great*, *Empress of Russia*, edited by Lurana Donnels O'Malley (Amsterdam: Harwood Academic, 1998)。关于西伯利亚萨满的细节性分析参见 Kocku von Stuckrad, *Schamanismus und Esoterik: Kultur-und wissenschaftsgeschichtliche Betrachtungen* (Leuven: Peeters, 2003), 58–66。

7. J. L. Black and Dieter K. Buse, *G.-F. Müller and Siberia*, *1733–1743* (Kingston, Ontario: Limestone, 1989), 85–86.

8. Georgi, *Opisanie vsiekh obitaiushchikh v Rossiiskom gosudarstve narodov*, 113.

9. Stepan Krasheninnikov, *Opisanie zemli Kamchatki* (St. Petersburg: Imperatorskaia akademia nauk, 1786), 2: 158 – 159; Pallas, *Puteshestvie po raznym miestam Rossiiskago gosudarstva*, 105; Aleksandr K. Elert, *Narody Sibiri v trudakh G. F. Millera* (Novosibirsk: Inst. Archeologii i etnografii SO RAN, 1999), 50; Johann Gmelin, "Shamans Deserve Perpetual Labor for Their Hocus-Pocus," in *Shamans through Time: 500 Years on the Path to Knowledge*, edited by Jeremy Narby and Francis Huxley (New York: J. P. Tarcher/Putnam, 2001), 28.

10. *Pamiatniki Sibirskoi istorii XVIII veka*, edited by A. I. Timofeev (1882; reprint, The Hague: Mouton, 1969), 1: 240–242; 2: 365–367, 436–442.

11. Elert, *Narody Sibiri v trudakh G. F. Millera*, 47, 50.

12. Pallas, *Puteshestvie po raznym miestam Rossiiskago gosudarstva*, 305.

13. V. F. Zuev, *Materialy po etnografii Sibiri XVIII veka* (Moskva: izdatel'stvo Akademii nauk SSSR, 1947), 44.

14. Pallas, *Puteshestvie po raznym miestam Rossiiskago gosudarstva*, 102.

15. G. F. Miller [Müller], *Istoriia Sibiri* (1750; reprint, Moskva: vostochnaia literatura RAN, 1999), 1: 532.

16. Georgi, *Opisanie vsiekh obitaiushchikh v Rossiiskom gosudarstve narodov*, 110–111 (for his essay "On Pagan Shamanic Order," see 98–116).

17. Adolph Erman, *Travels in Siberia* (London: Longman, 1848), 2: 39.

18. Harry Oldmeadow, *Journeys East: 20th-Century Western Encounters with Eastern Religious Traditions* (Bloomington, IN: World Wisdom, 2004), 21.

19. Arthur Herman, *The Idea of Decline in Western History* (New York: Free Press, 1997), 57.

20. Friedrich Schlegel, *Lectures on the History of Literature* (London: George Bell & Sons, 1876), 114, 139.

21. Ludwik Niemojowski, *Siberian Pictures* (1857; English translation, London: Hurst and Blackett, 1883), 1: 174.

22. Ibid. , 179.

23. Charles Godfrey Leland, "The Edda among the Algonquin Indians," in *Native American Folklore in Nineteenth-Century Periodicals*, edited by W. M. Clements

(Athens, OH; Chicago; and London: Swallow Press and Ohio University Press, 1986), 147.

24. Charles Godfrey Leland, *Algonquin Legends of New England* (1884; reprint, New York: Dover, 1992), 11, 336.

25. "Schamanismus," *Brockhaus' Konversations-lexikon* (1896), 381; (1908), 383; "Schamanismus," *Meyers großes Konversations-lexikon* (1909), 7: 689.

26. *Oxford English Dictionary* (1933), 9: 616.

27. *Etymological Dictionary of the Russian Language*, edited by A. G. Preobrazhensky (New York: Columbia University Press, 1951), 87.

28. Berthold Laufer, "Origin of the Word Shaman," *American Anthropologist* 19 (1917): 366; "shaman," *American Heritage Dictionary*, 2d college ed. (1985), 1126; Joan Halifax, "Into the Neirika," in *Shamanic Voices: A Survey of Visionary Narratives*, edited by Joan Halifax (New York: Dutton, 1979), 3; Larry G. Peters, *Trance, Initiation & Psychotherapy in Nepalese Shamanism* (Delhi: Nirala, 2003), 7, 13–31; Gloria Flaherty, "The Performing Artist as the Shaman of Higher Civilization," *German Issue* 103, no. 3 (1988): 525.

29. N. D. Mironov and Sergei Shirokogoroff, "Sramana-Shaman: Etymology of the Word 'Shaman,' " *Journal of the North China Branch of the Royal Asiatic Society* 55 (1924): 111.

30. Sergei Shirokogoroff, *Psychomental Complex of the Tungus* (London: Kegan Paul, 1935), 270, 283.

31. Dorji Banzarov, "The Black Faith; or, Shamanism among the Mongols," *Mongolian Studies: Journal of the Mongolia Society* 7 (1981–1982): 56–57.

32. Ibid. , 54.

33. 想了解更多关于浪漫主义作家如何通过他们对出神、入迷、梦境状态以及自然的强调，从而为现代"以土地为基础"的灵性奠定基础，参见 von Stuckrad, *Schamanismus und Esoterik*, 83–106, 195–221。

34. *Puteshesvie po Altaiskim goram i dzhungarskoi Kirgizskoi stepi*, edited by O. N. Vilkov and A. P. Okladnikov (Novosibirsk: Nauka, 1993), 164, 173–174, 200–201, 203, 216.

35. Frants Beliavskii, *Poezdka k Ledovitomu moriu* (Moskva: v tipografii Lazarevyk instituta vostochnykh iazykov, 1833), 111–122; M. F. Krivoshapkin, *Eniseiskii okrug i egozhizn'* (St. Petersburg: v tipografii V. Bezobrazova, 1865); Wrangel, *Narrative of an Expedition to the Polar Sea*.

36. Wrangel, *Narrative of an Expedition to the Polar Sea*, 1: 136, 286.

37. Ibid. , 123, 286.

38. Beliavskii, *Poezdka k Ledovitomu moriu*, 116; Wrangel, *Narrative of an Expedition to the Polar Sea*, 1: 285.

39. Krivoshapkin, *Eniseiskii okrug i ego zhizn'*, 315–316; Wrangel, *Narrative of an Expedition to the Polar Sea*, 1: 123.

40. Otto Finsch, *Puteshestvie v Zapadnuiu Sibir'* (Moskva：Tip. M. N. Lavrova, 1882）, 492.

41. Flaherty, "The Performing Artist as the Shaman of Higher Civilization," 535.

42. Von Stuckrad, *Schamanismus und Esoterik*, 195-205.

43. Novalis, *Henry von Ofterdingen：A Novel*, translated by Palmer Hilty (New York：Ungar, 1964）.

44. Kocku von Stuckrad, "Reenchanting Nature：Modern Western Shamanism and Nineteenth-Century Thought," *Journal of the American Academy of Religion* 70 （2002）：784-788.

45. Merle Curti, "The American Exploration of Dreams and Dreamers," *Journal of the History of Ideas* 27, no. 3 （1966）：404-405.

46. *H. D. Thoreau：A Writer's Journal*, edited by Laurence Stapleton (New York：Dover, 1960）, 6.

47. Lee Gentry, "Thoreau and the Indian," Available at http：//www. vcu. edu/engweb/ transcendentalism/criticism/hdt-indian. html （downloaded July 8, 2005）.

48. Herman, *The Idea of Decline in Western History*, 136.

49. 著名的现代西方巫术和异教历史学家罗纳德·赫顿在其《月亮的胜利：现代巫术异教史》（Oxford：Oxford University Press, 1999） 第 141~148 页中探讨了利兰生涯中的这一部分。

50. Thomas C. Parkhill, *Weaving Ourselves into the Land：Charles Godfrey Leland, "Indians," and the Study of Native American Religions* (Albany：State University of New York Press, 1997）, 91, 96-97.

51. Leland, *Algonquin Legends of New England*, 338-339.

52. Parkhill, *Weaving Ourselves into the Land*, 104.

53. Charles G. Leland, "Legends of the Passamaquoddy," *Century Magazine 28*, no. 5 （1884）：668.

54. Toivo Vuorela, *Ethnology in Finland before 1920* (Helsinki：Societas scientiarum Fennica, 1977）, 20.

55. M. Alexander Kastren [Castren], *Puteshestvie v Sibir', 1845-1849* (Tiumen'：Y. Mandriki, 1999）, 2：52.

56. M. Alexander Castren, *Vorlesungen über die Finnische Mythologie* (St. Petersburg：Buchdruckerei der Kaiserlichen Akademie der Wissenschaften, 1853）.

57. Kastren, *Puteshestvie v Sibir'*, 2：52.

58. Juha Pentikäinen, "Northern Ethnography—On the Foundations of a New Paradigm", Available at http：//rehue. csociales. uchile. cl/antropologia/congreso/c05. html （downloaded July 8, 2005）.

59. N. V. Shlygina, *Istoriia finskoi etnologii* (Moskva：institut etnologii, 1995）, 32.

60. V. G. Bogoraz [Bogoras], "Kastren-chelovek i uchenii," in *Pamiaty Kastrena*,

edited by V. G. Bogoraz (Leningrad: iz-vo AN SSSR, 1927), 33.

61. Kai Donner, *Among the Samoyed in Siberia* (New Haven, CT: Human Relations Area Files, 1954), 20.

62. Ibid. , 116.

63. Ibid. , 117.

64. Ibid. , 20.

65. Ibid. , 116.

66. Ibid. , 69.

67. Uno Holmberg [Harva], *The Mythology of All Races: Finno-Ugric, Siberian* (New York: Cooper Square, 1964), 4: xx.

68. Holmberg [Harva], *Die religiösen Vorstellungen der Altaischen Völker* (Helsinki: Suomalainen Tiedeakatemia, 1938); Holmberg [Harva], *Der Baum des Lebens* (Helsinki: Suomalainen Tiedeakatemia, 1922), 33 – 51, 133 – 145; Mircea Eliade, *Shamanism: Archaic Techniques of Ecstasy* (Princeton, NJ: Princeton University Press, 1964), xi.

69. Stephen Glosecki, *Shamanism and Old English Poetry* (New York and London: Garland, 1989), 3; "shamanism," *Encyclopedia Britannica*, 9th ed. (1886), 21: 771.

70. Wilhelm Radloff, *Aus Sibirien: Lose Blätter aus dem Tagebuche eines reisenden Linguisten*, 2 vols. (Leipzig: Weigel, 1884); " shamanism," *Encyclopedia Britannica*, 771.

71. Radloff, *Aus Sibirien*, 2: 2.

72. Ibid.

73. Ibid. , 2: 55.

74. Ibid. , 2: 3.

75. Ibid. , 2: 14.

76. Ibid. , 2: 58.

77. Ibid. , 2: 19-50.

78. V. M. Mikhailovskii, "Shamanism in Siberia and European Russia," *Journal of the Royal Anthropological Society* 24 (1895): 74 – 78; J. Stadling, " Shamanism," *Contemporary Review* 79 (1901): 93; M. A. Czaplicka, *Aboriginal Siberia: A Study in Social Anthropology* (Oxford: Clarendon, 1914), 298; Eliade, *Shamanism*, 190 – 197; Nora Chadwick and V. Zhirmunsky, *Oral Epics of Central Asia* (Cambridge: Cambridge University Press 1969), 243-249; J. A. MacCullouch, "Shamanism," in *Encyclopedia of Religion and Ethics*, edited by James Hastings (Edinburgh: Clark; and New York: Scribner's, 1920), 11: 442; M. Franz, *C. G. Jung: His Myth in Our Time* (Boston and Toronto: Little, Brown, 1975), 101-102.

79. Radloff, *Aus Sibirien*, 2: 52.

80. Julian Baldick, *Animal and Shaman: Ancient Religions of Central Asia* (New York: New York University Press, 2000), 70; Chadwick and Zhirmunsky, *Oral Epics of*

Central Asia, 237–238, 245.

81. Eliade, *Shamanism*, 190–198.

第二章

1. Marie-Louise Franz, *C. G. Jung: His Myth in Our Time* (Boston: Little, Brown, 1975), 108–109.

2. Oswald Spengler, *The Decline of the West* (1918; English translation, 1926; reprint, New York: Knopf, 1996), 1: 427; Arthur Herman, *The Idea of Decline in Western History* (New York: Free Press, 1997), 234, 237.

3. Velimir Khlebnikov, *Collected Works*, edited by Ronald Vroon (Cambridge, MA: Harvard University Press, 1997), 3: 140.

4. 想了解更多关于 20 世纪初的西方原始主义运动，参见 Elazar Barkan and Ronald Bush, eds. , *Prehistories of the Future: The Primitivist Project and the Culture of Modernism* (Stanford, CA: Stanford University Press, 1995)。

5. Peg Weiss, *Kandinsky and Old Russia: The Artist as Ethnographer and Shaman* (New Haven, CT: Yale University Press, 1995).

6. Naomi Green, *Antonin Artaud: Poet without Words* (New York: Simon and Schuster, 1970), 147.

7. E. L. Zubashev, "Grigorii Nikolaevich Potanin: Vospominaniia," *Vol'naia Sibir'* (Prague) 1 (1927): 62.

8. *Pis'ma G. N. Potanina*, edited by A. G. Grum-Grzhimailo (Irkutsk: iz-vo Irkutskogo universiteta, 1989), 3: 81.

9. I. R. Koshelev, *Russkaia fol'kloristika Sibiri* (Tomsk: iz-vo Tomskogo universiteta, 1962), 127–128.

10. "N. M. Iadrintsev to Alexandr Khristoforov, 6 December 1883," *Vol'naia Sibir'* 2 (1927): 184.

11. N. M. Iadrintsev, "Altai i ego inorodcheskoe tsarstvo: Ocherk puteshestvia po Altaiu," *Istoricheskii viestnik* 20, no. 6 (1885): 628.

12. Andrei Anokhin, "Shamanizm sibirskih tiurkskikh plemen," Museum of Anthropology and Ethnography Archive, St. Petersburg, Anokhin Papers, fond 11, series 1, file 144, leaf 17 back.

13. N. M. Iadrintsev, *Sibir' kaka kolonia* (St. Petersburg: tip. M. M. Stasiulevicha, 1882), 124.

14. Ibid. , 123–124.

15. 波塔宁在以下论著中重点阐述了他的东方假说：*Vostochnie motivy v srednevekovom Evropeiskom epose* (Moskva: tipo-litografiia tovar. I. N. Kushnerev, 1899); *Saga o Solomone: Vostochnie materialy k voprosu o proiskhozhdenii sagi* (Tomsk: izd.

Sibirskago t-va pechatnago diela, 1912); *Erke: Kul't syna neba v Sievernoi Azii* (Tomsk: izd. A. M. Grigor'evoi, 1916).

16. Grum-Grzhimailo, *Pis'ma G. N. Potanina*, 3: 166.

17. Potanin, *Saga o Solomone*, 2–3, 105.

18. Grum-Grzhimailo, *Pis'ma G. N. Potanina*, 3: 80–81.

19. Ibid. , 90.

20. Potanin, "Proiskhozhdenie Khrista," *Sibirkie ogni* 4 (1926): 131.

21. Andrei M. Sagalaev and Vladimir M. Kryukov, *G. N. Potanin: Opyt osmyslenia lichnosti* (Novosibirsk: Nauka, 1991), 136.

22. G. V. Ksenofontov, *Shamanizm i khristianstvo* (Irkutsk: tip. Vlast'truda, 1929).

23. Ibid. , 128.

24. *Schamanengeschichten aus Sibirien*, edited and translated by A. Friedrich and G. Buddruss (München-Planegg: Barth, 1955), 95–214.

25. Mircea Eliade, *Shamanism: Archaic Techniques of Ecstasy* (Princeton, NJ: Princeton University Press, 1964); Joseph Campbell, *Masks of Gods: Primitive Mythology* (New York: Viking, 1959).

26. Ksenofontov, *Shamanizm i khristianstvo*, 135.

27. Ibid. , 135–136.

28. Viacheslav Shishkov, *Strashnyi kam: Povesti i rasskazy* (Moskva and Leningrad: Zemlia i fabrika, 1926).

29. Ibid. , 50.

30. Ibid. , 44.

31. Zubashev, "Grigorii Nikolaevich Potanin," 62.

32. "Muzikal'naia etnografiia i shamanstvo na 'Sibirskom vechere' v Tomske," *Etnograficheskoe obozrenie* 1 (1909): 134.

33. Ibid. , 136.

34. "Shamanskaia misteriia (kamlanie)," *Etnograficheskoe obozrenie* 1 (1909): 138–139; "Kam Mampyi v Tomske," *Etnograficheskoe obozrenie* 1 (1909): 140.

35. "O deistivii kamlania na kama," *Etnograficheskoe obozrenie* 1 (1909): 138.

36. 从殖民时期至今的以美洲土著文化为中心的美国原始主义历史在以下作品中得到了详细阐释: Helen Carr, *Inventing the American Primitive: Politics, Gender and the Representation of Native American Literary Traditions, 1789–1936* (New York: New York University Press, 1996); Leah Dilworth, *Imagining Indians in the Southwest: Persistent Visions of a Primitive Past* (Washington, DC: Smithsonian Institution Press, 1996); Eliza McFeely, *Zuni and the American Imagination* (New York: Hill and Wang, 2001); and Philip Deloria, *Playing Indians* (New Haven, CT: Yale University Press, 1998); 关于美国浪漫主义与印第安灵性最为全面的研究, 参见 Philip Jenkins, *Dream Catchers: How Mainstream America Discovered Native Spirituality* (New York:

Oxford University Press, 2004)。

37. 有关这一主题的近期研究，参见 Alan Trachtenberg, *Shades of Hiawatha: Staging Indians, Making Americans, 1880-1930* (New York: Hill and Wang, 2004)。

38. Louis Rudnick, *Utopian Vistas: The Mabel Dodge Luhan House and the American Counterculture* (Albuquerque: University of New Mexico Press, 1996), 97.

39. Jenkins, *Dream Catchers*, 18.

40. Marsden Hartley, "Red Man Ceremonials: An American Plea for American Esthetics," *Art and Archaeology* 9, no. 1 (1920): 13.

41. Dennis Slifer, "In the Land of the Horned Gods: Shamanistic Motifs in the Rock Art of Utah," *Shaman's Drum* 61 (2002): 34.

42. Jenkins, *Dream Catchers*, 71.

43. Carl Lumholtz, *Unknown Mexico: A Record of Five Years' Exploration among the Tribes of the Western Sierra Madre, in the Tierra Caliente of Tepic and Jalisco, and among the Tarascos of Michoacan* (New York: Scribner's, 1902), 2: 311-347, 356-379, 497. About Cashing, see McFeely, *Zuni and the American Imagination*.

44. George W. Stocking, Jr., "The Ethnographic Sensibility of the 1920s and the Dualism of the Anthropological Tradition," in *Romantic Motives: Essays on Anthropological Sensibility*, edited by George W. Stocking, Jr. (Madison: University of Wisconsin Press, 1989), 220.

45. Sherry L. Smith, *Reimagining Indians: Native Americans through Anglo Eyes, 1880-1940* (Oxford and New York: Oxford University Press, 2000), 193.

46. Rudnick, *Utopian Vistas*, 93.

47. Mabel Dodge Luhan, *Edge of Taos Desert: An Escape to Reality* (1937; reprint, Albuquerque: University of New Mexico Press, 1987), 225.

48. 卢汉在回忆录中把托尼描绘成一个预言家和一个有远见的人，是印第安智慧的化身。虽然她的丈夫不介意与来访的人类学家和作家分享他对普韦布洛文化的了解，但来访者们却注意到，他更感兴趣的是谈论他喜欢驾驶的汽车。作家 D. H. 劳伦斯作为陶斯社团成员之一，后来在其戏剧《高原》（*Altitude*）中，曾怀着善意地取笑卢汉和她的朋友玛丽·奥斯汀（Mary Austin, 1868-1934），说她们是印第安人的恋人。该剧讲述的是在卢汉家做早餐的故事。奥斯汀把每一件日常的烹饪琐事都变成了一次盛大的灵性体验：在她看来，点燃灶火是"向火神致敬"；当一个年轻的印第安女仆离开房间去取水时，奥斯汀评论道："难道你没有注意到，当一个印第安人出现在这里的那一刻，你们这些白人就显得如此毫无意义，如此转瞬即逝吗？" Rudnick, *Utopian Vistas*, 7, 46-47, 48。

49. Smith, *Reimagining Indians*, 168, 171.

50. Hartley, "Red Man Ceremonials," 11; Mary Austin, *The American Rhythm: Studies of American Songs* (1923; reprint, New York: Cooper Square, 1970), 69, 75.

51. Jenkins, *Dream Catchers*, 138-144; Rudnick, *Utopian Vistas*, 29, 31.

52. Rudnick, *Utopian Vistas*, 29, 90.

53. James Clifford, *Predicament of Culture: Twentieth-Century Ethnography, Literature and Art* (Cambridge, MA: Harvard University Press, 1988), 146.

54. William Adams, *The Philosophical Roots of Anthropology* (Stanford, CA: CSLI, 1998), 306.

55. Carr, *Inventing the American Primitive*, 245.

56. Ibid., 252. 关于人类学界的浪漫情结，参见 Stocking, "The Ethnographic Sensibility of the 1920s and the Dualism of the Anthropological Tradition"。

57. Franz Boas, *Race, Language, and Culture* (1940; reprint, Chicago: University of Chicago Press, 1982), 314.

58. Thomas Eriksen and Finn Nielsen, *A History of Anthropology* (London and Sterling, VA: Pluto, 2001), 23; Adams, *The Philosophical Roots of Anthropology*, 313. 有关博厄斯派与德国智识传统之间的关联，参见 George W. Stocking, Jr., ed., *Volksgeist as Method and Ethic: Essays on Boasian Ethnography and the German Anthropological Tradition* (Madison: University of Wisconsin Press, 1996)。

59. Harry Whitehead, "The Hunt for Quesalid: Tracking Levi-Strauss' Shaman," *Anthropology and Medicine* 7, no. 2 (2000): 161–162.

60. Henri F. Ellenberger, *The Discovery of Unconscious: The History and Evolution of Dynamic Psychiatry* (New York: Basic, 1970), 10–12.

61. Mirka Knaster, "Leslie Gray's Path to Power." Available at http://www.woodfish.org/power2.html (downloaded July 16, 2005).

62. Barbara Tedlock, "New Anthropology of Dreaming," in *Shamanism: A Reader, edited by Graham Harvey* (London and New York: Routledge, 2003), 110–111.

63. Sam Blowsnake, *Crashing Thunder: The Autobiography of an American Indian*, edited by Paul Radin (New York: Appleton, 1926)。关于雷丁如何"发明"了他最终的那个温尼贝戈萨满，参见 Christer Lindberg, "Paul Radin: The Anthropological Trickster," *European Review of Native American Studies* 14, no. 1 (2000): 1–9。

64. Paul Radin, *Primitive Religion: Its Nature and Origin* (New York: Viking, 1937), 166–168.

65. Judith Model, *Ruth Benedict: Patterns of Life* (Philadelphia: University of Pennsylvania Press, 1983), 124.

66. Desley Deacon, *Elsie Clews Parsons: Inventing Modern Life* (Chicago: University of Chicago Press, 1997), 238.

67. Alfred Kroeber, "Introduction," in *American Indian Life, 14. For this volume*, Lowie wrote an essay, "Trial of Shamans"；另见 Clark Wissler, "Smoking Star, a Blackfeet Shaman"；以及 Radin, "Thunder Cloud, a Winnebago Shaman, Relates and Prays," in *American Indian Life*, 41–43, 45–62, 75–80。

68. Norman Bancroft-Hunt, *Shamanism in North America* (Buffalo, NY: Firefly, 2002), 10.

69. Daniel G. Brinton, *Religions of Primitive People* (New York and London:

Putnam's, 1897), 65, 218, 232; Rushton M. Dorman, *The Origin of Primitive Superstitions* (*Philadelphia*: *Lippincott*, 1881), 370; John G. Bourke, "The Medicine-Men of the Apache," *Annual Report of the Bureau of American Ethnology* 9 (1892): 443-603.

70. Alexander Chamberlain, "Kooteney 'Medicine Man,'" *Journal of American Folklore 14* (April 1901): 95-99; Walter J. Hoffman, "Pictography and Shamanistic Rites of the Ojibwa," *American Anthropologist* 1, no. 3 (1888): 209-229; Washington Matthews, *Navaho Legends* (Boston: Houghton, Mifflin, 1897); James Mooney, "Sacred Formulas of the Cherokees," *Annual Report of the Bureau of American Ethnology* 7 (1891): 302-397.

71. Matthews, *Navaho Legends*, 56 - 57; Mooney, "Sacred Formulas of the Cherokees," 319.

72. 关于杰瑟普北太平洋探险队的工作及其遗产，参见 Igor Krupnik and William W. Fitzhugh, eds. , *Gateways*: *Exploring the Legacy of the Jesup North Pacific Expedition*, *1897 - 1902* (Washington, DC: Arctic Studies Center, Smithsonian Institution, 2001); Laurell Kendall, ed. , *Drawing Shadows to Stone*: *The Photography of the Jesup North Pacific Expedition*, *1897-1902* (New York: American Museum of Natural History, and Seattle: University of Washington Press, 1997)。

73. Waldemar Bogoras [V. G. Bogoraz], *The Chukchee* (1908-1909; reprint, New York: AMS, 1975); Waldemar [V. I.] Jochelson, *The Koryak* (1908; reprint, New York: AMS, 1975).

74. "Ancient Religion of Shamanism Flourishing To-Day," *New York Times Magazine*, July 17, 1904, 3.

75. Marie Antoinette Czaplicka, *Aboriginal Siberia*: *A Study in Social Anthropology* (Oxford: Clarendon, 1914). 书中关于萨满教的部分已经公布于 "Shamanism in Siberia: Excerpts from Aboriginal Siberia by M. A. Czaplicka [1914]," Available at http: //www. sacred-texts. com/sha/sis (downloaded July 23, 2005)。

76. Marie Antoinette Czaplicka, *My Siberian Year* (London: Mills & Boon, 1916).

77. "Shamanism," *Encyclopedia Britannica*, 9th ed. (1886), 21: 771; 11th ed. (1911), 25: 798; 12th ed. (1940), 20: 454; 13th ed. (1955), 20: 454; 14th ed. (1968), 20: 343.

78. Georgii [Georg] K. Nioradze, *Der Schamanismus bei den sibirischen Völkern* (Stuttgart: Strecker und Schröder, 1925); Åke Ohlmarks, *Studien zum Problem des Schamanismus* (Lund: Gleerup, 1939).

79. Roland Dixon, "Some Aspects of the American Shaman," *Journal of American Folklore* 21 (1908): 1-12. 这篇文章的节选，参见 Jeremy Narby and Francis Huxley, eds. , *Shamans through Time*: *500 Years on the Path to Knowledge* (New York: Jeremy P. Tarcher/Putnam, 2001), 64-68。美国人类学家关于北美印第安萨满教论著的列表，参见 Shelley Anne Osterreich, *Native North American Shamanism*: *An Annotated*

Bibliography（Westport, CT: Greenwood, 1989）；以及 Peter N. Jones, "Shamanism in North America: A Comprehensive Bibliography on the Use of the Term," Available at www. bauuinstitute. com/Articles/ShamanismBibliography07 - 04 - 05. pdf（downloaded August 29, 2005）。

80. Åke Hultkrantz, "The Specific Character of North American Shamanism," *European Review of Native American Studies* 13, no. 2（1999）: 2.

81. Radin, *Primitive Religion*, 161-162.

82. 人类学家 E. M. 勒布认为，萨满是"更高层级文化的产物"，因此，在宗教层级上高于巫医。这位学者将巫医描述为一个无灵感的萨满或一个在自然魔法水平上行事的先知。E. M. Loeb, "Shaman and Seer," *American Anthropologist* 41（1929）: 60-61. 上述提及的《纽约时报》对 AMNH 展览的报道表明，勒布并不是唯一持这种观点的人。后来，米尔恰·伊利亚德和昂德希尔以及哈尔克特兰兹都曾试图区分作为入迷（意识改变状态）专家的萨满和那些在不进入意识改变状态或只在轻微出神状态下进行治疗的男女巫医。Mircea Eliade, *Shamanism: Archaic Techniques of Ecstasy*（Princeton, NJ: Princeton University Press, 1964）, 300; Ruth Underhill, *Red Man's Religion: Beliefs and Practices of the Indians North of Mexico*（Chicago: University of Chicago Press, 1965）, 83; Åke Hultkrantz, *The Religions of the American Indians*（Berkeley: University of California Press 1980）, 84 - 102; Åke Hultkrantz, *Shamanic Healing and Ritual Drama: Health and Medicine in Native North American Religious Traditions*（New York: Crossroad, 1992）, 18-19. 然而，这些学者提供的用法对当前的学术研究和流行著作几乎没有影响，在通常遵循关于"萨满教"一词的普遍解释的美国，尤为如此。

83. L. L. Leh, "The Shaman in Aboriginal North American Society," *University of Colorado Studies* 21, no. 4（1934）: 200; Willard Z. Park, *Shamanism in Western North America*（Evanston, IL, and Chicago: Northwestern University, 1938）.

84. Robert Lowie, *Primitive Religion*（1924; reprint, New York: Liveright, 1970）, 17, 350; Park, *Shamanism in Western North America*, 10.

85. 转引自 L. Brice Boyer, "Remarks on the Personality of Shamans: With Special Reference to the Apache of the Mescalero Indian Reservation," *Psychoanalytic Study of Society* 2（1962）: 236。确切地说，第一个提出"萨满之国"这个说法的学者是在美国国家博物馆工作的挪威裔美国人类学家拉姆霍尔兹。在《未知的墨西哥》（*Unknown Mexico*, 1902）中，他戏称墨西哥的惠乔尔为"萨满之国"。正如我在上文提到的，拉姆霍兹是第一个把美洲西南部土著文化浪漫化的人。自 20 世纪 60 年代以来一直在美国民族学中推广萨满教习语的彼得·弗斯特则是从拉姆霍兹那里学来了这个短语。Peter Furst, "'The Maka'kame Does and Undoes': Persistence and Change in Huichol Shamanism," in *Ancient Traditions: Shamanism in Central Asia and the Americas*, edited by Gary Seaman and Jane S. Day（Niwot: University Press of Colorado, and Denver: Museum of Natural History, 1994）, 147-149.

86. "Shamanism," *Encyclopedia Britannica*, 9th ed.（1886）, 21: 771; 11th

ed. (1911), 25: 798; "shamanism," *Oxford English Dictionary* (1933), 9: 617; "shamanism," *American Heritage Dictionary*, 2d college ed. (1985): 1126.

87. Robert Lowie, "Religious Ideas and Practices of the Eurasiatic and North American Areas," in *Essays Presented to C. G. Seligman*, edited by E. E. Evans-Pritchard et al. (London: Kegan Paul, 1934), 187.

88. Loeb, "Shaman and Seer," 64-65.

89. William Howells, *The Heathens: Primitive Man and His Religions* (New York: Doubleday, 1948), 129.

90. V. G. Bogoraz [Bogoras], *Sobranie sochinenii* (Moskva: Zemlia i fabrika, 1929), 1: 15.

91. Bogoraz [Bogoras], *Chuckotskie rasskazy* (Moskva: gos. iz-vo khud. lit-ry, 1962), 15, 17.

92. V. G. Tan [Bogoraz], "Korolenko i sibirskaia shkola pisatelei," in *V. G. Korolenko: Zhizn' i tvorchestvo*, edited by A. B. Petrishchev (Petrograd: Mysl', 1922), 30-31.

93. J. Stadling, *Through Siberia* (1901; reprint, Surrey, England: Curson, 2000), 120.

94. Isaac Goldberg, *Izbrannie proizvedeniia* (Moskva: Khudozhestvennaia literatura, 1972), 67-83.

95. Wenceslas Sieroszewski, "Du chamanisme d'après les croyances des Yakoutes," *Revue de l'histoire des religions* 46 (1902): 204-233, 299-338; William G. Sumner, trans., "The Yakuts: Abridged from the Russian of Sieroszewski," *Journal of the Royal Anthropological Institute* 31 (1901): 65-110.

96. Wenceslas Sieroszewski, *Na kraiu lesov* (St. Petersburg: izdanie L. F. Panteleeva, 1897), 225.

97. Sieroszewski, *Iakutskie rasskazy* (St. Petersburg: tipografia M. Merkusheva, 1895), 151.

98. Viktor Vasiliev, "Shaman Darkha," *Pedagogicheskii listok* 1 (1910): 35.

99. Ibid., 48.

100. V. G. Bogoraz [Bogoras], "Vosem' plemen: Roman iz drevneishei zhizni krainego severo-vostoka Azii," in *Sobranie sochineni V. G. Tana* (St. Petersburg: Prosvieshchenie, 1910), 2: 25-195.

第三章

1. Waldemar Bogoras [V. G. Bogoraz], *The Chukchee* (1909; reprint, New York: AMS, 1975), 429.

2. Ibid., 415.

3. Waldemar Bogoras [V. G. Bogoraz] , " K psikhologii shamanstva u narodov Severo-vostochnoi Azii, " *Etnograficheskoe obozrienie* 1-2 (1910): 6.

4. John Lubbock, *The Origin of Civilization and the Primitive Condition of Man: Mental and Social Condition of Savages* (New York: Appleton, 1882), 339.

5. A. Gedeonov, "Za severnym poliarnym krugom," *Russkoe bogatstvo* 158, no. 7 (1896): 91-92.

6. Lyle Dick, " 'Pibloktoq' (Arctic Hysteria): A Construction of European-Inuit Relations?" *Arctic Anthropology* 32, no. 2 (1995): 31.

7. Ibid. , 2; Uno Holmberg [Harva], *The Mythology of All Races: Finno-Ugric, Siberian* (New York: Cooper Square, 1964), 4: xx; Edward F. Foulks, *The Arctic Hysteriasof the North Alaska Eskimo* (Washington, DC: American Anthropological Association, 1972), 20.

8. Vladimir Dal', *O poveriakh, sueveriakh i predrazsudkakh russkago naroda* (St. Petersburg and Moscow: Volf, 1880), 26.

9. Ibid. , 27.

10. S. I. Mitskevich, *Menerik i imyarechenie: Formy isterii v Kolymskom krae* (Leningrad: izd-vo AN SSSR, 1929), 10-11.

11. B. L. Seroshevskii [Wenceslas Sieroszewski], *Iakuty: Opyt etnograficheskogo issledovania* (1896; reprint, Moskva: Posspen, 1993), 247.

12. Gedeonov, "Za severnym poliarnym krugom," 93.

13. Z. Schklovsky [Dioneo], *In the Far North-East Siberia* (London: Macmillan, 1916), 112-113.

14. Mitskevich, *Menerik i imyarechenie*, 38.

15. Ibid. , 18.

16. Dick, " 'Pibloktoq' (Arctic Hysteria), " 12.

17. Mitskevich, *Menerik i imyarechenie*, 9.

18. 与此同时, 这并没有阻止博格拉斯和乔基尔森将所有西伯利亚本地萨满教与神经病及北极歇斯底里症联系起来。

19. Waldemar Jochelson [V. I. Jochelson], *The Youkaghir and the Yukaghirized Tungus* (1926; reprint, New York: AMS, 1975), 31.

20. Marie Antoinette Czaplicka, *Aboriginal Siberia: A Study in Social Anthropology* (Oxford: Clarendon, 1914), 323.

21. Ibid. , 319, 325.

22. Sergei M. Shirokogoroff, *Psychomental Complex of the Tungus* (London: Kegan Paul, 1935), 253.

23. D. A. Kytmanov, "Funktsional'nie nevrozy sredy Tungusov Turukhanskogo kraia i ikh otnoshenie k shamanstvu," *Sovetskii Siever* 7-8 (1930): 82-85.

24. Jochelson, *The Youkaghir and the Yukaghirized Tungus*, 32.

25. Mitskevich, *Menerik i imyarechenie*, 28; Jochelson, *The Youkaghir and the*

Yukaghirized Tungus, 34-35, 38.

26. 转引自 V. L. Priklonskii, "Tri goda v Iakutskoi oblasti," *Zhivaia starina* 4 (1891)：49-50。

27. Dick, " 'Pibloktoq' (Arctic Hysteria)," 17, 19.

28. Mitskevich, *Menerik i imyarechenie*, 6-9.

29. P. Riabkov, "Poliarnie strany Sibiri," in *Sibirskii sbornik*, edited by N. M. Iadrintsev (St. Petersburg：tip. I. N. Skorokhodova, 1887), 41-42.

30. Mitskevich, *Menerik i imyarechenie*, 41.

31. Gedeonov, "Za severnym poliarnym krugom," 98; Schklovsky, *In the Far North-East Siberia*, 5.

32. N. Vitashevskii, "Iz oblasti pervobytnago psikhonevroza," *Etnograficheskoe obozrienie* 58, nos. 1-2 (1911)：222.

33. Stanislaus Novakovsky, "Arctic or Siberian Hysteria as a Reflex of the Geographic Environment," *Ecology* 5, no. 2 (1924)：124-125.

34. Dal', *O poveriakh, sueveriakh i predrazsudkakh russkago naroda*, 27.

35. V. L. Priklonskii, "Tri goda v Iakutskoi oblasti," *Zhivaia starina* 4 (1891)：57-58.

36. Riabkov, "Poliarnie strany Sibiri," 37.

37. Dick, " 'Pibloktoq' (Arctic Hysteria)," 23.

38. M. F. Krivoshapkin, *Eniseiskii okrug i ego zhizn'* (St. Petersburg：v tipografii V. Bezobrazova, 1865), 321, 326.

39. Priklonskii, "Tri goda v Iakutskoi oblasti," 45.

40. Vitashevskii, "Iz oblasti pervobytnago psikhonevroza," 200-201, 206.

41. K. M. Rychkov, "Eniseiskie Tungusy," *Zemlevedenie* 3-4 (1922)：113, 115, 116.

42. Riabkov, "Poliarnie strany Sibiri," 37.

43. Gedeonov, "Za severnym poliarnym krugom," 92-94.

44. Mitskevich, *Menerik i imyarechenie*, 13.

45. Ibid. , 21.

46. Jochelson, *The Youkaghir and the Yukaghirized Tungus*, 31.

47. Shirokogoroff, *Psychomental Complex of the Tungus*, 245.

48. Czaplicka, *Aboriginal Siberia*; Åke Ohlmarks, *Studien zum Problem des Schamanismus* (Lund：Gleerup, 1939).

49. Czaplicka, *Aboriginal Siberia*, 169, 253-254.

50. Ohlmarks, *Studien zum Problem des Schamanismus*, 352-353, 354.

51. Ibid. , 354-355.

52. Weston La Barre, *The Ghost Dance：Origin of Religion* (London：Allen & Unwin 1970), 318.

53. I. M. Lewis, *Ecstatic Religion：A Study of Shamanism and Spirit Possession*

（London: Routledge, 1989）, 161.

54. Robert Lowie, *Primitive Religion* (1924; reprint, New York: Liveright, 1970), 242; Paul Radin, *Primitive Religion: Its Nature and Origin* (New York: Viking, 1937), 107.

55. Ibid. , 107–110.

56. La Barre, *The Ghost Dance.*

57. Robert F. Kraus, "A Psychoanalytic Interpretation of Shamanism," *Psychoanalytic Review* 59, no. 1 (1972): 27–28.

58. La Barre, *The Ghost Dance*, 70.

59. Geza Roheim, "Hungarian Shamanism," *Psychoanalysis and the Social Sciences* 3 (1951): 154.

60. Oskar Pfister, "Instinktive Psychoanalyse under den Navaho-Indianer," *Imago: Zeitschrift fur anwendung der Psychoanalyse auf die Nature und Geisteswissenschaften* 18, no. 1 (1932): 81–109.

61. George Devereux, *Mohave Ethnopsychiatry: The Psychic Disturbances of an Indian Tribe* (Washington, DC: Smithsonian Institution Press, 1969), 62–63, 285.

62. Ibid. , 59.

63. Ibid. , 57, 399, 401–402, 412.

64. Craig D. Bates, "Sierra Miwok Shamans, 1900–1990," in *California Indian Shamanism*, edited by Lowell John Bean (Menlo Park, CA: Ballena, 1992), 103–104.

65. Devereux, *Mohave Ethnopsychiatry*, 58–59.

66. Gerardo Reichel-Dolmatoff, *The Shaman and the Jaguar: A Study of Narcotic Drugs among the Indians of Colombia* (Philadelphia: Temple University Press 1975), 201–203.

67. Sergei Shirokogoroff, "What Is Shamanism: Part 1," *China Journal of Science & Arts 2*, no. 3 (1924): 276.

68. Sergei Shirokogoroff, *Psychomental Complex of the Tungus*, 262.

69. Wilhelm Mülmann, "S. M. Shirokogoroff: Nekrolog (s prilozheniem pisem, fotografii i bibliografii)," *Etnograficheskoe obozrienie* 1 (2002): 150.

70. Sergei Shirokogoroff, "Ethnological Investigations in Siberia, Mongolia and Northern China: Part 1," *China Journal of Science & Arts* 1, no. 5 (1923): 517.

71. Ibid. , 520.

72. Sergei Shirokogoroff, "Ethnological Investigations in Siberia, Mongolia and Northern China: Part 2," 1, no. 6 (1923): 615.

73. N. D. Mironov and S. M. Shirokogoroff, "Sramana-Shaman: Etymology of the Word 'Shaman,'" *Journal of the North China Branch of the Royal Asiatic Society* 55 (1924): 105–130.

74. Sergei Shirokogoroff, *Psychomental Complex of the Tungus*, 276–285.

75. Ibid. , 248.

76. Ibid. , 249, 255, 268.

77. Shirokogoroff, "What Is Shamanism: Part 2," *China Journal of Science & Arts* 2, no. 4 (1924): 369 – 370; Shirokogoroff, "Ethnological Investigations in Siberia, Mongolia and Northern China: Part 2," *China Journal of Science & Arts* 1, no. 6 (1923): 619–620.

78. Shirokogoroff, *Psychomental Complex of the Tungus*, 255.

79. Shirokogoroff, "What Is Shamanism," 370.

80. Nora Chadwick, *Poetry and Prophecy* (Cambridge: Cambridge University Press, 1942), 56, 58, 61.

81. Chadwick, "Shamanism among the Tatars of Central Asia," *Journal of the Royal Anthropological Institute of Great Britain and Ireland* 66 (1936): 77–78.

82. V. G. Bogoraz-Tan [Bogoras], *Einshtein i religiia: Primenenie kontseptsii otnositel'nosti k issledovaniu religioznikh iavlenii* (Moskva and Petrograd: Frenkel', 1923). 这本小书被译为英文并作为一篇文章发表: Waldemar Bogoras, "Ideas of Space and Time in the Conception of Primitive Religion," *American Anthropologist* 27, no. 2 (1925): 205–266.

83. Bogoraz-Tan, *Einshtein i religiia*, 79.

84. Ibid. , 114.

85. Ibid. , 6.

86. 人们可能会同意博格拉斯的观点，认为肯定是没有办法将灵性体验合理化的，但与此同时，一个人却可以将自己的学术研究合理化。在探索博格拉斯关于萨满教不断变化着的评价时，我问自己究竟应该相信哪一个博格拉斯: 是 1910 年把西伯利亚萨满视为神经病的那个，还是 1923 年把萨满视为平行世界精神领航员的那个，或者是十年后 (见本书的最后一章) 谴责萨满是寄生虫，应该作为异己阶级被消灭的那个? 对于博格拉斯做出如此截然不同的评价，唯一的解释是，博格拉斯希望自己的学术研究能跟上主流学术和意识形态的潮流。

87. Erwin Ackerknecht, "Psychopathology: Primitive Medicine and Primitive Culture," *Bulletin of the History of Medicine* 14 (1943): 46.

88. Claude Lévi-Strauss, *Structural Anthropology*, translated by Clair Jacobson and Brooke G. Schoepf (New York and London: Basic, 1963), 199.

89. Ibid. , 204.

90. Ibid. , 199.

91. Ibid. , 187–188.

92. Ibid. , 197.

93. Franz Boas, *The Religion of the Kwakiutl Indians* (New York: Columbia University Press, 1930), 2: 1.

94. Walter Anderson, *The Upstart Spring: Esalen and the American Awakening* (Reading, MA: Addison-Wesley, 1983), 215.

95. Joseph Campbell, *Myths to Live By* (New York: Bantam, 1973), 210–214.

96. Julian Silverman, "Shamans and Acute Schizophrenia," *American Anthropologist* 69, no. 1 (1967): 11.

97. Mickey Hart, "Shaman's Drum: Skeleton Key to the Other Worlds," in *Proceedings of the Seventh International Conference on the Study of Shamanism and Alternate Modes of Healing*, edited by Ruth-Inge Heinze (Berkeley, CA: Independent Scholars of Asia, 1990), 330.

第四章

1. R. Gordon Wasson, "Seeking the Magic Mushroom," *Life*, May 13, 1957, 113.

2. R. Gordon Wasson and Valentina Wasson, *Mushrooms, Russia, and History* (New York: Pantheon, 1957), 257–263.

3. Ibid., 288.

4. R. Gordon Wasson, *The Wondrous Mushroom: Mycolatry in Mesoamerica* (New York: McGraw-Hill, 1980), 7.

5. Wasson and Wasson, *Mushrooms, Russia, and History*, 292.

6. Ibid., 293.

7. Ibid., 294.

8. Ibid., 289–290.

9. Ibid., 291.

10. Wasson, *The Wondrous Mushroom*, xviii.

11. Wasson and Wasson, *Mushrooms, Russia, and History*, 296.

12. Wasson, "Seeking the Magic Mushroom"; Jay Fikes, *Carlos Castaneda, Academic Opportunism and the Psychedelic Sixties* (Victoria, BC: Millenia, 1993), 32.

13. Michael Horowitz, "Collecting Wasson," in *The Sacred Mushroom Seeker: Essays for R. Gordon Wasson*, edited by Thomas J. Riedlinger (Rochester, VT: Park Street, 1997), 131.

14. Tim Weiner, "Huautla Journal: The Place for Trips of the Mind-Bending Kind," *New York Times*, May 8, 2002, A4.

15. Joan Halifax, "The Mushroom Conspiracy," in *The Sacred Mushroom Seeker: Essays for R. Gordon Wasson*, edited by Thomas J. Riedlinger (Rochester, VT: Park Street, 1997), 113. 最近, 2002 年, 胡奥特拉州又经历了第二次致幻剂复兴。最近又有一波灵性朝圣者涌入该地区, 他们是被一种新发现的致幻植物——鼠尾草 (鼠尾草的一种) 吸引来的。胡奥特拉当地印第安人在没有致幻蘑菇的季节用这种植物的叶子来举行仪式, 其中一些当地人说这种植物比蘑菇更强大, 可以此来激发那些灵性旅行者的想象力。Weiner, "Huautla Journal," A4.

16. Wasson, *The Wondrous Mushroom*, 222–223.

17. Ibid., 223.

18. Daniel Pinchbeck, *Breaking Open the Head: A Psychedelic Journey into the Heart of Contemporary Shamanism* (New York: Broadway, 2002), 50.

19. Michael D. Coe, "A Vote for Gordon Wasson," in *The Sacred Mushroom Seeker: Essays for R. Gordon Wasson*, edited by Thomas J. Riedlinger (Rochester, VT: Park Street, 1997), 44.

20. Wasson, *The Wondrous Mushroom*, 28.

21. Halifax, "The Mushroom Conspiracy," 112.

22. Wasson, "Seeking the Magic Mushroom," 114.

23. Paul Devereux, *The Long Trip: A Prehistory of Psychedelia* (London: Arkana, 1997), 68.

24. Matthew Calloway, "Stonehenge and Sacred Mushrooms: The Inspiration behind the Circle of Stone," *Shaman's Drum* 58 (2001): 26.

25. Stepan Krashenninikov, *Opisanie zemli Kamchatki* (St. Petersburg: Imperatorskaia akademia nauk, 1786), 2: 110; Johann Gottlieb Georgi, *Opisanie vsiekh obitaiushchikh v Rossiiskom gosudarstve narodov* (St. Petersburg: izhdiveniem I. Grazunova, 1799), 3: 55.

26. R. Gordon Wasson, *Soma: Divine Mushroom of Immortality* (The Hague: Mouton, 1968), 33–34.

27. Wasson, *The Wondrous Mushroom*, 221.

28. Ibid., 228.

29. Wasson and Wasson, *Mushrooms, Russia, and History*, 194.

30. Wasson, "Seeking the Magic Mushroom," 114; *Wasson, The Wondrous Mushroom*, 28.

31. Reid W. Kaplan, "The Sacred Mushroom in Scandinavia," *Man* 10 (1975): 72–79.

32. Devereux, *The Long Trip*, 69–70, 72.

33. Calloway, "Stonehenge and Sacred Mushrooms," 21.

34. Steven Leto, "Magical Potions: Entheogenic Themes in Scandinavian Mythology," *Shaman's Drum* 54 (2000): 64.

35. Tom McIntyre, "Millennium Witness: Psychedelic Anthropologist Terence McKenna Takes on the Brave New World," *San Francisco Examiner*, October 9, 1994, M12.

36. Halifax, "The Mushroom Conspiracy," 112.

37. Mary Barnard, "The God in the Flowerpot," *Psychedelic Review* 1, no. 2 (1963): 245.

38. Ibid., 246–247.

39. Halifax, "The Mushroom Conspiracy," 114; Calloway, "Stonehenge and Sacred Mushrooms," 23.

40. Peter Furst, "Introduction: An Overview of Shamanism," in *Ancient Traditions*:

Shamanism in Central Asia and the Americas, edited by Gary Seaman and Jane S. Day (Niwot: University Press of Colorado, and Denver: Museum of Natural History, 1994), 23.

41. Peter Furst, " 'Vistas beyond the Horizon of This Life': Encounters with R. Gordon Wasson," in *The Sacred Mushroom Seeker: Essays for R. Gordon Wasson*, edited by Thomas J. Riedlinger (Rochester, VT: Park Street, 1997), 76.

42. 20 世纪 70 年代中期, 弗斯特在他的《致幻剂与文化》(*Hallucinogens and Culture*, San Francisco: Chandler & Sharp, 1976) 一书中总结了 "迷幻人类学家" 关于萨满教和致幻剂主题的所有著作。在这本被设计成通俗读物的书中, 弗斯特描述了古代和现代部落民众使用的所有主要草药致幻剂: 各种类型的蘑菇、参草、佩奥特仙人掌、烟草和大麻, 以及其他不太为人所知的能改变意识状态的物质。现在人们可以在开放领域找到有关致幻剂和文化的信息: http://www. sunrisedance r. com/radicalreader/library/hallucinogens and culture (downloaded July 29, 2005)。

43. Barnard, "The God in the Flowerpot," 248; Peter Furst, "Comments," in Marlene Dobkin de Rios, "The Influence of Psychotropic Flora and Fauna on Maya Religion," *Current Anthropology* 15, no. 2 (1974): 154.

44. Furst, " 'Vistas beyond the Horizon of This Life,' " 77.

45. Weston La Barre, *The Ghost Dance: Origin of Religion* (London: Allen & Unwin 1970), 161.

46. 转引自 Furst, "Introduction: An Overview of Shamanism," 19。

47. Nicholas Hellmuth, "Comments," in de Rios, "The Influence of Psychotropic Flora," 155.

48. De Rios, "The Influence of Psychotropic Flora."

49. Tatiana Proskouriakoff, "Comments," in de Rios, "The Influence of Psychotropic Flora," 159.

50. Esther Pasztory, "Nostalgia for Mud," *PARI Journal* 2, no. 1 (2001). Available at http://www. mesoweb. com/pari/publications/journal/03/mud. html (downloaded July 29, 2005).

51. 从萨满教习语角度看关于岩画艺术的评价, 可参见 David Lewis-Williams, *The Mind in the Cave: Consciousness and the Origin of Art* (London: Thames & Hudson, 2002); and James L. Pearson, *Shamanism and the Ancient Mind: A Cognitive Approach to Archaeology* (Walnut Creek, CA: Altamira, 2002)。最初, 我打算在我的书中加入关于萨满教隐喻在考古学中应用的单独章节。然而由于书稿篇幅方面的限制, 我不得不从书稿最终版本中删除了这一章。

52. Tricia Jones, "Rockin' the Art World: Experts in Prehistoric Stone Art Will Tell Portland Audience about Theories of Shamans' Visionary Imagery," *Columbian* (Vancouver, WA), September 2, 2002, D1.

53. 转引自 Paul G. Bahn, "Save the Last Trance for Me: An Assessment of the Misuse of Shamanism in Rock Art Studies," in *The Concept of Shamanism: Uses and*

Abuses, *edited* by H. -P. Frankfort and Roberte Hamayon（Budapest：Akadémiai Kiadó，2002），77。

54. Michael J. Harner，"The Role of Hallucinogenic Plants in European Witchcraft," in *Hallucinogens and Shamanism*, edited by Michael Harner（Oxford：Oxford University Press，1973），125-150.

55. Ibid.，131，139.

56. Mark Plotkin, *Tales of a Shaman's Apprentice*：*An Ethnobotanist Searches for New Medicine in the Amazon Rain Forest*（New York：Penguin，1994），204.

57. Richard Spruce, *Notes of a Botanist on the Amazon & Andes*（London：Macmillan，1908），2：415.

58. Luis Eduardo Luna，"Ayahuasca：Shamanism Shared across Cultures," *Cultural Survival Quarterly* 26，no. 3（2003）：20.

59. Spruce, *Notes of a Botanist on the Amazon & Andes*，415-416.

60. Ibid.，419-420.

61. Pinchbeck, *Breaking Open the Head*，139.

62. Devereux, *The Long Trip*，122.

63. Michael Harner, *The Way of the Shaman*：*A Guide to Power and Healing*（San Francisco：Harper & Row，1980），4.

64. Ibid.，5.

65. Ibid.，6.

66. Ibid.，8.

67. Gerardo Reichel-Dolmatoff，"The Cultural Context of an Aboriginal Hallucinogen：Banisteriopsis Caapi," in *Flesh of the Gods*：*The Ritual Use of Hallucinogens*, edited by Peter Furst（New York：Praeger，1972），96，103.

68. Claudio Naranjo，"Psychological Aspects of the Yage Experience in an Experimental Setting," in *Hallucinogens and Shamanism*, edited by Michael Harner（Oxford：Oxford University Press，1973），176-190.

69. Jeremy Narby, *Cosmic Serpent*：*DNA and the Origin of Knowledge*（New York：Jeremy P. Tarcher/Putnam，1998）.

70. Reichel-Dolmatoff，"The Cultural Context of an Aboriginal Hallucinogen," 98，102.

71. 关于舒尔兹在亚马孙地区的摄影记录，参见 Wade Davis and Richard Evans Schultes, *The Last Amazon*：*The Photographic Journey of Richard Evans Schultes*（San Francisco：Chronicle，2004）。

72. Wade Davis and Richard Evans Schultes, *One River*：*Explorations and Discoveries in the Amazon Rain Forest*（New York：Simon & Schuster，1996），151-153.

73. Oliver Harris, ed.，*The Letters of William S. Burroughs*，*1945-1959*（New York：Viking，1993），155.

74. Jonathan Kandell，"Richard E. Schultes：Trailblazing Authority on

Hallucinogenic Plants," *New York Times*, April 13, 2001, C11.

75. Martin A. Lee, "Shamanism versus Capitalism: The Politics of the Hallucinogen Ayahuasca," *San Francisco Bay Guardian*, February 19, 2001. Available at http://www.sfbg.com (downloaded November 25, 2003).

76. Allen Ginsberg, "The Yage Letters," in *Ayahuasca Reader: Encounters with the Amazon's Sacred Vine*, edited by Luis Eduardo Luna and Steven F. White (Santa Fe, NM: Synergetic, 2000), 162; Charles Montgomery, "High Tea," *Vancouver Sun*, February 10, 2001, H1.

77. William S. Burroughs and Allen Ginsberg, *The Yage Letters* (San Francisco: City Lights, 1963).

78. Strat Douthat, "Hallucination Ceremony Included in Amazon Tour," *Calgary Herald* (Alberta, Canada), November 13, 1993, D6.

79. Donald Joralemon, "The Selling of the Shaman and the Problem of Informant Legitimacy," *Journal of Anthropological Research* 46, no. 2 (1990): 108–109.

80. Stephanie Schorow, "Sham or Shamanism? The New Age Selling of Earth-based Spirituality Attracts Anger of American Indians," *Boston Herald*, October 15, 1997, O37.

81. Madrina Denig, "Misuse of Psychic Power," in *Proceedings of the Eleventh International Conference on the Study of Shamanism and Alternate Modes of Healing*, edited by Ruth-Inge Heinze (Berkeley, CA: Independent Scholars of Asia, 1994), 180.

82. Schorow, "Sham or Shamanism?" O37.

83. Rachel Proctor, "Tourism Opens New Doors, Creates New Challenges for Traditional Healers in Peru," *Cultural Survival Quarterly* 24, no. 4 (2001): 14–16.

84. Julia Lieblich, "Looking for God on a Psychedelic Drug Trip Obviously Controversial," Stuart News/Port St. Lucie News (Stuart, FL), January 31, 1998, D6.

85. Jaya Bear, "Ayahuasca Shamanism: An Interview with Don Agustin Rivas-Vasquez," *Shaman's Drum* 44 (1997): 44.

86. Furst, "Introduction: An Overview of Shamanism," 3.

87. Alan Shoemaker, "The Magic of Curanderismo: Lessons in Mestizo Ayahuasca Healing," *Shaman's Drum* 46 (1997): 39.

88. Proctor, "Tourism Opens New Doors"; Montgomery, "High Tea," H1.

89. Bear, "Ayahuasca Shamanism," 43.

90. Denig, "Misuse of Psychic Power," 182.

91. Ibid., 180.

92. Moira L. MacKinnon, "Stoned in the Jungle: Sylvia Fraser Looks for Truth and Insight among Peru's Shamans," *Hamilton Spectator* (Ontario, Canada), May 24, 2003, M8.

93. Proctor, "Tourism Opens New Doors," 14.

94. Ibid., 14–15.

95. Bear, "Ayahuasca Shamanism," 48.

96. Luna, "Ayahuasca: Shamanism Shared across Cultures," 21.

97. Fran çoise Barbira Freedman, "The Jaguar Who Would Not Say Her Prayers: Changing Polarities in Upper Amazonian Shamanism," in *Ayahuasca Reader: Encounters with the Amazon's Sacred Vine*, edited by Luis Eduardo Luna and Steven F. White (Santa Fe, NM: Synergetic, 2000), 118.

98. Denig, "Misuse of Psychic Power," 179.

99. Alix Madrigal, "Medicine Wheel Therapist," *San Francisco Chronicle Sunday Review*, September 30, 1990, 9.

100. Kevin Krajick, "Vision Quest," *Newsweek*, June 15, 1992, 62.

101. Alan Morvay, "A Shaman's Journey with Brant Secunda: An Interview," *Shaman's Drum* 20 (1989): 45-46.

102. Joy Wilder, "A New Leaf," *San Francisco Chronicle*, June 4, 2000, 10/Z1.

103. Krajick, "Vision Quest," 62.

104. Douthat, "Hallucination Ceremony Included in Amazon Tour," D6.

105. Pilar Montero and Arthur D. Colman, "Beyond Tourism: Travel with Shamanic Intent," in *The Sacred Heritage: The Influence of Shamanism on Analytical Psychology*, edited by D. F. Sandner and S. H. Wong (New York and London: Routledge, 1997), 237.

第五章

1. Arthur Herman, *The Idea of Decline in Western History* (New York: Free Press, 1997), 364-365.

2. Donald Moss, "Abraham Maslow and the Emergence of Humanistic Psychology," in *Humanistic and Transpersonal Psychology: A Historical and Biographical Sourcebook*, edited by Donald Moss (Westport, CT: Greenwood, 1999), 24-37.

3. Theodore Roszak, *Where the Wasteland Ends: Politics and Transcendence in Postindustrial Society* (Garden City, NY: Doubleday, 1972), 332.

4. Charles T. Tart, ed., *Altered States of Consciousness: A Book of Readings* (New York: Wiley, 1969).

5. Eugene Taylor, *Shadow Culture: Psychology and Spirituality in America* (Washington, DC: Counterpoint, 1999), 239.

6. Ibid., 248; Walter T. Anderson, *The Upstart Spring: Esalen and the American Awakening* (Reading, MA: Addison-Wesley, 1983), 223.

7. Timothy Freke and Dennis Renault, *Native American Spirituality* (San Francisco, CA: Thorsons, 1996), 25. 关于 20 世纪 70 年代的部落灵性实践者的改变，参见 Henri F. Ellenberger, *The Discovery of Unconscious: The History and Evolution of*

Dynamic Psychiatry (New York: Basic, 1970), 3; E. Fuller Torrey, *The Mind Game: Witchdoctors and Psychiatrists* (New York: Ballantine, 1972); R. Warner, "Deception and Self-Deception in Shamanism and Psychiatry," *International Journal of Social Psychiatry* 26, no. 1 (1980): 41-52。

8. Mircea Eliade, *Autobiography* (Chicago: University of Chicago Press, 1990), 18.

9. Mircea Eliade, *Shamanism: Archaic Techniques of Ecstasy* (Princeton, NJ: Princeton University Press, 1964), xiv; Eliade, *Autobiography*, 91.

10. Eliade, *Shamanism*, 459-460.

11. Ibid. , xvii.

12. Douglas Allen, *Myth and Religion in Mircea Eliade* (New York and London: Routledge, 1998), 20.

13. Eliade, *Shamanism*, xiv.

14. Ibid. , 169.

15. Ibid. , 259, 274.

16. Uno Harva [Holmberg], *Der Baum des Lebens* (Helsinki: Suomalainen Tiedeakatemia, 1922); Uno Harva [Holmberg], *Die religiösen Vorstellungen der Altaischen Völker* (Helsinki: Suomalainen Tiedeakatemia, 1938).

17. Eliade, *Shamanism*, 498.

18. Ibid. , 500.

19. Eliade, "The Yearning for Paradise in Primitive Tradition," in *The Making of Myth*, edited by Richard M. Ohmann (New York: Putnam, 1962), 86.

20. Ibid. , 88, 90-91, 98.

21. Allen, *Myth and Religion in Mircea Eliade*, 121, 123, 135, 221.

22. Ibid. , 301.

23. Ibid. , 296-297, 301.

24. Ibid. , 111-112, 213, 273.

25. Ibid. , 215.

26. Mircea Eliade, *No Souvenirs: Journal, 1957-1969* (New York: Harper & Row, 1977), 157.

27. Seymour Cain, "Poetry and Truth: The Double Vocation in Eliade's Journals and Other Autobiographical Writings," in *Imagination and Meaning: The Scholarly and Literary World of Mircea Eliade*, edited by Norman J. Gorardot and Mac Linscott Ricketts (New York: Seabury, 1982), 88-89; Mac Linscott Ricketts, "Mircea Eliade and the Writing of The Forbidden Forest," in *Gorardot and Ricketts, Imagination and Meaning*, 105.

28. Eliade, *Autobiography*, 91.

29. Eliade, *Shamanism*, xx.

30. Andreas Lommel, *The World of Early Hunters* (London: Evelyn, Adams &

MacKay 1967），10，105.

31. Peter Furst，"Roots and Continuities of Shamanism," in *Stones*, *Bones and Skins*: *Ritual and Shamanic Art*, edited by Anne Trueblood Brodsky et al. (Toronto: Society for Art Publications，1977），21.

32. Peter Furst，"The Olmec Were-Jaguar Motif in the Light of Ethnographic Reality," in *Dumbarton Oaks Conference on the Olmec*, edited by Elizabeth P. Benson (Washington，DC: Dumbarton Oaks Research Library and Collection，1968），170.

33. Ibid.

34. David Freidel, Linda Schele, and Joy Parker, *Maya Cosmos*: *Three Thousand Years on the Shaman's Path* (New York: Morrow，1993).

35. Ibid. , 48, 11.

36. Ibid. , 36.

37. Barbara Myerhoff, *Peyote Hunt*: *The Sacred Journey of the Huichol Indians* (Ithaca, NY, and London: Cornell University Press，1974).

38. Barbara Myerhoff, "Shamanic Equilibrium: Balance and Meditation in Known and Unknown Worlds," in *American Folk Medicine*: *A Symposium*, *edited* by Wayland D. Hand (Berkeley: University of California Press，1976），99.

39. Ibid. , 102.

40. 杰伊·菲克斯详细描述了均衡理论（equilibrium theory）背后的整个故事。此外，他认为迈尔霍夫和弗斯特应该为迎合反主流文化观众的口味而夸大惠乔尔印第安文化中的萨满教元素而负责。Jay C. Fikes, *Carlos Castaneda, Academic Opportunism and the Psychedelic Sixties* (Victoria, BC: Millenia，1993). 弗斯特对此进行了报复，称这种说法是偏执的，他也反过来质疑菲克斯作为一个研究人员的可信度。这些相互指责最终引发了两位学者之间的法律纠纷。想了解更多关于这场纷争的信息，参见 Simon Romero, "Peyote's Hallucinations Spawn Real-Life Academic Feud," *New York Times*, September 16，2003，F2。

41. Myerhoff, "Shamanic Equilibrium," 104–106.

42. Ibid. , 107.

43. D. F. Melia, "The Irish Saint as Shaman," *Pacific Coast Philology* 18, nos. 1–2（1983）: 37–42; Stephen Glosecki, *Shamanism and Old English Poetry* (New York and London: Garland，1989).

44. Carlo Ginzburg, *Ecstasies*: *Deciphering the Witches' Sabbath* (1991; reprint, New York: Penguin，1992），213.

45. Ibid. , 267.

46. Ibid. , 154.

47. 值得注意的是，在伊利亚德和金茨堡将欧洲中世纪巫术与萨满教联系起来之前，哈纳业已在其论文 "The Role of Hallucinogenic Plants in European Witchcraft," in *Hallucinogens and Shamanism*, edited by Michael Harner (Oxford: Oxford University Press，1973，125–150.) 中这样做了；与此同时，哈纳对欧洲巫师这一主题的研

究，更多的是在关注致幻剂在其仪式中可能发挥的作用。特别是这位人类学家认为，关于女巫入迷行为和狂欢的故事在某种程度上反映的是女巫通过在身上涂抹草药致幻剂而达到的出神状态。我已经在第四章关于迷幻学的讨论中提及过哈纳的文章。

48. Michael Harner, *The Way of the Shaman*: *A Guide to Power and Healing* (San Francisco: Harper & Row, 1980), 42, 57, 59.

49. 此外，伊利亚德还成为各种意识形态指责的对象，不过我想提醒读者，对此应谨慎对待。考虑到伊利亚德的思想来源是 20 世纪 30 年代罗马尼亚的传统主义运动，所以对他的某些指责是正确的，但有些指责却似乎有些牵强。例如，哲学家凯利·罗斯 (Kelley Ross) 认为：既然这位"流亡"学者在其著作中为非理性的"古老宗教"赋予了特权，那么他的学术就应该与"纳粹的新异教非道德主义" (neo-pagan amoralism of the Nazis) 联系起来。Mark Sedgwick, *Against the Modern World*: *Traditionalism and the Secret Intellectual History of the Twentieth Century* (Oxford and New York: Oxford University Press, 2004), 109–117. 最近，人类学家芭芭拉·特德洛克毫无根据地声称，当时占主导地位的精神分析学严重影响了伊利亚德的萨满教著作，但其实这根本不对。事实上，伊利亚德萨满研究的主要目标之一是彻底重新审视对古代入迷术的心理学和精神分析。此外，特德洛克还坚持认为，在精神分析的影响下，伊利亚德淡化了女性萨满在历史中的作用。Barbara Tedlock, *The Woman in the Shaman's Body*: *Reclaiming the Feminine in Religion and Medicine* (New York: Bantam, 2005), 64. 利亚德对女性萨满的历史地位的忽略，似乎只是反映了 20 世纪 40 年代和 50 年代知识界和文化生活中普遍存在的维多利亚时代的情结。

50. Glosecki, *Shamanism and Old English Poetry*, 4; Robert M. Torrance, *The Spiritual Quest*: *Transcendence in Myth*, *Religion*, *and Science* (Berkeley: University of California Press, 1994), 139.

51. Harner, *The Way of the Shaman*, 20.

52. I. M. Lewis, *Ecstatic Religion*: *A Study of Shamanism and Spirit Possession* (London: Routledge, 1989), 169.

53. Ibid. , 169, 44.

54. S. A. Thorpe, *Shamans*, *Medicine Men and Traditional Healers*: *A Comparative Study of Shamanism in Siberian Asia*, *Southern Africa and North America* (Pretoria: University of South Africa, 1993).

55. Stephen Larsen, "Foreword," in *Bradford P. Keeney*, *Shaking Out the Spirits*: *A Psychotherapist's Entry into the Healing Mysteries of Global Shamanism* (Barrytown, NY: Station Hill, 1994), ii.

56. 人们可以在科里·多诺万 (Corey Donovan) 的网站"Sustained Action"上找到关于卡斯塔尼达的生活和书籍的最完整资料，以及对他作品的评论，Available at http: //www. sustainedaction. org (downloaded August 5, 2005)。

57. Margaret Runyan Castaneda, *A Magical Journey with Carlos Castaneda*

(Victoria, BC: Millenia, 1996) , 83.

58. Ibid. , 3, 5, 83; Corey Donovan, "Salvador Lopez: One of Castaneda's Original Informants?" Available at http: //www. sustained action. org/Explorations/ salvador_ lopez. htm (downloaded January 27, 2005).

59. Amy Wallace, *Sorcerer's Apprentice: My Life with Carlos Castaneda* (Berkeley, CA: Frog North Atlantic, 2003) , 5-6; Peter Applebome, "Mystery Man's Death Can't End the Mystery," *New York Times*, August 19, 1998, E1.

60. Carlos Castaneda, *The Teachings of Don Juan: A Yaqui Way of Knowledge* (1968; reprint, Berkeley: University of California Press, 1998) , xi.

61. Ibid. , 5.

62. Richard De Mille, *Castaneda's Journey: The Power and the Allegory* (Santa Barbara, CA: Capra, 1976) , 71.

63. Castaneda, *The Teachings of Don Juan*, 132.

64. Fikes, *Carlos Castaneda*, 25, 54.

65. Daniel Trujillo Rivas, "Navigating into the Unknown: An Interview with Carlos Castaneda, 1997," Available at http: //www. ajna. com/great_ teachings/toltec/rivas_ interview_ castaneda. php (downloaded July 25, 2005).

66. C. Scott Littleton, "An Emic Account of Sorcery: Carlos Castaneda and the Rise of a New Anthropology," *Journal of Latin American Lore* 2, no. 2 (1976) : 146.

67. "Don Juan and the Sorcerer's Apprentice," *Time*, March 5, 1973, 43-45.

68. Castaneda, *A Magical Journey with Carlos Castaneda*, 83.

69. Ibid. , 39.

70. Alston Chase, *Playing God in Yellowstone: The Destruction of America's First National Park* (Boston: Atlantic Monthly, 1986) , 346。我要感谢罗纳德·赫顿的《月亮的胜利: 现代异教巫术史》1999: 350-351 引起了我对于蔡斯 (Chase) 的书的注意。

71. Karen Vogel, "Female Shamanism, Goddess Cultures, and Psychedelics," *ReVision* 25, no. 3 (2003) : 19-28.

72. 南非考古学家大卫·刘易斯-威廉姆斯将这一假设发展成了一个完整理论, 这是目前对古代和现代部落岩石艺术最流行的解释之一。

73. Johannes Wilbert, *Tobacco and Shamanism in South America* (New Haven, CT: Yale University Press, 1987).

74. Castaneda, *A Magical Journey with Carlos Castaneda*, 3.

75. Peter Furst, " 'Vistas beyond the Horizon of This Life': Encounters with R. Gordon Wasson," in *The Sacred Mushroom Seeker: Essays for R. Gordon Wasson*, edited by Thomas J. Riedlinger (Rochester, VT: Park Street, 1997) , 79.

76. Rivas, "Navigating into the Unknown."

77. Castaneda, *A Magical Journey with Carlos Castaneda*, 26.

78. Richard De Mille, ed. , *The Don Juan Papers: Further Castaneda Controversies*

(Belmont, CA: Wadsworth, 1990), 340.

79. "Carlos Castaneda's Comeback," *Skeptic* 4, no. 1 (1996): 16.

80. Carlos Castaneda, *Journey to Ixtlan: The Lessons of Don Juan* (New York: Simon and Schuster, 1972).

81. Castaneda, *Tales of Power* (New York: Simon and Schuster, 1974), 12.

82. Wallace, *Sorcerer's Apprentice*, 141.

83. Castaneda, *A Magical Journey with Carlos Castaneda*, 4; "Don Juan and the Sorcerer's Apprentice," 44.

84. Wallace, *Sorcerer's Apprentice*, 45.

85. Castaneda, *The Teachings of Don Juan*, xii.

86. Ibid. , xxi.

87. Daniel Noel, *The Soul of Shamanism: Western Fantasies, Imaginal Realities* (New York: Continuum, 1997), 93. 关于卡斯塔尼达的更多讨论见 Noel, ed. , *Seeing Castaneda: Reactions to the "Don Juan" Writings of Carlos Castaneda* (New York: Putnam, 1976); De Mille, Castaneda's Journey; and De Mille, *The Don Juan Papers*。

88. Wallace, *Sorcerer's Apprentice*, 397.

89. Anderson, *The Upstart Spring*, 224.

第六章

1. Richard De Mille, ed. , *The Don Juan Papers: Further Castaneda Controversies* (Belmont, CA: Wadsworth, 1990), 22; Michael Harner, *The Way of the Shaman: A Guide to Power and Healing* (San Francisco: Harper & Row, 1980), xvii.

2. Stephen Larsen, "Foreword," in *Bradford P. Keeney, Shaking Out the Spirits: A Psychotherapist's Entry into the Healing Mysteries of Global Shamanism* (Barrytown, NY: Station Hill, 1994), i.

3. C. Scott Littleton, "An Emic Account of Sorcery: Carlos Castaneda and the Rise of a New Anthropology," *Journal of Latin American Lore* 2, no. 2 (1976): 146.

4. Carlos Castaneda, *The Teachings of Don Juan: A Yaqui Way of Knowledge* (Berkeley: University of California Press, 1998), 6.

5. Ibid. , xii.

6. Littleton, "An Emic Account of Sorcery," 148.

7. Sandy McIntosh, "An Interview with Daniel C. Noel. " Available at http: // www. sustainedaction. org/explorations/an_ interview_ with_ daniel_ noel. htm (downloaded July 25, 2005).

8. James Highwater, *Primal Mind: Vision and Reality in Indian America* (New York: New American Library, 1982), 63.

9. De Mille, *The Don Juan Papers*, 348, 354.

10. Yves Marton, "The Experiential Approach to Anthropology and Castaneda's Ambiguous Legacy," in *Being Changed: The Anthropology of Extraordinary Experience*, edited by David E. Young and Jean-Guy Goulet (Petersborough, Ontario: Broadview, 1994), 274, 285.

11. For more on ethnomethodology, see Harold Garfinkel, *Studies in Ethnometh odology* (1967; reprint, London: Polity, 2003).

12. Olav Hammer, *Claiming Knowledge: Strategies of Epistemology from Theosophy to the New Age* (Leiden: Brill, 2001), xv.

13. Littleton, "An Emic Account of Sorcery," 147.

14. "Don Juan and the Sorcerer's Apprentice," *Time*, March 5, 1973, 44.

15. Littleton, "An Emic Account of Sorcery," 152.

16. Stephan A. Schwartz, "Boulders in the Stream: The Lineage and Founding of the Society for the Anthropology of Consciousness," Available at http://www.stephanaschwartz.com/PDF/SAC_history.pdf (downloaded August 5, 2005).

17. De Mille, *The Don Juan Papers*, 132-133.

18. Edith Turner, "A Visible Spirit Form in Zambia," in *Shamanism: Critical Concepts in Sociology*, edited by Andrei A. Znamenski (London: Routledge, 2004), 456; Turner, *Hands Feel It: Healing and Spirit Presence among a Northern Alaskan People* (DeKalb: Northern Illinois University Press, 1996), xxv.

19. Edith Turner, "Reality of Spirits," in *Shamanism: A Reader*, edited by Graham Harvey (London and New York: Routledge, 2003), 146.

20. Turner, *Hands Feel It*, xxv; David E. Young and Jean-Guy Goulet, "Introduction," in *Being Changed: The Anthropology of Extraordinary Experience*, edited by David E. Young and Jean-Guy Goulet (Petersborough, Ontario: Broadview, 1994), 7.

21. Robert J. Wallis, *Shamans/Neo-Shamans: Ecstasy, Alternative Archaeologies, and Contemporary Pagans* (London: Routledge, 2003), 6.

22. Wallace Black Elk and William Lyon, *Black Elk: The Sacred Ways of a Lakota* (San Francisco: Harper & Row, 1990), xxi.

23. Luis Eduardo Luna, "Ayahuasca: Shamanism Shared across Cultures," *Cultural Survival Quarterly* 26, no. 3 (2003): 22.

24. Victor Sanchez, *The Teachings of Don Carlos: Practical Applications of the Works of Carlos Castaneda* (Santa Fe, NM: Bear, 1995), xiv.

25. 对桑切斯来说，不幸的是，他的行动惹恼了那个热切地想要宣扬自己思想的人。卡斯塔尼达不欣赏这种为他辩护的积极尝试，并以侵犯他的版权为由起诉了这位热心的模仿者。卡斯塔尼达在其法庭陈述中，强调桑切斯的培训班干扰了他的灵性企业 Cleargreen Inc.，并抢了他的潜在客户。卡斯塔尼达特别指出，桑切斯在《唐·卡洛斯》封面上非法复制了鹰、沙漠和其他通常会被读者认为是与

41. Amy Wallace, *Sorcerer's Apprentice: My Life with Carlos Castaneda* (Berkeley, CA: Frog North Atlantic, 2003), 389.

42. Florinda Donner, *Shabono: A Visit to a Remote and Magical World in the South American Rainforest* (1982; reprint, San Francisco: HarperSanFrancisco, 1992).

43. Corey Donovan, "A Regine Thal/Florinda Donner-Grau Chronology," Available at http://www.sustainedaction.org (downloaded August 5, 2005).

44. Wallace, *Sorcerer's Apprentice*, 288.

45. Beth Ann Krier, "Making It Big in Shamanism," *Record*, February 11, 1988, E29.

46. Wilcox, *Keepers of the Ancient Knowledge*, xii.

47. Sarangerel [Julie A. Stewart], *Chosen by the Spirits: Following Your Shamanic Calling* (Rochester, VT: Destiny, 2001), x.

48. Amber Wolfe, *In the Shadow of the Shaman* (1988; reprint, St. Paul, MN: Llewellyn, 2003), front matter, 58.

49. Mary Summer Rain, *Earthways* (New York: Pocket, 1990), 42, 29.

50. Mirka Knaster, "Leslie Gray's Path to Power," Available at http://www.woodfish.org/power2.html (downloaded July 16, 2005).

51. Henri F. Ellenberger, *The Discovery of Unconscious: The History and Evolution of Dynamic Psychiatry* (New York: Basic, 1970), 10–12.

52. Bradford P. Keeney, *Shaking Out the Spirits: A Psychotherapist's Entry into the Healing Mysteries of Global Shamanism* (Barrytown, NY: Station Hill, 1994), 8.

53. Henry Niese, *The Man Who Knew the Medicine: The Teachings of Bill Eagle Feather* (Rochester, VT: Bear, 2002), ix–x.

54. Thomas C. Parkhill, *Weaving Ourselves into the Land: Charles Godfrey Leland, "Indians," and the Study of Native American Religions* (Albany: State University of New York Press, 1997), 120.

55. Brodford Keeney, *Shaking Out the Spirits*, 8–9.

56. John (Fire) Lame Deer and Richard Erdoes, *Lame Deer: Seeker of Visions* (1972; reprint, New York: Pocket, 1976); Leonard Crow Dog and Richard Erdoes, *CrowDog: Four Generations of Sioux Medicine Men* (New York: HarperCollins, 1995); Archie Fire Lame Deer and Richard Erdoes, *Gift of Power: Life and Teachings of a Lakota Medicine Man* (Rochester, VT: Bear, 2001).

57. Ed McGaa, *Mother Earth Spirituality: Native American Paths to Healing Ourselves and Our World* (San Francisco: Harper & Row, 1990).

58. Doug Boyd, *Rolling Thunder: A Personal Exploration into the Secret Healing Powers of an American Indian Medicine Man* (New York: Random House, 1974); Carmen Sun Rising, *Rolling Thunder Speaks: A Message for Turtle Island* (Santa Fe, NM: Clear Light, 1999); Sun Bear, Wabun, and Barry Weinstock, *The Path of Power* (New York: Prentice Hall, 1988); Robert "Medicine Grizzlybear" Lake, *Native Healer:*

Initiation into an Ancient Art (Wheaton, IL: Theosophical, 1991); Brooke Medicine Eagle, Buffalo Woman Comes Singing: The Spiritual Song of a Rainbow Medicine Woman (New York: Ballantine, 1991); Wolf Moondance, *Rainbow Medicine: A Visionary Guide to Native American Shamanism* (New York: Sterling, 1994); Barbara Kerr and John McAlister, *Letters to the Medicine Man: Apprenticeship in Spiritual Intelligence* (Cresskill, NJ: Hampton, 2002).

59. Arnold Mindell, *The Shaman's Body: A New Shamanism for Transforming Health, Relationships, and Community* (San Francisco: HarperSanFrancisco, 1993).

60. Cinnamon Moon, *A Medicine Woman Speaks: An Exploration of Native American Spirituality* (Franklin Lakes, NJ: New Page, 2001).

61. Ed McGaa, *Rainbow Tribe: Ordinary People Journeying on the Red Road* (San Francisco: HarperSanFrancisco, 1992).

62. 有很多萨满灵性传记和自传都是以拉丁美洲土著为背景的。在这种不断增加的文本中，有很大一部分是关于迷幻草药仪式使用方面的。比如，一本以死藤水使用为核心的萨满传记为贾亚·贝尔（Jaya Bear）的《亚马孙魔法：死藤和萨满巫师唐·奥古斯丁·里瓦斯·瓦斯奎兹的人生故事》（*Amazon Magic: The Life Story of Ayahuasquero & Shaman Don Agustin Rivas Vasquez*）（ Taos, NM: Colibri, 2000），还有一本灵性自传，详细描述了墨西哥惠乔尔印第安人的新萨满教社团瓦坎的成员——美国灵性追求者汤姆·皮克森（Tom Pinkson）的佩奥特仙人掌使用经历，参见 Tom Pinkson, *Flowers of Wiricuta: A Gringo's Journey to Shamanic Power* (Mill Valley, CA: Wakan, 1995)。第一个以欧洲前基督教传统为背景的魔法故事，请看布莱恩·贝茨的小说《命运之路：盎格鲁-撒克逊巫师的故事》（*The Way of Wyrd: Tales of an Anglo-Saxon Sorcerer*, 1983; reprint, Carlsbad, CA: Hay House, 2005），还有一本以夏威夷土著为背景的幻想故事是亨利·韦塞尔曼（Henry Wesselman）的《医药制造者：萨满之路上的神秘邂逅》（*Medicine maker: Mystic Encounters on the Shaman's Path*, New York: Bantam, 1998)。卡里提第的《进入圆圈》是我之前提到过的一本幻想小说，这本书用了一些西伯利亚萨满教元素为背景。想要了解更深层地探索西伯利亚萨满教传统的西方灵性追求者，参见 Sarangerel, *Chosen by the Spirits*。

63. Black Elk and Lyon, *Black Elk*, xi–xii.

64. Harry Oldmeadow, *Journeys East: 20th-Century Western Encounters with Eastern Religious Traditions* (Bloomington, IN: World Wisdom, 2004), 109–110.

65. Stephen Larsen, "Foreword," in Bradford P. Keeney, *Shaking Out the Spirits: A Psychotherapist's Entry into the Healing Mysteries of Global Shamanism* (Barrytown, NY: Station Hill, 1994), i–ii.

66. Christopher Vecsey, "Introduction," in Åke Hultkrantz, *Belief and Worship in Native North America* (Syracuse, NY: Syracuse University Press, 1981), x, xix; Jan Svanberg, "Scandinavian Neo-Shamanism: The Contribution of the Academic Study of Religion in Reconstructing Beliefs and Practices of Tradition within Post-Modern Urban

Milieus," *Acta Ethnographica Hungarica* 43, nos. 1-2 (1998): 157.

67. Amanda Porterfield, "Shamanism: A Psychological Definition," *Journal of the American Academy of Religion* 55, no. 4 (1987): 725.

68. Jane Monnig Atkinson, "Shamanisms Today," *Annual Review of Anthropology* 21 (1992): 307-330; Wallis, Shamans/Neo-Shamans.

69. Roberte N. Hamayon, "Shamanism in Siberia: From Partnership in Super-structure to Counter-Power in Society," in *Shamanism, History, and the State*, edited by Nicholas Thomas and Caroline Humphrey (Ann Arbor: University of Michigan Press, 1994), 77; Sergei M. Shirokogoroff, *Psychomental Complex of the Tungus* (London: Kegan Paul, 1935), 241.

70. Caroline Humphrey and Urgunge Onon, *Shamans and Elders: Experience, Knowledge, and Power among the Daur Mongols* (Oxford and New York: Clarendon, 1996), 2, 5, 360.

71. Michael Brown, "Shamanism and Its Discontents," *Medical Anthropology Quarterly* 2, no. 2 (1988): 102-120.

72. Michael Taussig, *Shamanism, Colonialism, and the Wild Man* (Chicago: University of Chicago Press, 1987).

73. Emily Eakin, "Anthropology's Alternative Radical," *New York Times*, April 21, 2001, B7.

74. Michael Taussig, "Montage," in *Ayahuasca Reader: Encounters with the Amazon's Sacred Vine*, edited by Luis Eduardo Luna and Steven F. White (Santa Fe, NM: Synergetic, 2000), 123.

75. Martin A. Lee, "Shamanism versus Capitalism: The Politics of the Hallucinogen Ayahuasca," *San Francisco Bay Guardian*, February 19, 2001. Available at http://www.sfbg.com (downloaded November 25, 2003).

76. Åke Hultkrantz, "The Meaning of Ecstasy in Shamanism," in *Tribal Epis-temologies: Essays in the Philosophy of Anthropology*, edited by Helmut Wautischer (Aldershot, England: Ashgate, 1998), 163; Peter Furst, "Roots and Continuities of Shamanism," in *Stones, Bones and Skins: Ritual and Shamanic Art*, edited by Anne Trueblood Brodsky et al. (Toronto: Society for Art Publications, 1977), 6; Furst, "Introduction: An Overview of Shamanism," in *Ancient Traditions: Shamanism in Central Asia and the Americas*, edited by Gary Seaman and Jane S. Day (Niwot: University Press of Colorado, and Denver: Museum of Natural History, 1994), 5.

第七章

1. Michael Harner, "Altered State of Consciousness and Shamanism: A Personal Memoir," in *Materialy mezhdunarodnogo kongressa shamanizm i inie traditsionnie*

verovania i praktiki, edited by V. I. Kharitonova and D. Funk, *Ethnological Studies of Shamanism and Other Indigenous Spiritual Beliefs and Practices*, no. 5, pt. 1 (Moskva: Institut Antropologii i Etnografii, 1999), 69.

2. Rafael Karsten, *The Head-Hunters of Western Amazonas: The Life and Culture of the Jibaro Indians of Eastern Ecuador and Peru* (Helsingfors: Societas Scientiarum Fennica, 1935).

3. Harner, "Altered State of Consciousness and Shamanism," 70.

4. Harner, "A Different Drummer," *Natural History* 106, no. 2 (1997): 50.

5. Harner, "Altered State of Consciousness and Shamanism," 71.

6. Ibid., 72.

7. Harner, "The Sound of Rushing Water," in *Hallucinogens and Shamanism*, edited by Michael Harner (Oxford: Oxford University Press, 1973), 17.

8. Harner, *The Way of the Shaman: A Guide to Power and Healing* (San Francisco: Harper & Row, 1980), 11.

9. Harner, "The Sound of Rushing Water," 17.

10. Richard De Mille, *Castaneda's Journey: The Power and the Allegory* (Santa Barbara, CA: Capra, 1976), 114.

11. Harner, "The Sound of Rushing Water," 16.

12. Harner, *The Way of the Shaman*, 31, 44.

13. Harner, "Altered State of Consciousness and Shamanism," 72.

14. Harner, *The Way of the Shaman*, 60.

15. Harner, "A Different Drummer," 50.

16. Harner, "Altered State of Consciousness and Shamanism," 72.

17. Harner, *The Way of the Shaman*, xv.

18. Galina Lindquist, *Shamanic Performances on the Urban Scene: Neo-Shamanism in Contemporary Sweden* (Stockholm: Department of Social Anthropology, Stockholm University, 1997), 27-28.

19. Harner, *The Way of the Shaman*, xii.

20. Richard De Mille, ed., *The Don Juan Papers: Further Castaneda Controversies* (Belmont, CA: Wadsworth, 1990), 40.

21. Harner, "A Different Drummer," 51.

22. Melinda Maxfield, "The Journey of the Drum," *ReVision* 16, no. 4 (1994): 157-163.

23. Debra George Siedt, "Taking a Journey to a Healthier Place," *Capital* (Annapolis, MD), November 30, 2003, F1.

24. 1993 年，在图瓦，萨满教和其他被苏联所禁止的灵性果实都曾风靡一时，在 FSS 成员访问该地区时，当地民众对他们表示欢迎。这种热情至少有一部分可归因于图瓦知识分子试图运用已几近灭绝的萨满教来复兴族裔民族主义和文化民族主义的目的。此外，人类天生的好奇心在这里也起了不小的作用。毕竟，苏联时期的图瓦实际上是与外部世界隔绝的。

25. Robert J. Wallis, *Shamans/Neo-Shamans: Ecstasy, Alternative Archaeologies, and Contemporary Pagans* (London: Routledge, 2003), 222.

26. 我将在第九章探讨古什·凯宁-洛普桑对图瓦萨满教复兴的贡献。

27. "Spiritual Healing," *Hull Daily Mail*, November 8, 2003, 16; Eric Perry, "American Shamanism," *lecture* presented at the Pagan Pride Day, Unitarian Universalist Church, Savannah, GA, October 17, 2004.

28. Paul C. Johnson, "Shamanism from Ecuador to Chicago: A Case Study in New Age Ritual Appropriation," *Religion* 25, no. 2 (1995): 171, 173.

29. Lindquist, *Shamanic Performances on the Urban Scene*, 74.

30. Harner, *The Way of the Shaman*, 67, 81, 113.

31. Lindquist, *Shamanic Performances on the Urban Scene*, 76.

32. Harner, *The Way of the Shaman*, 67-68.

33. "Letters," *Shaman's Drum* 56 (2000): 10.

34. Lindquist, *Shamanic Performances on the Urban Scene*, 68.

35. Michael Harner, "The Ancient Wisdom in Shamanic Cultures," in *Shamanism: An Expanded View of Reality*, edited by Shirley J. Nicholson (Wheaton, IL: Theosophical, 1987), 9.

36. Ibid., 11-12.

37. Cally Law, "Spirit Level," *Sunday Times* (London), March 21, 1999, Features.

38. Angelique S. Cook and George A. Haw, *Shamanism and the Esoteric Tradition* (St. Paul, MN: Llewellyn, 1992), front matter.

39. Lindquist, *Shamanic Performances on the Urban Scene*, 24.

40. Barbara Clearbridge, "Shamanism Alive and Well in Urban America," Available at http://www.energyworkinfo.com/files/shaman.html (downloaded November 29, 2003).

41. Kim Zarzour, "Witch Doctor Takes You on Trip to Another World," *Toronto Star*, December 1, 1987, G1.

42. Mirka Knaster, "Leslie Gray's Path to Power," Available at http://www.woodfish.org/power2.html (downloaded July 16, 2005).

43. Ibid.

44. Frank H. MacEowan, "Reclaiming Our Ancestral Bones: Revitalizing Sha-manic Practices in the New Millennium," *Shaman's Drum* (July-November 2001): 17.

45. Wolf Moondance, *Rainbow Medicine: A Visionary Guide to Native American Shamanism* (New York: Sterling, 1994), 7.

46. Robert Bellah et al., *Habits of the Heart: Individualism and Commitment in American Life* (1985; reprint, Berkeley: University of California Press, 1996), 219-249.

47. Bill B. Burton, "Western Shamanism in a Cultural Context," in *Materialy mezhdunarodnogo kongressa shamanizm i inie traditsionnie verovania i praktiki*, edited by V. I. Kharitonova and D. Funk, *Ethnological Studies of Shamanism and Other Indigenous Spiritual Beliefs and Practices*, no. 5, pt. 2 (Moskva: Institut Antropologii i Etnografii, 1999), 235–236.

48. Michael Harner, "What Is a Shaman?" in *Shaman's Path: Healing, Personal Growth & Empowerment*, edited by Gary Doore (Boston: Shambhala, 1988), 10; Harner, "The Ancient Wisdom in Shamanic Cultures," 16.

49. Gini Graham Scott, *The Complete Idiot's Guide to Shamanism* (Indianapolis, IN: Alpha, 2002), 182.

50. Joan Townsend, "Modern Non‑Traditional and Invented Shamanism," in *Shamanhood: Symbolism and Epic*, edited by Juha Pentikäinen (Budapest: Akadémiai Kiadó, 2001), 257.

51. Wallis, *Shamans/Neo-Shamans*, 85.

52. Karen Kelly, "Editorial," *Spirit Talk* 14 (2001): 24. Available at http://www.shamaniccircles.org/spirit_talk/index.html (downloaded July 29, 2005).

53. Jurgen Kremer, "Seidr or Trance? Toward an Archaeology of the Euro-American Tribal Mind," *ReVision* 16, no. 4 (1996): 183–192.

54. Annette Host, "What's in a Name," *Spirit Talk* 14 (2001): 1. Available at http://www.shamaniccircles.org/spirit_talk/index.html (downloaded July 29, 2005).

55. Christiana Harle-Silvennoinen, "In the Land of Song and the Drum: Receiving Inspiration from Tuvan Shamans," Available at http://www.geocities.com/talkingdrums (downloaded June 20, 2004).

56. Ibid.

57. "The Foundation for Shamanic Studies: Shop Online," Available at http://www.shamanism.org/products/supplies.html (downloaded August 28, 2003).

58. Jurgen Kremer, "Practices for the Postmodern Shaman," in *Proceedings of the Tenth International Conference on the Study of Shamanism and Alternate Modes of Healing*, edited by Ruth-Inge Heinze (Berkeley, CA: Independent Scholars of Asia, 1993), 39.

59. Lindquist, *Shamanic Performances on the Urban Scene*, 263; Wallis, *Shamans/Neo-Shamans*.

60. Maude Stephany, "An Interview with Diana Paxson," *Echoed Voices* (No-vember 2002). Available at http://www.echoedvoices.org (downloaded June 20, 2004); Wallis, *Shamans/Neo-Shamans*, 93–94.

61. Cinnamon Moon, *A Medicine Woman Speaks: An Exploration of Native American Spirituality* (Franklin Lakes, NJ: New Page, 2001), back cover; Arnold Mindell, *The Shaman's Body: A New Shamanism for Transforming Health, Relationships, and Community* (San Francisco: HarperSanFrancisco, 1993), xi–xii; Andrew Jacobs, "Happy Borrower from the World's Rituals," *New York Times*, December 25, 1998, B2.

62. John Littleton, "'With Spirit at the Center': A Postmodern Ethnography of the Wakan Community and Its Earth-Centered Shamanism" (M. A. thesis, California Institute for Integral Studies, 1993), 554.

63. Roma Heillig Morris, "Woman as Shaman: Reclaiming the Power to Heal," *Women's Studies* 24, no. 6 (1995): 573-585. 更多从女权主义视角探讨女性萨满的历史作用见 Barbara Tedlock, *The Woman in the Shaman's Body: Reclaiming the Feminine in Religion and Medicine* (NewYork: Bantam, 2005)。

64. Scott, *The Complete Idiot's Guide to Shamanism*, 168.

65. Belinda Gore, *Ecstatic Body Postures: An Alternate Reality Workbook* (Rochester, VT: Bear, 1995), 22.

66. Lindquist, *Shamanic Performances on the Urban Scene*, 269.

67. Marilyn Ferguson, *The Aquarian Conspiracy* (Los Angeles: Tarcher, 1980); Amy Wallace, *Sorcerer's Apprentice: My Life with Carlos Castaneda* (Berkeley, CA: Frog North Atlantic, 2003), 169; Deanna Stennett, "Shamanism: Becoming Part of the Whole Web of Life," *Annapolis Capital*, June 13, 2002, A12.

68. Harner, *The Way of the Shaman*, xiii-xiv.

69. Gore, *Ecstatic Body Postures*, 4, 13.

70. Harner, "The Ancient Wisdom in Shamanic Cultures," 15-16.

71. Steve Rabey, "Healing Journeys: Interest in Ancient Tradition of Shamanism Experiencing a Revival," *Hamilton Spectator* (Ontario, Canada), July 8, 1995, B13.

72. I. M. Lewis, *Ecstatic Religion: A Study of Shamanism and Spirit Possession* (London: Routledge, 1989), 184, 170, 183.

73. Jenny Blain, *Nine Worlds of Seid-Magic: Ecstasy and Neo-Shamanism in Northern European Paganism* (London and New York: Routledge, 2002), 13.

74. Julia Lieblich, "Looking for God on a Psychedelic Drug Trip Obviously Controversial," *Stuart News/Port St. Lucie News* (Stuart, FL), January 31, 1998, D6.

75. Jose Stevens and Lena S. Stevens, *Urban Shaman: Tapping the Spirit Power within You* (New York: Avon, 1988), 10.

76. Carol Proudfoot, "Shamanism Is Alive and Well Whether from the Core or the Apple Itself," *Spirit Talk* 14 (2001): 6. Available at http://www. shamaniccircles. org/spirit_talk/index. html (downloaded July 29, 2005).

77. Merete Jakobsen, *Shamanism: Traditional and Contemporary Approaches to the Mastery of Spirits and Healing* (New York: Berghahn, 1999), 152.

78. Karen Kelly, "Review of Merete D. Jakobsen's Shamanism (1999)," *Spirit Talk* 10 (2000). Available at http://www. shamaniccircles. org/spirit_talk/index. html (down-loaded July 29, 2005).

79. Lindquist, *Shamanic Performances on the Urban Scene*.

80. Wallis, *Shamans/Neo-Shamans*, 106.

81. Lisa Brinkworth, "Have You No Shaman?" *Sunday Times* (London), March 30, 1997,

Features; Lynn Cochrane, "The Shamanic Rights," *Sunday Times* (London), November 5, 2000, Features.

82. Lena Stevens, "Getting to Know Your Environment through Shamanism," in *Proceedings of the Sixth International Conference on the Study of Shamanism and Alternate Modes of Healing*, edited by Ruth-Inge Heinze (Berkeley, CA: Independent Scholars of Asia, 1989), 78.

83. Nancy Salem, "Shamans Offer Secrets to Power, Writer Says," *Albuquerque Tribune*, August 19, 2002, 11.

84. Shari M. Huhndorf, "Going Native: Figuring the Indian in Modern American Culture" (Ph. D. diss., New York University, 1996), 228; Beth Ann Krier, "Making It Big in Shamanism," *Record*, February 11, 1988, E29.

85. Lindquist, *Shamanic Performances on the Urban Scene*, 266.

86. Jacobs, "Happy Borrower from the World's Rituals," B2.

87. Lindquist, *Shamanic Performances on the Urban Scene*, 272.

88. Bear Heart and Molly Larkin, *The Wind Is My Mother: The Life and Teachings of a Native American Shaman* (New York: Clarkson Potter, 1996), ix–x.

89. Bradford P. Keeney, *Shaking Out the Spirits: A Psychotherapist's Entry into the Healing Mysteries of Global Shamanism* (Barrytown, NY: Station Hill, 1994), 17.

90. David Lukoff, "Shamanistic Initiatory Crisis and Psychosis," in *Proceedings of the Seventh International Conference on the Study of Shamanism and Alternate Modes of Healing*, edited by Ruth-Inge Heinze (Berkeley, CA: Independent Scholars of Asia, 1990), 238, 240, 242.

91. Robert Bly, *Iron John: A Book about Men* (Reading, MA: Addison-Wesley, 1990).

92. Lindquist, *Shamanic Performances on the Urban Scene*, 272.

93. Stennett, "Shamanism," A12.

94. V. I. Kharitonova, "Variatsii na temu: Stranstvia po miram psikhicheskoi vselennoi," in *Izbranniki dukhov: Traditsionnoe shamanstvo i neoshamanism*, edited by V. I. Kharitonova, *Ethnological Studies of Shamanism and Other Indigenous Spiritual Beliefs and Practices*, no. 4 (Moskva: Institut Antropologii i Etnografii, 1999), 265.

95. Lindquist, *Shamanic Performances on the Urban Scene*, 294–296.

96. Svanberg, "Scandinavian Neo-Shamanism," 155; Adrian Ivakhiv, *Claiming Sacred Ground: Pilgrims and Politics at Glastonbury and Sedona* (Bloomington: Indiana University Press, 2001), 176. 对 2002 年在亚利桑那州奥拉克尔举办的一场萨满教从业者国际集会的社会学调查显示，在 115 位欧美萨满教从业者中，女性占 84%，男性占 16%。调查者还描绘了一个"典型的参与者"的形象，强调这是一个白人女性在其接近 50 岁的时候所从事的助人职业。Peter Bloom, Mary Myers, and Nancy Anderson, "Oracle 2002 Survey Report," Available at www. shamaniccircles. org/2002oraclesharings/OracleReport. pdf (downloaded October 26, 2006).

97. Marianna Torgovnick, *Primitive Passions: Men, Women, and the Quest for Ecstasy* (New York: Knopf, 1997), 180−181.

98. Alan Morvay, "An Interview with Oh Shinnah, a Mohawk-Apache Healer," *Shaman's Drum Mid-Spring* (1989): 21.

99. Wallace, *Sorcerer's Apprentice*, 41.

100. Michael Winkelman, "Complementary Therapy for Addiction: 'Drumming Out Drugs,'"*American Journal of Public Health* 93, no. 4 (2004): 647−651; DebraGeorge Siedt, "Taking a Journey to a Healthier Place," *Capital* (Annapolis, MD), November 30, 2003, F1.

101. "Dr. Philip Singer on Popular Shamanism," Available at http://www.astralgia.com/webportfolio/omnimoment/archives/chats/br112996.html (downloaded September 6, 2005).

第八章

1. Leslie Garner Crutchfield, "Shamanic Travelers Can Attain Balance, Teacher Says," *Cleveland Plain Dealer*, December 26, 1995, 5B.

2. Kurt Kaltreider, *American Indian Prophecies: Conversations with Chasing Deer* (Carlsbad, CA: Hay House, 1998), 129.

3. John (Fire) Lame Deer and Richard Erdoes, *Lame Deer: Seeker of Visions* (1972; reprint, New York: Pocket, 1976), 59; Madrina Denig, "Misuse of Psychic Power," in *Proceedings of the Eleventh International Conference on the Study of Shamanism and Alternate Modes of Healing*, edited by Ruth-Inge Heinze (Berkeley, CA: Independent Scholars of Asia, 1994), 178.

4. Philip Jenkins, *Dream Catchers: How Mainstream America Discovered Native Spirituality* (New York: Oxford University Press, 2004), 提供从殖民时代到当下的关于美洲土著灵性的全面讨论。

5. Christopher F., "Responses to the Declaration of War against Exploiters of Lakota Spirituality" (March 20, 1999). Available at http://puffin.creighton.edu/lakota/war_8.html (downloaded July 12, 2005).

6. Fred Gustafson, *Dancing between Two Worlds: Jung and the Native American Soul* (New York: Paulist, 1997), 64.

7. Michael York, *The Emerging Network: A Sociology of the New Age and Neo-Pagan Movements* (Lanham, MD: Rowman and Littlefield, 1995), 165.

8. "Indians Battle for Their Heritage," *Times Union* (Albany, NY), May 5, 1994, A1.

9. Galina Lindquist, *Shamanic Performances on the Urban Scene: Neo-Shamanism in Contemporary Sweden* (Stockholm: Department of Social Anthropology, Stockholm

University, 1997), 47.

10. "Black Roots of 'Red Indians,' " *Herald Express* (Torquay), July 2, 2003, 12; Lindquist, *Shamanic Performances on the Urban Scene*, 33.

11. Doug Boyd, *Rolling Thunder: A Personal Exploration into the Secret Healing Powers of an American Indian Medicine Man* (New York: Random House, 1974).

12. Lindquist, *Shamanic Performances on the Urban Scene*, 276; Jan Svanberg, "Scandinavian Neo-Shamanism: The Contribution of the Academic Study of Religion in Reconstructing Beliefs and Practices of Tradition within Post-Modern Urban Milieus," *Acta Ethnographica Hungarica* 43, nos. 1-2 (1998): 155.

13. Doug Blackburn, "For the Love of the Land," *Times* (Albany, NY), May 2, 1999, G1.

14. Kate Whitehead, "Shamanic Reading," *South China Morning Post*, December 14, 2003, 11; "shaman," *American Heritage Dictionary*, 2d college ed. (1985), 1126; Peter Furst, "Introduction: An Overview of Shamanism," in *Ancient Traditions: Shamanism in Central Asia and the Americas*, edited by Gary Seaman and Jane S. Day (Niwot: University Press of Colorado, and Denver: Museum of Natural History, 1994), 3.

15. Kenneth Meadows, *The Medicine Way: How to Live the Teachings of the Native American Medicine Wheel* (London: Rider, 2001).

16. Dee Brown, *Bury My Heart at Wounded Knee: An Indian History of the American West* (New York: Holt, Rinehart & Winston, 1970); and John Gneisenau Neihardt, *Black Elk Speaks: Being the Life Story of a Holy Man of the Oglala Sioux* (1932; reprint, Lincoln: University of Nebraska Press, 1971).

17. Bruce Hawkins, "Shamanic Soul Flight in the Space Age," in *Proceedings of the Eighth International Conference on the Study of Shamanism and Alternate Modes of Healing*, edited by Ruth-Inge Heinze (Berkeley, CA: Independent Scholars of Asia, 1991), 254.

18. Marcia S. Lauck, "Dreamtime and Natural Phenomena," in *Proceedings of the Eighth International Conference on the Study of Shamanism and Alternate Modes of Healing*, edited by Ruth-Inge Heinze (Berkeley, CA: Independent Scholars of Asia, 1991), 107.

19. Merete Jakobsen, *Shamanism: Traditional and Contemporary Approaches to the Mastery of Spirits and Healing* (New York: Berghahn, 1999), 180.

20. Andrew Jacobs, "Happy Borrower from the World's Rituals," *New York Times*, December 25, 1998, B2.

21. Sun Bear, Wabun, and Barry Weinstock, *The Path of Power* (New York: Prentice Hall, 1988), 65.

22. Ibid. , 129.

23. Brad Steiger, *Medicine Talk: A Guide to Walking in Balance and Surviving on the*

Earth Mother (Garden City, NY: Doubleday, 1975), 169.

24. Sun Bear, Wabun, and Weinstock, *The Path of Power*, 40.

25. Ibid. , 44.

26. Lindquist, *Shamanic Performances on the Urban Scene*, 33-35.

27. Ibid. , 40.

28. Susy Buchanan "Sacred Orgasm," *Phoenix New Times* (Arizona), June 13, 2002. Available at http: //www. phoenixnewtimes. com/issues/2002 - 06 - 13/news/ feature. html (downloaded August 6, 2005); Bill Bertolino, "E. V. Speed Shooters Aiming Honors in National Competition," *Scottsdale Tribune* (Arizona), August 18, 2003.

29. Buchanan "Sacred Orgasm"; Lisa Brinkworth, "Have You No Shaman?" *Sunday Times* (London), March 30, 1997, Features; Lynn Cochrane, "The Shamanic Rights," *Sunday Times* (London), November 5, 2000, Features; Loudon Temple, "Going Back to Her Roots," *Herald* (*Glasgow*), May 13, 2000, 19.

30. Dagmar Wernitznig, *Going Native or Going Naïve: White Shamanism and the Neo - noble Savage* (Lanham, MD: University Press of America, 2003), x; Ward Churchill, *Indians Are Us? Culture and Genocide in Native North America* (Monroe, ME: Common Courage, 1994), 283-289.

31. Mark Havnes, "Leaders Decry Those Who Dabble in Indian Religion," *SaltLake Tribune* (Utah), December 13, 1997, Religion: 1; Karen Lincoln Michel, "IndiansRap Takeover of Rituals," *Omaha World Herald*, July 22, 1995, 61.

32. Lindquist, *Shamanic Performances on the Urban Scene*, 51; Nancy Butterfield, "New Age Movement Stealing American Indian Ceremonies," *Seattle Times*, April 7, 1990, A15. 人类学家迈克尔·F. 布朗在其新书 (*Who Owns Native Culture* ? Cambridge, MA, and London: Harvard University Press, 2003) 中，从法律和道德方面对更广泛的外界社会对美洲土著的侵占进行了最全面、最综合的讨论。

33. Vine Deloria, Jr. , *God Is Red: A Native View of Religion* (1973; new edition, Golden, CO: North American, 1992), 41.

34. Vine Deloria, Jr. , *For This Land: Writings on Religion in America* (New York and London: Routledge, 1999), 266; Deloria, *God Is Red*, 43.

35. Stephen Bruner, "Do Earth-Based Ceremonies Belong to Natives Only?" *Shaman's Drum 51* (1999): 6.

36. Steve Jackson, "Civil Wars: The Fury Flies as Indian Activists Take Aim at Each Other," *Denver Westword*, February 9, 1994, 14.

37. Lisa Aldred, "Plastic Shamans and Astroturf Sundances: New Age Commodification of Native American Spirituality," *American Indian Quarterly* 24, no. 3 (2000): 344; Wernitznig, *Going Native or Going Naïve*, xxxiv.

38. 宣言全文，参见 "Declaration of War against Exploiters of Lakota Spirituality. " Available at http: //puffin. creighton. edu/lakota/war. html (downloaded August 6,

2005）。

39. "Indians Battle for Their Heritage," A1；"New Age Frauds & Plastic Shamans," Available at http：//users. pandora. be/gohiyuhi/nafps（downloaded August 6, 2005）.

40. Aldred, "Plastic Shamans and Astroturf Sundances," 348; Ricardo Duran, "Group Says Riversider Is Exploiting Indian Ways," *Press-Enterprise*（Riverside, CA）, October 24, 1993, B5; Patricia Holt, "Arguing a Writer's Spirituality," *San Francisco Chronicle*, November 5, 1990, F5; Butterfield, "New Age Movement Stealing American Indian Ceremonies," A15.

41. Robert J. Wallis, *Shamans/Neo-Shamans：Ecstasy, Alternative Archaeologies, and Contemporary Pagans*（London：Routledge, 2003）, 203.

42. Ibid. , 215, 204.

43. Vaishalee Mishra, "Class Dismissed：Following the Path of the Shaman Just Got Tougher at Colorado Free University," *Denver Westword*, August 3, 2000, News.

44. Timothy White, "From 'Selling Medicine' to Giveaway," *Shaman's Drum* Mid Summer（1989）：4-5; Will Nofke, "Living in a Sacred Way：An Interview with Chequeesh, a Chumash Medicine Woman," *Shaman's Drum Fall*（1985）：17.

45. Cinnamon Moon, A *Medicine Woman Speaks：An Exploration of Native American Spirituality*（Franklin Lakes, NJ：New Page, 2001）, 84; Nofke, "Living in a Sacred Way," 16.

46. "Responses to the Declaration of War against Exploiters of Lakota Spirituality, October 13, 1998, to March 28, 1999," Available at http：//maple. lemoyne. edu/~bucko/war_8. html（downloaded January 31, 2000）.

47. Mishra, "Class Dismissed"; Roberta Louis, "Return to Spirit：An Interview with Josie RavenWing," *Shaman's Drum* 47（1997）：57.

48. Sunshine Ann Garner, "A Comment to 'The Spiritual Ways of the Native Americans Work Best,' " *Seattle Times*, April 21, 1990, A15.

49. Loren Cruden, *Coyote's Council Fire：Contemporary Shamans on Race, Gender & Community*（Rochester, VT：Destiny, 1995）, 60.

50. Bruner, "Do Earth-Based Ceremonies Belong to Natives Only?" 4.

51. Stephanie Schorow, "Sham or Shamanism? The New Age Selling of Earth-Based Spirituality Attracts Anger of American Indians," *Boston Herald*, October 15, 1997, O37.

52. Bill Pfeiffer, "Making Rainbows in Tuva," *Shaman's Drum* 64（2003）：31.

53. Timothy White, "The Parallel Paths of Shamanism and Mysticism," *Shaman's Drum* 60（2001）：4.

54. Lowell John Bean and Sylvia Brakke Vane, "The Shaman Experience," in *California Indian Shamanism*, edited by Lowell John Bean（Menlo Park, CA：Ballena, 1992）, 18.

55. Robert "Medicine Grizzlybear" *Lake*, *Native Healer: Initiation into an Ancient Art* (*Wheaton*, *IL: Theosophical*, 1991), 9, 196.

56. Steve Jackson, "Sacred Ground," *Denver Westword*, October 19, 1994, 26; William S. Lyon, "The Visions of Wallace Black Elk," *Shaman's Drum Spring* (1987): 37; Avis Little Eagle, "Sacred Pipe Keeper Fears Feds Will Step In." Available at http://users. pandora. be/gohiyuhi/articles/art00086. htm (downloaded July 12, 2005); Stephen Powell, "Whole Planet Lands on Santa Fe's Doorstep," *Santa Fe New Mexican*, June 28, 1996, 58.

57. Michel, "Indians Rap Takeover of Rituals," 61. 尤为冒犯"塑料萨满"批评者的是，像华莱士和乌鸦·狗这样的人经常向西方灵性追求者介绍他们个人版本的美洲土著灵性，并收取大量费用。乌鸦·狗为自己的做法辩解说："很久很久以前，举行治疗仪式的圣人会得到水牛皮长袍、马队、圆锥形帐篷和其他财产。以今天的货币计算，这个数字可能高达25万美元。如果我给你看病，你给我1000美元，那其实是很便宜了。"资料来源同上。他没有错，例如，在理想化的19世纪旧时代，在平原印第安人中，灵性修行者在治疗过程中通常会获得实物报酬。灵性幻象也可以买到，初学者要支付费用才能进入像克劳印第安人烟草协会那种萨满教性质的协会。

58. Ed McGaa, *Rainbow Tribe: Ordinary People Journeying on the Red Road* (San Francisco, CA: HarperSanFrancisco, 1992), xi.

59. Wallis, *Shamans/Neo-Shamans*, 31; Jenkins, *Dream Catchers*, 248.

60. Deloria, *For This Land*, 281.

61. Cruden, *Coyote's Council Fire*, 16.

62. Damian Costello, *Black Elk: Colonialism and Lakota Catholicism* (Maryknoll, NY: Orbis, 2005), 56.

63. Omer C. Stewart, *Peyote Religion: A History* (Norman and London: University of Oklahoma Press, 1987), 68-96, 219-226.

64. Jenkins, *Dream Catchers*, 252.

65. Leslie Spier, "The Sun Dance of the Plains Indians: Its Development and Diffusion," *Anthropological Papers of the American Museum of Natural History 16*, no. 7 (1921): 460.

66. Robert Lowie, *Primitive Religion* (1924; reprint, New York: Liveright, 1970), 27; Spier, "The Sun Dance of the Plains Indians," 461-462, 495, 519; Åke Hultkrantz, *Belief and Worship in Native North America* (Syracuse, NY: Syracuse University Press, 1981), 243, 258-259.

67. William S. Lyon, "The Sun Dance as a Healing Ritual," in *Proceedings of the Seventh International Conference on the Study of Shamanism and Alternate Modes of Healing*, edited by Ruth-Inge Heinze (Berkeley, CA: Independent Scholars of Asia, 1990), 362.

68. Mary Thunder, *Thunder's Grace: Walking the Road of Visions with My Lakota*

Grandmother (Barrytown, NY: Station Hill, 1995), 217; Lyon, "The Sun Dance as a Healing Ritual," 360–362.

69. Thunder, *Thunder's Grace*, 156, 158.

70. Joan B. Townsend, "Western Core and Neo-Shamanism: Trends and Relations with Indigenous Societies," in *Rediscovery of Shamanic Heritage*, edited by Mihaly Hoppal and Gabor Kosa (Budapest: Akadémiai Kiadó, 2003), 324.

71. Craig D. Bates, "Sierra Miwok Shamans, 1900–1990," in *California Indian Shamanism*, edited by Lowell John Bean (Menlo Park, CA: Ballena, 1992), 110.

72. Thomas Buckley, *Standing Ground: Yurok Indian Spirituality, 1850–1990* (Berkeley: University of California Press, 2002), 75–76.

73. A. C. Ross, Mitakuye Oyasin: "We Are All Related" (Ft. Yates, ND: Bear, 1989).

74. 关于欧洲人着迷于美洲土著的更为详尽的研究，参见 German Dziebel, "Playing and Nothing: European Appropriation of Native American Cultures in the Late 20th Century" (Ph. D. diss. , Stanford University, 2006)。

75. Ross, *Mitakuye Oyasin*, 229.

76. Daniele Vazeilles, "Shamanism and New Age: Lakota Sioux Connection," in *The Concept of Shamanism: Uses and Abuses*, edited by Henri Paul Francfort, Roberte Hamayon, and Paul G. Bahn (Budapest: Akadémiai Kiadó, 2001), 380–381, 382.

77. Pensy Hawk Wing, "Lakota Teachings: Inipi, Humbleciya, and Yhuwipi Ceremonies," in *The Sacred Heritage: The Influence of Shamanism on Analytical Psychology*, edited by Donald F. Sandner and Steven H. Wong (New York: Routledge, 1997), 193–202; Bobby Lake-Thom (Bobby Grizzlybear Lake), *Spirit of the Earth: A Guide to Native American Nature Symbols, Stories, and Ceremonies* (New York: Penguin, 1997), 42–47.

78. Amanda Porterfield, "American Indian Spirituality as a Countercultural Movement," in *Religion in Native North America*, edited by Christopher Vecsey (Moscow: University of Idaho Press, 1990), 154.

79. N. Scott Momaday, "American Land Ethic," in his *The Man Made of Words: Essays, Stories, Passages* (New York: St. Martin's, 1997), 47.

80. Jenkins, *Dream Catchers*, 168.

81. Deloria, *God Is Red*; Deloria, *The Metaphysics of Modern Existence* (San Francisco: Harper and Row, 1979); Deloria, *Red Earth, White Lies: Native Americans and the Myth of Scientific Fact* (New York: Scribner, 1995); Deloria, *Spirit and Reason: The Vine Deloria, Jr. , Reader*, edited by Barbara Deloria, Kristen Foehner, and Sam Scinta (Golden, CO: Fulcrum, 1999).

82. Timothy Freke and Dennis Renault, *Native American Spirituality* (San Francisco, CA: Thorsons, 1996), 22.

83. Wernitznig, *Going Native or Going Naïve*, 9.

84. Gustafson, *Dancing between Two Worlds*, 79.

85. John Matthews, *The Celtic Shamanism: A Handbook* (Shaftesbury, England: Element, 1991), 6; Frank H. MacEowan, " Reclaiming Our Ancestral Bones: Revitalizing Shamanic Practices in the New Millennium," *Shaman's Drum* (July-November 2001): 15–19.

86. Edred Thorsson, *Northern Magic: Rune Mysteries & Shamanism* (St. Paul, MN: Llewellyn, 1998), xiii; Daniel Noel, *The Soul of Shamanism: Western Fantasies, Imaginal Realities* (New York: Continuum, 1997).

87. Cruden, *Coyote's Council Fire*, 59.

88. Churchill, *Indians Are Us?* 236–237.

89. Quoted in Wernitznig, *Going Native or Going Naïve*, 49.

90. Carole Beers, " Author Tells of Her Spiritual Quest with Bear Tribe Society," *Seattle Times*, February 11, 1991, C3.

91. Brian Bates, *The Way of Wyrd: Tales of an Anglo-Saxon Sorcerer* (1983; reprint, Carlsbad, CA: Hay House, 2005).

92. Jean Markale, *The Druids: Celtic Priests of Nature* (Rochester, VT: Inner Traditions, 1999), ix.

93. Lindquist, *Shamanic Performances on the Urban Scene*, 42.

94. 对赛德尔仪式最为完整的历史重建之一，参见 Thomas A. DuBois, *Nordic Religions in the Viking Age* (Philadelphia: University of Pennsylvania Press, 1999), 122–138。

95. Markale, *The Druids*, 186–197.

96. Wallis, *Shamans/Neo-Shamans*, 86.

97. D. J. Conway, *Advanced Celtic Shamanism* (Freedom, CA: Crossing, 2000), 5.

98. Jurgen W. Kremer, "Indigenous Science for Euro-Americans," in *Proceedings of the Eleventh International Conference on the Study of Shamanism and Alternate Modes of Healing*, edited by Ruth-Inge Heinze (Berkeley, CA: Independent Scholars of Asia, 1994), 50.

99. Jenny Blain, *Nine Worlds of Seid-Magic: Ecstasy and Neo-Shamanism in Northern European Paganism* (London and New York: Routledge, 2002), 90; Wallis, *Shamans/Neo-Shamans*, 137; DuBois, *Nordic Religions in the Viking Age*, 205–206.

100. Blain, *Nine Worlds of Seid-Magic*, 100, 108.

101. *Eirik the Red, and Other Icelandic Sagas*, edited by Gwyn Jones (Oxford: Oxford University Press, 1961), 133–137.

102. *The Elder of Poetic Edda*, edited by Olive Bray (1908; reprint, New York: AMS, 1982), 103.

103. Conway, *Advanced Celtic Shamanism*, 1.

104. John Matthews, *Taliesin: Shamanism and the Bardic Tradition in Britain and*

Ireland (London: Aquarian, 1991).

　　105. Blain, *Nine Worlds of Seid-Magic*, 39-41.

　　106. Arthur Herman, *The Idea of Decline in Western History* (New York: Free Press, 1997), 418-419; Wallis, *Shamans/Neo-Shamans*, 134.

　　107. Jurgen Kremer, "Practices for the Postmodern Shaman," in *Proceedings of the Tenth International Conference on the Study of Shamanism and Alternate Modes of Healing*, edited by Ruth-Inge Heinze (Berkeley, CA: Independent Scholars of Asia, 1993), 43.

　　108. Ibid. , 45.

　　109. "Letters," *Shaman's Drum* 56 (2000): 10.

　　110. Carl Gustav Jung, *Civilization in Transition*, translated by R. F. C. Hull (Princeton, NJ: Princeton University Press, 1970), 192.

　　111. Harry Oldmeadow, *Journeys East: 20th-Century Western Encounters with Eastern Religious Traditions* (Bloomington, IN: World Wisdom, 2004), 100.

第九章

　　1. John Lubbock, *The Origin of Civilization and the Primitive Condition of Man* (New York: Appleton, 1882), 339-340, 347.

　　2. Ivan A. Manzhigeev, *Buriatskie shamanisticheskie i doshamanisticheskie terminy: Opyt ateisticheskoi interpretatsii* (Moskva: Nauka, 1978), 51.

　　3. Dmitrii K. Zelenin, *Kult ongonov v Sibiri: Perezhitki totemizma v ideologii sibirskikh narodov* (Moskva: izd-vo Akademii nauk, 1936), 736.

　　4. Leonid Potapov, "Luk i strela v shamanizme u Altaitsev," *Sovetskaia etnografiia* 3 (1934): 64-76.

　　5. Zelenin, *Kult ongonov v Sibiri*, 354-355.

　　6. Ibid. , 354, 358-359, 361, 362-363.

　　7. Ibid. , 364-365.

　　8. Gavriil Ksenofontov, "Kul't sumashestviia v uralo-altaiskom shamanizme," in *his Shamanizm: Izbrannye trudy* (Iakuts: Sever-iug, 1992), 254-265.

　　9. V. G. Bogoraz, "K psikhologii shamanstva u narodov Severo-vostochnoi Azii," *Etnograficheskoe obozrienie* 1-2 (1910): 9-10.

　　10. Sergei Tokarev, *History of Religion* (Moscow: Progress, 1986), 89; S. I. Vainshtein and N. P. Moskalenko, "Problemy Tuvinskogo shamanstva: Genesis, izbrannichestvo, effektivnost' lechebnikh kamlanii, sovremennii renessans," in *Shamanizm i rannie religioznie predstavlenia*, edited by D. A. Funk, *Ethnological Studies of Shamanism and Other Indigenous Spiritual Beliefs and Practices*, no. 1 (Moskva: Institut Etnologii i Antropologii, 1995), 66.

　　11. Vladimir Basilov, "Chosen by the Spirits," in *Shamanic Worlds: Rituals and*

Lore of Siberia and Central Asia, edited by Marjorie Mandelstam Balzer (Armonk, NY: North Castle, 1997) , 3-48; E. S. Novik, "The Archaic Epic and Its Relationship to Ritual: From Ritual and Folklore in Siberian Shamanism," in Balzer, *Shamanic Worlds*, 185-236; Novik, "Struktura shamanskikh deistv," in *Problemy slavianskoi etnografii*, edited by A. K. Baiburin and K. V. Chistov (Leningrad: Nauka, 1979) , 204-212.

12. Vilmos Dioszegi, *Tracing Shamans in Siberia: The Story of an Ethnographical Research Expedition* (Oosterhout: Anthropological Publications, 1968) , 72-73.

13. Yuri Slezkine, *Arctic Mirrors: Russia and the Small Peoples of the North* (Ithaca, NY: Cornell University Press, 1994) , 147, 153-154.

14. Platon Oiunskii, *Stikhotvoreiia* (Leningrad: Sovetskii pisatel, 1978), 113-114.

15. V. G. Bogoraz-Tan [Bogoras], *Einshtein i religiia: Primenenie kontseptsii otnositel'nosti k issledovaniu religioznikh iavlenii* (Moskva and Petrograd: Frenkel', 1923) , 116.

16. A. I. Andreev, *Vremia Shambaly: Okkultism, nauka i politika v Sovetskoi Rossiii* (St. Petersburg: Neva, 2004) , 130-131, 196.

17. Anton Pervushin, *Okkul'tnye tainy NKVD i SS* (St. Petersburg: Neva; Moskva: OLMA-press, 1999) , 152.

18. Andreev, *Vremia Shambaly*, 152; Pervushin, *Okkul'tnye tainy*, 175.

19. Ibid. , 84; Ibid. , 146. 希柏里尔 (Hyperborea) 是传说中一个业已消失的北方国家, 古希腊作家把那里的居民描述为在超过千年的时光里过着的幸福生活。

20. Zinaida Rikhter, *V strane golubikh ozer: Ocherki Altaia* (Moskva and Leningrad: Molodaia gvardiia, 1930) , 8.

21. Nikolai Severin, *Tsvetushchee zoloto: Altaiskie ocherki* (Moskva: OGIZ-Molodaia gvardia, 1931) , 17, 25; Severin, *Sny Olonga: Altaiskaia povest* (Moskva-Leningrad: gos. iz-vo, 1930) , 47.

22. Dmitrii Stonov, *Povesti ob Altae* (*Moskva: Federatsiia*, 1930) , 47.

23. Ibid. , 59.

24. Sof'ia Zarechnaia, *Chernaia shamanka: Povest' iz zhizni Buriat* (Moskva: Zemlia i fabrika, 1929).

25. V. G. Tan-Bogoraz [Bogoras], *Voskresshee plemia* (Moskva: Goslitizdat, 1935) , 14.

26. Ibid. , 22.

27. I. Kosokov, *K voprosu o shamanstve v Severnoi Azii* (Moskva: Bezbozhnik, 1930); P. Khaptaev, "Izuchenie shamanstva na novom etape (po povodu knigi Kosokova) ," *Antireligioznik* 12 (1931): 69-70.

28. Innokentii Suslov, "Shamanstvo i bor'ba s nim," *Sovetskii siever* (March 1931): 90-91; A. Dolotov, *Shamanskaia vera* (Moskva: Bezbozhnik, 1930) , 30.

29. V. G. Bogoras-Tan [Bogoras], " Religiia kak tormoz sotsstroitel'stva sredi

malykh narodnostei Severa," *Sovetskii siever* (January-February 1932): 144.

30. Ibid. , 155-157.

31. 在同一时期，基于对西伯利亚信仰的激进的再评估，人类学家 S. 乌尔瑟诺维奇（S. Ursynovich）为好战的无神论联盟（Militant Godless Union，一个在生活各个领域对抗宗教的苏联公共协会）编写了一个反萨满教的宣传教育计划。在这个计划中，萨满也同样被定义为"反革命分子"，萨满教则被定义为"旨在破坏西伯利亚人民社会主义建设的反苏活动"。S. Ursynovich, "Shamanstvo: Proekt programmy dlia antireligiozno-go kruzkha," *Antireligioznik* 11 (1931): 12.

32. Suslov, "Shamanstvo i bor'ba s nim," 91.

33. Ibid. , 90.

34. Andrei A. Znamenski, *Shamanism in Siberia: Russian Records of Siberian Spirituality* (Dordrecht and Boston: Kluwer Academic, 2003), 231.

35. P. N. Il'akhov, "Repressii protiv severnikh shamanov (1920 - 1935)," in *Istoriko etnosotsial'nie issledovania: Regional'nie problemy*, edited by V. N. Ivanov (Novosibirsk: Nauka, 1998), 91, 94.

36. Tatyana Boulgakova, "Nanai Shamans under Double Oppression," *Pro Ethnologia* (Tartu, Estonia) 15 (2003): 135. Available at http: //www. erm. ee/? node 101 (downloaded July 9, 2005).

37. Ibid. , 144.

38. Ibid. , 147.

39. Dioszegi, *Tracing Shamans in Siberia*, 58-59.

40. Boulgakova, "Nanai Shamans under Double Oppression," 133; Marjorie Mandelstam Balzer, "Ot bubnov k skovorodam: Povoroty syd'by shamanizma v istorii Sakha (Yakutov)," in *Shamanizm i rannie religioznie predstavlenia*, edited by D. A. Funk, *Ethnological Studies of Shamanism and Other Indigenous Spiritual Beliefs and Practices*, no. 1 (Moskva: Institut Antropologii i Etnografii, 1995), 25.

41. V. P. Diakonova, "Predmety k lechebnoi funktsii shamanov Tuvy i Altaia," in *Material'naia kul'tura i mifologiia*, edited by B. N. Putilov (Leningrad: Nauka, 1981), 145-146.

42. E. V. Revunenkova, "Zametki o sovremennoi terminologii, sviazannoi s shamanizmom u Telengitov," in *Shamanizm i rannie religioznie predstavlenia*, edited by D. A. Funk, *Ethnological Studies of Shamanism and Other Indigenous Spiritual Beliefs and Practices*, no. 1 (Moskva: Institut Etnologii i Antropologii, 1995), 88-98.

43. Marjorie Mandelstam Balzer, "Shamans as Healers, Rebels and Philosophers: Exploring Cultural Repression and Resilience in Siberia," in *Materialy mezhdunar odnogo kongressa shamanizm i inie traditsionnie verovania i praktiki*, edited by V. I. Kharitonova and D. Funk, *Ethnological Studies of Shamanism and Other Indigenous Spiritual Beliefs and Practices*, no. 5, pt. 2 (Moskva: Institut Antropologii i Etnografii, 1999), 94.

44. Eva Jane Neumann Fridman, *Sacred Geography: Shamanism among the Buddhist*

Peoples of Russia (Budapest：Akade´miai Kiado´, 2004).

45. 关于西伯利亚本土萨满教复兴，参见 Marjorie Mandelstam Balzer， "Two Urban Shamans：Unmasking Leadership in Fin-de-Soviet Siberia," in *Perilous States*：*Conversations on Culture, Politics, and Nation*, edited by George E. Marcus (Chicago：University of Chicago Press, 1993), 131-164; Mihaly Hoppal, "Shamanism in Siberia Today," in *Shamanic Cosmos*, edited by Romano Mastromattei and Antonio Rigopoulos (Venice and New Delhi：Venetian Academy of Indian Studies and D. K. Printworld, 1999), 107-116; Caroline Humphrey, "Shamans in the City," *Anthropology Today* 15, no. 3 (1999)：3-11; Andrei Vinogradov, " 'After the Past, before the Present'：New Shamanism in Gorny Altai," *Anthropology of Consciousness* 10, no. 4 (1999)：36-45。

46. M. I. Gomboeva, "Etnopsikhologicheskaia identifikatsiia v shamanistskoi praktike aginskikh Buryat," *Gumanitarnii vektor* 2 (1998)：56; Piers Vitebsky, "From Cosmology to Environmentalism：Shamanism as Local Knowledge in a Global Setting," in *Shamanism：A Reader*, edited by Graham Harvey (London and New York：Routledge, 2003), 286, 293; Igor Krupnik and Nikolai Vakhtin, "In the 'House of Dismay'：Knowledge, Culture and Post-Soviet Politics in Chukotka, 1995-1996," in *People and the Land*：*Pathways to Reform in Post-Soviet Siberia*, edited by Erich Kasten (Berlin：Riemer, 2002), 31.

47. V. I. Kharitonova, "Variatsii na temu," in *Izbranniki dukhov*：*Traditsionnoe shamanstvo i neoshamanism*, edited by V. I. Kharitonova, *Ethnological Studies of Shamanism and Other Indigenous Spiritual Beliefs and Practices*, no. 4 (Moskva：Institut Antropologii i Etnografii, 1999), 254-255.

48. Fridman, *Sacred Geography*, 188.

49. Liubov Rak, "Proiti skvoz' ogon'," *Trud*, June 10, 2004, 13.

50. Vasilii Diatlov, "Plesnite koldovstva," *Itogi*, August 30, 2003. Available at http：//www. itogi. ru/Paper2003. nsf/Article/Itogi_2003_08_26_12_2832. html (downloaded August 30, 2005).

51. Krupnik and Vakhtin, "In the 'House of Dismay,' " 33; Ulla Johansen, "Shamanism and Neoshamanism：What Is the Difference?" in *The Concept of Shamanism：Uses and Abuses*, edited by H. -P. Francfort, Roberte Hamayon, and Paul G. Bahn (Budapest：Akadémiai Kiadó, 2001), 302.

52. Irina S. Urbanaeva, "Shamanizm Mongol'skogo mira kak vyrazhenie tengrianskoi ezotericheskoi traditsii Tsentral'noi Azii," in *Tsentral'no-aziatskii shamanizm*：*Filosofskie, istoricheskie, religioznye aspekty, materialy mezhdunarodnogo nauchnogo simpoziuma*, edited by Irina S. Urbanaeva (Ulan-Ude：Buriatskii institut obshchestvennykh nauk, 1996), 48-49.

53. Gomboeva, "Etnopsikhologicheskaia identifikatsiia," 57; G. R. Galdanova, "Buryatskii shamanizm segodnia," in *Materialy mezhdunaro-dnogo kongressa shamanism i inie traditsionnie verovania i praktiki*, edited by V. I. Kharitonova and D. Funk,

Ethnological Studies of Shamanism and Other Indigenous Spiritual Beliefs and Practices, no. 5, pt. 2 (Moskva: Institut Antropologii i Etnografii, 1999), 272.

54. O. A. Murashko, "Shamanstvo i traditsionnoe mirovozzrenie itel'menov," in *Izbranniki dukhov: Traditsionnoe shamanstvo i neoshamanizm*, edited by V. I. Kharitonova, *Ethnological Studies of Shamanism and Other Indigenous Spiritual Beliefs and Practices*, no. 4 (Moskva: Institut Antropologii i Etnologii, 1999), 160-182.

55. Benedict Allen, *Last of the Medicine* Men (London: Dorling Kindersley, 2001), 95.

56. Peter Uccusic, "Shamanism Alive and Well: The 1999 Legacy of the First FSS Expedition to Tuva," *Shamanism* 13, nos. 1-2 (2000): 52-53.

57. Allen, *Last of the Medicine Men*, 91-92.

58. "The Professor, the Shaman, and Me," Available at http: // www. thunderperfectmind. com (downloaded May 18, 2004).

59. Allen, *Last of the Medicine Men*, 95.

60. David Brown, "Traditional Healing Returns to Tuva," *Washington Post*, July 18, 1995, Z10.

61. 更多关于斯捷潘诺娃（Stepanova）的内容，参见 Fridman, *Sacred Geography*, 162-164; and Humphrey, "Shamans in the City."。

62. N. L. Zhukovskaia, "Buriatskii shamanism segodnia: Vozrozhdenie ili evolutsia," in *Materialy mezhdunarodnogo kongressa shamanizm i inie traditsionnie verovania i praktiki*, edited by V. I. Kharitonova and D. Funk, *Ethnological Studies of Shamanism and Other Indigenous Spiritual Beliefs and Practices*, no. 5, pt. 3 (Moskva: Institut Antropologii i Etnografii, 1999), 165.

63. Gomboeva, "Etnopsikhologicheskaia identifikatsiia," 64.

64. 为萨满舞台表演（通常包括舞蹈、仪式歌曲和公开治疗）写剧本的当地文化工作者经常即兴创作，他们并不坚持民族志传统。这种方法对年轻一代的新萨满，特别是对那些扮演萨满的演员来说，通常并不会是个问题，但对那些在 20 世纪 80 年代之前就开始从事灵性职业的少数从业者来说，这种创新却构成了严峻挑战。然而，一些老萨满被赚钱机会所吸引，也会屈服于舞台管理人员的要求。例如，在一个民族节日期间，一位名叫玛丽亚·贝尔迪的那乃女萨满最初拒绝向水的灵魂鞠躬并喂水，因为这与她的部落传统格格不入，虽如此，但后来在电影节组织者的施压下，她还是默许了。有些灵性修行者则刻意改变萨满仪式、神歌和服装的某些要素使其变得不再真实，由此使他们自己从灵性力量的潜在愤怒中解脱出来。Tatyana Boulgakova, "Shaman on Stage (Shama-nism and Northern Identity)," *Pro Ethnologia* 11 (Tartu, Estonia). Available at http: //www. erm. ee/? node 101 (downloaded July 9, 2005).

65. 关于与邻近的阿尔泰地区新萨满教相类似的自我智识启蒙，参见 Agnieszka Halemba, "Contemporary Religious Life in the Republic of Altai: The Interaction of Buddhism and Shamanism," *Sibirica* 3, no. 2 (2003): 176。

66. Kira Van Deusen, *Singing Story, Healing Drum: Shamans and Storytellers of Turkic Siberia* (Montreal and Kingston: McGill-Queen's University Press, 2004), 176; Uccusic, "Shamanism Alive and Well," 53; Fridman, *Sacred Geography*, 215, 221-222.

67. Fridman, *Sacred Geography*, 172.

68. Johansen, "Shamanism and Neoshamanism," 300, 302; Fridman, *Sacred Geography*, 164-165, 187, 216.

69. Susan Grimaldi, "Tuvan Shamanism Comes to America," Available at http://www. susangrimaldi. com/docs/tuvamerica. pdf (downloaded July 9, 2005).

70. Fridman, *Sacred Geography*, 187.

71. Van Deusen, *Singing Story*, 171, 174; Fridman, *Sacred Geography*, 187.

72. Grimaldi, "Tuvan Shamanism Comes to America."

73. Van Deusen, *Singing Story*, 171, 174; Allen, *Last of the Medicine Men*, 78-89, 101-102.

74. O. A. Murashko, "Sovremennaia magiko-misticheskaia praktika u Itel'menov," in *Materialy mezhdunarodnogo kongressa shamanizm i inie traditsionnie verovania I praktiki*, edited by V. I. Kharitonova and D. Funk, *Ethnological Studies of Shamanism and Other Indigenous Spiritual Beliefs and Practices*, no. 5, pt. 1 (Moskva: Institut Antropologii i Etnografii, 1999), 199.

75. 更多关于尼维夫以及阿尔泰地区的新萨满教的信息，参见 Halemba, "Contemporary Religious Life in the Republic of Altai," 174-177。

76. Sarangerel [Julie A. Stewart], *Chosen by the Spirits: Following Your Shamanic Calling* (Rochester, VT: Destiny, 2001); Olga Kharitidi, *Entering the Circle: The Secrets of Ancient Siberian Wisdom Discovered by a Russian Psychiatrist* (San Francisco: Harper SanFrancisco, 1996).

77. 从俄语直译过来，Belovodie 的意思是"白水之地"；白色是纯洁的象征。Belovodie 是一个古老的俄罗斯农民乌托邦的名字，现在是西伯利亚民间传说的一部分。18 世纪和 19 世纪早期，许多来自欧俄的农奴，主要是那些拒绝官方基督教的分裂派旧信徒，为找到一片富足和自由崇拜的应许之地而逃往东方。在他们的想象中，这个乌托邦大体上被置于今天阿尔泰的边界之内。20 世纪早期，艺术家和神智学者尼古拉斯·洛里奇（Nicholas Roerich）将 Belovodie 浪漫化为西伯利亚的香巴拉。John McCannon, "By the Shores of White Waters: The Altai and Its Place in the Spiritual Geopolitics of Nicholas Roerich," *Sibirica* 2 (October 2002): 167-190.

78. Janet I. Tu, "65th and Divine Blissful Paths Converge on Northeast 65th, Seattle's Metaphysical Center," *Seattle Times*, April 2, 2000, M1.

79. Boulgakova, "Shaman on Stage."

结 语

1. *Dagmar Wernitznig*, Going *Native or Going Naïve*: *White Shamanism and the Neonoble Savage* (Lanham, MD: University Press of America, 2003), xxiii.

2. Olav Hammer, *Claiming Knowledge*: *Strategies of Epistemology from Theosophy to the New Age* (Leiden: Brill, 2001), 71-73.

3. Don Lattin, *Following Our Bliss*: *How the Spiritual Ideals of the Sixties Shape Our Lives Today* (New York: HarperCollins, 2003).

4. Stephen Hunt, *Alternative Religions*: *A Sociological Introduction* (Aldershot, England: Ashgate, 2003), 133-134.

5. 当提及西伯利亚土著时, 一些对性别问题敏感的西方灵性追求者试图用 "shamanka" 代替 "萨满", 目的是创造一个专门术语用以描述部落中的女性灵性修行者。事实上, shamanka 这个词是俄罗斯人对埃文基萨满的曲解——类似尝试是寻找一个特定性别的词来描述参与萨满活动的土著妇女。就像萨满教一样, "shamanka" 这个词也是由 18 世纪西伯利亚的德国探险家引入西方文学的, 他们偶尔会在其叙事文本中用到这个词, 也会在描绘西伯利亚土著女性灵性修行者的彩色版画的说明性文字中用到这个词。

6. 转引自 Steven Charleston, "From Medicine Man to Marx: The Coming Shift in Native Theology," in *Native American Religious Identity*: *Unforgotten Gods*, *edited by Jace Weaver* (Maryknoll, NY: Orbis, 1998), 159; Lisa Aldred, "Plastic Shamans and Astroturf Sun Dances," *American Indian Quarterly* 24, no. 3 (2000): 343.

7. Philip Jenkins, *Dream Catchers*: *How Mainstream America Discovered Native Spirituality* (New York: Oxford University Press, 2004), 247-249.

8. Esther Pasztory, "Nostalgia for Mud," *Precolumbian Art Research Institute Journal* 2, no. 1 (2001). Available at http://www.mesoweb.com/pari/publications/journal/03/mud.html (downloaded August 10, 2005).

图书在版编目（CIP）数据

原始之美：萨满教与西方人的想象／（美）安德烈
· A. 茨纳缅斯基（Andrei A. Znamenski）著；苑杰译
.--北京：社会科学文献出版社，2024.1
书名原文：The Beauty of the Primitive：
Shamanism and the Western Imagination

ISBN 978-7-5228-2625-7

Ⅰ.①原…　Ⅱ.①安…②苑…　Ⅲ.①萨满教-研究
Ⅳ.①B933

中国国家版本馆 CIP 数据核字（2023）第 218909 号

原始之美：萨满教与西方人的想象

著　者／〔美〕安德烈·A. 茨纳缅斯基（Andrei A. Znamenski）
译　者／苑　杰

出 版 人／冀祥德
责任编辑／高　雁
责任印制／王京美

出　　版／社会科学文献出版社（010）59367226
　　　　　　地址：北京市北三环中路甲 29 号院华龙大厦　邮编：100029
　　　　　　网址：www. ssap. com. cn
发　　行／社会科学文献出版社（010）59367028
印　　装／三河市尚艺印装有限公司

规　　格／开　本：787mm×1092mm　1/16
　　　　　　印　张：31　字　数：445 千字
版　　次／2024 年 1 月第 1 版　2024 年 1 月第 1 次印刷
书　　号／ISBN 978-7-5228-2625-7
著作权合同
登 记 号／图字 01-2023-5770 号
定　　价／128.00 元

读者服务电话：4008918866